21世纪 会计 与 财务 经典译丛

亨格瑞会计学

财务会计分册

（原书第4版）

特蕾西·诺布尔斯（Tracie Nobles）
得克萨斯州立大学圣马科斯分校

[美]　　**布伦达·马蒂森**（Brenda Mattison）　　著
三县技术学院

埃拉·梅·马楚姆拉（Ella Mae Matsumura）
威斯康星大学麦迪逊分校

张永冀　等译

U0304708

HORNGREN'S
FINANCIAL & MANAGERIAL
ACCOUNTING

4th Edition

机械工业出版社
China Machine Press

图书在版编目（CIP）数据

亨格瑞会计学：财务会计分册（原书第 4 版）/（美）特蕾西·诺布尔斯（Tracie Nobles），（美）布伦达·马蒂森（Brenda Mattison），（美）埃拉·梅·马楚姆拉（Ella Mae Matsumura）著；张永冀等译. —北京：机械工业出版社，2018.6

（21 世纪会计与财务经典译丛）

书名原文：Horngren's Financial & Managerial Accounting

ISBN 978-7-111-59907-4

I. 亨… II.① 特… ② 布… ③ 埃… ④ 张… III.① 会计学 ②财务会计 IV.① F230 ② F234.4

中国版本图书馆 CIP 数据核字（2018）第 087287 号

本书版权登记号：图字 01-2014-6475

Tracie Nobles, Brenda Mattison, Ella Mae Matsumura. Horngren's Financial & Managerial Accounting，4th Edition.

ISBN 978-013-325124-1

这是一本基础会计学教材，分为财务会计和管理会计两个分册。本书以通俗有趣的语言、丰富的案例和习题讲授了会计的思想、方法和原理。财务会计分册从会计与商业环境入手，在对服务业、商业企业和工业企业加以区分的基础上，循序渐进地带领初学者领略财务会计的内在逻辑和方法。

本书适合会计学相关专业学生阅读。

出版发行：机械工业出版社（北京市西城区百万庄大街 22 号　邮政编码：100037）

责任编辑：	李　琦　卜龙祥　范泽鑫	责任校对：	李秋荣
印　　刷：	北京文昌阁彩色印刷有限责任公司	版　　次：	2018 年 11 月第 1 版第 1 次印刷
开　　本：	185mm×260mm　1/16	印　　张：	36
书　　号：	ISBN 978-7-111-59907-4	定　　价：	90.00 元

凡购本书，如有缺页、倒页、脱页，由本社发行部调换

客服热线：(010) 88379210　88361066　　　　　投稿热线：(010) 88379007

购书热线：(010) 68326294　88379649　68995259　读者信箱：hzjg@hzbook.com

版权所有·侵权必究

封底无防伪标均为盗版

本书法律顾问：北京大成律师事务所　韩光／邹晓东

以此纪念查理斯 T. 亨格瑞（1926—2011）：他对会计教学和学习的

巨大贡献影响着并将继续影响一代又一代会计学学生和会计专业人士。

特蕾西·诺布尔斯

注册会计师,她在得克萨斯 A&M 大学取得了会计学学士学位和硕士学位。目前是得克萨斯州立大学圣马科斯分校的高级讲师。她曾经担任奥斯汀社区大学的会计学副教授,还担任过格里利市 Aims 社区大学会计系、商务系、计算机信息系统、市场营销与管理系的系主任。作为德勤税务师事务所、Sample & Bailey 的注册会计师,诺布尔斯教授有丰富的公共会计工作经验。

诺布尔斯教授曾获得得克萨斯州注册会计师协会优秀会计教育者称号、NISOD 优秀教学奖和 Aims 社区大学优秀教学奖。她是两年制会计学教育注册委员会的成员,也是美国会计学会、美国注册会计师协会、得克萨斯州注册会计师协会的成员。她现在是两年制会计学教育董事会的秘书兼网络管理员,也是美国注册会计师协会认证执行教育委员会的主席,还是美国会计学会教学、学习和课程设计程序委员会主席。此外,诺布尔斯教授还任职于会计高等教育委员会——专业会计之路。

诺布尔斯在众多会议上提倡在课堂上使用信息技术,鼓励非商科专业学生学习会计,将主动学习引入课堂。她很乐于与家人、朋友共度业余时光,还喜欢露营、垂钓和缝纫。

布伦达·马蒂森

布伦达·马蒂森在克莱姆森大学取得了教育学学士学位和会计学硕士学位。她目前是南卡罗来纳州彭德尔顿三县技术学院的会计学教师。布伦达曾经是大老山隧道公司(TCTC)的会计项目协调员,还曾经任教于南卡罗来纳州兰伯顿市的罗伯逊社区学院、明尼苏达州伊根市的拉斯穆迪商学院。她还拥有零售业及制造业会计的工作经验。

布伦达是两年制会计学教育委员会委员,也是美国会计学会的会员。她目前担任两年制会计学教育注册委员会副主席。

布伦达致力于教学与学术(SOTL)。在担任三县技术学院教职研究员期间,她的研究课题就是"在会计教学中使用的应用性语言——商业语言"。布伦达已经公布了她的研究成果。其他贡献包括在会计概念的教学中引入主动学习和教学工具，如构建模块和扑克筹码。

在业余时间，布伦达喜欢阅读以及与家人共度美好时光，特别是驾驶房车在美国旅行。她还是社区活动的积极志愿者，服务于教堂、女童子军以及其他组织。

埃拉·梅·马楚姆拉

她是威斯康星大学麦迪逊分校商学院会计和信息系统系教授，隶属于大学的快速响应制造业中心。她在加州大学伯克利分校数学专业获得学士学位，在英属哥伦比亚大学获得硕士和博士学位。马楚姆拉在威斯康星大学麦迪逊分校获得了两项杰出教学奖，并被推选为大学教学研究院的终身研究员。大学教学研究院是为了推广有效教学方法而成立的组织。她所在的教学团队获得了IBM全面质量管理合作伙伴的荣誉，该奖项授予那些对全面质量管理教育课程做出贡献的教师。

马楚姆拉教授由于卓越贡献成为2010年管理会计文学奖的共同得主，是《会计视野》（*Accounting Horizons*）的编委。她一直担任美国会计学会管理会计分会的主席兼财务官。她的研究兴趣集中于决策制定、业绩评估、薪酬管理、供应链关系和可持续发展。马楚姆拉教授还和他人共同撰写了一本关于信贷联盟下客户盈利能力的专著。

总述

每章前面增加了开篇引言,有助于读者了解如何使用本章的会计概念,开篇引言的内容与现实生活息息相关。

增加了旁注,以显示分类账对会计恒等式的影响。

统一了各个章节中的关键术语、会计概念和账户名称。

在空白处增加了"提问"专栏,专门解决学生提出的各种会计问题。

增加了小贴士,以帮助学生熟记关键概念。

增加了"决策"专栏,强调在做决策时应该如何使用会计信息。

增加了"道德伦理"专栏,提供现实世界的例子,即如何在会计实务和商业活动中进行道德判断。

在学习目标之后增加了"试一试"专栏,为学生回顾每一个知识点提供了机会。

增加了财务比率方面的内容,这些财务比率是以绿山咖啡烘焙公司为例的。

学生可以将学习到的财务比率知识运用到章节末尾星巴克公司的案例中。

在每一章末尾,提供了学习目标回顾,提出问题并给出参考答案。

修改了每章末尾的总结性问题、快速检查、小练习、练习、问题、持续存在的问题和应用案例(现在统称为批判性思考)。

在每章末尾的材料中增加了覆盖本章学习目标的回顾性问题。

股东权益现在被安排于一章中(第 13 章)。

第 1 章 会计核算与企业环境

更新了会计概念框架。

精简了关于商业实体的探讨。

引入了交易分析的步骤。

重新定义了交易分析,从而更好地向学生阐述这一概念。

修改了有关财务报表的讨论，更易于理解。

第 2 章　记录经济业务

更加清晰地阐述了"借"与"贷"，使学生更好地理解这一重要概念。

增加了如何判定 T 形账户平衡的内容。

将第 1 章中学到的分析步骤纳入其中，更好地呈现日记账分录。

在第 2 章中介绍了未赚得收入（预收账款）和或有负债，以前这些内容是放在第 3 章中介绍的。

将四栏式账户的编号形式由报告编号改为账目编号，从而与现行做法保持一致。

在试算平衡表后面复习了第 1 章中所学的财务报表，强化学生对试算平衡表作用的理解。

第 3 章　调账过程

改写了收付实现制和权责发生制部分的例子，从而使学生更好地理解期间的概念。

改变了教学方法，使用第 2 章中介绍的未经调整的试算平衡表，使学生更清晰地看到交易的会计循环。

在年末调整分录，而不是在月末调整分录，更加接近实务。

增加了如何记录将来支付的应计费用。

增加了如何记录将来收到的应计收入。

增加了如何使用工作底稿调整和编制试算平衡表。

增加了调整分录对财务报表的影响。

第 4 章　完成会计循环

将财务报表的范围从第 3 章扩展到第 4 章，强调必须在结转分录之前编制好财务报告。

第 4 章末尾涉及了分类资产负债表，并将它纳入财务报告的范围。

将长期投资和无形资产纳入分类资产负债表，扩展了分类资产负债表的范围。

在第 3 章和第 4 章中使用了分割工作表，更好地显示会计循环的过程。

提供了结转分录的文字性例子，丰富了结转分录的内容。

第 5 章　商业企业

重新叙述了商品选购这部分内容，拓宽了对采购人员的讨论。

包含了销售成本的计算。

增加了采购退回和折让在折扣期和非折扣期如何做日记账分录。

增加了调整后的试算平衡表，以便学生更好地理解结转账户是如何完成的。

总结了所有的日记账分录。

增加了附录 5A，说明使用周期性存货系统时如何调整和结转分录。

第 6 章 商品存货

深入探讨了先进先出法、后进先出法和加权平均法，使学生对这些概念有了深入的理解。

用更好的例子更新了附录 6A，说明周期性存货系统对后进先出法的不同影响。

采用毛利法计算附录 6B，还新增了零售价格法。

第 7 章 内部控制和现金

增加了改变零用现金数额的内容。

精简了电子商务中关于内部控制的讨论。

第 8 章 应收账款

增加了应收账款的保付代理和质押的内容。

扩展了 T 形账户的使用范围，使学生更好地理解在备抵法下如何使用不同的方法估计坏账费用。

第 9 章 固定资产、自然资源和无形资产

阐述了折旧的计算方法。

增加了税收上的折旧内容。

增加了关于如何报告固定资产的讨论。

重新叙述了资产处理这部分内容，帮助学生更好地理解这一难题。

在附录 9A 中阐述了关于固定资产交换的内容。

第 10 章 投资

这是第 4 版新增的章节。

讨论了为什么企业需要投资以及投资的类型。

讨论了债务证券投资和股权证券投资时如何进行会计处理。

讨论了综合收益。

第 11 章 流动负债和工资总额

更新了工资部分的内容以保持与现行工资法律相一致。

增加了使用工资登记表来登记雇员工资的内容。

扩展了流动负债的内容，估计流动负债时必须考虑奖金计划、度假、健康和退休金福利。

第 12 章　长期负债

增加了摊销时间表的使用，强化了学生对于长期负债的理解。

增加了关于债券融资和股权融资的探讨。

在附录中讨论了应付债券的处置，包括到期的应付债券和尚未到期的应付债券。

扩展了关于货币时间价值的探讨，包括时间价值的概念、单利与复利。

阐述了如何使用有效年利率法摊销。

第 13 章　股东权益

合并了两章内容以便更好地阐述股东权益。

精简了公司概念，突出了这一会计水平学生需要掌握的知识。

扩展了关于公司特征的探讨。

阐述了可累积优先股和非累积优先股的股利支付。

第 14 章　现金流量表

深入讨论了现金流量表的目的。

增加了一个图表，在表中总结了现金流量表的各组成部分。

扩展了 T 形账户和汇总的日记账分录的使用范围，增强了学生关于计算现金流入和现金流出的理解。

第 15 章　财务报表分析

增加了如何使用财务报表来分析一家企业。

概述了企业财务报告，总结了不同报告的要求。

增加了评估企业支付流动负债的能力时要使用的现金比率。

探讨了完整的企业利润表应当涵盖持续经营、非持续经营、特别项目、每股收益和会计原则的变化。

F 财务会计和管理会计……重新界定传统惯例

FINANCIAL & MANAGERIAL ACCOUNTING... REDEFINING TRADITION

新增**开篇引言**：开篇引言中使用学生可以接触到的故事引入本章概念，然后讨论这些概念对公司报告和决策的意义。

新增**旁注**：日记账分录旁边有时会有一幅插图，有利于学生理解交易记录和这笔记录对会计恒等式的影响。

新增**常见问题及答案**：本书的作者拥有多年的课堂教学经验，很清楚哪些是学生容易感到困惑的概念和规则。这些常见问题见"提问"专栏，问题之后可以找到答案和解释。

重新设计：重新设计了 T 形账户、分类账、财务报表和会计恒等式，使其更加简洁、明确。使用了更加清晰的描述和指示箭头，帮助学生追踪交易过程。

新增**"决策"专栏**：这部分内容提供了企业管理者面临的常见问题和可能的解决方案。学生基于该章学到的内容回答应该如何行动，然后给出可能的解决方案。

新增**章节末尾的回顾与问题汇总**：在每章末尾都对问题进行了回顾，并对这些问题进行更新或改写，以确保本书的准确性和一致性。

A 致读者的一封信

亲爱的读者们：

　　我们很高兴看到本书的新版付梓。当你和你的同学们使用这本书时，我们希望你们发现这一版和以前各版有很大的不同。在本书出版之前，许多会计学教师齐聚一堂讨论这一版书的内容。我们问他们："如果你们可以设计一本书来教授学生会计学知识，这本书会是什么样的呢？"他们建议遵循亨格瑞的教学传统，重新设计版面，精编学习内容，以更好地满足学生需求。基于这些深入的讨论和调查，我们修订了第4版，满足学生和专业人士的要求。

　　对于学生而言，使用本书作为教材，我们考虑了学生如何学习，学习什么，有何困扰。我们试图找到教材内容和课堂学习之间的连接点，因此我们为学生新增了许多学习帮助，其中之一就是在学生经常面临的困惑之处做了具体标注。还有我们经常在课堂上提到的小贴士，比如方便学生记忆借贷规则的小工具，增加了"提问"专栏，涉及学生会问到的问题。作为老师，我们知道学生在每学期都会遇到哪些关键概念。尤其是学生易混淆或容易感到困惑的概念和问题。

　　如果你是一位专业人士，我们知道你需要一本有着优秀章节材料和无差错的专业书籍。为了满足这些要求，我们改编了前一版本的大量内容，增加了重要的会计内容，如变动成本和制造业企业的预算。我们在考虑课堂使用和家庭作业的基础上，重新审定了每章节末的问题、练习和案例。本书已经通过了详细审慎的检查以确保内容完整无误。

　　前面的一个简单发问引出了本书的新修订版本。我们欢迎你的反馈、建议和批评。你有任何问题都可以毫不犹豫地联系我们 HorngrensAccounting@pearson.com。

特蕾西·诺布尔斯、布伦达·马蒂森、埃拉·梅·马楚姆拉

目录
CONTENTS

⊖ 参见华章网站 http://www.hzbook.com，注册后搜索书名即可下载。

第 **1** 章

会计核算与企业环境

咖啡店，谁都可以开吗

Aiden Jackson 梦想在学校对面开一家咖啡店，于是他与银行人员进行了交谈。他知道学生们需要找一个地方来休息、学习或者跟朋友聊天。他有开咖啡店的经验，过去三年是邻镇一家咖啡店的经理。尽管如此，Aiden Jackson 还需要一样东西——钱。他存了一小笔工资，还得到家人和朋友的一些资助，但还远不够开业所需。他认为最好的办法就是向银行贷款。在与银行人员会面之后，Aiden Jackson 深受打击，不能确定咖啡店的未来。Aiden Jackson 盯着银行信贷经理递给他的一张清单——商业计划、现金流预测、财务报表、纳税申报单。

你或许认为 Aiden 面临的处境不可能真实存在，你错了。几乎每家新企业都面临同样的困境。所有者带着灵感开始创业，随后他需要有足够的持续现金流来开展业务。此外，所有者不得不做出各种决策，比如：我们应该增开另一家分店吗？我们有足够的钱来买一台新的咖啡烘焙机吗？我怎样知道我的店是否盈利？

所以，Aiden 要如何开始呢？继续阅读，这就是会计要教给你的内容。

为什么要学习会计

Aiden 面临的情况与大多数企业创立时所面临的情况是一样的。

例如，星巴克公司于 1971 年在华盛顿特区西雅图市开设了第一家门面。这是因为它的三位合伙人——Jerry Baldwin、Zev Siegl 和 Gordon Bowker，受到出售高品质咖啡这一梦想的启发。众所周知，他们的梦想很成功，因为星巴克目前已经在 50 个国家和地区共开设了超过 15 000 家门店。星巴克是如何从一家小小的咖啡店发展到今天的规模的？因为它的合伙人都懂会计这一企业的语言。他们知道如何计量经济活动，如何将计量结果处理成为报告（财务报表），然后再利用这些报告进行商业决策。会计知识会帮助你更好地理解企业，使你成为更优秀的企业所有者、员工和投资者。

🐦 章节纲要

会计为何如此重要？

有哪些治理会计的组织和规则？

什么是会计等式？

如何分析一项业务？

如何编制财务报表？

如何利用财务报表评估经营业绩？

☞ 学习目标

1. 解释会计重要的原因并列出会计信息的使用者。

2. 描述治理会计的组织和规则。

3. 描述会计等式并定义资产、负债和所有者权益。

4. 用会计等式分析业务。

5. 编制财务报表。

6. 利用财务报表和资产报酬率来评估经营业绩。

1.1　会计为何如此重要

大家都知道会计这一术语，但会计到底指什么呢？**会计**（accounting）是计量经济活动，将计量结果转化为报表，并将报表传达给决策人的信息系统。会计是企业的语言。将企业语言理解得越好，就越能管理好企业，成为有价值的员工或做出明智的决策。

我们往往认为会计人员都很枯燥乏味。然而，会计绝不是简单地做记录和记账。如今的会计人员广泛参与各种经济活动，比如研究经济论据，开发处理会计信息的计算机程序，以及传达财务报表给利益相关者。

1.1.1　决策者：会计信息的使用者

我们可以将会计划分成两个主要的领域——财务会计和管理会计。**财务会计**（financial accounting）提供信息给外部决策者，比如外部投资者、债权人、消费者以及联邦政府。**管理会计**（managerial accounting）则集中于内部决策者（如公司管理人员和员工）所需要的信息。

图 1-1 举例说明了财务会计与管理会计的不同。无论是公司内部还是外部，所有决策者都需要信息以做出最优选择。决策越重大，决策者需要的信息就越多。来看不同的人们是如何使用会计信息做出重大决策的。

财务会计

外部决策者：

- 是否应该投资这家企业
- 企业是否盈利
- 是否应该向企业提供贷款
- 企业能否偿还债务

管理会计

内部决策者：

- 企业生产预算是多少
- 企业是否应该扩大规模
- 实际成本与预算成本相差多少

图 1-1　决策：财务会计与管理会计

1. 个人

你拥有多少现金？为了在特定年龄退休或支付孩子的大学所需费用，你每月需要存多少钱？会计可以助你解答这些问题。你可以通过会计信息来管理资金，评估一项新工作，以及更好地判断你是否有能力购买一台新电脑。企业同样需要会计信息来做出类似决策。

2. 企业

企业所有者利用会计信息来设定目标，衡量目标完成情况并在必要时做出调整。财务报表能提供企业所有者在做决策时所需要的会计信息。例如，当企业所有者想知道他们的企业是否有足够的现金再购买一台电脑时，财务报表就很有帮助。

准则提示　会计是动态的。随着企业的发展和业务类型的变动，商业语言也必须随之变动。过去 10 年，商业环境最大的变动就是全球商业量的猛增。由于越来越多的企业走全球化道路，决策者需要一种国际会计语言。请在这些要素中查找更多关于国际财务报告准则的信息。

3. 投资者

拥有所有者权益的外部投资者通常提供创建企业所需的资金。假设你正在考虑投资一家公司，你会如何判断这是不是一笔好的投资呢？在做决策时，你可能会尝试预计该项投资将带来的收益。同时，在投资后，投资者可以利用公司财务报表来分析他们投资的执行情况。

你或许有机会通过公司的退休计划在股票市场投资。你该选择哪种投资？看懂一家公司的财务报表可以帮助你做出决策。可以登录相关网站查看一家大公司向证券交易委员会（SEC）递交的财务报表，或者登录证券交易委员会的 EDGAR 数据库（www.sec.gov/edgar.shtml）进行查询。

4. 债权人

任何贷给企业资金的个人或公司都是企业**债权人**（creditor）。在向企业提供贷款之前，债权人通过审查企业财务报表来评估企业的偿债能力。当你借钱购买一辆汽车或一栋房子时，债权人遵循同样的程序。债权人审查会计数据以判断你的偿债能力。你的财务状况会告诉债权人有关偿债能力的哪些内容？对银行而言，你是一个好的风险投资吗？

5. 税务机关

地方、州和联邦政府征收税款。所得税通过会计信息来计算。好的会计记录能够帮助个人或企业合法抵扣税款。没有好的会计记录，美国国税局则不允许抵扣税款，就会产生高额税款加上利息和罚款。

1.1.2　会计职业

不同企业（如亚马逊、沃尔玛，甚至学校对面的三明治店）有何共同点？它们都需要会计。这就是为什么拥有会计学位一旦毕业就有很多出路。

大家可能都听说过注册会计师。**注册会计师**（certified public accountant，CPA）是服务公众的特许专业会计师。注册会计师在公共会计师事务所、企业、政府机构或教育机构工作。成为注册会计师需要哪些条件？尽管各州职业认证的要求各不相同，但是都必须满足教育和经验要求并通过相关资格考试。美国会计师协会网站（www.thiswaytocpa.com）含有大量有关如何成为注册会计师与相关就业机会和考试要求的信息。

注册管理会计师（certified management accountant，CMA）是指专攻会计和财务管理知识的持证专业人员。注册管理会计师通常为单一公司服务。可以在管理会计师网站（www.imanet.org）查找如何成为注册管理会计师，注册管理会计师与注册会计师有何不同，为何雇主承认注册管理会计师认证等相关信息。对会计师而言，花一些时间和精力获得认证是值得的，因为参加工作后注册会计师通常比非注册的其他同事多赚10%～15%。

如何获取更多关于成为注册会计师或注册管理会计师的信息？

学习会计并获得专业认证可以更容易获得经济宽裕的工作。根据 Robert Half 的《2012 年工资指南》（*2012 Salary Guide*），要求掌握专业会计技能的高级职位分别是财务主管、财务分析师、税务会计师、审计师、成本会计师和商业系统分析师。这些职位的收入分别是多少？表 1-1 给出了一些关键职位收入的简单情况。

表 1-1 不同会计职位的比较

会计职位	工作描述	工资范围（美元）
会计主管	编制财务报表，与审计师打交道，并监督监管报告	82 750 ～ 199 000
财务分析师	审查财务报表并解释数据所包含的信息	38 000 ～ 114 500
商业系统分析员	运用会计知识设计电脑系统	44 250 ～ 107 250
税务会计师	指导企业运用税法	41 500 ～ 114 250
审计师	对企业进行审查以确保其遵守相关规章制度	42 500 ～ 171 750
成本会计师	通常就职于制造业，帮助分析会计数据	40 000 ～ 103 750

会计人员的职业通常分为公共会计、企业会计或政府会计。公共会计包括审计和税务申报等服务。著名的公共会计师事务所有安永、德勤、普华永道和毕马威。企业会计为单一公司（如亚马逊、沃尔玛、戴尔）工作，其他会计人员在联邦政府或州政府工作。无论在哪里工作，对其服务要求都很高。根据美国劳工部《2010～2011年度职业前景手册》（*Occupational Outlook Handbook 2010—2011*），联邦政府对会计师和审计师 2008 ～ 2018 年就业增长速度的预期高于平均就业增长速度。

JFICS

准则提示 最近美国会计师协会新增了一项国际会计认证，主要针对那些想专攻国际商务的注册会计师。

练习题 将以下会计术语与相应定义连线。

1. 注册管理会计师　　a. 是计量经济活动，将计量结果转化为报表，并将报表传达给决策人的信息系统
2. 会计　　b. 服务公众的特许专业会计师
3. 管理会计　　c. 任何贷款给某企业的个人或者企业
4. 注册会计师　　d. 该会计领域集中于向内部决策人提供信息
5. 财务会计　　e. 为单一公司服务的专业会计人员
6. 债权人　　f. 该会计领域集中于向外部决策人提供信息

答案在本章最后。

1.2 制定会计准则的组织和原则

任何职业都有相应的规则，下面将讲述治理会计职业的组织和规则。

1.2.1 制定组织

在美国，作为私人资助的独立组织，**财务会计准则委员会**（Financial Accounting Standards Board，FASB）负责会计准则的制定。FASB 与政府监管机构［如**证券交易委员会**（Securities and Exchange Commission，SEC）］合作共事。SEC 除了监管美国金融市场，还监管制定准则的组织，如 FASB。FASB 还与国会组建的组织［如公众公司会计监督委员会（Public Company Accounting Oversight Board，PCAOB）］和民间团体（如美国注册会计师协会，AICPA；管理会计师协会，IMA；国际会计准则委员会，IASB）合作共事。

1.2.2 一般公认会计原则

会计信息的指导方针叫作**一般公认会计原则**（Generally Accepted Accounting Principles，GAAP）。GAAP 是美国的主要会计准则，由 FASB 制定和治理。使用和编制财务报表时对 GAAP 的掌握非常重要。GAAP 基于定义财务报表的目的、特征、要素和实施的概念框架，制定可行的会计实务。财务报表的主要目的是提供投资决策和贷款决策所需的信息，该信息必须具有相关性和真实性。相关性使得信息使用者可以做出决策，真实性指完整、客观、准确。这些基本的会计假设和原则是财务报表中不可或缺的一部分。

1.2.3 经济主体假设

会计最根本的概念之一就是**经济主体假设**（economic entity assumption）。经济（企业）主体是指可以作为自主、独立经济单元的组织。我们为每个主体设定边界以保证其业务区别于其他主体。主体指独立于所有者的企业。

企业可分为独资企业、合伙企业、股份有限公司和有限责任公司。表 1-2 总结了这四种企业组织形式的共同点和差异。

表 1-2 企业组织形式

	独资企业	合伙企业	股份有限公司	有限责任公司
定义	由一人投资的企业	由两人或多于两人投资组成的非股份制有限公司形式的企业	根据州法组织成立的独立法人实体	成员仅对自己的行为负责的公司
所有者人数	一个（独资人）	两个或两个以上（合伙人）	一个或一个以上（股东）	一个或一个以上（成员或合伙人）
组织年限	所有者决定解散，或投资人死亡时企业解散	合伙人决定解散，或合伙人死亡时解散	永久存续	永久存续
所有者个人对企业债务的责任	所有者个人对企业债务承担无限责任	合伙人对企业债务承担无限责任	股东不对企业债务承担责任	投资成员不对企业债务承担责任
税务	非独立纳税实体，所有者根据独资企业收益交纳个人所得税	合伙企业不纳税，相反，其合伙人根据其在企业收益中的份额交纳个人所得税	独立纳税实体，公司交纳税款	不纳税，投资成员根据其收入份额交纳个人所得税
企业类型	小企业	由医生、律师和会计师等组成的专业组织	大型跨国企业	合伙企业的另一种选择

股份有限公司的突出特征和组织形式

本书的讨论主要以股份有限公司的会计为主。股份有限公司有几个区别于其他企业组织形式的特点。接下来做一一介绍。

（1）独立法人。股份有限公司依州法设立。由州授予营业执照（也称公司章程），该文件批准成立公司。一州授权或同意设立公司，因此该文件也称授权书。

从法律角度看，股份有限公司是一个独特的主体。该主体独立于公司所有者［即**股东**（stockholder）］。然而，股份有限公司具有许多个人的权利。例如，股份有限公司可以购买、持有、出售财产，签订合同，诉讼，被诉讼等。企业所有的项目（资产）和企业将要支付的项目（负债）归属于公司而不是个别股东。

股份有限公司将所有者权益划分成了股份，个人通过购买公司股票成为股东。公司章程具体说明了公司可向公众发行的股票数。因此，股份有限公司通常更容易筹资。

（2）永久存续和所有权可转让。股东可根据意愿以不同方式转让股票——出售或与他人交易股票，赠送，遗赠，或以其他方式处理股票。无论股东如何变化，股份有限公司都是永久存续的，因此股票转让不会对公司的持续性产生影响。相比较而言，独资企业和合伙企业在其所有权发生任何改变时就会解散。股份有限公司的存续不依赖于具体个人的所有权。

（3）无相互代理关系。无相互代理关系意味着公司股东不能和公司签约，除非该股东身兼其他角色，如企业职员。与合伙企业不同，互相代理并不存在于股份有限公司中。

（4）股东有限责任制度。股东在其出资额范围内对公司债务承担有限责任。（依据州法律，有限责任制度同样适用于有限责任公司。然而，独资企业所有者与合伙人则以个人财产对企业债务承担无限责任。）

有限责任制度与无相互代理关系的结合意味着个人向公司投资有限数额资金，一旦公司破产也仅损失出资额。这一诱人特征使得股份有限公司比独资企业与合伙企业可筹得更多资金。

（5）所有权与经营权分离。股东拥有企业，但是董事会（由股东选举）任命公司高管来经营企业。因此，股东不会因经营公司影响私人事务。

股东（公司所有者）与经营者分离会带来一些问题：公司高管可能会基于自身利益而非公司利益来经营业务；股东发现，他们与高管之间的距离则导致他们难以对管理层提出有效的抗议。

（6）公司税收。公司是独立的纳税实体。它们需要支付许多独资企业与合伙企业无须支付的税务。按公司成立所在州以及其经营所在州的不同，税收包括以下部分或全部内容：

- 该州征收的特许税。交纳特许税是为了维持公司执照有效和得以继续经营。
- 联邦和州级所得税。公司收入受双重征税。首先，公司根据利润交纳企业所得税；然后，股东根据收到的公司分红交纳个人所得税。独资企业与合伙企业则与此不同，它们不交纳企业所得税，只有个人所有者交纳个人所得税。

（7）政府监管。政府为了保护公司债权人和股东的利益，对公司行为进行监管。与其他类型企业相比，股份有限公司受到更多的政府监管，这是公司的一个缺点并且代价高昂。

（8）公司的形成。前面提到，组织者（发起人）获得州营业执照，公司就算形成了。该执照内容包括公司被授权可发行股份数额，股份代表公司所有权。发起人支付费用，并向州提交所需文件。当第一份股份成功发行时，公司就正式成立了。发起人同意并制定一系列作为公司指导章程的细则，细则是指导公司的规则手册。

公司的最终控制权属于股东，股东按其股份数额享有相应的投票权。董事会成员由股东选举产生，同时制定公司政策并任命高管。董事长由董事会选举，通常是公司最具权力的人物。总经理也由董事会任命，作为首席运营官管理日常经营活动。大多数首席运营官同时兼任副总裁，其职位负责销售、运营、会计和财务以及其他关键职责。图1-2列示了公司内的权力结构。

假设Smart Touch Learning公司是一家主要提供会计、经济学、营销和管理课程的在线学习公司，本章以该公司为例说明经济主体假设和其他几个概念。这家虚拟公司将贯穿本书来使用。

图 1-2　公司结构

　　假定 Sheena Bright 以股份有限公司的形式来创建这家企业。她出资 30 000 美元认购 30 000 股份。根据经济主体假设，Smart Touch Learning 公司将这 30 000 美元独立于其个人资产（如她的汽车和衣服）计量。如果不将这 30 000 美元企业现金与其个人资产区分，将难以衡量 Smart Touch Learning 公司的经营业绩。经济主体假设要求每个组织必须独立于其他企业和公司所有者。

1.2.4　成本原则

　　成本原则（cost principle）指出，获得的资产和服务应该以实际成本（也称历史成本）计量。成本原则意味着以收据上的数额（实际支付额）记录一笔业务。即使买方认为价格偏低，还是会以实际支付价格来计量，而不是以预期成本来计量。例如，假定 Smart Touch Learning 公司以 20 000 美元购得一块土地。公司认为这块土地实际上值 25 000 美元。成本原则要求 Smart Touch Learning 公司以 20 000 美元而不是 25 000 美元入账。

　　成本原则还要求会计记录在一项资产的整个使用年限内都以历史成本报告。为什么？因为历史成本是可以可靠计量的。假设 Smart Touch Learning 公司持有这块土地 6 个月。在此期间，土地升值，售价可达 30 000 美元。土地的账面价值（账簿上的数据）应该以实际成本 20 000 美元计量，还是应该以市场价值 30 000 美元计量？在成本原则下，这块土地的账面价值仍以实际成本 20 000 美元计量。

> *JF1C5*
>
> **准则提示**　在国际财务报告准则下，企业可以 30 000 美元对土地进行重述。能够以每年的公允价值反映资产和负债是国际财务报告准则与美国财务报告准则的重大区别所在。

1.2.5　持续经营假设

　　以历史成本计量的另一个理由就是**持续经营假设**（going concern assumption）。持续经营假设是指会计主体在可预见的未来会持续经营。在持续经营假设下，会计人员假设企业将持续经营足够长的时间以能够按照既定用途使用资产。

1.2.6 货币计量假设

在美国，美元作为交换媒介，因此以美元记录业务。货币价值在不断变化，同时，价格水平上升产生通货膨胀。通货膨胀时，美元购买力下降。但是，会计人员假设美元购买力是稳定的。这是**货币计量假设**（monetary unit assumption）的基础。货币计量假设要求财务报表中的项目以货币形式计量。

1.2.7 国际财务报告准则

我们所讨论的概念和原则均适用于遵循美国一般公认会计原则和在美国证券交易所（如纽约证券交易所）上市的企业。美国证券交易委员会要求美国企业必须遵循一般公认会计原则。尽管如此，目前证券交易委员会正在研究考虑认可由**国际会计准则委员会**（International Accounting Standards Board，IASB）发布的**国际财务报告准则**（International Financial Reporting Standards，IFRS）。国际财务报告准则是一套120多个国家正在使用和规定的全球性会计准则。与美国一般公认会计原则相比，这些准则更概括，也更基于原则。国际财务报告准则留给专业判断更多空间。例如，与美国一般公认会计原则不同，国际财务报告准则允许周期性地对某些资产和负债重新估价并以市场价值重述，而不是始终以历史成本计量。

如果证券交易委员会认可国际财务报告准则，这将意味着什么？这一认可包括将国际财务报告准则融入美国财务系统的缓慢过程，其最终目标是使得美国一般公认会计原则与国际财务报告准则一致。从当时的时间表来看，最早可在2015年或2016年按国际财务报告准则报告。

1.2.8 会计伦理与企业道德

伦理考量影响会计。投资者和债权人需要的是：与他们所投资或贷款的公司相关并且具有真实代表性的信息。公司想要看起来盈利且财力雄厚以吸引投资者，同时想要其财务报表以最好的方式反映公司形象。这两种相对的观点有时会引起利益冲突。例如，假设一家公司由于产品缺陷正面临一桩可能产生100万美元损失的诉讼。这一事件会潜在影响公司的盈利能力，因此该公司可能不想投资者得知这一消息。另一方面，投资者会想要了解该未决诉讼以便对是否投资该公司做出知情决策。为了解决这些利益冲突，提供可靠信息，证券交易委员会会要求上市公司将财务报表交由独立会计师进行审计。**审计**（audit）就是对公司财务报表和记录进行审查。随后，独立会计师会发表意见来说明其财务报表是否真实反映了公司财务状况。

绝大多数会计人员都是专业并遵守职业伦理的，但他们往往不被得知。不幸的是，只有那些舞弊的人才会成为头版头条。近年来已经爆出不少会计丑闻。

针对安然和世界通信公司的报告丑闻，美国政府迅速采取了行动，通过了《**萨班斯－奥克斯利法案**》（Sarbanes-Oxley Act，SOX），期望能遏止财务丑闻的发生。《萨班斯－奥克斯利法案》要求公司审查内部控制并对财务报告的准确性和完整性负责。此外，《萨班斯－奥克斯利法案》还认定伪造财务报表为犯罪行为。《萨班斯－奥克斯利法案》设立了新的监管机构——上市公司会计监管事会，由它来监管对上市公司进行审计的独立会计师的工作。近期的一些丑闻（如伯纳德·麦道夫丑闻，他承认通过伪造交易报告欺骗了数千投资人）进一步摧毁了公众对财务报告的信任。正因如此，未来将产生更多针对财务报告的法规。

练习题 找出各会计术语相应的定义。

7. 成本原则	a. 监管美国会计准则的制定和治理情况
8. 一般公认会计原则	b. 要求一组织必须为独立经济单元
9. 如实反映	c. 监管美国金融市场
10. 证券交易委员会	d. 表明获得的资产和服务要以实际成本入账
11. 财务会计准则委员会	e. 制定国际财务报告准则
12. 货币计量假设	f. 美国主要的会计准则手册
13. 经济主体假设	g. 假设会计主体会在可预见的未来持续经营
14. 持续经营假设	h. 假设财务报表中的项目均以货币为计量单位
15. 国际会计准则委员会	i. 要求信息要完整、客观，并且无重大错误

1.3 什么是会计等式

　　会计的基本工具就是**会计等式**（accounting equation）。该公式计量企业资源（企业所拥有或控制的资源）和针对这些资源的追索权（企业欠债权人和所有者的资源）。会计等式由三部分组成——资产、负债和所有者权益，表示了三者的关系。资产在等式的左边，负债和所有者权益在等式的右边。

> **小贴士**
>
> 　　会计等式的左右两边必须相等。

$$资产 = 负债 + 所有者权益$$

　　举例：如果一个企业有资产 230 000 美元，负债 120 000 美元，它的所有者权益就是 110 000（=230 000−120 000）美元。

$$资产 = 负债 + 所有者权益$$
$$\$230\,000 = \$120\,000 + ?$$
$$\$230\,000 = \$120\,000 + \$110\,000$$

1.3.1　资产

　　资产（asset）是能够为企业提供未来收益的经济资源。资源是由企业所有或控制的有价值的东西。现金、商品、存货、设备和土地都属于资源。

1.3.2　负债

　　对资产的追索权有两个来源：负债和所有者权益。**负债**（liabilities）是指企业应向债权人支付的债务。负债归企业所有，代表了债权人对企业资产的追索权。例如，在企业偿还债务之前，债权人都享有对企业部分资产的追索权。许多负债都以"应付"命名。如应付账款、应交税金、应付工资。

1.3.3　所有者权益

　　公司所有者指股东。所有者对公司资产的追索权称为**所有者权益**（equity）（也称股东权益）。所有者权益代表公司资产在偿还债务后的剩余资产，也称公司资产净值。

　　所有者权益随着所有者投入资金以及公司收入的增加而增加。所有者投入公司的资金也称**实缴资本**（contributed capital）。股东可以投入现金或其他资产（如设备），同时收到资本。所有者权益也可以通过收入来增加。**收入**（revenue）是通过提供商品或服务所产生的收益，如销售收入、劳务收入和租金收入。

所有者权益也会因发生费用和向股东派发股利而减少。**费用**（expense）是在销售商品或提供服务过程中产生的成本。费用与收入相对，因此会减少所有者权益。如租赁费用、薪资费用、广告费用和公用事业费用。

盈利的公司会向股东派发**股利**（dividend），可以是现金、股票或其他财产形式。股利不是费用。公司可能向股东支付股利，也可能不支付。股利与所有者投资相对，因此，会减少所有者权益。

实缴资本（也称实收资本）是所有者（股东）投资于公司的资金额。股票是实缴资本的基本组成部分，由公司发行给股东，作为股东所有权的证据。**普通股**（common stock）代表每个公司的基本所有权。

留存收益（retained earning）是公司盈余总额中没有向股东支付股利的那部分金额。留存收益受股利、收入和费用的影响。股利通过分发现金、股票或其他资产形式减少留存收益；收入则通过提供商品或服务增加留存收益，收入就是收益。例如，如果 Smart Touch Learning 公司通过提供在线学习服务获得 5 500 美元的收入，企业留存收益也增加 5 500 美元。费用则是由运营活动引起的留存收益的减少。例如，Smart Touch Learning 公司向员工支付薪资 1 200 美元，这项费用就会减少留存收益。

如展开后的会计等式所示，所有者权益可以分为实缴资本和留存收益。

$$\underbrace{资产}_{} = \underbrace{负债 + \overbrace{\underbrace{实缴资本}_{普通股} + \underbrace{留存收益}_{-\ 股利 + 收入 - 费用}}^{所有者权益}}_{}$$

企业谋求净利润。当收入大于费用时，企业处于盈利状态，有**净利润**（net income）。相反，则为净亏损（net loss）。

练习题 利用展开后的会计等式计算表格中的未知量

资产	$71 288
负债	2 260
普通股	?
股利	14 420
收入	53 085
费用	28 675

1.4 如何分析一项业务

会计基于实际业务。任何影响企业财务状况并能够以货币可靠计量的事件都属于**业务**（transaction）。业务对企业所有或所欠或其资产净值都会产生影响。许多事件（包括经济繁荣或经济萧条）都会对公司产生影响。然而，会计人员并不记录这些事件所产生的影响，只记录那些有资金数额并能够可靠计量的事件（如购买建筑物，销售商品和支付租金）。

个人业务都有哪些呢？购买汽车就是一笔业务，支付汽车贷款同样也是一笔业务。

Smart Touch Learning 公司的业务分析

我们使用前面介绍过的 Smart Touch Learning 公司来举例说明企业会计。我们会对 Smart Touch Learning 公司 2014 年 11 月的一笔业务进行账务处理，并说明业务如何影响会计等式。

1. 业务 1：股东出资

Sheena Bright 以股份有限公司形式成立 Smart Touch Learning 公司。这家在线学习企业收到来自股东 Sheena Bright 的 30 000 美元，同时向她发行普通股。这笔业务对公司的会计等式产生以下影响：

资产		负债	+	所有者权益
现金	=			实缴资本
				普通股
（1） +30 000				+30 000

按以下步骤仔细分析这笔业务：

步骤一：确定会计账户和账户类型。每笔业务至少包括两个账户。本笔业务涉及现金账户（资产类）和普通股账户（权益类）。

步骤二：判断每个账户是增加还是减少。切记要以企业视角而非股东视角来判断。现金增加，企业所有现金较之前增加；普通股增加，企业获得 30 000 美元投资，同时发行了股票。

步骤三：检查会计等式是否平衡。对于每笔业务，等式左边的金额必须等于等式右边的金额。$30 000=$30 000。

2. 业务 2：以现金购买土地

这家公司以现金 20 000 美元购买了一块土地作为公司办公地点。这笔业务对 Smart Touch Learning 公司的会计等式产生以下影响：

	资产			负债	+	所有者权益
	现金	+	土地	=	+	实缴资本
						普通股
期初余额	$30 000					$30 000
（2）	−20 000	+20 000				
期末余额	$10 000	+	$20 000			$30 000

按同样的步骤来分析这笔业务。

步骤一：确定会计账户和账户类型。现金（资产类）和土地（资产类）。

步骤二：判断各账户是增加还是减少。现金增加，公司支付了现金；土地增加，公司有了土地。

步骤三：检查会计等式是否平衡。$10 000+$20 000=$30 000。

3. 业务 3：赊账购买办公用品

Smart Touch Learning 公司赊账购买了办公用品，并同意在 30 天内支付对方 500 美元。这笔业务同时增加了公司资产和负债，如下所示：

	资产					负债	+	所有者权益
	现金	+	办公用品	+	土地	应付账款	+	实缴资本
								普通股
期末余额	$10 000			+	$20 000			$30 000
（3）			+500			+500		
期末余额	$10 000	+	$500	+	$20 000	$500	+	$30 000

步骤一：确定会计账户和账户类型。办公用品（资产类）和应付账款（负债类）。办公用品属于资产，不属于费用。因为办公用品并不在当期耗用完，会在未来持续使用。赊账购买产生了应付账款（account payable）这一负债，它属于短期负债，在未来支付。应付项目往往属于负债。

步骤二：判断各账户是增加还是减少。办公用品增加，公司拥有更多办公用品；应付账款增加，公司较之前增加了欠款。

步骤三：检查会计等式是否平衡。$10 000+$500+$20 000=$500+$30 000。

 小贴士

注意这些步骤在分析业务中所起的作用。按照这些步骤完成一笔业务非常重要。下面尝试不看业务分析，自己写出以上步骤。

4.业务 4：提供服务并获取现金收入

Smart Touch Learning 公司通过向顾客提供训练服务获得劳务收入。公司赚取 5 500 美元，以现金形式取得。业务引起的现金增加和劳务收入增加，如下所示：

	资产				负债	+	所有者权益		
							实缴资本	+	留存收益
	现金	+ 办公用品	+ 土地	=	应付账款	+	普通股	+	劳务收入
期末余额	$10 000	+ $500	+ $20 000		$500	+	$30 000		
（4）	+5 500								+5 500
期末余额	$15 500	+ $500	+ $20 000		$500	+	$30 000		$5 500

如上所示，这笔业务通过增加资产和所有者权益使得公司得以发展。

5.业务 5：获取赊账形式的劳务收入

Smart Touch Learning 公司向不能立即付款的顾客提供了服务。顾客承诺在一个月内支付 3 000 美元，公司预期可在未来收取这部分现金。因此，这一承诺属于一项资产，即**应收账款**（account receivable, AR）。在会计实务中，称之为 Smart Touch Learning 公司以赊账形式提供服务。公司通过提供服务获得收入，而不是通过收取现金获得收入。与业务 4 一样，收入增加，所有者权益增加。Smart Touch Learning 公司将如下记录 3 000 美元的赊销收入：

	资产					负债	+	所有者权益		
								实缴资本	+	留存收益
	现金	+ 应收账款	+ 办公用品	+ 土地	=	应付账款	+	普通股	+	劳务收入
期末余额	$15 500		+ $500	+ $20 000		$500	+	$30 000		$5 500
（5）		+3 000								+3 000
期末余额	$15 500	+ $3 000	+ $500	+ $20 000		$500	+	$30 000		$8 500

6.业务 6：以现金支付费用

公司支付了 3 200 美元的现金费用：2 000 美元的办公室租金和 1 200 美元的职工薪资。对会计等式影响如下：

费用与收入的影响相反。费用同时减少资产和所有者权益，使公司净值缩减，每笔单独记录。现金支出作为费用总额之外的一个单独账户记录：3 200（=2 000+1 200）美元。会计等式保持平衡（$12 300+$3 000+$500+$20 000=$500+$30 000+$8 500-$2 000-$1 200）。

	资产				=	负债	+	所有者权益				
								实缴资本 +		留存收益		
	现金	+ 应收账款	+ 办公用品	+ 土地	=	应付账款 +		普通股	+ 劳务收入	− 租金费用	− 薪资费用	
期末余额	$15 500	+ $3 000	+ $500	+ $20 000	=	$500	+	$30 000	+ $8 500			
(6)	−3 200									−2 000	−1 200	
期末余额	$12 300	+ $3 000	+ $500	+ $20 000	=	$500	+	$30 000	+ $8 500	− $2 000	− $1 200	

7. 业务7：偿还赊账（应付账款）

公司向其在业务3中购买办公用品的商店支付了300美元，即偿还了300美元的应付账款。会计等式中现金和应付账款同时减少，如下所示：

	资产				=	负债	+	所有者权益			
								实缴资本 +		留存收益	
	现金	+ 应收账款	+ 办公用品	+ 土地	=	应付账款 +		普通股	+ 劳务收入	− 租金费用	− 薪资费用
期末余额	$12 300	+ $3 000	+ $500	+ $20 000	=	$500	+	$30 000	+ $8 500	− $2 000	− $1 200
(7)	−300					−300					
期末余额	$12 000	+ $3 000	+ $500	+ $20 000	=	$200	+	$30 000	+ $8 500	− $2 000	− $1 200

用现金偿还赊账不影响办公用品（资产）。Smart Touch Learning 公司并没有增加其办公用品数量，而是用现金（现金减少300美元）偿还了一项负债（应付账款减少300美元）。将这笔业务记录为办公用品增加，则等于记录了两次购买办公用品。而购买办公用品已经在业务3中记录，针对这笔业务，只需对偿还赊账进行记录。

提问

为什么不记录办公用品的增加？因购买办公用品产生的支付，不记录为增加办公用品，同时减少现金吗？

8. 业务8：收取赊账（应收账款）

在业务5中，Smart Touch Learning 公司赊账向顾客提供了服务。公司现在收到顾客的2 000美元，即 Smart Touch Learning 公司收回了现金赊账。公司将它记录为资产类账户现金增加。是否应该同时记录劳务收入增加？不应该，因为公司已经在业务5中收入发生的时候记录了这笔劳务收入。收回现金赊账意味着现金增加，同时应收账款减少。应收账款减少是因为这2 000美元是公司预期在未来某一时刻将收回的现金，现在已经收回。会计等式影响如下：

	资产				=	负债	+	所有者权益			
								实缴资本 +		留存收益	
	现金	+ 应收账款	+ 办公用品	+ 土地	=	应付账款 +		普通股	+ 劳务收入	− 租金费用	− 薪资费用
期末余额	$12 000	+ $3 000	+ $500	+ $20 000	=	$200	+	$30 000	+ $8 500	− $2 000	− $1 200
(8)	+2 000	−2 000									
期末余额	$14 000	+ $1 000	+ $500	+ $20 000	=	$200	+	$30 000	+ $8 500	− $2 000	− $1 200

这笔业务记录为一项资产（现金）增加，另一项资产（应收账款）减少。会计等式仍旧平衡吗？是的。只要在会计等式的一边记录等量的增加额和减少额，等式保持平衡。也就是说，资产、负债和所有者权益总额较之前保持不变。这是为什么呢？因为 Smart Touch Learning 公司以一项资产（现金）交换另一项资产（应收账款），不影响会计等式中的资产总额（+$2 000−$2 000=$0）。

提问

会计等式的两边不一定都发生数额变化吗？

9. 业务9：支付现金股利

Smart Touch Learning 公司向股东 Sheena Bright 派发了 5 000 美元的现金股利。对会计等式产生如下影响：

	资产					负债 +		所有者权益					
							实缴资本 +		留存收益				
	现金	+应收账款	+办公用品	+ 土地		应付账款 +	普通股	− 股利	+劳务收入	−租金费用	−薪资费用		
期末余额	$14 000	+ $1 000	+ $500	+ $20 000		$200 +	$30 000		+ $8 500	− $2 000	− $1 200		
（9）	−5 000							−5 000					
期末余额	$ 9 000	+ $1 000	+ $500	+ $20 000		$200 +	$30 000	− $5 000	+ $8 500	− $2 000	− $1 200		

股利减少了公司现金和所有者权益。股利与获得收入无关，不属于费用，因此，股利不影响企业的净收益或净亏损。

图 1-3 总结了 Smart Touch Learning 公司的以上 9 笔业务。

（1）Smart Touch Learning 公司收到来自股东 Sheena Bright 的 30 000 美元，同时向其发行普通股

（2）以现金购买了一块土地

（3）赊账购买了价值 500 美元的办公用品

（4）获得 5 500 美元的现金劳务收入

（5）赊账提供服务，应收 3 000 美元

（6）支付现金费用：租金费用 2 000 美元，薪资费用 1 200 美元

（7）偿还了业务 3 中的应付账款 300 美元

（8）收取业务 5 中产生的应收账款 2 000 美元

（9）向股东 Sheena Bright 支付现金股利 5 000 美元

	资产					负债 +		所有者权益				
							实缴资本 +		留存收益			
	现金	+应收账款	+办公用品	+ 土地		应付账款 +	普通股	− 股利	+劳务收入	−租金费用	−薪资费用	
（1）	+30 000						+30 000					
（2）	−20 000			+20 000								
余额	$10 000			+ $20 000			$30 000					
（3）			+500			+500						
余额	$10 000	+	$500	+ $20 000		$500 +	$30 000					
（4）	+5 500								+5 500			
余额	$15 500	+	$500	+ $20 000		$500 +	$30 000		+ $5 500			
（5）		+3 000							+3 000			
余额	$15 500	+ $3 000	+ $500	+ $20 000		$500 +	$30 000		+ $8 500			
（6）	−3 200									−2 000	−1 200	
余额	$12 300	+ $3 000	+ $500	+ $20 000		$500 +	$30 000		+ $8 500	− $2 000	− $1 200	
（7）	−300					−300						
余额	$12 000	+ $3 000	+ $500	+ $20 000		$200 +	$30 000		+ $8 500	− $2 000	− $1 200	
（8）	+2 000	−2 000										
余额	$14 000	+ $1 000	+ $500	+ $20 000		$200 +	$30 000		+ $8 500	− $2 000	− $1 200	
（9）	−5 000							−5 000				
余额	$ 9 000	+ $1 000	+ $500	+ $20 000		$200 +	$30 000	− $5 000	+ $8 500	− $2 000	− $1 200	
	$30 500							$30 500				

图 1-3　Smart Touch Learning 公司的业务分析

练习题 根据已知信息分析 Lawor Lawn Service 的业务对会计等式产生的影响。

5 月 1 日	收到 1 700 美元投资额并发行普通股
5 月 3 日	赊账购买割草机, 应付 1 440 美元
5 月 5 日	赊账提供割草服务, 应收 200 美元
5 月 17 日	购买割草机用油, 支付现金 60 美元
5 月 28 日	支付现金股利 300 美元

1.5 如何编制财务报表

我们已经记录了 Smart Touch Learning 公司的所有业务, 也在图 1-3 中进行了总结。注意总资产如何等于负债与所有者权益的总额之和 ($30 500=$30 500)。

另有一个基本问题是: 人们如何使用这些信息? 图 1-3 中的信息并不能使债权人得知 Smart Touch Learning 公司能否偿还贷款。从这些数据中也无从得知公司是否盈利。

为了解决这些问题, 需要编制财务报表。**财务报表** (financial statement) 是传达公司决策所需信息的商业文件。有四份报表需要编制, 请按以下顺序编制:

(1) **利润表** (income statement), 用于回答公司是否盈利这一问题。利润表汇总会计主体在特定期间的收入和费用并报告净利润或净亏损。

(2) **留存收益表** (statement of retained earning), 用于回答企业如何利用收益, 公司是支付股利还是保留收益以向公司进一步投资。留存收益表反映了公司留存收益在整个会计期间是如何变化的。留存收益账户随净利润增加, 随净亏损减少。

(3) **资产负债表** (balance sheet), 用于说明企业资产总额以及谁 (债权人和股东) 可以索取这些资产。资产负债表即报告企业在一定日期的资产、负债和所有者权益的会计等式。

(4) **现金流量表** (statement of cash flow), 用于回答企业是否产生足够的现金以支付其账单。它反映了企业特定时期的现金收付情况。

1.5.1 利润表

从利润表开始。利润表 (也称盈余表) 反映了企业在一定期间 (如一个月、一个季度或一年) 的所有收入和所有费用。从利润表中, 我们可以得知企业是净收益还是净亏损。

- 净收益意味着收入总额大于费用总额。
- 净亏损意味着费用总额大于收入总额。

利润表只反映收入和费用两种账户, 牢记这一点非常重要。图 1-4 是 Smart Touch Learning 公司的利润表。所有利润表包含的内容相同。

1.5.2 留存收益表

接下来要编制留存收益表。留存收益表反映会计主体在一定时期 (如一个月、一个季度或一年) 留存收益的变化情况。

观察图 1-5 中 Smart Touch Learning 公司的留存收益表。注意到该月净收益是利润表中计算得来的净收益额。正因如此, 要在编制留存收益表之前编制利润表。要先在利润中计算得出净收益, 然后再在留存收益

提示

留存收益表中的净利润数据从何而来?

表中使用这一数额。

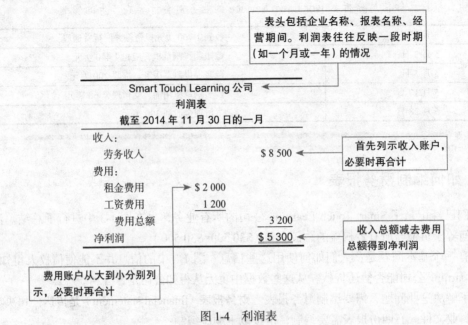

图 1-4 利润表

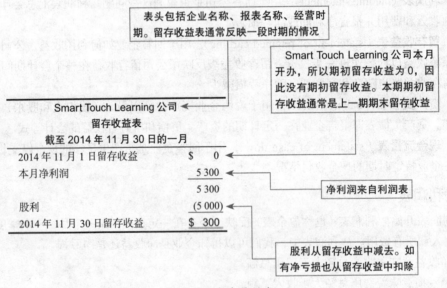

图 1-5 留存收益表

1.5.3 资产负债表

资产负债表（也称财务状况表）列示会计主体在一定
日期（通常为月末、季末或年末的最后一天）的资产、负债
和所有者权益情况。资产负债表是对会计主体的简单概括。
投资人或债权人通过查看资产负债表来估计企业总体状况。

观察图 1-6 中 Smart Touch Learning 公司的资产负债表。
所有资产负债表的编制方法相同。

提问

通过资产负债表，投资人和
债权人可以得知哪些信息？

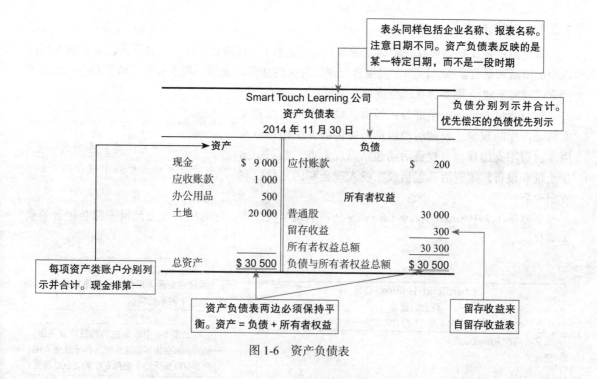

图 1-6 资产负债表

道德伦理

何种行为构成操纵财务报表

Xiaping 贸易公司正在开会讨论公司上一年度的经营成果，之后将向银行公布其财务报表。公司的唯一股东 Wai Lee 发表意见说："上一年度业绩很差！收入下滑，费用却在增加。如果我们再不谨慎的话，就会连续三年报告亏损。我可以暂时将我的私人土地转入公司名下以改善公司资产负债表。Brent，你作为公司会计，能从费用中去掉 500 000 美元吗？这样我们就有可能获得所需银行贷款。"Brent 该怎么做？如果你是 Brent 你会怎么做？

解决方案

Brent 应该提醒 Wai Lee 财务报表旨在真实反映公司业绩和财务状况。如果 Wai Lee 并不打算将这块土地给公司，那么她就不应该仅仅为了增加公司资产和所有者权益而将土地转入公司名下。

如果削减费用意味着减少公司费用总额，那么 Brent 的行为有可能合法。但是如果 Wai Lee 的意思是让 Brent 对费用重新分类并推迟确认以达到增加利润的目的，那么这种行为就是虚假的和具有欺骗性的。

1.5.4 现金流量表

现金流量表反映企业在一定时期的现金收（正数）付（负数）情况。由于该表只反映期间内现金的增减和最终余额，因此，只报告与现金有关的业务。如果一项业务并不涉及现金（如以抵押方式购买土地），则不会在现金流量表中报告。

现金流量表分为三个部分：经营活动、投资活动和筹资活动产生的现金。经营活动包括因提供服务获得现金和因支付费用支出现金。投资活动包括以现金方式购买、出售土地和设备。筹资活动包括股东投入现金和因支付股利支出现金。

提问

以抵押方式购买土地这一业务会在现金流量表中报告吗？

观察图 1-7 中 Smart Touch Learning 公司的现金流量表。注意所有现金流量表都会包含的重要项目。

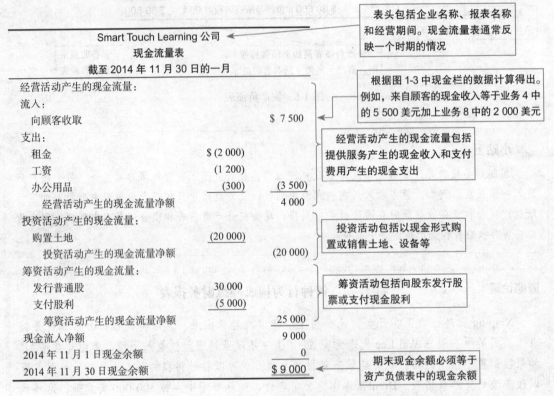

表头包括企业名称、报表名称和经营期间。现金流量表通常反映一个时期的情况

Smart Touch Learning 公司
现金流量表
截至 2014 年 11 月 30 日的一月

经营活动产生的现金流量：		
流入：		
向顾客收取		$ 7 500
支出：		
租金	$ (2 000)	
工资	(1 200)	
办公用品	(300)	(3 500)
经营活动产生的现金流量净额		4 000
投资活动产生的现金流量：		
购置土地	(20 000)	
投资活动产生的现金流量净额		(20 000)
筹资活动产生的现金流量：		
发行普通股	30 000	
支付股利	(5 000)	
筹资活动产生的现金流量净额		25 000
现金流入净额		9 000
2014 年 11 月 1 日现金余额		0
2014 年 11 月 30 日现金余额		$ 9 000

根据图 1-3 中现金栏的数据计算得出。例如，来自顾客的现金收入等于业务 4 中的 5 500 美元加上业务 8 中的 2 000 美元

经营活动产生的现金流量包括提供服务产生的现金收入和支付费用产生的现金支出

投资活动包括以现金形式购置或销售土地、设备等

筹资活动包括向股东发行股票或支付现金股利

期末现金余额必须等于资产负债表中的现金余额

图 1-7　现金流量表

练习题 根据以下信息，完成 DR Paniting 公司 2015 年 3 月的利润表、留存收益表和资产负债表（单位：美元）。

应收账款	1 400	薪资费用	800
应付账款	1 000	劳务收入	7 000
现金	22 300	办公用品	1 800
本月发行股票	40 000	运费	20 000
本月支付股利	1 500	水电费	200

1.6　如何利用财务报表评估公司业绩

每类财务报表向报表使用者提供不同类型的信息。表 1-3 总结了各报表所提供的信息及其用途。

表 1-3　各财务报表所提供的信息

财务报表	提供的信息以及用途
利润表	提供有关企业在一定期间内盈利能力的信息
留存收益表	告诉报表使用者保留了多少收益以进一步投资于公司
资产负债表	向报表使用者提供有关企业所有的经济资源（资产）以及负债和所有者权益的重要信息，决策者得以判断企业财务状况
现金流量表	反映企业一定期间内的现金收支情况

1.6.1　绿山咖啡烘焙股份有限公司

本章观察了虚拟公司 Smart Touch Learning 公司的几笔业务和财务报表。现在是时候将学习到的知识运用到现实公司中去了。我们将在每一章观察绿山咖啡烘焙股份有限公司的财务报表。你将学习如何分析它的财务报表和如何运用章节中所提到的概念。

请登录 http://investor.gmcr.com/annuals.cfm 网站查看绿山咖啡烘焙股份有限公司的财务报表。先来识别本章讨论过的几种财务报表。利润表在年报的第 F-4 页，名为"合并经营报表"。注意到利润表计算出了净利润（收入减去费用）。绿山公司 2011 年截至 9 月 24 日的年度净利润为 199 501 000 美元。

资产负债表在年报的第 F-3 页。可以找到资产、负债和所有者权益吗？正如之前在本章学到的一样，绿山公司的资产总额（3 197 887 000 美元）等于负债和所有者权益之和（3 197 887 000 美元）。

1.6.2　资产报酬率

资产报酬率（return on asset，ROA）是报表使用者用来判断企业业绩表现的众多工具之一。资产报酬率衡量企业利用其资产盈利的多少。资产报酬率等于净利润除以平均总资产，平均总资产等于期初资产加上期末资产再除以 2。

$$资产报酬率＝净利润÷平均资产总额$$
$$平均资产总额＝（期初资产总额＋期末资产总额）÷2$$

决策　　　　个人在股票市场投资时如何决策

Lori Cummings 刚刚继承了祖母的 10 000 美元。她决定将这些钱用来投资股票。她考虑要把钱投给一家她最喜欢的服装店，但是她在 Urban Outfitters 和 The Gap 之间难以做出选择。

Lori 该如何抉择？她应该利用哪些资源进行决策？

解决方案

Lori 应该首先查看每家公司的财务报表。她可以在公司网站或者证券交易委员会网站查到这些报表。她应该查看利润表，比较两家公司的净利润。哪家公司盈利能力更强？她还应该看看公司资产负债表，仔细查看会计等式的每部分内容。资产总额是多少？负债又是多少？此外，她还应该利用网站（如雅虎财经）调查每家公司的情况。这些网站提供有关公司的新闻和信息（如时事头条、关键统计和行业比较）。

Lori 同时应该考虑多元化投资。多元化投资包括在多家公司、多个行业和不同规模的公司进行投资。多元化可以降低投资风险。Lori 应该考虑将一半遗产投资到其他行业的公司中，如她最喜欢的饭店或者食品加工厂等。

来计算一下绿山咖啡烘焙股份有限公司的资产报酬率，并衡量一下资产利用的盈利情况。在该公司 2011 年的利润表中，报告的净利润为 199 501 000 美元。公司在资产负债表中报告的期初资产总额为 1 370 574 000 美元，期末资产总额为 3 197 887 000 美元。绿山咖啡烘焙股份有限公司 2011 年的资产报酬率为：

$$资产报酬率 = \$199\ 501 \div ((\$1\ 370\ 574 + \$3\ 197\ 887) \div 2)$$
$$= \$199\ 501 \div \$2\ 284\ 231^*$$
$$= 8.7\%^*$$

* 已四舍五入。

作为投资者，我们如何判断 8.7% 的资产报酬率是好还是差？那就不得不与竞争企业（如驯鹿咖啡股份有限公司、星巴克公司和唐恩都乐集团等）的资产报酬率做比较。如果得知唐恩都乐集团的资产报酬率是 1.1% 呢？由于绿山咖啡烘焙股份有限公司的资产报酬率更高，那么与唐恩都乐相比，绿山的资产盈利能力更强。这也意味着绿山咖啡烘焙股份有限公司利用一美元能创造更多利润。随着学习的深入，我们会探索出更多可用于评估公司业绩的财务工具。投资人只有在看到了公司大局后，才能真正了解其投资潜力。

练习题 根据以下信息计算资产报酬率（单位：美元）。

净利润	5 000
资产总额，2015 年 11 月 1 日	76 000
资产总额，2015 年 11 月 30 日	80 250

知识回顾

☞ 重要知识点

1 **会计的重要性。**
- 会计是商业语言。
- 包括个体、企业、投资人、债权人和税务机构在内的决策者都会用到会计。
- 会计可以划分为两大类：财务会计和管理会计。
- 财务会计为外部决策者所用，管理会计则为内部决策者所用。
- 企业需要会计人员。会计人员可以任职于私人企业、公共单位以及政府单位。
- 会计人员可被授予注册会计师或注册管理会计师资格。

2 **治理会计的组织和规则有哪些？**
- 在美国，一般公认会计原则（GAAP）为会计治理准则。

- 财务会计准则委员会（FASB）负责一般公认会计原则（GAAP）的制定和治理。
  - ♦ 经济主体假设：要求是独立的经济组织，比如独资企业、合伙企业、股份制公司和有限责任公司。
  - ♦ 成本原则：获得的资产和服务以实际成本计量。
  - ♦ 持续经营假设：假设主体将在可预见的将来持续经营。
  - ♦ 货币计量假设：假设经济业务可以用货币计量。

3 什么是会计等式？

- 资产＝负债＋所有者权益
  - ♦ 资产：企业所有或所控制的项目（例如：现金、设备、土地）。
  - ♦ 负债：企业所欠的项目（例如：应付账款、应付票据、应付工资）。
  - ♦ 所有者权益：股东通过实收资本和留存收益产生的对企业资产的追索权（例如：普通股、股利、收入、费用）。

4 如何分析一项业务？

- 业务对企业财务状况产生影响，并可以可靠计量。
- 业务分析包括以下三个步骤：
  - ♦ 第一步：确定账户和账户类型（资产、负债或权益类）。
  - ♦ 第二步：判断账户增减方向。
  - ♦ 第三步：判断会计等式是否平衡。

5 如何编制财务报表？

- 财务报表按以下顺序编制：
- （1）利润表：
  - ♦ 反映企业特定时期内的净利润或净亏损。
  - ♦ 收入－费用＝净利润或净亏损
- （2）留存收益表
  - ♦ 反映特定时期内留存收益的变动情况。
  - ♦ 期初留存收益＋净利润－股利－净亏损＝期末留存收益
- （3）资产负债表
  - ♦ 反映主体特定日期的资产、负债和股东权益。
  - ♦ 资产＝负债＋股东权益
- （4）现金流量表
  - ♦ 反映期间内企业的现金收支情况。
  - ♦ 包括三部分：经营活动产生的现金流量、投资活动产生的现金流量，以及筹资活动产生的现金流量。

6 如何利用财务报表评估经营业绩？

- 利润表评估盈利能力。
- 留存收益表研究保留和再投资的收益金额。
- 资产负债表详细反映企业所有的经济资源和负债。
- 现金流量表反映现金的变动。
- 资产报酬率＝净利润÷平均资产总额

☞汇总习题

Ron Smith 在一所大学附近开办了一家公寓租赁中介公司，名叫校园公寓租赁。2015 年经营首月发生了以下业务：

a. Smith 出资 35 000 美元，公司向其发行普通股。b. 赊购 350 美元的办公用品。c. 支出 30 000 美元现金购进校园附近的一块地。d. 为客户寻找公寓，获得 1 900 美元的现金收入。e. 偿还业务 b 产生的 100 美元的应付账款。f. 支付现金费用 500 美元，其中办公租金 400 美元，水电费 100 美元。g. 向股东支付现金股利 1 200 美元。

要求：①根据其对校园公寓租赁公司会计等式的影响，对以上业务进行分析。参照图 1-3。②编制记录完这些业务后的公司利润表、留存收益表、资产负债表。③计算资产报酬率。

☞答案

● 要求①

	资产			=	负债	+	所有者权益					
							实缴资本 +		留存收益			
	现金	+ 办公用品 +	土地		应付账款 +		普通股 −	股利	+ 劳务收入 −	租金费用 −	水电费用	
(a)	+35 000						+35 000					
(b)		+350			+350							
余额	$35 000 +	$350			$350 +		$35 000					
(c)	−30 000		+30 000									
余额	$5 000 +	$350 +	$30 000		$350 +		$35 000					
(d)	+1 900								+1 900			
余额	$6 900 +	$350 +	$30 000		$350 +		$35 000		+ $1 900			
(e)	−100				−100							
余额	$6 800 +	$350 +	$30 000		$250 +		$35 000		+ $1 900			
(f)	−500									−400	−100	
余额	$6 300 +	$350 +	$30 000		$250 +		$35 000		+ $1 900 −	$400 −	$100	
(g)	−1 200							−1 200				
余额	$5 100 +	$350 +	$30 000		$250 +		$35 000 −	$1 200 +	$1 900 −	$400 −	$100	
	$35 450				$35 450							

● 要求②

校园公寓租赁 利润表 截至 2015 年 7 月 31 日的一个月		
收入：		
劳务收入		$1 900
费用：		
租金费用	$ 400	
水电费	100	
费用合计		500
净利润		$ 1 400

校园公寓租赁 留存收益表 截至 2015 年 7 月 31 日的一个月	
留存收益，2015 年 7 月 1 日	$ 0
本月净利润	1 400
	1 400
股利	(1 200)
留存收益，2015 年 7 月 31 日	$ 200

校园公寓租赁 资产负债表 2015 年 7 月 31 日			
资产		**负债**	
现金	$ 5 100	应收账款	$ 250
办公用品	350		
土地	30 000	**股东权益**	
		普通股	35 000
		留存收益	200
		股东权益总额	35 200
资产总额	$ 35 450	负债和股东权益总额	$ 35 450

● 要求③

$$资产报酬率 = 净利润 \div 平均资产总额$$
$$平均资产总额 = (期初资产总额 + 期末资产总额) \div 2$$
$$平均资产总额 = (\$0 + \$35\ 450) \div 2 = \$17\ 725$$
$$资产报酬率 = \$1\ 400 \div \$17\ 725 = 0.079 = 7.9\%*$$

* 已四舍五入。

☞关键术语

accounting **会计** 是计量经济活动，将计量结果转化为报表，并将报表传达给决策人的信息系统。

accounting equation **会计等式** 会计的基本工具。计量企业资源（企业所拥有或控制的）和针对这些资源的追索权（企业欠债权人和所有者的）。资产＝负债＋所有者权益。

accounts payable **应付账款** 在未来进行偿还的短期负债。

accounts receivable **应收账款** 因销售商品或提供服务产生的在未来向顾客收取现金的权利。

assets **资产** 能够为企业提供未来收益的经济资源，企业所拥有或控制的。

audit **审计** 对公司财务报表和会计记录的审查。

balance sheet **资产负债表** 反映企业特定日期的资产、负债和所有者权益情况。

Certified Management Accountant (CMA) **注册管理会计师** 拥有会计和财务管理知识的持证专业人员，通常为单一公司服务。

Certified Public Accountant (CPA) **注册会计师** 是服务公众的特许专业会计师。

common stock **普通股** 代表公司的基本所有权。

contributed capital **实缴资本** 所有者对公司的投资额。

corporation **股份制公司** 依法组织成立并且为独立法人主体的企业。

cost principle **成本原则** 获得的资产和服务应该以实际成本计量。

creditor **债权人** 任何贷款给某企业的个人或者企业。

dividend **股利** 公司向股东派发的收益。

economic entity assumption **经济主体假设** 可以脱离并成为独立经济单元的组织。

equity **所有者权益** 公司所有者对公司财产的追索权。

expenses **费用** 销售商品或提供服务所产生的成本。

financial accounting **财务会计** 该会计领域集中于向外部决策人提供信息。

Financial Accounting Standards Board (FASB) **财务会计准则委员会** 美国负责监督会计准则的制定和治理的民间组织。

financial statements **财务报表** 传达公司决策所需信息的商业文件。

generally accepted accounting principles (GAAP)　一般公认会计原则　由财务会计准则委员会最新制定的会计准则，美国最主要的会计准则。

going concern assumption　持续经营假设　假设主体会在可预见的未来持续经营。

income statement　利润表　反映企业一定时期内的净利润或净亏损。

International Accounting Standards Board (IASB)　国际会计准则委员会　监管国际财务报告准则的制定和治理情况的民间组织。

International Financial Reporting Standards (IFRS)　国际财务报告准则　由国际会计准则委员会制定的一套全球性会计准则。

liabilities　负债　欠债权人的债务。

limited-liability company (LLC)　有限责任公司　公司成员仅对自身行为负责。

managerial accounting　管理会计　该会计领域集中于向内部决策人提供信息。

monetary unit assumption　货币计量假设　该假设要求财务报表的每一项都以货币形式计量。

net income　净利润　总收入大于总费用时的经营成果。

net loss　净亏损　总费用大于总收入时的经营结果。

partnership　合伙企业　两个或两个以上投资人组成的非股份制有限公司形式的企业。

retained earnings　留存收益　经营收益中未向股东派发的部分转化为的资本留存下来成为企业的内部积累。

return on assets (ROA)　资产报酬率　衡量企业利用其资产盈利的多少。净利润／平均资产总额。

revenues　收入　通过向客户提供商品或服务获取的资金数额。

Sarbanes-Oxley Act (SOX)　《萨班斯–奥克斯利法案》　要求公司审查内部控制并对财务报表的准确性和完整性负责。

Securities and Exchange Commission (SEC)　证券交易委员会　美国负责监督金融市场的政府机构。

sole proprietorship　独资企业　只有一位投资人的企业。

statement of cash flows　现金流量表　反映企业一定时期内现金收付情况的财务报表。

statement of retained earnings　留存收益表　反映公司留存收益在整个会计期间的变化情况的财务报表。

stockholder　股东　持有公司股票的个人。

transaction　业务　任何影响企业财务状况并能够以货币可靠计量的事件。

☞ 快速测验

1　会计是（　　　）的信息系统。
　　a. 计量经济活动　　　b. 向决策人传达结果　　c. 将信息加工成报告　　d. 以上三点

2　以下哪个选项不是企业财务信息的外部使用者？
　　a. 税务机构　　　　　b. 员工　　　　　　　　c. 顾客　　　　　　　　d. 投资人

3　一般公认会计原则现在由（　　　）制定。
　　a. 财务会计准则委员会　b. 证券交易委员会　　c. 管理会计师协会　　　d. 美国注册会计师协会

4　以下哪种企业组织形式为一人所有？
　　a. 股份制公司　　　　b. 合伙企业　　　　　　c. 独资企业　　　　　　d. 以上均正确

5　以下哪个选项最好地概括了股份制公司的特征？
　　a. 企业为一人所有　　b. 不纳税
　　c. 股东个人不对企业的债务负责　　　　　　　d. 不是独立的纳税主体

6　下面哪项要求会计信息具有完整性、客观性和无重大错误？

a. 如实反映　　　　　　b. 成本原则　　　　　　c. 经济主体假设　　　　　d. 持续经营假设

7　全球保洁服务是一家提供家庭和办公室保洁服务的公司，上一年年末，其资产总额为 3 630 美元，权益总额为 2 280 美元，那么公司负债为多少？

　　a. 5 910 美元　　　　　b. 3 630 美元　　　　　c. 1 350 美元　　　　　d. 2 280 美元

8　已知全球保洁服务公司有 6 400 美元的赊销收入和 2 500 美元的费用总额，那么公司的净利润或净亏损为多少？

　　a. 净利润 3 900 美元　b. 净亏损 3 900 美元　c. 净利润 6 400 美元　d. 净利润 8 900 美元

9　假设全球保洁服务公司向一家百货公司赊账提供保洁服务，应收 180 美元，这笔业务会对公司的会计等式产生什么影响？

　　a. 资产和负债各增加 180 美元　　　　　　b. 资产和权益各增加 180 美元

　　c. 负债和权益各增加 180 美元　　　　　　d. 负债减少 180 美元，权益增加 180 美元

10　资产负债表反映：

　　a. 特定日期的财务状况　　　　　　　　　b. 特定日期的经营成果

　　c. 特定时期的财务状况　　　　　　　　　d. 特定时期的经营成果

11　假设全球宝洁服务本年净利润为 570 美元，期初和期末资产总额分别为 4 520 美元和 4 180 美元，计算公司的资产报酬率。

　　a. 12.6%　　　　　　　b. 13.6%　　　　　　　c. 13.1%　　　　　　　d. 7.63%

在本章结尾处查看答案。

进步评估

✎复习题

1　什么是会计？

2　简要描述会计的两大分支。

3　描述会计信息使用者的类型以及他们如何利用这些信息做决策。

4　会计人员可以获得哪两项证书？分别给予简单解释。

5　财务会计准则委员会的作用是什么？

6　解释一般公认会计原则的目的，以及目前负责准则制定和治理的组织机构。

7　描述本章提及的四种企业类型的异同点。

8　企业以 5 000 美元购买了一英亩土地，其当前市价为 5 550 美元，房产税的计税基础为 5 250 美元。该土地的入账价值为多少？依据的是哪条会计原则？

9　持续经营假设是什么意思？

10　哪条概念说明会计信息必须完整、中立且无重大错误？

11　美国的财务报表以美元计量。这基于哪项假设？

12　结合国际财务报告准则解释国际会计准则委员会的作用。

13　什么是会计等式？分别简要解释该等式的三个部分。

14　留存收益是如何增加的？通过哪两种方法可以使留存收益减少？

15　如何计算净利润？定义收入和费用。

16　分析经济业务的步骤有哪些？

17 列举四种财务报表，并分别给予简要解释。

18 如何计算资产报酬率？解释资产报酬率衡量什么。

✍ 简单练习

S1-1 区分会计信息的使用者。

区分每种会计信息的使用者使用的是财务会计，还是管理会计。

a. 投资人　　b. 银行人员　　c. 国税局　　　　d. 企业经理

e. 财务主管　f. 股东　　　　g. 人力资源总监　h. 债权人

S1-2 确定管理会计的机构组织。

假设你要创办一家叫 Wholly Shirts 的公司，专门往 T 恤上印标志。为了建立公司以及账簿记录，你带着相关信息找到一位注册会计师来编制银行要求的财务报表。说出注册会计师编制报表需遵循的准则的管理机构。这些准则叫什么？

S1-3 确定企业组织的类型。

Chloe Michael 计划开一家花艺设计公司。她考虑了各种企业组织类型，希望企业能够永久存在，同时企业所有者个人不用对企业债务负责。此外，Chloe 还希望企业是独立的纳税主体。哪种企业类型最能满足以上需求呢？

S1-4 确定企业组织的类型。

你想要开办一家移动电话设备服务企业，想要以独资企业的形式来组建。确定独资企业的优缺点。

S1-5 应用会计假设和原则。

Michael McNamme 是一家叫作公寓交易的资产管理公司的独资人，公司位于彭萨科拉州立大学附近。公司持有现金 8 000 美元，持有设备的成本为 9 000 美元，市价为 13 000 美元。公司负债包括 6 000 美元的应付账款。Michael 的个人住宅价值 400 000 美元，个人银行存款为 1 200 美元。

根据本章所讲的会计原则和假设，确定以下情况最符合哪些原则和假设：

① Michael 的个人资产不计入公司资产负债表。②公司持有设备以成本价 9 000 美元入账，而不以市价 13 000 美元入账。③公司财务报表以美元为计量单位。④ Michael 预期公司会在可预见的未来持续经营。

S1-6 使用会计等式。

Hill Country Handyman Service 本年的资产总额为 12 500 美元，负债总额为 8 240 美元。

要求：①使用会计等式计算权益总额。②如果下一年资产增加 3 200 美元，权益减少 1 890 美元，公司负债总额会是多少？

S1-7 使用会计等式。

雅各布升降门公司列报了以下财务信息（单位：美元）：

资产	45 800
负债	15 230
普通股	28 700
股利	7 000
收入	10 890
费用	？

要求：①使用会计等式计算未知数据。②公司经营成果为净利润，还是净亏损？

S1-8 区分账户。

已知以下账户：

a. 应付账款   b. 现金   c. 普通股   d. 应收账款   e. 租金费用

f. 劳务收入   g. 办公用品   h. 股利   i. 土地   j. 工资费用

区分以上各账户是资产账户、负债账户还是权益账户。

S1-9　使用会计等式分析业务。

Turtle Creek 宠物之家通过帮顾客照看宠物获得劳务收入，是股份制公司。上个月产生了以下业务：

①收到 320 美元的劳务收入。②支付 125 美元的工资费用。③投资人向公司出资 1 000 美元，并获得相应普通股。④实现 440 美元的劳务收入，但尚未收到款项。⑤收到需在下个月支付的水电费账单 65 美元。⑥向股东支付现金股利 80 美元。

指出以上业务对公司会计等式产生的影响。以业务①为例。

①增加资产（现金）；增加权益（劳务收入）。

S1-10　使用会计等式分析业务。

Extreme Inflatables 通过策划聚会和提供充气游乐器械获得劳务收入，它是股份制公司。上个月产生了以下业务：

①投资人出资 8 000 美元并获得相应普通股。②赊账购买 2 000 美元的设备。③支出 300 美元购买办公用品。④实现并收到 1 500 美元的劳务收入。⑤向员工发放工资 200 美元。⑥向股东支付 500 美元的现金股利。⑦实现 2 000 美元的劳务收入，顾客尚未支付款项。⑧支付 800 美元的租金。⑨收到本月水电费账单 150 美元，尚未支付。

指出以上业务对公司会计等式产生的影响。以业务①为例。

①增加资产（现金）；增加权益（普通股）。

S1-11　区分会计账户出现的报表。

已知以下账户：

a. 应付账款   b. 现金   c. 普通股   d. 应收账款   e. 租金费用

f. 劳务收入   g. 办公用品   h. 股利   i. 土地   j. 工资费用

区分以上各账户出现在哪张报表之中。I 表示利润表，RE 表示留存收益表，B 表示资产负债表。

根据以下信息回答 S1-12 ～ S1-14 题。

Elegant Arrangements 刚刚结束了 2014 年的经营活动。这是公司经营的第三年。已知以下公司相关信息（单位：美元）：

保险费用	4 000	工资费用	42 000
劳务收入	74 000	应付账款	6 800
水电费	1 100	办公用品	2 100
租金费用	13 000	股利	3 900
普通股	6 000	应收账款	5 500
现金	4 700	设备	15 000
留存收益，2014 年 1 月 1 日	4 500		

S1-12　编制利润表。

编制 Elegant Arrangements 截至 2014 年 12 月 31 日的一年的利润表。

S1-13　编制留存收益表。

编制 Elegant Arrangements 截至 2014 年 12 月 31 日的一年的留存收益表。

S1-14　编制资产负债表。

编制 Elegant Arrangements 2014 年 12 月 31 日的资产负债表。

S1-15　编制现金流量表。

Main Street Homes 在截至 2014 年 7 月 31 日的一个月发生了以下现金业务（单位：美元）。

现金收入：	
顾客款项	20 000
发行普通股	8 000
现金支出：	
租金	3 000
水电费	1 500
工资	2 100
购置设备	10 750
发放现金股利	5 250
现金余额，2014 年 7 月 1 日	12 500
现金余额，2014 年 7 月 31 日	17 900

编制 Main Street Homes 截至 2014 年 7 月 31 日的一个月的现金流量表。

S1-16　计算资产报酬率。

Advanced Water Service 10 月的净利润为 30 000 美元。期初和期末资产总额分别为 355 000 美元和 345 000 美元。计算 Advanced Water Service 10 月的资产报酬率。

习题

E1-17　区分会计信息的使用者。

区分各会计信息的使用者是外部决策人（E）还是内部决策人（I）：

a. 顾客　　　　　　b. 公司经理　　　　c. 国税局　　　　　d. 债权人

e. 投资人　　　　　f. 财务主管　　　　g. 成本会计　　　　h. 证券交易委员会

E1-18　使用会计术语。

已知以下会计术语和相关定义，对其进行配对：

1. 独资企业	a. 国际会计准则委员会制定的国际会计准则
2. 如实反映	b. 认为应使用实际成本而不是公允市价入账
3. 合伙企业	c. 财务会计准则委员会的缩写
4. 国际财务报告准则	d. 其所有者为独资人
5. 股份制公司	e. 认为会计信息应该具有完整性、客观性，并且没有重大错误
6. 审计	f. 对公司财务报表和财务记录的审查
7. 成本原则	g. 有两个或两个以上所有者
8. FASB	h. 美国政府的金融监管机构
9. 债权人	i. 用于限制企业所有者对企业债务的责任风险的一种企业类型
10. 证券交易委员会	j. 提供借款的个人或企业

E1-19　使用会计术语。

已知以下会计术语和相关定义，对其进行配对：

1. 会计等式	a. 预期会在未来带来收益的经济资源
2. 资产	b. 欠债权人的债务
3. 资产负债表	c. 费用超出收入的金额
4. 费用	d. 收入超出费用的金额
5. 利润表	e. 会计的基本工具：资产 = 负债 + 所有者权益
6. 负债	f. 销售产品或服务引起的权益的减少
7. 净利润	g. 销售产品或服务引起的权益的增加

（续）

8. 净亏损	h. 反映特定期间内企业的现金收支情况
9. 收入	i. 反映会计主体在特定日期的资产、负债和股东权益
10. 现金流量表	j. 反映会计主体特定期间内的收入、费用和利润或净亏损
11. 留存收益表	k. 反映特定期间内企业留存收益的变化情况

E1-20　使用会计等式。

根据已知企业财务信息计算会计等式中的未知数据：

	资产	负债	权益
New Rock 天然气	$?	$24 000	$50 000
DJ 影碟出租	75 000	?	32 000
科纳杂货店	100 000	53 000	?

E1-21　使用会计等式。

以下是大城建筑商 2014 年 5 月 31 日和 6 月 30 日的资产负债表数据：

	2014 年 5 月 31 日	2014 年 6 月 30 日
资产总额	$177 000	$213 000
负债总额	122 000	144 000

计算公司普通股和股利分别为以下三种情况时，2014 年 6 月的净利润或净亏损金额。

①公司发行普通股 6 000 美元，未支付股利。②公司未发行普通股，支付了 10 000 美元的普通股。③公司发行普通股 18 000 美元，支付了 20 000 美元的现金股利。

E1-22　使用会计等式。

鲍勃汽车修理 2014 年年初的资产总额和负债总额分别为 19 000 美元和 9 000 美元。2014 年年末其资产总额和负债总额分别为 27 000 美元和 13 000 美元。

要求：① 2014 年，公司的股东权益是增加了，还是减少了？增减额为多少？②指出可能引起股东权益变动的四种原因。

E1-23　使用会计等式。

2014 年，宁静河 Spa 反映其收入为 21 000 美元，本年费用总额为 14 000 美元，年末资产总额为 30 000 美元，负债总额为 14 000 美元。公司 2013 年年末的资产总额和负债总额分别为 23 000 美元和 14 000 美元。

要求：①计算公司 2014 年的净利润额。② 2014 年，公司的股东权益是增加了，还是减少了？增减额为多少？

E1-24　使用会计等式。

以下是菲利克斯公司 2014 年 12 月 31 日的会计记录：

期初：		股东权益：	
资产	$45 000	普通股	$ 10 000
负债	29 000	股利	19 000
期末：		收入	242 000
资产	$55 000	费用	?
负债	38 000	留存收益，2014 年 1 月 1 日	6 000

要求：①计算菲利克斯公司的未知金额。计算 2014 年 12 月 31 日的留存收益和股东权益总额。② 2014 年，菲利克斯的经营成果是净利润还是净亏损？计算具体金额。

E1-25　使用会计等式分析业务。

作为山姆爸爸餐馆的经理，你需要处理各种各样的经济业务。分别举例说明可以对会计等式产生以下影响的一笔业务：

①增加一项资产，同时减少另一项资产。②减少一项资产，同时减少权益。③减少一项资产，同时减少一项负债。④增加一项资产，同时增加权益。⑤增加一项资产，同时增加一项负债。

E1-26 使用会计等式分析经济业务。

指出以下经济业务对维维安妮音像店会计等式的影响。以业务①为例。

①发行普通股收到 8 000 美元现金。答案：增加资产（现金）；增加权益（普通股）。

②实现音像出租收入 1 800 美元，尚未收回款项。③赊购 400 美元的办公设备。

④收回应收款项 600 美元。⑤偿还应付款项 100 美元。⑥租借音像并收到 300 美元。

⑦支付本月办公租金 900 美元。⑧支出 200 美元用于购买办公用品。

E1-27 使用会计等式分析经济业务。

指出以下经济业务对零食供应商肖恩烤花生的会计等式产生的影响。以业务①为例。

①肖恩烤花生通过发行普通股获得现金。答案：增加资产（现金）；增加权益（普通股）。

②现金购买建筑所需土地。③偿还应付账款。④购买设备，签发应付票据。

⑤向顾客赊账提供服务。⑥员工本周的工作产生的工资将在下个月支付。

⑦收到来自顾客的应收账款。⑧向银行贷款。⑨向股东支付股利。⑩产生应付水电费。

E1-28 使用会计等式分析经济业务。

下面是对一体化会计服务的前八笔业务的分析，分别描述每笔业务。

	资产				负债 +		所有者权益			
						实缴资本 +		留存收益		
	现金 +	应收账款 +	设备		应付账款 +	普通股	- 股利	+ 劳务收入	- 工资费用
1	+31 000					+31 000			
2		+3 800						+3 800	
余额	$31 000 +	$3 800				$31 000		+ $3 800	
3			+13 400		+13 400				
余额	$31 000 +	$3 800 +	$13 400		$13 400 +	$31 000		+ $3 800	
4	+190	−190							
余额	$31 190 +	$3 610 +	$13 400		$13 400 +	$31 000		+ $3 800	
5	−410		+410						
余额	$30 780 +	$3 610 +	$13 810		$13 400 +	$31 000		+ $3 800	
6	−8 000				−8 000				
余额	$22 780 +	$3 610 +	$13 810		$5 400 +	$31 000		+ $3 800	
7	+790							+790	
余额	$23 570 +	$3 610 +	$13 810		$5 400 +	$31 000		+ $4 590	
8	−1 500								−1 500
余额	$22 070 +	$3 610 +	$13 810		$5 400 +	$31 000		+ $4 590	− $1 500

E1-29 使用会计等式分析经济业务。

Caren Smith 开了一家医疗所，名叫"Caren Smith 博士"。经营首月，即 7 月，发生了以下业务：

7月6日	Smith 出资 55 000 美元，存入名为"C. Smith 博士"的银行账户，公司向其发行普通股
9 日	支付 46 000 美元购买土地
12 日	赊账购买了 1 800 美元的医疗用品
15 日	正式开业
20 日	支付现金费用：员工工资，1 600 美元；办公租金，900 美元；水电费，100 美元

（续）

31 日	本月获得 8 000 美元的现金劳务收入
31 日	偿还 1 100 美元的应付账款

分析以上业务对 Caren Smith 博士医疗所的会计等式产生的影响，如下所示：

资产			=	负债	+	所有者权益						
						实缴资本	+			留存收益		
现金	+ 医疗用品	+ 土地		应付账款 +		普通股	−	股利	+劳务收入	−工资费用	−租金费用	−水电费用

E1-30　编制财务报表。

Evan O'Brien 是一本旅行杂志出版商，由于现金不足，公司向国家银行申请了贷款，该银行要求借款人提交财务报表。股东由于几乎不了解 Evan O'Brien 的会计信息，不知该采取何种行动。

要求：①公司需要编制哪四张财务报表？②财务报表的编制日期有具体要求吗？③解释如何编制每张报表。

根据以下信息回答问题 E1-31 ～ E1-33。

以下是威尔逊拖车服务公司 2014 年 6 月 30 日的账户余额：

设备	$13 600	劳务收入	$11 200
办公用品	900	应收账款	6 200
应付票据	6 900	应付账款	3 000
租金费用	550	留存收益，2014 年 6 月 1 日	950
现金	1 900	工资费用	1 900
股利	1 000	普通股	4 000

E1-31　编制利润表。

要求：①编制威尔逊拖车服务公司截至 2014 年 6 月 30 日的一个月的利润表。②利润表反映了什么？

E1-32　编制留存收益表。

要求：①编制威尔逊拖车服务公司截至 2014 年 6 月 30 日的一个月的留存收益表。②留存收益表反映了什么？

E1-33　编制资产负债表。

要求：①编制威尔逊拖车服务公司 2014 年 6 月 30 日的资产负债表。②资产负债表反映了什么？

根据以下信息回答问题 E1-34 ～ E1-36。

以下是大卫设计室 2014 年 12 月 31 日的资产、负债和权益余额。本年期初留存收益为 33 300 美元，本年发行普通股 15 000 美元，发放股利 54 400 美元。

应付票据	$10 900	办公设备	$49 000
租金费用	23 000	水电费用	6 900
现金	3 600	应付账款	3 200
办公用品	4 500	劳务收入	158 300
工资费用	65 000	应收账款	8 600
财产税费用	1 500	杂项费用	4 200

E1-34　编制利润表。

编制大卫设计室截至 2014 年 12 月 31 日的一年的利润表。

E1-35　编制留存收益表。

编制大卫设计室截至 2014 年 12 月 31 日的一年的留存收益表。

E1-36　编制资产负债表。

编制大卫设计室 2014 年 12 月 31 日的资产负债表。

E1-37　编制现金流量表。

确定每笔业务应该反映在现金流量表的哪个部分，选项：经营活动产生的现金流量（O），投资活动产生的现金流量（I），筹资活动产生的现金流量（F），不在现金流量表中反映（X）。如果在现金流量表中反映，确定该业务产生的是正现金流（+）还是负现金流（−）。

①公司发行普通股收到现金。②偿还因购买办公用品产生的应付账款。③向顾客赊账提供服务。④向股东支付现金股利。⑤收到来自顾客的劳务收入。⑥现金购买设备。⑦支付月租。⑧购买土地，签发应付票据。⑨支付员工本周工资。⑩产生应付水电费用。

E1-38　编制现金流量表。

Java 食品设备公司在截至 2014 年 2 月 28 日的一个月发生了以下业务。公司 2014 年 2 月 1 日的现金余额为 13 750 美元。

2 月 1 日	向股东发行普通股获得现金 10 000 美元
7 日	赊账购买 2 600 美元的设备
14 日	支出 15 000 美元现金购买土地
17 日	支付现金费用：员工工资，800 美元；办公租金，1 000 美元；水电费用，250 美元
23 日	支付现金股利 2 000 美元
26 日	本月获得 4 000 美元的现金劳务收入

编制 Java 食品设备公司截至 2014 年 2 月 28 日的一个月的现金流量表。

E1-39　计算资产报酬率。

阿尔法家电服务公司本年的净利润为 35 000 美元。此外，公司资产负债表反映了以下账户余额：

	2014 年 1 月 1 日	2014 年 12 月 31 日
应付票据	$ 50 000	$ 71 500
现金	35 000	55 000
办公设备	28 000	50 000
建筑物	150 000	150 000
应付账款	10 000	8 500
股东权益总额	180 000	240 000
应收账款	2 600	18 800
设备	20 000	45 000
办公用品	4 400	1 200

计算阿尔法家电服务公司截至 2014 年 12 月 31 日的一年的资产报酬率。

后续习题

P1-54 是会计循环开始的第一个问题，第 2～5 章将继续讲会计循环的后续问题。

P1-54　使用会计等式分析业务，编制财务报表，计算资产报酬率。

Davis 咨询公司在 2014 年 12 月开始营业，并完成了以下业务：

12 月 2 日	股东出资 18 000 美元，获得普通股
2 日	支付办公月租 550 美元

（续）

3 日	支出 1 800 美元购买一台电脑，预期使用年限为 5 年
4 日	赊账 4 200 美元购买办公设备，预期使用年限为 5 年
5 日	赊账 900 美元购买办公用品
9 日	向客户赊账提供咨询服务，应收 1 500 美元
12 日	支付 250 美元的水电费用
18 日	向客户提供服务，收到 1 100 美元
21 日	预收到 1 400 美元的劳务收入（增加预收账款，为一项负债，第 2 章对该账户做详细解释）
21 日	雇用了一位行政助理，每月 20 日向其支付 2 055 美元，立即入职
26 日	偿还 400 美元的应付账款
28 日	收回 300 美元的应收账款
30 日	向股东发放 1 400 美元的现金股利

要求：①分析以上业务对公司会计等式的影响，格式同图 1-3，包括：现金、应收账款、办公用品、设备、办公设备、应付账款、预收账款、普通股、股利、劳务收入、租金费用、水电费用。②编制公司截至 2014 年 12 月 31 日的一个月的利润表。③编制截至 2014 年 12 月 31 日的一个月的留存收益表。④编制 2014 年 12 月 31 日的资产负债表。⑤计算公司的资产报酬率。

批判性思考

决策案例

案例 1-1

下面以 Greg's Tunes 和 Sal's Silly Song 为例，进行案例考察。此时为第一个经营年度的期末，股东想要了解两家企业年末的业绩情况。两家企业的会计记录都不完整，同时都未发放股利。两家企业在年末提供了以下数据：

Sal's Silly Song:	
资产总额	$ 23 000
普通股	8 000
总收入	35 000
总费用	22 000
Greg's Tunes:	
负债总额	$ 10 000
普通股	6 000
总费用	44 000
净利润	9 000

为了获得评估企业所需的信息，股东提出了以下问题。每条回答都必须展示出具体成果，以使股东相信你非常了解所述内容。

要求：①哪家企业资产更多？②哪家企业负债更高？③哪家企业的期末所有者权益更多？④哪家企业收入更高？⑤哪家企业的盈利能力更强？⑥以上哪个问题对于评估两家企业而言更为重要？为什么？⑦从财务角度看，哪家企业业绩更优？

案例 1-2

Dave 和 Reba Guerrera 婚后一直致力于开一家家庭旅馆，计划取名为 Tres Amigo。他们将自有的 100 000 美元投到公司并获取公司发行的普通股，同时又以公司的名义向银行贷款 100 000 美元，这样就凑够了 200 000 美元的启动资金。公司以 80 000 美元买下图森一栋破旧的西班牙殖民住宅，又花费了 50 000 美元翻新。他们大多数家具都是从古董店和跳蚤市场采购的，共花费 20 000 美元。厨房设备共花费 10 000 美元，电脑系统花费 2 000 美元。

在开业之前，银行要求他们提供一份截至目前的经营活动报告。Tres Amigo 的银行对账单显示账户余额为 38 000 美元。Dave 和 Reba Guerrera 认为这 38 000 美元即本期净利润，认为其经营成果不错。为了更好地了解业绩情况，他们编制了以下利润表提交给银行。

TRES AMIGO 家庭旅馆		
利润表		
截至 2015 年 6 月 30 日的 6 个月		
收入：		
普通股	$ 100 000	
银行借款	100 000	
总收入		$ 200 000
费用：		
房屋成本	80 000	
房屋装修	50 000	
家具费用	20 000	
厨房设备费用	10 000	
电脑费用	2 000	
总费用		162 000
净利润		$ 38 000

要求：①假设你是 Guerrera 的银行客户经理，他们向你提供了这份利润表。你会对他们的净利润表示祝贺吗？如果会，请解释原因；如果不会，你会如何向他们建议净利润的衡量方法？银行存款余额等于净利润吗？解释具体原因。②根据以上数据，为 Tres Amigo 编制资产负债表。不考虑净利润或净亏损。

☞道德问题

烟草公司由于吸烟相关的疾病已经支付了数十亿美元款项。事实上，作为一家领头烟草制造商，Philip Morris 每年需支出逾 30 亿美元。

要求：①假设你是负责 Philip Morris 财务报表的首席财务官。在年报中反映这些现金支出时会面临怎样的道德问题？在这种情况下，你会采取怎样的道德行为？②不如实反映的话，会对 Philip Morris 产生哪些负面影响？如实反映的话，又会有哪些负面影响？

☞舞弊案例

Exeter 是墨西哥湾岸区的一家建筑承包商。在一系列败诉之后，临近年末，公司将迎来其首个年度净亏损。但由于来自公司债权人的巨大压力，公司所有者 Hank Snow 需要使得本年净利润为正。但他知道公司的财务主管 Alice Li 刚用一笔 10 000 美元的短期贷款来弥补临时现金亏空。他让 Alice 将获得的资金记为营建收入，而不是贷款。他说这样就可以使公司净利润转为正数，在 1 月偿还贷款时再对会计分录进行修改。

要求：①这会对年末利润表产生什么影响？又会对年末资产负债表产生什么影响？②如果你是公司的债权人，这种欺诈行为会对你产生什么影响？

☞财务报表案例

本案例以及后面章节的案例都以星巴克的财务报表为例，星巴克是一家知名的烘焙和精选咖啡零售商。随着案例进展，你会从真实公司的财务报表的使用中获得自信。

登录 www.pearsonhighered.com/horngren 可以查看星巴克 2011 年的年报。

要求：①2011 年 10 月 2 日，星巴克共有现金（包括现金等价物）多少？②2011 年 10 月 2 日的公司总资产为多少？2010 年 10 月 3 日又是多少？③根据具体美元金额，写出公司在 2011 年 10 月 2 日的会计等式：

$$资产 = 负债 + 所有者权益$$

④确定 2011 年 10 月 2 日的销售净收入总额。从 2010 年到 2011 年收入总额的增减额为多少？⑤星巴克 2010 年和 2011 年的净利润（净收益）或净亏损分别为多少？与 2010 年相比，2011 年的净利润是更好还是更差？⑥计算星巴克 2011 年 10 月 2 日的资产报酬率。⑦与格林山咖啡烘焙股份有限公司相比，星巴克的资产报酬率情况如何？

☞小组讨论

小组讨论 1-1

你即将创办 Quail Creek 宠物之家，以盈利为目的，组织形式为股份制公司。

要求：①详细列出创业必须考虑的 10 个因素。②确定 10 项以上创办该宠物之家时将承揽的业务。③编制 Quail Creek 宠物之家经营首月的利润表、留存收益表和月末的资产负值表。使用虚构数据，要有完整的报表表头。资产负债表日期为 20×× 年 1 月 31 日。④就如何评估该企业的业绩以及如何决定是否继续经营进行小组讨论。

小组讨论 1-2

你将要在当地举办一场摇滚音乐会，以盈利为目的，创建公司为股份制公司。

要求：①详细列出创业必须考虑的 10 个因素。②确定为了成功举办该音乐会公司必须筹备的 10 项业务。③编制公司的利润表、留存收益表和音乐会结束后，即 20×× 年 6 月 30 日的资产负债表。使用虚构数据，要有完整的报表表头。假定利润表和留存收益表的日期为截至 20×× 年 6 月 30 日的三个月。④假设如果此次音乐会举办成功就会持续举办这类摇滚音乐会，如果举办不成功，将在音乐会结束后三个月内终止经营公司。就如何评估此次事件的成功与否以及如何决定是否持续经营进行小组讨论。

☞交流活动

使用不超过 25 个词描述会计等式并解释等式的各个部分。

☞练习题答案

1 e	2 a	3 d	4 b	5 f	6 c	7 d	8 f
9 i	10 c	11 a	12 h	13 b	14 g	15 e	

16

资产		负债	+	所有者权益				
				实缴资本	+	留存收益		
				普通股	−	股利	+ 收入	− 费用
$71 288	=	$2 260	+	?	−	$14 420	+ $53 085	− $28 675
$71 288		$2 260	+	$59 038	−	$14 420	+ $53 085	− $28 675

17

	资产				负债	+		所有者权益			
							实缴资本 +		留存收益		
	现金 +	应收账款 +	设备		应付账款 +		普通股 −	股利 +	劳务收入 −	汽油费用	
5月1日	+1 700						+1 700				
余额	$1 700						$1 700				
3日			+1 440		+1 440						
余额	$1 700		+1 440		$1 440		$1 700				
5日		+200							+200		
余额	$1 700 +	$200 +	$1 440		$1 440		$1 700	+	$200		
17日	−60									−60	
余额	$1 640 +	$200 +	$1 440		$1 440		$1 700		$200 −	$60	
28日	−300							−300			
余额	$1 340 +	$200 +	$1 440		$1 440	+	$1 700 −	$300 +	$200 −	$60	

$2 980 = $2 980

18

DR 印刷公司
利润表
截至 2015 年 3 月 31 日的一个月

收入：		
劳务收入		$7 000
费用：		
租金费用	$800	
水电费用	200	
费用合计		1 000
净利润		$6 000

DR 印刷公司
留存收益表
截至 2015 年 3 月 31 日的一个月

留存收益，2015 年 7 月 1 日	$ 0
本月净利润	6 000
	6 000
股利	(1 500)
留存收益，2015 年 7 月 31 日	$ 4 500

DR 印刷公司
资产负债表
2015 年 3 月 31 日

资产		负债	
现金	$ 22 300	应收账款	$ 1 000
办公用品	1 400		
土地	1 800	**股东权益**	
卡车	20 000	普通股	40 000
		留存收益	4 500
		股东权益总额	44 500
资产总额	$ 45 500	负债和股东权益总额	$ 45 500

19 资产报酬率 = 净利润 ÷ 平均资产总额

= $5 000 ÷ [($76 000+$80 250) ÷ 2]

= 6.4%

☞快速测验答案

1. d   2. c   3. a   4. c   5. c   6. a   7. c   8. a   9. b   10. a   11. c

第 2 章

记录经济业务

钱去哪儿了

首席财务官怀疑有员工窃取家庭教师协会的资金，所以雇用 Rachel Long 来进行调查。Rachel 钟爱调查贪污案件。她喜欢研究财务报表，从中发现问题，从而找出反映贪污事实的交易记录。她知道只要足够细致深入，就能够发现偷窃的证据。她总是将这些案件视为必须解开的谜题。

企业有时会不幸被员工窃取资金，这时它们就需要获得帮助来找出偷窃者，并拿出足够的证据将其移送执法机构。就此企业通常会求助于专门研究欺诈案件的会计人员，这类会计人员叫注册舞弊侦查师，如 Rachel。除此之外，企业还会雇用会计人员，使其通过识别会计档案及现金和资产的内部控制中存在的潜在问题来保护企业资产。

Rachel 在寻找失窃资金时，会从哪里着手呢？她会从源头开始寻找，先检查发票、销售收据和银行存款票据等。然后检查与这些发票记录（或未记录）相关的经济业务。通过这两步，Rachel 可以确定是否有学区资金被挪用以及贪污如何发生。Rachel 不仅要揪出贪污者还要帮助学区消除后患，这对她很重要。她会尽可能利用她的会计知识和经验来完成该项任务。

记录经济业务的重要性在哪里

会计基于经济业务。业务记录则基于证明企业财务状况的原始凭证。由凭证缺失可以发现贪污以及财务报表舞弊。例如，美国世界通信公司是一家长途电话公司，一名员工发现一笔 5 亿美元的会计分录没有原始凭证，由此进而揭发了一起 38 亿美元的舞弊案件。根据原始凭证记录业务是会计处理的第一步，也是最重要的步骤之一。本章将讲述原始凭证以及如何记录业务。

☞ **章节纲要**

什么是会计账户？

什么是复式记账法？

如何记录业务？

什么是试算平衡表？

如何根据负债比率评估经营业绩？

🖝 **学习目标**

　　1. 结合会计等式解释会计账户并描述常见会计账户。

　　2. 使用复式记账法和 T 形账户定义借、贷和一般账户余额。

　　3. 在日记账中记录业务并将日记账分录记入分类账。

　　4. 编制试算平衡表并举例说明如何根据试算平衡表编制财务报表。

　　5. 根据负债比率评估经营业绩。

　　Smart Touch Learning 公司以根据会计等式记录其经济业务为起点。这样的程序在学习如何分析业务时很有效，但现实中的企业并不这样记录业务。本章将讲述一种更为有效的记录方法。首先，需要回顾一下会计等式。

2.1　什么是会计账户

　　会计的基本工具是会计等式：

$$资产 = 负债 + 所有者权益$$

　　会计等式由三部分组成：资产、负债和所有者权益。每部分都包含多个会计账户。**会计账户（科目）**（account）详细记录了特定期间各项资产、负债和所有者权益的全部增减情况。

2.1.1　资产

　　资产是指预期会在未来给企业带来利益的经济资源，该经济资源为企业所有或控制，并具有价值。表 2-1 列示了多数企业使用的资产类账户。

表 2-1　资产类账户

账户名称	说明
现金	企业资金，包括银行存款余额、票据、硬币和支票
应收账款	顾客因接受服务或获得商品，承诺在未来支付款项，通常描述为"赊账"
应收票据	顾客承诺将在未来特定日期偿还固定金额并支付利息的书面说明
预付费用	提前支付的费用。为一项资产，因为预付费用会使企业在未来获益。如预付租金、预付保险和办公用品
设备	设备（如灯具和架子）的成本，企业为每种设备设有独立账户
建筑物	办公建筑、商店或仓库的成本
土地	企业用于经营目的的土地的成本

2.1.2　负债

　　负债是一项债务，即企业的欠款。企业的负债类账户通常小于资产类账户。表 2-2 列出了常见的负债类账户。

表 2-2　负债类账户

账户名称	说明
应付账款	企业承诺在未来偿还的债务，来自赊账购买
应付票据	企业出具的在未来偿还债务的书面承诺，通常带息
应计负债	尚未偿还的欠款，具体包括应交税金、应付租金和应付职工薪酬
预收账款	公司收到顾客的现金，但尚未提供产品或服务时产生预收账款；承诺在未来提供服务或交付产品

资产类账户－应收账款和负债类账户－应付账款容易混淆。通过应收和应付这两个词，我们就可以轻易记住这两个账户的区别：应收款项是指未来将收到的现金，应付款项是指未来需要支付的款项。

> **提问**
> 我分不清应收账款和应付账款，有什么简单的方法吗？

2.1.3　所有者权益

股东对企业资产的追索权叫作所有者权益或者股东权益。如表 2-3 所示，所有者权益的各个部分都设有独立的账户。

表 2-3　权益类账户

账户名称	说明
普通股	股东对企业的出资净额，增加权益
股利	向股东分发现金或其他资产，减少权益
收入	交付产品或提供服务而带来的收入，增加权益，如劳务收入和租金收入
费用	销售商品或服务的成本，减少权益，如租金费用、工资费用和水电费用

2.1.4　会计科目表

企业通常使用**会计科目表**（chart of account）来整理其会计科目。会计科目表包括所有科目名称和科目编号。表 2-4 为 Smart Touch Learning 公司的会计科目表。科目编号仅为科目名称的简化符号。一个科目编号对应一个科目名称，如同每个人的社保号码都是独一无二的。

> **小贴士**　当有多个类似科目可选时，就难以选出正确的会计科目。例如租赁，有四种租赁科目：预付租金（资产类）、应付租金（负债类）、租金收入（权益类）、租金费用（权益类）。只有理解了每种科目的定义，才能够正确使用。预付租金指因未来将要租赁某建筑物而预付的现金，应付租金指因当前租赁某建筑物而产生的欠债。租金费用指当前租赁某建筑物的成本，而租金收入则指当前将建筑物租给承租人而获得的收入。

科目编号通常至少为两位数字。通常资产类科目编号首位为 1，负债类为 2，股东权益类科目为 3，收入类科目为 4，费用类科目为 5。编号的第二个数字表示会计科目在该类科目中的排序位置。比如，如果 Smart Touch Learning 公司使用三位编号，现金科目编号则为 101，为第一个资产类科目；应收账款编号为 111，为第二个资产类科目；应付账款编号为 201，为第一个负债类科目。一旦使用科目编号，所有科目都要编号。每个公司都有自己的编号系统。

注意到表 2-4 中科目编号 121 和 141 之间不连续，这是因为 Smart Touch Learning 公司可能还会增加其他资产类科目。例如，企业可能会因为销售部分存货，而需要将商品存货编为 131。因此，会计科目表会随着企业发展而变动。

> **准则提示**　全世界范围内的会计系统都基于同一个等式：资产＝负债＋权益。账户是会计系统的组成模块。

表 2-4　会计科目表—Smart Touch Learning 公司

资产负债表科目		
资产	负债	权益
101 现金	201 应付账款	301 普通股
111 应收账款	211 应付职工薪酬	311 留存收益

（续）

资产负债表科目		
资产	负债	权益
121 应收票据	221 应付利息	321 股利
141 办公用品	231 预收账款	
151 设备	241 应付票据	
171 建筑物		
191 土地		
	利润表科目 （部分权益）	
	收入	费用
	401 劳务收入	501 租金费用
	411 利息收入	511 工资费用
		521 水电费用
		531 广告费用

尽管许多科目名称相同，但不同企业的会计科目表却各不相同。例如，每家公司的会计科目表中都会有现金。会计科目表列示了记录业务所需的科目名称。

2.1.5 分类账

除了会计科目表，企业还需记录每个科目的增减额和余额，这一任务可以通过**分类账**（ledger）来实现。分类账是会计科目、科目变动和余额的汇总。

分类账和会计科目表一样，都列示了企业所有的科目名称和编号，而分类账的内容则更加详细。分类账包括各会计科目在特定期间内的增减额和特定时间点的余额。

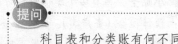

提问

科目表和分类账有何不同？

练习题 已知以下账户，区分其为资产账户（A）、负债账户（L）或权益账户（E）。

1. 租金费用
2. 普通股
3. 设备
4. 劳务收入
5. 预付保险

6. 应付账款
7. 预收账款
8. 应收票据
9. 股利
10. 保险费用

2.2 什么是复式记账法

我们已经知道每笔业务至少记入两个会计科目。例如，当股东投入资金获得普通股时，会同时影响现金和普通股。这种**复式记账法**（double-entry system）可以记录业务产生的双重影响。如果只记录了一边，则该业务是不完整的。

假设以现金购入办公设备，会产生什么样的双重影响？现金购入办公设备：

1. 增加办公设备（企业获得办公设备）。
2. 减少现金（企业已支付现金）。

2.2.1　T 形账户

分类账的简略形式叫 **T 形账户**（T-account），这是因为 T 形账户的形状类似大写字母 T。垂直线将账户分成左右两边，顶部为账户名称。例如，以下为现金的 T 形账户：

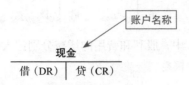

T 形账户的左边为**借**（debit）方，右边为**贷**（credit）方。记住：借记在左边，贷记在右边。这样就可以轻松运用这两个术语了。借记缩写为 DR，贷记缩写为 CR。

2.2.2　科目增减额

账户类型（资产类、负债类或权益类）决定了如何记录该账户增减额。每个账户的增减各记一边。以下是对 T 形账户的概括：

```
     资产    ⎫   ⎧  负债        权益
   ↑    ↓   ⎬ = ⎨  ↓   ↑    +   ↓   ↑
  借   贷   ⎭   ⎩ 借  贷       借  贷
```

也就是说，资产的增加额记入借方，减少额记入贷方。负债和权益的增加额记入贷方，减少额记入借方。账户增减额是记入借方还是贷方取决于账户类型。借记和贷记均没有好坏之分。借记不一定是增加或者减少，贷记同样。借贷只表示 T 形账户的左右两方。

在会计电算化信息系统中，根据账户类型将借贷看作增加或者减少。例如，电算化系统中将现金的借方视为增加，因为现金是资产类账户。而将应付账款的借方视为减少，因为应付账款是负债类账户。

> **提问**
>
> 我总认为借记代表增加，贷记代表减少。这样不对吗？

例： 假设某企业现金增加 30 000 美元，则进行如下记录：

```
             现金
  借 ──→   30 000
```

现金是资产类账户，而资产类账户借记增加。

例： 当企业现金减少 20 000 美元时，应该如何记录呢？因为现金是资产类账户，而资产类账户贷记减少，因此，记入现金账户的贷方：

```
             现金
          20 000  ←── 贷
```

2.2.3　扩展借贷法则

正如前面提到的，有四种权益类账户：普通股、股利、收入和费用。普通股和收入可以增加权益，而股利和费用则减少权益。现在需要对会计等式和借贷法则进行扩展以纳入所有权益要素：

						权益						
				实收资本	+			留存收益				
资产	=	负债	+	普通股	−	股利	+	收入	−	费用		
↑ ↓		↓ ↑		↓ ↑		↑ ↓		↓ ↑		↑ ↓		
借 贷		借 贷		借 贷		借 贷		借 贷		借 贷		

注意到在扩展后的会计等式中，股利和费用的增减分别记入与普通股和收入相反的方向。这是因为股利和费用的增加会减少权益。

2.2.4 账户的正常余额

账户都有正常余额。账户的**正常余额**（normal balance）出现在记录增加额的一边——借方或者贷方其一。例如，资产类账户借记增加，所以其正常余额为借方余额。负债和权益类账户贷记增加，所以其正常余额为贷方余额。费用和股利是权益类账户，但正常余额为借方余额，这与其他权益类账户不同。之所以有借方余额是因为费用和股利都会减少权益。普通股和收入的正常余额为贷方余额。我们再来观察一遍标有正常余额的会计等式：

						权益						
				实收资本	+			留存收益				
资产	=	负债	+	普通股	−	股利	+	收入	−	费用		
↓	↓		↓		↓		↓		↓		↓	
借 贷		借 贷		借 贷		借 贷		借 贷		借 贷		
正常余额		正常余额		正常余额		正常余额		正常余额		正常余额		

正常余额为借方余额的账户也可能出现贷方余额，此时表明账户余额为负数。例如，如果企业透支其银行账户，其现金账户余额则为贷方余额。同样，如果企业超额偿还应付账款，其应付账款账户（正常余额为贷方余额）也会出现借方余额。除以上情况外，若出现非正常余额则表明账户中出现错误。例如，办公设备账户出现贷方余额，则表明存在错误，因为这些资产不可能出现负数。

表 2-5 总结了每种账户的借贷法则和正常余额。

表 2-5　每种账户的借贷法则和正常余额

账户类型	增加	减少	正常余额	账户类型	增加	减少	正常余额
资产	借	贷	借	负债	贷	借	贷
费用	借	贷	借	收入	贷	借	贷
股利	借	贷	借	普通股	贷	借	贷

> **小贴士**　有一句简单的话可以帮助记忆借贷法则，即 "<u>A</u>ll <u>e</u>lephants <u>d</u>o <u>l</u>ove <u>r</u>owdy <u>c</u>hildren"。通过前三个单词可以记住 <u>a</u>ssets（资产）、<u>e</u>xpense（费用）和 <u>d</u>ividends（股利）的正常余额都是借方余额；后三个单词则提醒我们 <u>l</u>iabilities（负债）、<u>r</u>evenues（收入）、<u>c</u>ommon stock（普通股）的正常余额均为贷方余额。

2.2.5 确定 T 形账户的余额

T 形账户可以用来确定账户余额。以现金的 T 形账户为例具体说明：

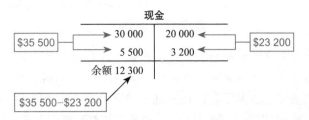

该现金账户的余额为 12 300 美元。首先将两边的数额分别加总（35 500 美元和 23 200 美元），然后用较大的数（35 500 美元）减去较小的数（23 200 美元），余额通常记在较大数额的一边。

> **练习题** 区分各账户的变动额是记入借方还是贷方。
>
> 11. 现金增加   16. 利息收入增加
>
> 12. 应付账款减少   17. 租金费用增加
>
> 13. 普通股增加   18. 办公用品减少
>
> 14. 预收账款增加   19. 预付租金增加
>
> 15. 应收账款减少   20. 应付票据增加

2.3 如何记录业务

我们提供了 Smart Touch Learning 公司的一系列具体业务以观察其经济活动。出于如实反映原则，现实中企业会计需要提供业务的原始凭证。

2.3.1 原始凭证——业务的起源

会计人员通过**原始凭证**（source documents）提供记录业务所需的证据和数据。例如，假设 Sheena Bright 向企业投入 30 000 美元的资本，图 2-1 展示了该业务。由图可知，Smart Touch Learning 公司收到 30 000 美元，并存入了银行。随后，企业向 Sheena Bright 发行了普通股。收到的支票和银行存款单为原始凭证，表明企业收到的金额和股东 Sheena Bright 的股权出资额。企业可以根据这些原始凭证来记录这笔业务。

图 2-1　会计数据流

道德伦理 　　**收据真的重要吗**

　　Elijah Morris 是一家汉堡餐厅的副经理，负责采购餐厅设备和用品。最近他为餐厅购买了一台价值 4 000 美元的商用冰箱，但遗失了购买收据。Elijah 是用个人资金垫付的冰箱钱，因此他要求餐厅报销。但餐厅会计 Hannah 说她不确定没有收据的情况下是否可以报销。Elijah 说道："Hannah，有没有收据无关紧要。你看到了餐厅里的冰箱，所以你知道我确实购买了冰箱，小小收据又有什么重要的呢？"

　　Hannah 应该怎么做？你会怎么做？

解决方案

　　Hannah 只有在收到收据（原始凭证）时，才可以予以报销。Elijah 购买冰箱的实际价格可能低于他要求报销的金额。原始凭证为业务金额提供了证据。如果审计师和餐厅老板想要调查这笔 4 000 美元的采购，就需要原始凭证来证实业务。如果 Elijah 真的遗失了收据，Hannah 可以要求他提供其他原始凭证，如信用卡或者银行对账单可以证明业务的凭证。此外，应该告诫 Elijah，不得使用个人资金购买企业设备。

以下是企业使用的一些其他原始凭证：

- **购货发票**——标明金额以及偿还赊款的时间，如办公用品。
- **银行支票**——标明支付金额和支付日期。
- **销货发票**——企业销售商品或服务时提供给顾客的凭证，标明收入金额。

2.3.2 记录日记账并过账

　　会计人员在检查原始凭证之后，就可以记录业务了。首先在**日记账**（journal）中按时间顺序记录业务。

　　这一步只在日记账中记录业务金额，而不在分类账（包括企业全部账户）中记录。这些金额最终都会结转至分类账。将业务金额从日记账中结转至分类账的过程叫作**过账**（posting），从日记账过到分类账。日记账中的借方转入分类账的借方，日记账中的贷方转入分类账的贷方，无一例外。

　　下图反映了过账这一过程：

日期		借	贷
11 月 1 日	现金 普通股 发行普通股	30 000	30 000

现金	
30 000	

记录日记账　　　　　　　　将数据结转（过）至分类账

　　我们已经学习了分析会计业务的步骤，对其稍加修改就形成了在日记账中记录业务并过账的步骤。记录日记账和过账共五步：

第一步：确定账户和账户类型（资产、负债或权益）。

第二步：根据借贷法则确定各账户是增加还是减少。

第三步：在日记账中记录业务。

第四步：将日记账分录过到分类账。

第五步：检查会计等式是否成立。

首先，记录 Smart Touch Learning 公司第一笔业务的日记账。

业务 1：股东出资

11 月 1 日，公司收到 Sheena Bright 出资的 30 000 美元并向其发行普通股。

第一步：确定账户和账户类型。两个会计账户分别为现金（资产）和普通股（权益）。

第二步：根据借贷法则确定各账户是增加还是减少。两个账户均增加 30 000 美元。回顾借贷法则，使用会计等式来确定各账户是借是贷。现金为资产类账户，同时现金增加，因此借记现金。普通股为权益类账户，同时普通股也增加，因此贷记普通股。

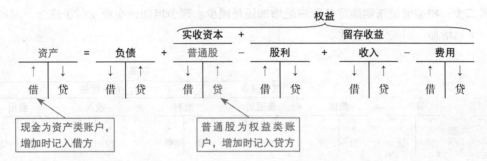

第三步：在日记账中记录业务。在日记账中记录业务会产生一笔日记账分录。下面是业务 1 的日记账分录。注意每笔日记账分录包括四个部分。

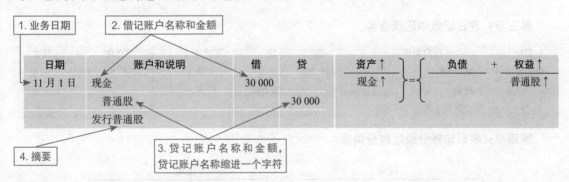

第四步：将日记账分录过到分类账。过账时，借贷各方的金额转入特定账户。日记账分录的日期也转入分类账中的 T 形账户。电算化系统下，业务记入日记账后会自动完成过账。

日期	账户和说明	借	贷
11 月 1 日	现金	30 000	
	普通股		30 000
	发行普通股		

现金		普通股	
11 月 1 日　30 000			30 000　11 月 1 日

第五步：检查会计等式是否成立。

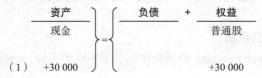

> **小贴士** 为了帮助巩固之前学习的账户类型，我们在空白处对每笔业务进行图解。其中标明了账户和账户类型（第一步），以及每个账户的增减方向（第二步）。这些标注不会出现在日记账中，在这里标注是为了巩固借贷法则。

下面是 Smart Touch Learning 公司的第二笔业务，运用刚刚学到的步骤对其进行记录。

业务 2：以现金购买土地

11 月 2 日，Smart Touch Learning 公司花费 20 000 美元购买了一块土地。

第一步：确定账户和账户类型。两个账户分别为现金（资产）和土地（资产）。

第二步：根据借贷法则确定各账户是增加还是减少。现金增加，企业支付了现金，因此贷记现金。土地增加，因此借记土地。

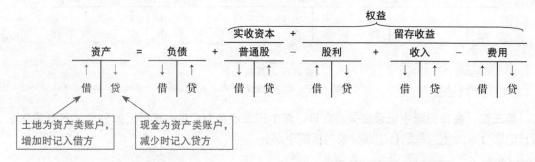

第三步：在日记账中记录业务。

日期	账户和说明	借	贷
11 月 2 日	土地	20 000	
	现金		20 000
	现金购买土地		

资产↑↓ { 土地↑ / 现金↓ } = { 负债 + 权益 }

第四步：将日记账分录过到分类账。

现金			土地	
11 月 1 日 30 000	20 000 11 月 2 日		11 月 2 日 20 000	

第五步：检查会计等式是否平衡。

	资产			负债	+	权益
	现金	+	现金		+	普通股
期初余额	$30 000					+30 000
（2）	−20 000		+20 000			
期末余额	$10 000	+	$20 000			$30 000

下面将记录 Smart Touch Learning 公司其他几笔业务的日记账分录。现在清楚了具体步骤，可以试着不看日记账分录自己写出具体步骤。记住，如果需要帮助，空白处有对会计等式的影响结果。

业务 3：赊账购买办公用品

11 月 3 日，Smart Touch Learning 公司赊账购买了 500 美元的办公用品。

这些办公用品将在未来数个期间内使用，所以在使用完之前都是公司的一项资产。资产类账户办公用品增加，因此借记办公用品。负债类账户应付账款增加，因此贷记应付账款。

日期	账户和说明	借	贷	资产 ↑ 办公用品 ↑	=	负债 ↑ 应付账款 ↑	+	权益
11 月 3 日	办公用品	500						
	应付账款		500					
	赊账购买办公用品							

办公用品		应付账款	
11 月 3 日　500			500　11 月 3 日

业务 4：获得现金劳务收入

11 月 8 日，Smart Touch Learning 公司收到现金 5 500 美元，是向顾客提供在线学习服务所获得的劳务收入。

资产类账户现金增加，因此借记现金。收入增加，因此贷记收入。

日期	账户和说明	借	贷	资产 ↑ 现金 ↑	=	负债	+	权益 ↑ 劳务收入 ↑
11 月 8 日	现金	5 500						
	劳务收入		5 500					
	提供服务并收到现金							

现金		劳务收入	
11 月 1 日　30 000	20 000　1 月 2 日		5 500　11 月 8 日
11 月 8 日　5 500			

业务 5：获得劳务收入，尚未收到款项

11 月 10 日，Smart Touch Learning 公司向顾客提供了服务，顾客将在未来支付款项。公司获得 3 000 美元的应收劳务收入。

这笔业务增加了应收账款，因此借记资产类账户应收账款，贷记劳务收入增加额。

日期	账户和说明	借	贷	资产 ↑ 应收账款 ↑	=	负债	+	权益 ↑ 劳务收入 ↑
11 月 10 日	应收账款	3 000						
	劳务收入		3 000					
	提供服务，未收到款项							

应收账款		劳务收入	
11 月 10 日　3 000			5 500　11 月 8 日
			3 000　11 月 10 日

注意业务 4 和业务 5 的异同点。两笔业务中，公司都获得了收入，因此劳务收入增加（贷记）。但是，在业务 4 中，公司即时获得了支付。而在业务 5 中，公司将在未来收到现金（应收账款）。这一区别是关键所在，因为在公司收到现金之前无法确定收入的具体金额，在执行工作或提供服务时再记录收入。

业务 6：用现金支付费用

11 月 15 日，Smart Touch Learning 公司支付了以下现金费用：办公室租金 2 000 美元和职工薪酬 1 200 美元。在记录费用增加额时，要分别借记各费用账户，贷记现金记录减少总额。

注意有些日记账分录包括三个账户——两个借项和一个贷项，这种分录为复合日记账分录。**复合日记账分录**（compound journal entry）包括两个以上账户，但借项合计必须等于贷项合计。

日期	账户和说明	借	贷
11 月 15 日	租金费用	2 000	
	工资费用	1 200	
	现金		3 200
	支付现金费用		

资产↓		负债	+	权益↑
现金↓	= {			租金费用↑
				工资费用↑

	现金		
11 月 1 日	30 000	20 000	11 月 2 日
11 月 8 日	5 500	3 200	11 月 15 日

租金费用	
11 月 15 日	2 000

工资费用	
11 月 15 日	1 200

在记录下一笔业务之前，先来细看一下费用。在业务 6 中，借记了多个费用账户。会计等式和借贷法则表明借记费用会增加其账户金额。

记录费用账户的增加是因为企业产生了更多的费用。但是总体来看，在会计等式中，增加费用会减少权益。简单理解就是，增加的是一个负的账户。

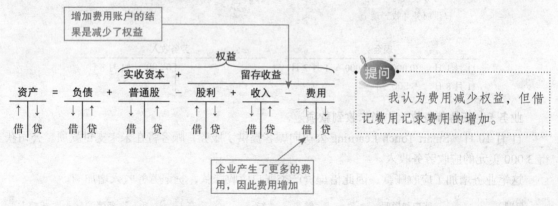

提问

　　我认为费用减少权益，但借记费用记录费用的增加。

业务 7：偿还赊账（应付账款）

11 月 21 日，Smart Touch Learning 公司偿还了业务 3 中产生的应付账款中的 300 美元。现金减少，因此贷记现金。应付账款减少，因此借记应付账款。

日期	账户和说明	借	贷
11 月 21 日	应付账款	300	
	现金		300
	偿还欠款		

资产↓		负债↓	+	权益
现金↓	= {	应付账款↓		

	现金		
11 月 1 日	30 000	20 000	11 月 2 日
11 月 8 日	5 500	3 200	11 月 15 日
		300	11 月 21 日

应付账款			
11 月 21 日	300	500	11 月 3 日

注意在记录完这笔业务并结转至应付账款账户后，应付账款的余额为 200（=500-300）美元，为企业欠款的最新余额。

业务 8：收回欠款（应收账款）

11 月 22 日，Smart Touch Learning 公司收回业务 5 中某顾客所欠的 2 000 美元。现金增加，因此借记现金。应收账款减少，因此贷记应收账款。注意：这笔业务不影响收入，相关收入已经在业务 5 中做过记录。

日期	账户和说明	借	贷	资产↑↓		负债	+	权益
11 月 22 日	现金	2 000		现金↑	=			
	应收账款		2 000	应收账款↓				
	收回欠款							

现金				应收账款			
11 月 1 日	30 000	20 000	11 月 2 日	11 月 10 日	3 000	2 000	11 月 22 日
11 月 8 日	5 500	3 200	11 月 15 日				
11 月 22 日	2 000	300	11 月 21 日				

业务 9：支付现金股利

11 月 25 日，支付现金股利 5 000 美元。股利减少了企业资金，因此贷记现金。股利还减少了权益，股利导致的权益减少额借记到股利账户。

日期	账户和说明	借	贷	资产↓		负债	+	权益↓
11 月 25 日	股利	5 000		现金↓	=			股利↑
	现金		5 000					
	支付现金股利							

现金				股利		
11 月 1 日	30 000	20 000	11 月 2 日	11 月 25 日	5 000	
11 月 8 日	5 500	3 200	11 月 15 日			
11 月 22 日	2 000	300	11 月 21 日			
		5 000	11 月 25 日			

业务 10：预付费用

12 月 1 日，Smart Touch Learning 公司预付三个月的办公室租金 3 000（=1 000×3）美元，记入预付租金账户（资产类）。之所以记为一项资产是因为 Smart Touch Learning 公司将在未来获益。预付租金增加，因此借记预付租金。现金减少，因此贷记现金。

日期	账户和说明	借	贷	资产↓↑		负债	+	权益
12 月 1 日	预付租金	3 000		预付租金↑	=			
	现金		3 000	现金↓				
	提前支付租金							

现金				预付租金		
11 月 1 日	30 000	20 000	11 月 2 日	12 月 1 日	3 000	
11 月 8 日	5 500	3 200	11 月 15 日			
11 月 22 日	2 000	300	11 月 21 日			
		5 000	11 月 25 日			
		3 000	12 月 1 日			

业务 11：支付现金费用

12 月 1 日，Smart Touch Learning 公司支付职工薪酬 1 200 美元。借记费用记录费用的增加，同时贷记现金记录现金的减少。

日期	账户和说明	借	贷	资产↓		负债	+	权益↓
12月1日	工资费用	1 200		现金↓	} = {	负债		工资费用↑
	现金		1 200					
	支付工资							

现金				工资费用	
11月1日 30 000		20 000	11月2日	11月15日 1 200	
11月8日 5 500		3 200	11月15日	12月1日 1 200	
11月22日 2 000		300	11月21日		
		5 000	11月25日		
		3 000	12月1日		
		1 200	12月1日		

业务 12：使用应付票据购置建筑物

12月1日，Smart Touch Learning 公司使用应付票据购入价值 60 000 美元的建筑物。该建筑物会在未来使 Smart Touch Learning 公司获益，因此记为公司的一项资产。资产类账户建筑物增加，因此借记建筑物。负债类账户应付票据增加，因此贷记应付票据。

日期	账户和说明	借	贷	资产↑		负债↑	+	权益
12月1日	建筑物	60 000		建筑物↑	} = {	应付票据↑		
	应付票据		60 000					
	使用票据购买建筑物							

建筑物		应付票据	
12月1日 60 000			60 000 12月1日

业务 13：股东出资

12月2日，Smart Touch Learning 公司收到 Sheena Bright 投入的设备，其公允市场价值为 18 000 美元。作为交换，Smart Touch Learning 公司向其发行了普通股。该设备将会在未来使公司获益，因此记为一项资产。资产类账户设备增加，因此借记设备。同时普通股也增加，记入贷方。

日期	账户和说明	借	贷	资产↑		负债	+	权益↑
12月2日	设备	18 000		设备↑	} = {	负债		普通股↑
	普通股		18 000					
	投入设备换取普通股							

设备		普通股	
12月2日 18 000			30 000 11月1日
			18 000 12月2日

业务 14：应计负债

12月15日，Smart Touch Learning 公司收到 100 美元的电话账单，将在下个月支付。当前没有现金支付。这是一项应计负债。记住，应计负债是指企业知道所欠金额但尚未支付的负债。水电费用增加，因此借记水电费用。负债（应付水电费用）增加，因此贷记应付水电费用。或者，可以用应付账款代替应付水电费用。

日期	账户和说明	借	贷
12 月 15 日	水电费用	100	
	应付水电费用		100
	应计水电费用负债		

资产	=	负债↑	+	权益↓
		应付水电费↑		水电费用↑

应付水电费用		水电费用	
	100 12 月 15 日	12 月 15 日 100	

业务 15：支付现金费用

12 月 15 日，Smart Touch Learning 公司支付职工薪酬 1 200 美元。借记费用记录费用的增加，同时贷记现金记录现金的减少。

日期	账户和说明	借	贷
12 月 15 日	工资费用	1 200	
	现金		1 200
	支付工资		

资产↓	=	负债	+	权益↓
现金↓				工资费用↑

现金				工资费用	
11 月 1 日 30 000	20 000 11 月 2 日			11 月 15 日 1 200	
11 月 8 日 5 500	3 200 11 月 15 日			12 月 1 日 1 200	
11 月 22 日 2 000	300 11 月 21 日			12 月 15 日 1 200	
	5 000 11 月 25 日				
	3 000 12 月 1 日				
	1 200 12 月 1 日				
	1 200 12 月 15 日				

业务 16：预收账款

12 月 21 日，某律师事务所聘用 Smart Touch Learning 公司为其提供在线学习服务，并约定提前支付 600 美元。Smart Touch Learning 公司会收到这笔现金，但却尚未提供服务。现金增加，因此借记现金。承诺在未来提供服务的约定会记为一项预收账款，为负债类账户。预收账款增加，因此贷记预收账款。注意这里并不记录收入，直到 Smart Touch Learning 公司提供服务时才确认收入。

日期	账户和说明	借	贷
12 月 21 日	现金	600	
	预收账款		600
	承诺未来提供服务，收到现金		

资产↑	=	负债↑	+	权益
现金↑		预收账款↑		

现金			预收账款	
11 月 1 日 30 000	20 000 11 月 2 日			600 12 月 21 日
11 月 8 日 5 500	3 200 11 月 15 日			
11 月 22 日 2 000	300 11 月 21 日			
12 月 21 日 600	5 000 11 月 25 日			
	3 000 12 月 1 日			
	1 200 12 月 1 日			
	1 200 12 月 15 日			

业务 17：获得现金劳务收入

12 月 28 日，Smart Touch Learning 公司收到因向顾客提供在线学习服务而获得的劳务收入 8 000 美元。

日期	账户和说明	借	贷	资产↑		负债	+	权益↑
12 月 28 日	现金	8 000		现金↑	=			劳务收入↑
	劳务收入		8 000					
	提供服务，收到现金							

	现金				劳务收入	
11 月 1 日	30 000	20 000	11 月 2 日		5 500	11 月 8 日
11 月 8 日	5 500	3 200	11 月 15 日		3 000	11 月 10 日
11 月 22 日	2 000	300	11 月 21 日		8 000	12 月 28 日
12 月 21 日	600	5 000	11 月 25 日			
12 月 28 日	8 000	3 000	12 月 1 日			
		1 200	12 月 1 日			
		1 200	12 月 15 日			

2.3.3　过账后的分类账户

图 2-2 为将日记账分录结转至分类账后 Smart Touch Learning 公司的 T 形账户。所有账户按账户类型分类。注意，12 月 31 日，Smart Touch Learning 公司持有资产 114 700（= 12 200 + 1 000 + 500 + 3 000 + 18 000 + 60 000 + 20 000）美元，负债 60 900（= 200 + 100 + 600 + 60 000）美元，以及权益 53 800（=48 000−5 000 + 16 500−2 000−3 600−100）美元。会计等式成立：114 700 = 60 900 + 53 800。

2.3.4　四栏式账户：可替代 T 形账户

到目前为止，分类账户都是以 T 形账户的形式出现，借记在左边，贷记在右边。T 形账户清楚地将借贷分开，常用于教学。除了 T 形账户还可以使用四栏式账户来替代。四栏式账户同样有借贷两栏，但除此之外还有另外两栏用于确定动态余额。表 2-6 分别为 Smart Touch Learning 公司现金账户的 T 形账户和四栏式账户。

第一个借 / 贷栏用于记录从日记账中结转过来的业务金额，如借记 30 000 美元。第二个借 / 贷栏用于显示每日账户余额。由于四栏式账户信息量更大，因此在实务中被运用得更多。注意最后一笔 12 月 28 日的业务之后的账户余额为 12 200 美元，等于 T 形账户中的余额。

注意到表 2-6 中四栏式账户中的过账索引一栏了吗？该栏在过账时使用。当日记账中的信息转入分类账时，会添加过账索引。这样的话，财务数据的使用者就可以追溯分类账中的金额至日记账中。在电算化系统中，用户可以通过点击过账索引来查看相关日记账分录。表 2-7 为 Smart Touch Learning 公司业务 1 的过账过程和相应过账索引。记住，在电算化系统下，用户录入了日记账分录后，系统会自动完成这一过程。

权益 (Equity)

资产 ＝ 负债 ＋ 权益

资产 (Assets)

现金 (Cash)

借方		贷方	
11月1日	30 000	11月2日	20 000
11月8日	5 500	11月15日	3 200
11月22日	2 000	11月21日	300
12月21日	600	11月25日	5 000
12月28日	8 000	12月1日	3 000
		12月1日	1 200
		12月15日	1 200
期末余额	12 200		

应收账款 (Accounts Receivable)

借方		贷方	
11月10日	3 000	11月22日	2 000
期末余额	1 000		

办公用品 (Office Supplies)

借方		贷方	
11月3日	500		
期末余额	500		

预付租金 (Prepaid Rent)

借方		贷方	
12月1日	3 000		
期末余额	3 000		

设备 (Equipment)

借方		贷方	
12月2日	18 000		
期末余额	18 000		

建筑物 (Building)

借方		贷方	
12月1日	60 000		
期末余额	60 000		

土地 (Land)

借方		贷方	
11月2日	20 000		
期末余额	20 000		

$114 700

负债 (Liabilities)

应付账款 (Accounts Payable)

借方		贷方	
11月21日	300	11月3日	500
		期末余额	200

应付水电费用 (Utilities Payable)

借方		贷方	
		12月15日	100
		期末余额	100

预收账款 (Unearned Revenue)

借方		贷方	
		12月21日	600
		期末余额	600

应付票据 (Notes Payable)

借方		贷方	
		12月1日	60 000
		期末余额	60 000

$60 900

权益 (Equity)

普通股 (Common Stock)

借方		贷方	
		11月1日	30 000
		12月2日	18 000
		期末余额	48 000

股利 (Dividends)

借方		贷方	
11月25日	5 000		
期末余额	5 000		

劳务收入 (Service Revenue)

借方		贷方	
		11月8日	5 500
		11月10日	3 000
		12月28日	8 000
		期末余额	16 500

租金费用 (Rent Expense)

借方		贷方	
11月15日	2 000		
期末余额	2 000		

工资费用 (Salary Expense)

借方		贷方	
11月15日	1 200		
12月1日	1 200		
12月15日	1 200		
期末余额	3 600		

水电费用 (Utilities Expense)

借方		贷方	
12月15日	100		
期末余额	100		

$53 800

图 2-2 将日记账分录结转至分类账后的 Smart Touch Learning 公司的 T 形账户

表 2-6 T 形账户和四栏式账户

现金

11月1日	30 000	20 000	11月2日
11月8日	5 500	3 200	11月15日
11月22日	2 000	300	11月21日
12月21日	600	5 000	11月25日
12月28日	8 000	3 000	12月1日
		1 200	12月1日
		1 200	12月15日
期末余额	12 200		

每笔业务的借贷金额

每笔业务结束后的账户余额

现金					账户编号：101	
日期	项目	过账索引	借	贷	余额	
					借	贷
2014 年						
11月1日		日记账第 1 页	30 000		30 000	
11月2日		日记账第 1 页		20 000	10 000	
11月8日		日记账第 1 页	5 500		15 500	
11月15日		日记账第 1 页		3 200	12 300	
11月21日		日记账第 1 页		300	12 000	
11月22日		日记账第 1 页	2 000		14 000	
11月25日		日记账第 1 页		5 000	9 000	
12月1日		日记账第 2 页		3 000	6 000	
12月1日		日记账第 2 页		1 200	4 800	
12月15日		日记账第 2 页		1 200	3 600	
12月21日		日记账第 2 页	600		4 200	
12月28日		日记账第 2 页	8 000		12 200	

表 2-7 过账索引

日期	账户和说明	过账索引	借	贷
11 月 1 日	现金	101	30 000	
	普通股	301		30 000
	发行普通股			

日记账页码 → 第 1 页

现金　　账户编号：101

分类账中的账户编号

日期	项目	过账索引	借	贷	余额 借	余额 贷
2014 年 11 月 1 日		日记账第 1 页	30 000			30 000

普通股　　账户编号：301

日期	项目	过账索引	借	贷	余额 借	余额 贷
2014 年 11 月 1 日		日记账第 1 页		30 000		30 000

练习题　EMB 咨询公司 11 月发生了以下业务。编制以下业务的日记账，包括业务摘要。

11 月 1 日	公司收到 10 000 美元并发行普通股
15 日	赊购 400 美元办公用品
18 日	支付 150 美元广告费
20 日	收到顾客应付的 1 000 美元劳务收入
28 日	发放 500 美元的现金股利

2.4 什么是试算平衡表

在记录了日记账并完成过账后，就可以编制**试算平衡表**（trial balance）了。试算平衡表通过按照资产、负债、权益的顺序列示所有账户和相应的余额对分类账进行汇总。在手工会计系统下，试算平衡表通过显示借贷是否相等来检查账户的准确性。在各种会计系统下，试算平衡表对会计账户及其余额的汇总都是十分有益的，因为试算平衡表显示了特定日期企业会计系统中所有账户的余额。表 2-8 为 Smart Touch Learning 公司 12 月 31 的试算平衡表。

表 2-8 试算平衡表

SMART TOUCH LEARNING 公司试算平衡表
2014 年 12 月 31 日

账户名称	余额 借	余额 贷
现金	$ 12 200	

（续）

账户名称	余额	
	借	贷
应收账款	1 000	
办公用品	500	
预付租金	3 000	
设备	18 000	
建筑物	60 000	
土地	20 000	
应收账款		$ 200
应付水电费用		100
预收账款		600
应付票据		60 000
普通股		48 000
股利	5 000	
劳务收入		16 500
租金费用	2 000	
工资费用	3 600	
水电费用	100	
合计	$125 400	$125 400

> 小贴士　试算平衡表和资产负债表并不相同，必须搞清楚这两者的区别。试算平衡表验证借贷是否相等，是内部文件，仅供公司内部员工使用。而资产负债表反映企业的会计等式，是供内部和外部人员共同使用的财务报表。

2.4.1　根据试算平衡表编制财务报表

除了验证借贷相等，试算平衡表还可用于编制财务报表。直接从试算平衡表中获取账户余额，用于编制利润表、留存收益表和资产负债表。表 2-9 为 Smart Touch Learning 公司截至 2014年 12 月 31 日的两个月的财务报表。

2.4.2　纠正试算误差

贯穿整个会计处理过程，借贷应该始终相等。如若不等，则存在误差。因为多数软件不会录入不平衡的日记账分录，所以使用电算化系统可以消除许多误差。但计算机并不能消除所有误差，因为可能会人为输入错误的数据。

可以通过计算试算平衡表中的借项总额和贷项总额的差额来确定平衡误差，然后按情况采取以下措施：

（1）查找试算平衡表中是否遗漏某个账户。例如，假设会计人员从表 2-8 中的试算平衡表中删掉了股利账户。借项总额则为 120 400（=125 400−5 000）美元。从分类账到试算平衡表核对每个账户就可以找出遗漏的账户。

（2）用借贷差额除以 2。将借项记入了贷方，反之亦然，都会使误差翻倍。假设会计人员将贷方的 500 美元过到了借方。借项总额则多了 500 美元，而贷项总额少了 500 美元，因此平衡误差为 1 000 美元。用该差额除以 2 等于 500 美元，然后在日记账或分类账中寻找金额为 500 美元的业务，找出受影响的账户。

（3）**用平衡误差除以 9**。如果该平衡误差能被 9 整除，则为数据末尾少输或多输了 0（例如，将 1 000 美元输成了 100 美元，或将 100 美元输成了 1 000 美元），或者数字位置颠倒（例如，将 1 200 美元输成了 2 100 美元）。假设会计人员在试算平衡表中将 5 000 美元的股利输成了 50 000 美元，则借项总额会比贷项总额多 45 000（=50 000−5 000）美元。用 45 000 除以 9 等于 5 000 美元，记为股利的正确金额。在分类账中寻找余额为 5 000 美元的账户，最终找到股利账户时，就发现了误差所在。

表 2-9　Smart Touch Learning 公司财务报表

SMART TOUCH LEARNING 公司 利润表 截至 2014 年 12 月 31 日的两个月			SMART TOUCH LEARNING 公司 留存收益表 截至 2014 年 12 月 31 日的两个月		
收入：			留存收益，2014 年 11 月 1 日	$	0
劳务收入		$ 16 500	两个月的净利润		10 800
费用：					10 800
工资费用	$ 3 600				
租金费用	2 000		股利		（5 000）
水电费用	100		留存收益，2014 年 12 月 31 日		$ 5 800
费用合计		5 700			
净利润		$ 10 800			

SMART TOUCH LEARNING 公司 资产负债表 2014 年 12 月 31 日				
资产		**负债**		
现金	$ 12 200	应收账款	$	200
应收账款	1 000	应付水电费		100
办公用品	500	预收账款		600
预付租金	3 000	应付票据		60 000
设备	18 000	负债总额		60 900
建筑物	60 000			
土地	20 000	**股东权益**		
		普通股		48 000
		留存收益		5 800
		股东权益总额		53 800
资产总额	$ 114 700	负债和股东权益总额		$ 114 700

试算平衡表中借贷总额相等，但单个账户中仍可能存在误差，因为账户误差可能出现在一笔日记账分录中。

练习题　根据以下账户和账户余额编制公司 2015 年 12 月 31 日的试算平衡表。所有账户均为正常余额。

（单位：美元）

现金	7 000	广告费用	1 200
预收账款	4 500	水电费用	800
设备	10 000	租金费用	5 000

（续）

劳务收入	8 000	应付账款	2 300
普通股	12 200	股利	3 000

2.5 如何根据负债比率评估经营业绩

前面已经学过可以通过评估企业资产报酬率（＝净利润 ÷ 资产平均总额）来确定企业经营状况。本章将讲述另一种评价财务报表的工具。**负债比率**（debt ratio）等于负债总额除以资产总额，反映债务资产在总资产中所占的比例。

$$负债比率 = 负债总额 ÷ 资产总额$$

回想一下会计等式（资产＝负债＋权益），其表明了谁对资产具有追索权。负债代表债权人对资产的追索权，权益代表股东对资产的追索权。负债比例较高的公司其违约风险也较高。一旦公司无法偿还到期债务，债权人有权索要公司资产。负债比率是指总资产中债务资产所占比例。

我们来评价一下绿山咖啡烘焙股份有限公司的偿债能力。该公司 2011 年的资产负债表（单位：1 000 美元）中报告的负债总额为 1 285 672（=471 374 + 575 969 + 189 637 + 27 184 + 474 + 21 034）美元，资产总额为 3 197 887 美元。绿山公司 2011 年 9 月 24 的负债比率如下所示：

$$负债比率 = 负债总额 ÷ 资产总额$$

$$= 1\ 285\ 672\ 美元 ÷ 3\ 197\ 887\ 美元 = 0.40 = 40\%$$

负债比率为 40% 意味着绿山公司不到一半的资产来自债务融资，其余 60%（=100%-40%）都来自投资人出资。负债比率是否可接受，这取决于行业平均水平。咖啡和茶业的平均负债比率一般约为 41.2%。绿山的负债比率稍低于行业均值。负债比率可以反映公司的风险情况，负债比率越高，风险越大。所有债务最终都要偿还，负债比率反映了企业偿还债务的能力。

决策　　　　　　　　　　　**你会赊账购买设备吗**

Jackson Russell 是一家大型药物销售公司的区域销售经理。Jackson 想要购买一款最新的高科技营销显示器，以在即将到来的医学会议中使用。该营销显示器可以使顾客获取公司所销售药物的最新信息和研究统计。他认为这可以大大增加其产品的销售收入。唯一的问题是该营销显示器价值 50 000 美元，而他没有这项预算资金。Jackson 只能赊账购买，这会使本区域的负债比率从 20% 上升到 58%。Jackson 知道公司密切关注着该区域的负债比率，并有政策要求其负债比率必须低于 55%。Jackson 应该购买这项设备吗？

解决方案

如果公司政策要求本区域的负债比率必须低于 55%，那么 Jackson 不应该购买该设备。但是，他可以通过组合购买使本区域负债比率保持在 55% 以下。Jackson 可以减少负债，或者增加资产总额。方法有很多，其中一个方法是：Jackson 可以用现金支付一部分设备款项，只需用债务抵销其余款项。只需拿出 10 000 美元现金支付设备款项就可以使负债比率保持在 55% 以下。另一个方案为确认收入。如果该区尚存在销售空间，则能够通过增加销售增加资产总额（收入），进而降低负债比率。

> **练习题** 根据以下账户和账户余额计算公司 2015 年 12 月 31 日的负债比率。
>
> （单位：美元）

现金	7 000	广告费用	1 200
预收账款	4 500	水电费用	800
设备	10 000	租金费用	5 000
劳务收入	8 000	应付账款	2 300
普通股	12 200	股利	3 000

知识回顾

☞重要知识点

1 什么是账户？

- 账户详细记录各项资产、负债和权益在特定期间的全部增减情况。
- 常见资产账户：现金、应收账款、应收票据、预付费用、土地、建筑物、设备。
- 常见负债账户：应付账款、应付票据、应交税金、应付职工薪酬、预收账款。
- 常见权益账户：普通股、股利、收入、费用。
- 会计科目表列示了公司全部会计科目和科目编号。
- 分类账反映了每个账户的增减情况和账户余额。

2 什么是复式记账法？

- 复式记账法要求一项业务至少同时计入两个账户。
- T 形账户的形状类似大写字母 T，借记左边，贷记右边。
- 借 = 左
- 贷 = 右
- 资产、股利和费用借记增加，贷记减少。
- 负债、普通股和收入借记减少，贷记增加。
- 账户的正常余额在记录账户增加额的一边。

3 如何记录业务？

- 原始凭证提供记录业务所需的证据和数据。
- 先在日记账中记录业务，然后再将日记账分录过入分类账。
- 记录日记账和过账包括以下五个步骤：

  第一步，确定账户和账户类型。

  第二步，根据借贷法则确定账户是增是减。

  第三步，记录日记账。

  第四步，将日记账分录过入分类账。

  第五步，检查会计等式是否成立。

4 什么是试算平衡表？

- 试算平衡表通过列示全部账户及账户余额对分类账进行汇总。
- 先列示资产，接着列示负债，最后列示权益。

- 试算平衡表可以确保借贷相等，可用于编制财务报表。

5　如何根据负债比率评估企业业绩？

- 负债比率可用于评估企业的偿债能力。
- 负债比率 = 负债总额 ÷ 资产总额

汇总习题

以下是 Harper 服务中心 2015 年 2 月 28 日的试算平衡表：

HARPER 服务中心
试算平衡表
2015 年 2 月 28 日

账户名称	借	贷
	余额	
现金	$ 23 900	
应收账款	4 500	
办公用品	0	
土地	0	
应付账款		$ 2 000
应付水电费用		0
预收账款		0
应付票据		0
普通股		18 500
股利	0	
劳务收入		10 000
工资费用	800	
租金费用	1 000	
利息费用	0	
水电费用	300	
合计	$ 30 500	$ 30 500

3 月，公司发生了以下业务：

3 月 2 日	向银行贷款 45 000 美元并以公司名义签发应付票据
4 日	支出现金 40 000 美元购买土地
9 日	向顾客提供服务获得现金 5 000 美元
13 日	赊账购买价值 300 美元的办公用品
15 日	向顾客提供服务，应收 2 600 美元，尚未收到款项
18 日	偿还 1 200 美元的应付账款
21 日	支出以下现金费用：工资，3 000 美元；租金，1 500 美元；利息，400 美元
25 日	收回顾客所欠款项 3 100 美元
27 日	收到 200 美元的水电费账单，下月支付
29 日	预收到下月即将提供的服务款项 1 500 美元
30 日	向股东支付 1 800 美元的现金股利

要求：①以试算平衡表中的账户余额为期初余额，设置各账户的 T 形账户。②在日记账中记录各项业务及业务摘要。③将日记账分录过入分类账（以 T 形账户的形式）。④编制 Harper 服务中心 2015 年 3 月 31 日的试算平衡表。

☞答案

● 要求①

				资产	=		负债	+					权益					
					=			+		实收资本		+				留存收益		

	现金		应付账款		普通股		−		股利	+	劳务收入		−		租金费用
余额	23 900		2 000	余额	18 500	余额	余额	0		10 000	余额	余额		800

	应收账款		应付水电费用				工资费用
余额	4 500		0	余额	余额		1 000

	办公用品		预收账款				利息费用
余额	0		0	余额	余额		0

	土地		应付票据				水电费用
余额	0		0	余额	余额		300

● 要求②

（单位：美元）

日期	账户和说明	借	贷	日期	账户和说明	借	贷
3 月 2 日	现金	45 000		3 月 21 日	工资费用	3 000	
	应付票据		45 000		租金费用	1 500	
	使用应付票据借款				利息费用	400	
3 月 4 日	土地	40 000			现金		4 900
	现金		40 000		支付现金费用		
	现金购买土地			3 月 25 日	现金	3 100	
3 月 9 日	现金	5 000			应收账款		3 100
	劳务收入		5 000		收回赊款		
	提供劳务收到现金			3 月 27 日	水电费用	200	
3 月 13 日	办公用品	300			应付水电费用		200
	应付账款		300		支付水电费账单		
	赊购办公用品			3 月 29 日	现金	1 500	
3 月 15 日	应收账款	2 600			预收账款		1 500
	劳务收入		2 600		预收未来提供劳务费用		
	赊账提供劳务			3 月 30 日	股利	1 800	
3 月 18 日	应付账款	1 200			现金		1 800
	现金		1 200		发放股利		
	偿还赊款						

要求③

资产 ＝ 负债 ＋ 权益

资产

现金

余额	23 900	40 000	3月4日
3月2日	45 000	1 200	3月18日
3月9日	5 000	4 900	3月21日
3月25日	3 100	1 800	3月30日
3月29日	1 500		
余额	30 600		

应收账款

余额	4 500	3 100	3月13日
3月15日	2 600		
余额	4 000		

办公用品

余额	0		
3月13日	300		
余额	300		

土地

余额	0		
3月4日	40 000		
余额	40 000		

负债

应付账款

3月18日	1 200	2 000	余额
		300	3月13日
		1 100	余额

应付水电费用

		0	余额
		200	3月27日
		200	余额

预收账款

		0	余额
		1 500	3月29日
		1 500	余额

应付票据

		0	余额
		45 000	3月2日
		45 000	余额

权益

实收资本

普通股

		18 500	余额
		18 500	余额

留存收益

劳务收入

		10 000	余额
		5 000	3月9日
		2 600	3月15日
		17 600	余额

股利

		0	余额
3月30日	1 800		
余额	1 800		

租金费用

余额	800		
3月21日	3 000		
余额	3 800		

工资费用

余额	1 000		
3月21日	1 500		
余额	2 500		

利息费用

余额	0		
3月21日	400		
余额	400		

水电费用

余额	300		
3月27日	200		
余额	500		

● 要求④

HARPER 服务中心
试算平衡表
2015 年 3 月 31 日

账户名称	借	贷
	余额	
现金	$ 30 600	
应收账款	4 000	
办公用品	300	
土地	40 000	
应付账款		$ 1 100
应付水电费		200
预收账款		1 500
应付票据		45 000
普通股		18 500
股利	1 800	
劳务收入		17 600
工资费用	3 800	
租金费用	2 500	
利息费用	400	
水电费用	500	
合计	$ 83 900	$ 83 900

☞关键术语

account 会计账户 详细记录特定期间内各项资产、负债和权益的增减情况。

accrued liability 应计负债 明确所欠金额但尚未偿还的负债。

chart of account 会计科目表 公司所有科目和科目编号的列表。

compound journal entry 复合日记账分录 多借或多贷的日记账分录。

credit 贷 T 形账户的右边。

debit 借 T 形账户的左边。

debt ratio 负债比率 反映债务资产的比例。负债比率 = 负债总额 ÷ 资产总额

double-entry system 复式记账法 每笔业务至少同时影响两个账户。

journal 日记账 按日期顺序记录的业务。

ledger 分类账 记录公司所有账户、账户变动和账户余额的会计记录。

normal balance 正常余额 提前支付的费用。

notes receivable 应收票据 顾客承诺在未来特定日期偿还固定金额并支付利息的书面证明。

notes payable 应付票据 企业出具的在未来偿还债务（通常带息）的书面承诺。

posting 过账 将日记账中的数据转入分类账。

prepaid expense 预付费用 提前支付的费用。

source document 原始凭证 提供经济业务的证明和数据。

T-account T 形账户 形状与大写字母 T 相似的汇总工具，左边为借，右边为贷。

trial balance 试算平衡表 特定日期的所有分类账户和账户余额的列表。

unearned revenue 预收账款 在提供服务或产品之前收到款项所产生的负债。

☞ 快速测验

1 详细记录特定资产、负债和权益的变动情况的是：

　　a. 账户　　　　　　　　b. 日记账　　　　　　c. 分类账　　　　　　d. 试算平衡表

2 以下哪个账户是负债类账户？

　　a. 应收账款　　　　　　b. 劳务收入　　　　　　c. 预收账款　　　　　d. 预付租金费用

3 账户的左边是用来记录以下哪项的？

　　a. 借或贷，取决于账户类型　　　　　　　　　　b. 增加

　　c. 贷　　　　　　　　　　　　　　　　　　　　d. 借

4 下面哪句话是对的？

　　a. 预付费用的减少计入借方　　　　　　　　　　b. 预收账款的增加计入借方

　　c. 租金费用的增加计入贷方　　　　　　　　　　d. 应付账款的增加计入贷方

5 公司赊账购入 2 500 美元的办公用品，这笔业务的日记账分录为：

a. 办公用品	2 500	
应收账款		2 500

b. 办公用品	2 500	
应付账款		2 500

c. 应付账款	2 500	
办公用品		2 500

d. 现金	2 500	
应付账款		2 500

6 Sedlor Properties 赊账购买了 800 美元的办公用品，如何在日记账中记录这些办公用品的支出？

a. 应付账款	800	
应收账款		800

b. 应付账款	800	
现金		800

c. 现金	800	
应付账款		800

d. 办公用品	800	
现金		800

7 赊账 2 500 美元购买的办公用品过账后为：

a.

现金	办公用品
｜ 2 500	2 500 ｜

b.

办公用品	应付账款
｜ 2 500	2 500 ｜

c.

办公用品	应收账款
2 500 ｜	｜ 2 500

d.

办公用品	应付账款
2 500 ｜	｜ 2 500

8 Pixel Copies 通过"借记现金，贷记应付账款"来记录收回的应收款项，该错误在试算平衡表中如何显示？

　　a. 高估现金　　　　　　b. 高估负债　　　　　　c. 高估费用　　　　　d. 试算平衡表不能平衡

9 下面哪种排序准确总结了会计流程？

　　a. 记录日记账，过账，编制试算平衡表　　　　　b. 记录日记账，编制试算平衡表，过账

　　c. 过账，记录日记账，编制试算平衡表　　　　　d. 编制试算平衡表，记录日记账，过账

10 Nathville 洗衣店持有资产 800 美元、权益 480 美元，其负债比率为多少？

　　a. 60%　　　　　　　　b. 40%　　　　　　　　c. 67%　　　　　　　　d. 信息不足，无法计算

进步评估

☞ 复习题

1 确定会计等式的三个部分，并分别列出至少四个与各部分相关的账户。

2 科目表有什么作用？解释科目编号。

3 分类账记录什么？分类账和科目表有什么区别？

4 会计使用复式记账法。解释这句话的含义。

5 什么是 T 形账户？哪边是借？哪边是贷？账户名称在哪里？

6 何时借记增加？何时借记减少？

7 何时贷记增加？何时贷记减少？

8 确定哪种账户的正常余额在借方，哪种账户的正常余额在贷方。

9 什么是原始凭证？举例说明企业可能使用哪些原始凭证。

10 最初在哪里记录业务？

11 解释记录日记账和过账的五个步骤。

12 日记账有哪四部分？

13 过账包括哪些内容？

14 试算平衡表有什么作用？

15 试算平衡表和资产负债表有何区别？

16 试算平衡表中借贷总额相等能说明试算平衡表准确无误吗？请予以解释。

17 如何计算负债比率？解释负债比率衡量的内容。

☞ 简单练习

S2-1 区分账户。

已知以下账户：

a. 应收票据	b. 普通股	c. 预付保险	d. 应付票据
e. 租金收入	f. 应交税金	g. 租金费用	h. 设备
i. 股利	j. 预收账款		

区分上述每个账户是资产账户、负债账户，还是权益账户。

S2-2 确定账户的增减。

确定每个账户的变动额是计入借方还是计入贷方。

a. 应收账款增加	b. 预收账款减少	c. 现金减少	d. 利息费用增加
e. 应付工资增加	f. 预付租金减少	g. 普通股增加	
h. 应收票据增加	i. 应付账款减少	j. 利息收入增加	

S2-3 确定正常余额。

确定每个账户的正常余额是在借方还是贷方。

a. 应付票据	b. 股利	c. 劳务收入	d. 土地
e. 预收账款	f. 普通股	g. 水电费	h. 办公用品
i. 广告费	j. 应付利息		

S2-4 记录日记账。

Ned Brown 在加利福尼亚州圣迭戈开了一家诊所，1 月共发生以下业务。

1 月 1 日	公司收到 29 000 美元现金，同时向 Brown 发行普通股
2 日	赊购医疗用品 14 000 美元
4 日	出诊获得收入 1 400 美元
12 日	支出本月诊所租金 2 600 美元
15 日	记录 8 000 美元尚未收回的劳务收入

将 Ned Brown 博士的业务计入日记账，并对每个分录做简要说明。

S2-5 记录日记账。

税收销售顾问公司在 1 月后期完成了以下业务：

1 月 22 日	赊销提供服务，应收 8 000 美元
30 日	收回应收款项 7 000 美元
31 日	收到需要在 2 月支付的 180 美元的水电费账单
31 日	向销售人员发放月薪 2 000 美元
31 日	预收到未来三个月的咨询服务费 1 500 美元
31 日	向股东支付现金股利 1 000 美元

记录税收销售顾问公司的日记账，并对每个分录做简要说明。

S2-6 计算 T 形账户余额。

应付账款

5 月 2 日	6 000	14 000	5 月 1 日
5 月 22 日	12 000	1 000	5 月 5 日
		7 000	5 月 15 日
		500	5 月 23 日

计算应付账款账户余额。

S2-7 记录日记账并过账。

Kenneth Dolkart 眼科在 3 月后半月完成了以下业务：

3 月 15 日	赊购办公用品 3 400 美元
28 日	偿还 1 200 美元的应付账款

要求：①记录 Kenneth Dolkart 眼科的日记账，并对每个分录做简要说明。②开立以下账户（T 形账户的形式）：现金（期初余额为 14 000 美元）、办公用品、应付账款。将要求①中的日记账分录过入分类账并计算出各账户余额。

S2-8 编制试算平衡表。

Oakland 地毯公司在 2014 年 12 月 31 日列示了以下汇总数据。账户排序不分先后，均有正常余额。

（单位：美元）

劳务收入	34 000	应付工资	12 000
设备	45 000	工资费用	2 000
租金费用	14 000	现金	8 000
普通股	22 000	应收账款	4 000
应付账款	2 000	应付利息	6 000
股利	1 800	水电费用	1 200

编制 Oakland 地毯公司在 2014 年 12 月 31 日的试算平衡表。

S2-9 专业地毯护理公司 10 月 31 的资产、负债和权益如下所示：

（单位：美元）

资产	230 000
负债	69 000
权益	161 000

专业地毯护理公司 10 月 31 日的负债比率是多少？

☞习题

E2-10 会计词汇的使用。

1. 过账	a. 详细记录特定期间内各项资产、负债和权益的增减情况
2. 账户	b. 记录公司所有账户、账户变动和账户余额的会计记录
3. 借	c. 多借或多贷的日记账分录
4. 日记账	d. 按日期顺序记录的业务
5. 科目表	e. T 形账户的左边
6. 试算平衡表	f. 记录账户增加的一边
7. 正常余额	g. 将日记账中的金额转入分类账
8. 分类账	h. T 形账户的右边
9. 贷	i. 特定日期的所有分类账户和账户余额的列表
10. 复合日记账分录	j. 所有账户和账户编号的列表

E2-11 制定科目表。

Richard 汽车修理厂设有以下账户：

应付账款	劳务收入
现金	设备
水电费用	普通股
汽车配件	广告费用
股利	预收账款
留存收益	

使用标准编号法为 Richard 汽车修理厂制定科目表。账户编号为 10 的不同倍数。例如，第一个资产类账户编号为 100，第二个资产类账户编号为 110。

E2-12 识别账户、账户增加额和正常余额。

a. 利息收入　　b. 应付账款　　c. 普通股　　d. 办公用品　　e. 广告费用

f. 预收账款　　g. 预付租金　　h. 水电费用　　i. 股利　　j. 劳务收入

要求：①识别每个账户是资产账户、负债账户，还是权益账户。②识别账户增加额是记入借方还是贷方。③识别账户的正常余额是在借方还是贷方。

E2-13 确定账户的增减和正常余额。

将缺失的信息填入下方的会计等式。↑表示增加，↓表示减少。

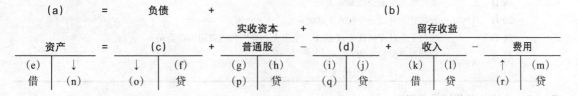

(a)		=	负债	+				(b)			
					实收资本	+			留存收益		
资产		=	(c)	+	普通股	−	(d)	+	收入	−	费用
(e) ↓			↓ (f)		(g) (h)		(i) (j)		(k) (l)		↑ (m)
借 (n)			(o) 贷		(p) 贷		(q) 贷		借 贷		(r) 贷

E2-14 识别原始凭证。

识别每笔业务可能存在哪些原始凭证。

a. 企业收到 20 000 美元现金，并向股东发行普通股

b. 赊账购买 500 美元的办公用品

c. 记录了 1 000 美元的劳务收入

E2-15 分析业务并记录日记账。

作为 Mighty Fine 墨西哥餐厅的经理，你需要处理各式各样的业务，对以下业务进行详细说明。

a. 借记设备，贷记现金　　　　　　　　　　b. 借记股利，贷记现金

c. 借记应付职工薪酬，贷记现金　　　　　　d. 借记设备，贷记普通股

e. 借记现金，贷记预收账款　　　　　　　　f. 借记广告费用，贷记现金

g. 借记现金，贷记劳务收入

根据以下已知信息回答问题 E2-16 和 E2-17。

伦敦工程发生了以下业务：

6 月 2 日	收到 Bill London 出资的 10 000 美元，并向其发行了普通股
4 日	支付水电费用 400 美元
5 日	赊购 2 100 美元的设备
10 日	赊账提供服务，应收 2 000 美元
12 日	借款 7 000 美元，签发应付票据
19 日	向股东支付现金股利 500 美元
21 日	购买办公用品，花费现金 800 美元
27 日	偿还 7 月 5 日以来的负债

E2-16　分析业务并记录日记账。

在日记账中记录伦敦工程的以上业务，并对每笔日记账分录进行说明。使用以下账户：现金、应收账款、办公用品、设备、应付账款、应付票据、普通股、股利、劳务收入、水电费用。

E2-17　过账。

要求：①开立以下 T 形账户：现金、应收账款、办公用品、设备、应付账款、应付票据、普通股、股利、劳务收入、水电费用。②将日记账分录过入 T 形账户，包括日期。③计算各账户在 7 月 31 日的余额。

根据以下已知信息回答问题 E2-18 和 E2-19。

Ward Technology Solution 发生了以下业务：

5 月 1 日	企业收到 75 000 美元的出资，并向 Zoe Ward 发放普通股
2 日	赊购 500 美元的办公用品
4 日	支出 53 000 美元购买建筑物和土地，该建筑物的公允市场价值为 45 000 美元
6 日	提供服务获得 2 600 美元的现金收入
9 日	偿还 40 美元的应付账款
17 日	赊账提供服务，应收 2 500 美元
19 日	支付本月租金费用 900 美元
20 日	预收到下月的劳务收入 1 200 美元
21 日	预付下个月即将在《IT 技术》杂志上刊登广告的费用 500 美元
23 日	收到客户欠款 1 900 美元
31 日	产生并支付工资 1 100 美元

E2-18　分析业务并记录日记账。

在日记账中记录 Ward Technology Solution 的以上业务，并对每笔日记账分录进行说明。使用以下账户：现金、应收账款、办公用品、预付广告费、建筑物、土地、应付账款、预收账款、普通股、劳务收入、租金费用、工资费用。

E2-19　将日记账分录过入四栏式账户。

a. 根据以下账户编号开立四栏式账户：现金，110；应收账款，120；办公用品，130；预付广告费，140；建筑物，150；土地，160；应付账款，210；预收账款，220；普通股，310；劳务收入，410；租金费用，510；工资费用，520。

b. 将日记账分录过入四栏式账户，并计算记录每笔业务后的账户余额。假设日记账分录记录在日记账的第 10 页。确保完成日记账和分类账中的过账索引栏。

E2-20 根据 T 形账户分析业务。

西北飞机修理厂的前九笔业务已经过入 T 形账户，对其中每笔业务进行详细说明。

资产		=	负债		+		所有者权益				
		=			+	实收资本	+			留存收益	
现金			应付账款			普通股	−	股利	+	劳务收入	− 租金费用
（1） 370 000	360 000 （2）		（5） 1 200	1 500（4）		370 000（1）		（8） 7 000		21 000 （9）	（7） 1 400
（3） 260 000	1 200 （5）										
（9） 21 000	1 500 （6）		应付票据								工资费用
	3 900 （7）			260 000（3）							（7） 2 500
	7 000 （8）										
											财产税
应收账款											（6） 1 500
（4） 1 500											
办公用品											
（4） 1 500											
建筑物											
（2） 360 000											

E2-21 根据 T 形账户记录日记账。

Adam's 草坪护理公司 2015 年 12 月的前五笔业务已经过入 T 形账户。编制这五笔业务的日记账分录，并对每笔日记账分录进行说明。

现金		办公用品		设备		建筑物	
（1） 53 000	（3） 40 000	（2） 700		（5） 4 700		（3） 40 000	
（4） 50 000	（5） 4 700						

应付账款		应付票据		普通股	
	700		（4） 50 000		（1） 53 000

E2-22 编制试算平衡表。

以下是 Atkins 搬家公司的账户和 2015 年 8 月 31 日的账户余额。账户排序不分前后（单位：美元）。

普通股	72 000	卡车	132 000
保险费用	600	燃料费	3 000
应付账款	4 000	股利	5 400
劳务收入	80 000	水电费用	500
建筑物	48 000	应收账款	8 800
广告费用	400	应付票据	54 000
工资费用	7 000	办公用品	300
现金	4 000		

编制 Atkins 搬家公司 2015 年 8 月 31 日的试算平衡表。

E2-23 根据 T 形账户编制试算平衡表。

下面是麦当劳农场设备修理厂 2015 年 5 月 31 日的 T 形账户。

资产	=	负债	+			所有者权益			
	=		+	实收资本	+		留存收益		

现金		应付账款		普通股		股利	+ 劳务收入		租金费用
20 000	10 000	500	4 500	20 000		1 800	4 500		2 000
									4 500
2 000	500			14 000		2 000			
800	5 000	应付票据							财产税
1 800		5 000	35 000						800
	3 100								
									广告费用
应收账款									300
4 500	800								

设备	
14 000	

建筑物	
35 000	

土地	
10 000	

编制麦当劳农场设备修理厂 2015 年 5 月 31 日的试算平衡表。

E2-24 记录日记账，过账，并编制试算平衡表。

以下是 Teresa Parker 本月发生的业务，Parker 是一名注册会计师。

6 月 1 日	Parker 通过出资 14 000 美元并购买市价 5 200 美元的设备开办了一家会计事务所，获取公司普通股
5 日	支付月租 1 500 美元
9 日	赊购办公用品 900 美元
14 日	支付员工薪酬 1 700 美元
18 日	收到下月应付水电费账单 250 美元
21 日	偿还 6 月 9 日产生的 700 美元的应付账款
25 日	赊账提供会计服务，应收 5 900 美元
28 日	支付现金股利 6 700 美元

要求：①根据以下账户编号开立四栏式账户：现金，110；应收账款，120；办公用品，130；办公设备，140；应付账款，210；应付水电费用，220；普通股，310；股利，320；劳务收入，410；工资费用，510；租金费用，520；水电费用 530。②记录日记账分录并将其过入四栏式账户。动态显示账户余额。假设日记账分录记录在日记账的第 10 页。③编制 2015 年 6 月 30 日的试算平衡表。

E2-25 分析会计差错。

Danielle Neylon 不能保持借贷平衡。最近一月 Danielle 发生了以下会计差错：

a. 编制试算平衡表时，Danielle 漏掉了 7 000 美元的应付票据，借方现金没有错误

b. Danielle 在过账时将 90 美元的水电费用过成了 900 美元，贷方现金没有错误

c. 在记录已偿还的 800 美元的应付账款时，Danielle 没有借记应付账款，而是借记了设备

d. 在日记账中记录收到的劳务收入款项时，Danielle 将现金金额错记成了 1 200 美元，实际应该是 120 美元，贷方没有错误

e. Danielle 将赊购的 540 美元的办公用品记成了借记办公用品 450 美元，贷记应付账款 450 美元

要求：①分别说明每项错误是否引起试算平衡表中借贷不等。②找出余额错误的账户、账户余额差额以及错误方向（比如，应收账款 500 美元的账户余额偏高）。

E2-26 更正错误。

都市喷绘专家的会计人员在编制 2015 年 11 月 30 日的试算平衡表时，遇到了诸多困难：

都市喷绘专家

试算平衡表

2015 年 11 月 30 日

	余额	
账户名称	借	贷
喷绘设备	$ 14 500	
现金	12 600	
应收账款	1 200	
广告费用	550	
股利		$ 7 000
应付账款		3 500
租金费用	1 800	
普通股	15 000	
劳务收入		19 750
预收账款	2 000	
工资费用	2 100	
办公用品		200
水电费用	300	
合计	$ 50 050	$ 30 450

请正确编制 2015 年 11 月 30 日的试算平衡表，假设全部金额无误且账户均有正常余额。

E2-27 更正错误。

下面是 Joy Mcdowell 家教服务公司 2015 年 5 月 31 日的试算平衡表，借贷不等。

JOY MCDOWELL 家教服务公司试算平衡表

2015 年 5 月 31 日

	余额	
账户名称	借	贷
现金	$ 3 000	
应收账款	2 000	
办公用品	600	
计算机设备	15 800	
应付账款		$ 11 000
应交水电费用		300
普通股		11 600
股利	10 000	
劳务收入		9 800
工资费用	1 700	
租金费用	700	
水电费用	500	
合计	$ 34 300	$ 32 800

深入调查会计记录后，发现记账人：

①将 500 美元的现金收入记成了借记应收账款，贷方正确。②过账时将 1 000 美元的应付账

款贷方金额错录为 100 美元。③漏记水电费用和对应的应交水电费用，400 美元。④普通股少记了 600 美元。

编制 2015 年 5 月 31 日正确的试算平衡表。无须日记账分录。

E2-28　计算负债比率。

下面是医学博士 John Hill 编制的 2015 年 9 月 30 日的试算平衡表。

<table>
<tr><th colspan="3">试算平衡表
2015 年 9 月 30 日</th></tr>
<tr><th rowspan="2">账户名称</th><th colspan="2">余额</th></tr>
<tr><th>借</th><th>贷</th></tr>
<tr><td>现金</td><td>$ 35 000</td><td></td></tr>
<tr><td>应收账款</td><td>7 250</td><td></td></tr>
<tr><td>办公用品</td><td>3 000</td><td></td></tr>
<tr><td>办公设备</td><td>25 000</td><td></td></tr>
<tr><td>建筑物</td><td>80 000</td><td></td></tr>
<tr><td>土地</td><td>20 000</td><td></td></tr>
<tr><td>应付账款</td><td></td><td>$ 2 000</td></tr>
<tr><td>应交水电费用</td><td></td><td>935</td></tr>
<tr><td>预收账款</td><td></td><td>14 000</td></tr>
<tr><td>应付票据</td><td></td><td>75 000</td></tr>
<tr><td>普通股</td><td></td><td>100 000</td></tr>
<tr><td>股利</td><td>50 000</td><td></td></tr>
<tr><td>劳务收入</td><td></td><td>52 915</td></tr>
<tr><td>工资费用</td><td>23 500</td><td></td></tr>
<tr><td>水电费用</td><td>800</td><td></td></tr>
<tr><td>广告费用</td><td>300</td><td></td></tr>
<tr><td>合计</td><td>$ 244 850</td><td>$ 244 850</td></tr>
</table>

计算负债比率。

☞后续习题

P2-43　记录日记账，过账并编制试算平衡表。

E2-43 继续以第 1 章习题 E1-54 中的咨询公司为例。下面需要对 Davis 咨询公司的业务进行实际计量。

2014 年 12 月，Davis 咨询公司完成了以下业务：

12 月 2 日	股东出资 18 000 美元，获得普通股
2 日	支付办公月租 550 美元
3 日	购买一台电脑花费 1 800 美元，预期使用年限为 5 年
4 日	赊购办公设备 4 200 美元，预期使用年限为 5 年
5 日	赊购办公用品 900 美元
9 日	赊账提供咨询服务，应收 1 500 美元
12 日	支付水电费用 250 美元
18 日	提供服务获得 1 100 美元的收入
21 日	提前收到未来的劳务收入 1 400 美元
21 日	雇用了一位行政助理，每月 20 日向其支付 2 055 美元，立即入职
26 日	偿还 400 美元的应付账款

（续）

28 日	收回 300 美元的应收款项
30 日	向股东支付现金股利 1 400 美元

要求：①使用以下账户记录日记账：现金、应收账款、办公用品、机器设备、办公设备、应付账款、预收账款、普通股、股利、劳务收入、租金费用、水电费用。无须详细说明。②开立 T 形账户。③将日记账分录过入 T 形账户并计算账户余额。无须正式的过账索引。④编制 2014 年 12 月 31 日的试算平衡表。⑤编制 Davis 咨询公司截至 2014 年 12 月 31 日的一个月的利润表。⑥编制截至 2014 年 12 月 31 日的一个月的留存收益表。⑦编制 2014 的资产负债表。⑧计算 Davis 咨询公司的负债比率。

☞套题

P2-44　记录日记账，过账并编制试算平衡表。

已知以下 Shine King 保洁公司经营首月的业务数据。

11 月 1 日	股东出资 35 000 美元和一辆卡车，卡车市价为 8 000 美元，获得了普通股
2 日	公司向 Pleasant Properties 支付 11 月～2 月的租金 2 000 美元（借记预付租金）
3 日	支付从 2015 年 11 月 1 日～2016 年 10 月 31 日的保险费用 2 400 美元（借记预付保险）
4 日	赊购保洁用品 270 美元
5 日	赊购一台 1 000 美元的工业吸尘器，11 月 25 日付款
7 日	支付 1 200 美元购买了一台电脑和一台打印机
9 日	赊账提供保洁服务，应收 3 000 美元
10 日	收到 11 月 9 日的劳务收入款项 100 美元
15 日	向员工发放 500 美元
16 日	收到 11 月 16 日起为期一年的保洁合同款项 3 600 美元，合同起始于 2015 年 11 月 16 日，截至 2016 年 11 月 15 日（贷记预收账款）
17 日	提供保洁服务收到 800 美元
18 日	收到 175 美元的水电费账单，2015 年 12 月 4 日到期（应付账款）
20 日	向银行贷款 40 000 美元，年利率为 9%
21 日	收回 11 月 9 日劳务收入款项 900 美元
25 日	偿还 11 月 5 日赊购吸尘器产生的应付账款 500 美元
29 日	支付 100 美元的广告费用
30 日	支付现金股利 600 美元

要求：①使用以下账户在日记账中记录每笔业务：现金、应收账款、清洁设备、预付租金、预付保险、设备、卡车、应付账款、应交水电费用、预收账款、应付票据、普通股、股利、劳务收入、工资费用、广告费、水电费用。无须详细说明。②开立各账户的 T 形账户。③将日记账分录过入 T 形账户并计算账户余额。无须正式的过账索引。④编制 2015 年 11 月 30 日的试算平衡表。

批判性思考

☞决策案例

案例 2-1

你的朋友 Dean McChesney 向你咨询特定业务对其企业（A+ 旅行策划）的影响。时间紧迫，无法记录日记账。因此，只能在没有日记账的情况下对业务进行分析。只要月净利润达到 6 000 美元，McChesney 就会持续经营该企业。6 月，公司完成了以下业务：

① McChesney 在公司银行账户中存入 10 000 美元用于开办公司，公司将向 McChesney 发行普通股。②支出 300 美元购买办公用品。③产生应付广告费用 700 美元。④支付以下现金费用：行政助理工资，1 400 美元；办公租金 1 000 美元。⑤实现应收劳务收入 8 800 美元。⑥收回客户欠款 1 200 美元。

要求：①开立以下 T 形账户、现金、应收账款、办公用品、应付账款、普通股、劳务收入、工资费用、租金费用、广告费用。②不用日记账直接将业务过入 T 形账户。按顺序记录每笔业务。计算账户余额。③编制 2016 年 6 月 30 日的试算平衡表。④计算本月的净利润或净亏损。你会建议 McChesney 持续经营吗？

案例 2-2 回答以下问题。每个问题互不相关。

要求：①某位朋友即将开一家书店，向其解释相比于以会计等式的形式记录业务，使用复式记账法的优点。②往银行账户中存钱时，银行会贷记你的银行账户。银行应该用贷记吗？为何银行是贷记你的存款，而不是借记？

☞道德问题

Better Days Ahead 是一家慈善机构，与第一国家银行签有长期合约。合约约定捐款较少时，Better Days Ahead 可以透支存款余额。一直以来，Better Days Ahead 有效管理资金，几乎没有使用过这一特权。Jacob Henson 最近刚成为 Better Days Ahead 的主席。他为了扩展业务而使用大量筹款购置了一些办公设备。在其任职期间，Better Days Ahead 的存款余额维持在 −10 000 美元左右。这种情况下会存在哪些道德问题？陈述你支持或反对 Jacob Henson 的资金管理方法的理由。

☞舞弊案例

Roy Akin 是轮胎制造企业 Zelco 的会计主管。他和公司执行总裁 Hugh Stalllings 打了一次高尔夫球，Hugh Stalllings 算是当地的一位名人。如果公司净利润在年末有所增加的话，Hugh Stalllings 就可以持续获得丰厚的奖金。Roy 非常想进入 Hugh 的精英社交圈，他向 Hugh 夸口说自己可以通过修改一些记录支出的仓库租金的日记账分录来增加公司利润。年末，Roy 将几笔分录中租金费用的借方金额改到了预付租金的借方。后来，Hugh 获得了奖金，这一舞弊行为未被发现。

要求：①日记账分录的变动如何影响企业年末的净利润？②这一行为使得何方受益，何方损失？

☞财务报表案例

登录 www.pearsonhighered.com/Horngren 查看星巴克 2011 年的年报。

要求：①计算星巴克 2011 年 10 月 2 日的负债比率。②相比于绿山咖啡，星巴克的负债比率高还是低？请讨论。

☞小组讨论

联系一家当地企业，与企业所有者商议了解企业使用哪些账户。

要求：①复印企业的科目表。②编制企业最近一个月、一季度或一年的财务报表（可以不包括现金流量表）。可以使用虚构的账户余额，也可以使用企业提供的账户余额。

如果该企业有大量的同类账户，只在财务报表中反映合计金额。例如，该企业有好几个现金账户，将所有现金账户加总，只在资产负债表中列报一个现金金额。

可能会遇到大量尚未学习的账户，尽力处理这些账户。

记住，财务报表要么单独要么分类反映公司科目表上的账户的余额。因此，财务报表必须与科目表一致。

☞交流活动

用 35 个字以内解释借贷的差异和六种账户类型的正常余额。

☞练习题答案

1 E 2 E 3 A 4 E 5 A
6 L 7 L 8 A 9 E 10 E

11 借
12 借
13 贷
14 贷
15 贷
16 贷
17 借
18 贷
19 借
20 贷

21

日期	账户和说明	借	贷	日期	账户和说明	借	贷
11 月 1 日	现金	10 000		11 月 20 日	现金	1 000	
	普通股		10 000		劳务收入		1 000
	发行普通股				提供劳务收到现金		
11 月 15 日	办公用品	400		11 月 28 日	股利	500	
	应付账款		400		现金		500
	赊账购买办公用品				发放现金股利		
11 月 18 日	广告费用	150					
	现金		150				
	支付广告费用						

22

库伯家具维修公司
试算平衡表
2015 年 12 月 31 日

账户名称	借	贷
	余额	
现金	$ 7 000	
设备	10 000	
应付账款		$ 2 300
预收账款		4 500
普通股		12 200
股利	3 000	
劳务收入		8 000
租金费用	5 000	

（续）

账户名称	余额	
	借	贷
广告费用	1 200	
水电费用	800	
合计	$ 27 000	$ 27 000

23

资产总额 = 7 000 美元 + 10 000 美元 = 17 000 美元
负债总额 = 2 300 美元 + 4 500 美元 = 6 800 美元
资产负债率 = 负债总额 ÷ 资产总额
　　　　 = 6 800 美元 ÷ 17 000 美元 = 0.40 = 40%

☞快速测验答案

1. a　2. c　3. d　4. d　5. b　6. b　7. d　8. b　9. a　10. b

第 **3** 章

调 账 过 程

奖金去哪儿了

Liam Mills 在打开信封的时候感到十分诧异。他刚刚从雇主 Custom Marketing 那里收到最新一季度的奖金支票，奖金额度比他预期的要少。Liam 的职位是销售经理，负责美国西南地区的产品营销和实施。他的报酬按月计算，除此之外还会获得在其地区向顾客提供广告服务所创造的收入的 3%，作为其奖金。他指望着第四季度（10 月～12 月）的奖金能足够还清他休假时积攒的信用卡债务。这个年末，Liam 的业绩相当不错。他结清了数个往来账户，还成功签下了几个年度广告合同。此外，由于出色的谈判技巧，他还在提供服务之前就提前收到了一半的服务费，这样就不用等顾客按月支付。考虑到这项新业务，Liam 曾预期他会得到一笔丰厚的奖金，但事实上并没有。

第二天，Liam 来到财务室讨论有关其奖金的问题。他惊讶地得知自己的奖金是按公司 12 月 31 日之前的收入来计算的。尽管 Liam 通过谈判提前收到了一半的服务费，但公司尚未实现这些收入。直到公司提供了广告服务时，才可以确认收入。最终这笔新业务会反映在 Liam 的奖金中，但是必须等到这笔收入实现之后。

如何计算收入

在期末（通常为 12 月 31 日），公司需要准确报告期间内获得的收入和发生的费用。为此，公司要检查各个账户余额来确定是否须要进行调整。例如，CC Media Holdings 是无线广播巨头 Clear Channel 通信公司和 Clear Channel 户外广告公司的母公司，母公司必须确定广告合同实际获得的收入金额。这些合同期限最短几周，最长数年。只有当期实现的收入才可以作为收入记入利润表。调整账簿是指为了使财务报表准确无误而检查并调整账户余额的过程。这就是本章将要学习的内容。

☞ 章节纲要

收付实现制和权责发生制的区别是什么？

权责发生制的适用原则有哪些？

什么是调整分录以及如何记录调整分录？

调整后的试算平衡表有何用途以及如何编制？

调整分类对财务报表有何影响？

工作底稿在编制调整分录和调整后试算平衡表时有何作用？

预付费用和预收账款的另一种处理方法是什么（见附录 3A）？

学习目标

1. 区别收付实现制和权责发生制。

2. 定义并运用会计期间概念、收入确认原则和配比原则。

3. 解释记录并结转调整分录的作用。

4. 解释调整后试算平衡表的作用并编制调整后试算平衡表。

5. 明确调整分录对财务报表的影响。

6. 解释工作底稿的作用并使用工作底稿编制调整分录和调整后试算平衡表。

7. 掌握预付费用和预收账款的另一种处理方法（见附录 3A）。

第 1 章介绍了会计等式和财务报表。第 2 章学习了 T 形账户、借贷和试算平衡表。但这样就能涵盖特定期间的所有业务了吗？还不能。

本章将通过学习如何在期末对账户进行调整，来继续探索会计循环。这一过程叫作账簿调整，需要用到一种特殊的日记账分录，叫作调整分录。例如，在期末，需要确定耗用了多少办公用品以及欠职工多少薪酬，并编制调整分录记录这些金额。在全面了解公司经营状况之前，只需要编制部分调整账分录。

3.1　收付实现制和权责发生制的区别是什么

记录业务的方法有两种：收付实现制和权责发生制。

- **收付实现制**（cash basis accounting）只记录涉及现金的业务：现金收入和现金支出。收到现金时记录收入，支出现金时记录费用。因此，只有在收到现金时才记录收入，也只有在支出现金时才记录费用。一般公认会计原则（GAAP）要求不得采用收付实现制，但小企业有时会采用收付实现制。相比较而言，收付实现制掌握起来更为简单，因为不需要掌握太多会计概念和原则。收付实现制还利于了解企业现金流的动向。

既然 GAAP 要求不得使用收付实现制，为什么还有企业使用该方法？

- **权责发生制**（accrual basis accounting）记录每笔发生的业务。也就是说，在实现收入时记录收入，在发生费用时记录费用。多数企业采用权责发生制记账。权责发生制更好地反映了企业的收入和费用。当且仅当收入实现时记录收入，同时当且仅当费用发生时记录费用。权责发生制下，现金的收付时间并不重要。

例：假设 5 月 1 日，Smart Touch Learning 公司支付了未来 6 个月的保险费用 1 200 美元（每月 200 美元）。这笔支出涵盖了 5 ～ 10 月的保险费用。在收付实现制下，Smart Touch Learning 公司会在 5 月 1 日记录保险费用 1 200 美元。因为在收付实现制下，在支出现金时记录费用。而权责发生制则要求收入与费用配比。因此 Smart Touch Learning 公司会在 5 ～ 10 月每月分别记录 200 美元的费用。下面具体来看如何分别使用收付实现制和权责发生制记录收入。

	收付实现制		权责发生制	
支出款项	5 月 1 日	$1 200	5 月 1 日	$1 200
记录费用	5 月 1 日	$1 200	5 月 31 日	$200
			6 月 30 日	200
			7 月 31 日	200
			8 月 31 日	200
			9 月 30 日	200
			10 月 31 日	200
记录费用总额		$1 200		$1 200

例： 假设 4 月 30 日，Smart Touch Learning 公司收到 600 美元，为接下来的 6 个月（5～10 月）将要提供的服务的费用。收付实现制下，Smart Touch Learning 公司会在 4 月 30 日收到现金时记录 600 美元的收入。而在权责发生制下，当且仅当收入实现时才予以记录。所以，Smart Touch Learning 公司会在未来 6 个月每月分别记录 100 美元的收入。

	收付实现制		权责发生制	
支出款项	4 月 30 日	$600	4 月 30 日	$600
记录费用	4 月 30 日	$600	5 月 31 日	$100
			6 月 30 日	100
			7 月 31 日	100
			8 月 31 日	100
			9 月 30 日	100
			10 月 31 日	100
记录费用总额		$600		$600

注意，无论是收付实现制还是权责发生制，截至 12 月 31 日的收入和费用总额是相等的。两种方法最大的区别在于记录收入和费用的时间。

> **练习题** Total Pool 公司 2014 年实现了 130 000 美元的劳务收入，其中 105 000 美元为现金收入，其余款项直到 12 月 31 日尚未收回。此外，公司本年共产生费用 85 000 美元，截至 12 月 31 日尚有 10 000 美元尚未支付。2014 年 2 月公司预付了 5 000 美元来年的费用。
> 1. 使用收付实现制计算 2014 年的劳务收入和费用。
> 2. 使用权责发生制计算 2014 年的劳务收入和费用。

3.2 权责发生制的适用原则有哪些

如我们所见，收入和费用的确认时间是收付实现制和权责发生制的关键区别。这一区别可以通过会计期间概念、收入确认原则和配比原则来解释。

3.2.1 会计期间概念

Smart Touch Learning 公司只有在出售全部资产，偿还所有负债，并把所有剩余现金发放给股东后，才可以百分之百确定其真正的经营状况。显而易见，这种衡量收入的方法是不可行的。因为企业需要定期报告公司事务，因此会计**期间概念**（time period concept）假设企业的经营活动可以按较小的时间单位分割，这样就可以定期编制财务报表，比如一个月、一个季度或者一年。

基本的会计期间为一年，所以大多数企业编制年度财务报表。年度财务报表中使用的 12 个月的会计期间叫作一个**会计年度**（fiscal year）。多数企业以自然年度为其会计年度，即 1 月 1 日～ 12 月 31 日。会计年末通常为企业经营最糟的时候。零售商就是一个典型代表。例如，沃尔玛和杰西潘尼以截至 1 月 31 日的一年为其会计年度，这是因为假期结束一个月后正是它们经营最糟的时候。

3.2.2　收入确认原则

收入确认原则（revenue recognition principle）包括以下内容：

- 何时确认收入，即何时编制收入的日记账分录
- 确认金额

1. 何时确认收入

收入确认原则要求公司当且仅当收入实现时记录收入。当企业交付了商品或提供了服务时就实现了收入，不一定是收到顾客现金的时候。无论是否收到现金，当企业完成了销售合约中的所有要求时就完成了盈利过程。

决策　　　　　　　　　　**什么会计年度最合适**

Molly Kielman 开了一家公司，叫 Summertime Day Camp。她正在考虑在财务报表中使用自然年度还是非自然年度。因为公司的大多数业务会集中在 6 ～ 7 月，所以她想以截至 8 月 31 日的一年作为其会计年度。Molly 应该使用哪个会计年末呢？

方案 1　从会计角度来看，Molly 应该以经营最糟点（8 月 31 日）作为她的会计年末。一般来说，季节性较强的公司（如 Molly 的公司）都不会使用自然年末。因为经营最糟点的业务和复杂因素都较少，所以公司能够更加准确地反映其收入和费用。

方案 2　Molly 的税务顾问可能会建议 12 月 31 日。如果 Molly 的公司是个人独资企业，那么公司和其所有人须在同一年末报税。大多数个人都在 12 月 31 日报税。重新选择会计年末，如 8 月 31 日，则会使她的个人报税变得复杂。而如果该公司是股份制公司的话，就是独立的法人主体，公司的会计年末不会对股东个人报税产生任何影响。

---

2. 确认金额

根据商品或服务的实际售价确认收入金额。假设 Smart Touch Learning 公司为了赢得新的顾客，以折扣价 100 美元提供在线学习服务，而该项服务的正常价格是 200 美元。公司应该确认多少收入呢？ Smart Touch Learning 公司仅收取了 100 美元，所以确认 100 美元的收入。

3.2.3　配比原则

配比原则（matching principle，也叫费用确认原则）是记录费用时的指导原则，它要求：

- 在费用发生的当期记录费用
- 费用与本期收入配比

费用与收入配比意味着，从本月实现的收入中扣除本月发生的费用，这样做的目的在于准确计算期间内的净利润或净损失。

一些费用和收入之间有着天然的联系。例如，Smart Touch Learning 公司向在线学习服务的销售人员支付佣金。该项佣金费用与在线学习公司的收入直接相关，其他费用则没那么容易与收入

相连。例如，无论当月实现多少收入，Smart Touch Learning 公司每月都会产生一笔租金费用。配比原则要求这些费用必须归属到实现相关收入的特定期间，比如一个月或一年。所以公司将根据租赁合同每月记录租金费用。

> **练习题** 将以下会计术语与相应的定义连线。
>
> 3. 会计期间概念　　a. 要求公司当且仅当收入实现时记录收入
> 4. 收入确认原则　　b. 假设企业的经营活动可以按较小的时间单位分割，这样就可以定
> 　　　　　　　　　　期编制财务报表
> 5. 配比原则　　　　c. 确保在费用发生的当期记录费用，并且使费用与本期收入配比

3.3 什么是调整分录以及如何记录调整分录

在期末首先要编制试算平衡表，在上一章已经学过了如何编制试算平衡表。表 3-1 是 Smart Touch Learning 公司 2014 年 12 月 31 日的未调整试算平衡表。

未调整试算平衡表中列出了在线学习公司 11 月和 12 月的收入和费用，但其中漏掉了几笔收入和费用业务，因此数据并不完整。权责发生制要求公司要检查未调整试算平衡表，确定是否还有需要其他记录的收入和费用。Smart Touch Learning 公司存在已实现却尚未记录的收入吗？有已发生却尚未记录的费用吗？

以表 3-1 中的办公用品账户为例。Smart Touch Learning 公司在过去两个月耗用了一些办公用品。这使得存货办公用品（资产）减少，同时费用（用品费用）增加。每耗用一次办公用品都记录用品费用的话会耗用大量时间。但截至 12 月 31 日未调整试算平衡表（见表 3-1）中 500 美元的办公用品可能已经全部用完，因此要对办公用品账户进行调整。这就是为什么要在会计期末对一些账户进行调整。

在会计期末编制**调整分录**（adjusting entry），并将收入和费用计入各自发生的期间。调整分录也对资产和负债进行调整。进行调整是为了准确衡量：

（1）利润表中的净利润（损失）

（2）资产负债表中的资产和负债

调整分录有两种基本类型：待摊类和预提类。待摊类是指费用尚未发生已经支付了款项或者收入尚未实现已经收到了款项。因为收入或费用的确认递延至了收付款项后的某个日期，因此待摊类也叫递延类。预提类则正好相反。预提分录在收付款项之前确认收入或费用。

以上两种调整分录可以进一步分成以下四种类型：

（1）预付费用（待摊）

（2）预收账款（待摊）

（3）预提费用（预提）

（4）应计收入（预提）

表 3-1　未调整试算平衡表

SMART TOUCH LEARNING 公司

未调整试算平衡表

2014 年 12 月 31 日

账户名称	余额 借	余额 贷
现金	$ 12 200	
应收账款	1 000	
办公用品	500	
预付租金	3 000	
设备	18 000	
建筑物	60 000	
土地	20 000	
应付账款		$ 200
应付水电费		100
预收账款		600
应付票据		60 000
普通股		48 000
股利	5 000	
劳务收入		16 500
租金费用	2 000	
工资费用	3 600	
水电费用	100	
合计	$ 125 400	$ 125 400

本章重点是学习如何在账簿中记录这四种调整分录。

3.3.1　预付费用

预付费用是对未来费用的提前支付。预付费用通常在费用耗用完之前支付。支付的款项在实际耗用完之前确认为资产，而不是费用。预付款项用完时，通过调整分录将已耗用资产转入费用。

1. 预付租金

还记得第 2 章的业务 10 吗？ Smart Touch Learning 公司在 2014 年 12 月 31 日预付了三个月的办公室租金，3 000 美元（1 000×3）。下面是这笔业务的会计分录：

日期	账户和说明	借	贷		资产↑↓		负债	+	权益
12 月 1 日	预付租金	3 000			预付租金↑	=			
	现金		3 000		现金↓				
	提前支付租金								

过账之后，预付租金账户有 3 000 美元的借方余额。

预付租金

12 月 1 日 3 000		

12 月期间，预付租金账户余额保持不变。但其 12 月 31 日的资产负债表中的余额却不再是 3 000 美元。为什么呢？

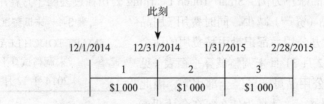

12 月 31 日，应该从预付租金中减去已耗用的金额。已耗用金额为一个月的费用，即预付金额的三分之一。到期资产转入费用。编制调整分录，从预付租金账户中转出 1 000 美元至租金费用账户。下面是调整分录：

日期	账户和说明	借	贷		资产↓		负债	+	权益↓
12 月 31 日	租金费用	1 000			预付租金↓	=			租金费用↑
	预付租金		1 000						
	确认租金费用								

过账后的预付租金和租金费用账户余额为正确的期末余额。

预付租金			租金费用	
12 月 1 日　3 000	1 000　12 月 31 日		11 月 15 日　2 000	
			12 月 31 日　1 000	
期末余额　2 000			期末余额　3 000	

预付租金账户会导致资产高估，随后在日记账中编制调整分录，并完成过账。注意，现在预付租金账户的期末余额为 2 000 美元。因为预付租金是 Smart Touch Learning 公司的一项资产，所以只能包括 12 月 31 日之后两个月（1 月和 2 月）的租金。因此用每月租金乘以 2 得出预付租金

的账户余额为 2 000 美元。

如果 Smart Touch Learning 公司还预付了保险费用，分析方法与预付租金相同。只有账户名称不同而已。用预付保险代替预付租金，保险费用代替租金费用。

2. 办公用品

办公用品通常处理成预付费用。举例说明。

11 月 3 日，Smart Touch Learning 公司赊账购买了 500 美元的办公用品。

因此，12 月 31 日的试算平衡表中办公用品账户仍有 500 美元的借方余额，但 12 月 31 日的资产负债表中列报的办公用品却不是 500 美元。为什么呢？

11 月和 12 月期间，在线学习公司在开展业务的过程中耗用了办公用品。已耗用用品的成本变成用品费用。要计量用品费用，公司首先要盘点 12 月末办公用品存货余额，即公司仍持有的资产金额。假设 12 月 31 日的办公用品存货为 100 美元。那么，公司可以通过办公用品 T 形账户来计算已耗用办公用品的金额：

所以，可以得出如下已耗用办公用品的金额：

$$调整前办公用品余额 - 已耗用办公用品 = 存货办公用品$$
$$\$500 - 已耗用办公用品 = \$100$$
$$已耗用办公用品 = \$400$$

12 月 31 日，编制调整分录对办公用品账户进行调整，并记录如下 11 月和 12 月的用品费用：

将调整分录过入分类账后，办公用品在 12 月 31 日的账户余额为 100 美元，用品费用的账户余额为 400 美元，均为实际余额。

日期	账户和说明	借	贷	资产↓		负债↑	+	权益↓
				办公用品↓	=			用品费用↑
12 月 31 日	日用品费用	400						
	办公用品		400					
	确认已耗用办公用品							

办公用品				用品费用		
11 月 3 日	500	400	12 月 31 日	12 月 31 日	400	
期末余额	100			期末余额	400	

而办公用品账户在 1 月的期初余额，即 100 美元。如果不记录办公用品账户的调整分录，会导致高估资产，同时低估费用。通过编制调整分录，可以在资产负债表中准确列报办公用品金额（100 美元），同时在利润表中准确列报费用金额（400 美元）。

3. 折旧

厂场资产（plant assets）是用于企业经营活动的长期有形资产，如土地、建筑物、设备和汽车。随着企业的使用，这些资产的价值和用途都会下降。固定资产用途的下降属于一项费用，会计人员通常将固定资产的成本系统地分摊到其整个使用年限内，这一分摊过程叫作**折旧**

（depreciation）。例如，公司会在购买汽车时支付现金，但汽车的使用寿命只有几年，所以通过折旧将汽车的购买成本分摊到汽车的使用期限内。除了土地，所有固定资产都要计提折旧。因为土地一般不会随着使用而减值，所以不对其计提折旧。

固定资产的记录原则类似于预付费用。主要区别在于，固定资产的使用期限较长。预付费用通常一年内到期，而固定资产会持续使用数年。随着企业对固定资产的耗用，需要编制调整分录来分摊其成本，将成本分摊额计入费用类账户折旧费用。

以 Smart Touch Learning 公司为例，12 月 2 日，公司收到 Sheena Bright 投资的设备，其公允市场价值为 18 000 美元。作为交换，Smart Touch Learning 公司向其发行了普通股并编制了以下日记账分录：

日期	账户和说明	借	贷	资产↑		负债	+	权益↑
12 月 2 日	设备	18 000		设备↑	=			普通股↑
	普通股		18 000					
	投入设备换取普通股							

过账后，设备账户的余额为 18 000 美元：

设备
12 月 2 日 18 000

Smart Touch Learning 公司估计该设备可以使用 5 年，在第 5 年年末，该设备将没有任何价值。应折旧资产在使用年限末的预期价值叫作**残值**（residual value）。Smart Touch Learning 公司使用直线法计提折旧。**直线法**（straight-line method）每年计提等额折旧，计算公式如下：

$$直线折旧额 = （成本 - 残值） \div 使用年限$$

Smart Touch Learning 公司在 12 月对该设备计提折旧：

$$直线折旧额 = （成本 - 残值） \div 使用年限$$
$$= （\$18\,000 - \$0） \div 5 \ 年$$
$$= \$3\,600 \div 12 \ 个月 = \$300/ \ 月$$

下面是记录 12 月折旧费用的调整分录：

日期	账户和说明	借	贷	资产↓		负债	+	权益↓
12 月 31 日	折旧费用——设备	300		累计折旧	=			折旧费用
	累计折旧——设备		300	——设备↑				——设备↑
	确认设备折旧							

注意，在以上记录折旧的调整分录里出现了累计折旧——设备账户，而没有使用资产类账户设备。为什么呢？出于成本原则，需要分开记录设备的原始成本和累计折旧。这样管理者可以从设备账户中得知资产的原始成本，这有助于确定该项资产的未来售价和新设备的购买价格。**累计折旧**（accumulated depreciation）账户是应折旧资产截至当日所有折旧费用的总和。累计折旧随着时间增加（累积）。

累计折旧是资产的备抵账户，也就是说累计折旧是正常余额为贷方余额的资产类账户，备抵意味着相反。**备抵账户**（contra account）主要有两大特点：

> 提问
>
> 计提折旧时，问什么不贷记设备呢？

- 备抵账户都有对应账户，在科目表和相关财务报表中紧随该账户之后。
- 备抵账户的正常余额的方向（借方或贷方）与对应账户相反。

例如，累计折旧——设备是备抵账户，在资产负债表中紧随设备之后。设备账户的正常余额为借方余额，所以，作为备抵账户，累计折旧——设备的正常余额为贷方余额。

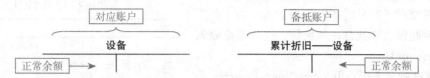

企业可能对每种应折旧资产设有独立的累计折旧账户。Smart Touch Learning 公司因为同时有建筑物和设备账户，所以也同时设有：累计折旧——建筑物和累计折旧——设备。而小企业通常只用一个累计折旧账户记录所有应折旧资产。

对折旧进行过账后的累计折旧和折旧费用账户如下所示：

设备	累计折旧——设备	折旧费用——设备
12 月 2 日 18 000	300 12 月 31 日 ←——→ 12 月 31 日 300	

> **小贴士** 累计折旧账户为折旧费用的累计。这意味着下个月又会有 300 美元记入累计折旧 - 设备，账户余额为 600 美元，即两个月的折旧。3 个月后，累计折旧——设备的余额将为 900（=300×3）美元。

资产负债表同时列报设备和累计折旧——设备。作为备抵账户，累计折旧——设备要从设备中扣除，得到的固定资产净额（成本减累计折旧）为**账面价值**（book value）。账面价值代表资产成本中尚未耗用的部分。Smart Touch Learning 公司的设备账面价值如下所示：

设备账面价值：	
设备	$18 000
减：累计折旧——设备	(300)
设备账面价值	$17 700

12 月 1 日购入的建筑物也采取同样的方法计提折旧。假设每月计提折旧 250 美元。下面是 12 月计提折旧的会计分录：

日期	账户和说明	借	贷	资产↓		负债	+	权益↓
12 月 31 日	折旧费用——建筑物	250		累计折旧	}=			折旧费用
	累计折旧——建筑物		250	——建筑物↑				——建筑物↑
	确认建筑物折旧							

> **小贴士** 记住，资产备抵账户（如累计折旧）的增加会降低资产总额。这是因为资产备抵账户为贷方余额，贷记会减少资产。

如果 Smart Touch Learning 公司没有记录设备和建筑物的折旧分录，则会导致高估资产，同时低估费用。反之，则可以准确地在资产负债列报固定资产净额，如表 3-2 所示。

3.3.2 预收账款

当企业在完成工作或交付产品之前收到了款项时就会产生预收账款。企业欠顾客服务或者产品，否则就要偿还顾客之前支付的款项。只有企业完成了工作或者交付了产品时才能实现收入。由于收入的推迟，因此预收账款是一项负债，也叫**递延收入**（deferred revenue）。

假设某律师事务所聘用 Smart Touch Learning 公司在未来 30 天为其提供在线学习服务，并约定提前支付 600 美元。Smart Touch Learning 公司在 12 月 21 日收到款项，并编制了以下分录：

表 3-2　Smart Touch Learning 公司资产负债表中反映的固定资产

资产负债表（节选）

2014 年 12 月 31 日

固定资产：		
设备	$18 000	
减：累计折旧——设备	(300)	$17 700
建筑物	60 000	
减：累计折旧——建筑物	(250)	59 750
土地		20 000
固定资产净额		$97 450

日期	账户和说明	借	贷
12 月 21 日	现金	600	
	预收账款		600
	承诺未来提供服务，收到现金		

资产↑　　　　负债↑　+　权益
现金↑　　} = {　预收账款↑

负债类账户预收账款表明，Smart Touch Learning 公司应提供价值 600 美元的服务。

预收账款
| | 600　12 月 21 日 |

在当月的后 10 天，12 月 22 日～12 月 31 日，Smart Touch Learning 公司将实现约等于 600 美元的三分之一（即 200 美元）的收入。因此，Smart Touch Learning 公司编制了以下调整分录来记录赚取的 200 美元的收入：

日期	账户和说明	借	贷
12 月 31 日	预收账款	200	
	劳务收入		200
	确认已实现的预收账款		

资产　　　　负债↓　+　权益↑
　　} = {　预收账款↓　　劳务收入↑

该调整分录将 200 美元从负债类账户转入了收入类账户。劳务收入增加 200 美元，预收账款减少 200 美元。这样，两个账户在 12 月 31 日的数据均为修正后的数据。

预收账款			劳务收入	
12 月 31 日　200	600　12 月 21 日		5 500　11 月 8 日	
	400　期末余额		3 000　11 月 10 日	
			8 000　12 月 28 日	
			200　12 月 31 日	
			16 700　期末余额	

如果 Smart Touch Learning 公司没有编制以上调整分录，则会导致高估预收账款，同时低估劳务收入。

3.3.3 预提费用

企业经常产生尚未支出的费用。**预提费用**（accrued expense）就是指这类费用。预提费用是尚未支出的费用，如职工薪酬。工资费用会随着职工工作而增加，所以以为预提费用。应付票据的利息费用也是预提费用，随着票据期限的增加预提利息费用。预提费用通常会产生应计负债。

公司并不会每日或者每周编制日记账来预提各项费用，而是在会计期末一次预提。通过编制调整分录更新财务报表中的各项费用（和相应的负债）。

1. 预提工资费用

Smart Touch Learning 公司每月向职工支付工资 2 400 美元，当月 15 日支付一半，下月初支付另一半。下面是 12 月和 1 月前 3 天的日历，其中圈出了发工资的日期。

| 2014 年 12 月 | | | | | | |
星期日	星期一	星期二	星期三	星期四	星期五	星期六
	12 月 1 日	2 日	3 日	4 日	5 日	6 日
7 日	8 日	9 日	10 日	11 日	12 日	13 日
14 日	15 日 支付日	16 日	17 日	18 日	19 日	20 日
21 日	22 日	23 日	24 日	25 日	26 日	27 日
28 日	29 日	30 日	31 日	1 月 1 日 支付日	2 日	3 日

12 月期间，公司在 15 日（周一）支付了一半工资，并编制了以下分录：

日期	账户和说明	借	贷	资产↓		负债	+	权益↓
12 月 15 日	工资费用	1 200		现金↓				工资费用↑
	现金		1 200					
	支付工资							

12 月 15 日的会计分录只记录了本月工资的一半金额，1 月 1 日将会支付另一半。但工资费用发生在 12 月，所以必须在 12 月记录。12 月 31 日，Smart Touch Learning 公司编制了以下调整分录：

日期	账户和说明	借	贷	资产		负债↑	+	权益↓
12 月 31 日	工资费用	1 200				应付职工 薪酬↑		工资费用↑
	应付职工薪酬		1 200					
	预提职工薪酬							

过账后，工资费用和应付职工薪酬均为修正后的数据：

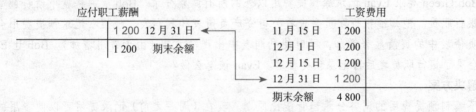

工资费用账户反映了两个月的全部工资，应付职工薪酬反映了 12 月 31 日尚未支付的工资。编制调整分录之前应付职工薪酬账户是低估的。该分录也反映了配比原则：在 12 月记录 12 月的工资费用，这样 12 月的费用就能和 12 月的收入在同一利润表中列报。

未来支付预提工资费用 12 月 31 日的调整分录中产生了一项负债，该负债最终将会予以偿还。本例中，Smart Touch Learning 公司将在 1 月 1 日向员工支付另一半工资。由于该项费用已经在 12 月进行了记录，所以不再重复记录。这样也就不会高估费用了。但需要借记应付职工薪酬，减少应付职工薪酬，同时记录现金支出。1 月 1 日，Smart Touch Learning 公司会编制以下会计分录：

日期	账户和说明	借	贷	资产↓		负债↓	+	权益
1月1日	应付职工薪酬	1 200		现金↓	=	应付职工		
	现金		1 200			薪酬↓		
	支付预提费用							

> 🐛 **小贴士**　不要将以上会计分录与调整分录混淆。调整分录只在会计期末编制，要么记录已实现收入，要么记录已发生费用。该分录为日记账分录，记录的是简单的日常业务，支付预提的职工薪酬。
>
> 　　本例中支付的职工薪酬金额等于调整分录中的负债金额。但有时这两个金额并不相符。例如，假设 Smart Touch Learning 公司没有在 1 月 1 日支付工资，而是推迟到 1 月 5 日。这样 Smart Touch Learning 公司就又产生了额外几天的工资费用。记录 1 月 5 日的支付额日记账分录不仅会减少调整分录中的负债，还会记录新增加的费用。

2. 预提利息费用

应付票据会产生额外的负债金额。还记得 Smart Touch Learning 公司在 2014 年 12 月 1 日购买的建筑物吗？ Smart Touch Learning 公司贷款购买了价值 60 000 美元的建筑物。Smart Touch Learning 公司签署了一项为期一年的借款，并记录了以下会计分录：

日期	账户和说明	借	贷	资产↑		负债↑	+	权益
12月1日	建筑物	60 000		建筑物↑	=	应付票据↑		
	应付票据		60 000					
	使用票据购买建筑物							

> **道德伦理**　　　　　　　　　　**何时记录预提费用**
>
> 　　Evan 正在编制 Green Landscaping Services 的调整分录。同时作为公司的所有者和管理者，Bob Green 要求 Evan 记录除预提费用以外的所有调整分录。Bob 周一将就申请贷款事宜约见银行职员。他知道银行职员会查看公司资产负债表和利润表。他担心记录预提费用会使资产负债表中的负债显著增加，同时使利润表中出现净亏损（由于费用增加）。Bob 让 Evan 在他会见了银行职员之后再记录预提费用。Evan 该怎么做？
>
> 　　**解决方案**
>
> 　　不编制预提费用的调整分录违背配比原则。现在（周一之前）记录费用可以使费用的发生与本期创造的收入准确配比。如果 Evan 不编制调整分录，其财务报表将不能准确反映公司的经营状况或业绩，银行职员可能受诱骗而提供贷款。一旦企业无法偿还贷款，银行则会蒙受损失，一切只因银行职员相信了公司提供的错误信息。

该票据需要在一年后（2015 年 12 月 1 日）产生利息。尽管公司并不会单独支付一个月的利息，但必须记录截至 2014 年 12 月 31 日实际发生的利息费用。公司将编制调整分录记录这一个月（12 月 1 日～12 月 31 日）的利息费用。假设该票据一个月的利息为 100 美元。12 月 31 日，记录利息费用的调整分录如下所示：

日期	账户和说明	借	贷		资产		负债↑	+	权益↓
12 月 31 日	利息费用	100					应付利息↑		利息费用↑
	应付利息		100						
	预提利息费用								

注意，该调整分录贷记了应付利息（负债）。这是因为该项利息费用将在下一年度支付，因此为 Smart Touch Learning 公司欠银行利息。如果不记录以上调整分录，将会低估负债和费用。过账后，利息费用和应付利息的余额如下所示：

	应付利息				利息费用	
	100	12 月 31 日	←→	12 月 31 日	100	
	100	期末余额		期末余额	100	

3.3.4 应计收入

综上所述，公司会在支付前产生费用，因而产生预提费用。同样，公司也会在收到款项前实现收入。这会产生**应计收入**（accrued revenue），即已实现但尚未收到款项的收入。

假设 12 月 15 日，Smart Touch Learning 公司受聘于 12 月 16 日起提供在线学习服务。约定每月支付 1 600 美元，于 1 月 15 日支付。受聘当日，Smart Touch Learning 公司并没有记录日记账分录，因为收入尚未实现。12 月期间，公司将实现一半的收入 800 美元，即 12 月 16 日～ 12 月 31 日的劳务收入。12 月 31 日，Smart Touch Learning 公司编制以下调整分录，记录 12 月 16 日～12 月 31 日的收入：

日期	账户和说明	借	贷		资产↑		负债	+	权益↑
12 月 31 日	应收账款	800			应收账款↑				劳务收入↑
	劳务收入		800						
	预提劳务收入								

该调整分录记录了已实现的收入，劳务收入的账户余额变为 17 500 美元。此外，该调整分录还记录了 800 美元的应收账款。Smart Touch Learning 公司并未记录现金，因为公司尚未收到款项。公司将于 1 与 15 日收到款项。将调整分录结转至分类账后 Smart Touch Learning 公司的账户余额如下所示：

	应收账款				劳务收入	
11 月 10 日	3 000	2 000	11 月 22 日		5 500	11 月 8 日
12 月 31 日	800				3 000	11 月 10 日
期末余额	1 800				8 000	12 月 28 日
					200	12 月 31 日
					800	12 月 31 日
					17 500	期末余额

如果没有调整分录，Smart Touch Learning 公司的财务报表将会低估资产（应收账款）和收入（劳务收入）。

未来收到应计收入 12 月 31 日的调整分录记录了半个月的劳务收入和应收账款。Smart Touch Learning 公司在 1 月 15 日收到款项时，将会记录以下分录：

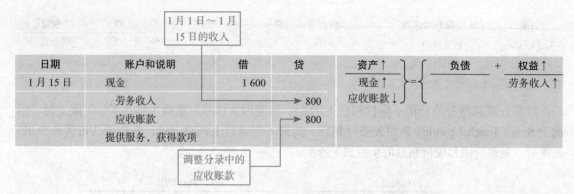

注意，1 月 15 日，Smart Touch Learning 公司仅记录剩余半个月（1 月 1 日～1 月 15 日）的收入。Smart Touch Learning 公司知道 12 月已经记录了 800 美元的收入。1 月 15 日的分录抵销了应收账款，并记录了剩余收入。如果公司在 1 月 15 日错误地记录了 1 600 美元的劳务收入，则会高估 1 月的收入。

图 3-1 是对待摊类和预提类调整分录的总结。

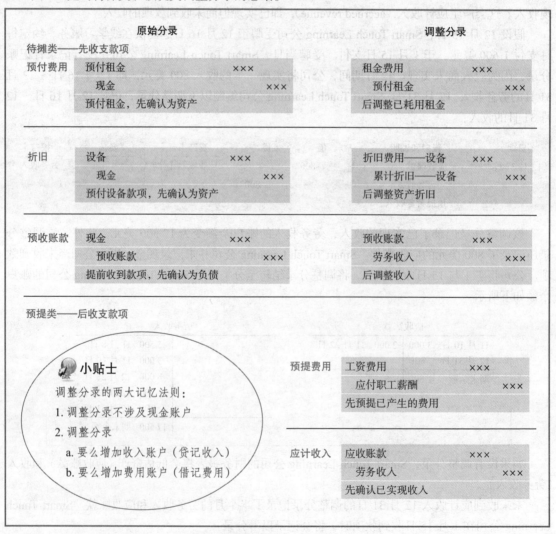

图 3-1　待摊调整分录和预提调整分录

图 3-2 为 12 月 31 日过账后，Smart Touch Learning 公司的调整分录和账户余额。

- A 板块为每笔调整分录的金额
- B 板块为调整分录
- C 板块为过账后的 T 形账户和账户余额

A 板块：调整信息

a. 预付租金费用到期，1 000 美元	b. 耗用办公用品，400 美元	c. 设备折旧，300 美元
d. 建筑物折旧，250 美元	e. 实现预收账款，200 美元	f. 预提工资费用，1 200 美元
g. 预提票据利息，100 美元	h. 应计劳务收入，800 美元	

B 板块：调整分录

	日期	账户和业务摘要	借	贷
(a)	12 月 31 日	租金费用	1 000	
		预付租金		1 000
		确认租金费用		
(b)	31 日	用品费用	400	
		办公用品		400
		确认已耗用办公用品		
(c)	31 日	折旧费用——设备	300	
		累计折旧——设备		300
		确认设备折旧		
(d)	31 日	折旧费用——建筑物	250	
		累计折旧——建筑物		250
		确认建筑物折旧		
(e)	31 日	预收账款	200	
		劳务收入		200
		确认已实现的预收账款		
(f)	31 日	工资费用	1 200	
		应付职工薪酬		1 200
		预提职工薪酬		
(g)	31 日	利息费用	100	
		应付利息		100
		预提利息费用		
(h)	31 日	应收账款	800	
		劳务收入		800
		预提劳务收入		

图 3-2　Smart Touch Learning 公司的调整分录日记账和过账过程

资产　＝　负债　＋　权益

资产

现金
11月1日	30 000	11月2日	20 000
11月8日	5 500	11月15日	3 200
11月22日	2 000	11月21日	300
12月21日	600	11月25日	5 000
12月28日	8 000	12月1日	3 000
		12月1日	1 200
		12月15日	1 200
期末余额	12 200		

应收账款
11月10日	3 000	11月22日	2 000
12月31日	800		
期末余额	1 800		

办公用品
11月3日	500	12月31日	400
期末余额	100		

预付租金
12月1日	3 000	12月31日	1 000
期末余额	2 000		

设备
12月2日	18 000		
期末余额	18 000		

累计折旧——设备
		12月31日	300
		期末余额	300

建筑物
12月1日	60 000		
期末余额	60 000		

累计折旧——建筑物
		12月31日	250
		期末余额	250

土地
11月2日	20 000		
期末余额	20 000		

$113 550

负债

应付账款
11月21日	300	11月3日	500
		期末余额	200

应付水电费用
		12月15日	100
		期末余额	100

应付职工薪酬
		12月31日	1 200
		期末余额	1 200

应付利息
		12月31日	100
		期末余额	100

预收账款
12月31日	200	12月21日	600
		期末余额	400

应付票据
		12月1日	60 000
		期末余额	60 000

$62 000

权益

实收资本
普通股
		11月1日	30 000
		12月2日	18 000
		期末余额	48 000

股利
11月25日	5 000		
期末余额	5 000		

劳务收入／留存收益
		11月8日	5 500
		11月10日	3 000
		12月28日	8 000
		12月31日	200
		12月31日	800
		期末余额	17 500

租金费用
11月15日	2 000		
12月31日	1 000		
期末余额	3 000		

工资费用
11月15日	1 200		
12月1日	1 200		
12月15日	1 200		
12月31日	1 200		
期末余额	4 800		

用品费用
12月31日	400		
期末余额	400		

水电费用
12月15日	100		
期末余额	100		

折旧费用——设备
12月31日	300		
期末余额	300		

折旧费用——建筑物
12月31日	250		
期末余额	250		

利息费用
12月31日	100		
期末余额	100		

$51 550

图 3-2 （续）

> **练习题** 斯塔特科监测公司年末有以下调整事项:
>
> a. 设备折旧 1 500 美元
>
> b. 预提广告费用 700 美元(应付广告费)
>
> c. 年末存货办公用品 250 美元,期初办公用品为 600 美元
>
> d. 已实现 1 200 美元的租金收入,尚未入账,也尚未收回
>
> e. 实现 3 000 美元的预收账款
>
> 6. 标明每种情况分别为哪种调整分录(预提还是待摊)
>
> 7. 编制所需调整分录

3.4 调整后的试算平衡表有何用途以及如何编制

本章以未调整试算平衡表为起点。在日记账中记录了调整分录并结转至分类账后,账户余额得到修正,可以通过列示所有账户和其调整后的余额来编制**调整后试算平衡表**(adjusted trial balance)。记住,试算平衡表是用来确保借贷总额相等的。即使借贷相等,也不能保证不存在任何误差。例如,调整分录的金额可能不对或者整个分录可能会被漏掉。试算平衡表仅确保结转的每笔业务的借贷金额相等。

表 3-3 为 Smart Touch Learning 公司调整后的试算平衡表。

表 3-3 调整后试算平衡表

SMART TOUCH LEARNING 公司调整后试算平衡表

2014 年 12 月 31 日

账户名称	余额	
	借	贷
现金	$ 12 200	
应收账款	1 800	
办公用品	100	
预付租金	2 000	
设备	18 000	
累计折旧——设备		$ 300
建筑物	60 000	
累计折旧——建筑物		250
土地	20 000	
应收账款		200
应付水电费用		100
应付职工薪酬		1 200
应付利息		100
预收账款		400
应付票据		60 000
普通股		48 000
股利	5 000	
劳务收入		17 500
租金费用	3 000	
工资费用	4 800	
用品费用	400	

（续）

账户名称	余额	
	借	贷
水电费用	100	
折旧费用——设备	300	
折旧费用——建筑物	250	
利息费用	100	
合计	$128 050	$128 050

练习题 以下为胡顿木艺公司的账户和调整后账户余额。假设账户均为正常余额。编制 2015 年 12 月 31 日的调整后试算平衡表。

现金	$ 4 025	普通股	$?
土地	5 000	应收账款	660
水电费用	400	办公用品	120
应付账款	225	应付水电费用	210
累计折旧——设备	1 000	劳务收入	12 000
工资费用	550	预收账款	300
用品费用	80	折旧费用——设备	800
设备	10 000	股利	500

3.5 调整分录对财务报表有何影响

调整后的试算平衡表被用来编制财务报表。如果没有记录调整分录，分类账中的余额会有误差，调整后试算平衡表也会有误差。切记要完成调整分录的编制，以确保期间内的所有收入和费用都正确记录。此外，调整分录还校正了资产负债表账户，以确保恰当估计各账户价值。表 3-4 汇总了不编制调整分录会对财务报表产生的影响。

表 3-4 调整分录对财务报表的影响

调整分录类型	概念	调整分录		不编制调整分录对财务报表的影响
预付费用	提前支付未来费用	费用 资产*	借记 贷记	利润表：低估费用 高估净利润 资产负债表：高估资产 高估权益
预收账款	提前收到未来收入	负债 收入	借记 贷记	利润表：低估收入 低估净利润 资产负债表：高估负债 低估权益
预提费用	已发生但尚未支付的费用	费用 负债	借记 贷记	利润表：低估费用 高估净利润 资产负债表：低估负债 高估权益
应计收入	已实现但尚未收回的收入	资产 收入	借记 贷记	利润表：低估收入 低估净利润 资产负债表：低估资产 低估权益

*记录折旧则贷记累计折旧（属于资产备抵账户）。

练习题 区分以下情况不编制调整分录时对利润表和资产负债表的影响。

    a. 耗用办公用品 800 美元

    b. 应计劳务收入 4 000 美元

    c. 建筑物折旧 3 500 美元

    d. 预付保险费用 650 美元

    e. 预提工资费用 2 750 美元

    f. 预收劳务收入 130 美元

3.6 工作底稿在编制调整分录和调整后试算平衡表时有何作用

编制工作底稿非常有益于调整分录和调整后试算平衡表的编制。**工作底稿**（worksheet）是对编制财务报表所需数据的汇总，是企业内部文档。工作底稿并不是日记账、分类账或者财务报表。它只是用于确定哪些账户需要调整的汇总工具。多数工作底稿都是通过 Excel 来完成的。

图 3-3 为 Smart Touch Learning 公司尚未完成的工作底稿。

	A	B	C	D E	F	G	H	I	J	K	L	M
1					SMART TOUCH LEARNING 公司							
2					工作底稿							
3					2014 年 12 月 31 日							
4												
5	账户名称	未调整试算平衡表		调整分录			调整后试算平衡表		利润表		资产负债表	
6		借	贷	借	贷		借	贷	借	贷	借	贷
7	现金	$ 12,200					$ 12,200					
8	应收账款	1,000		(h) $ 800			1,800					
9	办公用品	500			$ 400	(b)	100					
10	预付租金	3,000			1,000	(a)	2,000					
11	设备	18,000					18,000					
12	累计折旧——设备				300	(c)		$ 300				
13	建筑物	60,000					60,000					
14	累计折旧——建筑物				250	(d)		250				
15	土地	20,000					20,000					
16	应付账款		$ 200					200				
17	应付水电费		100					100				
18	应付职工薪酬				1,200	(f)		1,200				
19	应付利息				100	(g)		100				
20	预收账款		600	(e) 200				400				
21	应付票据		60,000					60,000				
22	普通股		48,000					48,000				
23	股利	5,000					5,000					
24	劳务收入		16,500		1,000	(e,h)		17,500				
25	租金费用	2,000		(a) 1,000			3,000					
26	工资费用	3,600		(f) 1,200			4,800					
27	用品费用			(b) 400			400					
28	水电费用	100					100					
29	折旧费用——设备			(c) 300			300					
30	折旧费用——建筑物			(d) 250			250					
31	利息费用			(g) 100			100					
32	合计	$ 125,400	$ 125,400	$ 4,250	$ 4,250		$ 128,050	$ 128,050				
33												

图 3-3 未完成工作底稿

本章我们将完成工作底稿的其中一部分，目前我们将关注前四个部分。

第一部分，账户名称：账户名称和排列顺序均来自科目表（现金第一，应收账款第二，等等）。

第二部分，未调整试算平衡表：账户余额来自调整前的分类账。借贷必须相等。

第三部分，调整：录入 12 月 31 日编制的调整分录。

第四部分，调整后试算平衡表：给出调整后的账户余额。这两栏金额等于调整前账户余额加上或者减去调整金额。例如，应收账款调整前的借方余额为 1 000 美元。加上调整分录中的 800 美元借方余额，得出调整后的借方余额为 1 800 美元。劳务收入调整前的贷方余额为 16 500 美元。加上调整分录中的 1 000 美元贷方余额，得出调整后的贷方余额为 17 500 美元。调整后试算平衡表中借贷必须相等。

该工作底稿的利润表和资产负债表部分还有待完善，将在第 4 章完成这两部分。

练习题 以下是山姆货运公司的部分工作底稿。完成调整后试算平衡表一栏。

山姆货运公司
工作底稿
2014 年 12 月 31 日

账户名称	未调整试算平衡表 借	未调整试算平衡表 贷	调整分录 借	调整分录 贷	调整后试算平衡表 借	调整后试算平衡表 贷	利润表 借	利润表 贷	资产负债表 借	资产负债表 贷
现金	$ 6,500									
应收账款	800		(g) $ 225							
办公用品	250			$ 80 (b)						
预付租金	1,000			800 (a)						
货车	23,000									
累计折旧——货车				750 (c)						
设备	15,000									
累计折旧——设备				300 (d)						
应付账款		$ 800								
应付水电费用		230								
应付职工薪酬				875 (f)						
预收账款		400	(e) 130							
普通股		37,800								
股利	8,000									
运货收入		23,000		355 (e,g)						
租金费用	3,000		(a) 800							
工资费用	4,500		(f) 875							
办公用品费用			(b) 80							
水电费用	180									
折旧费用——货车			(c) 750							
折旧费用——设备			(d) 300							
合计	$ 62,230	$ 62,230	$ 3,160	$ 3,160						

附录 3A：预付费用和预收账款的另一种处理方法

第 1 ～ 3 章讲述了最为常见的记录预付费用和预收账款的方法。本章将讲述另一种方法。

3.7 预付账款和预收账款的另一种处理方法是什么

3.7.1 预付费用

预付费用是对未来费用的提前支付，如保险费、租金和广告费。办公用品也计入预付费用。

企业预付一项费用（如租金）时，借记资产账户（预付租金）。例如，2014 年 12 月 1 日，Smart Touch Learning 公司预付了三个月的办公室租金 3 000 美元。日记账分录如下所示：

日期	账户和说明	借	贷
12 月 1 日	预付租金	3 000	
	现金		3 000
	提前支付租金		

资产↑↓
预付租金↑
现金↓
} = { 负债 + 权益

将预付费用最初确认为一项费用

预付费用发生时记为一项资产。但该资产的寿命在一年以内会在当前会计期间内到期。因此，会计人员会在支付时借记费用。具体分录如下所示：

日期	账户和说明	借	贷		资产↓		负债↓	+	权益↓
12 月 1 日	租金费用	3 000			现金↓	} = {			租金费用↑
	现金		3 000						
	提前支付租金								

12 月 31 日，只有一个月的预付费用到期，其余两个月的费用仍为预付。这种情况下，会计人员必须将最初预付款 3 000 美元的 2/3（即 2 000 美元）转入资产账户，预付租金。2014 年 12 月 31 日，公司仍受益于 2015 年 1 月 1 日～2 月 28 日的预付租金。12 月 31 日的调整分录如下所示：

日期	账户和说明	借	贷		资产↑		负债↑	+	权益↑
12 月 31 日	预付租金	2 000			预付租金↑	} = {			租金费用↓
	租金费用		2 000						
	确认租金费用								

过账后，这两个账户如下所示：

	预付租金			租金费用	
→	12 月 1 日　2 000		11 月 15 日　3 000	2 000　12 月 31 日	
	期末余额　2 000		期末余额　1 000		

无论公司最初将预付租金确认为资产还是费用，在 12 月 31 日，3 000 美元的预付租金都划分成了 2 000 美元的预付租金和 1 000 美元的租金费用。

3.7.2 预收账款

企业在实现收入前收到款项就形成了预收账款。因为收到款项的企业需要在未来向顾客提供产品或服务，所以预收账款属于负债。

企业在提供服务之前收到款项时，就产生了一项负债。例如，某律师事务所聘用 Smart Touch Learning 公司为其提供在线学习服务，并约定提前支付 600 美元。12 月 1 日，Smart Touch Learning 公司收到 600 美元，编制了以下分录：

日期	账户和说明	借	贷		资产↑		负债↑	+	权益
12 月 31 日	现金	600			现金↑	} = {	预收账款↑		
	预收账款		600						
	承诺未来提供服务，收到现金								

将预收账款最初确认为一项收入

另一种记录这笔款项的方法是在企业收到款项时贷记收入。

日期	账户和说明	借	贷		资产↑		负债	+	权益↑
12 月 21 日	现金	600			现金↑	} = {			劳务收入↑
	劳务收入		600						
	承诺未来提供服务，收到现金								

如果企业在同一会计期间内实现了所有收入，则无须在期末编制调整分录。但是，如果企业在当期仅实现了部分收入，则需要编制调整分录。本例中，截至 2014 年 12 月 31 日，Smart Touch Learning 公司仅实现了 1/3 的收入（即 200 美元）。因此，Smart Touch Learning 公司必须编制调整分录将未实现部分收入从收入账户转入负债账户，如下所示：

日期	账户和说明	借	贷	资产		负债↑	+	权益↓
12 月 31 日	劳务收入	400			=	预收账款↑		劳务收入↓
	预收账款		400					
	确认预收账款							

因为 Smart Touch Learning 公司需要在下一年继续提供在线学习服务，所以该调整分录将未实现的劳务收入转入负债账户。过账后，预收的 600 美元划分成了负债账户（400 美元）和收入账户（200 美元），如下所示：

预收账款			劳务收入			
	400	12 月 31 日 ←	12 月 31 日	400	600	12 月 21 日
	400	期末余额			200	期末余额

无论公司最初将收到的款项确认为负债还是收入，在 12 月 31 日，都将收到的 600 美元准确划分成：400 美元的预收账款和 200 美元的劳务收入。

> **练习题** 铁马印刷公司支出 1 000 美元现金购买了印刷设备，并使用预付费用的另一种处理方法记录。年末公司印刷用品余额为 300 美元。记录采购印刷用品的日记账和剩余印刷用品的调整分录。

知识回顾

☞重要知识点

1 收付实现制和权责发生制有何区别？

- 收付实现制：当且仅当收到现金时记录收入，当且仅当支出现金时记录费用。
  - ◆非一般公认会计原则
  - ◆通常应用于小企业
- 权责发生制：实现收入时记录收入，发生费用时记录费用。

2 权责发生制有哪些适用原则？

- 会计期间概念假设企业的经营活动可以划分成不同的时间段，并编制特定期间内（比如一个月、一个季度或一年）的财务报表。
- 收入确认原则要求企业在实现收入时予以确认并确定需确认的收入金额。
- 配比原则规定了费用的确认原则，确保记录当期发生的所有费用，并使得收入与费用配比。

3 什么是调整分录？如何记录调整分录？

- 调整分录在会计期末编制，将收入和费用分别计入其实现和发生的期间。
- 调整分录也会调整资产和负债账户。
- 调整分录的四种类型：
  - ◆预付费用：根据已耗用金额调整提前支付的费用。

日期	账户和说明	借	贷
	费用	DR	
	资产		CR

◆ 预收账款：根据已实现收入调整提前收到的金额。

日期	账户和说明	借	贷
	负债	DR	
	收入		CR

◆ 预提费用：已发生但尚未支付的费用。

日期	账户和说明	借	贷
	费用	DR	
	负债		CR

◆ 应计收入：已实现但尚未收到的收入。

日期	账户和说明	借	贷
	资产	DR	
	收入		CR

4　调整后的试算平衡表有何用途以及如何编制？
- 调整后的试算平衡表列示了所有账户调整后的余额。
- 能确保借贷总额相等。

5　调整分录对财务报表有什么影响？
- 不编制调整分录会导致资产负债表和利润表的夸大或低估。
- 夸大或低估账户金额会引起财务报表错误。

6　工作底稿对编制调整分录和调整后的试算平衡表有何作用？
- 工作底稿是内部文档，可用于确定哪些账户需要调整。
- 此外，工作底稿有助于汇总编制财务报表所需的数据。

7　还可以用哪种方法记录预付费用和预收账款？（见附录 3A）
- 预付费用在支出时计入费用账户。调整分录再将剩余预付费用转入资产账户，即预付费用。
- 预收账款在收到时计入收入账户。调整分录再将剩余预收账款转入负债账户，即预收账款。

☞汇总习题

下面是 Super Employment Services 会计年末，2014 年 12 月 31 日的未调整试算平衡表：

以下是编制调整分录所需的数据：

① 年末剩余办公用品 200 美元。② 设备折旧 2 000 美元。③ 建筑物折旧 1 000 美元。④ 应付职工薪酬 500 美元。⑤ 应计劳务收入 1 300 美元。⑥ 实现了 3 000 美元的预收账款。

未调整试算平衡表		
2014 年 12 月 31 日		
	余额	
账户名称	借	贷
现金	$ 6 000	
应收账款	5 000	
办公用品	1 000	

（续）

账户名称	余额 借	余额 贷
设备	10 000	
累计折旧——设备		$ 4 000
建筑物	40 000	
累计折旧——建筑物		30 000
土地	10 000	
应付账款		2 000
应付职工薪酬		
预收账款		8 000
普通股		12 000
股利	25 000	
劳务收入		60 000
工资费用	16 000	
用品费用		
折旧费用——设备		
折旧费用——建筑物		
广告费用	3 000	
合计	$ 116 000	$ 116 000

要求： ①根据未调整试算平衡表中的未调整余额开立各账户的 T 形账户，为分类账户。②记录公司 2014 年 12 月 31 日的调整分录日记账，以序号为日期。③将调整分录过入 T 形账户。确定 T 形账户 2014 年 12 月 31 日的期末余额。④编制调整后试算平衡表。⑤编制一部分工作底稿，包括账户名称、未调整试算平衡表、调整分录和调整后试算平衡表。

☞答案

● 要求①和要求③

● 要求②

日期	账户和说明	借	贷
(a)12 月 31 日	用品费用 800（=1 000－200）美元	800	800
	办公用品		
	确认已耗用办公用品		
(b) 31 日	折旧费用——设备	2 000	
	累计折旧——设备		2 000
	确认设备折旧		
(c) 31 日	折旧费用——建筑物	1 000	
	累计折旧——建筑物		1 000
	确认建筑物折旧		
(d) 31 日	工资费用	500	
	应付职工薪酬		500
	预提职工薪酬		
(e) 31 日	应收账款	1 300	
	劳务收入		1 300
	记录应计收入		
(f) 31 日	预收账款	3 000	
	劳务收入		3 000
	确认已实现的预收账款		

● 要求④

调整后试算平衡表
2014 年 12 月 31 日

账户名称	余额	
	借	贷
现金	$ 6 000	
应收账款	6 300	
办公用品	200	
设备	10 000	
累计折旧——设备		$ 6 000
建筑物	40 000	
累计折旧——建筑物		31 000
土地	10 000	
应付账款		2 000
应付职工薪酬		500
预收账款		5 000
普通股		12 000
股利	25 000	
劳务收入		64 300
工资费用	16 500	
用品费用	800	
折旧费用——设备	2 000	
折旧费用——建筑物	1 000	
广告费用	3 000	
合计	$ 120 800	$ 120 800

● 要求⑤

	A	B	C	D	E	F	G
1			SMART TOUCH LEARNING 公司				
2			工作底稿				
3			2014 年 12 月 31 日				
4							
5	账户名称	未调整试算平衡表		调整分录		调整后试算平衡表	
6		借	贷	借	贷	借	贷
7	现金	$ 6,000				$ 6,000	
8	应收账款	5,000		(e) $ 1,300		6,300	
9	办公用品	1,000			(a) $ 800	200	
10	设备	10,000				10,000	
11	累计折旧——设备		$ 4,000		(b) 2,000		$ 6,000
12	建筑物	40,000				40,000	
13	累计折旧——建筑物		30,000		(c) 1,000		31,000
14	土地	10,000				10,000	
15	应付账款		2,000				2,000
16	应付职工薪酬				(d) 500		500
17	预收账款		8,000	(f) 3,000			5,000
18	普通股		12,000				12,000
19	股利	25,000				25,000	
20	劳务收入		60,000		(e) 1,300		
21					(f) 3,000		64,300
22	工资费用	16,000		(d) 500		16,500	
23	用品费用			(a) 800		800	
24	折旧费用——设备			(b) 2,000		2,000	
25	折旧费用——建筑物			(c) 1,000		1,000	
26	广告费用	3,000				3,000	
27	合计	$ 116,000	$ 116,000	$ 8,600	$ 8,600	$ 120,800	$ 120,800
28							

☞关键术语

accrual basis accounting **权责发生制** 实际发生或实现时记录费用和收入的会计处理方法。

accrued expense **预提费用** 已发生但尚未支付的费用。

accrued revenue **应计收入** 已实现但尚未收到款项的收入。

accumulated depreciation **累计折旧** 应折旧资产截至当日所有折旧费用的总和。

adjusted trial balance **调整后试算平衡表** 所有账户和调整后账户余额的列表。

adjusting entry **调整分录** 在会计期末编制的将收入和费用计入各自发生的期间的会计分录。

book value **账面价值** 应折旧资产成本减去累计折旧额的余额。

cash basis accounting **收付实现制** 收支款项时记录收入和费用的会计处理方法。

contra account **备抵账户** 有对应账户，并在科目表和相关财务报表中紧随该账户之后，同时正常余额的方向（借方或贷方）与对应账户相反。

deferred revenue **递延收入** 企业提供服务和产品前收到款项所产生的负债。

depreciation **折旧** 将固定资产的成本系统地分摊到其整个使用年限内的过程。

fiscal year **会计年度** 会计报表中使用的12个月，不一定与自然年度吻合。

matching principle **配比原则** 是记录费用时的指导原则，确保在费用发生的当期记录费用，并且使费用与本期收入配比。

plant asset **厂场资产** 用于企业经营活动的长期有形资产，如土地、建筑物和设备。

residual value **残值** 应折旧资产在使用年限末的预期价值。

revenue recognition principle **收入确认原则** 要求公司当且仅当收入实现时记录收入。

straight-line method **直线法** 每年计提等额折旧的折旧方法。（成本－残值）÷使用年限

time period concept **期间概念** 假设企业的经营活动可以按较小的时间单位分割，这样就可以定期编制财务报表，比如一个月、一个季度，或者一年。

worksheet **工作底稿** 用于汇总编制财务报表所需数据的内部文档。

☞快速测验

1 以下关于收付实现制和权责发生制的描述，哪项是正确的？
   a. 权责发生制只在实现收入时予以确认   b. 权责发生制不被一般公认会计原则允许
   c. 收付实现制记录所有业务   d. 以上均正确

2 Get Fit Now 的一位顾客预付了六节体能训练课的费用共540美元。公司提前收到了540美元，之后将提供训练。假设公司使用权责发生制，四节课后，公司应该如何在利润表中反映？
   a. 360美元的劳务收入 b. 540美元的劳务收入 c. 360美元的预收账款 d. 180美元的现金

3 收入确认原则要求：
   a. 按年度计量收入   b. 仅当收入实现后才可以予以确认
   c. 费用要与当期收入配比   d. 仅当收到现金后才可以确认收入

4 调整账户是怎样的过程？
   a. 将费用从收入中扣除得出净利润   b. 在业务发生的当期予以记录
   c. 在期末调整账户   d. 将账户余额清零，以为下一期间做好准备

5 下面哪项是预付调整分录？
   a. 记录当期耗用的办公用品   b. 记录应付职工的工资费用
   c. 记录已实现但尚未收到的收入   d. 记录明年到期的应付票据的利息费用

6 假设 In the Woods 露营用品公司的周薪为 300 美元。年底，即 12 月 31 日星期二，公司将在星期五支付员工一周的薪水。那么公司在周二 12 月 31 日这一天，应该编制怎样的调整分录（五天为一周）？

a.
工资费用	120	
应付工资		120

b.
应付工资	300	
工资费用		300

c.
工资费用	120	
现金		120

d. 无须编制调整分录，因为公司会在周五支付工资。

7 调整后试算平衡表反映了：

a. 借贷金额可能不等　　b. 调整后的账户余额　　c. 仅资产和负债　　　　d. 仅收入和费用

8 A&D 窗户清洁公司本月提供了价值 450 美元的服务，但尚未向顾客开出账单。如果公司没有编制调整分录，会对财务报表产生什么影响？

a. 资产负债表：低估资产；夸大权益
利润表：低估费用

b. 资产负债表：夸大负债；低估权益
利润表：低估收入

c. 资产负债表：夸大资产；低估权益
利润表：低估费用

d. 资产负债表：低估资产；低估权益
利润表：低估收入

9 工作底稿。

a. 是用于记录业务的日记账

b. 是反映当期净利润的财务报表

c. 是有助于汇总编制财务报表所需的数据的内部文档

d. 是列示所有账户余额和账户变动情况的分类账

10 2 月 1 日，Clovis Wilson 律师事务所与客户签订合约，将在未来三个月提供价值 3 000 美元的法律服务，并获得款项。假设公司使用另一种处理方式记录了预收账款，则需要在 2 月 28 日编制怎样的调整分录？

a.
现金	3 000	
预收账款		3 000

b.
劳务收入	2 000	
预收账款		2 000

c.
预收账款	1 000	
劳务收入		1 000

d.
现金	3 000	
劳务收入		3 000

在本章结尾检查答案。

进步评估

复习题

1 收付实现制和权责发生制有哪些区别？

2 哪种计量方法（收付实现制还是权责发生制）符合一般公认会计原则？

3 哪条会计原则要求公司将其经营活动按较小的时间单位分割，比如按月，按季度，或按年？

4 什么是会计年度？为什么公司选择的会计年度可能与自然年度不吻合？

5 在收入确认原则下何时确认收入？

6 在配比原则下何时确认费用？

7 何时编制调整分录？有何作用？

8 两种基本的调整分录分别是什么？各举两个例子。

9 什么是预付费用？

10 在固定资产的使用年限内分摊其成本，这一过程叫什么？

11 什么是备抵账户？

12 记录折旧费用时贷记什么？

13 累计折旧反映了什么？

14 如何计算账面价值？账面价值反映了什么？

15 什么是递延收入？举例说明。

16 什么是预提费用？举例说明。

17 什么是应计收入？举例说明。

18 调整分录的两条法则是什么？

19 何时编制调整后试算平衡表？有何作用？

20 如果没有在年末记录预提费用，会对财务报表产生什么影响？

21 什么是工作底稿以及如何将它用于编制调整后试算平衡表？

22 如果使用另一种方法记录预付费用，在支出费用时借记什么？

23 如果使用另一种方法记录预付费用，在调整分录中借记什么？

✐ 简单练习

S3-1 比较费用的收付实现制和权责发生制。

Johnny Flowers 律师事务所预付了当地报纸的广告费用。1 月 1 日，公司支付了未来 6 个月共 900 美元的广告费。截至 2 月 28 日的两个月的广告费用该按多少计量？

①收付实现制下 ②权责发生制下

S3-2 比较收入的收付实现制和权责发生制。

Safe Home 为出门在外的人们提供看家服务。一些顾客会在工作完成后立即付款，一些顾客则要求公司向其寄送账单。截至年底，公司共收到 900 美元的现付款，其余顾客应付公司 1 300 美元。公司本年劳务收入为多少？

①收付实现制下 ②权责发生制下

S3-3 使用收入确认原则。

西北杂志社 12 期杂志的订阅费为 36 美元。公司提前收到款项，之后再将杂志每月寄给订阅者。根据收入确认原则确定：

①西北杂志社应该何时确认收入。②三期后西北杂志社应确认多少收入。

S3-4 使用配比原则。

假设 1 月 1 日，Ace 餐馆预付了全年 1 800 美元的租金。截至 7 月 31 日，应该确认多少租金费用？

S3-5 区分调整分录的类型。

以下是的 Anuradha's Goals 的部分业务：

4 月 1 日	支付六个月的租金，4 800 美元
10 日	收到从 4 月 1 日起为期 6 个月的劳务合同费用，1 200 美元
15 日	购买一台电脑，1 000 美元
18 日	赊账购买办公用品，300 美元
30 日	提供了服务，但尚未向顾客开出账单，500 美元
30 日	员工工资费用 600 美元，将在 5 月 2 日支付

确定每笔业务需要编制以下哪种调整分录：预付费用、预收账款、预提费用、应计收入。

S3-6 在日记账中记录预付租金的调整分录并过账。

4月1日，Toledo运动场预付了6个月的租金，共4 800美元。

要求：①记录4月1日付款的日记账分录。②记录4月30日的调整分录。③将日记账分录和调整分录过入T形账户，并反映4月30日的账户余额。（不考虑现金账户。）

S3-7 在日记账中记录办公用品的调整分录并过账。

11月1日，信道设备公司的办公用品期初余额为800美元。本月购进了100美元的办公用品。11月30日办公用品余额为400美元。

要求：①开立办公用品的T形账户，录入期初余额和购进金额。②编制11月30日的调整分录。③将调整分录过入涉及的两个T形账户，并反映11月30日的账户余额。

S3-8 在日记账中记录折旧的调整分录并过账，同时计算账面价值。

5月1日，美国黄金交易支出54 000美元购买了一批电脑，预期使用年限为3年。三年后，预期残值为零。

要求：①使用直线法计算5月的折旧额。②编制5月31日的折旧调整分录。③将5月1日的购买时的日记账分录和5月31日的调整分录过入以下T形账户：电脑设备；累计折旧——电脑设备；折旧费用——电脑设备。反映各账户在5月31日的余额。④电脑设备5月31日的账面价值为多少？

S3-9 在日记账中记录预收账款的调整分录并过账。

大都会提前收到订阅款，然后在未来一年向读者寄送杂志。

要求：①在日记账中记录最初收到的170 000美元。②编制调整分录记录预收账款中实现的12 000美元的订阅收入。③将日记账分录和调整分录过入相关T形账户，并反映其调整后的账户余额。（不考虑现金账户。）

S3-10 在日记账中记录预提工资费用的调整分录并过账。

Cedar Park老年中心的月薪为10 000美元。12月31日为周四，中心将在下周一（1月4日）支付上一周的工资。假设该中心五个工作日为一周，未调整工资费用余额为510 000美元。

要求：①编制预提工资费用12月31日的调整分录。②将调整分录过入分类账并反映调整后账户余额。③记录1月4日支付工资的日记账分录。

S3-11 在日记账中记录预提利息费用的调整分录并过账。

2014年10月1日，汤普森旅行社向银行借了68 000美元，并签署了应付票据，该会计年度内（10～12月）应付票据的利息费用为884美元。

要求：①编制预提利息费用在2014年12月31日的调整分录。②将调整分录过入相应的两个T形账户。

S3-12 在日记账中记录应计收入的调整分录并过账。

6月底，Goldenburg牙科提供了价值3 000美元的服务，但尚未向顾客开出账单。

编制应计收入的调整分录。

S3-13 编制调整后试算平衡表。

以下是Scott税收服务公司的账户和调整后的账户余额。假设账户均为正常余额。

现金	$?	设备	$ 15 000
土地	20 000	应收账款	2 250
应交水电费用	350	办公用品	200
应付账款	3 100	普通股	18 400

（续）

累计折旧——设备	2 400	水电费用	750
劳务收入	60 000	预收账款	600
用品费用	800	折旧费用——设备	1 200
股利	22 000	工资费用	4 500

编制该公司 2015 年 12 月 31 日的调整后试算平衡表。

S3-14 确定对财务报表的影响。

Reagan 理财顾问在以下情况下没有编制调整分录。

①存货办公用品 100 美元。②应计收入 5 000 美元。③预提利息费用 250 美元。④折旧 800 美元。⑤预收账款中实现了 550 美元。

通过区分资产、负债、权益、收入和费用是被夸大还是被低估，进而确定对利润表和资产负债表产生的影响。格式如下所示，以调整分录①为例。

未编制调整分录	资产负债表			利润表	
	资产	负债	权益	收入	费用
①	夸大		夸大		低估

S3-15 编制一部分工作底稿。

以下是名典理发店的工作底稿：

	A	B	C	D	E	F	G
1			名典理发店				
2			工作底稿				
3			2014 年 12 月 31 日				
4							
5	账户名称	未调整试算平衡表		调整分录		调整后试算平衡表	
6		借	贷	借	贷	借	贷
7	现金	$ 800					
8	办公用品	900					
9	设备	19,100					
10	累计折旧——设备		$ 1,000				
11	应付账款		200				
12	应付利息						
13	应付票据		2,500				
14	普通股		7,400				
15	劳务收入		14,800				
16	租金费用	4,500					
17	用品费用						
18	折旧费用——设备						
19	利息费用	600					
20	合计	$ 25,900	$ 25,900				
21							

年末数据有：

①存货办公用品 300 美元。②折旧 1 000 美元。③应计利息费用 600 美元。

完成以上工作底稿的调整后试算平衡表部分，调整分录部分标注对应序号。

S3-16 使用另一种处理方法在日记账中记录预付费用。

2014 年 12 月 1 日，Design Security System 支付了截至 2015 年 2 月 28 日的三个月的店面租金。

要求：①使用另一种处理方法在日记账中记录 12 月 1 日支付的费用。②编制 12 月 31 日的调整分录。

S3-17　使用另一种处理方法在日记账中记录预收账款。

2014 年 12 月 1 日，Great Hills 绿化公司预收到了 4 500 美元的绿化服务费。该笔劳务收入将在截至 2015 年 5 月 31 日的未来 6 个月内实现。

要求：①使用另一种处理方法在日记账中记录 12 月 1 日的分录。②编制 12 月 31 日的调整分录。

☞习题

E3-18　比较收付实现制和权责发生制并使用收入确认原则。

Momentous Occasions 是一家主要拍摄大学聚会的摄影公司。大一学生在 3 月 3 日支付了 1 000 美元，预定了 4 月 2 日的聚会摄影服务。大二学生承诺最低支付 2 800 美元来将他们的正式舞会制作成电影，并在舞会当天 2 月 28 日实际支付了 4 100 美元。

回答以下有关如何在收付实现制下准确记录收入的问题。

①大一学生支付的 1 000 美元的预收账款何时可以实现？是收到款项的当天吗？②大二学生支付的 4 100 美元劳务收入何时实现？与收款日期相同吗？

E3-19　比较收付实现制和权责发生制并使用收入确认原则和配比原则。

Sweet 餐饮公司在 2014 年 5 月完成了以下业务：

5月1日	预付三个月的租金 1 500 美元	23 日	赊账承办了一场宴会，应收 3 000 美元
5 日	收到电费账单并予以支付，400 美元	31 日	编制租金调整分录（从 5 月 1 日起）
9 日	向顾客提供食物，收到 2 600 美元	31 日	预提工资费用 1 400 美元
14 日	支出 2 400 美元购买厨房设备	31 日	记录 5 月厨房设备折旧 40 美元

要求：①在下面的表格中反映每笔业务分别在收付实现制和权责发生制下是否可以确认为一项收入或费用（费用加括号表示）。此外，标明收入或费用的金额。以表格中 5 月 1 日的业务为例（单位：美元）。

5 月收入（费用）的金额		
日期	收付实现制下的收入（费用）金额	权责发生制下的收入（费用）金额
5 月 1 日	（1500）	0

②完成以上表格后，分别计算收付实现制下和权责发生制下公司 5 月的净利润或净亏损。③根据要求②中的结果判断哪种方法能更加真实地反映公司的收益情况？为什么？

E3-20　确定预付费用的金额。

下表为 Tropical View 公司的已知信息：

	情况			
	A	B	C	D
期初预付租金	$1 200	$900	$200	$700
本年支出的预付租金	1 400	b	1 800	f
合计	2 600	1 400	c	e
减：期末预付租金	600	500	d	400
租金费用	$ a	$900	$1 900	$1 100

完成表格中的未知金额。

E3-21　编制调整分录。

已知：①公司在 1 月 1 日收到签订的未来 10 个月的劳务合同费用。②每月员工工资总额为 3 000 美元。每月 1 日和 15 日支付。③本月已提供服务但尚未收到款项的劳务收入为 900 美元。

④公司 10 000 美元的应付票据的年利率为 6%，每月 1 日支付 50 美元的利息。

假设公司每月编制调整分录。编制 1 月 31 日所需的调整分录。

E3-22 编制调整分录。

已知以下 12 月 31 日的相关信息：

①8 月 1 日，公司预收到 3 300 美元的租金，借记了现金，贷记了预收账款。租户预付了一年的租金。12 月 31 日，公司必须确认已经实现的租金收入。②每日的工资费用为 1 700 美元（周一至周五为一周），公司每周五向员工发放工资。本年的 12 月 31 日为周四。③办公用品的未调整余额为 3 500 美元。办公用品存货为 1 700 美元。④设备折旧为 300 美元。⑤3 月 1 日，公司预付了两年的保险费用，共 600 美元。借记了预付保险，贷记了现金。

编制 12 月 31 日所需的调整分录。用对应的序号标注。

E3-23 编制调整分录。

已知以下马里兰大学帕克分校焊接服务公司的相关信息：

①本年设备折旧 2 400 美元。②公司每周一向员工发放上周工资。7 个工作日为一周（周一至周日），周薪为 5 600 美元。本年的 12 月 31 日为周四。③办公用品的期初余额为 2 500 美元。公司本年购买了 3 000 美元的办公用品。12 月 31 日的办公用品存货为 1 700 美元。④公司在 8 月 1 日预付了两年的保险费用，共 5 280 美元。记录截至 12 月 31 日的一年的保险费用。⑤公司实现了 3 200 美元的预收账款。⑥公司应付票据产生了 150 美元的利息费用，尚未确认。该利息费用将在 2 月 28 日支付。⑦公司向顾客提供服务，并开出 6 000 美元的账单。

编制 12 月 31 日所需的调整分录。按相应序号标注。

E3-24 编制调整分录并将其过入 T 形账户。

Grayson 建筑事务所的会计记录包括以下内容，3 月 31 日为调整余额：应收账款，1 400 美元；办公用品，1 100 美元；预付租金，2 400 美元；设备，10 000 美元；累计折旧——设备，0；应付工资，0；预收账款，600 美元；劳务收入，4 200 美元；工资费用，1 300 美元；用品费用，0；租金费用，0；折旧费用——设备，0。以下为编制调整分录所需的数据：

①应计劳务收入，900 美元。②已实现预收账款，200 美元。③办公用品存货，600 美元。④应付职工工资，400 美元。⑤一个月的预付租金到期，800 美元。⑥设备折旧，150 美元。

要求：①根据已知为调整余额开立 T 形账户。②按序号编制调整分录，日期标为 3 月 31 日。③按序号顺序将调整分录过入 T 形账户，并反映各账户的调整后余额。

E3-25 编制调整分录并将其过入 T 形账户。

以下是保洁公司 First Class Maids Company 的未调整试算平衡表：

未调整试算平衡表		
2014 年 12 月 31 日		
	余额	
账户名称	借	贷
现金	$700	
办公用品	3 000	
预付保险	800	
设备	29 000	
累计折旧——设备		$7 000
应付账款		2 800
应付职工薪酬		
预收账款		500
普通股		7 200

（续）

	余额	
账户名称	借	贷
股利	3 000	
劳务收入		25 000
工资费用	6 000	
用品费用		
折旧费用——设备		
保险费用		
合计	$ 42 500	$ 42 500

截至 2014 年 12 月 31 日的 12 个月内，公司：

a. 耗用办公用品，1 800 美元　　b. 耗用预付保险，620 美元　　c. 设备折旧，460 美元

d. 尚未支付的预提工资费用，310 美元　　e. 实现预收账款，360 美元

要求：①根据未调整余额开立 T 形账户。②按字母编制调整分录，日期为 12 月 31 日。③按字母将调整分录过入 T 形账户并反映各账户的调整后余额。

注：问题 E3-26 需结合问题 E3-25 完成。

E3-26　编制调整后试算平衡表。

参照问题 E3-25 中的数据编制调整后试算平衡表。

E3-27　确定调整分录对财务报表的影响。

2014 年 10 月，Ausley 音响记录了以下业务：

①预收到从 2014 年 10 月 1 日起到 12 月 31 日，为期 3 个月的劳务收入 1 500 美元。公司借记现金 1 500 美元，贷记预收账款 1 500 美元。②每周一向员工支付上周工资 1 000 美元，2014 年 10 月 31 日为周五。③公司在 10 月 1 日预付了未来 6 个月的汽车保险 240 美元。借记预付保险 240 美元，贷记现金 240 美元。④2014 年 1 月 2 日购买了 6 300 美元的办公设备。借记办公设备 6 300 美元，贷记应付账款 6 300 美元。该设备每年折旧 900 美元。⑤公司 10 月初的办公用品存货为 50 美元。10 月 10 日赊账购进 100 美元的办公用品。借记办公用品 100 美元，贷记应付账款 100 美元。10 月耗用了 120 美元的办公用品。⑥10 月 30 日收到 125 美元的电费账单，将于 11 月 10 日支付。⑦10 月 30 日支付了 11 月的租金，800 美元。当天借记租金费用 800 美元，贷记现金 800 美元。

指出每笔业务是否需在 10 月 31 日编制调整分录。假设未编制调整分录，指出财务报表中因此出错的账户类型，以及是夸大还是低估。格式如下表所示，以业务①为例：

业务	是否需要调整分录	资产负债表中的账户类型	夸大/低估	利润表中的账户类型	夸大/低估
①	是	负债 权益	夸大 低估	收入	低估

E3-28　编制调整分录并分析对利润表的影响。

以下是 EBM2014 年 7 月 31 日的已知数据：

①折旧 500 美元。②预付租金到期 600 美元。③预提利息费用 300 美元。④应付员工周一至周四的工资；五天为一周，周薪 13 000 美元。⑤实现预收账款 1 300 美元。⑥耗用办公用品 250 美元。

要求：①编制 2014 年 7 月 31 日所需调整分录。②假设未编制要求①中的调整分录。计算因此导致的净利润的差额。

E3-29　使用工作底稿编制调整分录。

下面是 Jobs-4-U 就业服务公司的部分工作底稿。

	A	B	C	D	E	F	G
1				Jobs-4-U 就业服务公司			
2				工作底稿			
3				2014 年 4 月 30 日			
4							
5	账户名称	未调整试算平衡表		调整分录		调整后试算平衡表	
6		借	贷	借	贷	借	贷
7	现金	$ 900				$ 900	
8	应收账款	4,100				5,600	
9	办公用品	1,000				500	
10	设备	32,500				32,500	
11	累计折旧——设备		$ 14,400				$ 15,400
12	应付职工薪酬						1,200
13	普通股		23,300				23,300
14	股利	4,800				4,800	
15	劳务收入		9,100				10,600
16	工资费用	2,500				3,700	
17	租金费用	1,000				1,000	
18	折旧费用——设备					1,000	
19	用品费用					500	
20	合计	$ 46,800	$ 46,800			$ 50,500	$ 50,500
21							

　　要求：①计算调整金额并直接录入调整分录一栏。用字母 a ～ d 标注这四个调整分录。②编制要求①中计算过的各个调整分录，标明日期和摘要。

E3-30　使用工作底稿编制调整后试算平衡表。

　　下面是 Miller's 绿化公司的部分工作底稿。

	A	B	C	D		E		F	G
1				Miller's 绿化公司					
2				工作底稿					
3				2014 年 12 月 31 日					
4									
5	账户名称	未调整试算平衡表		调整分录				调整后试算平衡表	
6		借	贷	借		贷		借	贷
7	现金	$ 25,400							
8	应收账款	6,500		(h) $ 2,000					
9	办公用品	430				(b) $ 170			
10	预付保险	2,500				(a) 1,250			
11	设备	65,000							
12	累计折旧——设备					(c) 1,000			
13	卡车	90,000							
14	累计折旧——卡车					(d) 1,500			
15	应付账款		$ 4,600						
16			500						
17	应付职工薪酬					(f) 7,300			
18	应付利息					(g) 100			
19	预收账款		3,600	(e) 2,400					
20	应付票据		35,000						
21	普通股		120,680						
22	股利	15,000							
23	劳务收入		80,500			(e, h) 4,400			
24	租金费用	10,500		(a) 1,250					
25	工资费用	24,150		(f) 7,300					
26	用品费用			(b) 170					
27		5,400							
28	折旧费用——设备			(c) 1,000					
29	折旧费用——卡车			(d) 1,500					
30	利息费用			(g) 100					
31	合计	$ 244,880	$ 244,880	$ 15,720		$ 15,720			
32									

计算并在调整后试算平衡表一栏录入调整后账户余额。

E3-31　掌握预付费用的另一种处理方法。

Dash 空调年初办公用品存货为 1 100 美元。本年购进了 5 000 美元的办公用品。年末办公用品存货为 700 美元。

要求：①编制调整分录，假设最初购买办公用品时借记了资产账户。将调整分录过入办公用品和用品费用的 T 形账户，确保办公用品 T 形账户中包括期初余额、购进金额。②编制调整分录，假设最初购买办公用品时借记了费用账户。将调整分录过入办公用品和用品费用的 T 形账户，确保办公用品 T 形账户中包括期初余额，用品费用 T 形账户中包括购进的办公用品。③比较两种方法下 T 形账户的期末余额，两者相等吗？

E3-32　掌握预收账款的另一种处理方法。

Posh 广告公司年初预收账款为 2 700 美元。本年又预收到 7 300 美元的劳务收入，并实现了 30 000 美元的劳务收入（其中不包括预收账款）。年末预收账款为 3 500 美元，未调整劳务收入为 30 000 美元。

要求：①编制调整分录，假设在最初收到预收账款时贷记了负债账户。将调整分录过入预收账款和劳务收入的 T 形账户。确保预收账款 T 形账户中包括期初余额和增加的预收账款。②编制调整分录，假设在最初收到预收账款时贷记了收入账户。将调整分录过入预收账款和劳务收入的 T 形账户。确保预收账款 T 形账户中包括期初余额，劳务收入 T 形账户中包括增加的预收账款。③比较两种方法下 T 形账户的期末余额，两者相等吗？

☞后续习题

P3-45　编制调整分录和调整后试算平衡表。

该题延续第 2 章 P2-43 中的 Davis 咨询公司的情况。会用到 P2-43 中的未调整试算平衡表和已过账 T 形账户。以下是 2014 年 12 月 31 日未调整试算平衡表的副本：

<table>
<tr><td colspan="3" align="center">Davis 咨询公司
未调整试算平衡表
2014 年 12 月 31 日</td></tr>
<tr><td></td><td colspan="2" align="center">余额</td></tr>
<tr><td>账户名称</td><td>借</td><td>贷</td></tr>
<tr><td>现金</td><td>$ 16 400</td><td></td></tr>
<tr><td>应收账款</td><td>1 200</td><td></td></tr>
<tr><td>办公用品</td><td>900</td><td></td></tr>
<tr><td>设备</td><td>1 800</td><td></td></tr>
<tr><td>办公设备</td><td>4 200</td><td></td></tr>
<tr><td>应付账款</td><td></td><td>$ 4 700</td></tr>
<tr><td>预收账款</td><td></td><td>1 400</td></tr>
<tr><td>普通股</td><td></td><td>18 000</td></tr>
<tr><td>股利</td><td>1 400</td><td></td></tr>
<tr><td>劳务收入</td><td></td><td>2 600</td></tr>
<tr><td>租金费用</td><td>550</td><td></td></tr>
<tr><td>水电费用</td><td>250</td><td></td></tr>
<tr><td>合计</td><td>$ 26 700</td><td>$ 26 700</td></tr>
</table>

12 月 31 日，公司收集了以下编制调整分录所需的数据：

a. 应计劳务收入 550 美元。b. 12 月 21 日收到的预收账款中实现了 700 美元。c. 存货办公用品

200 美元。d. 设备折旧 30 美元；办公设备折旧 70 美元。e. 预提行政助理工资费用 685 美元。

要求：①编制调整分录并过入 T 形账户。T 形账户中在调整金额前标注 Adj.，账户余额前标为 Bal.。②编制 2014 年 12 月 31 日的调整后试算平衡表。

☞套题

P3-46　编制调整分录和调整后试算平衡表。

该题延续第 2 章 P2-44 中 Shine King 保洁公司的情况，以下是该公司 2015 年 11 月 30 日的未调整试算平衡表：

已知以下调整数据：

a. 11 月底，保洁用品存货为 50 美元。b. 所有可折旧资产的月折旧总额为 170 美元。c. 月利息费用为 100 美元。

要求：①根据试算表，调整信息和第 2 章中的相关信息，编制 11 月 30 日所需调整分录。②编制公司 11 月 30 日的调整后试算平衡表。

Shine King 保洁公司
未调整试算平衡表
2015 年 11 月 30 日

账户名称	借	贷
现金	$ 73 100	
应收账款	2 000	
保洁用品	270	
预付租金	2 000	
预付保险	2 400	
设备	2 200	
卡车	8 000	
应付账款		$ 945
预收账款		3 600
应付票据		40 000
普通股		43 000
股利	600	
劳务收入		3 800
工资费用	500	
广告费用	100	
水电费用	175	
合计	$ 91 345	$ 91 345

批判性思考

☞决策案例

案例 3-1

Lee Nicholas 从 10 年前公司建立时起就一直同时担任 World.com 广告公司的所有者和经营者。公司发展不错。最近，Nicholas 提到将以合适的价格出售公司。

假设你有意购买 World.com 广告公司，且获得了该公司最近一月的试算平衡表，如下所示。每月收入和费用略有不同，以 1 月为代表。该试算平衡表是原始或未调整试算平衡表。总计长告知有

3 800 美元的收入和 1 100 美元的费用需要进行应计调整。此外，如果收购这家公司，将需要雇用一位管理者，这样你就可以从事其他职务，假设该管理者要求的月薪为 5 000 美元。

World.com 广告公司		
试算平衡表		
2015 年 1 月 31 日		
	余额	
账户名称	**借**	**贷**
现金	$9 700	
应收账款	14 100	
预付费用	2 600	
建筑物	221 300	
累计折旧——建筑物		$68 600
应付账款		13 000
应付职工薪酬		
预收账款		56 700
普通股		30 400
留存收益		80 000
股利	9 000	
劳务收入		12 300
租金费用		
工资费用	3 400	
水电费用	900	
折旧费用——建筑物		
用品费用		
合计	$261 000	$261 000

要求：①假设你的最高出价为该公司预期月净利润的 20 倍。计算该价格。②Nicholas 说他可接受的最低价格为公司 1 月 31 日的股东权益余额，计算该金额。③已知以上条件，应该向 Nicholas 报价多少？解释原因。

案例 3-2

一年前，Tyler Stasney 创办了 Swift Classified 广告公司。Stasney 记得你在大学上过一门课，来向你寻求建议。他想知道公司去年的净利润以决定是否继续经营。会计记录包括分类账中的 T 形账户，编制该账的会计人员已经搬到其他城市。以下是 12 月 31 日的分类账。账户均尚未调整。

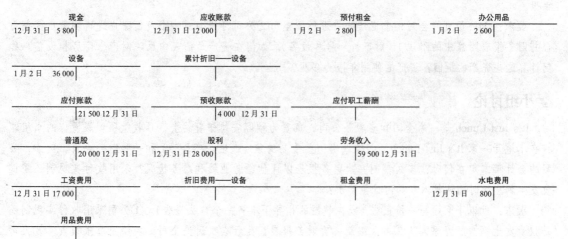

Stasney 表明年底时顾客尚欠公司 1 600 美元的劳务收入，该收入尚未确认。本年公司预收了 4 000 美元的劳务收入，但其中只实现了 900 美元。本年租金费用为 2 400 美元，耗用了 1 700 美元的办公用品，设备折旧为 5 000 美元。12 月 31 日，公司欠员工 1 200 美元的工资。

计算公司本年净利润。就是否继续经营，给出你的建议。

☞ 道德问题

Steinbach & Son 是一家绿化公司，2015 年公司净利润急剧下滑。公司所有者和经理 Mort Steinbach 预测 2016 年需要一笔银行贷款。2015 年年末，Steinbach 指示公司会计人员将向 Steinbach 家里提供的绿化服务费用 2 000 美元确认为劳务收入，但该服务将在 2016 年具体实施。Steinbach 还告诉会计人员不要在 2015 年 12 月 31 日调整分录 (单位：美元)：

应付职工薪酬	900
已到期预付保险	400

要求：①计算这些业务对公司 2015 年净利润的影响额。②Steinbach 为什么要采取这样的措施？符合职业道德吗？解释原因，指出该措施的利弊。③作为私人朋友，你会向这位会计人员如何建议？

☞ 舞弊问题

XM 有限责任公司是一家小型工程公司，为电子制造商提供高科技自动装置。2015 年年底完成了一件非常复杂的装置的一部分。首席工程师 Barb McLauren 知道实验技术失败了，公司无法在明年完成这项 20 000 000 美元的合同。但公司将于 1 月被出售。她告诉财务主管年底装置完成了 80%，预期明年春季完工；财务主管在 2015 年 12 月 31 日确认了 80% 的合同收入。McLauren 在 2016 年 1 月将公司出售并退休。2016 年年中发现 XM 有限责任公司明显不能成功完成该项目，这将使公司的新所有者无法收回投资。

要求：①以高科技合同为例，公司该如何确认完工百分比和可确认收入金额？②你认为 XM 有限责任公司 2016 年会对公司上一年确认的收入如何处理？

☞ 财务报表案例

与所有企业一样，星巴克也在年末编制调整分录以确保资产、负债、收入和费用准确无误。检查星巴克的资产负债表和利润表。登录 www.pearsonhighered.com/Horngren 查看星巴克 2011 年的年报。

要求：①公司可能会对哪个资产账户进行调整？②公司可能会对哪个负债账户进行调整？③查看合并财务报表附注中的附注 1 (财产、厂房和设备)，如何在资产负债表中反映财产、厂房和设备？如何计算这些资产的折旧？资产的使用年限为多少？

☞ 小组讨论

It's Just Lunch 是一家全国知名服务公司，负责为顾客安排午餐约会，预收款项。假设你的小组即将在本地开一家 It's Just Lunch，必须做出一些重要决策 (选址、广告等) 和一些财务决策。例如，公司的会计年末定在何时？多久编制一次财务报表以评估经营业绩和财务状况？采用收付实现制还是权责发生制？何时确认收入？如何计量费用？

要求：就以下问题写一份报告 (或在教授的指导下准备一个口头报告)。①公司采用收付实现制还是权责发生制？解释原因。②多久编制一次财务报表？为什么？讨论公司如何使用每张报表。③公司的收入类型是什么？何时确认为收入？④公司的费用类型是什么？何时确认费用？

☞交流活动

在 75 个字以内解释调整分录。

☞练习题答案

1 劳务收入 = 现金收入 =105 000（美元）

费用 = 现金支出 =85 000-10 000+5 000=80 000（美元）

2 劳务收入 = 已实现收入 =130 000（美元）

费用 = 已发生费用 =85 000（美元）

3 b

4 a

5 c

6 a.预付　 b.待摊　 c.预提　 d.待摊　 e.预提

7

日期	账户和业务摘要	借	贷	日期	账户和业务摘要	借	贷
(a)	折旧费用——设备	1 500		(d)	应收账款	1 200	
	累计折旧——设备		1 500		租金收入		1 200
	确认设备折旧				预提租金收入		
(b)	广告费用	700		(e)	预收账款	3 000	
	应付广告费		700		劳务收入		3 000
	预提广告费用				确认已实现预收账款		
(c)	用品费用	350					
	办公用品		350				
	确认已耗用办公用品						

8

胡顿木艺公司

调整后试算平衡表

2015 年 12 月 31 日

账户名称	余额	
	借	贷
现金	$ 4 025	
应收账款	660	
办公用品	120	
设备	10 000	
累计折旧——设备		$ 1 000
土地	5 000	
应付账款		225
应付水电费用		210
预收账款		300
普通股		8 400
股利	500	
劳务收入		12 000

（续）

	余额	
账户名称	借	贷
工资费用	550	
折旧费用——设备	800	
用品费用	80	
水电费用	400	
合计	$ 22 135	$ 22 135

9　a. 利润表：夸大用品费用，低估净利润；资产负债表：夸大办公用品，低估权益。b. 利润表：低估劳务收入，低估净利润；资产负债表：资产负债表：低估应收账款，低估权益。c. 利润表：低估折旧费用，夸大净利润；资产负债表：资产负债表：低估累计折旧进而夸大资产总额，夸大权益。d. 利润表：低估保险费用，夸大净利润；资产负债表：夸大预付保险，夸大权益。e. 利润表：低估工资费用，夸大净利润；资产负债表：低估应付职工薪酬，夸大权益。f. 利润表：低估劳务收入，低估净利润；资产负债表：夸大预收账款，低估权益。

10

	A	B	C	D	E	F	G	H	I	J	K	L	M
1						山姆货运公司							
2						工作底稿							
3						2014 年 12 月 31 日							
4													
5	账户名称	未调整试算平衡表			调整分录			调整后试算平衡表		利润表		资产负债表	
6		借	贷		借	贷		借	贷	借	贷	借	贷
7	现金	$ 6,500						$ 6,500					
8	应收账款	800		(g)	$ 225			1,025					
9	办公用品	250				$ 80	(b)	170					
10	预付租金	1,000				800	(a)	200					
11	货车	23,000						23,000					
12	累计折旧——货车					750	(c)		$ 750				
13	设备	15,000						15,000					
14	累计折旧——设备					300	(d)		300				
15	应付账款		$ 800						800				
16	应付水电费		230						230				
17	应付职工薪酬					875	(f)		875				
18	预收账款		400	(e)	130				270				
19	普通股		37,800						37,800				
20	股利	8,000						8,000					
21	运货收入		23,000			355	(e, g)		23,355				
22	租金费用	3,000		(a)	800			3,800					
23	工资费用	4,500		(f)	875			5,375					
24	用品费用			(b)	80			80					
25	水电费用	180						180					
26	折旧费用——货车			(c)	750			750					
27	折旧费用——设备			(d)	300			300					
28	合计	$ 62,230	$ 62,230		$ 3,160	$ 3,160		$ 64,380	$ 64,380				
29													

11

日期	账户和说明	借	贷	日期	账户和业务摘要	借	贷
	用品费用	1 000			印刷用品	300	
	现金		1 000		用品费用		300
	记录采购的印刷用品				记录剩余印刷用品		

🖙 快速测验答案

1. a　　2. a　　3. b　　4. c　　5. a　　6. a　　7. b　　8. d　　9. c　　10. b

第 4 章

完成会计循环

年末该做些什么

Bear Paw 酒店刚举行了开业一周年庆典。作为酒店大股东和总经理，Christina Merthieu 为她在这家企业过去一年取得的成功感到兴奋。尽管上一份度假村经理的工作让她学会了如何与顾客打交道，但在会计业务方面，她需要学习的还很多。Christina 将这一年的成功归功于酒店卓越的品质和个性化的服务。除此之外，Christina 还发现了一位帮助她处理账簿的好会计。

自始至终，Christina 都依靠会计人员提供有关业务记录的建议。既然第一个会计年度已经结束，Christina 即将实施本年度最后一项会计业务。经公司会计告知，现在可以编制财务报表，用于评价酒店当年营业利润和财务状况。Bear Paw 酒店将根据财务报表评价过去一年的经营业绩。同时酒店即将开始下一个会计年度，Christina 需要编制结账分录来准备好下一年度的账簿。

年末会发生什么

正如 Bear Paw 酒店，企业需要在会计周期期末完成一些特殊的事项。这些事项可以帮助企业评估上一年度的经营业绩并为新的会计年度做好准备。例如，在年末，四季酒店（Four Seasons Hotels and Resorts）必须编制年度财务报表反映本年度的盈亏和财务状况。此外，四季酒店还必须准备好下一年度的账簿，即结账，包括编制结账分录并更新留存收益账户余额。这些会计周期期末的业务就是本章的学习内容。

☞ 章节纲要

如何编制财务报表？

工作底稿对编制财务报表有何作用？

什么是结账，以及如何结账？

如何编制结账后试算平衡表？

什么是会计循环？

如何使用流动比率评估经营业绩？

什么是回转分录？（见附录 4A）

学习目标

1. 编制财务报表（包括分类资产负债表）。

2. 使用工作底稿编制财务报表。

3. 解释记录并结转结账分录的目的。

4. 编制结账后试算平衡表。

5. 描述会计周期。

6. 使用流动比率评估经营业绩。

7. 解释记录回转分录的目的（见附录 4A）。

在第 3 章，虚拟公司 Smart Touch Learning 已经记录并结转了准确计量利润表中的净利润和资产负债表中资产和负债所需的调整分录。既然账户余额已经更新，Smart Touch Learning 公司已经做好了进入会计周期下一步骤的准备——编制财务报表。本章将回顾已经学习过的财务报表并学习如何编制更加全面的资产负债表。此外，通过学习如何结账，进而完成会计循环。

4.1 如何编制财务报表

Smart Touch Learning 公司的财务报表根据第 3 章学习过的调整后试算平衡表进行编制。图 4-1 是 Smart Touch Learning 公司调整后试算平衡表。图片右边列示了各账户在财务报表中的分配。

应该按以下顺序编制财务报表：

- 利润表——反映收入和费用，并计算期间内的净利润或净亏损。
- 留存收益表——反映净利润（或净亏损）和股利引起的留存收益的变化情况。
- 资产负债表——反映期末资产、负债和股东权益。

图 4-2 为 Smart Touch Learning 公司的财务报表。

> **准则提示** 在国际上，企业必须披露利润表、留存收益表和分类资产负债表——与美国企业一样。但报表形式可能会有所差异。收入可能会被称作营业额，净利润可能被称作利润，资产负债表中的资产和负债的列示顺序各不相同。

财务报表间的关系

图 4-2 中的箭头反映了各财务报表间的关系：

- 利润表中的净利润会增加留存收益，净亏损会减少留存收益。
- 留存收益表中的期末留存收益列入资产负债表。负债总额加股东权益总额等于资产总额，会计等式成立。

为了巩固对以上关系的理解，将利润表中的净利润追溯到留存收益表中，再将期末留存收益追溯到资产负债表中。注意，这是第 1 章学习的三大主要财务报表，通常按之前描述的顺序进行编制，即利润表、留存收益表、资产负债表。

1. 分类资产负债表

目前已经介绍了 Smart Touch Learning 公司的未分类资产负债表。接下来将学习实务中的资产负债表，**分类资产负债表**（classified balance sheet）。分类资产负债表中各项资产和负债都归为特定种类。

为了反映各项资产和负债的流动性，分类资产负债表将资产和负债分为流动（一年内到期）和非流动（寿命超过一年）。**流动性**（liquidity）衡量账户金额转化为现金（因为现金是流动性最强的资产）的速度和难易程度。应收账款的流动性也相当强，因为应收款项可以快速收回。办公用品的流动性相对较差，设备和建筑物的流动性则更差，因为将这些资产转变成现金或者耗用完毕需要较长时间。

2. 资产

资产负债表按照流动性列示各项资产。分类资产负债表将资产分为两种：流动资产和非流动资产。

流动资产（current asset）会在未来 12 个月内转变成现金，出售或耗用。如果经营周期超过一年则在该经营周期内转变成现金，出售或耗用。**经营周期**（operating cycle）是指以下时间跨度：

- 使用现金购买商品或服务；
- 将商品或服务销售给顾客；
- 企业收到顾客款项。

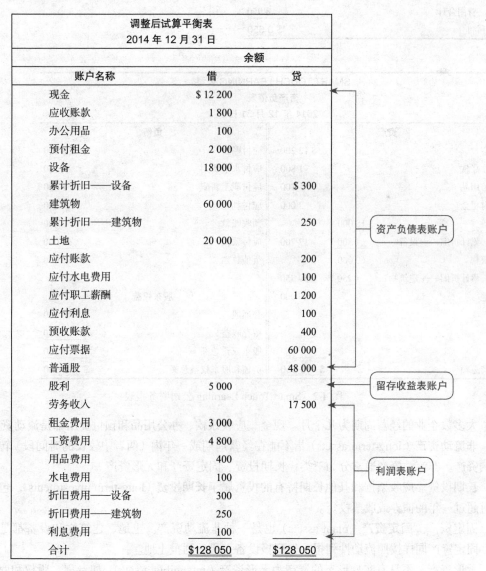

账户名称	借	贷	
调整后试算平衡表			
2014 年 12 月 31 日			
	余额		
现金	$ 12 200		
应收账款	1 800		
办公用品	100		
预付租金	2 000		
设备	18 000		
累计折旧——设备		$ 300	
建筑物	60 000		
累计折旧——建筑物		250	
土地	20 000		资产负债表账户
应付账款		200	
应付水电费用		100	
应付职工薪酬		1 200	
应付利息		100	
预收账款		400	
应付票据		60 000	
普通股		48 000	
股利	5 000		留存收益表账户
劳务收入		17 500	
租金费用	3 000		
工资费用	4 800		
用品费用	400		
水电费用	100		利润表账户
折旧费用——设备	300		
折旧费用——建筑物	250		
利息费用	100		
合计	$128 050	$128 050	

图 4-1 调整后试算平衡表

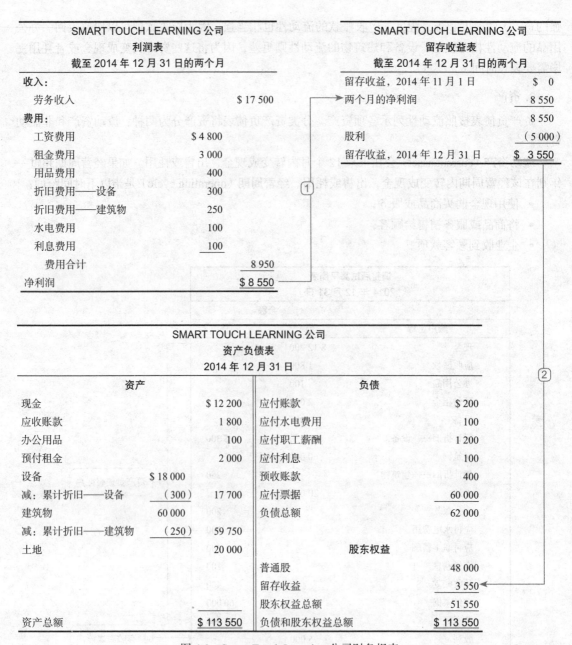

SMART TOUCH LEARNING 公司
利润表
截至 2014 年 12 月 31 日的两个月

收入：	
劳务收入	$ 17 500
费用：	
工资费用	$ 4 800
租金费用	3 000
用品费用	400
折旧费用——设备	300
折旧费用——建筑物	250
水电费用	100
利息费用	100
费用合计	8 950
净利润	$ 8 550

SMART TOUCH LEARNING 公司
留存收益表
截至 2014 年 12 月 31 日的两个月

留存收益，2014 年 11 月 1 日	$ 0
两个月的净利润	8 550
	8 550
股利	（5 000）
留存收益，2014 年 12 月 31 日	$ 3 550

SMART TOUCH LEARNING 公司
资产负债表
2014 年 12 月 31 日

资产			负债	
现金		$ 12 200	应付账款	$ 200
应收账款		1 800	应付水电费用	100
办公用品		100	应付职工薪酬	1 200
预付租金		2 000	应付利息	100
设备	$ 18 000		预收账款	400
减：累计折旧——设备	（300）	17 700	应付票据	60 000
建筑物	60 000		负债总额	62 000
减：累计折旧——建筑物	（250）	59 750		
土地		20 000	**股东权益**	
			普通股	48 000
			留存收益	3 550
			股东权益总额	51 550
资产总额		$ 113 550	负债和股东权益总额	$ 113 550

图 4-2 Smart Touch Learning 公司财务报表

大多数企业的经营周期为几个月。现金、应收账款、办公用品和预付费用都是流动资产。

非流动资产（long-term assets）指不能在经营周期或一年内（两者中较长的时间段）转变成现金的资产。非流动资产通常分为三类：长期投资、固定资产和无形资产。

长期投资。应收票据和其他长期持有的投资属于**长期投资**（long-term investments），包括打算持有超过一年的债券或股票投资。

固定资产。**固定资产**（plant assets）也是一种非流动资产。土地、建筑物和设备都是固定资产。固定资产同样按照流动性列报，先列报设备，最后列报土地。

无形资产。不具有实物形态的资产为**无形资产**（intangible assets），如专利、版权和商标。无形资产是承载有特殊权利的长期资产，如生产或销售一项发明或书籍的专有权利（专利权和版权）

或者独特标志的使用权（商标权）。

3. 负债

资产负债表按偿还的先后顺序列示各项负债。资产负债表中将负债分为两种：流动负债和非流动负债。

流动负债（current liabilities）必须在一年内用现金、商品或服务进行偿还，如果经营周期超过一年则在该经营周期内偿还。应付账款，一年内到期的应付票据、应付职工薪酬、应付利息和预收账款都是流动负债。一年内到期的长期负债也列为流动负债。流动负债按照到期顺序列示。

非流动负债（long-term liabilities）是指不需要在一年内或一个经营周期内（两者中较长的时间段）偿还的负债。许多应付票据都属于非流动负债，如抵押建筑物。

4. 股东权益

股东权益代表股东对企业资产的追索权。资产负债表中股东权益的一部分是来自留存收益表中的留存收益期末余额。股东权益余额也反映了普通股形式的实收资本，代表了公司偿还所有债务以后的剩余资产。

表 4-1 是 Smart Touch Learning 公司的分类资产负债表。注意，各项资产和负债要么属于流动类别要么属于非流动类别。资产总额为 113 550 美元，与图 4-2 未分类资产负债表中的资产总额相同。

对比图 4-2 和表 4-1 中的资产负债表会发现有两点不同。表 4-1 为分类资产负债表，格式与图 4-2 不同。表 4-1 中的资产负债表为报告式，即资产在上，负债和股东权益在下。在图 4-2 的资产负债表中，则资产在左，负债和股东权益在右，即账户式。尽管两种形式都可以使用，但报告式更为普遍。

表 4-1 分类资产负债表

资产负债表

2014 年 12 月 31 日

资产		
流动资产：		
现金		$ 12 200
应收账款		1 800
办公用品		100
预付租金		2 000
合计		$ 16 100
固定资产：		
设备	$ 18 000	
减：累计折旧——设备	（300）	17 700
建筑物	60 000	
减：累计折旧——建筑物	（250）	59 750
土地		20 000
合计		97 450
资产总额		$113 550
负债		
流动负债：		
应付账款		$ 200
应付水电费用		100
应付职工薪酬		1 200
应付利息		100
预收账款		400
合计		$ 2 000
非流动负债：		
应付票据		60 000
负债总额		62 000
股东权益		
普通股		48 000
留存收益		3 550
股东权益总额		51 550
负债和股东权益总额		$113 550

练习题 指出下列项目会出现在分类资产负债表中的哪项中？

1. 专利　　　　　　　　　2. 应付贷款（五年期）

3. 土地　　　　　　　　　4. 办公用品

5. 预付账款　　　　　　　6. 长期持有的其他公司股份

7. 累积折旧——设备

4.2　工作底稿对编制财务报表有何作用

在之前的学习中已经得知工作底稿可用于编制调整分录。现在将要学习工作底稿在编制财务报表时的作用。图 4-3 是 Smart Touch Learning 公司的完整工作底稿。第 3 章已经完成了该工作底稿的前四个部分，即第 A～I 列部分。现在即将完成其余部分，这些部分将有助于财务报表的编制。

账户名称	未调整试算平衡表 借	贷	调整分录 借	贷	调整后试算平衡表 借	贷	利润表（第5部分）借	贷	资产负债表（第6部分）借	贷
现金	$ 12 200				$ 12 200				$ 12 200	
应收账款	1 000		(h) $ 800		1 800				1 800	
办公用品	500			$ 400 (b)	100				100	
预付租金	3 000			1 000 (a)	2 000				2 000	
设备	18 000				18 000				18 000	
累计折旧——设备				300 (c)		$ 300				$ 300
建筑物	60 000				60 000				60 000	
累计折旧——建筑物				250 (d)		250				250
土地	20 000				20 000				20 000	
应付账款		$ 200				200				200
应付水电费用		100				100				100
应付职工薪酬				1 200 (f)		1 200				1 200
应付利息				100 (g)		100				100
预收账款		600	(e) 200			400				400
应付票据		60 000				60 000				60 000
普通股		48 000				48 000				48 000
股利	5 000				5 000				5 000	
劳务收入		16 500		1 000 (e,h)		17 500		$ 17 500		
租金费用	2 000		(a) 1 000		3 000		$ 3 000			
工资费用	3 600		(f) 1 200		4 800		4 800			
用品费用			(b) 400		400		400			
水电费用	100				100		100			
折旧费用——设备			(c) 300		300		300			
折旧费用——建筑物			(d) 250		250		250			
利息费用			(g) 100		100		100			
合计	$ 125 400	$ 125 400	$4 250	$4 250	$ 128 050	$ 128 050	$ 8 950	$ 17 500	$ 119 100	$ 110 550
净利润							8 550			8 550
合计							$ 17 500	$ 17 500	$ 119 100	$ 119 100

净利润 = $17 500 - $8 950

图 4-3　完整工作底稿

4.2.1　第 5 部分：利润表

利润表部分只包括收入和费用账户。将调整后试算平衡表中的收入和费用转入利润表部分相应的位置。例如，调整后试算平衡表中劳务收入账户贷记的 17 500 美元将转入利润表部分的贷记栏，然后对每列进行汇总。

4.2.2　第 6 部分：资产负债表

资产负债表部分包括资产和负债账户以及除收入和费用外的所有权益类账户。将这些账户在调整后试算平衡表中的余额转入资产负债表部分的相应位置。例如，调整后试算平衡表中累计折旧——设备的账户余额为贷方 300 美元，这一金额将记入资产负债表部分的贷记栏，然后对每列进行汇总。

4.2.3　第 7 部分：确定净利润或净亏损

收入总额减去费用总额等于净利润或净亏损（$17 500-$8 950）。将净利润（净亏损）这一平衡金额录入利润表和资产负债表部分。如果为净利润，则分别录入利润表部分的借方和资产负债表部分的贷方。例如，Smart Touch Learning 公司的净利润为 8 550 美元。该金额应该分别录入利润表部分的借方和资产负债表部分的贷方。

提问

如果 Smart Touch Learning 公司没有创造净利润而是发生净亏损，则应该如何记录？是将净亏损金额反映在利润表部分的借记栏和资产负债表部分的贷记栏吗？

如果费用大于收入，则会产生净亏损。这种情况下，在金额旁边印上净亏损字样。净亏损净额录入利润表部分的贷方（使得借贷平衡）和资产负债表的借方（使得借贷平衡）。这里重要的一点是，净利润和净亏损是工作底稿中的平衡金额，应该计入使得借贷平衡的一方。

Smart Touch Learning 公司已经完成了截至 12 月 31 日的工作底稿。记住，工作底稿是用于编制调整分录和财务报表的内部工具。调整分录必须记录并过账，同时财务报表也必须编制。

练习题　区分以下账户是在工作底稿的利润表部分还是资产负债表部分。假设均为正常余额，区分账户是录入借方还是贷方。

8. 劳务收入　　　　　　　　9. 应付账款
10. 现金　　　　　　　　　11. 折旧费用——建筑物
12. 股利　　　　　　　　　13. 累计折旧——建筑物

4.3　什么是结账，如何结账

在会计期末编制了财务报表后，Smart Touch Learning 公司即将结账。结账过程包括将结账分录计入日记账并过入分类账，进而准备好下一期间的账户。**结账过程**（closing process）将所有收入和费用账户清零以分别计量各期间内的净利润，还根据期间内的净利润或净亏损和股利调整留存收益账户余额。结账过程通过使收入、费用和股利账户归零，进而准备好下一期间的账户。企业通过结账将经营活动划分成较短的时间段，只编制这些特定期间内的财务报表，这就是会计期间概念。

回想一下，利润表反映特定期间的净利润。例如，截至 2014 年 12 月 31 日的两个月的净利润则只涉及 2014 年 11 月和 12 月。2014 年 12 月 31 日，Smart Touch Learning 公司结清了本年度最后两个月的收入和费用账户。因此收入和费用账户为**临时账户**（temporary account），也叫**名义账户**（nominal account）。例如，2014 年 12 月 31 日，Smart Touch Learning 公司的劳务收入账户余额为 17 500 美元。该余额只与 2014 最后两个月相关，必须在记录下一年度收入之前清零。同样，各费用账户余额也只与 2014 最后两个月相关，必须在年末清零。

股利计量单个期间内向股东支付的现金，因此也是临时账户，必须在期末结清。临时账户（收入、费用和股利）都要结清（清零）。临时账户的余额不能转入下一期间。企业开始新的会计期间时，临时账户期初余额为零。

而**永久性账户**（permanent account），也叫真实账户，则不在期末结清，如资产、负债、普通股和留存收益。永久性账户的余额转入下一期间。资产负债表中的账户均为永久性账户。

为了准备好下一期间的账簿，通过**结账分录**（closing entry）将收入、费用和股利转入留存收益账户。

作为中间步骤，收入和费用也可能会先转入**收益汇总**（income summary）账户。收益汇总账户通过汇总费用总额（借记）和收入总额（贷记）得出净利润（或净亏损）。收益汇总账户就像一个临时容器，反映了当期的净利润或净亏损。然后将账户余额（净利润或净亏损）转入留存收益（结账过程中的最终账户）。图 4-4 总结了结账过程。

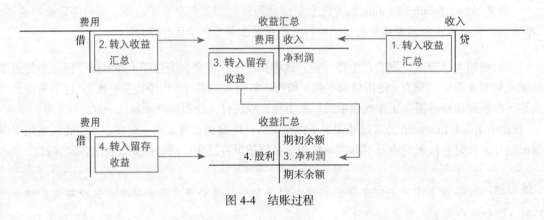

图 4-4 结账过程

小贴士 以这门课程的成绩为例，帮助理解哪些账户需要结清。如果考试不及格，你会想让这个成绩延续到下一门会计课程吗？回答很可能是否定的。因为这门课的成绩不一定代表下一门课程的学习情况。本例中，考试成绩是暂时的，不应该延续至下一门课程。同理，当前业绩并不能准确反映未来的情况，因此，企业某一期间的收入、费用和股利也不应该转入下一期间。

决策　　　　　　　　　　**企业为什么要结账**

Dream Builder 是一家主营住宅，定制改建房屋和修缮后院的公司。第一个营业年度刚刚结束，作为公司所有者和总经理，Shane Wilson 对第一年的业绩很满意。公司在开业百年便实现了盈利。Shane 刚刚与公司会计 Felicia Turner 开会，仔细检查了今年的账簿，为下一年度做好准备。Felicia 告诉 Shane 要在开始记录下一年度业务之前结清今年的账簿。Shane 非常困惑。他表示不能理解："我不打算结账，今年业绩很好。为什么要结账？" Felicia 应该如何回答呢？

解决方案

许多新企业都没有意识到必须在每年结账。Felicia 应该向 Shane 解释说，结账并不意味着公司要关门，结账只是结清刚刚结束的一年的账簿，准备好下一年的账簿。结账可以根据本年的净利润和股利更新留存收益。这样公司可以将净利润分配到某一特定期间（遵循会计期间概念），在开始新的一年时，所有临时账户（收入、费用和股利）余额为零。

4.3.1 结清临时账户：净利润

之前已经讲过，要在结账时结清所有临时账户。临时账户并不永久存在。只有资产负债表中的账户才是永久存在的。以下是结账的四个步骤（见图 4-5）。

第 1 步：通过收益汇总账户使收入账户归零。该结账分录将收入总额转入收益汇总账户的贷方。

例如，Smart Touch Learning 公司劳务收入有 17 500 美元的贷方余额。结清账户时，借记劳务收入，贷记收益汇总。

劳务收入			收益汇总	
	17 500　调整后余额			17 500　结账分录 1
结账分录 1　17 500				
	0　期末余额			

日期	账户和说明	借	贷	资产	负债 ＋ 权益↑↓
12 月 31 日	劳务收入	17 500		} = {	劳务收入↓
	收益汇总		17 500		收益汇总↑
	结清收入				

第 2 步：通过收益汇总账户使费用账户归零。该结账分录将费用总额转入收益汇总账户的借方。

例如，Smart Touch Learning 公司租金费用账户有 3 000 美元的借方余额，则贷记租金费用。

租金费用	
调整后余额　3 000	
	3000　结账分录 2
期末余额　0	

日期	账户和说明	借	贷	资产	负债 ＋ 权益↑↓
12 月 31 日	收益汇总	8 950		} = {	收益汇总↓
	租金费用		3 000		费用↓
	工资费用		4 800		
	用品费用		400		
	水电费用		100		
	折旧费用——设备		300		
	折旧费用——建筑物		250		
	利息费用		100		
	结清收入				

Smart Touch Learning 公司将以同样的方法结清所有费用账户，并且很可能用复合分录来结清。分别贷记各费用账户，并根据费用总额借记收益汇总。

收益汇总账户目前持有本期净利润 8 550 美元。以下是结清收入和费用后的收益汇总 T 形账户：

收益汇总			
结账分录 2　8 950		17 500	结账分录 1
		8 550	期末余额

第 3 步：使用留存收益将收益汇总账户结清。该结账分录将净利润转入留存收益。

Smart Touch Learning 公司的收益汇总的贷方余额为 8 550 美元，即本期净利润。净利润即将转入留存收益。借记收益汇总，贷记留存收益。注意，该结账分录实际上在留存收益中加上了本期净利润。

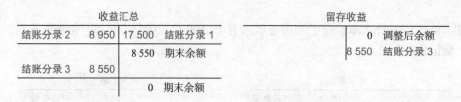

收益汇总			
结账分录2	8 950	17 500	结账分录1
		8 550	期末余额
结账分录3	8 550		
		0	期末余额

留存收益			
		0	调整后余额
		8 550	结账分录3

日期	账户和说明	借	贷	资产	=	负债	+	权益↑↓
12 月 31 日	收益汇总	8 550						收益汇总↓
	留存收益		8 550					留存收益↑
	结清收益汇总							

第 4 步：使用留存收益账户，使股利账户归零。该结账分录将股利转入留存收益的借方。
Smart Touch Learning 公司股利账户的借方余额为 5 000 美元。结清该账户时，借记留存收益，贷记股利。

收益汇总			
		0	调整后余额
结账分录4	5 000	8 550	结账分录3
		3 550	结账分录4

股利			
调整后余额	5 000		
		5 000	结账分录4
期末余额	0		

日期	账户和说明	借	贷	资产	=	负债	+	权益↑↓
12 月 31 日	留存收益	5 000						留存收益↓
	股利		5 000					股利↓
	结清股利							

4.3.2　结清临时账户：净损失

如果企业本期发生亏损，第 1、2、4 个结账分录与净利润的结账分录一样。但结清收益汇总账户时的分录有所不同。例如，假设某企业净亏损了 2 000 美元。收益汇总 T 形账户则会出现借方余额，而不是贷方余额。因此结清该账户时，借记留存收益，贷记收益汇总。

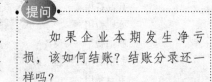

提问

如果企业本期发生净亏损，该如何结账？结账分录还一样吗？

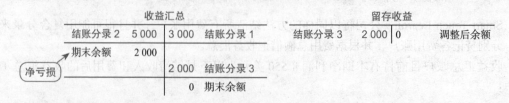

收益汇总			
结账分录2	5 000	3 000	结账分录1
期末余额	2 000		
		2 000	结账分录3
		0	期末余额

净亏损

留存收益			
结账分录3	2 000	0	调整后余额

日期	账户和说明	借	贷	资产	=	负债	+	权益↑↓
12 月 31 日	留存收益	2 000						留存收益↓
	收益汇总		2 000					收益汇总↑
	结清收益汇总							

注意，该结账分录会减少留存收益。这是因为净亏损会减少留存收益。

图 4-5 是 Smart Touch Learning 公司完整的结账过程。A 板块为结账分录，B 板块为过账后的账户。过账后，留存收益的账户余额为 3 550 美元。将该余额先追溯到图 4-2 的留存收益表中，再追溯到资产负债表中。

A 板块：编制结账分录

日期	账户和说明	借	贷
12 月 31 日	劳务收入	17 500	
	收益汇总		17 500
	结清收入		
12 月 31 日	收益汇总	8 950	
	租金费用		3 000
	工资费用		4 800
	用品费用		400
	水电费用		100
	折旧费用——设备		300
	折旧费用——建筑物		250
	利息费用		100
	结清费用		
12 月 31 日	收益汇总	8 550	
	留存收益		8 550
	结清收益汇总		
12 月 31 日	留存收益	5 000	
	股利		5 000
	结清股利		

🐷 小贴士

电算化会计系统会自动完成结账。该软件可以识别临时账户，编制结账分录并过入分类账，几秒就可以完成结账。

图 4-5　编制结账分录并过账

B 板块：过账

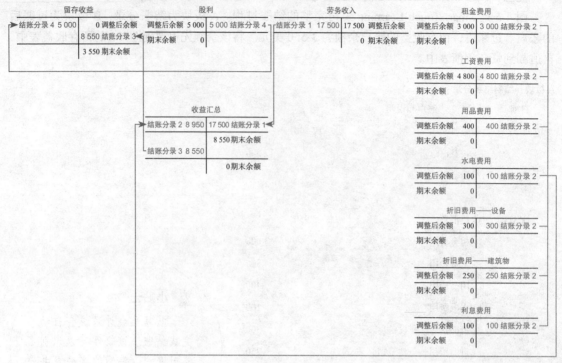

图 4-5 （续）

练习题 以下为本森汽车修理公司调整后的账户余额。假设所有账户均为正常余额（单位：美元）。

现金	4 000	普通股	20 000
应收账款	3 200	留存收益	15 700
预付租金	1 900	股利	2 100
办公用品	3 000	劳务收入	1 600
设备	34 800	折旧费用——设备	300
累计折旧——设备	1 600	工资费用	800
应付账款	5 400	租金费用	500
应付票据（长期）	7 000	水电费用	600
		用品费用	100

14. 编制 12 月 31 日的结账分录。

15. 结账后的留存收益余额为多少？（使用 T 形账户计算余额。）

4.4 如何编制结账后试算平衡表

记录并结转了结账分录后，将以**结账后试算平衡表**（post-closing trial balance）（见图 4-6）结束整个会计周期。该步骤列示所有账户及其结账后的余额。

结账后的试算平衡表只包括资产、普通股和留存收益账户（永久性账户），不包括临时账户——收入、费用、收益汇总和股利，因为这些账户已经结清（余额归零）。还注意到，调整了留存收益账户，这反映了本期净利润（或净亏损）和股利。此时的分类账也已经更新，为下一期间做好了准备。

调整后试算平衡表 2014 年 12 月 31 日		
账户名称	借 余额	贷
现金	$ 12 200	
应收账款	1 800	
办公用品	100	
预付租金	2 000	
设备	18 000	
累计折旧——设备		$ 300
建筑物	60 000	
累计折旧——建筑物		250
土地	20 000	
应付账款		200
应付水电费用		100
应付职工薪酬		1 200
应付利息		100
预收账款		400
应付票据		60 000
普通股		48 000
留存收益		3 550
合计	$114 100	$114 100

永久性账户

图 4-6　结账后试算平衡表

> 练习题　区分以下账户是否出现在结账后试算平衡表中，标明是或否。
>
> 16. 股利　　　　17. 劳务收入
> 18. 现金　　　　19. 广告费用
> 20. 留存收益

4.5 什么是会计循环

现在，Smart Touch Learning 公司的会计循环已经结束。**会计循环**（accounting cycle）是指截至企业生成特定期间财务报表的过程。生成财务报表后，开始下一会计循环。会计循环起始时，资产、负债和股东权益的期初余额为上一期间的期末余额。图 4-7 概述了 Smart Touch Learning 公司和所有其他企业的完整结账过程。从第 1 步起，按顺时针排序。

会计业务分为两个不同的时期：

- 期间内（第 1～3 步）——在日记账中记录业务并过账。
- 期末（第 4～10 步）——调整账户，编制财务报表，结账。

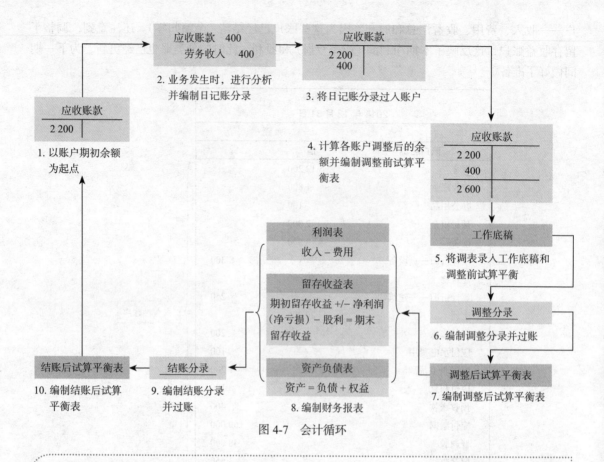

图 4-7　会计循环

练习题　以下是会计循环的步骤，对其排序。

a. 编制结账分录并过账

b. 以账户期初余额为起点

c. 编制财务报表

d. 计算未调整余额并编制未调整试算平衡表

e. 编制调整分录并过账

f. 将未调整试算平衡表录入工作底稿并完成工作底稿（部分）

g. 编制调整后试算平衡表

h. 业务发生时，对其进行分析并编制日记账分录

i. 将日记账分录过入分类账

j. 编制结账后试算平衡表

4.6　如何使用流动比率评估经营业绩

　　会计的目的是向企业股东、管理者和债权人提供决策所需的信息。银行在向企业提供贷款前必须预测企业的偿债能力。如果该企业已经债台高筑，那么与其将来不会欠太多钱相比，还款则更加不确定。本章将介绍其他可用于衡量企业财务状况的比率，即流动比率。

　　流动比率（current ratio）衡量企业使用其流动资产偿还流动负债的能力。计算公式如下：

$$流动比率 = 流动资产总额 \div 流动负债总额$$

企业都想要高的流动比率，因为流动比率高意味着有大量流动资产可用于偿还流动负债。流动比率上升表明公司偿还流动负债的能力得到了改善。流动比率降低则意味着公司偿还流动负债的能力发生了恶化。

经验法则是：最优流动比率为 1.50，即每 1 美元的流动负债有 1.50 美元的流动资产可用于偿还。流动比率为 1.00 时则偏低，有些冒险。

再次以绿山咖啡烘焙股份有限公司为例，评价其流动比率。以下是绿山公司的流动资产总额和流动负债总额，数据来自本书末尾附录 A 中的资产负债表。

	2011 年 9 月 24 日	2010 年 9 月 25 日
流动资产总额（单位：1 000 美元）	1 131 527	495 269
流动负债总额（单位：1 000 美元）	471 374	238 055

2011 年 9 月 24 日，绿山的流动比率如下所示：

$$流动比率 = \$1\ 131\ 527 \div \$471\ 374 = 2.40$$

2010 年 9 月 25 日，绿山的流动比率如下所示：

$$流动比率 = \$495\ 269 \div \$238\ 055 = 2.08$$

从 2010 年到 2011 年，流动比率小幅上升。这表明绿山偿还其流动负债的能力增强。既然两年的流动比率都高于 1.50，因此，与流动比率较低的公司相比，绿山的投资风险更小。

道德伦理

应该早点确认收入吗

Carnival Custom Painting 的财务主管，Kristi Seay，想到一家当地银行贷款。公司的货车发动机坏了，但没有多余的现金来更换发动机，所以需要获取短期贷款 3 000 美元。银行柜员告诉 Kristi，只有公司流动比率大于 1.2 时，银行才会批准贷款。Carnival 目前的流动比率为 1.1。公司刚刚签订了给一幢新商业建筑刷漆的合同。Kristi 告诉了银行柜员，这份合同的预期收入为 15 000 美元，但完工时才能收到款项。公司计划下周开工，但两周后并不能完工，因而不能及时收到款项用于更换货车发动机。银行柜员建议 Kristi 在完工前确认粉刷合同的劳务收入和收到的现金，他认为这样可以增加公司流动资产，进而使流动比率上升到 1.4，超过了银行的最低要求。Kristi 应该怎么做？你会怎么做？

解决方案

Kristi 不能提早确认收入和收到的现金。收入确认原则要求仅当实现收入时才可以确认收入。既然尚未开工，就没有实现收入。Kristi 应该寻找其他融资渠道，而不是试图操作流动比率以满足银行要求。Kristi 可以与客户再次协商，将完工后付款改为预先付款。这样，Kristi 就可以及时修理货车，而无须向银行贷款了。

练习题 本森汽车修理公司 2015 年 12 月 31 日的试算平衡表中包括以下账户余额。计算公司流动比率。

（单位：美元）

现金	4 000	普通股	20 000
应收账款	3 200	留存收益	15 700

（续）

预付租金	1 900	股利	2 100
办公用品	3 000	劳务收入	1 600
设备	34 800	折旧费用——设备	300
累计折旧——设备	1 600	工资费用	800
应付账款	5 400	租金费用	500
应付票据（长期）	7 000	水电费用	600
		用品费用	100

附录 4A　回转分录：可选步骤

 ## 4.7　什么是回转分录

回转分录是一种特殊的日记账分录，它减轻了以后期间的业务计量负担。回转分录是特定调整分录的反向分录。回转分录对应的是预提类调整分录，如预提工资费用和应计劳务收入。GAAP 并未对回转分录做任何要求，仅出于便捷省时的目的使用回转分录。

4.7.1　预提费用的会计处理

再次以 Smart Touch Learning 公司为例，来学习如何使用回转分录。在未调整试算平衡表中，工资费用的借方余额为 3 600 美元，为 11 月和 12 月期间支付的工资。12 月 31 日，公司仍尚未支付最后半个月的工资 1 200 美元，因此，编制以下调整分录：

日期	账户和说明	借	贷	资产	负债↑	+	权益↓
12 月 31 日	工资费用	1 200			应付职工薪酬↑		收益汇总↑
	应付职工薪酬		1 200				
	预提工资费用						

过账后，账户金额更新到 12 月 31 日：

应付职工薪酬			工资费用		
	1 200　调整金额		11 月 15 日	1 200	
	1 200　调整后余额		12 月 1 日	1 200	
			12 月 15 日	1 200	
			调整金额	1 200	
			调整后余额	4 800	

编制调整分录后，注意到以下两点：

- 利润表中反映的工资费用为 4 800 美元。
- 资产负债表中反映的应付职工薪酬为 1 200 美元。

2014 年 12 月 31 日，结清工资费用账户 4 800 美元的借方余额，结账分录如下：

日期	账户和说明	借	贷	资产	负债	+	权益 ↑↓
12 月 31 日	收益汇总	4 800					收益汇总 ↓
	工资费用		4 800				工资费用 ↓
	结清费用						

结转了结账分录后，工资费用账户余额为零，如下所示：

	工资费用		
11 月 15 日	1 200		
12 月 1 日	1 200		
12 月 15 日	1 200		
调整金额	1 200		
调整后余额	4 800		
		4 800	结清金额
期末余额	0		

4.7.2　没有回转分录的处理方法

假设 2015 年 1 月 15 日，Smart Touch Learning 公司一起支付了 1 月前半个月的工资和 12 月后半月的工资。当日编制以下日记账分录：

日期	账户和说明	借	贷	资产 ↓	负债 ↓	+	权益 ↓
2015 年				现金 ↓	应付职工		工资费用 ↑
1 月 15 日	应付职工薪酬	1 200			薪酬 ↓		
	工资费用	1 200					
	现金		2 400				
	记录支出的工资						

过账后，应付职工薪酬和工资费用账户如下所示：

	应付职工薪酬				工资费用	
		1 200	2015 年 1 月 1 日余额	1 月 15 日	1 200	
1 月 15 日	1 200					
		0	期末余额			

虽然使用这种方法记录现金支出是正确的，但却比较浪费时间，因为必须回顾 12 月 31 日的调整分录。否则，无法得知应付职工薪酬的借记金额（本例为 1 200 美元）。查阅 12 月 31 日的调整分录费时又耗资。为了节省时间，可以使用回转分录。

4.7.3　使用回转分录的处理方法

回转分录（reversing entry）转换前期调整分录的借贷双方，进而与之前调整分录正好相反。回转分录的日期为新的会计期间的第一天。

举例说明，12 月 31 日，Smart Touch Learning 公司编制以下调整分录预提了工资费用：

日期	账户和说明	借	贷	资产	负债 ↑	+	权益 ↓
12 月 31 日	工资费用	1 200			应付职工		工资费用 ↑
	应付职工薪酬		1 200		薪酬 ↑		
	预提工资费用						

回转分录正好颠倒了调整分录的借贷双方：

日期	账户和说明	借	贷
2015 年			
1 月 15 日	应付职工薪酬	1 200	
	工资费用		1 200
	回转工资费用调整分录		

资产 = { 负债↓ 应付职工薪酬↓ + 权益↑ 收益汇总 工资费用↓ }

回转分录的日期为新的会计期间的第一天，与调整分录正好相反。通常编制调整分录的会计人员也会同时编制回转分录。Smart Touch Learning 公司在 1 月 1 日编制回转分录，因此该分录只影响新的会计期间。将回转分录过入分类账后，账户如下所示：

应付职工薪酬

		1 200	调整金额
		1 200	2015 年 1 月 1 日余额
回转金额	1 200		
		0	期末余额

工资费用

2015 年 1 月 1 日余额 0		
	1 200	回转金额

T 形账户之间的箭头表明，将应付职工薪酬中的 1 200 美元转入了工资费用。这里贷记工资费用并不意味着产生了负的工资费用。这里出现的工资费用贷方余额只是回转分录产生的临时结果。1 月 15 日，Smart Touch Learning 公司支付了工资并借记工资费用时，贷方余额就会消除：

日期	账户和说明	借	贷
1 月 15 日	工资费用	2 400	
	现金		2 400
	记录支付的工资		

资产↓ 现金↓ = { 负债 + 权益↓ 工资费用↑ }

如下将这笔支出过入工资费用账户：

工资费用

2015 年 1 月 1 日余额 0			
1 月 15 日	2 400	1 200	回转金额
期末余额	1 200		

现在工资费用账户的借方余额为 1 200 美元，为正确余额，只代表 1 月的工资。实际支付了两个期间的工资：上一期间 1 200 美元和本期 1 200 美元。工资费用账户只包括本期金额。

> **练习题** 冬日绿化公司 12 月 31 日预提了 4 000 美元的工资费用。在 1 月 10 日支付了 6 000 美元的工资，其中包括 12 月 31 日的预提金额加上 1 月前 10 日的工资费用。
>
> 23. 编制预提工资费用的调整分录。
>
> 24. 编制回转分录。
>
> 25. 记录现金支出的日记账分录。

知识回顾

☞ 重要知识点

1 **如何编制财务报表？**
- 根据调整后试算平衡表按以下顺序编制财务报表：
（1）利润表——反映收入和费用，计算本期净利润或净亏损。
（2）留存收益表——反映期间内净利润或净亏损以及股利引起的留存收益的变动情况。
（3）资产负债表——反映特定日期的资产、负债和股东权益。
- 分类资产负债表将各项资产和负债划分为具体的类别。

2 **工作底稿对编制财务报表有何作用？**
- 工作底稿各栏扩展后可用于编制财务报表。
- 利润表部分只包括收入和费用账户。
- 资产负债表部分包括资产和负债账户以及除收入和费用以外的权益账户。

3 **什么是结账？如何结账？**
- 结账包括将所有临时账户清零（收入、费用、收益汇总和股利）以为下一期间做好准备。
- 结账还会根据本期净利润或净亏损和股利调整留存收益账户余额。
- 结账分为四个步骤：
（1）通过收益汇总账户结清收入账户。
（2）通过收益汇总账户结清费用账户。
（3）通过留存收益账户结清收益汇总账户。
（4）通过留存收益将结清股利账户。

4 **如何编制结账后试算平衡表？**
- 在编制完结账分录并过账后，编制结账后试算平衡表。
- 只包括资产、负债、普通股和留存收益账户（永久性账户）。

5 **什么是会计循环？**
- 会计循环指截至企业生成特定期间财务报表的过程。
（1）以账户期初余额为起点。
（2）业务发生时进行分析并编制日记账分录。
（3）将日记账分录过入账户。
（4）计算各账户未调整余额并编制未调整试算平衡表。
（5）将未调整试算平衡表录入工作底稿并完成工作底稿（部分）。
（6）编制调整分录并过账。
（7）编制调整后试算平衡表。
（8）编制财务报表。
（9）编制结账分录并过账。
（10）编制过账后试算平衡表。

6 **如何使用流动比率评估经营业绩？**
- 流动比率衡量企业使用其流动资产偿还流动负债的能力。
- 流动比率 = 流动资产总额 ÷ 流动负债总额

7 **什么是回转分录？**
- 回转分录是一种特殊的日记账分录，它减轻了以后期间的业务计量负担。

- 回转分录是特定调整分录的反向分录。仅用于调整分录。

☞汇总习题

以下是 Martinez 广告公司 2016 年 12 月 31 日的调整后试算平衡表：

广告公司调整后试算平衡表
2016 年 12 月 31 日

账户名称	余额	
	借	贷
现金	$ 6 000	
应收账款	6 300	
办公用品	200	
设备	8 000	
累计折旧——设备		$ 6 000
建筑物	42 000	
累计折旧——建筑物		24 000
土地	10 000	
应付账款		2 000
应付职工薪酬		500
预收账款		5 000
应付票据（长期）		7 000
普通股		12 000
股利	25 000	
劳务收入		64 300
工资费用	16 500	
用品费用	800	
折旧费用——设备	2 000	
折旧费用——建筑物	1 000	
广告费用	3 000	
合计	$ 120 800	$ 120 800

要求： ①编制截至 2016 年 12 月 31 日的一年利润表。②编制截至 2016 年 12 月 31 日的一年的留存收益表。③编制 2016 年 12 月 31 日的分类资产负债表，使用报告式。④计算 2016 年 12 月 31 日的流动比率。⑤编制结账分录并过账。指出过完结账分录后的留存收益账户余额。⑥编制 2016 年 12 月 31 日的过账后试算平衡表。

☞答案

- **要求①**

Martinez 广告公司
利润表
截至 2016 年 12 月 31 日的一年

收入：		
劳务收入		$ 64 300
费用：		
工资费用	$ 16 500	
广告费用	3 000	
折旧费用——设备	2 000	

（续）

折旧费用——建筑物	1 000	
用品费用	8 00	
费用合计		23 300
净利润		$41 000

● **要求②**

Martinez 广告公司
留存收益表
截至 2016 年 12 月 31 日的一年

留存收益，2016 年 1 月 1 日		$　　　0
本年净利润		41 000
		41 000
股利		（25 000）
留存收益，2016 年 12 月 31 日		$16 000

● **要求③**

Martinez 广告公司
资产负债表
2016 年 12 月 31 日

资产

流动资产：		
现金	$ 6 000	
应收账款	6 300	
办公用品	200	
流动资产总额		$ 12 500
固定资产：		
设备	$ 8 000	
减：累计折旧——设备	（6 000）	2 000
建筑物	42 000	
减：累计折旧——建筑物	（24 000）	18 000
土地	10 000	
固定资产总额		30 000
资产总额		$ 42 500

负债

流动负债：		
应付账款	$ 2 000	
应付职工薪酬	500	
预收账款	5 000	
流动负债总额		$ 7 500
长期负债：		
应付票据		7 000
负债总额		14 500

股东权益

普通股	12 000	
留存收益	16 000	
股东权益总额		28 000
负债和股东权益总额		$ 42 500

- **要求④**

  流动比率＝流动资产总额 ÷ 流动负债总额＝$12 500 ÷ $7 500＝1.67*

  * 已四舍五入。

- **要求⑤**

日期	账户和说明	借	贷
12 月 31 日	劳务收入	64 300	
	收益汇总		64 300
	结清收入		
12 月 31 日	收益汇总	23 300	
	工资费用		16 500
	用品费用		800
	折旧费用——设备		2 000
	折旧费用——建筑物		1 000
	广告费用		3 000
	结清费用		
12 月 31 日	收益汇总	41 000	
	留存收益		41 000
	结清收益汇总		
12 月 31 日	留存收益	25 000	
	股利		25 000
	结清股利		

留存收益			
	0	调整后余额	
12 月 31 日 25 000	41 000	12 月 31 日	
	16 000	余额	

股利			
调整后余额 25 000	25 000	12 月 31 日	
余额 0			

劳务收入			
12 月 31 日 64 300	64 300	调整后余额	
	0	余额	

工资费用			
调整后余额 16 500	16 500	12 月 31 日	
余额 0			

用品费用			
调整后余额 800	800	12 月 31 日	
余额 0			

折旧费用——设备			
调整后余额 2 000	2 000	12 月 31 日	
余额 0			

折旧费用——建筑物			
调整后余额 1 000	1 000	12 月 31 日	
余额 0			

广告费用			
调整后余额 3 000	3 000	12 月 31 日	
余额 0			

收益汇总			
12 月 31 日 23 300	64 300	12 月 31 日	
	41 000	余额	
12 月 31 日 41 000			
	0	余额	

- **要求⑥**

Martinez 广告公司
结账后试算平衡表
2016 年 12 月 31 日

账户名称	余额	
	借	贷
现金	$6 000	
应收账款	6 300	

（续）

账户名称	余额	
	借	贷
办公用品	200	
设备	8 000	
累计折旧——设备		$ 6 000
建筑物	42 000	
累计折旧——建筑物		24 000
土地	10 000	
应付账款		2 000
应付职工薪酬		500
预收账款		5 000
应付票据（长期）		7 000
普通股		12 000
留存收益		16 000
合计	$ 72 500	$ 72 500

☞关键术语

accounting cycle　会计循环　截至企业生成特定期间财务报表的整个过程。

classified balance sheet　分类资产负债表　将各项资产和负债进行归类。

closing entries　结账分录　将收入、费用和股利的账户余额转入留存收益，为下一期间的会计账簿做好准备。

closing process　结账过程　会计周期中的一个步骤，在期末进行。包括记录并结转结账分录，将收入、费用、收益汇总和股利的账户余额清零，为下一期间做好准备。

current asset　流动资产　会在未来 12 个月内转变成现金，出售或耗用的资产，如果经营周期超过一年则在该经营周期内转变成现金，出售或耗用。

current liability　流动负债　必须在一年内用现金、商品或服务进行偿还的负债，如果经营周期超过一年则在该经营周期内偿还。

current ratio　流动比率　衡量企业使用其流动资产偿还流动负债的能力，流动资产总额÷流动负债总额。

income summary　收益汇总　在留存收益之前先将收入、费用和股利转入的临时账户，汇总本期净利润（或净亏损）。

intangible asset　无形资产　因承载特殊权利而具有价值，但不具有实物形态的资产。

liquidity　流动性　一项资产转化成现金的速度。

long-term asset　长期资产　不能在经营周期或一年（两者中较长的时间段）内转变成现金的资产。

long-term investment　长期投资　是一种长期资产，包括打算长期（超过一年）持有的债券投资或股票投资。

long-term liability　长期负债　无须在一年或一个经营周期（两者中较长的时间段）内偿还的负债。

operating cycle　经营周期　是指支出现金购买商品或服务，并将其销售给顾客且收到顾客款项的时间跨度。

permanent account　永久性账户　不在期末结清的账户，如资产、负债、普通股和留存收益。

plant asset　固定资产　在经营活动中长期使用的有形资产，如土地、建筑物、设备。

post-closing trial balance　结账后试算平衡表　列示所有账户及其结账后的期末余额，只包括永久性账户。

reversing entry　回转分录　是一种特殊的日记账分录，减轻了下一期间的业务计量负担，与之前的调整分录正好相反。

temporary account　临时账户　只与特定会计期间相关并且在期末结清的账户，如收入、费用、收益汇总和股利。

快速测验

1　资产和负债在资产负债表中按什么顺序排列？

　　a. 购买日期　　　　　　　　　b. 调整金额　　　　　　　c. 流动性　　　　d. 余额

2　以下哪个账户属于分类资产负债表中的固定资产？

　　a. 用于投资目的的土地　　　b. 累计折旧　　　　　　　c. 办公用品　　　　d. 应付抵押款

3　哪种情况表明工作底稿的利润表部分出现了净亏损？

　　a. 贷方总额大于借方总额　　　　　　　　　　　b. 借方总额大于贷方总额

　　c. 借贷总额相等　　　　　　　　　　　　　　　d. 以上三项都不是

4　以下哪个账户不用结清？

　　a. 折旧费用　　　　　　　　　b. 股利　　　　　　　　　c. 劳务收入　　　　d. 累计折旧

5　结账分录要完成什么？

　　a. 将收入、费用和股利清零　　　　　　　　　b. 将收入、费用和股利转入留存收益账户。

　　c. 得出正确的留存收益账户期末余额　　　　　d. 以上三项都是

6　以下哪项不是结账分录？

a.				b.			
	留存权益	×××			劳务收入	×××	
	股利		×××		收益汇总		×××

c.				d.			
	应付职工薪酬	×××			收益汇总	×××	
	收益汇总		×××		租金费用		×××

7　以下哪个账户可能出现在结账后试算平衡表中？

　　a. 现金、应付职工薪酬和留存收益　　　　　　b. 现金、应付职工薪酬和劳务收入

　　c. 现金、劳务收入和工资费用　　　　　　　　d. 现金、应付职工薪酬和工资费用

8　以下会计循环的哪步不在期末完成？

　　a. 业务发生时编制日记账分录　　　　　　　　b. 编制结账分录并过账。

　　c. 编制结账后试算平衡表　　　　　　　　　　d. 编制财务报表

9　Clean Water Softener System 有现金 600 美元，应收账款 900 美元，办公用品 400 美元。有应付账款 500 美元，应付职工薪酬 200 美元。公司的流动比率为：

　　a. 2.71　　　　　　　　　b. 2.50　　　　　　　　c. 0.63　　　　d. 0.37

10　以下关于回转分录的描述哪项正确？

　　a. GAAP 要求编制回转分录　　　　　　　　　b. 回转分录通常与预提类调整分录一起使用

　　c. 回转分录的日期为 12 月 31 日　　　　　　　d. 回转分录在调整分录之前编制

进步评估

复习题

1　根据什么编制财务报表？

2　利润表反映什么?

3　留存收益表反映什么?

4　资产负债表反映什么?

5　为什么要按特定顺序编制财务报表? 按什么顺序?

6　什么是分类资产负债表?

7　区分分类资产负债表中的两种资产, 分别举例说明。

8　区分分类资产负债表中的两种负债, 分别举例说明。

9　流动性意味着什么?

10　工作底稿对编制财务报表有何作用?

11　如果公司本年发生亏损, 在工作底稿哪里反映?

12　什么是结账分录?

13　什么是临时账户? 结账时要结清临时账户吗?

14　什么是永久性账户? 结账时要结清永久性账户吗?

15　如何使用收益汇总账户? 该账户是临时账户还是永久性账户?

16　结账有哪些步骤?

17　如果公司本年发生亏损, 如何编制结清收益汇总并将净亏损转入留存收益的结账分录?

18　结账后试算平衡表中包括哪类账户?

19　列出会计循环的步骤。

20　什么是流动比率? 如何计算?

21　什么是回转分录? GAAP 对其有要求吗?

☞ 简单练习

S4-1　编制利润表。

以下是 Dave 理发店调整后的试算平衡表, 编制公司截至 2015 年 12 月 31 日的一年的利润表。

账户名称	借	贷
Dave 理发店 **调整后试算平衡表** **2015 年 12 月 31 日**		
	余额	
现金	$ 800	
应收账款	500	
办公用品	900	
设备	19 100	
累计折旧——设备		$ 1 000
应付账款		200
应付利息		100
应付票据		2 500
普通股		10 500
股利	800	
劳务收入		14 800
租金费用	4 500	
用品费用	300	
折旧费用——设备	1 000	
利息费用	1 200	
合计	$ 29 100	$ 29 100

S4-2 编制留存收益表。

参考 S4-1 的数据，编制公司截至 2015 年 12 月 31 日的一年的留存收益表。

S4-3 编制资产负债表（非分类，账户式）。

参考 S4-1 的数据，编制公司截至 2015 年 12 月 31 日的资产负债表，使用账户式。

S4-4 资产负债表账户分类。

区分以下各账户出现在分类资产负债表的哪部分。

a. 办公用品；b. 应付利息；c. 留存收益；d. 版权；e. 土地；f. 累计折旧——设备；g. 土地（持有作长期投资）；h. 预收账款；i. 应付票据（6 年后到期）。

S4-5 使用工作底稿编制财务报表。

回答以问题：

要求： ①留存收益账户的正常余额类型是什么？借还是贷？②哪种利润表账户的正常余额类型与留存收益相同？③哪种利润表账户的正常余额类型与留存收益相反？④工作底稿利润表部分的借贷差额叫做什么？

S4-6 使用工作底稿确定净利润。

以下是 Robson 律师事务所的一部分工作底稿，补足未知信息。

	A	J	K	L	M
5		利润表		资产负债表	
6		借	贷	借	贷
32	总额	(a)	$ 20 450	$ 205 400	$ 200 175
33	净利 (b)	5 225			(c)
34	总额	(d)	$ 20 450	(e)	(f)
35					

S4-7 使用工作底稿确定净亏损。

以下是 Ace Adjusters 的一部分工作底稿，补足未知信息。

	A	J	K	L	M
5		利润表		资产负债表	
6		借	贷	借	贷
32	总额	$ 20 600	(a)	(b)	$ 60 100
33	净利 (c)		4 200	(d)	
34	总额	(e)	(f)	(g)	$ 60 100
35					

S4-8 编制结账分录。

Brett Tilman 公司的调整后试算平衡表中包括以下账户和账户正常余额：劳务收入，20 600 美元；工资费用，7 200 美元；租金费用，4 500 美元；广告费用，3 400 美元；股利，3 800 美元。

为公司编制结账分录。

S4-9 将结账分录过入 T 形账户。

以下余额出现在 Sarah Simon 公司的账簿中：留存收益，26 100 美元；股利 8 500 美元；劳务收入，23 700 美元；公司费用，6 100 美元；租金费用，4 000 美元；广告费用，3 300 美元。所有账户均有正常余额。

要求： ①开立各账户的 T 形账户，并录入已知调整后余额。②将结账分录过入账户，标为 Clos。③计算留存收益期末余额。

S4-10 区分结账后试算平衡表中的账户。

区分以下账户是否出现在结账后试算平衡表中。

a. 办公用品；b. 利息费用；c. 留存收益；d. 股利；e. 劳务收入；f. 累计折旧——设备；g. 租金费用；h. 预收账款；i. 应付账款。

S4-11　区分会计循环的各个步骤。

回顾会计循环的步骤并回答以下问题：

1. 第一步是什么？

2. 有哪些步骤是可选的吗？

3. 哪些步骤是在整个期间内完成的？

4. 哪些步骤仅在期末完成？

5. 最后一步是什么？

S4-12　计算流动比率。

以下是 Heart of Texas Telecom 2014 年 12 月 31 日的账户余额（单位：美元）：

应付票据（长期）	7 800	应付账款	3 700
预付租金	2 300	应收账款	5 700
应付职工薪酬	3 000	现金	3 500
劳务收入	10 400	折旧费用——设备	1 000
办公用品	500	设备	15 000
累计折旧——设备	2 000	普通股	3 100
广告费用	800	租金费用	1 200

要求： ①计算 Heart of Texas Telecom 的流动比率。②公司每 1 美元的流动负债对应有多少流动资产可用于偿还？

S4-13　编制回转分录。

12 月 31 日，Adoption Associates 预提了 6 000 美元的劳务收入。在 1 月 15 日收到 10 500 美元，其中包括 12 月 31 日预提的收入。

要求： ①编制调整分录预提劳务收入。②编制回转分录。③编制现金收入日记账分录。

☞ **习题**

E4-14　编制财务报表。

以下是在线广告服务公司的调整后试算平衡表。

在线广告服务公司
调整后试算平衡表
2016 年 12 月 31 日

账户名称	借	贷
	余额	
现金	$ 13 500	
应收账款	13 800	
办公用品	7 700	
设备	17 500	
累计折旧——设备		$ 13 500
建筑物	47 500	
累计折旧——建筑物		38 500
土地	17 500	
应付账款		9 500
应付职工薪酬		8 000
预收账款		12 500
普通股		29 500
留存收益		30 000

（续）

账户名称	余额	
	借	贷
股利	15 500	
劳务收入		37 900
工资费用	24 000	
用品费用	8 300	
折旧费用——设备	1 500	
折旧费用——建筑物	2 100	
利息费用	10 500	
合计	$ 179 400	$ 179 400

要求： ①编制截至 2016 年 12 月 31 日的一年的利润表。②编制截至 2016 年 12 月 31 日的一年的留存收益表。③编制 2016 年 12 月 31 日的非分类资产负债表。使用账户式。

E4-15　区分资产负债表账户。

区分以下各账户出现在分类资产负债表的哪部分。类型包括：流动资产、长期投资、固定资产、无形资产、流动负债、长期负债和股东权益。如果不属于分类资产负债表账户，则标为 X。

a. 土地（经营所用）；b. 累计折旧——设备；c. 普通股；d. 劳务收入；e. 星巴克投资（长期持有）；f. 应收账款；g. 设备；h. 建筑物；i. 应付票据（10 年后到期）；j. 预收账款；k. 现金；l. 应付账款；m. 预付租金；n. 股利；o. 土地（用于投资）；p. 折旧费用。

E4-16　编制分类资产负债表并计算流动比率。

以下是 Brian O'Brion 舞蹈工作室的调整后试算平衡表：

Brian O'Brion 舞蹈工作室
调整后试算平衡表
2014 年 8 月 31 日

账户名称	余额	
	借	贷
现金	$ 15 800	
办公用品	2 000	
预付租金	900	
设备	49 000	
累计折旧——设备		$ 5 500
应付账款		4 500
应付职工薪酬		500
预收账款		5 100
应付票据（长期）		4 400
普通股		16 500
留存收益		20 000
股利	1 100	
劳务收入		18 100
工资费用	3 000	
租金费用	1 500	
折旧费用——设备	300	
用品费用	400	
水电费用	600	
合计	$ 74 600	$ 74 600

要求：①编制工作室 2014 年 8 月 31 日的分类资产负债表，使用报告式，并计算期末留存收益。②计算工作室 2014 年 8 月 31 日的流动比率。一年前的流动比率为 1.49。指出工作室偿还流动负债的能力是得到改善、变差还是保持不变。

E4-17 编制工作底稿。

以下是 Telegraphic Link 11 月 30 日的试算平衡表：

调整后试算平衡表
2014 年 11 月 30 日

账户名称	借	贷
	余额	
现金	$ 4 000	
应付账款	3 200	
预付租金	1 900	
办公用品	3 000	
设备	34 800	
累计折旧——设备		$ 1 600
应付账款		5 400
应付职工薪酬		
普通股		35 700
股利	2 100	
劳务收入		8 600
折旧费用——设备		
工资费用	1 700	
租金费用		
水电费用	600	
用品费用		
合计	$ 51 300	$ 51 300

2014 年 11 月 30 日的额外信息：

a. 预提劳务收入 600 美元。

b. 折旧 300 美元。

c. 预提工资费用 800 美元。

d. 预付租金费用到期 500 美元。

e. 耗用办公用品 100 美元。

要求：①完成 Telegraphic Link 截至 2014 年 11 月 30 日的一月的工作底稿。②11 月净利润为多少？

注意： E4-18 必须在完成 E4-17 后作答。

E4-18 根据完整工作底稿编制财务报表。

根据 E4-17 的答案编制 Telegraphic Link 的财务报表。

要求：①编制截至 2014 年 11 月 30 日的一个月的利润表。②编制截至 2014 年 11 月 30 日的一个月的留存收益表，假设期初留存收益为 0 美元。③编制 2014 年 11 月 30 日的非分类资产负债表，使用账户式。

E4-19 根据调整后试算平衡表编制结账分录。

以下是 Silver Sign 公司的调整后试算平衡表：

Silver Sign 公司 调整后试算平衡表 2014 年 1 月 31 日		
	余额	
账户名称	借	贷
现金	$ 14 300	
办公用品	2 400	
预付租金	1 400	
设备	45 000	
累计折旧——设备		$ 6 100
应付账款		4 500
应付职工薪酬		300
预收账款		4 500
应付票据（长期）		5 300
普通股		32 600
股利	800	
劳务收入		16 800
工资费用	3 600	
租金费用	1 400	
折旧费用——设备	400	
用品费用	200	
水电费用	600	
合计	$ 70 100	$ 70 100

要求：①假设 1 月 31 日为公司会计年末。编制公司 1 月 31 日的结账分录。②截至 1 月 31 日的一年公司净利润或净亏损为多少？如何计算得来？

E4-20 根据 T 形账户编制结账分录

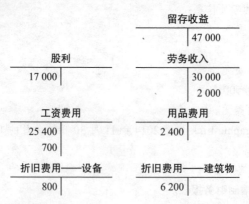

要求：①编制 Klein 摄影公司 2014 年 12 月 31 日的结账分录。②得出公司 2014 年 12 月 31 日的留存收益余额。

E4-21 确定结账分录对留存收益的影响。

Ewan 保险代理公司年初留存收益为 25 000 美元。本年实现了 40 000 美元的劳务收入，发生了 21 000 美元的费用，向股东发放了 8 000 美元的股利。过完结账分录后，留存收益为多少？

E4-22 编制工作底稿和结账分录。

以下是 Cynthia Ebersole 会计事务所的部分工作底稿：

	A	B	C	D	E	F	G	H	I	J	K	L	M
1						Syntia Ebersole 会计事务所							
2						工作底稿							
3						2014 年 12 月 31 日							
4													
5	账户名称	未调整试算平衡表			调整分录			调整后试算平衡表		利润表		资产负债表	
6		借	贷		借	贷		借	贷	借	贷	借	贷
7	现金	$ 45 200						$ 45 200					
8	应收账款	8 430		(h)	$ 4 030			12 460					
9	办公用品	600				$ 100	(b)	500					
10	预付租金	5 000				2 500	(a)	2 500					
11	设备	25 000						25 000					
12	累计折旧——设备					1 500	(c)		$ 1 500				
13	建筑物	100 000						100 000					
14	累计折旧——建筑物					750	(d)		750				
15	土地	10 000						10 000					
16	应付账款		$ 3 400						3 400				
17	应付水电费用		430						430				
18	应付职工薪酬					4 300	(f)		4 300				
19	应付利息					200	(g)		200				
20	预收账款		1 500	(e)	600				900				
21	应付票据		20 000						20 000				
22	普通股		120 000						120 000				
23	留存收益		54 900						54 900				
24	股利	30 000						30 000					
25	劳务收入		105 000			4 630	(e,h)		109 630				
26	租金费用	40 000		(a)	2 500			42 500					
27	工资费用	23 000		(f)	4 300			27 300					
28	用品费用			(b)	100			100					
29	水电费用	18 000						18 000					
30	折旧费用——设备			(c)	1 500			1 500					
31	折旧费用——建筑物			(d)	750			750					
32	利息费用			(g)	200			200					
33	合计	$ 305 230	$ 305 230		$ 13 980	$ 13 980		$ 316 010	$ 316 010				
34													
35													
36													

要求：①完成该工作底稿。②编制结账分录。

E4-23　根据调整后试算平衡表编制结账分录；编制结账后试算平衡表；计算流动比率。

以下是 Mel's 保龄球馆 2014 年 12 月 31 日的调整后试算平衡表。

Mel's 保龄球馆		
调整后试算平衡表		
2014 年 12 月 31 日		
	余额	
账户名称	借	贷
现金	$ 15 400	
应收账款	2 310	
办公用品	450	
预付保险	2 300	
设备	40 000	
累计折旧——设备		$ 12 000
建筑物	75 000	
累计折旧——建筑物		4 500
土地	15 000	
应付账款		3 400
应付水电费用		620
应付职工薪酬		2 840
预收账款		1 300
普通股		100 000
留存收益		30 325

（续）

	余额	
账户名称	借	贷
股利	28 000	
劳务收入		94 000
保险费用	20 000	
工资费用	36 000	
用品费用	800	
水电费用	12 000	
折旧费用——设备	1 500	
折旧费用——建筑物	225	
合计	$ 248 985	$ 248 985

要求：①编制结账分录。②编制结账后试算平衡表。③计算流动比率。

E4-24 编制工作底稿、结账分录和结账后试算平衡表。

San Marcos 兽医院 2014 年 12 月 31 日编制了以下工作底稿。

	A	B	C	D	E	F	G	H	I	J	K	L	M
1					San Marcos 兽医院								
2					工作底稿								
3					2014 年 12 月 31 日								
4													
5	账户名称	未调整试算平衡表			调整分录			调整后试算平衡表		利润表		资产负债表	
6		借	贷		借	贷		借	贷	借	贷	借	贷
7	现金	$ 23 100						$ 23 100					
8	应收账款	6 210		(f)	$ 1 000			7 210					
9	办公用品	200				$ 150	(b)	50					
10	预付租金	2 300				750	(a)	1 550					
11	设备	30 000						30 000					
12	累计折旧——设备					900	(c)		$ 900				
13	应付账款		$ 2 500						2 500				
14	应付水电费用		210						210				
15	应付职工薪酬					1 375	(e)		1 375				
16	预收账款		3 750	(d)	2 250				1 500				
17	普通股		30 000						30 000				
18	留存收益		42 350						42 350				
19	股利	15 000						15 000					
20	劳务收入		32 000			3 250	(d,f)		35 250				
21	租金费用	12 000		(a)	750			12 750					
22	工资费用	15 000		(e)	1 375			16 375					
23	用品费用			(b)	150			150					
24	水电费用	7 000						7 000					
25	折旧费用——设备			(c)	900			900					
26	合计	$ 110 810	$ 110 810		$ 6 425	$ 6 425		$ 114 085	$ 114 085				
27													

要求：①完成以上工作底稿。②编制结账分录。③编制结账后试算平衡表。

E4-25 编制回转分录。

Femi 建筑事务所 12 月 31 日记录了以下调整分录：

a. 应计劳务收入 1 000 美元。b. 已实现预收账款 300 美元。c. 办公用品存货 600 美元。办公用品账户余额 800 美元。d. 应付员工工资 400 美元。e. 一个月的预付租金到期，2 000 美元。f. 设备折旧 1 000 美元。

编制所需回转分录。

E4-26 编制回转分录

房屋评估公司 2014 年 12 月 31 日有以下未调整账户余额：应付职工薪酬，0 美元；工资费用，1 000 美元。2014 年年底和 2015 年年初发生了以下业务：

2014 年	
12 月 31 日	12 月 31 日预提工资费用 3 000 美元
12 月 31 日	结清工资费用账户
2015 年	
1 月 1 日	回转应计工资（仅要求③）
1 月 4 日	支付 4 500 美元工资。包括应付职工薪酬和 1 月的 1 500 美元工资

要求：①根据 2014 年 12 月 31 日的未调整余额开立应付职工薪酬和工资费用的 T 形账户。②编制日记账分录，假设公司未使用回转分录。1 月 1 日不编制回转分录。过账。③根据 2014 年 12 月 31 日的未调整余额开立应付职工薪酬和工资费用的 T 形账户。编制日记账分录，假设公司使用回转分录。切记在 1 月 1 日编制回转分录。过账。与要求②中的余额进行比较。

☞后续问题

该题延续第 3 章问题 P3-45 中的 Davis 咨询公司的情况。

P4-39　使用工作底稿完成会计循环中调整后试算平衡表到结账后试算平衡表的过程。

已知过账后的 T 形账户和 12 月 31 日编制的调整后试算平衡表。

要求：①完成 12 月 31 日的工作底稿（部分）。②编制截至 12 月 31 日的一个月的利润表。③编制截至 12 月 31 日的一个月的留存收益表。④编制 12 月 31 日的分类资产负债表。⑥编制结账后试算平衡表。

☞套题

P4-40　使用工作底稿完成会计周期中调整后试算平衡表到结账后试算平衡表的过程。

参考第 2 章和第 3 章的套题数据。

要求：①编制工作底稿（部分）。②编制利润表、留存收益表和报告式分类资产负债表。假设应付票据为长期持有。③编制本月结账分录并过账。④编制结账后试算平衡表。

批判性思考

☞决策案例

一年前，Ralph Collins 创办了 Collins 承销公司，公司发展很好。Collins 来向你寻求建议。他想知道公司去年的净利润为多少。会计记录有 T 形账户分类账，编制该账的会计已经离职。以下是 2014 年 12 月 31 日的账户情况：

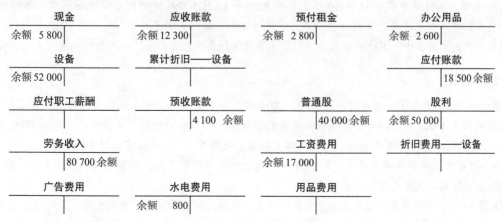

Collins 表示年底顾客欠公司 1 000 美元的应计劳务收入，公司预期在明年收回。这些收入尚未确认。本年公司预收到 4 100 美元的劳务收入，但仅实现了 800 美元。本年公司产生了 2 400 美元的广告费用，尚未支付。此外，公司耗用了 2 100 美元的办公用品，并确定本年折旧为 7 000 美元。2014 年 12 月 31 日公司欠员工 1 200 美元的应付工资。

为了获得贷款扩大经营，Collins 必须向银行展示公司的股东权益比最初的 40 000 美元有所增加。增加了吗？你们约定一周后再见面。

要求： ①编制财务报表以助于解决 Collins 关心的第一个问题。②Collins 有望获得贷款吗？解释原因。

☞道德问题

Grant 影视公司想要扩大经营，已筹得 100 000 美元贷款。作为贷款条件，银行要求公司的流动比率不得低于 1.50。

公司业绩还可以但也没多好。扩张成本导致公司流动比率在 12 月 15 日下降至 1.4。公司所有人 Rita Grant 在想，如果她将这一流动比率报告给银行会有什么后果。一种方法是在 12 月提前确认将于明年 1 月实现的 10 000 美元的收入。劳务合同已签。

要求： ①编制收入业务日记账，说明在 12 月确认该项收入会对流动比率产生什么影响。②讨论在 12 月确认该项收入是否符合职业道德。指出与这一情况相符的会计原则，并解释原因。

☞舞弊案例

Arthur Chen 刚成为一名注册会计师，正在审计中西部一家叫 Parson 农产品的客户公司，这是他的第二份审计工作。他查看了公司过去四年的财务报表，计算了一些比率，结果发现了一些异常现象。尽管 2012 年有创造利润，但流动比率从 2011 年的 1.9 降到了 0.3。他决定抽样检查一下 2012 年 12 月的业务。结果发现公司的许多客户都因质量不达标退回了产品。同时公司结清了相关应收账款（例如，贷记应收账款），但借记了储备粮食账户，该账户是一项比较模糊的长期资产，这样就可以维持盈利状态。

要求： ①以上会计舞弊行为会对流动比率产生什么影响？②你能说出任何公司这样做的原因吗？

☞财务报表案例

以星巴克的资产负债表为例，熟悉该公司的资产和负债。登录 www.pearsonhighered.com/Horngren 查看星巴克 2011 年的年报。根据公司资产负债表回答以下问题：

要求： ①星巴克使用的是哪种资产负债表？②说出 2011 年 10 月 2 日公司最大的流动资产和最大的流动负债。③计算公司 2011 年 10 月 2 日和 2010 年 10 月 3 日的流动比率。流动比率是得到改善、变差还是保持不变？④星巴克将办公设备、固定装置和设备归为哪类账户？⑤公司 2011 年 10 月 2 日的固定资产成本为多少？累计折旧为多少？固定资产的账面价值为多少？相关数据见附注 6。

☞小组讨论

Kathy Wintz 成立了一家草坪服务公司。2014 年 5 月 1 日开始营业，她以公司名义开立了银行账户，并存入了 1 000 美元，其中包括 600 美元的银行贷款和 400 美元的自有资金。公司向 Wintz 发行了普通股。Wintz 租来了草坪设备，购买了相关物资，还雇用了一名学生来为顾客修剪草坪。

Wintz 每月底向顾客寄送账单。8 月 31 日，她已经打算解散公司，回到学校。由于太忙，除了支票簿和应收账款列表她只留有少量记录。

8 月 31 日，公司支票簿显示余额为 2 000 美元，顾客欠款 750 美元。整个暑期，公司共收到 5 500

美元。支票簿显示购买物资共支出 400 美元，购买汽油、除草线和其他物资共计 50 美元。向员工发放工资 1 800 美元，仍欠员工 300 美元工资。

Wintz 向 Ludwig 机械店租的设备。5 月 1 日，公司签署了 6 个月的割草机租赁合同并预付了整个租赁期 600 美元的租金。如果设备完好无损，Ludwig 机械店将退回预付款中未使用的部分。为了获得退款，Wintz 一直妥善保管割草机。事实上，公司必须支付 300 美元来修理一台割草机。

Wintz 用一辆 300 美元购得的拖车将工人和设备送达工作场所。公司估计整个暑期耗用了拖车 1/3 的使用价值。工资账簿列示支出了 500 美元现金股利。公司在 8 月偿还了贷款。（出于简化考虑，不考虑利息费用。）

要求：①以小组为单位编制公司 2014 年 5 月 1 日~8 月 31 日 4 个月的利润表、留存收益表。②编制公司 2014 年 8 月 31 日的分类资产负债表。③Wintz 的暑期工作成功吗？给出小组的解释。

☞ 交流活动

用 150 字以内解释结清临时账户的原理。

☞ 1~4 章的综合习题 1

Matthews 货运公司在 2014 年 12 月完成了以下业务：

12 月 1 日	公司收到 Robert Matthews 提供的 6 000 美元现金和公允价值为 20 000 美元的一辆卡车，开始营业公司向 Robert Matthews 发行了普通股
1 日	支付了 6 个月的保险费用，600 美元，从 12 月 1 日起算
4 日	支出 300 美元购买办公用品
12 日	提供货运服务收到 800 美元
15 日	完成一笔大宗业务，要价 1 500 美元，顾客承诺一周内付全款
18 日	发放 700 美元的员工工资
20 日	提供货运服务收到 1 200 美元
22 日	预收到 600 美元的货运收入
25 日	收回 1 500 美元的应收款项
27 日	购买卡车燃油，用公司信用卡支付了 200 美元（贷记应付账款）
28 日	赊账提供货运服务，应收 900 美元
29 日	支付 12 月办公租金 600 美元
30 日	偿还 200 美元的应付款项
31 日	向股东发放 2 100 美元的现金股利

要求：①在日记账中记录以上业务。无须摘要。②根据以下科目表将以上业务过入 T 形账户。

现金	留存收益
应收账款	股利
办公用品	收益汇总
预付保险	劳务收入
卡车	工资费用
累计折旧——卡车	折旧费用——卡车
应付账款	保险费用
应付职工薪酬	燃油费用
预收账款	租金费用
普通股	用品费用

③编制截至 2014 年 12 月 31 日的未调整试算平衡表。④编制截至 2014 年 12 月 31 日的工作底稿

（部分）。⑤根据以下数据编制调整分录并过账。

调整分录数据：

a. 预提工资费用 700 美元；b. 使用直线法对卡车计提折旧，假设其使用年限为 5 年，残值为 5 000 美元；c. 本月预付保险费用到期；d. 存办公用品 200 美元；e. 本月实现预收账款 500 美元；f. 应计劳务收入 450 美元。

⑥编制 2014 年 12 月 31 日的调整后试算平衡表。⑦编制截至 2014 年 12 月 31 日的一个月的利润表、留存收益表和当日的分类资产负债表。利润表中，费用按金额抵减顺序排列，即大的在前，小的在后。⑧编制结账分录并过账。⑨编制 2014 年 12 月 31 日的结账后试算平衡表。

☞第 1～4 章的综合习题 2

本题延续综合习题 1。Matthews 货运公司完成了 2014 年的结账分录和会计周期。现准备开始记录 2015 年 1 月的业务。

1 月 3 日	收回顾客 900 美元的应收款
5 日	赊账购买 400 美元的办公用品
12 日	提供货运服务收到 1 000 美元
15 日	发放工资，其中包括 12 月 31 日确认的 1 500 美元的应付工资
18 日	赊账提供货运服务，应收 750 美元
20 日	偿还应付账款 300 美元
24 日	购买卡车燃油，支出 150 美元
27 日	实现剩余预收账款
28 日	支付 1 月办公租金 600 美元
30 日	预收到 1 200 美元的劳务收入
31 日	向股东发放 1 000 美元的现金股利

要求：①在日记账中记录以上业务。无须摘要。②将以上业务过入 T 形账户。使用 2014 年 12 月 31 日的期末余额。③编制截至 2015 年 1 月 31 日的未调整试算平衡表。④编制截至 2015 年 1 月 31 日的工作底稿（部分）。⑤根据以下数据编制调整分录并过账。

调整分录数据：

a. 办公用品存货 80 美元。

b. 应计劳务收入 1 000 美元。

c. 预提工资费用 850 美元。

d. 本月预付保险费用到期。

e. 确认本月卡车折旧费用。

⑥编制 2015 年 1 月 31 日的调整后试算平衡表。⑦编制截至 2014 年 12 月 31 日的一个月的利润表、留存收益表和当日的分类资产负债表。利润表中，费用按金额抵减顺序排列，即大的在前，小的在后。⑧计算 2015 年 1 月 31 日的以下财务比率：资产报酬率、负债比率、流动比率。

☞练习题答案

1　无形资产

2　长期负债

3　固定资产

4　流动资产

5　流动负债

6　长期投资

7　固定资产

8　利润表，贷

9　资产负债表，贷

10　资产负债表，借

11　利润表，借

12　资产负债表，借

13　资产负债表，贷

14

日期	账户和说明	借	贷
12 月 31 日	劳务收入	1 600	
	收益汇总		1 600
	结清收入		
12 月 31 日	收益汇总	2 300	
	折旧费用——设备		300
	工资费用		800
	租金费用		500
	水电费用		600
	用品费		100
	结清费用		
12 月 31 日	留存收益	700	
	收益汇总		700
	结清收益汇总		
12 月 31 日	留存收益	2 100	
	股利		2 100
	结清股利		

15

留存收益

		15 700	调整后余额
结账分录 3	700		
结账分录 4	2 100		
		12 900	期末余额

16　否

17　否

18　是

19　否

20　是

21　b, h, I, d, f, e, g, c, a, j

22

$$流动比率 = 流动资产总额 \div 流动负债总额$$
$$= (\$4\,000 + \$3\,200 + \$1\,900 + \$3\,000) \div \$5\,400$$
$$= \$12\,100 \div \$5\,400 = 2.24 \ (已四舍五入)$$

23

日期	账户和说明	借	贷
12 月 31 日	工资费用	4 000	
	应付职工薪酬		4 000
	预提工资费用		

24

日期	账户和说明	借	贷
1 月 1 日	应付职工薪酬	4 000	
	工资费用		4 000
	回转工资费用调整分录		

25

日期	账户和说明	借	贷
1 月 10 日	工资费用	6 000	
	现金		6 000
	记录支付的工资		

☞快速测验答案

1. c　　2. b　　3. b　　4. d　　5. d　　6. c　　7. a　　8. a　　9. a　　10. b

第 5 章

商业企业

顾客会购买吗

Julie 是一家全国性质的高端百货商店的零售采购员，负责选购即将在全美店铺进行销售的商品。她不仅必须准确把握最新时装设计和季节变动，还必须了解顾客的需求。Julie 喜欢出席各种时装秀和时尚趋势推介展览，但她清楚这更多的是一种责任，而不是简单地选购最新春装。

Julie 知道，她在打量这些模特以及决定是否将这些商品作为百货店的春季系列时必须考虑到百货店的毛利润。她要确保顾客会购买她选购的这些商品以及对这些商品有效定价以获得最大利润。此外，她还必须确保这些商品能达到百货店的销售目标以及最终财务目标。长远来看，Julie 要全权负责所售商品的各个方面。她必须掌握商品在财务报表中如何反映，如何记录，以及如何计算公司毛利润（初始成本和零售价的差额）。Julie 的购买决策和专业水准会对公司利润产生重大影响。她的定价决策会最终影响公司净利润，甚至是公司盈亏与否的关键所在。

企业如何计量商品存货

本章将开始对商品销售企业（商业企业）进行探讨。尽管已经学习了许多服务企业适用的会计原则，但商业企业有一些特有的计量特点。例如，梅西百货（Macy's Inc）是闻名全国的头号零售商，在美国 45 个州拥有共逾 800 家百货商店和家居馆。该公司一定有准确记录商品购销的方法。此外，梅西百货需要确定其商品售价是否最优，以确保利润最大化。本章探讨商业企业以及商业企业如何计量商品存货。

🦅 章节纲要

什么是商业企业？

永续盘存制下如何记录商品存货的采购？

永续盘存制下如何记录商品存货的销售？

商业企业的调整分录和结账分录是什么？

如何编制商业企业的财务报表？

如何根据毛利率评估经营业绩？

定期盘存制下如何记录商品存货相关业务（见附录 5A）？

📖 **学习目标**

1. 描述商业企业和两种存货盘存制度。
2. 使用永续盘存制计量商品存货的采购。
3. 使用永续盘存制计量商品存货的销售。
4. 对商业企业账户进行调整并结账。
5. 编制商业企业财务报表。
6. 使用毛利率评估经营业绩。
7. 使用定期盘存制计量商品存货的购销（见附录 5A）。

5.1 什么是商业企业

前 4 章已经学习了如何计量 Smart Touch Learning 公司的经济业务，Smart Touch Learning 公司是一家在线学习公司，专营会计学、经济学、营销学和管理学的在线课程。本章将学习商业企业的业务计量。**商业企业**（merchandiser）指向顾客销售商品的企业。企业销售的商品叫作**商品存货**（merchandise inventory）。商业企业通常分为批发商和零售商。**批发商**（wholesaler）指向制造商购买商品然后销售给零售商的商业企业。**零售商**（retailer）指向制造商或批发商购买商品，然后销售给消费者的商业企业。

5.1.1 商业企业的经营周期

以下是商业企业的经营周期（见图 5-1）：

（1）以企业向个体或其他企业（**供货商**（vendor））购买存货为起点。

（2）随后，企业将存货销售给顾客。

（3）最后，企业收到顾客款项。

由于商业企业的经营周期与服务企业不同。图 5-2 反映了服务企业财务报表（左表）与商业企业财务报表（右表）的区别。如图 5-2 所示，商业企业有一些新的资产负债表项目和利润表项目。

商业企业利润表中反映已售商品存货成本，也叫**主营业务成本**（cost of good sold，COGS）。主营业务成本也叫销售成本。因为主营业务成本一般是商业企业的主要费用，用于计算毛利润。在计算净利润之前先计算毛利润。

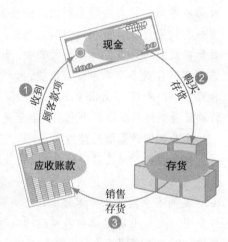

图 5-1　商业企业的经营周期

毛利润（gross profit，也叫边际贡献）等于销售净收入减主营业务成本，即商品存货标价的涨幅。毛利润是企业收到的顾客款项超出其支付给供货商的款项的部分金额。得出毛利润后，再减去营业费用计算净利润。**营业费用**（operating expense）指公司主要业务中发生的费用（除了主营业务成本）。

商业企业资产负债表的流动资产中包括商品存货，即企业持有的将要销售给顾客的存货价值。既然各项流动资产按照流动性排列；因此，商品存货一般排在应收账款之后，预付资产之前。

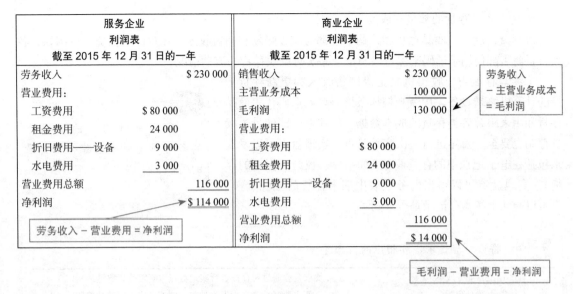

图 5-2　服务企业和商业企业的财务报表

5.1.2　存货盘存制度：永续盘存制和定期盘存制

企业必须确定所持有和已售的商品存货的价值。有两种主要的存货盘存制度：

- 定期盘存制
- 永续盘存制

定期盘存制（periodic inventory system）要求企业通过对存货进行实地盘点以确定持有数量，一般用于相对廉价的商品，如一个没有光学扫描收银机的本地杂货店不可能对出售的每一块面包和每个钥匙链进行动态跟踪记录。饭店和小型零售商店通常使用定期盘存制。附录 5A 将讲述定期盘存制，因为多数会计业务使用计算机完成，这种盘存制度已经越来越少见。

永续盘存制（perpetual inventory system）则对商品存货保持动态电子记录，即存货数量和金额保持不断更新。这种盘存制度能更好地控制存货。现代永续盘存制记录以下内容：

- 购进数量和成本金额
- 售出数量和销售收入金额

- 持有商品存货的数量和成本

永续盘存制下，商品存货和采购系统都与应收账款和销售收入的账户记录相统一。例如，各大百货商店都使用条形码来保持最新记录并实时反映存货的流动情况。

永续盘存制下，收银机是记录销售收入和更新存货记录的计算机终端设备。用激光扫描条形码。条形码代表商品存货和用来跟踪各类存货的成本数据。但注意，即使是永续盘存制也要至少每年进行一次实地盘点。实地盘点可以发现未包括在电子记录中的存货业务（如错放、被窃或损坏的存货）。实地盘点可以得出财务报表中期末存货的准确金额，也可以验证永续盘存记录是否准确。

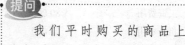

提问

我们平时购买的商品上的条形码是用来追踪存货记录的吗？

练习题 将以下会计术语和相应的概念连线。

1. 主营业务成本	a. 要求企业通过对存货进行实地盘点以确定持有数量
2. 永续盘存制	b. 企业主要经营活动中发生的除主营业务成本以外的费用
3. 供货商	c. 销售净收入减去主营业务成本的余额
4. 定期盘存制	d. 企业已销售的商品存货的成本
5. 营业费用	e. 向企业提供商品的个人或企业
6. 毛利润	f. 对商品存货保持动态电子记录的存货盘存制度

5.2 永续盘存制下如何记录商品存货的采购

商业企业的经营周期以购进商品存货为起点。继续以 Smart Touch Learning 公司为例，Smart Touch Learning 公司决定终止服务业务，开始销售装有其在线学习软件程序的触屏平板电脑。Smart Touch Learning 公司将向购货商购买平板电脑。

供货商 Southwest Electronics Direct 将平板电脑装运至 Smart Touch Learning 公司并于当日提供了发票。**发票**（invoice）是卖方（Southwest Electronics Direct）向买方（Smart Touch Learning 公司）开出的付款要求。发票也叫账单。图 5-3 是 Smart Touch Learning 公司收到的来自 Southwest Electronics Direct 的账单。收到商品后，Smart Touch Learning 公司将向供货商支付款项。

5.2.1 商品采购

以图 5-3 中的真实发票为例说明采购过程。假设 Smart Touch Learning 公司于 2015 年 6 月 3 日收到商品并完成支付（因此不考虑发票上的信用条款）。Smart Touch Learning 公司做以下记录：

日期	账户和说明	借	贷	资产↑↓	=	负债	+	权益
6月3日	商品存货	35 000		商品存货↑				
	现金		35 000	现金↓				
	现金购买存货							

> **小贴士** 商品存货是资产账户，只记录企业持有并计划销售的已购商品。办公用品、设备、和其他资产计入各自对应的账户。

假设 6 月 3 日，Smart Touch Learning 公司收到商品，但没有支付款项。如下记录赊账购货：

日期	账户和说明	借	贷	资产↑		负债↑	+	权益
6月3日	商品存货	35 000		商品存货↑	=	应付账款↑		
	应付账款		35 000					
	赊账购买存货							

1

Southwest Electronics Direct
邮政信箱 101010
得克萨斯休斯敦 77212

2

送货至：Smart Touch Learning
　　　雷克街 227
　　　伊利诺州波普顿普莱恩斯 07444

发票	
日期	编号
3 6/1/15	410

6 付款日期 6/15/15

4

信用条款				
3/15，n/30				
商品信息		送货数量	单价	总额
触屏平板电脑		100	$350	$35 000
		合计		$35 000
		运费		—
		税费		—
		合计		$35 000

到期日 & 应付金额	
06/16/15	07/01/15
$33 950	$35 000

7

5

备注：

1 卖方为 Southwest Electronics Direct

2 买方为 Smart Touch Learning

3 发票日期用于确定买方是否因提前付款获得折扣

4 信用条款：如果买方在 15 天内付款可以少付 3%，否则必须在 30 天内支付全款

5 发票总额为 35 000 美元

6 买方的付款日期。支付金额为多少？（见下一条 7）

7 买方在开出发票后的第 14 天付款，在折扣期内，则支付 33 950 美元（$35 000-3% 的折扣）

图 5-3　购货发票

5.2.2　购货折扣

许多企业会为了鼓励买方尽早付款而提供折扣，这叫作**购货折扣**（purchase discount）。Southwest Electronics Direct 的**信用条款**（credit terms）为，3/15，30 日净额，即如果 Smart Touch Learning 公司能在 15 日内付款，则可以少付账单总额（不包含运费）的 3%。否则就要支付全款（即净额），30 日内到期。该信用条款也可以表示为 3/15，n/30。

n/30 表示 30 日内付款不享受任何折扣。大多数信用条款都包括折扣、折扣期限和最终期限。有时信用条款会用 EOM 表示，这表示付款期限为本月末。

如果 Smart Touch Learning 在 2015 年 6 月 15 日付款，则在折扣期限内，收款分录如下所示（单位：美元）：

日期	账户和说明	借	贷	资产↓		负债↓	+	权益
6月15日	应付账款	35 000		现金↓	=	应付账款↓		
	现金		33 950	商品存货↓				
	商品存货		1 050					
	在折扣期内付款							

> 🏷️ **小贴士** 在折扣期限内付款时，借记应付账款账单总额；否则，即使付完全款后，应付账款账户还会有余额。

因为提早付款带来的折扣会减少商品存货的实际支付成本，因此将购货折扣贷记入商品存货账户，以下为 T 形账户：

商品存货				应付账款			
6 月 3 日	35 000	1 050	6 月 15 日	6 月 15 日	35 000	35 000	6 月 3 日
期末余额	33 950			期末余额	0		

注意，商品存货的账户余额为 33 950 美元，是 2015 年 6 月 15 日实际支付商品款项。同时应付账款账户表明已支付发票全款。

道德伦理 Anthony Jackson 是一家大型百货公司的采购员，该公司决定开始销售季节性家居装饰品。Anthony 负责挑选新品供货商。采购经理向他提供了两位候选供货商。一位是 Abbey's 批发，与百货公司有长期合作关系，能够及时提供高质量的产品。另一位是 Zeta 批发，是一家新公司，业务记录不多，是一家刚成立的家居装饰品批发商。Anthony 与两家供货商均进行了接触，开会讨论了新品和信用条款问题。开会前一天，Anthony 收到两张 Abbey's 批发给的橄榄球赛的门票，用以感谢 Anthony 和他们长期以来的合作。Anthony 该怎么办？

解决方案

Anthony 应该联系采购经理，并向其解释这一情况。Anthony 接受球票的话，很可能在不知情的情况下违背了公司的道德规范。大多数企业都制定有存货管理和采购的道德规范，具体讨论利益冲突。当出于个人经济利益（如接受供货商的礼物或款待）而选择某供货商时就会产生利益冲突。在接受球票之前，Anthony 应该和经理仔细讨论这一情况。

如果 Smart Touch Learning 公司在 2015 年 6 月 24 日付款，那么超出折扣期限了吗？Smart Touch Learning 公司必须支付全款 35 000 美元。这种情况下，付款分录如下所示：

> 💬 **提问**
>
> 如果买方不在折扣期内付款呢？

日期	账户和说明	借	贷
6 月 24 日	应付账款	35 000	
	现金		35 000
	折扣期后付款		

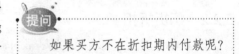

资产↓ 现金↓ ＝ 负债↓ 应付账款↓ ＋ 权益

5.2.3 购货退回和折让

卖方允许买方退回有瑕疵、受损或者不合适的商品。从买方角度来看这叫作**购货退回**（purchase return）。或者，卖方可从买方应付款总额中扣除折让部分。**购货折让**（purchase allowances）是对买方保留可退回商品的奖励。总的来看，购货退回和折让会降低买方的购货成本。

假设 Smart Touch Learning 公司尚未支付 6 月 1 日的账单，同时假设发票中的 20 台平板电脑在运输途中受损。6 月 4 日，Smart Touch Learning 公司退回了价值 7 000 美元的商品（本例中即平板电脑），并如下记录购货退回：

日期	账户和说明	借	贷	资产↓		负债↓	+	权益
6月4日	应付账款	7 000		商品存货↓	}{	应付账款↓		
	商品存货（＝20 台 × \$350）		7 000					
	向卖方退回商品							

用同样的分录记录卖方给予买方的购货折让。购货退回和购货折让的唯一区别是，折让的情况下，Smart Touch Learning 保留商品。

有时企业会在付款前退回商品或接受折让。在这种情况下，如果在折扣内付款，则根据扣除退回后的金额计算折扣。例如，假设 6 月 10 日，Smart Touch Learning 公司向 Southwest Electronics Direct 赊账购买了 15 台平板电脑，总价值 5 250 美元，信用条款为 3/15，n/30。5 天后，Smart Touch Learning 公司退回了 5 台受损平板电脑，获得购货退回 1 750 美元。当 Smart Touch Learning 公司在 6 月 20 日（折扣期内）付款时，会根据总额扣除退回金额后的余额，即 3 500（＝5 250-1 750）美元计算折扣。Smart Touch Learning 公司的购货折扣为 105（＝3 500×0.03）美元。这笔业务的会计分录如下所示：

日期	账户和说明	借	贷	资产↑		负债↑	+	权益
6月10日	商品存货	5 250		商品存货↑	}{	应付账款↑		
	应付账款		5 250					
	赊账购买存货							
				资产↓		负债↓	+	权益
6月15日	应付账款	1 750		商品存货↓	}{	应付账款↓		
	商品存货		1 750					
	向卖方退回商品							
				资产↓		负债↓	+	权益
6月20日	应付账款（＝\$5 250-\$1 750）	3 500		现金↓	}{	应付账款↓		
	现金（= \$3 500-\$105）		3 395	商品存货↓				
	商品存货（= \$3 500 × 0.03）		105					
	在折扣期内付款							

决策 D&B 杂货店最近赊账采购了大量商品，信用条款为 5/10，n/30。D&B 杂货店没有足够的现金流，无法在折扣期内付款，但可以在发票期限内付款。为了获得 5% 的折扣，杂货店想进行贷款。D&B 杂货店应该贷款争取折扣吗？

解决方案

只有在贷款利息低于折扣金额时，D&B 杂货店才可以贷款。如果最终支付的利息超过所获折扣，那就没必要通过贷款提前完成支付。

5.2.4 运输成本

商品的运输成本必须由买方或者卖方支付。购买协议中会说明 FOB 条款，具体规定货物所有权何时转移至买方以及哪方支付运费。图 5-4 反映了以下内容：

- **装运点交货**（FOB shipping point）指货物离开卖方所在地（装运点）之后所有权转移至买方。大多数情况下，买方（在途货物的所有者）支付运费。

- **目的地交货**（FOB destination）指货物到达目的地时所有权转移至买方。大多数情况下，卖方（在途货物的所有者）支付运费。
- 运费要么是运入费用，要么是运出费用。
- **运入费用**（freight in）是指将货物运至买方仓库的费用，因此为进货运费。
- **运出费用**（freight out）是指将货物运出卖方仓库并送至顾客的费用，因此为销货运费。

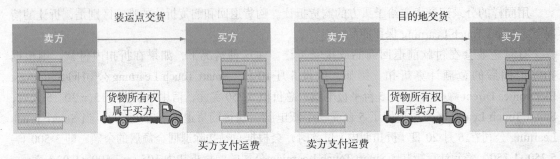

图 5-4　FOB 条款确定由哪方支付运费

1. 进货费用

装运点交货时，在途货物为买方所有，所以买方支付运费。因为运费是获得商品所必须支付的款项，所以进货运费也是商品成本的一部分。因此，将运费借记入商品存货。假设 6 月 3 日，Smart Touch Learning 公司支付了 60 美元的运费，并编制以下分录：

日期	账户和说明	借	贷		资产↑		负债	+	权益
6 月 3 日	商品存货	60			商品存货↑	=			
	现金		60		现金↓				
	支付进货运费								

2. 折扣期内的进货运费

折扣只根据商品价格计算，不包括运费，因为运费没有折扣。

转运地交货时，为了方便起见，卖方有时会预付运费，并将这部分费用列入发票。例如，假设 6 月 20 日，Smart Touch Learning 赊账购买了价值 5 000 美元的货物，运费 400 美元，信用条款为 3/5，n/30。卖方预付了运费，则会计分录如下：

日期	账户和说明	借	贷		资产↑		负债↑	+	权益
6 月 20 日	商品存货（= 5 000 + 400）	5 400			商品存货↑	=	应付账款↑		
	应付账款		5 400						
	赊账购买存货，包含运费								

如果 Smart Touch Learning 公司在折扣期内付款，会按照商品成本 5 000 美元计算折扣，而不是发票总额 5 400 美元。400 美元的运费不符合折扣条件。因此，3% 的折扣金额为 150（= 5 000 × 0.03）美元。下面是 6 月 25 日付款的会计分录：

日期	账户和说明	借	贷		资产↓		负债↓	+	权益
6 月 25 日	应付账款	5 400			现金↓	=	应付账款↓		
	现金（= 5 400 − 150）		5 250		商品存货↓				
	商品存货（= 5 000 × 0.03）		150						
	在折扣期内付款和运费								

5.2.5　商品成本

已购商品成本净额等于购货成本减购货退回和折让和购货折扣，再加上进货运费。知道了商品成本净额就可以确定已购商品的实际成本，计算公式如下：

商品成本净额 = 购货成本 - 购货退回和折让 - 购货折扣 + 运费

假设本年 Smart Touch Learning 公司购买了价值 281 750 美元的存货，退回了价值 61 250 美元的货物，并获得 4 410 美元的折扣。公司还支付了 14 700 美元的进货运费。下面汇总了 Smart Touch Learning 公司购买的这笔商品的成本净额。

购货成本	$ 281 750
减：购货退回和折让	61 250
购货折扣	4 410
加：进货运费	14 700
购货成本净额	$ 230 790

练习题　Click 电脑公司 7 月发生了以下商品存货采购业务：

1 月 1 日	赊购了 20 500 美元的电脑，信用条款为 2/10，n/30
1 月 3 日	向供货商退回了 4 000 美元的电脑
1 月 9 日	支付欠款

编制以上采购业务的日记账。

5.3　永续盘存制下如何记录商品存货的销售

购买存货之后，下一步就是销售。现在以卖方的角度分析 Smart Touch Learning 公司的一系列销售业务。

5.3.1　商品销售

如 Smart Touch Learning 公司这样的零售商的销售收入一般为现金。假设 2015 年 6 月 19 日，Smart Touch Learning 公司现销了两台平板电脑，并开具了销售发票，如图 5-5 所示。于卖方而言，销售发票是反映顾客所需付款金额的账单。

企业销售商品获得的收入叫作**销售收入**（sales revenue）。永续盘存制下，发生销售业务时必须记录两笔分录：一笔记录销售收入和现金（或应收账款），另一笔记录主营业务成本（借记费用）同时减少商品存货（贷记资产）。记住，主营业务成本为费用账户，代表已售存货的成本。

记录 Smart Touch Learning 公司的销售业务时需要记录两笔日记账分录。首先通过借记现金贷记销售收入记录 1 000 美元的现销收入。其次记录费用并减少商品存货余额。假设已售存货的成本为 700 美元。第二笔分录则将这 700 美元从商品存货转入主营业务成本，如下页所示：

永续盘存制下，主营业务成本反映了本期已售商品存货成本余额。本例的主营业务成本是 700 美元（Smart Touch Learning 公司的存货成本），不是 1 000 美元（商品的零售价格）。主营业务成本是企业的成本，而不是零售价。

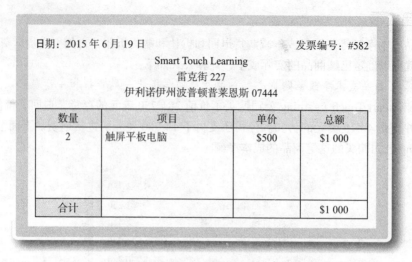

图 5-5　销售发票

	日期	账户和说明	借	贷
记录销售收入	6 月 19 日	现金	1 000	
		销售收入		1 000
		现销收入		
记录费用和存货的减少	6 月 19 日	主营业务成本	700	
		商品存货		700
		记录已销商品成本		

资产↑ ↑ 现金 = 负债 + 权益↑ 销售收入↑

资产↓ 商品存货↓ = 负债 + 权益↓ 主营业务成本↑

商品存货			应付账款	
期初余额 ××××	700	6 月 19 日	6 月 19 日	700

而现实中许多销售业务都是赊销。假设 6 月 21 日 Smart Touch Learning 公司以单价 500 美元销售了 10 台平板电脑，赊销收入总额为 5 000（=10×500）美元，商品成本为 3 500 美元，信用条款为 2/10，n/30。会计分录如下：

日期	账户和说明	借	贷
6 月 21 日	商品存货	5 000	
	现金		5 000
	支付进货运费		
6 月 21 日	主营业务成本	3 500	
	商品存货		3 500
	记录已销商品成本		
	在折扣期内付款		

资产↑ 应收账款↑ = 负债 + 权益↑ 销售收入↑

资产↓ 商品存货↓ = 负债 + 权益↓ 主营业务成本↑

5.3.2　销售折扣

卖方会为了鼓励顾客尽早付款而提供折扣。已知购货折扣会降低购货成本。同样，**销售折扣**（sales discount）也会降低销售净收入。销售折扣账户是销售收入的备抵账户。备抵账户与其对应账户的余额方向相反。因此，销售折扣是收入抵减账户，正常余额在借方。

假设 6 月 21 日购买平板电脑的顾客在 6 月 30 日付款，在折扣期内，则 Smart Touch Learning 公司会收到 4 900 ~ 5 000 美元扣除 2% 的折扣。Smart Touch Learning 将如下记录收到的应收款项和相应销售折扣：

日期	账户和说明	借	贷	资产 ↓		负债	+	权益 ↓
6 月 30 日	现金（= 5 000 - 100）	4 900		现金 ↑	= {			销售折扣 ↑
	销售折扣（= 5 000 × 0.02）	100		应收账款 ↓				
	应收账款		5 000					
	在折扣期内收回款项							

注意，Smart Touch Learning 公司以发票全额贷记应收账款。如以下 T 形账户所示，这样 Smart Touch Learning 公司就准确反映了发票已经全额支付。

应收账款

6 月 21 日	5 000	5 000	6 月 30 日
期末余额	0		

> **小贴士**
>
> 销售折扣记为销售科目的借方，将抵减当期公司销售收入。

相反，假设顾客没有在折扣期内付款，而是在 7 月 15 日付款。顾客则需支付全款 5 000 美元，Smart Touch Learning 公司则会如下记录收到的款项：

日期	账户和说明	借	贷	资产 ↓↑		负债	+	权益
6 月 15 日	现金	5 000		现金 ↑	= {			
	应收账款		5 000	应收账款 ↓				
	在折扣期后收回款项							

5.3.3 销售退回和折让

售后可能会有顾客退货，要求退款或者减少应付账款，或者公司提供销售折让以促使顾客接受次品。这种折让会减少未来收到的款项。退货或者给予折让叫作**销售退回和折让**（sales returns and allowances）。与销售折扣一样，销售退回和折让是销售收入的备抵账户，正常余额在借方。

1. 销售退回

假设顾客尚未支付 6 月 21 日的账单，并在 6 月 25 日退回 3 件产品，其售价为 1 500 美元，成本为 1 050 美元。记录产品退回时，卖方须记录两笔分录：一笔记录销售退回同时减少应收账款（1 500 美元），另一笔根据退回商品的成本（1 050 美元）调整商品存货。产品被退回时，Smart Touch Learning 公司记录以下两笔分录：

	日期	账户和说明	借	贷	资产 ↓		负债	+	权益 ↓
记录销售退回和折让 {	6 月 25 日	销售退回和折让	1 500		应收账款 ↓	= {			销售退回和折让 ↑
		应收账款		1 500					
		收到退回的商品							

	日期	账户和说明	借	贷	资产 ↑		负债	+	权益 ↑
记录退回的商品 {	6 月 25 日	商品存货	1 050		商品存货 ↑	= {			主营业务成本 ↓
		主营业务成本		1 050					
		将商品重新归为存货							

以上会计分录增加了销售退回和折让，减少了应收账款。卖方不再收取已退回商品的款项。

此外，增加商品存货以反映已退回商品。因为退回的商品不再视为已售商品，所以必须减少主营业务成本。

2. 销售折让

卖方给予销售折让时，顾客则不会退回产品。因此，无须第二个分录来调整商品存货。假设6月28日，由于途中毁损的产品，Smart Touch Learning 公司给予了100美元的销售折让。如下记录：

日期	账户和说明	借	贷	资产↓ 应收账款↓	=	负债	+	权益↓
6月28日	销售退回和折让	100						销售退回
	应收账款		100					和折让↑
	对受损商品给予销售折让							

结转销售退回和折让后，6月21日的销售活动产生的应收账款账户余额为3 400美元，如下所示：

	应收账款		
6月21日	5 000	1 500	6月25日
		100	6月28日
期末余额	3 400		

3. 折扣期内的销售退回和折让

如果在折扣期内产生销售退回和折让，则需根据扣除退回和折让后的金额计算折扣金额。例如，假设6月30日，Smart Touch Learning 公司收回应收款项。公司收到3 332美元现金，会计分录如下所示：

日期	账户和说明	借	贷	资产↓ 现金↑ 应收账款↓	=	负债	+	权益↓ 销售折扣↑
6月30日	现金（=$3 400−$68）	3 332						
	销售折扣（=$3 400×0.02）	68						
	应收账款		3 400					
	在折扣期内收回款项并扣除了 退回和折让							

5.3.4　运输成本—销货运费

记住，销货运费是指由卖方支付的将货物送至顾客的费用。销货运费为卖方的运输费用。运输费用为一项营业费用，借记运输费用。例如，假设6月21日 Smart Touch Learning 公司支付了30美元的销货运费。会计分录如下：

日期	账户说明	借	贷	资产↓ 现金↓	=	负债	+	权益↓ 运费↑
6月21日	运费	30						
	现金		30					
	支付运费							

5.3.5　销售净收入和毛利润

销售净收入等于销售收入减销售退回和折让和销售折扣。**销售净收入**（net sales revenue）是公司销售商品获得的收入扣除销售退回和折让和销售折扣后的金额。

$$销售净收入 = 销售收入 - 销售退回和折让 - 销售折扣$$

假设本年 Smart Touch Learning 销售了价值 297 500 美元的商品，产生 11 200 美元的销售退回和折让以及 5 600 美元的销售折扣。下面汇总了 Smart Touch Learning 公司的销售净收入。

销售收入	$297 500
减：销售退回和折让	11 200
销售折扣	5 600
销售净收入	$280 700

得出销售净收入后，就可以计算毛利润。记住，毛利润是商品存货标价中的利润，等于销售净收入减主营业务成本。本例假设 Smart Touch Learning 公司的主营业务成本为 199 500 美元；其毛利润如下计算：

销售净收入	$ 280 700
减：主营业务成本	199 500
毛利润	$ 81 200

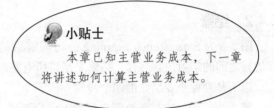

小贴士

本章已知主营业务成本，下一章将讲述如何计算主营业务成本。

和净利润一样，毛利润也是衡量经营成功的指标。足够高的毛利润对商业企业至关重要。毛利润反映在商业企业的利润表中，是已售商品毛利润的总和。企业要生存，其毛利润必须高于营业费用。

练习题 Click 电脑公司 7 月发生了以下商品存货销售业务：

7 月	12 日	赊销了 8 000 美元的电脑，信用条款为 3/15, n/30. 主营业务成本为 4 800 美元
	21 日	收到 1 000 美元的退回商品。退回商品的成本为 600 美元
	26 日	收到顾客支付的余款

编制以上销售业务的日记账。

5.4 商业企业的调整分录和结账分录

商业企业调整账户和结账的方法与服务企业一样。如果使用工作底稿，则录入未调整试算平衡表，并在完成工作底稿后计算净利润或净亏损。

5.4.1 根据实地盘点调整商品存货

永续盘存制下，商品存货要保持实时更新。但实际持有的存货金额可能与账面金额不同。这可能是由于被窃、受损或者误差，叫作**存货短缺**（inventory shrinkage）。因此，企业一年至少要实地盘点一次。通常在会计年末进行盘点，然后企业根据盘点结果对商品存货进行调整。Smart Touch Learning 公司必须记录编制调整分录来记录短缺的存货。

Smart Touch Learning 公司调整前的商品存货余额为 31 530 美元。没有短缺的话，企业应实际持有存货 31 530 美元。而 12 月 31 日，Smart Touch Learning 盘点得出的存货总额只有 31 290 美元。

调整金额＝调整前商品存货余额－实际持有商品存货

$$= \$31\ 530 - \$31\ 290 = \$240$$

因为存货短缺，Smart Touch Learning 公司编制了以下调整分录：

日期	账户和说明	借	贷	资产↓		负债	+	权益↓
12 月 31 日	主营业务成本	240		商品存货↓	= {			主营业务
	商品存货		240					成本↑
	调整存货短缺							

该分录纠正了商品存货余额。

应收账款			
调整前余额	31 530	240	12 月 31 日调整金额
期末余额	31 290		

5.4.2 结账

图 5-6 为 Smart Touch Learning 公司调整后的试算平衡表和结账分录。除了新增的账户外，其他与之前的学习内容一样。结账是指将所有临时账户（不出现在资产负债表内）清零。

以下是商业企业结账的四个步骤：

第 1 步：通过收益汇总账户将收入账户清零。

第 2 步：通过收益汇总将费用账户和其他账户余额在借方的临时账户（销售退回和折让）清零。

第 3 步：通过留存收益账户将收益汇总账户清零，将净利润（或净亏损）转入留存收益。

第 4 步：通过留存收益账户将股利账户清零。

5.4.3 商业企业工作底稿—永续盘存制

商业企业的工作底稿与服务企业一样。主要的新增账户为商品存货，必须根据实际盘点得出的存货短缺对其进行调整。商业企业工作底稿还包括其他购销账户（销售收入、销售退回和折让、销售折扣和主营业务成本）。工作底稿的编制步骤也与服务企业相同。未调整试算平衡表的合计金额加上或者减去调整金额，等于调整后试算平衡表的金额。然后将收入和费用列入利润表，将资产、负债和权益金额列入资产负债表。

未调整试算平衡表		
2014 年 12 月 31 日		
	余额	
账户名称	借	贷
现金	$8 810	
应收账款	4 400	
商品存货	31 290	
办公用品	100	
预付租金	4 000	
设备	18 000	
累计折旧——设备		$2 100
建筑物	60 000	
累计折旧——建筑物		1 750
土地	20 000	

图 5-6 调整后试算平衡表和结账分录

应付账款		10 800
应付水电费用		2 500
应付职工薪酬		1 500
应付利息		300
预收账款		900
应付票据		60 000
普通股		48 000
留存收益		3 550
股利	10 000	
销售收入		297 500
销售退回和折让	11 200	
销售折扣	5 600	
主营业务成本	199 500	
工资费用	15 000	
租金费用	13 000	
水电费用	11 300	
保险费	6 500	
折旧费用——设备	1 800	
折旧费用——建筑物	1 500	
广告费用	2 400	
利息费用	2 300	
运费	1 600	
用品费用	600	
合计	$ 428 900	$ 428 900

结清的临时账户

日期	账户和说明	借	贷	资产	负债	+	权益↑↓
12 月 31 日	销售收入	297 500					销售收入↓
	收益汇总		297 500				收益汇总↑
	结清收入						
12 月 31 日	收益汇总	272 300					收益汇总↓
	销售退回和折让		11 200				销售退回和折让↓
	销售折扣		5 600				销售折扣↓
	主营业务成本		199 500				费用↓
	工资费用		15 000				
	租金费用		13 000				
	水电费用		11 300				
	保险费		6 500				
	折旧费用——设备		1 800				
	折旧费用——建筑物		1 500				
	广告费用		2 400				
	利息费用		2 300				
	运费		1 600				
	用品费用		600				
	结清费用和其他借方账户						

图 5-6 （续）

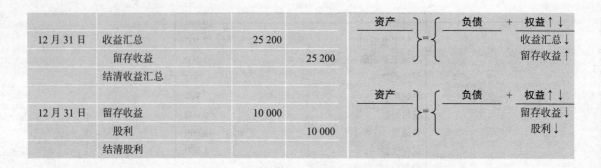

12 月 31 日	收益汇总	25 200	
	留存收益		25 200
	结清收益汇总		
12 月 31 日	留存收益	10 000	
	股利		10 000
	结清股利		

收益汇总

结账分录 2	272 300	297 500	结账分录 1
		25 200	期末余额
结账分录 3	25 200		
		0	期末余额

留存收益

		3 550	调整后余额
结账分录 4	10 000	25 200	结账分录 3
		18 750	期末余额

股利

调整后余额	10 000		
		10 000	结账分录 4
期末余额	0		

图 5-6　（续）

练习题　Click 电脑公司年末商品存货为 43 000 美元，实际盘存余额为 42 500 美元。编制存货短缺所需的调整分录。

5.5　如何编制商业企业的财务报表

之前学习的服务企业的财务报表同样适用于商业企业，但商业企业财务报表中包括一些新增账户，本章已经介绍过这些账户。下面来看商业企业财务报表的不同之处。

5.5.1　利润表

已知资产负债表有两种形式：

- 报告式（资产在上，负债和股东权益在下）
- 账户式（资产在左，负债和股东权益在右）

利润表也有两种形式：

- 单步式利润表
- 多步式利润表

1. 单步式利润表

最初学习的利润表是**单步式利润表**（single-step income statement）。该利润表分别将收入和费用各归为一类，不再做其他细分。许多公司使用这种利润表。单步式利润表明确区分了收入和费用，非常适用于服务企业，因为服务企业不反映毛利润。表 5-1 为 Smart Touch Learning 公司的单步式利润表。

2. 多步式利润表

多步式利润表（multi-step income statement）将所有项目细分为几类，并分别合计。除净利润（最底行）外还反映毛利润和营业利润（营业活动产生的利润）。图 5-7 为 Smart Touch Learning 公司的多步式利润表。

准则提示 主营业务成本为营业费用，这些费用反映了成本产生的目的，国际财务报告准则允许企业根据费用的职能和性质对其进行反映。按性质，费用可分为工资费用、水电费用、广告费用等。

表 5-1 单步式利润表

利润表

截至 2015 年 12 月 31 日的一年

收入：		
销售净收入		$ 280 700
费用：		
主营业务成本	$ 199 500	
工资费用	15 000	
租金费用	13 000	
水电费用	11 300	
保险费	6 500	
折旧费用——设备	1 800	
折旧费用——建筑物	1 500	
广告费用	2 400	
利息费用	2 300	
运费	1 600	
用品费用	600	
费用合计		255 500
净利润		$ 25 200

图 5-7 多步式利润表

广告费用		2 400	
折旧费用		2 200	
运费		1 600	
销售费用合计		21 600	
管理费用：			
水电费用		11 300	
工资费用		6 900	
保险费		6 500	
租金费用		5 700	
折旧费用		1 100	
用品费用		600	
管理费用合计		32 100	
营业费用合计			53 700
营业利润			27 500
其他收入（和费用）			
利息费用		（2 300）	
其他收入（和费用）合计			（2 300）
净利润			$ 25 200

图 5-7 （续）

该利润表先列示销售收入、主营业务成本和毛利润，随后列示营业费用（除主营业务成本以外的费用）。商业企业和服务企业的营业费用都分为两类：

销售费用（selling expenses）是指与产品营销相关的费用，包括销售人员工资、销售佣金、广告费用、店铺和设备折旧、店铺租金、店铺水电费、店铺的不动产税和运费。

管理费用（administrative expenses）是指不与产品营销直接相关的费用，包括办公费用（如主管和办公人员工资、办公建筑和设备折旧）；非店铺租金（如行政办公室租金）；非店铺水电费用（如行政办公室水电费用）；以及行政办公建筑的不动产税。

毛利润减营业费用等于**营业利润**（operating income）。营业利润衡量企业当前主要业务（日常经营活动）的经营成果。

利润表的最后一部分为**其他收入和费用**（other revenues and expenses），反映企业主要日常经营活动以外产生的收入和费用，如利息收入、利息费用和固定资产出让损益。这些项目均与企业日常业务无关。因此，归为其他项目。

5.5.2 留存收益表和资产负债表

商业企业的留存收益表与服务企业完全相同。资产负债表也与服务企业类似，只是新增了一项流动资产，即商品存货。服务企业不存在商品存货。

练习题 首都摩托公司节选了以下 2015 年 12 月 31 日的账户内容（单元：美元）：

销售费用	10 500	主营业务成本	85 000
利息收入	1 000	销售折扣	2 000
销售退回和折让	4 500	管理费用	8 000
销售收入	120 000		

编制截至 2015 年 12 月 31 日的一年的多步式利润表。

5.6 如何根据毛利率评估经营业绩

商业企业评价经营业绩的指标不止一个，其中就包括毛利率。**毛利率**（gross profit percentage）衡量单位销售净收入中包含的毛利润，计算公式如下：

$$毛利率 = 毛利率 \div 销售净收入$$

毛利率是最受关注的盈利指标之一，其反映企业商品存货的获利能力。商品存货的毛利润必须高于营业利润，这样才能获得净利润。毛利率的小幅上升可能意味着利润大幅增长。相反，毛利率的小幅下降则可能带来麻烦。各行各业的毛利率千差万别，但一般而言，毛利率越高越好。

以绿山咖啡烘焙股份有限公司为例，计算公司毛利率。下面是绿山咖啡烘焙公司的销售净收入和销售成本（主营业务成本），数据来自该公司截至 2011 年 9 月 24 日的一年的财务报表。

	截至 2011 年 9 月 24 日的一年（单位：1 000 美元）	截至 2010 年 9 月 25 日的一年（单位：1 000 美元）
销售净额	2 650 899	1 356 775
销售成本	1 746 274	931 017

毛利润等于销售净收入减销售成本。毛利率等于毛利润除以销售净收入。截至 2011 年 9 月 24 日的一年的毛利率为：

$$毛利率 = （\$2\,650\,899 - \$1\,746\,274）\div \$2\,650\,899 = 0.341 = 34.1\%$$

而截至 2010 年 9 月 25 日的一年的毛利率为：

$$毛利率 = （\$1\,356\,775 - \$931\,017）\div \$1\,356\,775 = 0.314 = 31.4\%$$

2010 年到 2011 年间，毛利润基本保持稳定，这说明尽管销售净收入大幅上升，但绿山咖啡烘焙公司单位销售成本所产生的毛利润基本不变。但相比于 56.83% 的行业均值，绿山咖啡烘焙公司的毛利率相当低。公司应该重视商品存货所产生的利润。

 练习题　首都摩托公司节选了以下 2015 年 12 月 31 日的账户内容（单元：美元）：

销售费用	10 500	主营业务成本	85 000
利息收入	1 000	销售折扣	2 000
销售退回和折让	4 500	管理费用	8 000
销售收入	120 000		

计算截至 2015 年 12 月 31 日的一年的毛利率。

附录 5A：定期盘存制下商品存货的计量

5.7 定期盘存制下如何记录商品存货相关业务

一些小企业认为永续盘存制成本过高，因此使用定期盘存制。定期盘存制下，企业必须通过实地盘点来确定持有存货的数量。

5.7.1 商品采购

两种存货盘点制度都要用到商品存货账户。定期盘存制下，会计年度内，将购货、购货折扣、购货退回、折让和进货运费分别计入独立账户，结账时对商品存货进行调整。下面将对 Smart Touch Learning 公司向 Southwest Electronics Direct 购买的平板电脑（如图 5A-1 所示）进行会计计量。

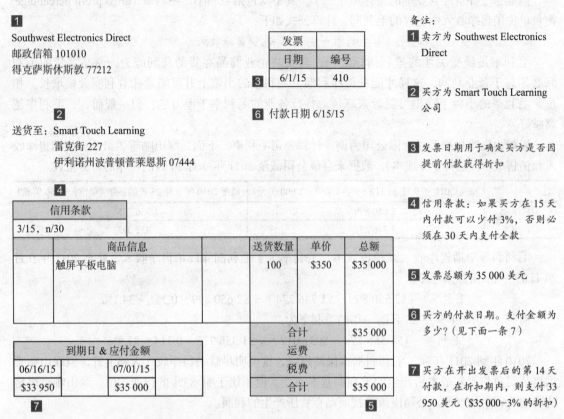

图 5A-1　购货发票

下面是定期盘存制下分别编制的 6 月 3 日赊账购货和 15 日（折扣期内）付款的会计分录。

日期	账户和说明	借	贷
6 月 3 日	购货	35 000	
	应付账款		35 000
	赊账购买存货		
6 月 15 日	应付账款	35 000	
	现金（=$35 000−$1 050）		33 950
	商品存货（=$35 000×0.03）		1 050
	在折扣期内付款		

资产　{ 负债↑ + 权益↓
　　　　应付账款↑　　购货↑

资产↓　{ 负债↓ + 权益↑
现金↓　　应付账款↓　　购货折扣↑

小贴士　使用定期盘存制时，不在期间内对商品存货进行调整。因此记录存货的采购，折扣、退回和销售时均不使用商品存货。

以上分录没有直接将购进的商品计入商品存货账户，而是计入购货账户（费用账户）。同样，Smart Touch Learning 公司支付货款时，将折扣金额计入购货折扣账户（费用抵减账户）。

1. 购货退回和折让

假设 6 月 4 日 Smart Touch Learning 公司在付款前退回了 20 台平板电脑，价值 7 000 美元。则编制以下会计分录：

日期	账户和说明	借	贷
6 月 4 日	应付账款	7 000	
	购货退回和折让		7 000
	向卖方退回商品		

资产		负债↓	+	权益↑
商品存货	=	应付账款↓		购货退回和折让↑

定期盘存制下，将退回的商品计入购货退回和折让，而不计入商品存货。购货折扣和购货退回和折让都是费用抵减账户，用于对冲购货账户。

企业在期间内将采购的存货计入购货账户。购货账户余额是总金额，没有扣除折扣、退回和折让。**购货净额**（net purchase）是扣除相应抵减账户金额后购货账户的余额。

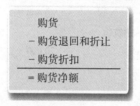

2. 运输成本

定期盘存制下，将进货运费借记到独立的进货运费账户（费用账户），而不是商品存货账户。例如，假设 6 月 3 日，Smart Touch Learning 公司支付了 60 美元的运费，则编制以下会计分录：

日期	账户和说明	借	贷
6 月 3 日	进货运费	60	
	现金		60
	支付进货运费		

资产↓		负债	+	权益↓
现金↓	=			进货运费↑

5.7.2 商品销售

定期盘存制简化了商品销售的计量。因为没有商品存货的动态记录，所以无须编制商品存货和主营业务成本相关分录，只需记录销售收入。假设 6 月 9 日，Smart Touch Learning 公司赊销了 10 台平板电脑，赊销总额为 5 000 美元。则编制以下会计分录：

日期	账户和说明	借	贷
6 月 19 日	应收账款	5 000	
	销售收入		5 000
	赊销收入		

资产↑		负债	+	权益↑
应收账款↑	=			销售收入↑

销售折扣和销售退回和折让的计量与永续盘存制一样，只是不涉及商品存货和主营业务成本。

5.7.3 调整分录和结账分录

定期盘存制下不需要根据存货短缺编制调整分录，因为不存在商品存货的动态记录，只需通过时期盘点来确定期末存货。盘点数即商品存货的期末余额（Smart Touch Learning 公司的期末存货为 31 290 美元）。

通过结账来记录期末商品存货。图 5A-2 为 Smart Touch Learning 公司在永续盘存制下的试算平衡表和结账分录。黑体部分为定期盘存制使用的账户。

调整后试算平衡表 2015 年 12 月 31 日		
	余额	
账户名称	借	贷
现金	$8 810	
应收账款	4 400	
商品存货	0	
办公用品	100	
预付租金	4 000	
设备	18 000	
累计折旧——设备		$2 100
建筑物	60 000	
累计折旧——建筑物		1 750
土地	20 000	
应付账款		10 800
应付水电费		2 500
应付职工薪酬		1 500
应付利息		300
预收账款		900
应付票据		60 000
普通股		48 000
留存收益		3 550
股利	10 000	
销售收入		297 500
销售退回和折让	11 200	
销售折扣	5 600	
购货	281 750	
购货退回和折让		61 250
购货折扣		4 410
进货运费	14 700	
工资费用	15 000	
租金费用	13 000	
水电费用	11 300	
保险费	6 500	
折旧费用——设备	1 800	
折旧费用——建筑物	1 500	
广告费用	2 400	
利息费用	2 300	
运费	1 600	
用品费用	600	
合计	$494 560	$494 560

结清的临时账户

图 5A-2　调整后试算平衡表和结账分录

日期	账户和说明	借	贷
12 月 31 日	销售收入	297 500	
	购货退回和折让	61 250	
	购货折扣	4 410	
	商品存货（期末）	31 290	
	收益汇总		394 450
	结清收入和其他贷方账户		
	并记录期末商品存货		
12 月 31 日	收益汇总	369 250	
	销售退回和折让		11 200
	销售折扣		5 600
	购货		281 750
	进货运费		14 700
	商品存货（期初）		0
	工资费用		15 000
	租金费用		13 000
	水电费用		11 300
	保险费		6 500
	折旧费用——设备		1 800
	折旧费用——建筑物		1 500
	广告费用		2 400
	利息费用		2 300
	运费		1 600
	用品费用		600
	结清费用和其他借方账户		
12 月 31 日	收益汇总	25 200	
	留存收益		25 200
	结清收益汇总		
12 月 31 日	留存收益	10 000	
	股利		10 000
	结清股利		

资产↑ 商品存货↑ ＝ 负债 ＋ 权益↑ 销售收入↓ 购货退回和折让↓ 购货折扣↓ 收益汇总↑

资产↓ 商品存货↓ ＝ 负债 ＋ 权益↓ 收益汇总↓ 销售退回和折让↓ 销售折扣↓ 费用↓

资产 商品存货 ＝ 负债 ＋ 权益↑↓ 收益汇总↓ 留存收益↑

资产 商品存货 ＝ 负债 ＋ 权益↑↓ 留存收益↓ 股利↓

收益汇总

结账分录 2	369 250	394 450	结账分录 1
		25 200	期末余额
结账分录 3	25 200		
		0	期末余额

留存收益

		3 550	调整后余额
结账分录 4	10 000	25 200	结账分录 3
		18 750	期末余额

股利

调整后余额	10 000		
		10 000	结账分录 4
期末余额	0		

图 5A-2　（续）

定期盘存制下的四个结账步骤与永续盘存制类似，下面是定期盘存制的不同之处：

第1步：定期盘存制下，通过收益汇总账户，借记销售收入，结清销售收入账户。此外，同时结清其他账户余额在贷方的临时账户（购货折扣、购货退回和折让）。期末商品存货（实地盘点结果）记入借方。

第2步：通过收益汇总账户结清费用账户和其他账户余额在借方的临时账户。此外，还通过收益汇总账户结清期初商品存货、购货和进货运费账户。

第3步和第4步：以同样的方法同时结清收益汇总和股利账户。

> 🐚 **小贴士**　定期盘存制下结账的关键区别在于商品存货的处理。结账时，必须将商品存货期末余额记入借方，将期初商品存货记入贷方，同时必须结清购货和对应抵减账户。

5.7.4　编制财务报表

永续盘存制和定期盘存制下的财务报表相同。但定期盘存制下，需要额外计算主营业务成本。永续盘存制下的主营业务成本即该账户过账后的合计金额，而定期盘存制下的主营业务成本需要单独计算。期末，结合一系列账户金额计算本期主营业务成本，利润表反映了这一计算过程。以下是 Smart Touch Learning 公司的主营业务成本的计算过程：

期初商品存货		\$　　0
购货	\$281 750	
减：购货退回和折让	61 250	
购货折扣	4 410	
购货净额	216 090	
加：进货运费	14 700	
购货净成本		230 790
可供出售商品成本		230 790
减：期末存货		31 290
主营业务成本		\$199 500

图 5A-3 为 Smart Touch Learning 公司的多步式利润表。注意，两种方法得出的净利润相等。

利润表		
截至 2015 年 12 月 31 日的一年		
销售收入		\$297 500
减：销售退回和折让		11 200
销售折扣		5 600
销售净收入		\$280 700
主营业务成本：		
期初商品存货		0
购货	\$281 750	
减：购货退回和折让	61 250	
购货折扣	4 410	
购货净额	216 090	

（毛利润）

图 5A-3　多步式利润表

加：进货运费	14 700	
购货净成本	230 790	
可供出售商品成本	230 790	
减：期末存货	31 290	
主营业务成本		199 500
毛利润		81 200
营业费用：		
销售费用：		
工资费用	8 100	
租金费用	7 300	
广告费用	2 400	
折旧费用	2 200	
运费	1 600	
销售费用合计	21 600	
管理费用：		
水电费用	11 300	
工资费用	6 900	
保险费	6 500	
租金费用	5 700	
折旧费用	1 100	
用品费用	600	
管理费用合计	32 100	
营业费用合计		53 700
营业利润		27 500
其他收入（和费用）		
利息费用	（2 300）	
其他收入（和费用）合计		（2 300）
净利润		$ 25 200

左侧标注：毛利润、营业利润、其他收入（和费用）和净利润

图 5A-3 （续）

表 5A-1 对同一公司经济业务在定期盘存制下和永续盘存制下的日记账分录进行了并列对比。

表 5A-1 永续盘存制 VS 定期盘存制

赊账购入存货：

永续盘存制

日期	账户和说明	借	贷
	商品存货	5 250	
	应付账款		5 250
	赊账购买存货		

定期盘存制

日期	账户和说明	借	贷
	购货	5 250	
	应付账款		5 250
	赊账购买存货		

向卖方退回商品：

永续盘存制

日期	账户和说明	借	贷
	应付账款	1 750	
	商品存货		1 750
	向卖方退回商品		

定期盘存制

日期	账户和说明	借	贷
	应付账款	1 750	
	购货退回和折让		1 750
	向卖方退回商品		

（续）

永续盘存制	定期盘存制

支付购货运费：

日期	账户和说明	借	贷
	商品存货	60	
	现金		60
	支付进货运费		

日期	账户和说明	借	贷
	进货运费	60	
	现金		60
	支付进货运费		

在折扣期内付款：

日期	账户和说明	借	贷
	应付账款	3 500	
	现金		3 395
	商品存货		105
	在折扣期内付款		

日期	账户和说明	借	贷
	应付账款	3 500	
	现金		3 395
	购货折扣		105
	在折扣期内付款		

在折扣期后付款：

日期	账户和说明	借	贷
	应付账款	3 500	
	现金		3 500
	在折扣期后付款		

日期	账户和说明	借	贷
	应付账款	3 500	
	现金		3 500
	在折扣期后付款		

赊销：

日期	账户和说明	借	贷
	应收账款	5 000	
	销售收入		5 000
	赊销收入		
	主营业务成本	3 500	
	商品存货		3 500
	记录已销商品成本		

日期	账户和说明	借	贷
	应收账款	5 000	
	销售收入		5 000
	赊销收入		

支付销货运费：

日期	账户和说明	借	贷
	运费	30	
	现金		30
	支付运费		

日期	账户和说明	借	贷
	运费	30	
	现金		30
	支付运费		

收到退回的商品：

日期	账户和说明	借	贷
	销售退回和折让	1 500	
	应收账款		1 500
	收到退回的商品		
	商品存货	1 050	
	主营业务成本		1 050
	将商品重新归为存货		

日期	账户和说明	借	贷
	销售退回和折让	1 500	
	应收账款		1 500
	收到退回的商品		

（续）

永续盘存制		定期盘存制	

给予销售折让：

日期	账户和说明	借	贷	日期	账户和说明	借	贷
	销售退回和折让	100			销售退回和折让	100	
	应收账款		100		应收账款		100
	对受损商品给予销售折让				对受损商品给予销售折让		

在折扣期内收回款项：

日期	账户和说明	借	贷	日期	账户和说明	借	贷
	现金	3 332			现金	3 332	
	销售折扣	68			销售折扣	68	
	应收账款		3 400		应收账款		3 400
	在折扣期内收回款项并扣除了				在折扣期内收回款项并扣除了		
	退回和折让				退回和折让		

在折扣期后收回款项：

日期	账户和说明	借	贷	日期	账户和说明	借	贷
	现金	3 400			现金	3 400	
	应收账款		3 400		应收账款		3 400
	折扣期后付款				折扣期后付款		

调整存货短缺：

日期	账户和说明	借	贷
	主营业务成本	240	
	商品存货		240
	调整存货短缺		

日期	账户和说明	借	贷	日期	账户和说明	借	贷
	销售收入	297 500			销售收入	297 500	
	收益汇总		297 500		购货退回和折让	61 250	
	结清收入				购货折扣	4 410	
					商品存货（期末）	31 290	
					收益汇总		394 450
					结清收入和其他贷方账户		
					并记录期末商品存货		
	收益汇总	272 300			收益汇总	369 250	
	销售退回和折让		11 200		销售退回和折让		11 200
	销售折扣		5 600		销售折扣		5 600
	主营业务成本		199 500		购货		281 750
	工资费用		15 000		进货运费		14 700
	租金费用		13 000		商品存货（期初）		0
	水电费用		11 300		工资费用		15 000
	保险费		6 500		租金费用		13 000
	折旧费用——设备		1 800		水电费用		11 300

（续）

日期	账户和说明	借	贷		日期	账户和说明	借	贷
	折旧费用——建筑物		1 500			保险费		6 500
	广告费用		2 400			折旧费用——设备		1 800
	利息费用		2 300			折旧费用——建筑物		1 500
	运费		1 600			广告费用		2 400
	用品费用		600			利息费用		2 300
	结清费用和其他借方账户					运费		1 600
						用品费用		600
						结清费用和其他借方账户		
	收益汇总	25 200				收益汇总	25 200	
	留存收益		25 200			留存收益		25 200
	结清收益汇总					结清收益汇总		
	留存收益	10 000				留存收益	10 000	
	股利		10 000			股利		10 000
	结清股利					结清股利		

练习题 Click 电脑公司在 7 月发生了以下商品存货的购销业务：

7 月 1 日	赊购了 20 500 美元的电脑，信用条款为 2/10，n/30
3 日	向供货商退回了 4 000 美元的电脑
9 日	支付欠款
12 日	赊销了 8 000 美元的电脑，信用条款为 3/15，n/30，主营业务成本为 4 800 美元
21 日	收到 1 000 美元的退回商品。退回商品的成本为 600 美元
26 日	收到顾客支付的余款

假设公司使用定期盘存制，编制以上业务的日记账。

知识回顾

☞重要知识点

1 **什么是商业企业?**

- 商业企业指向顾客销售商品的企业。
- 有两种主要的存货盘存制度：
- 定期盘存制——要求企业通过对存货进行实地盘点以确定持有数量。
- 永续盘存制——对商品存货保持动态电子记录，即存货数量和金额保持不断更新。

2 **永续盘存制度下如何记录商品的采购?**

- 商品采购

商品存货	借	
现金或应付账款		贷

- 购货退回

现金或应付账款	借	
商品存货		贷

- 支付进货运费

商品存货	借	
现金		贷

- 折扣期内付款

应付账款	借	
现金		贷
商品存货		贷

- 折扣期后付款

应付账款	借	
现金		贷

3 永续盘存制下如何记录商品的销售？

- 商品销售

现金或应收账款	借	
销售收入		贷

主营业务成本	借	
商品存货		贷

- 销售退回

销售退回和折让	借	
现金或应收账款		贷

商品存货	借	
主营业务成本		贷

- 销售折让

销售退回和折让	借	
现金或应收账款		贷

- 支付销货运费

运费	借	
现金		贷

- 折扣期内收回款项

现金	借	
销售折扣	借	
应收账款		贷

- 折扣期后收回款项

现金	借	
应收账款		贷

4 商业企业的调整分录和结账分录是什么样？

- 必须根据存货短缺编制调整分录，存货短缺指由于盗窃、毁损或误差引起的存货损失。
- 除了涉及一些新的账户（销售收入、销售退回和折让、销售折扣和主营业务成本）外，结账分录与之前学习的区别不大。

5 如何编制商业企业财务报表？

- 利润表有两种形式：
  - ♦单步式利润表——分别将收入和费用各归为一类，不再做其他细分。
  - ♦多步式利润表——将所有项目细分为几类，并分别合计。
- 商业企业留存收益表与服务企业完全相同。
- 资产负债表也基本相同，除了商业企业涉及一项新的流动资产，即商品存货。

6 如何根据毛利率评估经营业绩？

- 毛利率衡量单位销售净收入中包含的毛利润。
- 毛利率 = 毛利润 ÷ 销售净收入

7 定期盘存制下如何记录商品存货相关业务？

- 记录采购业务时不使用商品存货账户。使用购货、购货折扣、购货退回和折让和进货运费。
- 销售业务只记录销售收入。不使用商品存货。

- 无须根据存货短缺编制调整分录。
- 结账分录与永续盘存制一样，只是新增商品存货需要结清。需记录期末商品存货，结清期初商品存货。

汇总习题 5-1

假设 Heat Miser 空调本年 6 月完成了以下业务：

1 月 3 日	赊购存货 1 600 美元，信用条款为 1/10，n/ 月末
9 日	退回 40% 1 月 3 日购买的存货，为次品
12 日	现销商品，920 美元（成本 550 美元）
15 日	赊购 5 500 美元的商品，信用条款为 3/15，n/30
16 日	支付 260 美元的进货运费
18 日	赊销 2 000 美元的存货，信用条款为 2/10，n/30（成本 1 180 美元）
22 日	收到退回的 18 日售出的商品 800 美元（成本 480 美元）
24 日	向供货商支付 15 日购货款项
28 日	收到 18 日销售的存货的全款
29 日	偿还 3 日产生的应付账款

要求：①编制以上业务的日记账分录。假设使用永续盘存制。②开立商品存货和主营业务成本的 T 形账户，将日记账分录过入 T 形账户，反映商品存货和主营业务成本的期末余额。

答案

- **要求①**

日期	账户和说明	借	贷	日期	账户和说明	借	贷
6 月 3 日	商品存货	1 600		6 月 18 日	主营业务成本	1 180	
	应付账款		1 600		商品存货		1 180
	赊账购买存货				记录已销商品成本		
6 月 9 日	应付账款（1 600 × 0.40）	640		6 月 22 日	销售退回和折让	800	
	商品存货		640		应收账款		800
	向卖方退回商品				收到退回的商品		
6 月 12 日	现金	920		6 月 22 日	商品存货	480	
	销售收入		920		主营业务成本		480
	现销收入				将商品重新归为存货		
6 月 12 日	主营业务成本	550		6 月 24 日	应付账款	5 000	
	商品存货		550		现金（5 000−150）		4 850
	记录已销商品成本				商品存货（5 000 × 0.03）		150
6 月 15 日	商品存货	5 000			在折扣期内付款		
	应付账款		5 000	6 月 28 日	现金（1 200−24）	1 176	
	赊账购买存货				销售折扣（1 200 × 0.02）	24	
6 月 16 日	商品存货	260			应收账款（2 000−800）		1 200
	现金		260		在折扣期内收回款项并扣除了退回和折让		
	支付进货运费			6 月 29 日	应付账款（1 600−640）	960	
6 月 18 日	应收账款	2 000			现金		960
	销售收入		2 000		折扣期后付款		
	赊销收入						

● 要求②

收益汇总				留存收益			
6 月 3 日	1 600	640	6 月 9 日	6 月 12 日	550	480	6 月 22 日
6 月 15 日	5 000	550	6 月 12 日	6 月 18 日	1 180		
6 月 16 日	260	1 180	6 月 18 日	期末余额	1 250		
6 月 22 日	480	150	6 月 24 日				
期末余额	4 820						

☞汇总习题 5-2

King Cornelius 公司使用永续盘存制，以下是公司调整后的试算平衡表

King Cornelius 公司
调整后试算平衡表
2015 年 12 月 31 日

账户名称	借	贷
现金	$ 5 600	
应收账款	37 100	
商品存货	25 800	
办公用品	1 300	
预付租金	1 000	
设备	26 500	
累计折旧——设备		$ 23 800
应付账款		6 300
应付职工薪酬		2 000
应付利息		600
预收账款		2 400
应付票据（长期）		35 000
普通股		20 000
留存收益		2 200
股利	48 000	
销售收入		244 000
销售退回和折让	10 000	
销售折扣	8 000	
利息收入		2 000
主营业务成本	81 000	
工资费用	72 700	
租金费用	7 700	
水电费用	5 800	
折旧费用——设备	2 700	
用品费用	2 200	
利息费用	2 900	
合计	$ 338 300	$ 338 300

要求：①编制 12 月 31 日的结账分录。过入收益汇总账户以检查净利润是否准确。结账时转出的收益汇总的贷方余额等于利润表中的净利润。同时，也过入留存收益账户，留存收益的账户余额要与资产

负债表中的金额相等。②编制公司截至 2015 年 12 月 31 日的一年的多步式利润表、留存收益表和报告式资产负债表。注意：公司的营业费用不按销售费用和管理费用划分。③计算 2015 年的毛利率。

● 要求①

日期	账户和业务摘要	借	贷
12 月 31 日	销售收入	244 000	
	利息收入	2 000	
	收益汇总		246 000
	结清收入账户		
12 月 31 日	收益汇总	193 000	
	销售退回和折让		10 000
	销售折扣		8 000
	主营业务成本		81 000
	工资费用		72 700
	租金费用		7 700
	水电费用		5 800
	折旧费用——设备		2 700
	用品费用		2 200
	利息费用		2 900
	结清费用和其他借方账户		
12 月 31 日	收益汇总	53 000	
	留存收益		53 000
	结清收益汇总		
12 月 31 日	留存收益	48 000	
	股利		48 000
	结清股利		

收益汇总					留存收益		
结账分录 2	193 000	246 000	结账分录 1			2 200	调整后余额
		53 000	期末余额	结账分录 4	48 000	53 000	结账分录 3
结账分录 3	53 000					7 200	期末余额
		0	期末余额				

股利			
调整后余额	48 000		
		48 000	结账分录 4
期末余额	0		

● 要求②

King Cornelius 公司

利润表

截至 2015 年 12 月 31 日的一年

销售收入		$ 244 000
减：销售折扣	8 000	
销售退回和折让	10 000	
销售净收入		$ 226 000
主营业务成本		81 000

		（续）
毛利润		145 000
营业费用：		
工资费用	72 700	
租金费用	7 700	
水电费用	5 800	
折旧费用——设备	2 700	
用品费用	2 200	
营业费用合计		91 100
营业利润		53 900
其他收入（和费用）		
利息收入	2 000	
利息费用	（2 900）	
其他收入（和费用）合计		（900）
净利润		$ 53 000

King Cornelius 公司
留存收益表
截至 2015 年 12 月 31 日的一年

留存收益，2015 年 1 月 1 日	$ 2 200
本年净利润	53 000
	55 200
股利	（48 000）
留存收益，2015 年 12 月 31 日	$ 7 200

King Cornelius 公司
利润表
截至 2015 年 12 月 31 日的一年

资产		
流动资产：	$ 5 600	
现金	37 100	
应收账款	25 800	
商品存货	1 300	
办公用品	1 000	
预付租金		$ 70 800
流动资产总额		
固定资产：	26 500	
设备	（23 800）	
减：累计折旧——设备		2 700
固定资产总额		$ 73 500
资产总额		
负债		
流动负债：		
应付账款	$ 6 300	
应付职工薪酬	2 000	
应付利息	600	

（续）

预收账款	2 400	
流动负债总额		$ 11 300
长期负债：		
应付票据		35 000
负债总额		46 300
股东权益		
普通股		20 000
留存收益		7 200
股东权益总额		27 200
负债和股东权益总额		$ 73 500

● 要求③

毛利率 = 毛利润 ÷ 销售净收入 =145 000÷226 000=0.642=64.2%

☞ 关键术语

administrative expenses 管理费用 指不与产品营销直接相关的费用。

cost of goods sold (COGS) 主营业务成本 企业已销售的商品存货的成本。

credit terms 信用条款 发票中声明的购销条款。

FOB destination 目的地交货 货物到达目的地时起所有权转移至买方，卖方支付运费。

FOB shipping point 装运点交货 货物离开卖方所在地（装运点）之后所有权转移至买方，买方支付运费。

freight in 运入费用 是指将货物运至买方仓库的费用，因此为进货运费。

freight out 运出费用 是指将货物运出卖方仓库并送至顾客的费用，因此为销货运费。

gross profit 毛利润 销售净收入减去主营业务成本的余额。

gross profit percentage 毛利率 衡量单位销售净收入中包含的毛利润，等于毛利润除以销售净收入。

inventory shrinkage 存货短缺 由于被窃、受损或者误差而产生的存货损失。

invoice 发票 卖方向买方开出的付款要求。

merchandise inventory 商品存货 企业向顾客销售的商品。

merchandiser 商业企业 向顾客销售商品的企业。

multi-step income statement 多步式利润表 对各项进行细分以突出一些重要关系，除净利润外，还反映毛利润和营业利润。

net purchases 购货净额 扣除相应抵减账户金额后购货账户的余额。

net sales revenue 销售净收入 公司销售商品获得的收入扣除销售退回和折让和销售折扣后的金额，等于销售收入减销售退回和折让，再减销售折扣。

operating expenses 营业费用 企业主要经营活动中发生的除主营业务成本以外的费用。

operating income 营业利润 衡量企业当前主要业务的经营成果，等于毛利润减营业费用。

other revenues and expenses 其他收入和费用 企业主要日常经营活动以外产生的收入和费用，如处置固定资产的损益和利息费用。

periodic inventory system 定期盘存制 要求企业通过对存货进行实地盘点以确定持有数量的存货盘存制度。

perpetual inventory system 永续盘存制 对商品存货保持动态电子记录的存货盘存制度。

purchase allowance　**购货折让**　是卖方对买方保留可退回商品的奖励。

purchase discount　**购货折扣**　企业为了鼓励买方尽早付款而提供的一种折扣。

purchase return　**购货退回**　卖方允许买方退回有瑕疵、受损或者不合适的商品。

retailer　**零售商**　向制造商或批发商购买商品然后销售给消费者的商业企业。

sales discounts　**销售折扣**　卖方为了鼓励顾客早日付款而降低付款金额的额度。

sales returns and allowances　**销售退回和折让**　卖方因顾客退货或向顾客提供折让而减少的买方的应收款项。

sales revenue　**销售收入**　商业企业销售存货所获得的收入。

selling expenses　**销售费用**　指与产品营销相关的费用。

single-step income statement　**单步式利润表**　分别将收入和费用各归为一类列示，不再做其他细分。

vendor　**供货商**　向企业提供商品的个人或企业。

wholesaler　**批发商**　向制造商购买商品然后销售给零售商的商业企业。

☞ 快速测验

1　以下哪个账户商业企业使用，而服务企业不使用？

　　a. 主营业务成本　　　　b. 商品存货　　　　c. 销售收入　　　　d. 以上三项都是

2　两大存货盘存制度是

　　a. 永续和定期　　　　　　　　　　b. 购货和销售

　　c. 退回和折让　　　　　　　　　　d. 收付实现制和权责发生制

3　永续盘存制下赊购存货的日记账分录为：

a.

商品存货	借	
应收账款		贷

b.

应付账款	借	
商品存货		贷

c.

商品存货	借	
应付账款		贷

d.

商品存货	借	
现金		贷

4　JC 制造商购进了 5 300 美元的存货，同时支付了 260 美元的运费。向卖方退回了 45% 的商品，随后又获得了 2% 的折扣。假设公司使用永续盘存制，最终保留的存货成本为多少？（四舍五入到整数。）

　　a. 2 997　　　　　b. 2 337　　　　　c. 3 117　　　　　d. 2 857

5　假设 Austin Sound 的销售收入为 300 000 美元，销售退回为 45 000 美元，主营业务成本为 152 000 美元。毛利润为多少？

　　a. 148 000　　　　b. 103 000　　　　c. 255 000　　　　d. 88 000

6　假设 Dave 折扣店的商品存货在调整前的账户余额为 8 000 美元，实际存货为 7 400 美元，使用永续盘存制。如何编制调整分录？

a.

主营业务成本	600	
商品存货		600

b.

商品存货	600	
应付账款		600

c.

应付账款	600	
商品存货		600

d.

商品存货	600	
主营业务成本		600

7　永续盘存制下以下哪个账户需要在期末结清？

　　a. 主营业务成本　　b. 商品存货　　　　c. 应收账款　　　　d. 应付账款

8　多步式利润表中的分类顺序是哪个？

a. 毛利润、营业利润、净利润、其他收入和费用

b. 营业利润、毛利润、净利润、其他收入和费用

c. 其他收入和费用、营业利润、毛利润、净利润

d. 毛利润、营业利润、其他收入和费用、净利润

9　假设 Juniper 天然染料销售净收入为 90 000 美元，主营业务成本为 58 000 美元。本期毛利率为多少？（四舍五入到整数。）

a. 36%　　　　　　　　b. 3.4 倍　　　　　　　　c. 64%　　　　　　　　d. 17%

10　定期盘存制下如何编制赊购存货的日记账分录？

a.

购货	借
应收账款	贷

b.

应付账款	借
商品存货	贷

c.

商品存货	借
应付账款	贷

d.

购货	借
应付账款	贷

进步评估

☞ 复习题

1　商业企业是什么？它们销售的商品叫什么？

2　商业企业有哪两种类型？有何区别？

3　描述商业企业的营业周期。

4　什么是主营业务成本？在哪里列报？

5　如何计算毛利率？反映了什么？

6　两种存货盘存制度是什么？分别做简要描述。

7　什么是发票？

8　永续盘存制下购进存货时借记什么账户？

9　信用条款 2/10，n/ 月底，表示什么？

10　什么是购货退回？购货退回与购货折让有何区别？

11　描述装运点交货和目的地交货。买方何时拥有商品的所有权？一般由谁支付运费？

12　如何计算存货成本净额？

13　永续盘存制下销售存货时编制哪两个日记账分录？

14　给予销售折让时，买方是否退回商品存货？描述需要编制的日记账分录。

15　什么是销货运费？卖方如何记录？

16　如何计算销售净收入？

17　什么是存货短缺？描述确认存货短缺时需编制的调整分录。

18　商业企业的结账过程有哪四步？

19　描述单步式利润表。

20　描述多步式利润表。

21　商品存货反映在哪张财务报表的哪一部分？

22　毛利率衡量什么？如何计算？

23　定期盘存制下确认购进的存货时借记什么账户？

24　定期盘存制下确认购货退回和购货折让时使用什么账户？

25 定期盘存制下确认支出的运费时借记什么？

26 描述定期盘存制下销售存货的日记账分录。

27 定期盘存制下需要就存货短缺编制调整分录吗？

28 重点掌握定期盘存制下的结账过程有哪些不同之处。

29 描述定期盘存制下主营业务成本的计算过程。

☞简单练习

无特殊说明时均假设为永续盘存制，所有数字均四舍五入到整数。

S5-1 对比定期盘存制和永续盘存制。

根据以下各描述判断其适用永续盘存制还是定期盘存制。

a. 一般用于相对廉价的商品　　　　　b. 对商品存货保持动态电子记录

c. 能更好地控制商品存货　　　　　　d. 通过对存货进行实地盘点以确定持有数量

e. 使用条形码来保持最新存货记录

S5-2 编制购货日记账分录。

已知 KC 玩具发生了以下业务：

7 月 8 日	KC 玩具赊购了 185 800 美元的 MegoBlock 玩具，信用条款为 2/10，n/30
12 日	KC 玩具退回了 18 500 美元在运输途中毁损的商品
15 日	KC 玩具支付了扣除销售退回和折让以后的全部款项

要求：①在日记账中记录采购业务。无须摘要。②最终的存货成本为多少？

S5-3 编制购货日记账分录。

已知 Dady 药店发生了以下业务：

3 月 2 日	赊购了 20 250 美元的存货，信用条款为 3/15，n/30，装运点交货
3 日	支付 90 美元的运费
8 日	退回在运输途中毁损的 5 000 美元的商品
14 日	支付了扣除销售退回和折让以后的全部款项

要求：①在日记账中记录采购业务。无须摘要。②最终的存货成本为多少？

S5-4 编制销售业务日记账。

在日记账中记录以下 Tomas 运动衣的销售业务。无须摘要

7 月 1 日	赊销了 61 000 美元的女式运动衣，信用条款为 2/10，n/45。主营业务成本为 32 000 美元
5 日	收到 2 000 美元的退回次品，次品成本为 1 050 美元
10 日	收到扣除销售退回和折让以后的全部款项

S5-5 编制采购和销售业务日记账。

假设 2015 年 10 月 10 日，Piranha 向教辅书店赊销了 2 500 本书，单价 15 美元（成本共 22 500 美元），信用条款为 2/15，n/60。其中 100 本在运输途中受损，2015 年 10 月 13 日，Piranha 收到教辅书店退回的受损书本。2015 年 10 月 22 日，教辅书店向 Piranha 支付了剩余书款。

要求：①在日记账中记录教辅书店 2015 年 10 月的业务。②在日记账中记录 Piranha 2015 年 10 月的业务。

S5-6 编制存货短缺的调整分录。

Rich 家居商品存货的年末未调整余额为 63 000 美元，实际存货为 61 900 美元。编制所需调整分录。

S5-7 编制结账分录。

Rockwell RV 中心 2015 年 12 月 31 日的会计记录包括以下账户（单位：美元）。

主营业务成本	385 000	累计折旧——建筑物	39 000
应付账款	17 000	现金	44 600
租金费用	21 000	销售收入	696 000
建筑物	108 000	折旧费用——建筑物	12 000
普通股	100 000	股利	61 000
留存收益	108 800	销售折扣	9 000
商品存货	261 000	利息收入	5 000
销售退回和折让	39 200		
应收票据	26 600		

要求：①编制所需结账分录。②计算留存收益期末余额。

根据以下信息回答题目 S5-8 ～ S5-9。

加利福尼亚通信公司首个经营年度的调整后试算平衡表中列报了以下数据（单位：美元）。

现金	3 800	主营业务成本	18 000
销售费用	1 000	设备，扣除折旧	10 200
应付账款	4 100	应计负债	1 700
普通股	4 230	销售收入	40 000
应付票据，长期	700	应收账款	2 700
商品存货	500	利息费用	30
管理费用	2 500	销售折扣	4 800
销售退回和折让	7 200		

S5-8 编制商业企业利润表。

编制加利福尼亚通信公司截至 2015 年 7 月 31 日的一年的多步式利润表。

S5-9 编制商业企业留存收益表和资产负债表。

1. 编制加利福尼亚通信公司截至 2015 年 7 月 31 日的一年的留存收益表。假设本年未发放股利，公司 2014 年 8 月 1 日开始营业。

2. 编制加利福尼亚通信公司 2015 年 7 月 31 日的资产负债表，使用报告式。

S5-10 计算毛利率。

以下是 Mantis 绿化公司 2015 年 12 月 31 日的部分账户。计算 2015 年的毛利率（单位：美元）。

销售费用	13 650	主营业务成本	110 500
利息收入	1 300	销售折扣	2 600
销售退回和折让	5 850	管理费用	10 400
销售收入	132 000		

S5-11 编制采购业务日记账——定期盘存制。

已知 Gate 包装材料公司发生了以下业务：

4 月 10 日	赊购了 148 600 美元的商品存货，信用条款为 2/10，n/30
12 日	向供货商退回了 14 800 美元在运输途中毁损的商品
10 日	支付了扣除销售退回和折让以后的全部款项

要求：①编制采购日记账，假设公司使用定期盘存制。无须摘要。②购货净额为多少？

S5-12 编制销货日记账——定期盘存制。

编制 Shelton 相机店以下销货业务在定期盘存制下的日记账。无须摘要。

12 月 3 日	赊销了 36 600 美元的相机，信用条款为 1/15，n/ 月底
5 日	收到退回的 1 200 美元的残次品
17 日	收到扣除销售退回和折让以后的全部款项

S5-13　编制结账分录——定期盘存制。

D&S 印刷制品公司 2015 年 12 月 31 日的会计记录包括以下账户。

购货	$184 680	累计折旧——建筑物	$15 600
应付账款	8 400	现金	17 200
租金费用	8 400	销售收入	278 400
建筑物	43 200	折旧费用——建筑物	4 800
普通股	50 000	股利	24 400
留存收益	33 520	销售折扣	3 600
商品存货，期初余额	115 000	利息费用	2 000
销售退回和折让	15 680	商品存货，期末余额	104 400
应付票据	10 640	购货退回和折让	20 600
购货折扣	3 400		

要求：①编制所需结账分录，假设为定期盘存制。②计算留存收益期末余额。

S5-14　计算定期盘存制下的主营业务成本。

G 批发商年初商品存货为 6 000 美元。本年购进 97 000 美元的商品，退回 6 200 美元的次品。支付了 1 500 美元的进货运费。年末商品存货余额为 17 300 美元。假设为定期盘存制，计算本年主营业务成本。

习题

无特殊说明时均假设为永续盘存制，所有数字均四舍五入到整数。

E5-15　会计词汇的使用。

将会计术语与对应定义配比。

1. 信用条款	a. 企业已销售的商品存货的成本
2. 目的地交货	b. 是卖方对买方保留可退回商品的奖励
3. 发票	c. 向制造商或批发商购买商品然后销售给消费者的商业企业
4. 主营业务成本	d. 货物到达目的地时起所有权转移至买方，卖方支付运费
5. 销售净收入	e. 向制造商购买商品然后销售给零售商的商业企业
6. 购货折让	f. 企业为了鼓励买方尽早付款而提供的一种折扣
7. 装运点交货	g. 货物离开卖方所在地（装运点）之后所有权转移至买方，买方支付运费
8. 批发商	h. 发票中声明的购销条款
9. 购货折扣	i. 公司销售商品获得的收入扣除销售退回和折让和销售折扣后的金额
10. 零售商	j. 卖方向买方开出的付款要求

E5-16　根据发票编制采购业务日记账。

金士顿轮胎收到来自供应商（Fields Distribution 股份有限公司）的发票，如下所示（单位：美元）：

要求：①编制 2015 年 9 月 23 日所需日记账分录，不用四舍五入到整数，假设轮胎为赊购。②编制 2015 年 9 月 28 日退回的子午线轮胎的日记账分录，订单错误导致退回。不用四舍五入到整数。③编制 2015 年 10 月 1 日付款的日记账分录。不用四舍五入到整数。

Fields Distribution 股份有限公司

发票日期：2015 年 9 月 23 日

买方：金士顿轮胎　　　　　　　　　　　　　支付条款：1/10，n/30

产品型号	数量	价格	金额
子午线轮胎	4	$38.12	$152.48
带束斜交轮胎	10	42.84	428.40
卡车轮胎	8	58.12	348.72
合计			929.60

截止日期：	金额
2015 年 10 月 3 日	$920.30
2015 年 10 月 4 日～10 月 23 日	$929.60

E5-17　编制采购业务日记账。

Hayes 珠宝发生了以下采购业务。编制所需日记账。无须摘要。

6 月 20 日	向珠宝进口商 Slater 钻石赊购 5 800 美元的存货，信用条款为 3/15，n/45，装运点交货
20 日	支付 400 美元的运费
7 月 4 日	向 Slater 退回了 800 美元的存货
14 日	向 Slater 支付扣除退货后的剩余款项
16 日	向珠宝进口商 Schmitt 钻石赊购 3 480 美元的存货，信用条款为 2/10，n/月底，目的地交货
18 日	因有受损但尚可使用的商品，获得 Schmitt 钻石提供的 480 美元的购货折让
24 日	向 Schmitt 钻石支付扣除折让和折扣后的款项

E5-18　已知某商业企业的以下利润数据，计算表中的未知数据（单位：美元）。

销售收入	89 500	103 600	66 200	(f)
销售退回和折让	936	(b)	1 600	894
销售折扣	624	876	400	2 086
销售净收入	87 940	99 200	(d)	(g)
主营业务成本	60 200	(c)	40 500	75 800
毛利润	(a)	34 020	(e)	36 720

E5-19　编制销货业务日记账。

编制以下古董购物中心销货业务的日记账。无须摘要。

1 月 4 日	赊销 12 200 美元的古董，信用条款为 3/15，n/30，商品成本为 6 400 美元
8 日	收到 400 美元的销货退回，货物受损，受损商品成本为 210 美元
13 日	收到 4 日的应收款项，扣除了退回和折扣
20 日	赊销 4 800 美元的古董，信用条款为 1/10，n/45，目的地交货，商品成本为 1 200 美元
20 日	支付 100 美元的销货运费
25 日	经协商给予 20 日售出的商品 300 美元的折让
29 日	收到 20 日的应收款项，扣除了折让和折扣

E5-20 编制采购和销货业务的日记账。

编制以下灵魂艺术礼品店的业务的日记账。无须摘要。

2 月 3 日	赊购 2 700 美元的商品存货，信用条款为 4/10，n/ 月底，装运点交货
7 日	退回 3 日购买的商品中 400 美元的次品
9 日	支付 3 日购货运费 100 美元
10 日	赊销 4 350 美元的商品存货，信用条款为 2/15，n/30，商品成本为 2 300 美元
12 日	偿还 3 日购货的应付款项，扣除了退回和折让
16 日	给予 10 日售出的货物 500 美元的折让
23 日	收回 10 日售出的货款，扣除了折让和折扣

E5-21 编制调整分录并计算毛利润。

Emerson St.Paul 书店 2015 年 6 月 30 日的账户中有以下未调整余额（单位：美元）。

商品存货	5 400
主营业务成本	40 300
销售收入	85 300
销售折扣	1 400
销售退回和折让	2 000

要求：①编制存货短缺的调整分录。③计算毛利润。

根据以下信息回答题目 E5-22 ～ E5-24。

以下是预算业务系统 2015 年 3 月 31 日的调整后试算平衡表。

预算业务系统 调整后试算平衡表 2015 年 3 月 31 日		
	余额	
账户名称	借	贷
现金	$ 2 400	
应收账款	11 400	
商品存货	31 700	
办公用品	6 400	
设备	42 500	
累计折旧——设备		$13 900
应付账款		9 200
应付职工薪酬		1 000
应付票据（长期）		7 900
普通股		20 000
留存收益		14 000
股利	43 000	
销售收入		234 500
销售退回和折让	1 000	
销售折扣	1 500	
主营业务成本	116 300	
销售费用	27 200	
管理费用	14 800	
利息费用	2 300	
合计	$300 500	$300 500

E5-22 编制结账分录。

要求：①编制 2015 年 3 月 31 日所需结账分录。②开立收益汇总、留存收益和股利的 T 形账户。将结账分录过入 T 形账户并计算期末余额。③净利润或净亏损为多少？

E5-23 编制单步式利润表。

编制公司截至 2015 年 3 月 31 日的一年的单步式利润表。

E5-24 编制多步式利润表。

编制公司截至 2015 年 3 月 31 日的一年的多步式利润表。

E5-25 计算毛利率。

蓝湾软件 2015 年实现了 65 000 000 美元的销售净收入。主营业务成本为 39 000 000 美元，净利润为 9 000 000 美元，为史上最高。计算公司 2015 年的毛利率。

E5-26 编制采购业务日记账——定期盘存制。

洛佩兹家电发生了以下采购业务，使用定期盘存制编制相关日记账。无须摘要。

9 月 4 日	向 Marx 家电批发商赊购 6 960 美元的存货，信用条款为 2/15，n/30，装运点交货
4 日	支付运费 480 美元
10 日	退回 960 美元的存货
17 日	支付货款，扣除了退回和折扣
20 日	向 MR 家电批发商赊购 4 200 美元的存货，信用条款为 3/10，n/45，目的地交货
22 日	因有受损但尚可使用的商品，获得 MR 家电提供的 580 美元的购货折让
29 日	向 MR 家电支付货款，扣除了折让和折扣

E5-27 编制销货日记账——定期盘存制。

使用定期盘存制编制以下双 M 箭术的销货业务的日记账。无须摘要。

8 月 1 日	赊销 7 320 美元的设备，信用条款为 3/10，n/30
3 日	收到退回的 240 美元受损商品
8 日	收到 1 日的应收款项，扣除了退回和折扣
15 日	赊销 2 880 美元的设备，信用条款为 1/10，n/45，目的地交货
15 日	支付了 60 美元的销货运费
20 日	经协商给予 15 日售出的商品 180 美元的折让
24 日	收到 15 日的应收款项，扣除了折让和折扣

E5-28 编制采购和销货业务的日记账——定期盘存制。

使用定期盘存制编制以下摩托自行车公司的业务日记账。无须摘要。

11 月 2 日	赊购 3 780 美元的商品存货，信用条款为 2/10，n/ 月底，装运点交货
6 日	退回 2 日购进的 560 美元的次品
8 日	支付 2 日购货运费 140 美元
10 日	赊销 6 090 美元的商品存货。信用条款为 1/15，n/45
11 日	支付 2 日购货的应付款项，扣除了退回和折扣
15 日	给予 10 日出售的货物 700 美元的折让
22 日	收到 10 日出售的全部货款，扣除了折让和折扣

E5-29 编制结账分录——定期盘存制。

巡洋舰供应商使用定期盘存制，以下为公司 2015 年 12 月 31 日的调整后试算平衡表。

预算业务系统
调整后试算平衡表
2015 年 3 月 31 日

账户名称	余额 借	贷
现金	$　3 360	
应收账款	15 960	
商品存货（期初）	44 380	
办公用品	8 960	
预付租金	59 500	
设备		$　19 460
累计折旧——设备		12 880
应付账款		1 400
应付职工薪酬		11 060
应付票据（长期）		30 000
普通股		20 040
留存收益	60 200	
股利		328 300
销售收入	1 400	
销售退回和折让	2 100	
销售折扣		3 220
利息费用	274 720	
购货		94 820
购货退回和折让		8 200
销售费用	38 080	
管理费用	20 720	
合计	$529 380	$529 380

　　要求：①制作 2015 年 12 月 31 日所需的结账分录。假设期末商品存货为 53 260 美元。②开立收益汇总、留存收益和股利的 T 形账户。将结账分录过入 T 形账户并计算期末余额。③净利润或净亏损为多少？

E5-30　计算定期盘存制下的主营业务成本。

　　达美电气使用定期盘存制，列报了以下账户 2015 年 5 月 31 日的账户余额（单位：美元）。

商品存货，2014 年 6 月 1 日	16 000	进货运费	4 000
商品存货，2015 年 5 月 31 日	23 000	销售收入	174 000
购货	84 000	销售折扣	6 000
购货折扣	3 000	销售退回和折让	17 000
购货退回和折让	9 000	普通股	30 000
		留存收益	17 000

　　计算：

a. 销售净收入　　b. 主营业务成本　　c. 毛利润

☞ 后续习题

P5-45　编制采购和销售业务的日记账，编制结账分录，编制财务报表并计算毛利率。

　　该题延续第 4 章 C4-39 中 Davis 咨询公司的情况。公司主要提供系统咨询服务，同时也开始销售会计软件，并使用永续盘存制记录软件存货。1月公司完成了以下业务：

1月2日	完成一项咨询业务收到7 800美元
2日	预付3个月的办公租金，1 650美元
7日	赊购80套软件，共1 680美元，还有运费80美元
18日	赊销了40套软件，售价3 500美元（成本为880美元）
19日	赊账提供咨询服务，应收1 000美元
20日	支付工资2 055美元，其中包括12月确认的应计工资
21日	偿还应付账款1 760美元
22日	赊购了240套软件，共6 240美元
24日	支付水电费250美元
28日	现销120套软件，收到4 680美元（成本2 960美元）
	记录以下调整分录：
	a. 预提工资费用686美元
31日	b. 折旧100美元（设备，30美元；办公设备，70美元）
	c. 550美元预付租金到期
	d. 软件存货实际盘存为145套，共3 770美元

要求： ①在分类账中开立以下T形账户：现金，16 400美元；应收账款，1 750美元；软件存货，0；办公用品，200美元；预付租金，0；设备，1 800美元；累计折旧——设备，30美元；办公设备，4 200美元；累计折旧——办公设备，70美元；应付账款，4 700美元；应付职工薪酬，685美元；预收账款，700美元；普通股，18 000美元；留存收益，165美元；股利，0；收益汇总，0；劳务收入，0；销售收入，0；主营业务成本，0；工资费用，0；租金费用，0；水电费，0；折旧费用——设备，0；折旧费用——办公设备，0。②编制日记账分录并过账。计算各账户余额，标为Bal。③编制公司截至2015年1月31日的一个月的多步式利润表。将劳务收入列入毛利润，不用将费用划分为销售费用和管理费用。④编制结账分录并过账。过完结账分录后，查看分类账中借贷是否相等。⑤计算公司毛利率。

☞套题

该题延续第2～4章一直使用的Shine King保洁公司的情况。

P5-46　编制采购和销售业务的日记账，编制结账分录，编制财务报表并计算毛利率。

Shine King保洁公司决定除了保洁服务外，还将销售保洁产品。公司为永续盘存制。2015年12月，公司完成了以下业务：

12月2日	向Sparkle赊购了600件存货共3 600美元，信用条款为3/10, n/20
5日	向Borax赊购了400件存货共3 200美元，其中包括200美元的运费，信用条款为4/5, n/30
7日	向Sparkle退回了100件存货（成本为600美元）
9日	向Borax支付货款
11日	向Happy Maids赊销了350件商品共4 900美元，信用条款为5/10, n/30，商品成本为2 100美元
12日	向Sparkle支付货款
15日	收到Happy Maids退回的30件售价为420美元的商品，商品成本为180美元
21日	收到Happy Maids支付的货款
28日	向Bridget销售了200件商品，收到3 000美元（成本为1 144美元）
29日	支付了350美元的水电费用
30日	支付了225美元的销售佣金

（续）

31 日	记录以下调整分录：
	a.12 月 31 日的实地盘存显示存货有 330 件，共 2 541 美元
	b. 折旧 170 美元
	c. 预提工资费用 700 美元
	d. 编制 12 月所需调整分录（提示：需要查看第 3 章的调整信息以确定剩余调整分录），假设 12 月 31 日的保洁用品余额为 50 美元

要求：①在分类账中开立以下 T 形账户：现金，73 100 美元；应收账款，2 000 美元；商品存货，0；保洁用品，50 美元；预付租金，1 500 美元；预付保险，2 200 美元；设备，2 200 美元；卡车，8 000 美元；累计折旧，170 美元；应付账款，945 美元；预收账款，3 450 美元；应付职工薪酬，0；应付利息，100 美元；应付票据（长期），40 000 美元；普通股，43 000 美元；留存收益，1 385 美元；股利，0；收益汇总，0；劳务收入，0；销售收入，0；销售退回和折让，0；销售折扣，0；主营业务成本，0；销售佣金，0；水电费用，0；折旧费用，0；工资费用，0；保险费用，0；租金费用，0；利息费用，0。②编制日记账分录并过账。计算各账户余额，标为 Bal。应付账款和应收账款按供应商或顾客名称区分。③编制调整分录并过账。计算各账户余额。过完调整分录后查看分类账中借贷是否相等。④编制公司 12 月的多步式利润表、留存收益表和分类资产负债表。将劳务收入列入毛利润，不用将费用划分为销售费用和管理费用。⑤编制 12 月份的结账分录。⑥计算公司毛利率。

批判性思考

☞决策案例

案例 5-1

Poppa Rollo's 比萨店在第二个经营年度发展不错。为了决定是否新开一家店，公司编制了本期利润表。财务主管 Jan Lorange 在一本行业杂志上看到判断一家经营两年的比萨店是否成功的指标有两个：

a. 毛利率不低于 60%

b. 净利润不低于 90 000 美元

Lorange 认为公司满足了这两个指标，想要实施扩张计划，并向你寻求遵循 GAAP 编制利润表的一些建议。当你指出该报表中存在错误时，Lorange 向你保证全部数据都是正确的。但一些项目放错了位置。

Poppa Rollo's 比萨店	
利润表	
截至 2015 年 12 月 31 日的一年	
销售收入	$195 000
土地销售利得	24 600
收入合计	219 600
主营业务成本	85 200
毛利润	134 400
营业费用：	
工资费用	35 600
利息费用	6 000
折旧费用	4 800

（续）

Poppa Rollo's 比萨店 利润表 截至 2015 年 12 月 31 日的一年	
水电费用	3 700
营业费用合计	50 100
营业利润	84 300
其他收入	
销售退回	10 700
净利润	$ 95 000

编制正确的多步式利润表，并就是否应该扩张给出建议。不用将费用划分为销售费用和管理费用。

案例 5-2

聚会时间 T 恤公司主要向当地大学举办的聚会提供 T 恤。公司刚刚结束首个经营年度，股东对以下利润表中反映的经营成果普遍感到满意：

聚会时间 T 恤公司 利润表 截至 2014 年 12 月 31 日的一年	
销售净收入	$ 350 000
主营业务成本	210 000
毛利润	140 000
营业费用：	
销售费用	40 000
管理费用	25 000
净利润	$ 75 000

财务主管 Bill Hildebrand 正在考虑该如何对公司进行扩张。他提供了两种在 2015 年可增加利润至 100 000 美元的方案：

a. Hildebrand 认为应该加大广告投放。他认为多投入 20 000 美元来做广告可以多创造出 30% 的销售净收入，而管理费用则保持不变。假设主营业务成本占销售净收入的比例不变，那么，如果 2015 年销售净收入上升，主营业务成本也会成比例上升。

b. Hildebrand 提议在现有产品线的基础上再销售利润率较高的商品，比如聚会礼服。某进口商至少可以提供 1 000 件单价 40 美元的礼服，公司可以翻倍售出，即单价 80 美元。Hildebrand 意识到还需要对新产品做广告，广告费用为 5 000 美元。预期明年只能销售 80% 的礼服。

帮助 Hildebrand 决定该使用哪套方案。编制 2015 年的单步式利润表以反映两种方案的净利润分别为多少。

道德问题

Dobbs 古董批发所有销售业务均为装运点交货，通常在收到订单一周后将货物送达客户。公司所有者 Kathy Dobbs 在考虑该何时发出 12 月底收到的订单。如果利润水平已经可以接受，则在 1 月发出货物。如果本年利润低于预期水平，则在 12 月发出货物。

要求：①在装运点交货的前提下，应该何时确认销售收入？②你同意以上发货时间和销售收入确认时间的确定方法吗？如果同意，请给出原因；如果不同意，请指出更好的确定方法。（以上方法不违背会计准则。）

☞ 舞弊案例

Rae Philippe 是 Atkins 油田的一位仓库经理，该公司的经营业务覆盖西部八州。她是一位老行家，认识大多数仓库经理好多年了。每年 12 月左右，审计人员会来对每个仓库的存货进行实地盘点。最近，Rae 的哥哥开办了自己的钻井公司，游说 Rae 借给他 80 个 5 英尺钻管接头，用来钻第一口井。他承诺 12 月之前一定归还，但该井出现了问题，钻管还埋在下面。Rae 知道审计人员马上就要来了，所以她打电话给好朋友 Andy，是公司另一个仓库的经理。"明天借我 80 个 5 英尺钻管接头，我会尽快归还。"Rae 说。审计人员来的时候，账面数量与实际相符，所以提交了一份"无异常"报告。

要求：①未来公司或审计人员可以采取一些措施来发现这种舞弊行为吗？②这种行为会对公司的财务状况产生什么影响？

☞ 财务报表案例

该案例同时使用星巴克的利润表（合并报表）和资产负债表。登录 www.pearsonhighered.com/Horngren 查看星巴克 2011 年的年报。

要求：①公司 2011 年 10 月 2 日和 2010 年 10 月 3 日的存货价值分别为多少？②查看合并报表附注中的附注 4。星巴克的存货包括哪些？③星巴克截至 2011 年 10 月 2 日的一年和截至 2010 年 10 月 3 日的一年的主营业务成本（销售成本）分别为多少？④星巴克的利润表为何种形式？做简要解释。⑤分别计算星巴克截至 2011 年 10 月 2 日的一年和截至 2010 年 10 月 3 日的一年的毛利率。毛利率是上升、下降还是保持不变？假设行业平均毛利润为 56.83%。相比于行业平均水平，星巴克的毛利率怎么样？

☞ 小组讨论

以小组为单位，至少拜访一家当地的商业企业。采访一位公司负责人来了解公司的存货政策和会计制度。回答以下问题，撰写一份报告，如果到时要求的话再向全班同学做一次展示。

要求：①该公司销售哪种存货？②公司向谁购买存货？供应商是新洽谈的还是长期合作的？③购买存货的交货条款是什么？谁支付运费，卖方还是买方？运费高吗？运费占存货成本的多少？④购买存货的信用条款是什么？2/10，n/30，还是其他条款？公司有尽早付款以获得购货折扣吗？如果有，为什么？如果没有，又为什么？⑤公司如何向供应商付款？是寄支票还是电子转账？是电算化系统吗？⑥公司使用哪种存货盘存制度？永续盘存制还是定期盘存制？是电算化系统吗？⑦公司如何对存货进行实地盘点？何时盘点？描述盘点流程。⑧经理是用毛利率来评估业绩的吗？如果不是，向其展示如何使用毛利率做决策。⑨提问小组认为需要知道的其他问题。

☞ 交流活动

用 100 个字以内解释销售折扣和购货折扣的区别。

第 1～5 章的综合习题 1

完成商业企业的会计循环。

St.Paul 科技公司为永续盘存制，以下是公司 2015 年 1 月 31 日的未调整试算平衡表：

St.Paul 科技公司
未调整试算平衡表
2015 年 1 月 31 日

账户名称	借	贷
现金	$ 16 260	

（续）

账户名称	余额	
	借	贷
应收账款	18 930	
商品存货	65 000	
办公用品	2 580	
建筑物	188 090	
累计折旧——建筑物		$ 35 300
设备	44 800	
累计折旧——设备		5 500
应付账款		27 900
应付职工薪酬		0
预收账款		6 480
应付票据（长期）		85 000
普通股		100 000
留存收益		52 190
股利	9 100	
销售收入		179 930
销售折扣	7 100	
销售退回和折让	8 080	
主营业务成本	101 900	
销售费用	21 380	
管理费用	9 080	
合计	$ 492 300	$ 492 300

2015 年 1 月 31 日的其他数据：

a.	本月耗用办公用品 1 400 美元。一半为销售费用，一半为管理费用
b.	本月折旧：建筑物，3 800 美元；设备，4 600 美元；1/4 的折旧费用为销售费用，3/4 为管理费用
c.	本月实现 4 420 美元的预收账款
d.	应计工资 1 100 美元，为管理费用
e.	实际商品存货 63 460 美元。公司为永续盘存制

要求：①开立试算平衡表中的账户的 T 形账户，录入未调整账户余额。同时开立收益汇总账户。②编制 1 月 31 日的调整分录并过账。计算 T 形账户的期末余额。③将未调整试算平衡表录入工作底稿，完成截至 2015 年 1 月 31 日的一个月的工作底稿，公司营业费用分为销售费用和管理费用。销售费用后空两行，管理费用后空三行。④编制截至 2015 年 1 月 31 日的一个月的多步式利润表、留存收益表，编制当日的报告式资产负债表。⑤编制 1 月 31 日的结账分录并过账。

练习题答案

1　d

2　f

3　e

4　a

5　b

6　c

7

日期	账户和说明	借	贷
7 月 1 日	商品存货	20 500	
	应付账款		20 500
	赊账购买存货		
7 月 3 日	应付账款	4 000	
	商品存货		4 000
	向卖方退回商品		
7 月 9 日	应付账款（20 500−4 000）	16 500	
	现金（16 500−330）		16 170
	商品存货（16 500×0.02）		330
	在折扣期内付款		

8

日期	账户和说明	借	贷
7 月 12 日	应收账款	8 000	
	销售收入		8 000
	赊销收入		
7 月 12 日	主营业务成本	4 800	
	商品存货		4 800
	记录已销商品成本		
7 月 21 日	销售退回和折让	1 000	
	应收账款		1 000
	收到退回的商品		
	商品存货	600	
	主营业务成本		600
	将商品重新归为存货		
7 月 26 日	现金（7 000−210）	6 790	
	销售折扣（7 000×0.03）	210	
	应收账款（8 000−1 000）		7 000
	在折扣期内收回款项并扣除了退回和折扣		

9

日期	账户和说明	借	贷
12 月 31 日	主营业务成本	500	
	商品存货		500
	调整存货短缺		

10

首都摩托公司
利润表
截至 2015 年 12 月 31 日的一年

销售收入	$ 120 000	
减：销售退回和折让	4 500	
销售折扣	2 000	
销售净收入		$ 113 500
主营业务成本		85 000

（续）

首都摩托公司
利润表
截至 2015 年 12 月 31 日的一年

毛利润		28 500
营业费用：		
销售费用	10 500	
管理费用	8 000	
营业费用合计		18 500
营业利润		10 000
其他收入和（费用）：		
利息收入	1 000	
其他收入和（费用）合计		1 000
净利润		$ 11 000

11　毛利率＝毛利润／销售净收入＝（$120 000－$4 500－$2 000－$85 000）／（$120 000－$4 500－$2 000）＝0.251＝25.1%

12

日期	账户和说明	借	贷
7 月 1 日	购货	20 500	
	应付账款		20 500
	赊账购买存货		
7 月 3 日	应付账款	4 000	
	购货退回和折让		4 000
	向卖方退回商品		
7 月 9 日	应付账款（＝20 500－4 000）	16 500	
	现金（＝16 500－330）		16 170
	商品存货（＝16 500×0.02）		330
	在折扣期内付款		
7 月 12 日	应收账款	8 000	
	销售收入		8 000
	赊销收入		
7 月 21 日	销售退回和折让	1 000	
	应收账款		1 000
	收到退回的商品		
7 月 26 日	现金（＝7 000－210）	6 790	
	销售折扣（＝7 000×0.03）	210	
	应收账款（＝8 000－1 000）		7 000
	在折扣期内收回款项并扣除了退回和折扣		

☞快速测验答案

1. d　　2. a　　3. c　　4. c　　5. b　　6. a　　7. a　　8. d　　9. a　　10. d

第 **6** 章

商 品 存 货

如何计量存货成本

  Jorell 感到很兴奋，因为他今天收到了最新的商品存货。Jorell 作为一名成功的体育用品商店的管理者，他决定通过提供户外烹饪项目来扩大商品存货线，比如烤架、炊具，以及相应的配件。他相信这些新的商品会为商店吸引到新顾客并最终带来更多的利润。

  当 Jorell 准备出售存货时，他必须决定如何将业务跟踪到每个产品的销售成本。比方说，如果要销售 500 台相同的户外烤架，而这些烤架的购买时间和成本都不同，如何确定每个烤架的成本？应该对每一个特定的烤架的售价保留详细的记录吗？或者应该用存货成本核算方法计算近似的存货成本流吗？例如，公司可能会决定追踪第一个烤架从购入到售出的价格而非单独考虑每一个烤架的成本。或者，它会考虑分配最后一个烤架的购入到第一个烤架的售出。

  当谈及选择存货成本核算方法时，Jorell 明白他有几个不同选择。他想要选择一个相对容易实现和维护的方法。他知道通过为公司选择最好的方法，能够很容易地确定售出商品的成本，以及最终的总利润。

  在这个章节中，通过学习如何计算存货成本，我们将讨论延伸到商品存货。Dick 的体育用品公司是一家销售体育用品、服装、鞋类的零售店，当他购买以及售出存货时，公司必须计算合适的存货。为了计算销售毛利，Dick 必须确定售出的存货成本。如果一个企业只有少量的存货，确定一个特定项目的成本将是简单的。但是，如同 Dick 的体育用品公司一般的大型公司通常有数万项存货，这通常会让跟踪成本变得非常困难。在本章中，你会知道每个企业必须选择一个存货成本核算方法，让它来跟踪成本，确定销售货物的成本、毛利，以及期末商品存货的价值。

☞ 🐾 章节纲要

- 什么是会计准则和商品存货控制？
- 如何在永续盘存制下确定商品存货成本？
- 不同的存货成本核算方法会如何影响财务报表的结果？
- 在使用低成本市场规则时，如何衡量商品存货价值？

- 商品存货的错误会在财务报表上产生什么样的影响？
- 我们如何利用存货周转率和日销量来评估商业业绩？
- 在定期盘存系统中商品存货成本如何确定（见附录 6A）？
- 期末商品存货成本如何估计（见附录 6B）？

☞ **学习目标**

1. 识别会计原则和商品存货控制。
2. 考虑在永续盘存制下商品存货的成本。
3. 比较使用不同的存货成本计算方法对财务报表的影响。
4. 将低成本市场规则运用于商品存货。
5. 衡量商品存货错误对财务报表的影响。
6. 以存货周转率和日销量来评估商业业绩。
7. 在定期盘存系统下考虑商品存货成本（见附录 6A）。
8. 使用毛利法和零售方法估计期末商品存货成本（见附录 6B）。

6.1 什么是存货的会计标准

第 5 章介绍了商品存货的计量，展示了一个被称为 Smart Touch Learning 的虚拟学习软件如何记录其存货的购入和售出。本章将继续完善商品存货的会计处理。

6.1.1 会计原则

让我们开始学习一些会对商品存货产生影响的会计原则，其中包括：一致性原则、披露原则、重要性原则，以及稳健原则。

1. 一致性原则

一致性原则（consistency principle）指出，企业在不同的会计时期应该使用相同的会计方法和程序。一致性原则可以帮助投资者和债权人比较同一个公司不同时期的财务报告。

假设你正在对一个公司进行两年期的净利润分析，第二年比第一年的净利润有所上升。对利润表的分析显示销售收入几乎相同的两年，由于销售货物成本的显著降低，导致总利润和营业收入的增加。如果没有进一步的信息，你也许会认为公司能够在第二年以一个较低的成本购入存货，并且在未来的几年内，它的利润还会继续上升。然而，改变存货成本计算方法可能会导致这个变化成为一次性的。在这种情况下，未来的利润将不会受到影响。因此，企业必须保持它们所使用的会计方法的一致性。如果改变会计方法，必须对这些变化予以报告。投资者和债权人需要这些信息来对公司做出明智的决定。

2. 披露原则

披露原则（disclosure principle）认为，企业应该对外界提供足够的信息以便它们做出明智的决定。简而言之，企业应当提供关于经济事项相关的、可靠的和具代表性的信息。这包括披露企业所采用的存货计价方法。所有主要的会计方法和程序都应记录在财务报告的附注中。假设一位银行家正在对两家企业进行比较，一家采用存货计价方法 A，另一家采用存货计价方法 B。采用 B 的企业报告的净利润高，但这只是因为它采用的存货计价方法不同。如果不了解这些会计方法，银行家将可能会贷款给错误的企业。

3. 重要性原则

重要性原则（materiality concept）是指企业只对重要的项目严格执行适当的会计方法。重要的信息，用会计术语来说，即重要性，它会导致其使用者改变决策。重要性原则将会计师从严格按照一般公认会计准则报告每一事项中解脱出来。例如，对于一个年销售额 100 000 美元的小企业来说，1 000 美元是重要的。然而，如果对象是一个年销售额达到 100 000 000 美元的大型企业，1 000 美元就不再重要了。因此，根据企业规模的不同，会计原则也会相应地有所差别。

4. 稳健原则

会计中的**稳健原则**（conservatism）意味着企业需要在财务报告中对所报告的项目保持谨慎。稳健原则体现这样一些会计思想：

- 不夸大任何收入，但估计所有可能的损失。
- 如果存在疑问，则在合理的范围内以最低的数字记录一项资产，而以最高数字记录一项负债。
- 当存在问题时，记录一项费用而非一项资产。
- 当有两个合理的选择摆在你的面前时，一项低估了你的业务，而另一项高估了你的业务，你应当选择低估的那一项。

稳健原则的目的是真实地反映企业的经营状况，而非夸大资产或收益。

6.1.2 控制商品存货

对于企业来说，保持一个良好的存货控制习惯是非常重要的。合理的存货控制可以确保商品的购入及卖出都遵从会计体系的制约。存货控制可以通过以下几种措施来实现：

- 确保企业将通过被授权的经销商并且以一个适度的价格来购入商品存货。
- 每次进货的订单都需要被追踪并且记录下来。在接收存货时，一个计量单位内的存货应该被归在一起，并且每项存货都应当仔细检查以防损坏。
- 损坏的存货应该被合理记录下来并且根据情况来选择是使用、处理掉，还是返还给经销商。
- 需要用一个固定的分组来记录由于偷窃、损坏、记录错误引起的存货缩减，记录的周期不应少于一年一次。
- 当一件商品售出时，售出的商品应从存货的类目中移出。这样做可以避免耗尽商品存货，通常称为缺货。

练习题 将下列会计术语与其释义匹配起来。

1. 稳健原则　　　a. 如果存在两项或者更多的选择，企业应该在财务报表中记录最有用的数据

2. 重要性原则　　b. 企业应该为外界提供足够的信息以帮助公司外部人员对该企业做出明智的判断

3. 披露原则　　　c. 企业在不同的会计时期应该使用相同的会计方法和程序

4. 一致性原则　　d. 企业需要在显示该企业重要财务状况的财务报告中对所报告的项目保持谨慎

更多练习请见题目 S12-1 和 S12-2。

6.2　如何在永续盘存制下确定商品存货成本

之前你已经了解了商品存货和销售成本。记住以下几个关键公式：

$$期末存货 = 现有单位数量 × 单位成本$$

$$销售成本 = 已售单位数量 × 单位成本$$

企业通过组织永续存货盘点来确定现有的单位数量。表 6-1 给出了 Smart Touch Learning 公司所销售的一个型号为 TAB0503 的存货数据。

在表 6-1 中我们可以看出，Smart Touch Learning 公司于 8 月开始记录 TAB0503 的存货，最初有 2 个。到了 8 月 5 日购入 4 个 TAB0503 的存货，当时的存货总数达到 6（=2+4）个。然后在 8 月 15 日的时候售出产品 4 个，剩余 2（=6-4）个。之后 Smart Touch Learning 公司又于 8 月 26 日购入 12 个该商品并于 8 月 31 日售出 10 个。

表 6-1　永续盘存记录

类目：TAB0503

日期	购买数量	售出数量	单位成本	现存量
8 月 1 日			$350	2
5 日	4		$350	6 ← 2+4
15 日		4		2 ← 6-4
26 日	12		$350	14
31 日		10		4
总计	16	14		4

于是，在 8 月月末的时候，TAB0503 的存货最终剩余 4（=2+12-10）个。该项商品的售价为每个 500 美元。

如果价格不变，计算存货成本其实很简单。打个比方，观察表 6-1 可以看到，Smart Touch Learning 公司的单位成本一直保持在 350 美元。因此，期末存货和销售成本都可以轻而易举地计算出来。

$$期末存货 = 现有单位数量 × 单位成本 = 4 单位 × \$350 / 单位 = \$1\,400$$

$$销售成本 = 已售单位数量 × 单位成本 = 14 单位 × \$350 / 单位 = \$4\,900$$

但是，如果单位成本的价格发生变化，我们又该如何计算？比方说，如表 6-2 所示，如果单位成本的价格于 8 月 5 日上涨到 360 美元，并且于 8 月 26 日上涨到 380 美元，我们该怎么办？当存货于 8 月 31 日售出时，这其中有多少个成本价是 350 美元？多少个成本价是 360 美元？还有多少个成本价是 380 美元？此时，为了计算期末存货和销售成本，Smart Touch Learning 公司必须分别注明每一项商品存货的单位成本。这一点可以通过以下四种存货计价方法中的其中一种来实现：

表 6-2　永续盘存记录——单元成本改变

类目：TAB0503

日期	购买数量	售出数量	单位成本	现存量
8 月 1 日			$350	2
5 日	4		$360	6
15 日		4		2
26 日	12		$380	14
31 日		10		4
总计	16	14		4

（1）个别计价法

（2）先进先出法（FIFO）

（3）后进先出法（LIFO）

（4）加权平均法

除了个别计价法之外，其他的**存货计价方法**（inventory costing method）都比较接近商业活动的资金流向，并且可以用来确定商品的销售成本和期末存货。

6.2.1　个别计价法

个别计价法（specific identification method）用每次存货的实际单位成本来确定期末存货和销售成本。在个别计价法中，企业可以确切地知道哪项商品被卖出以及该项商品的成本价是多少。这种方法适合于特殊且容易被识别的商品，例如：汽车（可以通过车架号码［VIN］来识别）、珠宝（某个特殊的钻石戒指），或者房子（可以通过地址来识别）。比方说，已经确定在 8 月 15 日售出的 4 件商品中，1 件的成本价是 350 美元，其他 3 件的成本价是 360 美元。在 8 月 31 日售出的 10 件商品中，1 件的成本价是 350 美元，其他 9 件的成本价是 380 美元。表 6-3 展示了这种情况下期末存货和销售成本的计算。

表 6-3　永续盘存记录——个别计价法

日期	购买			销售成本			现存量		
	数量	单位成本	总成本	数量	单位成本	总成本	数量	单位成本	总成本
8 月 1 日							2	× $350	=$ 700 } $ 700
5 日	4	× $360	=$1 440				2 4	× $350 × $360	=$ 700 =$1 440 } $2 140
15 日				1 3	× $350 × $360	=$ 350 =$1 080 } $1 430	1 1	× $350 × $360	=$ 350 =$ 360 } $ 710
26 日	12	× $380	=$4 560				1 1 12	× $350 × $360 × $380	=$ 350 =$ 360 =$4 560 } $5 270
31 日				1 9	× $350 × $380	=$ 350 =$3 420 } $3 770	1 3	× $360 × $380	=$ 360 =$1 140 } $1 500
总计	16		$6 000	14		$5 200	4		$1 500

注意在个别计价法中，每一项商品的售出都会有具体的记录。例如，在 8 月 15 日售出的商品中，Smart Touch Learning 公司可以知道它售出的 4 件商品有 1 件的成本价是 350 美元，另外 3 件的成本价是 360 美元。这项销售记录在期末存货中剩余 1（=2-1）个单位 350 美元和 1（=4-3）个单位 306 美元。这个方法需要企业对存货的购入和售出保持详细的记录，但是可以使企业能够仔细辨别售出存货的信息。

6.2.2　先进先出法（FIFO）

在**先进先出法**（first in, first-out method，FIFO）中，货物的销售成本基于最早购买的存货，也就是说，假设最先入库的存货将会被最先售出。在表 6-4 中，我们可以看出这一点，销售成本源自最先购入的商品存货，即在 8 月 1 日存货开始的时候所记录的商品。对于大多数公司而言，先进先出法与公司实际的存货流动基本一致。也就是说，在先进先出法中，公司会首先出售它们最早购入的商品。

表 6-4　永续盘存记录——先进先出法

日期	购买			销售成本			现存量		
	数量	单位成本	总成本	数量	单位成本	总成本	数量	单位成本	总成本
8月1日							2	× $350	=$ 700 } $ 700
5日	4	× $360	=$1 440				2 4	× $350 × $360	=$ 700 =$1 440 } $2 140
15日				2 2	× $350 × $360	=$ 700 =$ 720 } $1 420	2	× $360	=$ 720 } $ 720
26日	12	× $380	=$4 560				2 12	× $360 × $380	=$ 720 =$4 560 } $5 280
31日				2 8	× $360 × $380	=$ 720 =$3 040 } $3 760	4	× $380	=$1 520 } $1 520
总计	16		$6 000	14		$5 180	4		$1 520

Smart Touch Learning 公司在 8 月初的时候拥有两个成本价为 350 美元的 TAB0503 存货。在 8 月 5 日购入商品之后，存货的数量上升到 6（=2+4）个。8 月 15 日公司售出 4 件该商品。使用先进先出法，最先售出的是最初成本价为 350 美元的那两个，然后是两个成本价为 360 美元的商品。8 月 15 日剩余的两件商品的成本价为 360 美元。后续的存货记录都遵循这个模式。那么，在 8 月 31 日售出的 10 件商品中，两件来源于 8 月 5 日以 360 美元购入的存货，其余的 8 件来源于 8 月 26 日以 380 美元购入的存货。最终剩余的 4 件商品的成本价都是 380 美元。

在 8 月 31 日以月为单位通过先进先出法记录的存货计算方式可以总结如下：

- 销售成本：14 个单位的销售成本总计为 5 180 美元
- 期末存货：4 个单位的期末存货成本总计为 1 520 美元

注意，总的销售成本 5 180 美元加上总的期末存货成本 1 520 美元等于总的**可供销存货成本**（cost of goods available for sale），8 月的是 6 700 [=（2×350）+（4×360）+（12×380）] 美元。可供销存货成本代表在这段时期内可供出售的商品存货的总成本。Smart Touch Learning 公司在它的财务报表中使用这种方法来计算销售成本和期末存货。

先进先出法的日记账

先进先出法的日记账如下所示。我们假设所有存货的购入和卖出都已记入账目中。先进先出法中独特的项目用黑体字强调出来，其余项目四种存货计价方法相同。

日期	账户和说明	借	贷				
8月5日	商品存货 (4 × $360)	1 440		**资产↑** 商品存货↑ } = {	**负债↑** 应付账款↑	+	**权益**
	应付账款		1 440				
	存货采购科目						
15日	应收账款 (4 × $500)	2 000		**资产↑** 应收账款↑ } = {	**负债**	+	**权益↑** 销售收入↑
	销售收入		2 000				
	销售科目						
15日	销售成本 (2 × $350) + (2 × $360)	1 420		**资产↓** 商品存货↓ } = {	**负债**	+	**权益↓** 销售成本↑
	商品存货		1 420				
	核算已售货物的成本						

（续）

日期	账户和说明	借	贷
	商品存货 (12 × $380)	4 560	
26 日	应付账款		4 560
	存货采购科目		
31 日	应收账款 (10 × $500)	5 000	
	销售收入		5 000
	销售科目		
31 日	销售成本 [(2 × $360) + (8 × $380)]	3 760	
	商品存货		3 760
	核算已售货物的成本		

资产↑ { 商品存货↑ } = 负债↑ 应付账款↑ + 权益

资产↑ 应收账款↑ = 负债 + 权益↑ 销售收入↑

资产↓ 商品存货↓ = 负债 + 权益↓ 销售成本↑

例如，在 8 月 5 日，Smart Touch Learning 公司购入 1 440 美元的商品存货并且完成了第一期的日记账。8 月 15 日，这家公司售出 4 个 TAB0503，每个售价 500 美元。Smart Touch Learning 公司记录销售额 2 000 美元，销售成本 1 420 美元（计算方法在表 6-4 中，两个 350 美元加上两个 360 美元）。后续的日记账（8 月 26 日和 31 日）沿用表 6-4 的数据。

6.2.3 后进先出法 (LIFO)

后进先出法与先进先出法正好相反。在**后进先出法**（last-in, first out，LIFO）中，期末存货来源于这段时间最初的成本（期初最早购入的存货）。销售成本基于最新购入的存货（最新的成本），也就是说，假设最后购入的商品最先出库（卖出）。举例说明，在 8 月 31 日售出的商品的销售成本来源于最近入库的商品，即表 6-5 中于 8 月 26 日购入的存货。在 LIFO 中，公司首先出售它们最新购入的商品存货。

表 6-5　永续盘存记录——后进先出法

日期	购买			销售成本			现存量		
	数量	单位成本	总成本	数量	单位成本	总成本	数量	单位成本	总成本
8 月 1 日							2	× $350	=$ 700 } $ 700
5 日	4	× $360	=$1 440				2 4	× $350 × $360	=$ 700 =$1 440 } $2 140
15 日				4	× $360	=$1 440 } $1 440	2	× $350	=$ 700 } $ 700
26 日	12	× $380	=$4 560				2 12	× $350 × $380	=$ 700 =$4 560 } $5 260
31 日				10	× $380	=$3 800 } $3 800	2 2	× $350 × $380	=$ 700 =$ 760 } $1 460
总计	16		$6 000	14		$5 240	4		$1 460

我们再一次来考虑这个问题，Smart Touch Learning 公司在最初拥有 2 个 TAB0503。在 8 月 5 日购入存货之后，这家公司拥有的存货量变成 6 个（2 个 350 美元，4 个 360 美元）。到了 8 月 15 日，Smart Touch Learning 公司售出 4 个商品。在后进先出法中，销售成本来源于最新购入的商品（4 个 360 美元）。于是 8 月 15 日剩余的 2 个存货的成本价为 350 美元。

8 月 26 日购入的 12 个存货在已有存货上新增了一个价位——380 美元。于是存货的数量变成 14 个。

之后，在后进先出法的规则下，8 月 31 日售出的 10 个商品的成本价都是 380 美元。于是，在 8 月 31 日以月为单位通过先进先出法记录的存货计算可以总结如下：

- 销售成本：14 个单位的销售成本总计为 5 240 美元
- 期末存货：4 个单位的期末存货总计为 1 460 美元

在后进先出法中，Smart Touch Learning 公司在它的财务报表中可以使用以上方式来计算销售成本和期末存货。

后进先出法的日记账

后进先出法的日记账如下所示。我们假设所有存货的购入和卖出都已记入账目中。后进先出法中独特的项目用黑体字强调出来。

日期	账户和说明	借	贷				
8 月 5 日	商品存货 (4 × $360)	1 440		资产↑ 商品存货↑	= 应付账款↑	负债↑	+ 权益
	应付账款		1 440				
	购买存货记账						
15 日	应收账款 (4 × $500)	2 000		资产↑ 应收账款↑	=	负债	+ 权益↑ 销售收入↑
	销售收入		2 000				
	销售科目						
15 日	已售商品成本 (4 × $360)	1 440		资产↓ 商品存货↓	=	负债	+ 权益↓ 售出商品成本↑
	商品存货		1 440				
	已售商品记录						
26 日	商品存货 (12 × $380)	4 560		资产↑ 商品存货↑	= 应付账款↑	负债↑	+ 权益
	应付账款		4 560				
	已购买存货记账						
31 日	应收账款 (10 × $500)	5 000		资产↑ 应收账款↑	=	负债	+ 权益↑ 销售收入↑
	销售收入		5 000				
	销售科目						
31 日	已售商品成本 (10 × $380)	3 800		资产↓ 商品存货↓	=	负债	+ 权益↓ 已售商品成本↑
	商品存货		3 800				
	已购买存货记账						

在 8 月 5 日，Smart Touch Learning 公司购入 1 440 美元的商品存货。8 月 15 日，该公司的销售收入为 2 000（=4×500）美元，销售成本为 1 440（=4×360）美元。8 月 26 日至 31 日的日记账的数据也来源于表 6-5。

> 🧠 **小贴士** 试想一下，如果你去杂货店购买 1 加仑（约 3.8 升）牛奶。哪一种牛奶会放在冷柜的前端？是比较早生产的那一种还是比较新的？比较早生产的牛奶通常放置在前端，这就是先进先出法。现在想象一下我们始终从冷柜的最后方去拿最新的牛奶，这就是后进先出法。我们需要明白，虽然这个设想为我们描述了货物的物理流动过程，但是我们仍需明白实际的存货成本核算系统也许并不是完全遵循这个物理流动过程的。成本核算系统只是对商品流动的一个假设，就算我们使用先进先出法计算商品存货，存货也并非一定要根据先进先出法来售出。

6.2.4 加权平均法

根据**加权平均法**（weighted-average method），公司以加权平均成本计算一项新的购入成本。

期末盘存和商品卖出价格基于每项商品同一种加权平均成本。8月5日的第一项购买后，秋季商品的加权平均成本在350美元的期初存货成本和最近的360美元购货成本之间。

表6-6展示了加权平均法的永续盘存。我们四舍五入平均成本到美分，四舍五入总成本到美元。

表6-6 永续存盘记录：加权平均法

日期	购买			售出商品成本			存货		
	数量	每项成本	总成本	数量	每项成本	总成本	数量	每项成本	总成本
8月1日							2	×$350	=$ 700
5日	4	×$360	= $1 440				6	×$356.67	=$2 140 $2 140/6 =$356.67
15日				4	×$356.67	=$1 427	2	×$356.67	=$ 713
26日	12	×$380	=$ 4 560				14	×$376.64	=$5 273 $5 273/14 =$376.64
31日				10	×$376.64	=$3 766	4	×$376.64	=$1 507
总计	16		$6 000	14		$5 193	4		$1 507

根据之前记录，每项购买后，Smart Touch Learning公司都会对该项目计算出一个新的加权成本平均。举个例子，在8月5日，项目的新的加权成本平均如下：

$$销售商品总成本 \div 销售商品数 = (\$700 + \$1\ 440) \div (2 + 4)$$
$$= \$2\ 140 \div 6$$
$$\approx \$356.67$$

小贴士 根据加权平均法，每项成本都是加权平均的。你不可以取两个项目的成本（350美元和340美元）来决定新的加权成本。事实上，你必须用销售商品的总价（2 140美元）除以销售商品的数量（6个）来计算新的加权成本。8月15日销售的商品平均每项花费356.67美元。在8月26日第二次采购时，新的加权成本平均如下：

$$销售商品总成本 \div 销售商品数 = (\$713 + \$4\ 560) \div (2 + 12)$$
$$= \$5\ 273 \div 14$$
$$\approx \$376.64$$

8月31日的加权成本平均概括如下：
- 已售商品总价：14个，共计5 193美元。
- 期末存货：14个，共计1 507美元。

小贴士 根据加权平均法，四舍五入时误差常会发生。但是本例中无此问题。注意已售商品和期末存货总价6 700（=5 193+1 507）美元，等同于销售商品的总价。

加权平均下的日记账分录

加权成本平均下的日记账分录如下。我们假设所有的购买和在售存货都记账。特定使用加权平均法的总量显示为黑体字。

日期	账户和说明	借	贷				
8月5日	商品存货 (4 × $360)	1 440		**资产↑** {	**负债↑** {	+	权益
	应付账款		1 440	商品存货↑ }={	应付账款↑		
	购买存货记账						
15日	应收账款 (4 × $500)	2 000		**资产↑** {	**负债**	+	权益↑
	销售收入		2 000	应收账款↑ }={			销售收入↑
	销售科目						
15日	已售商品成本 (4 × $356.67)	1 427		**资产↓** {	**负债**	+	权益↓
	商品存货		1 427	商品存货↓ }={			售出商品成本↑
	已售商品记录						
	商品存货 (12 × $380)	4 560		**资产↑** {	**负债↑** {	+	权益
26日	应付账款		4 560	商品存货↑ }={	应付账款↑		
	已购买存货记账						
31日	应收账款 (10 × $500)	5 000		**资产↑** {	**负债**	+	权益↑
	销售收入		5 000	应收账款↑ }={			销售收入↑
	销售科目						
31日	已售商品成本 (10 × $376.64)	3 766		**资产↓** {	**负债**	+	权益↓
	商品存货		3 766	商品存货↓ }={			已售商品成本↑
	已购买存货记账						

在 8 月 5 日，Smart Touch Learning 公司购买了 1 440 美元存货并做了第一个日记账分录。在 8 月 15 日，Smart Touch Learning 公司以每个 500 美元的价格出售 4 个 TAB0503。该公司记录了卖出价（2 000 美元）和商品成本（4 个，每个 356.67 美元，共 1 427 美元）。剩下的日记账分录（8 月 26 日和 31 日）也依照同样的步骤进行。

练习题 Serenity Books 公司在 8 月有如下与商品存货相关的交易。

8月1日	初始商品存货，10 本书，每本 15 美元
3日	以每本 20 美元售出 3 本
12日	以每本 18 美元购入 8 本
15日	以每本 20 美元售出 9 本
20日	以每本 20 美元购入 4 本
28日	以每本 25 美元售出 5 本

a. 通过准备一个存货个别计价法的永久存货记录决定售出商品成本及期末存货成本。假设整个月的图书售出花费如下：

　　8 月 3 日：3 本书，每本 15 美元

　　　　15 日：4 本书，每本 15 美元；5 本书，每本 18 美元

　　　　28 日：2 本书，每本 18 美元；3 本书，每本 20 美元

b. 通过准备一个先进先出存货成本法的永久存货记录决定售出商品成本及期末存货成本。

c. 通过准备一个后进先出存货成本法的永久存货记录决定售出商品成本及期末存货成本。

d. 通过准备一个加权成本平均法的永久存货记录决定售出商品成本及期末存货成本。四舍五入平均成本到美分，四舍五入总成本到美元。

　　更多练习，请见题目 S6-2 到 S6-6。

6.3 不同的存货成本法是怎样影响财务报告的

是什么让 Smart Touch Learning 公司甄选存货个别计价法、FIFO、LIFO、加权平均成本法的？不同的方法有不同的优点。

6.3.1 利润表

表 6-7 总结了 Smart Touch Learning 公司用四种存货成本法的不同结果。它展示出销售收入、已售商品成本以及存货个别计价法、FIFO、LIFO、加权平均成本法的总利润。

表 6-7 存货个别计价法、FIFO、LIFO、加权平均成本法的比较——利润表

	个别计价法	FIFO	LIFO	加权成本平均
销售收入（14 × $500）	$7 000	$7 000	$7 000	$7 000
减：销售成本	5 200	5 180	5 240	5 193
总利润	$1 800	$1 820	$1 760	$1 807

表 6-7 展示出 Smart Touch Learning 公司根据 FIFO 所得的售出商品的最低和最高的总利润。因为运营费用是相同的，不论公司用的哪种方法，当存货成本增加时，FIFO 下的净收入始终最高。许多公司更倾向于用高收益来吸引投资者和更优厚的贷款。

提问 经济上是如何决定选取哪种存货成本法的？

当存货成本增加时，LIFO 会导致最高的成本和最低的总利润。更低的利润通常意味着更低的应纳税所得额，因此，LIFO 能让公司在存货成本增加的时候支付更低的所得税。低的税款能更省现金，也就是 LIFO 的主要利润。LIFO 的缺陷是公司不得不报告低的净利润。

加权平均法形成的数值在 FIFO 和 LIFO 之间。因此，公司通过加权平均法寻找一种"中间立场"的解决方法。

6.3.2 资产负债表

再次思考 Smart Touch Learning 公司 8 月的购买记录。该公司 8 月共有存货如下：

8月1日	2 × $350	$ 700
8月5日	4 × $360	$1 440
8月26日	12 × $380	$4 560
销售商品总成本		$6 700

只有两件事可以影响报表，不管是留在仓库（期末商品存货），还是被售出（售出商品成本）。期末存货可以由销售商品成本（期初商品存货及被购买的存货）减去商品存货售出（售出商品成本）计算得到。表 6-8 展示了 Smart Touch Learning 公司 8 月通过每种方法计算期末存货的所得结果。

表 6-8 存货个别计价法、FIFO、LIFO、加权平均成本法的比较——资产负债表

	个别计价法	FIFO	LIFO	加权平均成本法
期初商品存货	$ 700	$ 700	$ 700	$ 700
加：购买的净成本	6 000	6 000	6 000	6 000
销售商品成本	6 700	6 700	6 700	6 700
减：销售成本	5 200	5 180	5 240	5 193
期末商品存货	$ 1 500	$ 1 520	$ 1 460	$ 1 507

> 小贴士　表 6-6 中展示的加权平均期末存货数值和表 6-8 中的有稍许不同，这是四舍五入的原因。完成你的作业时，一定要看清楚提示用加权平均法时如何进行四舍五入。

当成本增加时使用 FIFO 得到的期末存货将会达到最高，使用 LIFO 得到的期末存货最低，加权平均法又一次居中。

现在我们在运用个别计价法时都忽略了利润表和资产负债表的影响。这是因为在个别计价法下，结果会根据已售存货的成本分配发生变化。大部分公司不选用个别计价法，除非它们想要精确匹配每一项货物的准确成本。

我们对存货成本增加给财务报表带来的影响进行了研究。当存货成本减少时，以上讨论的结果对财务报表的影响是相反的。表 6-9 总结了存货成本增加和减少对财务报表的影响。

表 6-9　存货成本增加和减少对财务报表的影响

存货成本增加时			
个别计价法	FIFO	LIFO	加权平均法
利润表			
销售成本　　　变化	最低	最高	居中
净收入　　　　变化	最高	最低	居中
资产负债表			
期末商品存货　变化	最高	最低	居中

存货成本减少时			
个别计价法	FIFO	LIFO	加权平均法
利润表			
销售成本　　　变化	最高	最低	居中
净收入　　　　变化	最低	最高	居中
资产负债表			
期末商品存货　变化	最低	最高	居中

> 练习题　Antelope Motors 公司在考虑该用哪一种存货成本法。它想在减少成本的同时使总利润最大化。Antelope Motors 公司该用哪一种存货成本法呢？
>
> 　更多练习，请见题目 S6-2 到 S6-7。

6.4 在成本与市价孰低法规则下如何估价商品存货

除了个别计价法、FIFO、LIFO、加权平均法等存货成本理论，会计人员还面临其他存货问题，比如**成本与市价孰低法**（lower-of-cost-or-market，LCM）规则。LCM 表现出在行动中的会计稳健性以及财务报表中记录的商品存货在以下两者中的最低要求：

- 存货的原始成本
- 存货的市值

6.4.1　估算成本与市价孰低

对于存货而言，市值通常意味着现行重置成本（即用价格替代现有的存货）。如果存货重置成本比它的原始成本少，公司就必须调整存货价格。通过调低存货价格（把商品存货记入贷方），资产负债表的资产价值、商品存货都会用正确估价（市值）来代替过高价格（成本）。如果商品存货的市值比成本高，根据稳健性原则，我们就不需要调整商品存货账目了。

6.4.2 根据调整分录调整商品存货

假设 Smart Touch Learning 公司为它的 TAB0503 存货付了 3 000 美元。在 12 月 31 日前，这批存货价值 2 200 美元，并且不停地减值。市值低于成本，根据 LCM 的存货清单登记如下。

日期	账户和说明	借	贷
12 月 31 日	销售成本	800	
	商品存货		800
	将商品存货记录为市场价值		

资产↓　　　　负债　＋　权益↓
存货↓　＝　　　　　　已售商品
　　　　　　　　　　成本↑

在这个案例中，Smart Touch Learning 公司资产负债表上的存货如下：

资产负债表（部分）2015 年 12 月 31 日	
流动资产：	
商品存货	$2 200

JFRS

准则提示 在国际财务报告准则下，存货应按国际财务报告准则上报。重要的是，根据 IFRS，"市场"的定义有所区别。存货的市值被定义为"净可实现价值，"或者至少是它的卖价。（公司能"真正"从存货中获得的是什么？）若原始成本比卖价更高，该存货必须被记录。IFRS 使记录的存货变少。在一些情况下，如果记录是必要的，也许会被转回到一个较晚的时期。转回存货记录时期绝不会发生在 GAAP 下。

企业经常是根据它们财务报表的记录揭露 LCM 法则，正如 Smart Touch Learning 公司展示的一样：

附注 2 重要的会计政策

商品存货。商品存货是在成本与市价孰低法下计算的，成本由先进先出法决定。

决策

存货应当被记录下来吗

Haley Richardson 为一家大型电子零售公司 Electronics 'R US 工作，她负责处理所有存货。年初，考虑到顾客们会蜂拥进店购买，店里存有大量最新的手提电脑，Electronics 'R US 公司不知道这些电脑会在卖出前被淘汰。现在，当 Haley 凝视着在架子上放着的手提电脑时，她想知道该怎么做。如果是你，你会怎么做呢？

解决方案

通常一般公认会计原则需要公司每年评估存货以决定其市值是否比资产负债表上的价值更低。Haley 应当检查公司的手提电脑存货再决定市值。对于 Haley 而言，认识到市值不等于手提电脑可以卖出的价格很重要。Haley 应当记录一本关于手提电脑价格的账目。这能保证 Electronics 'R US 公司在它的资产负债表上准确地反映手提电脑的价值。

> **练习题** T. J. Jackson Supplies 有价值 1 300 美元的存货。这些存货的市值是 750 美元。Jackson Supplies 应该怎样在资产负债表上展示存货的价格？如果需要的话，记录下调整分录。
>
> 更多练习，请见题目 S6-8。

6.5 财务报表上的商品存货错误有什么影响

公司会在结账期间或者会计期末对它们的商品存货进行实地计数。为了使财务报表更精确，取得正确的账目很重要。对于经营业务广泛的公司来讲，这很困难。

一个商品期末存货的错误将会在相关账目上造成一连串的错误。举个例子，假设 Smart Touch Learning 公司意外地上报了比实际多 5 000 美元的期末存货。在这种情况下，期末存货将会在资产债务表中多算 5 000 美元。下面展示了期末存货的夸大如何影响已售商品的成本、总利润和净收入。

	期末存货 夸大 5 000 美元
销售收入	正确
销售成本：	
期初存货	正确
购买净成本	正确
销售商品总成本	正确
减：期末存货	**错误：夸大 5 000 美元**
销售成本	**少报 5 000 美元**
净利润	**夸大 5 000 美元**
营业费用	正确
净收入	**夸大 5 000 美元**

少报期末存货（即上报太低）将有相反的效果。如果 Smart Touch Learning 公司少报 1 200 美元期末存货，影响如下：

	期末存货 少报 1 200 美元
销售收入	正确
销售成本	
期初存货	正确
购买净成本	正确
销售商品总成本	正确
减：期末存货	**错误：少报 1 200 美元**
销售成本	**夸大 1 200 美元**
净利润	**少报 1 200 美元**
营业费用	正确
净收入	**少报 1 200 美元**

一个时期末的商品存货的误差会被带到下一个时期。表 6-10 就解释了这种现象：有三个时期，时期 1 结算超了 5 000 美元，本来应该是 10 000 美元的，这个误差就被带到了时期 2。时期

3 是对的，实际上时期 1、2、3 应该是一样的。

表 6-10　盘存错误

案例公司
利润表
时期 1～3 的年终

	时期 1	时期 2	时期 3
	期末存货夸大 5 000 美元	期初存货夸大 5 000 美元	正确
销售收入	$100 000	$100 000	$100 000
销售成本：			
期初存货	$10 000 →	$15 000 →	$10 000
购买净成本	50 000	50 000	50 000
销售商品总成本	60 000	65 000	60 000
减：期末存货	15 000	10 000	10 000
销售成本	45 000	55 000	50 000
净收入	$55 000	$45 000	$50 000
正确的总利润是每个时期 50 000 美元		$100 000	

资料来源：作者感谢 Carl High 提供案例。

这种结算在计算销售成本时要被减掉，在下一个时间段的期初存货再加回来。所以，两个时间段加起来，这个误差就抵消了。时期 2 所超出的和时期 1 少报的抵消。所以，总利润加起来是对的。这些影响被总结在表 6-11 中。

表 6-11　盘存错误的影响

案例公司
利润表
时期 1～3 的年终

	时期 1		时期 2	
	销售成本	总利润和净收入	销售成本	总利润和净收入
时期 1 期末存货夸大	少报	夸大	夸大	少报
时期 1 期末存货少报	夸大	少报	少报	夸大

道德伦理　　　　　　　　　　**应当计入存货吗**

A'isha Sowell 在财政年度或者会计年度末的主要任务是盘存计数。她知道使公司得到精确盘存的数字非常重要，那会使财务报表更准确。她在年终检查存货盘点表时，她意识到很大一部分存货已经售出但没有运走的仍包括在盘存计数之中。部分存货已经从公司发出，但年终时显示仍然在途。A'isha 认为它们不应该包括在内，因为它们已经出售给港运交货点了。A'isha 带着这个信息去找她的经理时，却被告知她不应当担忧这些，因为这些错误未来会最大限度地自动纠正。A'isha 应当做什么？

解决方案

利润被延搁的企业通常倾向增加报表收入以使企业看上去更成功。一种很简单的方法就是夸大期末存货。A'isha 是对的，那些存货不应当被包括在存货盘点中。当这个错误自发得到最大限度的纠正时（两年内），最近一年，公司的总利润和净收入都被夸大了。这些夸大可以使投资者观察公司的时候对其更有好感。A'isha 应该坚定她的决定和立场，不要将这些存货包括在计数中。

练习题 Shirley's Gourmet Foods' 公司在 2015 年 12 月 31 日的年终存货数据如下：

销售收入		$48 000
销售成本：		
期初商品存货	$3 360	
购买净成本	21 280	
可供销存货成本	24 640	
减：期末存货	4 960	
销售成本		19 680
总利润		$28 320

假设期末商品存货不小心多报了 1 920 美元。那么正确的销售成本和总利润应该是多少？更多练习，请见题目 S6-9。

6.6 我们如何利用存货周转率及存货销量评估企业绩效

公司努力迅速卖掉存货是因为只有卖出存货才能产生利润。进一步说，迅速销售存货减少了其变成废弃品（无用品）的可能，并且不需要公司对现有存货支付高昂的储存和管理费用。有两个比率帮助企业管理存货水平：存货周转率和存货周转天数。

6.6.1 存货周转率

企业试图管理它们的存货水平，那样它们就可以有足够的存货以满足顾客需求并且不用投资大量的钱在架子上堆积存货。存货周转率衡量了存货卖出速度。计算方法如下：

$$存货周转率 = 已售商品成本 \div 平均存货量$$
$$平均存货量 = （期初存货量 + 期末存货量）\div 2$$

高存货周转率意味着存货能轻松售出，低存货周转率则意味着卖出很困难。举个例子，存货周转率为 4 意味着该公司每年可以卖出它的平均水平的存货量 4 次，一年之内每 3 个月周转一次。存货周转率变化幅度因企业本身而有所不同，且应根据行业平均水平来评估。

6.6.2 存货周转天数

另一个关键指标是**存货周转天数**（days sales in inventory）比率。这个比率测量公司持有存货的平均天数，计算如下：

$$存货周转天数 = 365 天 \div 存货周转率$$

存货周转天数因企业不同变化幅度也很大。存货周转天数少更受青睐，因为这意味着公司可以很快卖出存货，从而减少其存货和管理费用，同时也减少了拥有废弃货物的风险。

让我们回到绿山咖啡公司，用以上讨论的两个比率来评估该公司的存货水平。下面展示的是绿山咖啡公司 2011 年 9 月 25 日的利润表和资产负债表中的销售成本和期初期末的存货数（以千计）。

销售成本	$1 746 274
期初存货	262 478
期末存货	672 248

绿山咖啡公司的存货周转率是 3.74，计算如下：

$$存货周转率 = 销售成本 \div 平均存货量$$
$$= \$1\ 746\ 274 \div [(\$262\ 478 + \$672\ 248)/2]$$
$$= 3.74（次 / 年）$$

其存货周转天数是 97.6 天，计算如下：

$$存货周转天数 = 365 天 \div 存货周转率$$
$$= 365 天 \div 3.74$$
$$= 97.6 天$$

可知绿山咖啡公司每年卖出它平均水平的存货 3.74 次。高存货周转率是令人满意的，并且存货周转率的提高通常意味着更高的利润。另外一般来说，绿山咖啡公司的存货周转天数意味着该公司有 97.6 天的现有存货。对一个饮料公司来说这看上去有点高，但它应该根据行业平均水平评估。

 The Opa's Carving Shop 在 2015 年 12 月 31 日有如下财务数据：

销售成本	$484 000
期初存货	88 800
期末存货	111 200

这一年的存货周转率和存货周转天数是多少？

更多练习，请见题目 S6-10。

附录 6A：在实地盘存制下的商品存货成本

6.7 在实地盘存制下的商品存货成本是如何决定的

我们在前面已经简单描述过实地盘存制。账目在实地盘存制下将更简明，因为公司不会将日常运行记录备在手边。在实地盘存制下决定期末存货和销售成本的唯一办法是以实际存货计量剩下的商品（在库），通常在财政年度年终。这种实地盘存制在小公司运行得很好，因为存货可以以目视检查控制，也就是说，存货的规模或者总价值并不大。

多种多样的存货成本理论（个别计价法、FIFO、LIFO 和加权平均成本法）在实地盘存制下依据这种模式更早地说明了永续盘存制。为了展现实地盘存制如何实施，我们仍用 Smart Touch Learning 公司在永续盘存制中使用的数据（见表 6A-1）。

表 6A-1　永续盘存记录——每单项成本的变化

项目：TAB0503

日期	购买数量	已售数量	每单项成本	现有存货量
8月1日			$350	2
5日	4		$360	6
15日		4		2
26日	12		$380	14
31日		10		4
总计	16	14		4

我们用这些数据说明 FIFO、LIFO 以及加权成本平均法。我们不能说明个别计价法，因为它在实地盘存制和永续盘存制下计算出来是一样的。

对于所有的存货成本法，销售成本总是期初存货加净购买额之和。

期初存货（2×$350）	$ 700
加：净购买额 [（4×$360）+（12×$380）]	6 000
销售成本	$6 700

不同的方法（个别计价法、FIFO、LIFO、加权成本平均法）为期末存货和已售出物品的成本计算出不同的数量。换句话说，为可销售的物品投资的 6 700 美元将会体现在资产负债表的存货上，或利润表的"已售出物品的成本"上。在资产负债表上的将会成为 4 个还未售出的项目的成本，在利润表上是 14 个已经售出的项目的成本。

6.7.1　先进先出法

在先进先出法的思想下，期末存货来自最新的（时间上最近的）购买，根据如下说明，每单位花费 380 美元：

初期存货（2×$350）	$ 700
购买净成本（4×$360）+（12×$380）	6 000
销售成本	$6 700
最小期末存货（4×$380）	(1 520)
已售商品成本	$5 180

> 🐭 **小贴士**　请注意，定期盘存制下采用 FIFO 法计算得到的已售商品成本为 5 180 美元，与永续盘存制下采用 FIFO 法所得结果一模一样。两种方法下，出售商品成本与期末存货所得的数额一样。这是因为 FIFO 法总是将最早的存货先卖掉。因此，何时计算并不重要，无论是期初计算（永续），还是期末计算（定期），最早购买的将永远是相同的。

6.7.2　后进先出法

在这种机制下，期末存货成本取决于最开始时期。在这种情况下，期初存货是两个成本为 350 美元，再加上第一次购买的两个 360 美元的项目，采用 LIFO，计算如下：

初期存货（2×$350）	$ 700
购买净成本（4×$360）+（12×$380）	6 000
销售成本	$6 700
减：期末存货（2×$350）+（2×$360）	(1 420)
销售成本	$5 280

6.7.3　加权平均法

在存货加权平均成本法下，当使用定期盘存制时，我们计算每个项目在整段时期的成本为：

可供销存货成本（整个时期）÷ 可供销存货数量 = \$6 700 ÷ 18 = \$372.22（大约）

然后把这个加权平均成本应用于计算期末存货（四舍五入到美元）和销售成本：

期初存货（2 × \$350）	\$ 700
购买净成本（4 × \$360）+（12 × \$380）	6 000
可供销存货成本	\$6 700
减：期末存货（4 × \$372.22）	(1 489)
销售成本	\$5 211

> **小贴士**　注意当用 LIFO 和加权平均法来使用实地盘存制时，期末存货和销售成本的美元数额是不同的。这是因为永续盘存制总是保持存货的动态平衡，而实地盘存制没有。在实地盘存制下，期末存货与存货出售时间并不相关。

> **练习题**　Serenity Books 公司在 8 月有如下和商品存货有关的交易：
>
> | | |
> |---|---|
> | 8 月 1 日 | 期初存货，10 本书，每本 \$15 |
> | 3 日 | 卖出 3 本，每本 \$20 |
> | 12 日 | 购入 8 本，每本 \$18 |
> | 15 日 | 卖出 9 本，每本 \$20 |
> | 20 日 | 购入 4 本，每本 \$20 |
> | 28 日 | 卖出 5 本，每本 \$25 |
>
> **a.** 用 FIFO 法决定销售成本和期末存货，假设 Serenity Books 公司使用实地盘存制。
> **b.** 用 LIFO 法决定销售成本和期末存货，假设 Serenity Books 公司使用实地盘存制。
> **c.** 用加权平均法决定销售成本和期末存货，假设 Serenity Books 公司使用实地盘存制。
> 更多练习，请见题目 S6A-11 到 S6A-13。

附录 6B：估计期末商品存货

6.8　如何估算最后商品存货的成本

通常，每个企业都要估算最后存货的成本，因为每个企业都有可能面对天灾，比如一场大火后所有的存货都被烧光。发生这种不幸时，公司应该有部分关于商品净支出和收入信息的记录。

6.8.1　毛利润法

企业可以用**毛利润法**（gross profit method），也就是用销售收入和销售成本通过公式所得的毛利率表示期末商品存货。记住，已售商品的成本取决于销售出去的商品和最后的商品存货。因为销售成本加上期末商品存货等于可供销存货成本，所以我们可以重排销售成本公式得到销售成本或期末商品存货，如表 6B-1 所示。公司可以用这个重排的公式来估算基于毛利率的销售成本。

表 6B-1 销售成本公式

原始公式		改编公式	
期初存货	$14 000	期初存货	$14 000
采购净成本	66 000	采购净成本	66 000
可供销存货成本	80 000	可供销存货成本	80 000
减：期末存货	20 000	减：期末存货	60 000
销售成本	$60 000	销售成本	$20 000

例如，假设 Smart Touch Learning 公司遭受了自然灾难以至于商品存货全部被毁。为了获得保险赔偿，公司需要估算受灾存货的成本。用毛利率来算，Smart Touch Learning 公司首先要估算销售成本，再从中减去可供销存货成本，以估计存货的价值。

Smart Touch Learning 公司有 14 000 美元的期初存货，并且知道它的采购净成本是 66 000 美元。另外，该公司有 100 000 美元的净销售收入。Smart Touch Learning 公司可以使用它的常规毛利润 40% 来得到估算的销售成本。表 6B-2 说明了毛利润法。

表 6B-2 毛利润法

期初商品存货		$14 000
采购净成本		66 000
可供销存货成本		80 000
估计销售成本		
销售收入净值	$100 000	
减：估计毛利润的 40%（$100 000 × 40%）	40 000	
估计销售成本		60 000
估计期末商品存货		$20 000

这个理论让 Smart Touch Learning 公司可以通过常规毛利润率来得到估计的期末存货成本。

6.8.2 零售价格法

零售价格法（retail method）是另一个可以用来估计期末商品存货的方法。在零售价格法下，公司可以用销售成本占零售商品可供销存货成本的比例来决定期末商品存货。

假设一个公司的期末存货有如下成本和零售价。另外，该公司销售收入是 40 000 美元。

	成本	零售
期初存货	$20 000	$34 000
净购买额	80 000	136 000
可供销存货成本	$100 000	$170 000
零售成本率 = $100 000 / $170 000 =		59%

这个公司将会用它的成本占零售的比例来估计期末存货的成本，如表 6B-3 所示。

表 6B-3 零售价格法

	成本	零售
期初存货成本	$ 20 000	$ 34 000
净购买额	80 000	136 000
可供销存货成本	$100 000	$170 000
减：净销售收入		40 000
零售的期末存货		$130 000
估计期末存货成本（$130 000 × 59%）	$ 76 700	

> **练习题**　R.E.Bob 公司的农用设备期初商品存货为 33 960 美元，并于年内购买商品 210 400 美元。本年度销售额 400 800 美元，且其毛利率为销售额的 40%。按毛利润法计算期末商品存货的估计成本。
>
> 　　更多习题请见 S6B-14 和 S6B-15。

知识回顾

☞ 重要知识点

1　与商品存货相关的会计原则和会计控制有哪些？

- 一致性原则：企业在不同时期应使用相同的会计方法与程序。
- 披露原则：公司的财务报告应向外部人员提供足够的信息，以便对公司做出适当的决策。
- 重要性原则：公司必须对重要项目执行恰当的账目记录。
- 稳健原则：公司在财务报表中记录的条目必须做到严谨。
- 对商品存货的控制能够确保进货与货物销售得到会计系统的恰当授权与记录。

2　在永续盘存制中，如何确定商品存货成本？

- 可以使用四种成本计算方法来确定商品存货成本：
  - ◆ 个别计价法：用每一件存货的具体成本来确定期末存货与销售成本。
  - ◆ 先进先出法（FIFO）：把最先购进的商品成本记作最先销售的商品成本；期末存货基于最近购进的成本。
  - ◆ 后进先出法（LIFO）：把最后购进的商品成本记作最先销售的商品成本；期末存货基于最早的存货成本。
  - ◆ 加权平均法：这种方法基于每次进货后每件存货的加权平均成本，每件存货的加权平均成本等于可以销售的存货成本除以可以销售的存货数量。

3　使用不同存货成本计算方法会如何影响财务报表？

- 当成本上升时，先进先出法会导致最低的销售成本和最高的毛利。
- 当成本上升时，后进先出法会导致最高的销售成本和最低的毛利。
- 如果成本单调上升或下降，加权平均法算出的销售成本和毛利处于先进先出法和后进先出法算出的之间。

4　如果使用成本与市价孰低规则，如何为商品存货估值？

- 成本与市价孰低规则要求财务报表中的商品以下列两项中的较低值记录：
  - ◆ 存货的历史成本
  - ◆ 存货的市场价值
- 如果市价比存货的历史成本低，必须记入一个调整项，以调低商品存货值。

5　商品存货数据错误对财务报表的影响是什么？

- 期末商品存货错误会给其他相关账目带来一连串错误。
- 一个时期的期末商品存货会成为下一个时期的期初商品存货。

6　我们如何用存货周转率与周转天数评估经营状况？

- 存货周转率表示商品存货的销售速度，其计算方法为：

$$销售成本 \div 平均商品存货量$$

- 存货周转天数表示公司留存商品存货的平均天数，其计算方法为：

$$365 \text{ 天} \div \text{存货周转率}$$

7 在实地盘存制中，商品存货成本的情况如何？（见附录 6A）

- 个别计价法、先进先出法、后进先出法、加权平均法均可用于实地盘存制。
- 在永续盘存制和实地盘存制中，精确计算法和先进先出法会得到相同的期末商品存货和销售成本。
- 在永续盘存制和实地盘存制中，后进先出法和加权平均法会得到不同的期末商品存货和销售成本。

8 如何估计期末商品存货成本？（见附录 6B）

- 毛利润法：用销售成本公式与毛利率估计期末商品存货成本。
- 零售价格法：根据可供销存货成本与零售价格比率估计期末商品存货成本。

☞ 总结性问题

Watches R Us 公司专营新款手表和皮革商品。Watches R Us 公司使用永续盘存制。假设 Watches R Us 公司 6 月初拥有 10 只腕表，每只成本 50 美元。6 月期间，Watches R Us 公司的进货和售货情况如下：

6 月 3 日	以每块表 100 美元的价格出售了 8 块表
16 日	以每块表 56 美元的价格购入了 10 块表
23 日	以每块表 100 美元的价格出售了 8 块表

要求：①分别用先进先出法、后进先出法和加权平均法这三种存货成本计算方法为 Watches R Us 公司制作永续存货记录。②分别列出 Watches R Us 公司 6 月份在三种成本计算方法下的所有存货交易记录。假设所有销售和进货都要记账。不需要解释。③列出每种方法的毛利计算过程。④哪种方法得到的净收益最大？哪种方法得到的净收益最小？

☞ 解答

1 永续存货记录：

　先进先出法：

日期	进货			销售成本			现有存货		
	数量	单位成本	总成本	数量	单位成本	总成本	数量	单位成本	总成本
6 月 1 日							10	× $50	=$500 ⎫ $500
3 日				8	× $50	=$400 ⎫ $400	2	× $50	=$100 ⎫ $100
16 日	10	× $56	=$560				2 10	× $50 × $56	=$100 =$560 ⎫ $660
23 日				2 6	× $50 × $56	=$100 =$336 ⎫ $436	4	× $56	=$224 ⎫ $224
总计	10		$560	16		$836	4		$224

后进先出法：

日期	进货			销售成本			现有存货		
	数量	单位成本	总成本	数量	单位成本	总成本	数量	单位成本	总成本
6月1日							10	× $50	=$500 } $500
3日				8	× $50	=$400 } $400	2	× $50	=$100 } $100
16日	10	× $56	=$560				2 10	× $50 × $56	=$100 =$560 } $660
23日				8	× $56	=$448 } $448	2 2	× $50 × $56	=$100 =$112 } $212
总计	10		$560	16		$848	4		$212

加权平均法：

日期	进货			销售成本			现有存货		
	数量	单位成本	总成本	数量	单位成本	总成本	数量	单位成本	总成本
6月1日							10	× $50	=$500
3日				8	× $50	=$400	2	× $50	=$100
16日	10	× $56	=$560				12	× $55	=$660 $660/12=$55
23日				8	× $55	=$440	4	× $55	=$220
总计	10		$560	16		$840	4		$220

2 账目记录：

先进先出法：

日期	账户和说明	借	贷
6月3日	应收账款	800	
	销售收入		800
3日	销售成本	400	
	商品存货		400
16日	商品存货	560	
	应付账款		560
23日	应收账款	800	
	销售收入		800
23日	销售成本	436	
	商品存货		436

后进先出法：

日期	账户和说明	借	贷
6月3日	应收账款	800	
	销售收入		800
3日	销售成本	400	
	商品存货		400
16日	商品存货	560	
	应付账款		560

（续）

日期	账户和说明	借	贷
23 日	应收账款	800	
	销售收入		800
23 日	销售成本	448	
	商品存货		448

加权平均法：

日期	账户和说明	借	贷
6 月 3 日	应收账款	800	
	销售收入		800
3 日	销售成本	400	
	商品存货		400
16 日	商品存货	560	
	应付账款		560
23 日	应收账款	800	
	销售收入		800
23 日	销售成本	440	
	商品存货		440

3 毛利：

	先进先出法	后进先出法	加权平均法
销售收入 ($800 + $800)	$1 600	$1 600	$1 600
减：销售成本 ($400 + $436)	836		
($400 + $448)		848	
($400 + $440)			840
毛利	$ 764	$ 752	$ 760

4 先进先出法得到的净收益最大，后进先出法得到的净收益最小。

☞重要术语

conservatism 稳健原则 如果存在两个或更多可选项，企业应在财务报表中记录最不利的数据。

consistency principle 一致性原则 企业在不同时期应使用相同的会计方法与程序。

cost of goods available for sale 可供销存货成本 一段时期内花在可供销售的商品存货上的总成本。

days' sales in Inventory 存货周转天数 度量公司存货的平均天数。365 天 ÷ 存货周转率。

disclosure principle 披露原则 公司的财务报告应向外部人员提供足够的信息，以便对公司做出适当的决策。

first-in, first-out (FIFO) method 先进先出法（FIFO） 一种把最先进货的商品成本记作最先销售的商品成本的存货成本计算方法。期末存货基于最近进货的成本。

gross profit method 毛利润法（见附录 6B） 用销售成本公式与毛利率估计期末商品存货成本的方法。

inventory costing method 存货计价方法 估计企业存货成本变动情况的方法，用于确定销售成本与期末商品存货。

inventory turnover 存货周转率 度量一段时期内公司销售商品次数的平均水平。销售成本 ÷ 平均商品存货量

last-in, first-out (LIFO) method 后进先出法（LIFO） 把最后进货的商品成本记作最先销售的商品成

本的存货成本计算方法。这种方法用最早的成本（期初存货与早期进货）计算期末存货。

lower-of-cost-or-market (LCM) rule　成本与市价孰低法（LCM） 财务报表中的商品存货应以历史成本或市场价值两项中的较低值记录。

materiality concept　重要性原则 公司必须对重要项目执行恰当的账目记录。

retail method　零售价格法（见附录 6B） 根据可供销存货成本与零售价比率估计期末商品存货成本的方法。

specific identification method　个别计价法 根据每件存货的具体成本来计算存货成本的方法。

weighted-average method　加权平均法 根据每次进货后每件存货的加权平均成本计算存货成本的方法。每件存货的加权平均成本等于可以销售的存货成本除以可以销售的存货数量。

☞ 快速测验

1 哪个原则或概念规定企业在不同时期应使用相同的会计方法和程序？
   a. 披露原则　　　　　　　b. 稳健原则　　　　　　　c. 一致性原则　　　　　　　d. 重要性原则

2 哪种存货成本计算方法让期末商品存货拥有该时间段内出现的最新（最近）成本？
   a. 先进先出法（FIFO）　b. 加权平均法　　　　c. 个别计价法　　　　　d. 后进先出法（LIFO）

3 假设 Nile.com 4 月初有 14 件存货，总成本为 266 美元。4 月期间，Nile.com 的进货及销售情况如下：

4 月 8 日	进货	42 件，单价 20 美元
14 日	销售	35 件，单价 40 美元
22 日	进货	28 件，单价 22 美元
27 日	销售	42 件，单价 40 美元

   在永续盘存制中使用先进先出的存货成本计算方法，Nile 公司 4 月 14 日的销售成本是多少？
   a. 1 106 美元　　　　b. 686 美元　　　　c. 1 400 美元　　　　d. 700 美元

4 假定 Nile.com 使用加权平均的存货成本计算方法和永续盘存制。用问题 3 中 Nile.com 的数据计算公司 4 月 8 日现存货物的单位加权平均成本。将单位加权平均成本保留到小数点后第二位。
   a. 21.00 美元　　　　b. 19.75 美元　　　　c. 19.50 美元　　　　d. 无法根据已有数据确定

5 在存货成本上升的期间内，哪种存货成本计算方法会得到最低的净收益？
   a. 加权平均法　　　b. 个别计价法　　　c. 先进先出法（FIFO）　d. 后进先出法（LIFO）

6 下列哪个跟会计稳健原则最接近？
   a. 成本与市价孰低规则　　　　　　　　b. 重要性原则
   c. 披露原则　　　　　　　　　　　　　d. 一致性原则

7 2015 年 12 月 31 日，斯蒂芬逊公司将期末存货虚报了 36 000 美元。这个错误会如何影响 2015 年销售成本与净收益？
   a. 虚报销售成本，漏报净收益
   b. 漏报销售成本，虚报净收益
   c. 销售成本与净收益都是正确的，因为错误互相抵消
   d. 虚报销售成本与净收益

8 假定 Maestro 公司当年的销售成本是 230 000 美元。期初商品存货为 35 000 美元，期末商品存货为 45 000 美元。计算 Maestro 公司当年的存货周转率。保留到小数点后第二位。（学习目标 6）
   a. 每年 6.57 次　　　b. 每年 5.75 次　　　c. 每年 5.11 次　　　d. 每年 17.39 次

9A 假定 Nile.com 使用后进先出存货成本法与实地盘存制，用问题 3 中 Nile.com 的数据计算 Nile 公司月末的销售成本。

  a. 1 568 美元   b. 133 美元   c. 1 589 美元   d. 154 美元

10B 假定 Supreme Clothing 公司遭遇飓风袭击,需要估计被毁商品成本。期初存货为 94 000 美元,进货净成本为 564 000 美元,销售额为 940 000 美元。Supreme 公司正常毛利率为 55%。用毛利润法估计在飓风中损失的存货成本。

  a. 658 000 美元   b. 235 000 美元   c. 517 000 美元   d. 141 000 美元

进步评估

复习题

1 哪个原则要求企业在不同时期使用相同的会计方法与会计程序?

2 披露原则有什么要求?

3 讨论重要性原则。年销量 10 000 美元的公司与年销量 1 000 000 美元的公司相比,同样的美元金额重要性相同吗?

4 稳健原则的目标是什么?

5 讨论为维持对商品存货的控制应使用哪些度量指标?

6 在永续盘存制中,四种存货成本计算方法是什么?每种方法如何确定期末商品存货与销售成本?

7 当使用永续盘存制和加权平均的存货成本计算方法时,企业何时计算新的单位加权平均成本?

8 在成本上升期间内,哪种存货成本计算方法会得到最高的毛利?

9 成本与市价孰低规则(LCM)需要什么条件?

10 在成本与市价孰低规则下,当记入调整项以降低商品存货时,在哪个账户记入借项?

11 如果期末商品存货出现漏报,对销售成本、毛利、净收益有什么影响?

12 盘存错误何时会抵消?为何会抵消?

13 存货周转率如何计算?它衡量的是什么?

14 存货周转天数如何计算?它衡量的是什么?

15A 在实地盘存制中,哪种(些)存货成本计算方法得到的结果与永续盘存制中的相同?

16A 使用实地盘存制和加权平均的存货成本计算方法时,何时计算单位加权平均成本?

17B 估计期末商品存货的两种方法是什么?

简单练习

  除非特别说明,小测试中的题目均使用永续盘存制。

S6-1 确定存货会计原则。

  戴维森硬件公司 2015 年使用先进先出法,并计划未来继续使用先进先出法。哪种会计原则与戴维森的决定关系最大?

S6-2 确定存货成本计算方法。

  戴维森硬件公司认为成本不会剧烈变化,想使用能调和成本变化的存货成本计算方法。

  要求:①哪种存货成本计算方法能最好地满足戴维森的目标?②假设戴维森改变主意,想分摊新购货物的成本,哪种存货成本计算方法最能满足这种要求?

  使用下述信息回答问题 S6-3 ~ S6-6。

  Mountain Cycles 公司 8 月初有 12 辆自行车,每辆成本为 42 美元。8 月 16 日,公司以 68 美元的单价买进 40 辆自行车。8 月 31 日,公司以 84 美元的单价出售 36 辆自行车。

S6-3 制作永续盘存记录与会计分录——个别计价法。

要求：①制作公司的永续盘存记录，假定 Mountain Cycles 公司使用个别计价法。假设公司出售的 8 辆自行车每辆成本为 42 美元，另外 28 辆每辆成本为 68 美元。②在账户上记录 8 月 16 日的进货与 8 月 31 日的商品存货销售。

S6-4 制作永续盘存记录与会计分录——先进先出法。

要求：①制作公司的永续盘存记录，假定 Mountain Cycles 公司使用先进先出法。②在账户上记录 8 月 16 日的进货与 8 月 31 日的商品存货销售。

S6-5 制作永续盘存记录与会计分录——后进先出法。

要求：①制作公司的永续盘存记录，假定 Mountain Cycles 公司使用后进先出法。②在账户上记录 8 月 16 日的进货与 8 月 31 日的商品存货销售。

S6-6 制作永续盘存记录与会计分录——加权平均法。

要求：①制作公司的永续盘存记录，假定 Mountain Cycles 公司使用加权平均法。②在账户上记录 8 月 16 日的进货与 8 月 31 日的商品存货销售。

S6-7 比较先进先出法、后进先出法、加权平均法的销售成本。

参考问题 S6-4 ~ S6-6，完成这些练习后，回答下列问题：

要求：①哪种存货成本计算方法会得到最低的销售成本？②哪种存货成本计算方法会得到最高的销售成本？③如果成本不是上升而是下降，哪种存货成本计算方法会得到最高的销售成本？

S6-8 使用成本与市价孰低规则。

假设一个大汉堡餐馆的汉堡有如下永续盘存记录：

日期	进货	销售成本	现有商品存货
2 月 9 日	$470		$470
22 日		$280	190
28 日	210		400

2 月 28 日，餐馆会计认为期末商品存货的重置成本为 447 美元。根据成本与市价孰低规则，是否需要记入调整项？2 月 28 日资产负债表上的商品存货应记作多少？

S6-9 确定存货错误影响。

加州泳池用品公司 2015 年 12 月 31 日的商品存货年数据如下：

销售收入		$60 000
销售成本：		
期初商品存货	$ 4 200	
进货净成本	26 600	
可供销存货成本	30 800	
减：期末商品存货	6 200	
销售成本		24 600
毛利		$35 400

要求：①假设期末商品存货无意中多记了 2 400 美元。销售成本与毛利的准确值是多少？
②如果 2015 年的这个存货错误没有更改，它会对加州泳池用品公司 2016 年全年的销售成本和毛利产生怎样的影响？

S6-10 计算存货周转率与存货周转天数。

圣达菲通信公司的年度财务报告中有如下数据：

销售成本	$18 000
期初商品存货	500
期末商品存货	425

计算圣达菲通信公司的存货周转率与存货周转天数（保留两位有效数字）。

使用下述信息回答问题 S6A-11 ～ S6A-13。

协和公司的实地盘存记录中包含 7 月的如下数据：

7 月 1 日	期初商品存货	6 件，单价 60 美元
8 日	进货	5 件，单价 67 美元
15 日	进货	10 件，单价 70 美元
26 日	进货	5 件，单价 85 美元

7 月 31 日，协和公司的现有商品存货为 2 件。

S6-11 计算实地盘存制下的存货量——先进先出法。

使用存货成本的先进先出法计算协和公司的期末商品存货与销售成本。

S6-12 计算实地盘存制下的存货量——后进先出法。

使用存货成本的后进先出法计算协和公司的期末商品存货与销售成本。

S6-13 计算实地盘存制下的存货量——加权平均法。

使用存货成本的加权平均法计算协和公司的期末商品存货与销售成本。

S6-14 用毛利润法估算期末存货。

格拉斯公司年初商品存货为 42 450 美元，当年进货净成本为 263 000 美元。当年净销量为 501 000 美元，公司毛利率为 55%。用毛利润法计算期末商品存货的估计成本。

S6-15 用零售价格法估算期末存货。

哈特索公司的商品存货成本与零售价情况如下。这段时期的净销售收入为 96 000 美元。

	成本	零售
期初商品存货	$ 24 000	$ 47 600
净进货	96 000	190 400
可供销商品	$120 000	$238 000

用零售价格法计算期末商品存货的估计成本（成本对零售价的百分比保留整数）。

☞ 习题

除非特别说明，所有题目使用永续盘存制。

E6-16 会计词汇连线。

将会计术语与对应定义连起来。

1. 个别计价法	a. 将最早的进货看作最先出售的商品
2. 重要性原则	b. 要求公司为外部人员报告足够多的信息，便于做出适当的决策
3. 后进先出法	c. 精确标记哪件存货被销售，通常用于高成本存货
4. 稳健原则	d. 根据可供销商品成本与数量计算加平均成本
5. 一致性原则	e. 该原则的基础是在财务报表中做记录时要严谨
6. 加权平均法	f. 将最近（最新）的进货看作最先出售的商品
7. 披露原则	g. 企业在不同期间应使用相同的会计方法
8. 先进先出法	h. 确认单品的重要性必须遵守一般公认会计原则

E6-17 比较存货方法。

雷恩快捷商店是地区性连锁便利店，它们以加仑为单位维护牛奶存货，其佛罗里达州自由港分店第一个月的牛奶进货及销售情况如下：

11 月 2 日	进货 8 加仑，每加仑 2.00 美元
6 日	进货 2 加仑，每加仑 2.10 美元
8 日	销售 3 加仑
13 日	进货 2 加仑，每加仑 2.20 美元
14 日	销售 4 加仑

要求：①使用先进先出法，确定 11 月 15 日应报告的期末商品存货。②使用后进先出法，确定 11 月 15 日应报告的期末商品存货。③使用加权平均法，确定 11 月 15 日应报告的期末商品存货。所有值保留两位小数。

使用下述信息回答问题 E6-18 ～ E6-20。

黑文高尔夫公司拥有高尔夫推杆和其他球棒的存货。每只推杆售价为 128 美元。公司的记录显示，每个渠道的推杆情况如下：

日期	项目	数量	单位成本
11 月 1 日	余额	17	$68
6 日	销售	7	
8 日	进货	20	$74
17 日	销售	20	
30 日	销售	4	

E6-18 计算商品存货与销售成本并记账——先进先出法。

要求：①制作推杆的永续盘存记录，假设黑文高尔夫公司使用先进先出法。然后，找出当月的期末存货成本与销售成本。②使用先进先出法，记录黑文高尔夫公司的存货交易（假设进货与销售均记账）。

E6-19 计算商品存货与销售成本并记账——后进先出法。

要求：①制作推杆的永续盘存记录，假设黑文高尔夫公司使用后进先出法。然后，找出当月的期末存货成本与销售成本。②使用后进先出法，记录黑文高尔夫公司的存货交易（假设进货与销售均记账）。

E6-20 计算商品存货与销售成本并记账——加权平均法。

要求：①制作推杆的永续盘存记录，假设黑文高尔夫公司使用加权平均法。单位加权平均成本保留两位小数，其他值保留整数。然后，找出当月的期末存货成本与销售成本。②使用加权平均法，记录黑文高尔夫公司的存货交易（假设进货与销售均记账）。

E6-21 比较销售成本、期末存货、毛利的值——先进先出法与后进先出法。

假设摩德摩尔店 12 月玩偶进货与销售情况如下：

12 月 1 日	期初商品存货	13 件，每件 11 美元
8 日	销售	9 件，每件 20 美元
14 日	进货	17 件，每件 13 美元
21 日	销售	13 件，每件 20 美元

要求：①使用存货成本的先进先出法，计算销售成本、期末商品存货成本、毛利。②使用存货成本的后进先出法，计算销售成本、期末商品存货成本、毛利。③哪种方法得到较高的销售成本？④哪种方法得到较高的期末商品存货成本？⑤哪种方法得到较高的毛利？

E6-22 比较销售成本和毛利——先进先出法、后进先出法、加权平均法。

假设 JR 轮胎店使用永续盘存制完成了下列轮胎交易：

5月1日	期初商品存货	16件，每件65美元	
11日	进货	10件，每件78美元	
23日	销售	12件，每件90美元	
26日	进货	14件，每件80美元	
29日	销售	15件，每件90美元	

要求：①使用存货成本的先进先出法，计算销售成本和毛利。②使用存货成本的后进先出法，计算销售成本和毛利。③使用存货成本的加权平均法，计算销售成本和毛利（单位加权平均成本保留两位小数，其他值保留整数）。④哪种方法得到最高的毛利？为什么？

E6-23 在商品存货中使用成本与市价孰低规则。

雄鹰资源公司使用先进先出法，2015年5月31日，在发布年度财务报告前，其账户收支情况如下：

期末商品存货	$13 000
销售成本	69 000
销售收入	118 000

2015年5月31日，雄鹰公司认为，当前的重置成本（目前的市场价值），即期末商品存货为12 800美元。

要求：①根据已有信息，是否应在账户上记入调整项？如果是，调整项的值是多少？②2015年5月31日，雄鹰公司在资产负债表上记录的商品存货应为多少？

E6-24 在存货中使用成本与市价孰低规则。

绿色佳食公司将成本与市价中的最低值作为商品存货进行报告。在2015年3月31日公司发布财务报告前，未做年末调整的初步收入报告如下：

绿色佳食公司 收入报告（部分） 2014年4月1日~2015年3月31日财年	
销售收入	$117 000
销售成本	45 000
毛利	$ 72 000

公司认为目前期末商品存货的重置成本为17 000美元，成本为18 000美元。

要求：①如果存在调整项，记录商品存货的调整项。②制作修改后的部分收入报告，说明绿色佳食公司应如何报告销售、销售成本、毛利。

E6-25 衡量存货错误的影响。

凯特奶奶面包店报告的销售收入为52 000美元，销售成本为22 000美元。

如果公司出现下列独立的会计错误，计算正确的毛利，列出计算过程。

a. 期末商品存货虚报6 000美元。

b. 期末商品存货漏报6 000美元。

E6-26 修改存货错误——两年。

格雷特食品店2016年6月30日和2015年6月30日结束的两个财年的收入报告如下：

格雷特食品店 收入报告 2016年6月30日和2015年6月30日结束的两个财年		
	2016年	2015年
销售收入	$139 000	$120 000

（续）

	2016 年		2015 年	
销售成本：				
期初商品存货	$13 000		$12 000	
进货净成本	76 000		70 000	
可供销存货成本	89 000		82 000	
减：期末商品存货	17 000		13 000	
销售成本		72 000		69 000
毛利		67 000		51 000
营业费用		23 000		18 000
净收入		$44 000		$33 000

2016 年，格雷特食品店发现 2015 财年期末商品存货虚报了 4 500 美元。

要求：①制作改正后的两年收入报告。②修改之前，每年的净收入是虚报了还是漏报了？虚报或漏报了多少？

E6-27　计算存货周转率和存货周转天数。

新希望公司 2016 年 12 月 31 日结束的财年收入报告如下：

新希望
收入报告
2016 年 1 月 1 日～ 2016 年 12 月 31 日

销售收入		$144 000
销售成本：		
期初商品存货	$10 080	
进货净成本	63 840	
可供销存货成本	73 920	
减：期末商品存货	14 880	
销售成本		59 040
毛利		84 960
营业费用		55 224
净收入		$29 736

要求：①计算公司当年存货周转率（保留两位有效数字）。②计算公司当年存货周转天数（保留两位有效数字）。

E6-28　在实地盘存制下，比较期末商品存货、销售成本、毛利——先进先出法、后进先出法、加权平均法。

假设梅斯基咖啡店在实地盘存制下完成了如下存货交易：

6 月 1 日	期初商品存货	20 件，每件 20 美元
12 日	进货	6 件，每件 22 美元
20 日	销售	14 件，每件 35 美元
24 日	进货	16 件，每件 24 美元
29 日	销售	20 件，每件 35 美元

要求：①使用先进先出法，计算期末商品存货、销售成本、毛利。②使用后进先出法，计算期末商品存货、销售成本、毛利。③使用加权平均法，计算期末商品存货、销售成本、毛利（单位加权平均成本保留两位小数，其他值保留整数）。

E6-29 计算实地盘存量。

考虑下列公司的数据：

公司	净销售收入	期初商品存货	净进货成本	期末商品存货	销售成本	毛利
红	$101 000	$22 000	$65 000	$17 000	$ (a)	$31 000
黄	(b)	25 000	95 000	(c)	96 000	40 000
橙	93 000	(d)	52 000	22 000	62 000	(e)
绿	86 000	12 000	(f)	5 000	(g)	49 000

要求：①填充上表中缺失的数据。②红公司使用实地盘存制。请制作红公司 2015 年 12 月 31 日结束的财年的收入报告，包括完整的抬头，并列出销售成本的完整计算过程。红公司当年的营业费用是 11 000 美元。

E6-30 用毛利润法估算期末存货。

迪拉汽车部件公司在全世界都有存货。假设某个部件的记录如下：

期初商品存货	$220 000
净进货成本	800 000
净销售收入	1 100 000
毛利率	45%

假设存放在美国的这批存货因起火而报废。使用毛利润法，估算公司损失的金额。

E6-31 用零售价格法估算期末存货。

RK 绿化公司 11 月初商品存货的成本为 46 800 美元（零售价格 65 520 美元）。11 月期间，公司净进货成本为 33 900 美元（零售价为 47 460 美元），净销售收入为 61 800 美元。用零售价格法估算 11 月期末商品存货成本（成本与零售价值的百分比保留整数，其他数值也保留整数）。

☞ 持续的问题

P6-46 用永续盘存制核算存货——后进先出法。

这个问题沿用了 Davis Consulting 公司在第 5 章问题 P5-45 中的情况。回想第 5 章中给出的 Davis Consulting 公司 1 月的交易记录（成本数据已经被从销售记录中移除）。Davis 使用永续盘存制。

1 月 2 日	完成一项咨询并收取现金 7 800 美元
2 日	预付 3 个月办公室的租金 1 650 美元
7 日	记账交易购入 80 套软件存货，1 680 美元，外加运费 80 美元
18 日	记账交易售出 40 套软件，3 500 美元
19 日	为客户提供咨询服务，记账收费 1 000 美元
20 日	支付雇员薪金 2 055 美元，包括 12 月起的应计薪金
21 日	支付记账负债 1 760 美元
22 日	记账交易购入 240 套软件存货，6 240 美元
24 日	支付公共费用 250 美元
28 日	现金交易售出 120 套软件，4 680 美元
31 日	调整分录如下：
	a. 应计职工薪酬，686 美元
	b. 折旧，100 美元（设备，30 美元；家具，70 美元）
	c. 期满的预付租金，550 美元
	d. 对软件存货的实地计数，145 单位

要求：①使用后进先出法给出 Davis Consulting 公司 1 月的永续盘存记录。（注意：一定要计算

18 日、28 日和 31 日的销售成本。) ②查看如下 T 形账户的明细分账：现金，16 400 美元；应收账款，1 750 美元；软件存货，0 美元；办公用品，200 美元；预付租金，0 美元；设备，1 800 美元；累计折旧——设备，30 美元；累计折旧——家具，4 200 美元；应付职工薪酬，685 美元；预计收入，700 美元；普通股，18 000 美元；留存收益，165 美元；股息，0 美元；本期损益，0 美元；服务收入，0 美元；销售收入，0 美元；销售成本，0 美元；薪金开销，0 美元；租金开销，0 美元；公共费用，0 美元；折旧开销——设备，0 美元；折旧开销——家具，0 美元。③用要求①中得到的永续盘存记录将 1 月的交易记录记入日记账并发布。计算每一账户结余并用符号表示为 Bal.。④将调整分录记入日记账并发布，将每一调整项目用符号表示为 Adj.。计算每一账户结余，并用符号表示为 Bal.。在发布全部调整分录之后，使用分类账证明借贷相等。

☞ 套题

这个问题是始于第 2 章并贯穿第 5 章的 Shine King Cleaning 问题的延续。

P6-47 使用永续盘存制核算存货——先进先出法。

回忆第 5 章中所给出的 Shine King Cleaning 的交易记录。（成本数据已经被从销售交易中删除了。）Shine King Cleaning 使用永续盘存制。

12 月 2 日	花费 3 600 美元从 Sparkle 公司购进存货 600 件，在协议上 3/10，n/20
5 日	从 Borax 购进存货 400 件，在签订协议上 4/5，n/30，发票上的总费用是 3 200 美元，其中包括了 200 美元的运输费用
7 日	退回 12 月 2 日从 Sparkle 公司购进的存货 100 件
9 月	支付 Borax 费用
11 日	以 4 900 美元的价格卖给 Happy Maids 450 件的商品，其协议是 5/10，n/30
12 日	支付 Sparkle 费用
15 日	从 Happy Maids 的顾客那里收到 30 件零售价为 420 美元的商品
21 日	收到 Happy Maids 支付的款项，将应付金额全部付清
28 日	以现金 3 000 美元的价格卖给 Bridget 公司 200 件存货
29 日	支付给公共费用现金 350 美元
30 日	支付给 Sales Commission Expense 现金 225 美元
31 日	记录下列调整分录：
	a) 12 月 31 日的存货盘点显示目前公司手中还有 330 件存货
	b) 折旧，170 美元
	c) 预提工资开支 700 美元
	d) 为 12 月的其他必要调整做好准备。（提示：你需要回顾第 3 章中的调整信息来确定余下的调整。）假设 12 月 31 日剩余的清洁用品为 150 美元

要求：①使用先进先出法为 Shine King Cleaning 准备 12 月的永续盘存记录。（注意：你需要计算 11 日、18 日和 28 日的销售成本。）②在总账中开一个 T 形账户：现金，73 000 美元；应收账款，2 000 美元；商品存货，0 美元；清洁用品，50 美元；预付租金，1 500 美元；预付保险费，2 200 美元；卡车费，8 000 美元；累计折旧，170 美元；应付账款，945 美元；预售收入，3 450 美元；应付工资，0 美元；应付利息，100 美元；应付票据（长期），40 000 美元；普通股票，43 000 美元；留存收益，945 美元；应付账款，1 385 美元；股息，0 美元；收益汇总，0 美元；服务收入，0 美元；销售收入，0 美元；销售退回和折让，0 美元；销售折扣，0 美元；产品销售成本，0 美元；销售费用，0 美元；公共事业费用，0 美元；折旧费用，0 美元；工资费用，0 美元；保险费，0 美元；租金，0 美元；利息费用，0 美元；③使用问题①中的方法将 12 月的交易记入日记账并发布。计算每一个账户的余额，并将余额表示为 Bal.。④记录调整分录并发布。将每一个调整量表示为 Adj.。计算每

一个账户的余额，并将余额表示为 Bal.。在发布了所有的调整分录之后，证明信贷与借记在总账中的平等性。

批判性思考

☞决策案例

案例 6-1

假设你要开一家家具店，为了生意的运营，你需要一笔 500 000 美元的贷款，而银行方面需要你提供一系列有预测性质的财务报表。假设你正在准备这些财务报表并且需要去做一些有关如何对所经营项目进行核算的决策。

问题

回答下列问题：

1. 你将采用永续存货系统还是定期存货系统？给出你的理由。

2. 说说如何计算购货净额与净销售收入。你将如何处理进货运费？

3. 你打算多久对手中的存货进行一次盘点？这种盘点将包括什么？

4. 存货成本正在增加，那么哪种存货成本和算法会造成下列影响：

    a. 净收益最大化；

    b. 所得税数额最小化。

案例 6-2

假设你在管理 Campbell Appliance，该商店总结了最近一年（即 2015 年）的财务报表，如下：

利润表
截至 2015 年 12 月 31 日

销售额	$800 000
销货成本	660 000
总利润	$140 000
营业费用	100 000
净收入	$40 000

资产负债表
截至 2015 年 12 月 31 日

资产		负债及股东权益	
现金	$ 30 000	应付账款	$ 35 000
存货	75 000	应付票据	280 000
土地和房屋资产（净）	360 000	总负债	315 000
		股东权益	150 000
总资产	$465 000	负债及股东权益	$465 000

假设你需要将你的净收益翻倍。然而通过提高售价来达到你的目标是十分困难的，因为在附近就有一家家电折扣大卖场。你也很难控制货物的成本，因为家电的生产厂商制定了你需要支付的金额。

现在，试提出使净收益翻倍的几种方法。

☞道德问题

2015 年，一家工艺品商店 Crop-Paper-Scissors 采用了 LIFO 法来核算存货。假设 2016 年 Crop-Paper-Scissors 使用的是 FIFO 法而在随后的一年又换回到 LIFO 法来核算存货。

问题

1. 在你看来，一个每年都更换存货核算方法的公司的道德是怎样的？

2. 更换存货核算方法违背了什么核算原则？

3. 如果一个公司经常更换存货核算方法，谁将成为受害者？它是如何成为受害者的？

☞ 舞弊案例

自儿时起，Carl Montague 的梦想便是成为一名职业足球运动员。当这个梦想难以成为现实时，他找到了另外一种实现他与生俱来的竞争精神的渠道：他在肯塔基买下了一家负债累累的汽车配件小商店。年末的时候，他通过捏造一些虚假的货品交易记录而"制造"了一批不存在的存货。他通过对销售成本的"调整"抵消了这些交易，从而增加了利润并完善了资产负债表。拥有了这些"强大的"财务数据之后，他得到了银行的贷款，这使得他能够建立起地区连锁商店，买下当地的体育特许经营权并过上了名人的生活。然而在当地经济出现下滑时，他便不再能用新的债务或者股本注入来掩盖他的亏损了，他创立的"帝国"就像纸牌屋一样轰然倒塌。

问题

1. 说出可能因 Carl Montague 的行为而蒙受损失的组织或个人。

2. 对销售成本做怎样的调整（信贷还是借记）会产生提升利润的效果？

☞ 财务报表案例

票据是一个公司的财务报表中非常重要的一部分，它为其中的表格数据提供了重要的数据细节。这个案例将告诉你如何使用一个公司的存货票据。访问 www.pearsonhighered.com/Horngren 获得星巴克公司 2011 年度财务报表的链接。找到财务报表及有关票据，回答下列问题。

问题

1. 星巴克公司使用了怎样的存货核算方法？它是如何评估存货价值的？见票据 1。

2. 通过使用商品成本公式，你可以计算得到财务报表中没有给出的购买净额。截至 2011 年 10 月 2 日，星巴克公司的存货购买额是多少？

3. 计算得到截至 2011 年 10 月 2 日，星巴克公司的日销售存货与存货周转率（精确到一位小数）。星巴克截至 2011 年 10 月 2 日的日销售存货与存货周转率与绿山咖啡公司截至 2011 年 9 月 24 日的日销售存货与存货周转率相比如何？试解释之。

☞ 小组讨论

小组内成员每人找一份某家公司的年终财务报表。大多数公司会把它们的年终财务报表公布在网上。

问题

1. 说出每家公司采用的存货核算方法。

2. 计算出每家公司近两年来的销售存货、存货周转率和毛利率。

3. 从 Robert Morris Annual- dates，*Annual Statement Studies*，Dun and Bradstreet，*Industry Norm and Key Business Ratios*，Leo Troy，*Almanac of Business and Industrial Financial Ratios*. 上寻找你所选择的公司所在行业的行业平均毛利率。

4. 你所选择的公司的毛利率与行业平均毛利率相比起来怎么样？从你收集的这些数据中，你能看到它们哪些内在的东西？

☞交流活动

请阐述使用 FIFO 法、LIFO 法和加权平均法计算库存成本（在使用永续盘存制法时）的差别，要求 75 字之内。

☞练习题答案

1. a   2. d   3. b   4. c   5. a

日期	购入存货			销售商品的成本			存货		
	数量	单位成本	总成本	数量	单位成本	总成本	数量	单位成本	总成本
8月1日							10	× $15	=$150 } $150
3日				3	× $15	=$45 } $45	7	× $15	=$105 } $105
12日	8	× $18	=$144				7 8	× $15 × $18	=$105 =$144 } $249
15日				4 5	× $15 × $18	=$60 =$90 } $150	3 3	× $15 × $18	=$ 45 =$ 54 } $ 99
20日	4	× $20	=$ 80				3 3 4	× $15 × $18 × $20	=$ 45 =$ 54 =$ 80 } $179
28日				2 3	× $18 × $20	=$36 =$60 } $ 96	3 1 1	× $15 × $18 × $20	=$ 45 =$ 18 =$ 20 } $ 83
总计	12		$224	17		$291	5		$ 83

5B

日期	购入存货			销售商品的成本			存货		
	数量	单位成本	总成本	数量	单位成本	总成本	数量	单位成本	总成本
8月1日							10	× $15	=$150 } $150
3日				3	× $15	=$ 45 } $ 45	7	× $15	=$105 } $105
12日	8	× $18	=$144				7 8	× $15 × $18	=$105 =$144 } $249
15日				7 2	× $15 × $18	=$105 =$ 36 } $141	6	× $18	=$108 } $108
20日	4	× $20	=$ 80				6 4	× $18 × $20	=$108 =$ 80 } $188
28日				5	× $18	=$ 90 } $ 90	1 4	× $18 × $20	=$ 18 =$ 80 } $ 98
总计	12		$224	17		$276	5		$ 98

5C

日期	购入存货			销售商品的成本			存货		
	数量	单位成本	总成本	数量	单位成本	总成本	数量	单位成本	总成本
8月1日							10	× $15	=$150 } $150

（续）

日期	购入存货			销售商品的成本			存货		
	数量	单位成本	总成本	数量	单位成本	总成本	数量	单位成本	总成本
3 日				3	×\$15	=\$ 45 } \$ 45	7	×\$15	=\$105 } \$105
12 日	8	×\$18	=\$144				7 8	×\$15 ×\$18	=\$105 =\$144 } \$249
15 日				8 1	×\$18 ×\$15	=\$144 =\$ 15 } \$159	6	×\$15	=\$ 90 } \$ 90
20 日	4	×\$20	=\$ 80				6 4	×\$15 ×\$20	=\$ 90 =\$ 80 } \$170
28 日				4 1	×\$20 ×\$15	=\$ 80 =\$ 15 } \$ 95	5	×\$15	=\$ 75
总计	12		\$224	17		\$299	5		\$ 75

5D

日期	购入存货			销售商品的成本			存货		
	数量	单位成本	总成本	数量	单位成本	总成本	数量	单位成本	总成本
8月1日							10	×\$15	=\$150 } \$150/10 =\$ 15
3 日				3	×\$15	=\$ 45	7	×\$15	=\$105
12 日	8	×\$18	=\$144				15	×\$16.60	=\$249 } \$249/15 =\$16.60
15 日				9	×\$16.60	=\$149	6	×\$16.60	=\$100
20 日	4	×\$20	=\$ 80				10	×\$18	=\$180 } \$180/10 =\$ 18
28 日				5	×\$18	=\$ 90	5	×\$18	=\$ 90
总计	12		\$224	17		\$284	5		\$ 90

6　Antelope Motors 应当选用 LIFO 法。

7　T. J. Jackson 应当根据成本与市价孰低法汇报自己的商品存盘，即 750 美元。所需的调整分录如下：

日期	描述和解释	借	贷
12 月 31 日	销售成本	550	
	商品存货 =（\$1 300-\$750）		550
	将商品存货写入市场价格		

8

产品销售收入		\$4 8000
商品销售成本		
期初商品存货	\$ 3 360	
购买净成本	21 280	
可供销存货成本	24 640	
少量：期末商品存货 =（\$4 960-1 920）	3 040	
商品销售成本		21 600
总利润		\$26 400

9

存货周转率 = 商品销售成本 ÷ 平均商品存货

　　　　　 = \$484 000 ÷ \$100 000

　　　　　 = 4.84（次 / 年）

平均商品存货 = （期初商品存货 + 期末商品存货）÷ 2

　　　　　 = （\$88 800 + \$111 200）÷ 2

　　　　　 = \$100 000

存货销售天数 = 365 天 ÷ 存货周转率

　　　　　 = 365 天 ÷ 4.84

　　　　　 = 75.4 天

10A

a

期初商品存货（=10 件 × \$15）	\$150
净购买成本（=8 件 × \$18）+（4 × \$20）	224
可供销售的商品成本	374
少量：期末商品存货 = （1 × \$18）+（4 × \$20）	98
商品销售成本	\$276

b

存货商品存货（=10 件 × \$15）	\$150
净购买成本（=8 件 × \$18）+（4 × \$20）	224
可供销售的商品成本	374
少量：期末商品存货 = （15 × \$15）	75
商品销售成本	\$299

第 7 章

内部控制和现金

现金流向了哪里

Andrew Goard 是位于加利福尼亚州布伦特伍德的一家运动主题餐厅的首席财务官，他正盯着放在桌子上的银行结单。该企业最近由于客户量的增长，以及人均消费的上升使得收入破了纪录。Andrew 知道企业的费用也有增加，但是他期望企业在银行活期存款的现金增加而不是如银行结单显示的降低。

Andrew 怀疑他的员工是否从现金记录单上偷取现金。他真的喜欢他所有的员工并且不认为他们中的任何人会从企业偷钱，但是来自客户销售在银行结单上的存款却让他不得不怀疑究竟发生了什么。既然销售额增加，现金存款应该更高。

Andrew 知道确保现金和企业其他资产安全是他的责任。他曾认为只要完成员工背景的审查就足以阻止企业资产流失，但是他现在认为应该实施更好的控制。Andrew 开始复核银行结单并将其与现金记录比较。做了这些后，他确信负责每日现金存款的员工偷窃了现金。但是，他意识到解雇该员工并不能够彻底解决问题，他需要更安全的措施来降低发生员工偷窃的可能性。

什么是内部控制

保卫财产安全是每个公司关心的——不论公司有多大或者多小。企业用来保护资产的程序称为内部控制并且是管理层的主要职责。Buffalo Wild Wings Grill & Bar，一家纽约风格的主题餐厅。在本章，我们考虑如 Buffalo Wild Wings 这样的公司实现这一职责的政策和程序。

☞ 本章大纲

什么是内部控制？

如何用它保护公司资产？

保护现金收据的内部控制程序是什么？

保护现金支付的内部控制程序是什么？

小额现金资金如何用于内部控制目的？

银行账户如何被用作控制设备？

如何使用现金比率测评企业业绩？

☞ **学习目标**

1. 定义内部控制并描述内部控制的内容和控制程序。

2. 将内部控制用于现金收据。

3. 将内部控制用于现金支付。

4. 解释和编制小额现金交易。

5. 展示将银行账户作为控制设备并准备一个银行对账单和相关日记分录。

6. 使用现金比率衡量公司业绩。

7.1 什么是内部控制，它是如何保护公司资产的

公司经理最关键的责任是控制企业的运营。拥有者制定目标，然后雇用经理来带路，雇用员工来实现企业计划。**内部控制**（internal control）是组织计划以及所有有关的措施，其目标如下：

（1）**保护资产**。一个公司必须保护自己的资产，否则就是丢弃资源。如果你不能保护好现金这最具流动性的资产，它就会迅速流走。

（2）**鼓励员工遵守公司规定**。组织中的每个人都应该为相同的目标工作。这对公司明确规定来完成公司目标来说是相当重要的。这些政策对公司确保每个客户获得平等的待遇，以及使结果得到有效的测评来说也是相当重要的。

（3）**促进有效的运作**。企业不能承担浪费资源的后果。企业应尽力提高销售额并防止浪费任何利益。促进有效的运作可以降低费用和提高企业利润。

（4）**确保会计记录的精确、可靠**。精确、可靠的会计记录是非常重要的。没有可靠的记录，经理无法知晓哪个部门的业务盈利，哪个部门需要提高。公司在每次货物销售中都可能损失金钱且无法发觉，除非对货物的成本有良好的记录。

7.1.1 内部控制和《萨班斯－奥克斯利法案》

对于上市公司来说，内部控制是如何鉴定的？美国国会通过法律要求**上市公司**（public company，向整个公众出售其股份的公司）保持内部控制系统。

安然公司和世通公司的会计丑闻在这个千禧年的开端震惊了整个美国。安然公司高估了企业收益且几乎在一夜间失去了企业。世通公司将费用报告成了资产并高估了利润和资产。相同的会计公司，安达信会计师事务所稽核了以上两个公司的财务报告。安达信在上市接近90年后的2002年差一点关门。

在丑闻曝光以后，很多人问："这种事情怎么会发生？审计人员去哪儿了？"为了舒缓公众的忧虑，美国国会通过了《**萨班斯－奥克斯利法案**》（SOX）。这一法案要求公司重新开始内部控制并且对其财务报告的精确和完整负责。SOX改写了美国公司的统治权，也对会计行业产生了深远影响。以下是SOX的一些条例：

（1）上市公司必须发布**内部控制报告**（internal control report）。这个报告是经营者对财务报告内部控制的充分和负责的陈述。此外，外邀审计师必须评估客户的内部控制并将其作为审计报告的一部分报告出来。

（2）成立公司会计监管委员会（PCAOB），负责监督上市公司审计人员的工作。

（3）会计师事务所不允许审计上市公司的同时还承接非审计业务。

（4）违反者面临相同的惩罚——证券欺诈将处以 25 年的监禁并对管理人员的虚假誓词处以 20 年监禁。

《萨班斯－奥克斯利法案》改变了审计行业规则，限定了什么样的工作他们可以执行，除了稽核和要求每个上市公司的内部控制审计报告，企业如何实现良好的内部控制？下一部分讲解内部控制的内容。

准则提示 根据国际财务报告准则，外国企业不要求签发内部控制报告或请外部审计师稽核其内部控制。尽管所有的公司都有内部控制，但是外国企业没有稽核其内部控制的额外费用。另一方面，外国企业财务报告的使用者也不确定其控制是否有效。

7.1.2 内部控制的内容

一个企业可以根据以下五部分来实现内部控制：

- 控制程序
- 风险评估
- 信息系统
- 控制监控
- 环境

> **小贴士**
>
> 你可以用首字母 CRIME 来记忆内部控制的五个部分。

1. 控制程序

控制程序是设计来确保公司目标得以实现的。第 7.1.3 节讨论的是内部控制的程序。

2. 风险评估

一个公司必须明确其风险。例如，饮食企业面临的风险是它们生产的食物可能会对人造成伤害，航空母舰制造企业有可能面临飞机坠毁，音乐公司可能面临版权侵害风险，并且所有公司都面临破产的风险。公司遇到困难时可能试图掩盖其财务状况使它们看起来比实际情况好一些。作为内部控制的一部分，公司的业务风险和有关独立账户的风险都必须评估。风险越高，公司越需要加强控制以保护其资产。

3. 信息系统

正如我们看到的，信息系统是严苛的。控制必须建立适当的信息系统以确保只有授权用户才能访问各地的会计信息系统。此外，控制必须到位以确保必需的审批和记录。决策者需要用精确的信息来记录资产和衡量利益与损失。

4. 控制监控

公司雇用审计师来监控其管理。**内部审计师**（internal auditor）是确保公司员工遵守公司政策并确保公司正常运行的公司员工。内部审计人员还要确定公司是否遵守内部控制的法律要求来保护资产。**外邀审计师**（external auditor）是完全独立于公司的会计师。外邀审计师衡量控制以确保财务报表与一般公认会计原则（GAAP）相当一致。

道德伦理 　　　　**债务可以报告吗**

Dudley Dorite 是注册会计师、Nimron 公司的外邀审计师负责人，他认为 Nimron 可能低估了其资产负债表上的债务。Nimron 的交易非常复杂，外人无法算清楚。Dorite 询问他的会计师事务所的审计标准委员会他该怎样处理这种状况。会计师事务所委员会回复："要求 Dorite 将所有债务报告出来。"然而 Nimron 是 Dorite 重要的客户，并且 Nimron 向 Dorite 施加压力以隐藏其债务。Dorite 可以使 Nimron 的债务数额趋于合理化。Dorite 应该怎么做？你又会怎么做？

解决方案

Dorite 有三个选择。他可以遵循 Nimron 的负债报告，也可以说服 Nimron 将报告的负债数额增高一些，或者如果 Nimron 拒绝，他可以出具合格的审计报告。当审计师不同意财务报告上的某一特定项目时，可以发行合格的审计报告。Dorite 应该明白，在他准备做审计时，他就应该为投资者和大众负责任。他可以遵循审计标准委员会的建议。如果 Dorite 没有如实地呈现债务，他可以保留一个重要的客户，但是他会因为没有如实透露资产负债表上的负债而面临法律风险。

---

5. 环境

环境就是"组织高层的声音"，或者一个企业的文化，开始于首席财务官或首席执行官或高层管理者。他们必须行为体面以给公司员工做表率。如果企业期望员工认真地对待控制，那么每人都需要证明内部控制的重要性。

7.1.3　内部控制程序

不论是年销售额少于 10 000 美元的小企业，还是年销售额 10 亿美元的大企业，所有的公司都需要遵守内部控制程序。

1. 胜任、可靠和道德的职员

雇员应该是能胜任的、可靠且道德的。支付高的薪水将吸引高质量的雇员。雇员还要被培训来做其工作，并且他们的工作应受到充分的管理。

2. 分配职责

一个拥有良好内部控制的企业，没有责任会被忽视，每个雇员都拥有明确而详细的职责。例如，一个大的公司负责签署支票的人被称为出纳员。会计主管被称为管理者。甚至对一个初级簿记员的工作记录精确的账目交易都有清晰的职责分配。这种职责的分配创造了职业职责，因此可以确保重要目标的完成。

3. 分离职能

聪明的管理政策会将责任分给两个或更多的人。**分离职能**（separation of duties）可以限制欺诈和提高会计记录的准确性。职能的分离可以分为以下两部分：

（1）**经营与会计分离**。会计一定要与业务部门完全分离，就如生产与销售。如果销售人员记录公司的收入将会怎样？销售数额将会被夸大，并且高层管理者无法得知公司真实的销量。

（2）**资产监护与会计分离**。会计人员不允许处理现金，并且出纳员不允许接触会计记录。如果这两部分属于同一职员的职责，雇员将会偷取现金并且在会计记录上隐瞒盗窃。公司的出纳员处理现金，管理者核算现金。不会有人同时肩负两种职责。这种控制应用于所有的资产，并不只是现金。

4. 审计

为了评估会计记录的充分性和精确性，多数公司都同时拥有内部和外邀审计。记住，审计就是由经过培训的职业会计人员对公司财务报表和会计系统的检测。外部审计是由非公司职员的独立审计师执行的审计。

为了评估会计系统，审计师必须检测其内部控制以确保控制的适当运行。例如，控制可能是支出 50 美元需要经过管理层授权，审计人员将会检查一个超过 50 美元的示例来确定是否经过管理者的授权。

5. 文件

文件提供企业交易的细节，包括发票和规则，可以是书面文件或电子文件。文件应该被提前编号以防止偷窃和低效，编号序列的间断应该引起注意。

例如，对 Smart Touch Learning 公司来说，关键文件是客户票据。经理可以将票据上的现金总数与收到的现金、存到银行账户上的相比较。

6. 电子设备

会计系统并不常依赖于书面文件，更多的是依赖于电子文件和数字存储设备。例如，零售商将电子传感器与货物链接来控制存货单。出纳员在销售完成后移去传感器。如果顾客试图带走带有传感器的货物，警铃就会响起。这种设备可以有效地降低偷窃。

7. 电子商务

电子商务有其特有的风险。黑客可能会获取有效信息，如账号和密码，或制造电脑病毒、特洛伊木马或者是网络欺诈。为了降低电子商务产生的风险，公司要有一系列的安全措施。保护顾客数据的技术是加密。**加密**（encryption）就是根据数学过程将纯文字信息重新排列，不知道密码的人无法读得加密信息。会计加密示例使用校验和数字账号，每个账号将其最后一位数与之前的数字相加。例如，考虑客户账号 2237，2+2+3=7。任何不能启动测试触发器的账号都是错误信息。

另一个保护数据的技术是防火墙。**防火墙**（firewall）限制进入局域网。会员可以进入网络，但非会员不可以。一般系统会同时建立几个防火墙。入口时，常规安全措施，有密码、PINs（个人识别号码）和签名。对于常规安全措施，为了保护更加敏感的数据，则须采用更复杂的防火墙。

决策 **决定电子商务的内部控制应该应用于什么地方**

Jason Kane 是 Net Products 公司的信息技术审计，零售商在网上销售货物。Jason 有检验已存货物和为保护公司的内部控制提出建议的责任。Net Products 的产品全部在网上销售并且只接受信用卡支付。Net Products 的所有信息包括销售、客户、生产和价格都在其公司的因特网上。此外，Net Products 的雇员信息包括年假、工资存款和社会保险号码也在因特网上。Jason 针对电子商务控制应该提出什么建议？

解决方案

Jason 应建议使用特殊的控制，如使用加密技术和防火墙来保护客户和员工的信息。他可以建议顾客在该网站上建立一个带密码的网上账户，并且公司只使用安全的因特网。除此之外，Net Products 应该确保顾客和员工信息的安全，仅仅在得到个人授权后才能接触到信息。

---

8. 其他控制

其他控制类型就像是企业的类型一样无穷无尽，一些其他类型的控制例子如下：

- 重要文件存放在防火金库。
- 防盗报警器、火灾报警器和安全摄像机。
- 培养公司员工成为损失预防专家。
- 对因员工偷窃造成的公司损失进行赔偿。
- 强制休假和轮岗。

7.1.4 内部控制的局限性 —— 费用和收益

不幸的是，多数内部控制都可以应对。**同谋**（collusion，两个或更多的人一起工作）可以击溃控制程序。例如，考虑 Galaxy Theater 的以下情节。Ralph 和 Lana 是 Galaxy Theater 的员工，可以设计一个方案使售票员 Ralph 售出票券并储藏 10 个顾客的现金。检票员 Lana 允许这 10 个顾客不出示票据也可以进入剧场。Ralph 和 Lana 分摊现金。Ralph 与 Lana 围绕控制相互同谋造成 Galaxy Theater 的收入损失。为了防止这种情况的发生，管理者必须采取额外的措施，比如剧院中人员的数量要与剩余票券的数量匹配，这需要经理花费额外的时间。然而阻止同谋的控制是很困难而且代价昂贵的。

内部控制系统越严格，费用就越高。一个复杂的内部控制系统可以扼杀一个企业。控制的松紧应该是什么程度？内部控制必须根据其费用和收益经常调整。以下是一个关于费用 / 收益的有利例子：一个零售店的保安每年需要 28 000 美元，平均每个保安每年阻止偷窃 50 000 美元，零售店净节省 22 000 美元。另一个关于费用 / 收益的不利例子，同样支付 28 000 美元雇用一名保安每年只能阻止 1 000 美元的现金丢失。这个费用就超过了收益 27 000 美元。

到目前为止，我们讨论了什么是内部控制以及如何用它来保护公司资产。现在本章剩下的部分重点讨论现金，因为现金是最容易被偷取的资产。但是，要记住的是内部控制可以利用所有的资产，不只是现金。

练习题 将会计术语与匹配的定义连线。

1.《萨班斯 – 奥克斯利法案》	a. 组织目标和采取所有有关措施保护资产安全，鼓励职员遵守公司规定，提高运营效率，并确保精确和可靠的会计记录
2. 内部控制	b. 公司中确保公司职员遵守公司规定和知晓法律规定并保持有效运营的职员
3. 加密	c. 使用数学程序重新排列纯文字信息 —— 电子商务中确保安全的基本措施
4. 职能分离	d. 要求公司检测其内部控制并为其财务报告的准确性和完整性负责
5. 内部审计师	e. 分离职责于两个或更多的人

7.2　与现金收据有关的内部控制程序

当公司出售货物或者服务时产生现金收据。当现金收到后所有的收据都要由银行短期保管。公司通过柜台、邮件或者是电子转账收取现金。每种现金来源都有其安全措施。我们已经讨论过电子商务的内部控制，这部分我们集中于柜台和邮寄的现金收据。

7.2.1　柜台的现金收据

商店柜台的现金收据涉及提供控制现金收据的销售终端（现金出纳机）。对于零售商店的每笔交易，零售店都会签发票据以确保每笔收入都被记录。收银员输入交易后收款机打开，机器（现金出纳机）记录。在这一天结束时，经理将收银员收到的现金与机器记录的现金收入对比。这一步骤有助于防止收银员偷窃。

当这一天结束时（如果业务繁忙，则每天有好几次），经理将现金存入银行。之后机器转去会计部门记录现金收据和销售收入的日记账分录。以上措施，加上经理的监督，能用来降低收银员偷窃。

7.2.2　邮寄现金收据

支票是一种现金收据，许多公司在出售服务或者货物后以邮寄的方式收到支票。图 7-1 展示公司控制通过邮寄收到的现金。

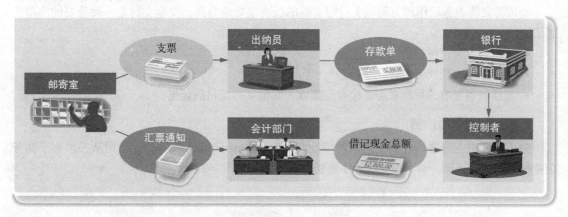

图 7-1　邮寄现金收据

处理工作如下：

第 1 步：所有收到的邮件都由邮寄室的职员打开，然后邮寄室将所有客户的支票交给会计并将汇票通知交给会计部门。**汇票通知**（remittance advice）是一个说明支付原因的可选附属于支票的邮件。

第 2 步：会计让出纳员将支票存入银行，出纳员将收到存款单。

第 3 步：会计部门（或簿记员）使用汇票通知记录现金和客户账户的日记分录。

第 4 步：作为终端控制，控制者将比较一天中的以下记录：

- 来自会计的银行存款数额。
- 会计部门的借记现金。

借记现金应与存入银行数额相等。如果相等，银行中的现金收据是可靠的，并且公司账簿为最新的。

有些公司使用**锁定系统**（lock-box system）来收取现金和邮寄来的支票，或者反向发送。通过锁定系统，客户直接将支票寄送到银行的信箱。银行职员每日清空信箱并记录存款到客户的银行账户。内部控制的严格是因为公司职员没有机会接触所收到的现金。锁定系统可以快速将公司的现金送入公司的银行账户。

练习题 针对公司如何控制通过邮寄收到的现金填空。

    a. 打开邮件并将客户支票送给会计。

    b. 将客户支票存入银行。

    c. 使用汇票通知记录现金收据的日记账分录。

    d. 将银行存款与现金收据的日记账分录作对比。

7.3 关于现金支付的内部控制程序

公司有很多支付都依靠支票，它们也以小额现金资金支付较小数额，这一点我们将在下一章讨论。我们现在开始讨论现金支付的控制程序。

支票支付的控制

公司需要将业务运作和为现金支付写支票的职责很好地分离。支票支付是一种重要的内部控制原因如下：

- 检测为支付提供记录。
- 支票必须由授权者签署。
- 支票被签署前，授权者需要检查发票或者其他支持支付的证据。

1. 购买和付款的控制

为了解释用支票进行现金支付的内部控制，假设 Smart Touch Learning 公司从一个电子商务企业那里购买笔记簿。购买和支付程序遵循以下步骤，如图 7-2 所示。

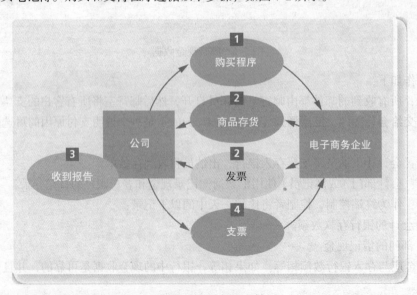

图 7-2　支票现金支付

第 1 步：Smart Touch Learning 公司将购物单包括质量、所需商品类型送给电子商务企业。

第 2 步：电子商务企业运送货物并将发票送回 Smart Touch Learning 公司。

第 3 步：Smart Touch Learning 公司收到货物并准备接收报告。

第 4 步：在批准所有文件后，Smart Touch Learning 公司将支票寄给电子商务企业。

对于好的内部控制来说，采购代理（准备购物单的员工）既不应该接收货物也不应该负责支付。如果这些职责没有分离，采购代理可能购买商品并将商品送到他的家里。或者采购代理会在购物上花费较多的钱并与供应商分摊额外的东西。

图 7-3 显示 Smart Touch Learning 公司支付储存器里的文件，可能是电子版或纸制版。

在为货物付款签署支票前，管理者或者会计应该检查储存器以确定所有的文件都同意。只有这样才确定公司知道以下问题：

（1）收到了货物单。

（2）在收到货物并授权后付款。

（3）支付正确金额。

付款后，支付储存器将标记"已支付"来防止账单被支付两次。支付发票时则自动地被多数会计系统标记为"已支付"。

图 7-3 支付储存器

2. 凭单制度

一些公司为现金支付的内部控制使用凭单制度。**凭单**（voucher）是授权现金付款的按顺序编号的文档。

凭单制度使用以下条目：凭单、凭单登记、支票登记。所有的开支在支付前都必须被批准。这种批准需要以凭单的形式。

表 7-1 列举了 Smart Touch Learning 公司的一个凭单。为了加强内部控制，Smart Touch Learning 公司可以将凭单加入到支付储存器中。

表 7-1　凭单

	凭单		V#1238
	Smart Touch Learning 公司		
收款人	Southwest Electronics		
到期日	7 月 3 日		
条款	3/15，n/30		
日期	收据号码	描述	总额
5月19日	620	平板电脑	$700
批准 Andrew Bright		批准 John Kalen	
管理者		会计	

3. 流线型程序

技术可以简化支付程序。**评估收入报告**（evaluated receipts settlement，ERS）通过比较收到的购物订单将支付审批程序压缩到一个单一步骤。如果这些文件匹配，Smart Touch Learning 公司将得到订单上的笔记簿并付款制作为凭单。

一种更加简易的程序将文件也省略了。**电子数据交换**（electronic data interchange, EDI），即零售商的计算机直接与供应商的计算机交流。当零售的存货量为一个较低水平时，计算机制作并发送电子购物订单给供应商。供应商运送货物并自动将发票寄送给零售商。经理批准发票后电子转账机将零售商的贷款支付给供应商。在一些公司，这些简易的 EDI 程序被用于现金支付和现金收据。

练习题 填空。

a. 卖家运送货物并将一个_____寄送给购买者。

b. 审批完所有文件后，采购者寄送_____于卖家。

c. 当需要货物时，采购者将_____寄送于卖家。

d. 购买者收到清单并准备一个_____。

7.4 小额现金资产如何进行内部控制

对于一个公司来说，为打的费用或者快递包裹的费用写一张支票是很费事的。为了满足这种需求并记录小额现金交易简易性，公司会保留一些现金用以支付较小金额的费用。这种资金叫作**小额现金**（petty cash）。

我们已经确定现金是最具流动性的资产。在银行中小额现金比现金更具流动性。然而没有任何银行的控制是恰到好处的，因此，小额现金需要的控制如下：

- 为小额现金资产指定一个管理人。这个管理人独自为小额现金资产负责。
- 指定特定现金金额作为小额现金资产。
- 假设所有的小额现金资产都用来支付小额现金账单，这些账单是按顺序编号的。小额现金账单作为审批凭单和明细。

7.4.1 建立小额现金资金

公司为指定金额小额现金资金写支票并兑现支票换取现金作为小额现金资金。假设在 8 月 1 日，Smart Touch Learning 公司建立 200 美元的小额现金资金。管理人兑现 200 美元的支票并将现金放入基金箱。日记账分录如下：

日期	账户和说明	借	贷	资产↑↓		负债	+	权益
8 月 1 日	小额现金	200		小额现金↑	= {			
	现金		200	现金↓				
	开启小额现金基金							

对每一笔小额现金付款，管理人都会准备一个如表 7-2 所示的类似的小额现金账单。

签字（或姓名首字母）表明现金的接收者和基金管理人。管理人将小额现金账单保存在基金箱里。在任何时候现金额加上小额现金账单的总数都应等于基金余额——200 美元。

小额现金账户保持它的指定余额是**预付款制度**（imprest system）的本质。预付款制度要求，在任何时间，小额现金箱包含现金和预付余额总数的小额现金账单。这清晰地表明了管理人负责的现金总数，并且它是该制度内部控制的主要特征。

表 7-2　小额现金账单

小额现金账单	#101
日期 2015 年 8 月 1 日	
金额 $60	
因 Letterhead Invoices	
借方 Office Supplies	
接收人 Lewis Wright	基金管理人 MAR

7.4.2　补充小额现金基金

付款会减少基金，所以基金需要周期性的补充。假设 8 月 31 日小额现金基金有 118 美元的现金、80 美元是小额现金账单（账单 #101 的办公用品 60 美元和 #102 的投递费 20 美元）。

你就会发现有 2 美元丢失：

基金余额		$200
现有现金	$118	
小额现金账单	80	
账户总额		198
丢失现金额		$ 2

为了补充小额现金资金，你需要保有 200 美元的现金。公司签署支票，以小额现金支付 82 美元（=200 美元的预付款余额 − 现有现金 118 美元）。基金管理人兑现此支票并将 82 美元放入基金箱。现在基金箱就是其本该有的 200 美元。

小额现金支票告诉你借记量并且支票金额告诉你贷款金额，就如以下补充资金的分录：

日期	账户和说明	借	贷	资产↓		负债	+	权益↓
8 月 31 日	办公用品	60		办公用品↑	= {			投递费↑
	投递费	20		现金↓				现金缺失 & 超出↑
	现金缺失 & 超出	2						
	现金		82					
	补充小额现金资金							

丢失的小额现金资金被借记入一个新的账户：现金缺失 & 超出。这种情况下，丢失 2 美元，因此我们将丢失小额现金记入现金缺失 & 超出。另外一个考虑这种情况的方法是，我们需要借 2 美元来保持日记账分录平衡。

小额现金账户始终保持它 200 美元的余额。小额现金账户仅仅在其资金开启（见 8 月 1 日的分录）时或当其金额数量增加或减少时使用。如果企业将资金额从 200 美元增加到 250 美元，则需要兑现 50 美元的支票并借记为小额现金。当补充基金时，公司将借记入有关费用或用该基金购买的资产。

有时候小额现金加上账单会超过基金余额。针对之前的一个例子，假设小额现金 #102 中投递费是 30 美元而不是 20 美元。因为我们知道现有小额现金账单数和现有现金额，我们会发现现金总额缺失或超出。

基金余额		$200
现有现金	$118	
小额现金账单	90	
账户总额		208
超出现金额		$ 8

这种情况下，现有现金加上小额现金账单超过基金余额（200 美元），存在现金超出。补充基金的日记账分录为：

日期	账户和说明	借	贷	资产↓		负债	+	权益
8 月 31 日	办公用品	60		办公用品↑	⎫⎬⎭=			投递费↑
	投递费	30		现金↓				现金缺失 &
	现金缺失 & 超出		8					超出↓
	现金		82					
	补充小额现金资金							

我们知道总借记额为 90 美元（=60 美元 +30 美元），且补充资金的支票依旧是 82 美元，因为资金余额应该为 200 美元并且有 118 美元在小额现金箱。这种情况下，我们需要贷入 8 美元保持日记账分录平衡，增加，将其归于现金缺失 & 超出。

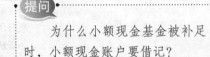

提问

为什么小额现金基金被补足时，小额现金账户要借记？

7.4.3 改变小额现金资金金额

假设 Smart Touch Learning 公司在 9 月 1 日决定将小额现金资金总额从 200 美元增加到 300 美元。为了增加资金，Smart Touch Learning 公司必须额外写一张 100 美元的支票将其兑现，将额外金额放入小额现金箱。因为资金总额的变化，公司必须记录以下日记账分录以展示变化：

日期	账户和说明	借	贷	资产↑↓		负债	+	权益
9 月 1 日	小额现金	100		小额现金↑	⎫⎬⎭=			
	现金		100	现金↓				
	增加小额现金额							

小贴士　小额现金基金一直在下降，则借方一直在使用现金且小额现金账户的现金一直被贷出。记住，仅仅当账户被建立、上升或下降时，小额现金账户才被记录日记账分录。

练习题　以下是 Green Golf Equipment 5 月的小额现金交易：

5 月 1 日	建立 200 美元的小额现金基金
31 日	小额现金基金有 18 美元的现金和小额现金账单、支出办公用品（81 美元）、投递费用（36 美元）、邮资支出（54 美元）和其他支出（9 美元）。小额现金管理员补充基金并记录支出费用。

编制日记账分录。

7.5　银行账户的内部控制

现金是最具流动性的资产，因为它是交易的媒介。因为现金比较容易隐藏且相对来说容易被偷，大多数公司将其现金存入银行。银行对企业钱财的保护有完整的措施。这一部分明确申请银行账户是普遍的控制手段。

7.5.1　印鉴卡

银行要求每人授权签署一个账户，提供**印鉴卡**（signature card）。这有助于防止伪造发生，因为印鉴卡经常被银行职员检查以确定签字字迹或公司存款。

7.5.2　存款单

银行提供标准样式如存款单。由顾客填制，**存款单**（deposit ticket）展示每次存款的数额。随着交易的检验，顾客将从银行得到存款收据。

7.5.3　支票

为支付现金，存款人写一张**支票**（check），支票是一张告诉银行支付指定收款人特定数额的有编号的文件。表 7-3 展示了 Smart Touch Learning 公司签署的一张支票。支票包括三方：制作者、收款人和银行。**制作人**（maker）就是支票的发行者，这里就是 Smart Touch Learning 公司。**收款人**（payee，即 California Office Products）是被支票支付的个人或企业。

表 7-3　支票与汇票通知

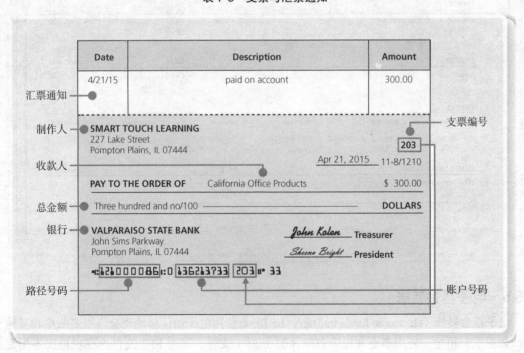

> 🌐 **小贴士**　一个比较容易记住制作人与收款人不同点的方法是承诺现金可以在银行用来支付支票的一方。

支票分为两部分，支票本身和汇票通知。此外，支票还包括路径号码和账户号码。**路径号码**（routing number）是用来识别付款银行的九位数字。**账户号码**（account number）用来识别付款账户。

7.5.4 银行结单

银行每月向客户寄送结单。**银行报告**（bank statement）客户账户的活动。结单显示账户开始和结束时的余额，收到的现金和支出。结单包括原始或制作人**注销账单**（canceled check）的复印件，该账单是银行已经现金支付由制作人写出的账单。表 7-4 是 2015 年 4 月 Smart Touch Learning 公司的银行结单。

表 7-4 银行结单

VALPARAISO STATE BANK
JOHN SIMS PARKWAY, POMPTON PLAINS, IL

BANK STATEMENT

Smart Touch Learning
227 Lake Street
Pompton Plains, IL 07444

CHECKING ACCOUNT 136–213733

APRIL 30, 2015

BEGINNING BALANCE	TOTAL DEPOSITS	TOTAL WITHDRAWALS	SERVICE CHARGES	ENDING BALANCE
$12,470	27,080	26,810	20	$12,720

TRANSACTIONS

DEPOSITS	DATE	AMOUNT
Deposit	04/01	19,450
Deposit	04/10	5,500
Deposit	04/22	2,000
EFT—Collection from customer	04/27	100
Interest	04/30	30

CHARGES	DATE	AMOUNT
Service Charge	04/30	20

CHECKS

Number	Amount	Number	Amount	Number	Amount
202	3,200	203	300		
201	20,000	205	150		
200	1,920				

OTHER DEDUCTIONS	DATE	AMOUNT
EFT—Water Works	04/20	40
NSF	04/25	1,200

7.5.5 电子基金转账

电子基金转账（electronic funds transfer，EFT）是使用电子通信移动现金。很多账单和其他支付，如薪水、租金、公用事业和保险费现在都由 EFT 支付。通过 EFT 支付这些项目而不用寄送支票是非常便宜的。借记卡交易和直接存款都可以通过 EFT 进行。

7.5.6 银行对账单

银行对账单（bank reconciliation）比较和解释了指定日期公司账簿上的现金和银行记录的现

金的不同。公司现金有两个记录：

（1）现金账户在公司的总分类账上。Smart Touch Learning 公司 4 月的现金 T 形账户展示如下。

现金

期初余额	10 550	20 000	4 月 2 日
4 月 1 日	19 450	3 200	4 月 15 日
4 月 8 日	5 500	300	4 月 21 日
4 月 22 日	2 000	2 000	4 月 30 日
4 月 24 日	9 000	150	4 月 30 日
期末余额	20 850		

（2）银行结账单展示了收到的现金和银行支出交易。然而如表 7-4 所示，银行展示 Smart Touch Learning 公司的最终余额为 12 720 美元。

账单和银行结账单通常显示不同的现金余额。不同产生于记录交易时间的滞后，叫作**时间性差异**（timing differences）。三个时间性差异的例子如下：

- 当公司写出支票，在其支票簿和现金账户上就会立即扣除。但是银行不会从公司账户减去支票金额，直到银行几天后为支票付款。
- 当公司向其账户存入现金，就会立即将现金收据加入支票簿和现金账户。但是，银行在一两天之后才会将存款加入到公司余额。
- EFT 支付和 EFT 现金收据通常由银行记录。

为了获得准确的现金记录，公司必须在收到银行对账单后更新现金账户。银行对账单用来完成更新过程。银行对账单解释了公司现金记录和银行记录公司余额间的不同。准备银行对账单的人必须没有其他现金职责。这意味着调解人不能是可以接触现金或编制现金交易的人。否则，他可以偷取现金或操纵对账单以隐藏偷窃。

1. 筹备银行方的银行对账单

这是一些在银行对账单上显示的项目，它们都会造成银行余额和账簿余额的不同。

银行方面的项目没有被银行记录但是却被公司记录或者银行出现错误，这些项目包括以下内容：

- **运输存款（在途存款）：在途存款**（deposit in transit）已经被记录并加入公司的账簿余额中，但是银行没有记录。这在银行方展示为"借：在途存款"，因为银行记录此存款时会增加银行余额。
- **在途支票：在途支票**（outstanding check）是已被记录并从公司的账簿余额中扣除，但是银行还没有支付（扣除）的支票。这种支票在银行方展示为"减：在途支票"，因为当银行记录支票时会使银行余额减少。
- **银行失误**：银行账户增加或减少的情况称之为银行失误。银行通过各种手段调节账户余额，可减少银行失误。

> **小贴士** 银行账户出现问题时，通常由失误方承担责任，若事故责任认定为银行，则责任由银行承担，若为储户，则为储户承担。

2. 前期准备阅读工作

本书不仅从企业角度讨论，而且从银行角度讨论，最后还表述了企业常见资金问题。具体需要了解的内容如下所示：

托收

托收是指企业已经收款，企业账号已经更新了收款信息，但企业账户还未更新的现金收入。当付款方使用某些手机软件时，可能造成收款方账户信息延误，从而出现银行托收的情况。或者银行已提供书面凭证，证明已代企业收款，这也可能会有银行托收的情况。银行托收通常会以**收款通知**（credit memorandum）的形式告知收款方。若收款方收款，账户余额增加，则银行会向企业发出收款通知，即企业收到银行收款通知时，说明账户余额发生增长。为了以防企业未记录银行收款通知的情况，银行托收时，需在其账户上注明"收入/银行托收"字样。

资金电子转账

银行可以代表企业收入或支出资金。银行会在调节表中注明"收入/资金电子转账"或"支出/资金电子转账"字样。

服务费

企业享受银行的服务，银行会收取对应的服务费。服务费涵盖了打印费等其他费用。银行收取服务费时，通常会出示**服务费清单**（debit memorandum），并从储户账户余额中扣除手续费。若企业尚未从现金负债表中扣除银行服务费，则银行会在账户信息中注明"支出/服务费"字样。

利息收入

若账户中有存款，则会得到相应的利息收入。若企业现金收支表没有注明利息，银行会在调节表中标注"收入/利息"字样来告知企业，这笔收入为利息收入。

空头支票

空头支票（non-sufficient funds（NSF）checks）是指由于账户余额不足，无法承兑，而不具备效力的支票，因此空头支票又被称作假支票或无效支票。空头支票不记作企业调节账户中的收入。空头支票往往由于付款方账户余额不足以支付支票面额，从而导致交易失败。在企业调节表中，通常用"支出/空头支票"来标记此笔交易。

账户错误

账户错误是指企业基本账户余额出现增加或减少的情况。所有的账户错误可以根据错误原因来进行修改。

表 7-4 银行结单列出了在 4 月 30 日 Smart Touch Learning 公司的基本账户余额为 12 720 美元（见右上角），但该公司的现金余额为 20 850 美元，这就需要我们用银行调节表来说明问题。

通过观察基本账户余额的时间与现金余额的时间，我们可以很快找到错误发生的原因。为方便读者查找，我们在表 7-5a 列出了精简版调节表，在表 7-5b 中列出了完整版调节表。

表 7-5　银行调节表

a）调节项目	
银行方：	存折：
1. 在途存款 4 月 24 日 9 000 美元	3. 资金电子转账收入 100 美元
2. 未兑付支票 204 号 2 000 美元	4. 利息收入 30 美元
	5. 服务费 20 美元
	6. 水费电子账单 40 美元
	7. 空头支票 1 200 美元

（续）

b）银行调节表

SMART TOUCH LEARNING 公司
银行调节表
2015 年 4 月 30 日

银行		存折		
收支表，2015 年 4 月 30 日	$ 12 720	收支表，2015 年 4 月 30 日		$ 20 850
地址：		地址：		
1. 在途存款	900	3. 电子收入	$ 100	
	21 720	4. 利息收入	30	130
				20 980
支出：		支出：		
		5. 服务费	20	
2. 未兑付支票		6. 水费电子账单	40	
204 号	2 000	7. 空头支票	1 200	1 260
合计	$ 19 720	合计		$ 19 720

数额应相等

不同调节项目总结：

银行余额	账面余额
• 加在途存款	• 加银行托收、利息收入、EFT 收入
• 减未兑现支票	• 减服务费，NSF 支票、EFT 支出
• 加或减银行记账差错	• 加或减会计记账差错

7.5.7 核查银行调节表

这里我们将主要讨论 Smart Touch Learning 公司的银行调节表。

1. 银行调节表

Smart Touch Learning 公司自 2015 年 4 月 30 日起记录其银行往来余额，从银行结单我们可以看出，其基本账户为 12 720 美元。该企业分析了影响其收益的各个要素，如下所示：

- **在途存款** Smart Touch Learning 公司逐一分析了其银行结单与现金账户查看是否遗漏了任何交易记录。Smart Touch Learning 公司注意到 4 月 24 日有一笔 9 000 美元的款项在银行结单中有记录，但是在其现金账户却没有，这笔款项属于在途存款。
- **在途支票** 该企业核查了其已取消的支票是否已在银行账户中清除，它们发现第 204 号款项为 2 000 美元的支票为在途支票，它们已取消了该笔支票的付款请求，但银行账户中这笔款项已经扣除。

只有将银行调节表与现金账户中的数据一一对比，才能最终得出账户信息结论。

2. 银行调节表的存折部分

这一部分我们主要讨论存折，下面从 Smart Touch Learning 公司列出的 2015 年 4 月 30 日的现金账户收支表开始讨论。Smart Touch Learning 公司发现其基本账户金额为 20 850 美元，并分别比对其现金账户和银行结算表以确定是否每笔开支都记录在其存折上。

- **电子资金转账** Smart Touch Learning 公司发现在其银行调节表中有一笔消费者支付的 100 美元的电子转账记录，但该公司在其现金账户中未就这笔转账进行记录，因此需要在其存折中添加该笔转账信息。

- **利息收入** Smart Touch Learning 公司有一笔 30 美元的利息收入，但还未记录在其现金账户中，因此需要在其存折中添加该笔收入信息。
- **服务费** 银行结单中有一项支出为 20 美元的记录就是银行收取的服务费。Smart Touch Learning 公司的现金账户并未就这笔服务费进行记录，但是我们需要从其存折结算中收取这笔费用。
- **电子资金转账（EFT）** 仔细查看 Smart Touch Learning 公司的银行结算单，我们发现了一笔 40 美元的水费，这笔水费是通过电子支付手段支付的，但这笔交易记录并未在其现金账户中，因此该公司必须从其账户中扣除该笔开销。
- **空头支票** Smart Touch Learning 公司在其银行结单中发现了一笔空头支票，该公司在其现金账户中记录这笔交易并添加了这笔交易的金额，但是银行通过与消费者接洽后发现，消费者并未就这笔支票付款，因此 Smart Touch Learning 公司必须将这笔收入从账户中移除。

在追踪了所有影响账户资金的项目之后，Smart Touch Learning 公司重新纠正了其现金账户的不合理之处，并发现其结果与银行结算表基本一致，这是其 2015 年 4 月 30 日的最终现金收支表。

7.5.8 银行调节表与日记账

作为一种常见的会计使用工具，银行调节表与日记账、分类账有诸多不同之处，它并不像日记账一样需要按照业务完成的先后顺序逐日逐笔登记。为了更好地记录账户信息，会计们不仅需要做日记账，还需要做分类账。企业银行调节表上的每一笔收支信息都需要体现在日记账分录上。因为银行没有个人基本账户，所以银行不需要做日记账分录。

如表 7-5 所示，银行调节表列出了 Smart Touch Learning 公司 4 月 30 日的日记账。日记账上的数目须与表 7-5a 精简版银行调节表、表 7-5b 完整版银行调节表保持一致。需要注意的是，这里我们仅列出了一项电子转账记录的日记账分录，但是正规的日记账必须就全部收支记录做一个综合的日记账分录。

日期	账户和说明	借	贷
4 月 30 日	现金	100	
	可收账户		100
	银行账户已记录		
4 月 30 日	现金	30	
	利息收入		30
	银行账户已记录		
5 月 30 日	银行费用	20	
	现金		20
	银行服务费用		
6 月 30 日	固定开支	40	
	现金		40
	水费电子转账		
7 月 30 日	可收账户	1 200	
	现金		1 200
	银行退回的空头支票		

现金

初始余额	10 550	20 000	4 月 2 日
4 月 1 日	19 450	3 200	4 月 15 日
4 月 8 日	5 500	300	4 月 21 日
4 月 22 日	2 000	2 000	4 月 30 日
4 月 24 日	9 000	150	4 月 30 日
余额	20 850		
4 月 30 日	100	20	4 月 30 日
4 月 30 日	30	40	4 月 30 日
		1 200	4 月 30 日
最终余额	19 720		

练习题 判断下列选项中，哪些属于：

a. 增加银行账户余额　　b. 减少银行账户余额

c. 增加银行账户余额　　d. 减少银行账户余额

9. 利息收入　　　　10. 余额不足退票　　　　11. 在途存款

12. 服务费　　　　13. 未兑付支票

7.6 为何现金比率可用来衡量企业的经济效益

众所周知，现金对于企业至关重要。若企业缺乏足够的资金，很难继续正常运营，因此，企业将周转现金看得尤为重要。衡量企业现金流动性的一个重要指标就是现金比率。从**现金比率**（cash ratio）可以看出企业短期承受风险的能力，公式如下所示：

$$现金比率 = （现金 + 现金等价物） \div 流动负债总额$$

请注意现金比率不仅包括现金，还包括现金等价物。**现金等价物**（cash equivalents）是指企业持有的、流动性强的，通常可在三个月内转化为现金的资产。美国政府债券中的货币市场账户与投资就是现金等价物。

这里让我们用现金比率理论来探讨一下绿山咖啡烘焙公司的现金流动性。资产负债表中记录了其现金、现金等价物、流动负债总额等各项情况。此处货币单位为 1 000 美元。

	2011 年 9 月 24 日	2010 年 9 月 25 日
现金及现金等价物	12 989	4 401
流动负债总额	471 374	238 055

2011 年 9 月 24 日绿山的现金比率如下

$$现金比率 = \$12\ 989 / \$471\ 374 \approx 0.028$$

作为比较，2010 年 10 月 25 日绿山的现金比率如下

$$现金比率 = \$4\ 401 / \$238\ 005 \approx 0.018$$

2010 ～ 2011 年，由于可用现金和现金等价物的增加，现金比率也有小幅度的上升。这种比率是对流动性最保守的评估标准，因为它仅着眼于现金和现金等价物而忽略了例如商品存货和应收账款等资产。值得注意的是，在这两年中，现金比率一直是低于 1.0 的。拥有低于 1.0 的现金

比率是一件好事。当现金比率高于 1.0 时便暗示着这家公司可能拥有大量非必要的现金供应。这笔现金将被用来产生更高的利润或者被用来支付红利。然而，对于债权人和投资者来说，低的现金比率则意味着这家公司偿还其短期债务的能力可能较低。

练习题 截至 2015 年 12 月 31 日，Scott Sun & Shade 公司的财政数据如下表所示：

现金和现金等价物	$60 000
流动负债合计	75 000

请计算 2015 年 12 月 31 日 Scott Sun & Shade 公司的现金比率。

知识回顾

☞重要知识点

1 **什么是内部会计控制？它是怎样保护一个公司的资产的？**
- 内部会计控制是有组织的计划，相关的措施是设计来保护资产的安全，鼓励员工遵循公司的政策，促进操作效率，并且确保会计记录的真实性和完整性。
- 美国《萨班斯 – 奥克利斯法案》是由议会通过的。
- 内部会计控制包括五个部分：控制程序、风险估计、信息系统、监测控制和环境。

2 **基于现金收入，什么是内部控制程序？**
- 销售点终端在柜台现金收入提供控制。
- 当处理现金和记录交易的时候，公司通过邮件来确保适当的职责分离来控制现金。

3 **基于现金支付，什么是内部控制程序？**
- 对于现金支付，商业操作和账簿记录职责分离应当存在。
- 凭单制度可以用于控制现金支付。

4 **如何对小额现金基金进行内部控制？**
- 小额现金基金允许商业把手头上的现金用于像邮费、办公用品、出租车费等这样小的、多方面的项目。
- 当小额现金基金启动时，公司记录小额现金和信贷资金的借方。
- 该基金通过相关的资产和费用账户及信贷资金来补充。在小额现金基金中的出入或者是记入借方，或者是记入现金短缺和超出账户。

5 **银行账户的内部控制？**
- 银行账户提供确保公司资金安全的已建立的实践。这些控制包括印签卡的使用、存款单、支票、银行清单和电子转账。
- 银行对账也可以用作内部控制的一种形式。银行对账比较和解释在关于公司现金账簿和银行记录一个具体日期的现金之间的区别。
- 在准备银行对账后，对关于银行对账的账簿旁的所有项目必须完成日记账分录。

6 **如何用现金比率来评估企业绩效？**
- 现金比率衡量一个公司来自现金和现金等价物的偿还流动负债能力。
- 现金比率 =（现金 + 现金等价物）÷ 流动负债总额

☞汇总习题 7-1

2015 年 1 月 12 日密斯勒公司建立了一个 300 美元的小额现金基金。凯伦·密斯勒（KM）是基金的管理人。到月底，小额现金基金包括以下部分：

a. 现金：163 美元

b. 小额现金支出如下：

编号	合计	现金支出	签名	借方科目
44	$14	B. 贾维斯	B. 贾维斯与 KM	办公用品
45	39	S. 贝尔	S. 贝尔	运输费用
47	43	R. 塔特	R. 塔特和 KM	—
48	33	L. 布莱尔	L. 布莱尔和 KM	旅游费用

要求：①在给定的数据中，确定内部控制的三个缺点。

②分录如下的交易：

a. 2015 年 1 月 12 日小额现金基金的建立。

b. 2015 年 1 月 31 日基金的补给。假设编号为 47 的小额现金票是用来购买办公用品的。

③在补充之前，什么是小额现金账户平衡？那么在补充之后呢？

☞答案

- **要求①**

内部控制的三个缺点如下：

（1）编号为 46 的小额现金票缺失。无法显示这个票据发生了什么，公司应当调查。

（2）小额现金管理者（KM）没有在编号为 45 的小额现金票上签名。对于这部分，这个疏忽可能已经被监督。然而，她是否授权这项付款的问题随之出现了。基金的管理者和现金的收入者都应该在小额现金票上签字。

（3）编号为 47 的小额现金票没有现实实际账户借方的票。如果塔特和凯伦·密斯勒不记得 43 美元的去向，那么会计师将不会知道账户应记入借方。

- **要求②**

小额现金日记账分录

a. 准许进入建立小额现金基金

日期	账户和说明	借	贷
1 月 12 日	小额现金	300	
	现金		300
	启动小额现金基金		

b. 准许进入基金补给：

日期	账户和说明	借	贷
1 月 31 日	办公用品	57	
	运输费用	39	
	旅游费用	33	
	现金短溢	8	
	现金		137
	补给小额现金基金		

- **要求③**

在这个案例 300 美元中，在小额现金账户中的平衡总是它预付的平衡。

☞汇总习题 7-2

2015 年 2 月 28 日贝勒合伙公司的现金账户如下：

现金

初始余额	3 995	400	2 月 3 日
2 月 6 日	800	3 100	2 月 12 日
2 月 15 日	1 800	1 100	2 月 19 日
2 月 23 日	1 100	500	2 月 25 日
2 月 28 日	2 400	900	2 月 27 日
最终余额	4 095		

2015 年 2 月 28 日，贝勒合伙公司收到如下的银行对账率。

银行报表

明天银行

123PETERPANRD，KISSIMMEE，FL34747

Baylor Associates
14W Gadsden St
Pensacola, FL 32501

CHECKING ACCOUNT 136-213734

FEBRUARY 28, 2015

初始余额	存款总额	取款总额	服务费用	最终余额
$3 995	4 715	5 630	10	$3 070

交 易

存款	日期	总计
存款	02/07	800
存款	02/15	1 800
EFT——票据收集	02/17	1 000
存款	02/24	1 100
利润	02/28	15

费用	日期	总计
服务费用	02/28	10

发票

编号	总计	编号	总计	编号	总计
102	400	103	1 100		
101	3 100				

其他文件	日期	总计
EFT-EZ 租赁	02/01	330
账户透支发票	02/13	700

其他的数据：

贝勒把所有的现金收入存在了银行并且用支票进行所有的支付。

要求： ①在 2015 年 2 月 28 日准备贝勒合伙公司的银行管理。②根据银行管理来进行日记账分录。

☞答案

● 要求①

贝勒合伙人
银行对账
2015 年 2 月 28 日

银行：		
2015 年 2 月 28 日余额		$ 3 070
加：2 月 28 日的在途存款		2 400
		5 470
减：2 月 25 日在途支票 500 美元		
2 月 27 日（900 美元）		1 400
2015 年 2 月 28 日调整银行余额		$ 4 070
账簿：		
2015 年 2 月 28 日余额		$ 4 095
加：银行应收票据总计	$ 1 000	
利润税收赚得的银行余额	15	1 015
		5 110
减：服务费用	10	
NSF 发票	700	
EFT——租赁费用	330	1 040
2015 年 2 月 28 日调整账簿余额		$ 4 070

这两个数额应当相等

● 要求②

日期	账户和说明	借	贷
2 月 28 日	现金	1 000	
	应收票据		1 000
	通过银行得到应收票据		
28 日	现金	15	
	利润税收		15
	利润赚得的银行余额		
28 日	银行消费	10	
	现金		10
	银行服务费用		
28 日	应收账款	700	
	现金		700
	由银行返回的 NSF 发票		
28 日	租赁费用	330	
	现金		330
	每月的租赁费用		

☞关键术语

account number　账户号码　在发票中，这个号码是确定账户付款的数量。

bank reconciliation　银行对账单　在它的银行账户中解释存款现金记录和存款现金余额之间区别的文件。

bank statement　银行报告　记录客户账户活动来自银行的文件。它显示银行账户的初始和最后余额并通过银行账户列出每个月的现金交易。

canceled checks 注销账单 制作人支付现金发票的物理件或者是扫描件。

cash equivalent 现金等价物 在 3 个月或者更短的时间内，能够把高度流动的投资转变成现金的资产。

cash ratio 现金比率 它是衡量一个公司来自现金和现金等价物的偿还流动负债能力：（现金 + 现金等价物）÷ 流动负债总额。

check 支票 指示银行支付给指定人或者业务特定数量的钱的文件。

collusion 同谋 两个或者更多人一起去欺诈内部控制并欺骗公司。

credit memorandum 收款通知 银行账户中的增长。

debit memorandum 服务费清单 银行账户中的减少。

deposit in transit 在途存款 通过公司而不是通过银行记录存款。

deposit ticket 存款单 银行的一种表格，由客户完成并显示每个存款的总额。

electronic data interchange (EDI) 电子数据交换 一个完全绕过文件的简化过程。客户的电脑与供应商的电脑直接沟通以实现日常商业交易的自动化。

electronic funds transfer (EFT) 电子基金转账 通过电子通信而不是通过纸质文件进行转账的系统。

encryption 加密 重新排序计划（通过数学过程进行信息测试），在电子商务中获取安全的最基本的方式。

evaluated receipts settlement (ERS) 评估收入报告 通过比较接受采购订单报告来压缩审批全过程的一个单一步骤的付款程序。

external auditor 外部审计师 一个外部的会计，保持完全独立性，检测控制并确保财务报告是根据 GAAP 公平呈现的。

firewall 防火墙 可以使本地网络的成员访问网络，同时禁止非会员访问的一种设备。

imprest system 预付款制度 一种占用小额现金保持一个常数余额的小额现金账户。在任何时候，现金加上小额现金票总金额必须分配给小额现金基金。

internal auditor 内部审计师 负责确保公司员工遵守公司的政策，使公司满足所有法律要求，以及使业务高效运行的公司员工。

internal control 内部控制 将有组织的计划和所有相关的措施运用在保护资产安全，鼓励员工遵守公司的政策，促进业务运行效率，保证会计记录的真实与完整。

internal control report 内部控制报告 通过经理描述其职责和对财务报告内部控制的充分性的一份报告。

lock-box system 锁定系统 客户把他们的发票寄到属于银行的办公邮箱的一种系统。银行员工每天都会清空这个邮箱并将之录入公司账户的存款。

maker 制作人 检查问题的一方。

non-sufficient funds check (NSF) 空头支票 制作人的银行账户内没有足够的钱去支付的一种支票。

outstanding check 在途支票 公司签发并记录在公司账簿上，但是没有通过在银行兑现的支票。

payee 收款人 将支票拿来支付的个体或者企业。

petty cash 小额现金 包含少量的现金基金，用于小额支出。

public company 上市公司 向普通人出售股票的公司。

remittance advice 汇票通知 填写支票时的一个可选的附件，可用于说明业务支付的原因。

routing number 路径号码 发票上用于识别银行付款的九位数字。

Sarbanes-Oxley Act (SOX)《萨班斯 – 奥克斯利法案》 要求公司检查内部控制并对他们财务报告的完整性和准确性负责。

separation of duties　**分离职能**　为了防止欺骗和提高会计记录的准确性，在两个人或者更多人之间分离职责。

signature card　**印签卡**　显示每一银行账户的授权人的签名的卡片。

timing difference　**时间性差异**　在记录交易中因为时间原因，银行结单中的余额和公司账簿中的余额之间的区别。

voucher　**凭单**　用于记录现金付款，并按照顺序编号的文档。

☞快速检测

1　以下哪个不属于内部控制的定义？

　　a. 分离职能　　　　　　　　　　　　　b. 保障资产

　　c. 鼓励员工支持公司政策　　　　　　　d. 提高行政效率

2　《萨班斯 – 奥克斯利法案》作用于：

　　a. 建立私人公司会计委员会

　　b. 允许会计员审计并且作为顾问为公共企业服务

　　c. 确保使该法案的妨碍者在监狱里因证券欺诈服刑 20 年

　　d. 要求外聘审计师必须评估公众企业的内部控制

3　加密

　　a. 避免了职权分离的需要　　　　　　　b. 为保护档案建立防火墙

　　c. 让黑客无法入侵　　　　　　　　　　d. 通过特定程式重组信息

4　分离职能在内部控制的重要性体现在

　　a. 现金凭据　　　　b. 现金支付　　　　c. 非以上之一　　　　d. a 和 b

5　Michelle Darby 从顾客那里收取现金，他的其他职责是公示已从顾客账户收取款项。他的公司在何处有缺陷？

　　a. 责任分配　　　　b. 道德标准　　　　c. 电脑控制　　　　d. 职责分离

6　对支票支付的内部控制的重要性远高于现金支付，这是因为

　　a. 支票必须由授权方签署　　　　　　　b. 在签署支票之前，需要有发票支持付款

　　c. a 和 b　　　　　　　　　　　　　　d. 以上全不对

7　小额基金有 100 美元的最初预付款余额，现有 20 美元和总计 75 美元的小额现金票用于办公用品。该基金的进项补充包括：

　　a. 5 美元的信用卡现金短缺及超出　　　b. 80 美元的小额现金信用

　　c. 5 美元的现金借记短缺及超出　　　　d. 80 美元的小额现金的借记

8　详尽解释公司现金簿记和银行数据的文件被称作：

　　a. 银行托收　　　b. 电子资金转移　　　c. 银行对账单　　　d. 银行往来调节表

9　Sahara 公司现金账目的结余为 650 美元。银行对账单中有 29 美元的服务费以及 150 美元的空头支票（存款不足支票）、240 美元的在途存款和总计 420 美元的在途支票。请问 Sahara 公司的调整后银行存款余额是多少？

　　a. 291 美元　　　b. 829 美元　　　　　c. 471 美元　　　　d. 470 美元

10　埃斯皮诺萨空气公司将 2015 年 6 月 30 日的财务数据出示如下：

现金	$ 10 000
现金等价物	8 850
应收款账	3 700
当前全部负债	29 000

埃斯皮诺萨现金比率是多少？

a. 0.34   b. 0.65   c. 0.78   d. 1.54

进步评估

复习题

1 什么是内部控制？

2 《萨班斯－奥克斯利法案》是如何与内部控制相关联的？

3 内部控制的五大组成是什么？简要概述（解释）每一组成部分。

4 内部审计和外部审计的区别是什么？

5 什么是分离职能？

6 列举和电子商务有关的内部控制步骤。

7 内部控制的局限是什么？

8 企业如何控制在柜台的现金收入？

9 企业如何控制由邮件传来的现金收入？

10 为确保支票买卖的控制需要有什么手段？

11 什么是支票？支票如何被用于现金支付的内部控制？

12 为确保小额现金基金的平稳，什么控制是必需的？

13 小额现金基金何时仅用于分类账条目？

14 有哪些银行账目常用的控制？

15 什么是银行对账单？

16 列举一些时间性差异的例子，并对每种差异，判断它是否会影响账面和银行的对账单？

17 为什么在银行对账单已经备好的条件下记录分类账很必要？哪些银行对账单要求分类账的支持？

18 现金比率有助于决定什么？如何计算？

简单练习

S7-1 明确内部控制。

内部控制被设计用于保障资产，鼓励员工支持公司的政策，提升工作效率，并且确保准确的账目记录。

要求：①你觉得哪个目标是最为重要的呢？②你觉得哪个目标必须由内部控制达成以让企业得以存活？请简述你的理由。

S7-2 内部控制与现金收入。

Sandra Kristof 为 Mckinney 家具公司销售家具。Kristof 正遭受账务困境，所以擅自拿走了她从一个顾客那里得到的 650 美元。她通过收银机把款项记入现金进出记录机。什么会警示财务主管 Megan Mckinney 出现了问题？

S7-3 将内部控制应用于来自邮件的现金收入。

回顾本章所讲解的将内部控制应用于来自邮件的现金收入的步骤。请准确地指出，要求财务主管执行的、完成这一过程的最后一个步骤是什么？

S7-4 将内部控制应用于通过支票获得的现金收入。

一个为富兰克林后勤办公用品公司工作的采购员收到了他所采购的货品并且批准了对这些货品的支出。

　　要求：①采购员可能会如何欺瞒他的公司？②富兰克林公司应如何弥补它内部控制的漏洞？

S7-5　小额现金的日记账分录。

准备 Grayson Gaming 供应的小额现金交易日记账收入：

3 月 1 日	建立含 150 美元余额的小额现金基金
31 日	小额现金基金有 14 美元现金以及 148 美元小额现金票支出［用于办公室供应（58 美元）和娱乐消费（90 美元）］
	补充基金并记录开支
4 月 15 日	增加小额现金基金余额至 200 美元

S7-6　了解银行账户控制。

回答下列有关银行账户控制的问题。

　　要求：①哪些银行控制是防范伪造的？②哪些银行控制在每一期都会报告用户的账户动向？③哪些银行控制对存入银行账户的金钱数额？

S7-7　分辨和银行对账相关的时间性差异。

对下列列出的每一时间性差异，分辨这些差异是否在书本或银行方面的对账中有所体现。此外，分辨这些差异是会是加法还是减法。

　　a. 在途存款　　　　　　　　　g. 服务费用

　　b. 银行托收　　　　　　　　　h. 利息收入

　　c. 服务费清单　　　　　　　　i. 2 500 美元现金支付的租借消费被错误地记作 250 美元

　　d. EFT 现金收据　　　　　　　j. 收款通知单

　　e. 在途支票

　　f. 1 000 美元存款被银行误记为 100 美元

S7-8　编制银行对账单。

First on Alert Security Systems 公司的现金账户在 2015 年 12 月 31 日报告结余 2 470 美元。这里包含总计 700 美元的在途支票以及 12 月 31 日的在途存款 100 美元。来自 Park Cities 银行的银行对账单，列出 12 月 31 日结余 3 700 美元。包含在银行结余之中的是来自 Brendan Ballou 账户的托收。Brendan Ballou 是 First on Alert Security Systems 的一个消费者，他直接通过银行支付。银行对账单同时展现了 20 美元的服务费用以及 First on Alert Security Systems 通过银行结余获得的 20 美元的利息收入。请在 12 月 31 日编制 First on Alert Security Systems 的银行对账。

　　注意：题目 S7-9 应在完成题目 S7-8 后使用。

S7-9　从银行对账单中记录交易。

回顾你在准备 First on Alert Security Systems 的银行对账单中得到的结果。记录公司在银行对账单中的流水账，并逐一解释每一条目。

S7-10　处理现金比率。

Budget Banners 报告了下列在其财务报表中的数据：

现金	$28 800
现金等价物	2 200
当前总计负债	24 800

为 Budget Banners 计算现金比率。

✍️ 习题

E7-11 了解《萨班斯－奥克斯利法案》并明确内部控制的优势和劣势。

以下句子指出了内部控制的哪一优势或劣势？

a. 高层管理者将内部控制全权授权给财务部。b. 财务部门的员工（或会计员）订购商品并提供付款证明。c. 柜台现金收入由售货员控制。他们把款项记入现金进出记录机并把现金放入寄存器中。售货员的销售总金额和寄存器中的当天销售总金额相当。d. 签支票的雇员无须检查支付通知书，因为他确信金额数目是正确的。

要求： ①明确名词内部控制。②内部控制的系统必须被外聘审计员检测。什么规定或者法律要求这些检测？③明确上述条目中的每一条在内部控制中的优劣并解释你对于每一条的回答。

E7-12 明确内部控制。

分别考虑形势。通过下列明确缺失的内部控制步骤。

- 职责指定
- 职务分立
- 查账
- 电子仪器
- 其他控制（指定）

a. 检查药品质量的记录，你发现同一个雇员订购货物并提供发票证明；b. Amazing Amusement Park 的生意在周二、周三和周四晚上十分清淡，为削减开支，决定在这些晚上停止使用售票员。售票员（收银员）被告知持票作为售票张数的记录；c. 同一个受信任的雇员担任出纳员 12 年；d. 当生意兴旺的时候，Fast Mart 在一天内多次向银行存入现金。某商店的经理希望节约雇员向银行运送现金的时间，所以他实行了一个新的政策。现金会在周末结算，而周一晚将统一存入银行；e. 例如 Convenience Market 和 Natural Foods 的杂货店从少量的供货商处采购大多数的商品。在另外一家食品杂货商店，经理决定减少纸张公务。他废除了一项要求，该要求是收货部门须准备一个从供货商处实际收到的货物清单。

E7-13 评估针对现金收据内部控制。

Dogtopia 售卖宠物用品及食物并以一个现金收银机来记录交易。现金收银机显示现实销售的金额，同样它也显示收入的现金以及找给消费者的金额。收银机同时产生小票但不会产生任何交易的内部记录。在一天结束时，职员计算收银机中的金钱并且把它交给出纳员以存入公司银行账户。

要求： ①明确针对现金收据内部控制的缺陷。②你会如何弥补这一缺陷？

E7-14 评估针对现金支出内部控制。

Gary's Great Cars 从供应商 Nebraska 处购买了汽车组件。Gary's 的会计师 Dave Simo，核实了货物清单，签字并邮寄给供应商支票。

要求： ①明确评估针对现金支出的内部控制缺陷。②如何弥补这一缺陷？

E7-15 理解内部控制、组成、步骤及法律。

将术语及其定义连线。

1. 内部控制	a. 两个或两个以上合谋脱离内部控制
2. 控制步骤	b. 内部控制的一部分，确保资源不被浪费
3. 防火墙	c. 要求公司回顾内部控制并对财务报告有明确、彻底的分工
4. 加密	d. 提前编号以防止懈怠和偷窃
5. 环境	e. 限制访问本地网络
6. 信息系统	f. 例子：出具银行结账单的人员不可是协调现金的人员
7. 分离职能	g. 明确可能由公司产品、服务或操作所带来的不确定性

（续）

8. 同谋	h. 由专业受训会计师对公司经济状况及会计系统进行检测
9. 文件	i. 若其中条件之一不充分，则信息无法有效收集并整理
10. 审计	j. 组织计划以及所有维护资产的相关措施，鼓励雇员支持公司政策，提高工作效率 并确保会计数据准确可信
11. 工作效率	k. 有助于确保商业目标达成的部分
12. 风险评估	l. 由数学工具重新整理的资料
13.《萨班斯 – 奥克斯利法案》	m. 为建立一个内部控制，公司 CEO 和高层管理者有责任为下属树立良好的榜样

E7-16　计算小额现金。

Karen's Dance Studio 建立了 370 美元的预付小额现金基金。一个月内，基金托管人核定并签署的小额现金票据如下：

小额现金票据编号	项目	借方科目	金额
1	运输至消费者	运输支出	$ 25
2	邮寄包裹	邮寄费用	15
3	通信	印刷支出	35
4	储藏室的钥匙	多种支出	55
5	纸张复印	办公用品	80

要求：①使用普通日记账来创建小额现金基金，并给出一个相应的解释说明。②使用普通日记账来记录小额现金基金的补足过程，基金里的金额一共是 147 美元。给出一个相应的解释说明。③假设 Karen's Dance Studio 决定将小额现金基金减少到 200 美元。请使用普通日记账来记录这个下降的过程。

E7-17　小额财务管理。

Hangin's Out Night 俱乐部在 Sandra Morgan 的控制之下保持了 100 美元的备用金小额现金基金。在 3 月 31 日，该基金持有现金 9 美元和为办公用品准备的价值为 77 美元的零用现金券，以及运输费用 20 美元。

要求：①解释一个小额现金的补足系统是怎么工作的。②将 3 月 1 日小额现金基金的建立和 3 月 31 日基金的补充记入账本。③为小额现金准备一个 T 形账户并把这个账户过账。在任何时候小额现金的余额都是什么？

E7-18　银行核对物品分类。

下列项目可能出现在银行对账单中：

a. 在途支票，670 美元；b. 在途存款，1500 美元；c. 客户的空头支票 548 175 美元；d. 银行应收票据合计 800 美元和利息 80 美元；e. 由银行余额获取的利息，20 美元；f. 服务费，10 美元；g. 业务计入现金 200 美元，正确的金额是 2000 美元；h. 银行因给另一家企业开支票而错误地从企业账户中减少了 350 美元。

将每一个事物分类，如：（1）账面余额的增加；（2）账面余额的减少；（3）银行存款余额的增加；（4）银行存款余额的减少。

E7-19　银行对账单。

编制 Harrison Photography 的支票簿列表：

时间	编号	物品	支票	负债	余额
11 月 1 日					$540
4 日	622	快递	$15		525
9 日		服务收入		$130	655

（续）

时间	编号	物品	支票	负债	余额
13 日	623	照片用品	55		600
14 日	624	实用程序	75		525
18 日	625	现金	60		465
26 日	626	办公用品	85		380
28 日	627	Upstate Realty 公司	265		115
30 日		服务收入		1 210	1 325

账面减除额 389 美元。

Harrison 11 月银行结余如下：

余额		$540	
负债		130	
借方支票	编号	数额	
	622	$15	
	623	55	
	624	115*	
	625	60	（245）
其他			
印刷支票		35	
服务费用		20	（55）
结余		$ 370	

*编号 624 的支票金额是正确的。

要求： ①在 2015 年 11 月 30 日编制 Harrison 公司的银行对账单。② 2015 年 11 月 30 日 Harrison 事实上有多少现金？

E7-20　编制银行对账单。

Brett Knight 公司建造 4 个保龄球场。该公司在 10 月 31 日收到了来自 City National 银行的银行对账单，对账单显示最终结余 905 美元，其中包含 EFT。

租金 410 美元、服务费用 10 美元、总计 70 美元的 NSF 支票，以及 30 美元的印刷支票。回顾这些现金记录，公司确定了总计 450 美元的在途支票以及在途存款 1 775 美元，10 月，该公司记录了借方工资支出 310 美元及信用现金 31 美元。该公司的现金账户显示 10 月 31 日结余 2 209 美元。

要求： ① 10 月 31 日编制银行对账单。②根据银行对账单要求记录流水账。

☞ 后续习题

P7-33　准备银行对账及流水账条目。

这是从第 6 章题目 P6-46 延续下的问题。Davis5 月从总账得到现金 T 形账户如下：

现金			
2 月 28 日余额	23 115	4 300	3 月 1 日 （207 号支票）
3 月 6 日	2 930	825	3 月 14 日（208 号支票）
3 月 13 日	2 800	1 455	3 月 14 日（209 号支票）
3 月 20 日	4 800	190	3 月 28 日（210 号支票）
3 月 27 日	3 690	550	3 月 30 日（211 号支票）
3 月 31 日余额	30 015		

Davis 2015 年 3 月 31 日的银行对账单如下：

3 月的对账单		
期初余额		$ 23 510
存款及其他信用		
3 月 1 日	$ 700	
3 月 8 日	2 930	
3 月 14 日	2 800	
3 月 20 日 EFT 嘻哈帽子顾客	400	
3 月 22 日	4 800	
3 月 28 日利息信用	22	11 652
支票及其他		
3 月 2 日 EFT 纸制品	9	
3 月 2 日 206 号支票	1 095	
3 月 18 日 207 号支票	4 300	
3 月 19 日 209 号支票	1 455	
3 月 28 日对 The Cable 公司的 EFT	85	
3 月 28 日 208 号支票	825	
银行服务费	18	(7 787)
最终结余		$27 375

要求：①准备 3 月银行对账。②记录所有银行对账所需的交易。为 T 形现金账户处理调节余额账户，并在最后平衡中指示结余。

☞ 套题

问题承接第 6 章题目 P6-47 中 Shine King Cleaning 的问题。

P7-34　准备银行对账及流水账条目。

2015 年 11 月 Shine King Cleaning 的交易在第 2 章中有所展示。如下是 Shine King Cleaning 的银行对账单。

2015 年 11 月的对账单		
期初余额		$ 0
存款及其他信用		
11 月 2 日	$35 000	
11 月 10 日	100	
11 月 18 日	4 400	
11 月 21 日	40 000	
11 月 29 日 EFT Pierre 假发支架	600	
11 月 28 日利息	16	80 116
支票及其他		
11 月 2 日 EFT Check Art	30	
11 月 5 日 101 号支票	2 000	
11 月 9 日 103 号支票	1 200	
11 月 9 日 102 号支票	2 400	
11 月 26 日 105 号支票	500	
11 月 28 日 Calpine Energy 的 EFT	145	

(续)

2015 年 11 月的对账单		
11 月 28 日 106 号支票	100	
银行服务费	18	(6 393)
期末余额		$73 723

要求：①准备银行对账。②记录所有银行对账所需的条目。

批判性思考

☞决策案例

案例 7-1

在互联网上搜索内部控制及《萨班斯－奥克斯利法案》的相关信息，就你的所得写一份报告。在你的报告中，讨论《萨班斯－奥克斯利法案》的优劣。在班级中展示（如果导师要求的话）。

案例 7-2

这一环节建立在一个真实的情景中。Centennial Construction 公司总部设在得克萨斯州达拉斯，在达拉斯北部 35 英里处建立了一个汽车旅馆。它的创立者 Slim Chance 雇用了 40 人来完成这个项目。Slim 让建筑工人填写必需的税务表格，他将这些文件送到了家庭办公室中。

汽车旅馆的工作从 8 月 1 日起到 9 月 1 日终止。每一周，Slim 填写雇员当周的工作时间。Slim 将这些传真到公司内部，周末早上他会在那里准备好要支付的支票。Slim 周五开车回家庭办公室，拿上支票，然后再到施工地点。周五下午 5 点，他会把支票分发给工人。

要求：①讨论这一情景下内部控制的主要漏洞，特别是此漏洞可能导致的不良结果。②说明你会如何弥补这一漏洞。

案例 7-3

San Diego Harbor 旅行社在现金方面的内部控制不良。Ben Johnson 是这里的经理，怀疑出纳员偷窃。这里是公司 9 月 30 日的一些现金详情。

a. 现金账户总账结余 6 450 美元；b. 9 月 30 日银行对账单结余 4 300 美元。对账单中包括 200 美元银行收款、10 美元服务费用及 40 美元 NSF 支票；c. 9 月 30 日，以下支票未能兑现：

金额
$ 100
300
600
200

d. 9 月 30 日当天有 3 000 美元在途存款；e. 出纳员处理所有的现金收入并去银行储存。他同样开具支票并每月和银行对账单对账。

要求：①展示本章运用了图解格式的银行对账。这里没有银行或者账簿错误。②假定调整银行结余是正确的而且所有时间性差异都已考虑在内，出纳员贪污了多少？为什么这么说？③解释 Johnson 如何改进他的内部控制。

☞理论问题

Mel O'Conner 在密歇根租赁房产。每一房产都有一个经理收取租金，组织修缮并在报纸上进行宣传。这些经理们每月自行将现金存入并准备各自的银行对账。Lansing 的经理贪污公款，为掩盖他的恶行，他在每月的银行对账中开具大量的空头支票，这样每月银行对账还是稳定的。然而，结余账目上的数字远远大于公司在银行实际拥有的资金。最近，O'Conner 准备把他的全部产业卖掉。在商谈过程中，O'Conner 要向收购方展示结余清单。

要求：①除了 O'Conner，还有谁会因这个而受害，会以何方式受害？②讨论会计师在这种情况下扮演的角色。

☞ 舞弊案例

Levon Helm 是个人抵押经纪人，他在田纳西州徘徊寻找可能的二次抵押的温床。如果条件合适，他会用少量的钱收购一些二次抵押品。Helm 低价买进，高价卖出，从中赚取了不小的利益。作为一个小规模操作，他雇用了一个名叫 Cindy Patterson 的人来为他记账。Patterson 是世交，他十分信任她以至于他从未检查过分类账和银行往来调节表。有时，Patterson 会从运营中"借钱"，然后通过订购假货消费来掩盖她的罪行。她有时会还上，但她已经习惯了大肆挥霍而且无法克制。突然有一天这样的行径被发觉了。她耗尽了本属于她的其他债主的基金。企业倒闭，Patterson 被关入监狱，而 Helm 一无所有，流落街头。

要求：①内部控制在本案中的主要缺陷是什么？②许多小的企业无法雇用足够的人以满足完善的职权分离的要求。它们该怎么做呢？

☞ 财务报告案例

访问 www.pearsonhiered.com/Horngren 并打开链接星巴克公司 2011 年度会计报告，研究审计员对于星巴克公司及其财政现状的观点。回答有关该公司的以下问题。

要求：①星巴克的外部审计公司的名字是什么（独立注册公共会计公司）？该公司的哪一部门签署审计报告？距离星巴克年终多久时审计员会提出他们的观点？②谁承担财政现状的基本责任？为什么这么说？③星巴克的内部控制是充分的么？为什么这么说？④哪一审计标准的外部审计员在审计星巴克财务现状的时候用到了？通过何种审计标准财务状况可以得到评估？⑤星巴克现金结余（包括现金等价物）在 2011 年 10 月 2 日变化了多少？起始现金结余和最终现金结余是多少？⑥回顾统一的财政状况记录，特别是有关现金及现金等价物的相关记录，哪种工具被星巴克认为是现金等价物？⑦明确星巴克 2011 年 10 月 2 日和 2010 年 10 月 3 日的现金比率。本章中星巴克的现金比率是如何和绿山咖啡公司对比作为解释的？请解释。

☞ 小组作业

你正在你的区域内推销一场摇滚音乐会。小组中的每一个成员会为此投入 10 000 美元。现在是 4 月 1 日，音乐会定在 6 月 30 日。你立刻开始了你的推销活动，买下了所有的债务，并且在 7 月 31 日给小组成员分发所有剩余的现金。

撰写一个有助于维护该商业资产的内部控制指南。指南第一条便要求明确小组成员的分工。给每个人授权，其中包括了小组成员及其他外聘成员，为了展现绝妙的组合而努力。在团队和所有雇员中分配各自的职责。

☞ 交流活动

用 100 字以内解释为什么在对账单最终结余和现金账户最终结余中存在不同。起码给予两个例子以分别说明银行结余调整和账面结余调整。

☞练习题答案

1 d
2 a
3 c
4 e
5 b
6 a.收发室员工 b.收银员 c.会计部门 d.管理者
7 a.发票 b.支票 c.订单 d.收货报告单
8

日期	账户和说明	借	贷
5月1日	库存现金	200	
	银行存款		200
	开立库存现金账户		
3月1日	办公用品	81	
	运费	36	
	邮寄费	54	
	杂费	9	
	现金溢缺	2	
	银行存款		182
	补充库存现金		

9 c
10 d
11 a
12 d
13 b
14 现金比率 =（现金 + 现金等价物）/ 现金负债总额

$$= \$60\ 000 / \$75\ 000$$
$$= 0.80$$

☞快速测验答案

1. a   2. d   3. d   4. d   5. d   6. c   7. c   8. d   9. c   10. b

第 8 章

应 收 账 款

应该扩大信贷销售吗

James Hulsey 是一家大型百货商店的信贷经理。他的主要责任是处理由所有信贷销售所产生的应收账款。James 必须根据信誉评估每个客户的申请，并决定哪一位客户可以获准以赊购的方式购买商品。他是根据回顾客户的信誉历史和信誉值来做这些的。James 明白允许赊销将增加百货商店的销售额，但也有不利之处。

其中一个明显缺点是百货商店收取现金时需要等待。但是，对于 James 来说，最大的弊端（也是他工作中最令人沮丧的部分）是顾客拒绝支付账款。当这种情况发生时，百货商店将会因为无法收回该销售的现金而遭受损失。百货商店必须用一种方法来记录那些不再支付账款的客户，这就叫作注销。此外，James 还要帮助百货商店评估有哪些应收账款无法收回。百货商店有好的方法来收集其应收账款的现金以估计将来的现金流向是非常重要的。

如何描述应收账款

在本章，我们明确公司如何描述应收账款。应收账款展示为在将来收取现在交易的现金的权利。我们先考虑如 Sears Holding 公司（凯马特、西尔斯、罗巴克公司的母公司）是如何记录应收账款的，包括顾客拒绝支付账款。接着，我们回顾一下应收票据，就是将应收账款的期限延长并包含利息。在本章末我们学习如何应用财务比率来衡量公司应收账款的收集能力。

☞ 章节纲要

应收账款的类型是什么？

如何记录信贷销售？

如何使用直接注销法核算坏账？

如何使用备抵法核算坏账？

如何描述应收票据？

我们如何使用速动比率、应收账款周转天数和应收账款周转率来评估公司执行力？

☞ **学习目标**

1. 定义和解释常见应收账款类型，并编制赊销销售、信用卡销售和借记卡销售的记录。
2. 申请用直接注销法注销坏账。
3. 使用备抵法注销坏账并根据销售百分比、应收账款百分比和应收账款账龄法估计坏账费用。
4. 描述应收票据包括利息以及记录支付和拒付票据。
5. 使用速动比率、应收账款周转天数和应收账款周转率衡量公司业绩。

8.1 常见应收账款类型以及如何记录信贷销售

当企业以记账或赊销的方式销售货物或服务时，就会产生**应收账款**（receivable）。整个交易中应收账款是出售方的所有权。当企业贷款给其他部门时，也会产生应收账款。应收账款是在将来从此交易中收取现金的权利。它是属于企业的一种资产。每个应收账款交易包括以下两部分：

- 债权人，收取应收账款（资产）者。债权人将从顾客或借款者那里收取现金。
- **债务人**（debtor），在信贷交易中负责任或支付的一方。债务人将在以后支付现金。

8.1.1 应收账款类型

三种常见的应收款项类型是：

- 应收账款
- 应收票据
- 其他应收账款

1. 应收账款

应收账款（accounts receivable），也叫作应收款，表现为因货物或者服务销售从顾客那里收取现金的权利。应收账款一般在短时间内收集，如 30 天或 60 天，并且在资产负债表上以流动资产的形式报告。

2. 应收票据

应收票据（notes receivable）通常比应收账款有更长的期限。应收票据，有时也称为期票，表现为顾客在未来某一特定时期（叫作**到期日**（maturity date））支付特定数额的本金加利息的书面承诺。到期日就是应收票据期限的截止日期。被称为期票的书面文件是债务人签署的并且是债务的证明。应收票据期限在一年或一年以内被看作流动资产，一年以上的应收票据为长期资产。

3. 其他应收账款

其他应收账款弥补了各个种类包括其他任何在未来有权收取现金的应收账款，常见的例子有个人应收账款、应收利息和应收税费。其他这些应收账款是否为流动资产取决于其期限是否为一年或一年以内。

8.1.2 应收账款的内部控制

企业以赊销的方式出售货物或者服务后通过邮寄或网上支付的方式收取现金，因此收集现金的内部控制非常重要。像我们前一章所讨论的，内部控制的一个重要的内容是分离出纳和会计职能。

多数大公司还有一个信贷部门来衡量客户的信贷申请，以确定他们是否满足公司的信贷标准。信贷扩展是一种平衡行为；公司不想失去好客户，又想避免应收账款无法收回。应收账款的现金收集要有好的内部控制，职权分离必须保持。信贷部门不可接触现金并且出纳员不应在授予顾客信贷销售的职位上。如果信贷部门的员工兼职出纳，他可以隐瞒来自顾客的应收账款，将该客户的账户标记为坏账。这种情况下，员工可以隐瞒他的偷窃。

8.1.3　记录信贷销售

如之前讨论，赊销（信贷）产生应收账款。公司必须将每个客户的应收账款账户保持独立，以核算已收到的支付款和仍未收取的数额。

例如，8 月 8 日，Smart Touch Learning 公司以赊销的方式向 Brown 出售 5 000 美元的服务，向 Smith 出售 10 000 美元的商品存货。记录收入（商品成本不计）如下：

日期	账户和说明	借	贷	资产↑ 应收账款↑	=	负债	+	权益↑ 服务收入↑
8 月 8 日	应收账款——Brown	5 000						
	服务收入		5 000					
	以赊销的方式提供服务							

日期	账户和说明	借	贷	资产↑ 应收账款↑	=	负债	+	权益↑ 销售收入↑
8 日	应收账款——Smith	10 000						
	销售收入		10 000					
	赊销商品							

这些独立的客户应收账款（例如，应收账款——Brown）叫作子账户。所有子账户的应收账款余额合计应与主账户余额相等。这样，应收账款得到控制。解释如下：

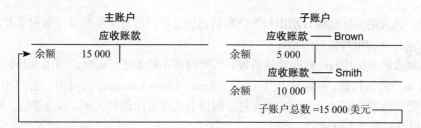

应收账款的主账户显示余额为 15 000 美元。子分类账户中独立客户账户总额为 15 000 美元（应收账款——Brown 5 000 美元 + 应收账款——Smith 10 000 美元）。

当企业在 8 月 29 日向两个客户收集现金时（Brown 的 4 000 美元和 Smith 的 8 000 美元），Smart Touch Learning 公司制作了以下分录：

日期	账户和说明	借	贷	资产↑↓ 现金　　　↑ 应收账款↓	=	负债	+	权益
8 月 29 日	现金	12 000						
	应收账款——Brown		4 000					
	应收账款——Smith		8 000					
	收集赊销的现金							

主账户				子账户		
应收账款				**应收账款 —— Brown**		
余额	15 000	8 月 29 日	12 000	余额	5 000	8 月 29 日 4 000
余额	3 000			余额	1 000	
				应收账款 —— Smith		
				余额	10 000	8 月 29 日 8 000
				余额	2 000	
				子账户总额 =$3 000		

8.1.4 记录信用卡和借记卡销售

除了赊销，多数公司还有两种选择支付方式：信用卡和借记卡。通过接受信用卡和借记卡销售，如 Visa 万事达和美国运通卡，企业将会吸引更多的客户。用信用卡消费不用立即支付现金，这为顾客买东西带来不少便利。另一方面，借记卡降低了客户银行账户的数额但允许客户电子支付代替现金或写支票。

企业也从接受信用卡和借记卡消费中获益。他们不用再评估顾客的信誉等级或者担心应收账款无法收回。发卡公司会负责收集客户信息。因此，销售者将从发卡公司那里收取现金，而不是从客户那里。对于销售者来说处理成本也是一笔费用。

公司雇用第三方来处理信用卡和借记卡交易。不论公司是购买或是从第三方租赁，交易一般都进入电子终端（卡片扫描仪）。第三方根据信用卡类型和公司与其达成的协议收取费用。以下是两种常见的存放应收款项的方式：

- 净额：总销售额减去处理费用大体等于第三方存放的净现金数额，一般在销售后的几天之内。
- 总额：几天的实际销售日期中每天沉积的销售总额。所有交易的处理费用通常在月底被第三方从公司的银行账户中扣除。

信用卡和借记卡交易的处理通常是销售后几天内累积的业务。因此，信用卡和借记卡销售的记录编制与现金销售相似。例如，8 月 15 日，Smart Touch Learning 公司向一客户出售 3 000 美元的商品存货，该客户用信用卡分三次支付。假设卡处理费用预计为 4% 和净存款，Smart Touch Learning 公司将记录以下分录：

日期	账户和说明	借	贷		资产 ↑	=	负债 +	权益 ↑
8 月 15 日	现金	2 880			现金 ↑			销售收入 ↑
	信用卡费用（=3 000 美元 × 0.04）	120						信用卡费用 ↑
	销售收入		3 000					
	记录信用卡销售，净费用							

假设第三方使用总额法，在销售日相同的分录如下：

日期	账户和说明	借	贷		资产 ↑	=	负债 +	权益 ↑
8 月 15 日	现金	3 000			现金 ↑			销售收入 ↑
	销售收入		3 000					
	记录信用卡销售							

8 月底，第三方将收取本月确定的费用。（注：我们假设本月只有一次卡销售。）

日期	账户和说明	借	贷	资产↓		负债	+	权益↓
8月31日	信用卡费用	120		现金↓	} =			信用卡费用↑
	现金		120					
	支付信用卡处理者一定费用							

8.1.5　保理和抵押应收账款

接受赊销的一个不利点是公司必须等待收取现金，有时这个期限会被推迟 60 天或 90 天。此外，公司还有无法收回应收账款的风险。前一部分，我们将信用卡和借记卡销售作为降低风险的一种方法。另一种方法是保理或抵押应收账款。

当公司保理其应收账款时，它把自己的应收账款卖给财务公司或银行（通常称代理人）。企业从保理人收集的应收账款中获取的现金要扣除代理费。保理人而不是企业去收集应收账款。企业不必再处理向客户收集应收账款的业务。企业向保理人（而不是客户）收取与应收账款有关的现金。

抵押应收账款时，企业立即获得现金的另一种方式。在抵押的情况下，公司用其应收账款作为保证获得贷款。企业从银行借钱并以应收账款作为抵押品。企业依旧负责收集应收账款，但它可以用这笔钱偿还贷款和利息。抵押时，如果贷款没有偿还，银行可以收取此应收账款。

这两种情况下，公司都可以直接获取应收账款的现金，而不是等待收回账款。

决策　　　　　　　　**如何快速获得现金**

Peggy Goodman 是一家家具零售店的簿记员。他的商店接受客户的信用卡消费并且最近积累了一大笔应收账款而不是现金。Peggy 明白他最终将会收到这笔现金，但他关心现金的流向。他需要用现金支付员工的工资，但他不认为自己有足够的钱这么做。他还担心不能收取企业到期的全部现金。Peggy 应该怎么做？

解决方案

Peggy 可以考虑将企业的应收账款出售给财务公司或银行。企业如果出售应收账款，它就可以立即得到除应支付财务公司或银行的费用的现金。应收账款购买者（财务公司或银行）接收应收账款并在到期时负责收集现金。Peggy 的商店不再有无法收回账款的风险。但是，这种决定需要付出代价。Peggy 必须愿意少收取一部分现金因为要支付应收账款购买者费用。

练习题　Phoenix 餐厅接受信用卡和借记卡作为支付方式。假设 2015 年 7 月 30 日 Phoenix 的信用卡和借记卡销售额为 12 000 美元。

1. 假设 Phoenix 的第三方收取 2% 的费用和不含费用的销售存款。为该餐厅编制销售交易的日记账。

2. 假设 Phoenix 的第三方使用总额法收取 2% 的费用和销售存款。为该餐厅编制销售交易的记录。

8.2 使用直接注销法时应如何记录不可回收款项

赊销同时带来利益和费用：

- 对企业来说利益是潜在收入的增加和更大范围的客户销售收益。
- 然而，费用就是一些客户拒绝支付而产生的不可收回账款。

客户的应收账款无法收回时必须注销该账户或者将之从账簿上移走，因为公司已经不再期望在将来能收到现金。然而，公司必须根据不可收回账款的价值来记录费用，该费用叫作**坏账费用**（bad debts expense）。坏账费用有时也叫作可疑账户费用或备抵账户费用。

有两种方法核算不可回收款项和记录有关坏账费用：

- 直接注销法
- 备抵法

8.2.1 记录和注销不可回收款项：直接注销法

直接注销法（direct write-off method）核算坏账普遍用于小的、非公众公司。使用直接注销法，当公司确定某个客户的账款无法收集时应收账款会被注销并记录坏账费用。

例如，假设 Smart Touch Learning 公司在 5 月 5 日出售 200 美元的商品存货给 Dan King，8 月 9 日确定这笔账款无法收回。公司将用坏账费用注销客户的应收账款和信贷客户的应收账款如下：

日期	账户和说明	借	贷
8 月 9 日	坏账费用	200	
	应收账款 —— King		200
	注销不可收回账款		

资产↓ = 负债 + 权益↓

应收账款↓ = 坏账费用↑

一旦应收账款被注销，公司就会停止继续收集。一些公司可能会将不良应收账款移交给律师或者其他收集机构来为公司回收一些现金，但是大多数公司不再期待会在将来收到付款。

8.2.2 恢复之前已注销账户：直接注销法

偶尔会出现在公司注销账户后，客户又决定付款的情况。为了恢复账户，公司必须扭转之前已注销账户。例如，9 月 10 日，Smart Touch Learning 公司收到 Dan King 的 200 美元现金。公司将恢复之前注销账户并记录收款：

日期	账户和说明	借	贷
9 月 10 日	应收账款 —— King	200	
	坏账费用		200
	恢复已注销账户		
10 日	现金	200	
	应收账款 —— King		200
	收集现金		

资产↑ = 负债 + 权益↑

应收账款↑ = 坏账费用↓

资产↑↓ = 负债 + 权益

现金↑
应收账款↓

小贴士 为了保持收集已注销账户现金的准确记录，公司应该以借记应收款账户重新建立应收账款。然后公司可以为借记现金和贷记应收账款记录现金收据。这可以展示客户完成了他承诺的付款来恢复客户的信誉历史。

8.2.3 直接注销法的局限性

直接注销法，如之前所述，通常只应用于小的、非公众公司。这是因为直接注销法与匹配原则冲突。匹配原则要求不可收回账款的费用要与有关收入相匹配。例如，使用直接注销法时，公司可以记录 2014 年的销售收入但是直到 2015 年无法记录坏账费用。因为记录收入时坏账费用要在不同的年份记录，公司可能会高估 2014 年的净收入并低估 2015 年的净收入。此外，在 2014 年的资产负债表上，应收账款可能被高估，因为公司有一些应收账款无法收回却没有被注销，这种方法仅仅被一些很少有不可收回账款的公司接受，多数公司必须使用一种使费用与相关销售收入很好的匹配的方法。这种方法叫作备抵法，并且这种方法为一般公认会计原则所接受。

> **练习题** Williams 公司使用直接注销法核算坏账。7 月 24 日，Williams 注销了客户 W.Jennings 的应收账款 6 800 美元。8 月 24 日，Williams 意外收到了之前已注销的来自 Jennings 的全额账款。
>
> 3. 编制 Williams 注销坏账的会计分录。
> 4. 编制 Williams 收取之前已注销账款的会计分录。

8.3 当使用备抵法时不能收回的款项占多大比例

大多数公司都使用备抵法来核算坏账。**备抵法**（allowance method）基于匹配原则，因此其关键概念是记录坏账费用的同期销售收入。费用的补偿是被称为**备抵坏账**（allowance for bad debts）或者备抵可疑账户的抵消账户。备抵账户可以用来减少应收款项。企业不是去等待查看哪些消费者没有按期支付。相反，它根据过去的估计经验来记录坏账费用并且使用备抵坏账来控制"未知的"坏账损失账户池。

8.3.1 记录坏账的费用：备抵法

在采用备抵法时，公司会在该时期结束时估计坏账的费用并且记录调整分录。假设在 2015 年 12 月 31 日，Smart Touch Learning 公司估计，在其 4 400 美元的账户中有 80 美元是无法收回的应收款项。会计员会记录如下：

日期	账户和说明	借	贷	资产↓ 备抵坏账↑	=	负债	+	权益↓ 坏账费用↑
2015 年								
12 月 31 日	坏账费用	80	80					
	备抵坏账							
	记录本期坏账费用总额							

在发布调整分录后，Smart Touch Learning 公司有以下账户余额：

应收账款	备抵坏账	坏账费用
12 月 31 日 4 400	80　12 月 31 日	12 月 31 日　80

应收账款应以资产负债表的形式报告，但现在它体现在净变现价值上。**净变现价值**（net realizable value）就是公司期望收集的应收款项净值（应收款项扣除坏账）。Smart Touch Learning 公司将在其资产负债表上的报告如下：

Smart Touch Learning 公司		
资产负债表（部分）		
2015 年 12 月 31 日		
资产		
流动资产：		
应收款项	$4 400	
减：备抵坏账	（80）	$4 320

在资产负债表现在所报告的应收账款中，Smart Touch Learning 公司预计收集 4 320 美元。抵消账户也就是备抵坏账是从应收账款显示属于 Smart Touch Learning 公司的 4 400 美元减去该公司估计应收款项中无法收回的 80 美元。

准则提示　在国际会计准则中，应收账款的确认和报告同样是公认会计原则所要求的。应收账款必须报告净变现价值以及用备抵法完成坏账费用的销售周期的匹配并且在净收应收账款中进行报告。在国际会计准则中，备抵坏账可以称为坏账准备。关于确定账户无法收回时国际财务报告准则提供了比一般公认会计原则更详细的标准。

提问

为什么不是在坏账费用记入借方注销应收账款时使用备抵法？

道德伦理　　　　　**不可回收的账户应该被低估吗**

Norah Wang 正在为她的老板 Happy Kennels 调整分录。她正在评估无法收回的应收款项并且确定一年中坏账费用的金额。Norah 的经理 Gillian Tedesco 要求她低估本年的呆账金额。Gillian 希望能够为 Kennel 争取贷款，她担心的是公司的净收益额太低而不足以使贷款获得批准。Norah 应该怎么做？

解决方法

在资产负债表上对应收账款的适当报道是非常重要的。这涉及对无法回收账款的准确估计和确认相关坏账费用。在低估呆账金额的情况下，Norah 可能会在对 Happy Kennels 公司将来预期收回现金的能力上误导银行。

8.3.2　呆账的注销：备抵法

在采用备抵法时，公司要注销应收账款中无法收回的账款。然而，该公司将记录一个借方备抵坏账而不是记录借方的坏账费用（当使用直接注销法时）。当一个公司使用备抵法时坏账费用不应该被扣除，因为该公司已经记录坏账费用为一个调整分录。在使用备抵法的情况下该注销条目对同一时期的净收入没有影响。

例如，2016 年 1 月 10 日，Smart Touch Learning 公司确定无法从其客户 Shawn Callahan 那儿收回的账款共 25 美元。会计员会记录以下注销账户：

日期	账户和说明	借	贷	资产 ↑↓ 备抵坏账 ↓ 应收账款 ↓	= {	负债	+	权益
2016 年								
1 月 10 日	备抵坏账	25						
	应收账款——Callahan		25					
	注销不可回收的账款							

Smart Touch Learning 公司注销后的账户余额：

应收账款			备抵坏账	
2016 年 1 月 10 日 4 400				2016 年 1 月 1 日 80
	25 2016 年 1 月 10 日	2016 年 1 月 10 日 25		
余额 4 375				余额 55

对注销应收账款的录入会减少备抵坏账账户和应收账款账户的数量，但它并不影响在资产负债表上所表示的净变现价值。这是因为备抵坏账（负资产）和应收款项都减少了被注销金额的数量。此外，被注销的应收款项不会影响净收益，因为该款项不涉及收入和费用。

	注销前	注销后
应收账款	$4 400	$4 375
减：备抵坏账	（80）	（55）
净变现价值	$4 320	$4 320

8.3.3 恢复已注销账户：备抵法

在一个公司已经注销账户之后，该公司就不再试图收回该应收账款。客户偶尔会在应收账款已被注销之后付款。此时，该业务就需要扭转已被注销的备抵坏账，然后记录现金收款。在扭转被注销账户时，该业务需要重新建立该应收账款账户并且撤销其在备抵坏账账户中的注销。

回忆之前 Smart Touch Learning 公司在 2016 年 1 月 10 日注销了来自客户 Shawn Callahan 的 25 美元的应收账款。在 2016 年 3 月 4 日 Smart Touch Learning 公司意外地收到了来自 Callahan 的 25 美元现金。这项反注销和记录现金的记录如下：

日期	账户和说明	借	贷	资产 ↑↓ 应收账款 ↑ 备抵坏账 ↑	= {	负债	+	权益
3 月 4 日	应收账款——Callahan	25						
	备抵坏账		25					
	恢复已注销账户							
4 日	现金	25		资产 ↑↓ 现金 ↑ 应收账款 ↓	= {	负债	+	权益
	应收账款——Callahan		25					
	收取的现金账户							

8.3.4 估计和记录坏账费用：备抵法

当使用备抵法时，一个公司应该怎样确定坏账费用？公司需要使用它们以往的经验，还要考虑经济情况、行业以及其他一些不定因素。简言之，公司需要合理地估计坏账费用。估计不可回收账款的基本方法有三种：

- 销售百分比法
- 应收账款百分比法

- 应收账款的账龄法

1. 销售百分比法

销售百分比法（percent-of-sales method）计算坏账费用占净信用销售的百分比。（有些公司会使用所有的销售方式而不仅仅是赊销收入。）这种方法也称为损益表法，因为它注重于收益表上所报告的消费量。

我们再来看一下 Smart Touch Learning 公司。基于之前的经验，正常情况下该公司的坏账准备占净赊销收入的 0.5%，一年内总的净赊销收入额为 60 000 美元。会计人员使用销售百分比法计算坏账费用如下：

销售百分比法：

$$坏账费用 = 净赊销收入额 \times \%$$
$$= 60\,000 \text{ 美元} \times 0.005$$
$$= 300 \text{ 美元}$$

在 12 月 31 日，Smart Touch Learning 公司会记录以下调整分录以确认本年度的坏账费用：

日期	账户和说明	借	贷	资产↓ 备抵坏账↑	=	负债	+	权益↓ 坏账费用↑
2016 年								
12 月 31 日	坏账费用	300						
	备抵坏账		300					
	记录这一时期的坏账费用							

对上述表格的解释：

 小贴士 当使用备抵法时，调整分录是对坏账费用的唯一一次记录。

在发布调整分录后，在 Smart Touch Learning 公司的资产负债表以及损益表账户上将有以下余额，忽略之前记录的已被逆转的注销：

资产负债表账户：

应收款项			
2016 年 1 月 1 日，余额	4 400		
净赊销收入	60 000	25	注销
		58 000	收集
未调整余额	6 375		
2016 年 12 月 31 日，余额 6 375			

坏账准备			
		80	2016 年 1 月 1 日，余额
注销	25		
		55	未调整余额
		300	调整后
		355	2016 年 12 月 31 日，余额

损益表账户：

坏账费用	
2016 年 1 月 1 日，余额	0
调整后	300
2016 年 12 月 31 日，余额	300

2. 应收账款百分比法

应收账款百分比法和应收账款账龄法是基于应收账款账户余额的。这种方法也称为资产负债表法，因为它专注于应收账款（资产负债表账户）和确定一个基于应收账款余额百分比的目标补贴余额。

第一个资产负债表法是**应收账款百分比法**（percent-of-receivables method）。当使用应收账款百分比法时，一个业务可以根据以往的经验确定不可回收账款的百分比。这种方法跟销售百分比法不同，因为它是基于应收账款中最终未被调整余额的百分比而不是净赊销收入额。

用应收账款百分比法计算坏账费用分为两个步骤。第一步，该公司确定备抵坏账的目标余额。第二步，根据目标余额确定坏账费用。

> **应收账款百分比法：**
> 第一步：确定备抵坏账的目标余额。
> 　　　　目标余额 = 应收账款的最终余额 × 百分比
> 第二步：通过评估备抵账户来确定坏账费用额。
> 　　　　坏账费用 = 目标余额 − 备抵坏账中未调整的贷方余额
> 　　　　　　　　　或者
> 　　　　坏账费用 = 目标余额 + 备抵坏账中未调整的借方余额

我们来看一下 Smart Touch Learning 公司的例子。假设 2016 年 12 月 31 日该公司未调整的应收款项账户余额是 6 375 美元。Smart Touch Learning 公司估计其应收账款中有 4% 无法收回。在第一步中，该公司确定其备抵坏账账户中目标余额是 255 美元（= 6 375 美元 × 4%）。接下来，其会计人员确定将坏账费用调整为：255 美元 −55 美元 =200 美元。

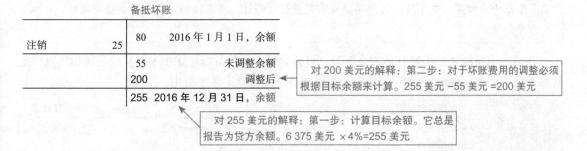

Smart Touch Learning 公司将在 12 月 31 日记录如下条目来确认本年度的坏账费用：

日期	账户和说明	借	贷	资产 ↓　备抵坏账 ↑	=	负债	+	权益 ↓　坏账费用 ↑
2016 年								
12 月 31 日	坏账费用	200						
	备抵坏账		200					
	记录这一时期的坏账费用							

在发布调整分录后，在 Smart Touch Learning 公司的资产负债表以及损益表账户上将有以下余额：

资产负债表账户：

	应收款项					坏账准备	
2016 年 1 月 1 日余额	4 400					80	2016 年 1 月 1 日余额
净赊销收入	60 000	25	注销	注销	25		
		58 000	收集			55	未调整余额
未调整余额	6 375					200	调整后
2016 年 12 月 31 日余额	6 375					255	2016 年 12 月 31 日余额

利润表账户：

坏账费用	
2016 年 1 月 1 日　余额	0
调整后	200
2016 年 12 月 31 日 余额	200

在之前的例子中，Smart Touch Learning 公司在其备抵账户中有一个未调整的贷方余额。如果一个公司在其调整之前拥有借方余额，那么对坏账费用的计算就会有些不同。未调整余额将会被加入到目标余额中，而不是从目标余额中减去备抵坏账的未调整余额。

我们来看一个例子。假设 Martin's Music 在其备抵坏账账户中有借方余额为 150 美元。假如该公司估计在其 40 000 美元的应收账款账户中不可回收账款占 2%。Martin's Music 对坏账费用的调整计算如下：

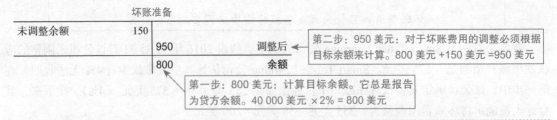

小贴士　如果在该年度公司注销的应收账款超过预计，那么该公司将在其备抵坏账账户中拥有借方余额。

注意，当备抵账户中拥有借方余额时，目标余额必须与备抵坏账中未调整的余额相加以确定坏账费用的调整。Martin's Music 将记录以下调整分录以确定坏账费用：

日期	账户和说明	借	贷	资产↓ 备抵坏账↑	=	负债	+	权益↓ 坏账费用↑
12 月 31 日	坏账费用	950						
	备抵坏账		950					
	记录这一时期的坏账费用							

通过基于应收款项的账龄来确定备抵坏账余额是一种评估无法回收账款的方法。

3. 应收账款账龄法

应收账款账龄法（aging-of-receivables method）与应收账款百分比法相似。但是，在使用账龄法时企业集团个人账户（Broxson、Andrews 等）主要以应收账款的账龄为依据。之后它们在每一个账龄类别里应用不同的不可回收款项比例。表 8-1 展示了 Smart Touch Learning 公司的账龄分析表。

表 8-1　应收账款的账龄

2016 年 12 月 31 日账户的账龄

客户名字	1～30 天	31～60 天	61～90 天	超过 90 天	总余额
Broxson	$800				$800
Phi Chi Fraternity	2 100				2 100
Andrews		$350			350
Jones		480			480
Perez	1 345				1 345

（续）

客户名字	1 ～ 30 天	31 ～ 60 天	61 ～ 90 天	超过 90 天	总余额
Thompson			$1 200		$1 200
Clark				$100	100
合计	$4 245	$830	$1 200	$100	$6 375
预计不可回收账款百分比	× 1%	× 2%	× 3%	× 90%	
预计总的不可回收账款	$42	$17	$36	$90	$185 ← 应收账款账龄法

应收账款账龄法：

第一步：利用每个账户的账龄确定备抵坏账的目标余额。

第二步：通过评估备抵账户来确定坏账费用额。

坏账费用 = 目标余额 – 备抵坏账中未调整的贷方余额

或者

坏账费用 = 目标余额 + 备抵坏账中未调整的借方余额

Smart Touch Learning 公司将从 185 美元的目标余额中减去备抵账户中未调整的贷方余额 55 美元来确定自己的坏账费用。

坏账准备

		80	2016 年 1 月 1 日 余额
注销	25		
		55	未调整余额
		130	调整后
		185	2016 年 12 月 31 日 余额

第二步，130 美元：对于坏账费用的调整必须根据目标余额来计算。185 美元 +55 美元 =130 美元

第一步，185 美元：用账龄分析表计算目标余额。它总是报告为贷方余额。

12 月 31 日，Smart Touch Learning 公司会记录以下调整分录以确认本年度的坏账费用：

日期	账户和说明	借	贷	资产↓ 备抵坏账↑	=	负债	+	权益↓ 坏账费用↑
2016 年								
12 月 31 日	坏账费用	130						
	备抵坏账		130					
	记录这一时期的坏账费用							

在发布调整分录后，在 Smart Touch Learning 公司的资产负债表以及利润表账户上将有以下余额：

资产负债表账户：

应收账款

2016 年 1 月 1 日	余额 4 400		
净赊销收入	60 000	25	注销
		58 000	收集
未调整余额	6 375		
2016 年 12 月 31 日	余额 6 375		

坏账准备

		80	2016 年 1 月 1 日 余额
注销	25		
		55	未调整余额
		130	调整后
		185	2016 年 12 月 31 日 余额

利润表账户：

坏账费用

2016 年 1 月 1 日 余额	0	
调整后	130	
2016 年 12 月 31 日余额	130	

8.3.5 坏账估计方法的比较

表 8-2 记录了当使用直接注销法和备抵法核算不可回收账款的分录。我们花一些时间来回顾一下这两种方法的差异。记住，在使用直接注销法时该业务不使用备抵账户，而且这种方法不符合一般公认会计原则。

表 8-2　直接注销法 VS 备抵法

直接注销法		备抵法	
注销不可回收账户：			
坏账费用	25	坏账准备	25
应收账款账户——客户名字	25	应收账款账户——客户名字	25
注销不可回收账户		注销不可回收账户	
恢复之前已注销的账户：			
应收账款账户——客户名字	25	应收账款账户——客户名字	25
坏账费用	25	坏账准备	25
恢复已注销账户		恢复已注销账户	
现金	25	现金	25
应收账款账户——客户名字	25	应收账款账户——客户名字	25
收取的现金账户		收取的现金账户	
确认坏账的调整分录：			
		坏账费用	300
无调整分录记录		坏账准备	300
		记录本期坏账费用	

在使用备抵法核算不可回收款项时，一项业务必须在该会计期末估算出坏账费用额。这需要用到以下三种方法之一：销售百分比法、应收账款百分比法或者应收账款账龄法。图 8-1 总结了这三种方法的不同。

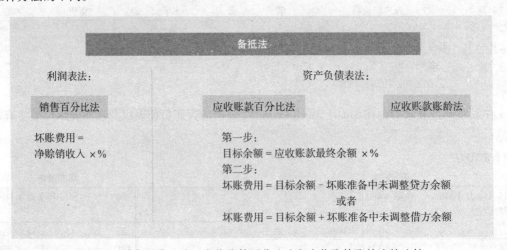

图 8-1　销售百分比法、应收账款百分比法和应收账款账龄法的比较

> **练习题**　Johnson 公司使用备抵法来核算应收账款中的不可回收账款额。9 月 2 日，Johnson 从客户 J.Mraz 的应收款项账户中注销了 14 000 美元。12 月 12 日，Johnson 意外收到了来自 Mraz 之前已注销账户的全部付款。在 12 月 31 日 Johnson 记录了坏账费用为 800 美元的调整

分录。

5. 编制 Johnson 注销不可回收账款的会计分录。

6. 编制 Johnson 收回之前已注销账款的会计分录。

7. 编制 Johnson 调整坏账费用的会计分录。

8.4 应收票据是如何入账的

应收票据比应收账款更加正式些。债务人签署一张期票作为交易证据。在开始学习之前，我们先来定义一下用于应收票据的特殊术语：

期票——在未来某一特定日期交付规定金额的一个书面承诺。

票据发起者（债务人）——本质是表示解释和承诺应付所需要的金额，票据的签发者是债务人。

票据收款人（债权人）——本质是签发者承诺未来支付的对象，票据的收款人是债权人。债权人是贷出钱的公司。

本金（principal）——由收款人贷出以及票据签发者借到的金额。

利息（interest）——属于贷出钱的收款人的收入。利息对于债务人来说是开支，对于债权人来说是收入。

计息期（interest period）——计算利息的时间段。它从起始日期一直延伸到票据的到期日，也称作票据期限。

利率（interest rate）——票据上指定的利息百分率。利率通常是以一年为期。

到期日（maturity date）——如前所述，这是票据上最后的付款日期，也称为到期日。

到期值（Maturity value）——到期时本金加利息的总值。到期值是将会被归还的总数额。

图 8-2 展示了一张期票。

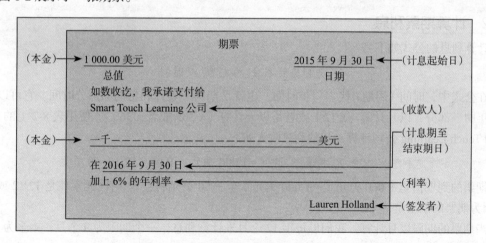

图 8-2 期票

在图 8-2 中，我们看到 Smart Touch Learning 公司在 2015 年 9 月 30 日以 6% 的年利率借给 Lauren Holland 1 000 美元。会计人员将会记录以下会计分录：

日期	账户和说明	借	贷	资产↑↓ {应收票据↑ 现金↓}	负债	+	权益
2015 年							
9 月 30 日	应收票据——Holland	1 000					
	现金		1 000				
	接受票据换取现金						

8.4.1　确定到期日

有些票据会指定到期日。例如，图 8-2 所展示期票中的到期日为 2016 年 9 月 30 日。其他一些票据会声明票据期为几天或者几个月。当这个期限被给定为数月时，票据的到期日就是该票据发布日期的同一天。例如，2015 年 2 月 16 日签发的 6 月期的期票，其到期日就是 2015 年 8 月 16 日。

当到期日被给定为数天时，到期日由签发日起计算的实际天数决定。一个 2015 年 2 月 16 日签发的为期 160 天的期票，就在 2015 年 8 月 15 日到期，具体如下：

月	天数	累计总数
2015 年 2 月	28-16=12	12
2015 年 3 月	31	43
2015 年 4 月	30	73
2015 年 5 月	31	104
2015 年 6 月	30	134
2015 年 7 月	31	165
2015 年 8 月	15	180

在计算期票剩余天数时，记得

* 将到期日计算在内；
* 省略期票发行的日期。

8.4.2　计算期票利息

计算利息的公式如下：

$$总利息 = 本金 \times 利率 \times 时间$$

在公式中，时间（周期）代表一年时间，也就是期票上累计利息的那部分时间。它可以表示为一年的一部分，以月计算（x/12）或者是以天计算（x/365 或者 x/360）。使用表 8-2 上的日期，Smart Touch Learning 公司计算一年的利息收入如下：

$$总利息 = 本金 \times 利率 \times 时间 =1 000 美元 \times 0.06 \times 12/12=60 美元$$

期票的到期值是 1 060 美元（= 1 000 美元本金 + 60 美元利息）。时间元素就是 12/12 或者是 1，因为期票的期限是一年。

当期票的期限以月计算，我们以每年 12 个月来计算利息。一个期限为 9 个月，本金为 2 000 美元，利率为 9% 的期票的利息计算如下：

$$总利息 = 本金 \times 利率 \times 时间 = 2 000 美元 \times 0.10 \times 9/12=150 美元$$

当计息期以天计算时，我们通常以一年 360 天计算而不是一年 365 天。（一年 360 天可以减少一些舍入并且将会被用于本章节所有的计算中。）一个期限为 60 天、本金为 5 000 美元、利率为 12% 的期票的利息计算如下：

$$总利息 = 本金 \times 利率 \times 时间 = 5\,000 美元 \times 0.12 \times 60/360 = 100 美元$$

要记住，利率都是以年为单位计算的。因此，利息计算公式中的时间都表现为一年的一部分。

8.4.3 累计的利息收入和记录应收票据

一些应收票据可能在一个会计期结束时还没有完成。票据的利息收入直到年末才是本年度收入的部分。记得利息的收入是随着时间的推移获得的，而不是当收到现金时。基于收入确认原则，我们应记录他们获得票据的那年的收入。

现在，我们继续分析如图 8-2 所示的 Smart Touch Learning 公司的票据。Smart Touch Learning 公司的会计期在 12 月 31 日结束。

Smart Touch Learning 公司 2015 年的总利息收入是多少（从 9 月 30 日～ 12 月 31 日）？ Smart Touch Learning 公司获得了 3 个月（10 ～ 12 月）的利息。

$$1\,000 美元 \times 0.06 \times 3/12 = 15 美元$$

会计人员将在 2015 年 12 月 31 日制作以下会计分录：

日期	账户和说明	借	贷	资产↑		负债	+	权益↑
2015 年				应收利息↑	=			利息收入↑
12 月 31 日	应收利息	15						
	利息收入		15					
	应计利息收入							

Smart Touch Learning 公司 2016 年的总利息收入是多少（1 月 1 日～ 9 月 30 日）？ Smart Touch Learning 公司获得了 9 个月（1 ～ 9 月）的利息。

$$1\,000 美元 \times 0.06 \times 9/12 = 45 美元$$

	15 美元	45 美元	
2015 年 9 月 30 日	2015 年 12 月 31 日		2016 年 9 月 30 日
票据签发	自然增长		收到现金

票据的到期日，Smart Touch Learning 公司会收到本金加利息的总和。公司会如实考虑票据并且制作如下会计分录：

日期	账户和说明	借	贷	资产↑		负债	+	权益↑
2016 年				现金 ↑	=			利息
9 月 30 日	现金（=1 000 美元 +（1 000 美元 × 0.06×12/12））	1 060		应收票据↓				收入↑
	应收票据——Holland		1 000	应收利息↓				
	应收利息		15					
	利息收入		45					
	收取应收票据加利息							

有些公司出售商品会换来应收票据。假设在 2015 年 7 月 1 日，Rosa Electric 向 Dorman Builder 出售了一批价值 2 000 美元的家用设备。Dorman 签发了一张 9 个月的年利率为 10% 的期票。Rosa 的分录会记录销售（忽略售出货物的费用）、利息，以及从 Dorman 收取的票据如下：

日期	账户和说明	借	贷
2015 年			
7 月 1 日	应收票据——Dorman Builders	2 000	
	销售收入		2 000
12 月 31 日	应收利息（=2 000 美元 × 0.10 × 6/12）	100	
	利息收入		100
2016 年			
1 月 1 日	现金（=2 000 美元 +（2 000 美元 × 0.10 × 9/12））	2 150	
	应收票据——Dorman Builders		2 000
	应收利息		100
	利息收入（=2 000 美元 × 0.10 × 3/12）		50

资产↑ = 负债 + 权益↑
应收票据↑ 销售收入↑

资产↑ = 负债 + 权益↑
应收票据↑ 利息收入↑

资产↑ = 负债 + 权益↑
现金↑ 利息收入↑
应收票据↓
应收利息↓

公司可能会从无法偿还应收账款的信贷客户那里收到应收票据。客户可能会签发一张期票给债权人。假设 Sport Club 无法偿还给 Blanding Services 的应收账款共 5 000 美元。Blanding 可能会在 2015 年 11 月 19 日收到期限为 60 天、价值为 5 000 美元、年利率为 12% 的 Sports Club 签发的应收票据。Blanding 的会计分录如下：

日期	账户和说明	借	贷
2015 年			
11 月 19 日	应收票据——Sports Club	5 000	
	应收账款——Sports Club		5 000
12 月 31 日	应收利息（=5 000 美元 × 0.12 × 42/360）	70	
	利息收入		70
2016 年			
1 月 18 日	现金（=5 000 美元 +（5 000 美元 × 0.12 × 60/360））	5 100	
	应收票据——Sports Club		5 000
	应收利息		70
	利息收入（=5 000 美元 × 0.12 × 18/360）		30

资产↑↓ = 负债 + 权益
应收票据↑
应收账款↓

资产↑ = 负债 + 权益↑
应收利息↑ 利息收入↑

资产↑ = 负债 + 权益↑
现金↑ 利息收入↑
应收票据↓
应收利息↓

8.4.4 记录拒付的应收票据

如果票据签署者没有按期支付，签署者就是拒付票据。因为票据已经过期，它不再生效。但是债务人仍然欠收款人的债，收款人可以将应收票据全部转换成应收账款。假设 Rubinstein Jewelers 有一张期限为 6 个月、利率为 10%、金额为 1 200 美元的 Mark Adair 在 2015 年 3 月 3 日签署的应收票据，但 Adair 拒绝支付。Rubinstein Jewelers 将在 2015 年 9 月 3 日记录违约项如下：

日期	账户和说明	借	贷
2015 年			
9 月 3 日	应收账款——Adair	1 260	
	应收票据——dair		1 200
	利息收入（=1 200 美元 × 0.10 × 6/12）		60

资产↑ = 负债 + 权益↑
应收账款↑ 利息收入↑
应收票据↓

Rubinstein 将会给 Adair 开应收账款的账单。如果在最后期限，Rubinstein 还是没能收回应收账款的话，Rubinstein 最终需要用直接注销法或是备抵法注销此应收款项。

> **练习题** 在 8 月 1 日，Taylor 以 5% 的利率借给 L.King 8 000 美元，期限为 90 天。
>
> 8. 编制 Taylor 在 8 月 1 日的贷款分录。
>
> 9. 编制在到期日收到本金和利息的分录。指定日期。

8.5 如何使用速动比率、应收账款周转率和应收账款周转天数来评估企业经营的绩效

正如本书先前所讨论的，资产负债表顺序列出资产的流动性（资产转换成现金的速度）。以表 8-3 所展示的绿山咖啡公司的部分资产负债表为例。资产负债表上的数据对于展示总资产、债务和收入的关系非常有用。我们来用绿山咖啡公司检测一下这三种重要的比率。

表 8-3 绿山咖啡公司的部分资产负债表

资产负债表（部分） 2011 年 9 月 24 日和 2010 年 9 月 25 日 （单位：1000 美元）		
资产	2011 年 9 月 24 日	2010 年 9 月 25 日
流动资产		
现金和现金等价物	12 989	4 401
限制用途的现金和现金等价物	27 523	355
应收款项、减少坏账和返回津贴	310 321	172 200
存货	672 248	262 478
应收账款的所得税	18 258	5 350
其他流动资产	28 072	23 488
递延所得税、净利	36 231	26 997
待售流动资产	25 885	0
流动资产总额	1 131 527	495 269
流动负债总额	471 374	238 055

8.5.1 速动比率

之前我们讨论了用来衡量一个公司用流动资产支付流动负债能力的流动比率，它还可以用来衡量一个公司用现金和现金等价物支付其短期债务的能力。现在我们来介绍还可以用来衡量一个公司支付其流动债务能力的**速动比率**。速动比率是比流动比率更严格的措施，但没有现金比率严格。速动比率是现金总额（和现金等价物）加短期投资加净流动应收账款与流动负债总额的比。速动比率揭示如果该实体的全部流动负债立即到期，它们是否能够立即支付所有的流动负债。

速动比率越高，该企业支付其流动负债的能力越强。绿山咖啡公司的速动比率为 0.74 意味着每 1 美元的流动债务该企业有 0.74 美元去支付。

$$速动比率 = （现金包括现金等价物 + 短期投资 + 净流动应收账款）/ 流动负债总额$$
$$= （12\ 989\ 美元 + 27\ 523\ 美元 + 310\ 321\ 美元）/471\ 374\ 美元$$
$$\approx 0.74$$

一个合适的速动比率是多少？这取决于公司所在的行业。一般来讲，速动比率为 1 被认为是安全的。

8.5.2 应收账款周转率

应收账款周转率（accounts receivable turnover ratio）是衡量一个公司在一年内回收平均应收账款余额的次数。比率越高，回收现金的速度越快。下面展示绿山咖啡公司的应收账款周转率，表明该业务每年应收款项的周转次数为 11 次。截至 2011 年 9 月 24 日，绿山咖啡公司的净销售额为 2 650 899 美元。

$$应收账款周转率 = 净销售额 \div 平均净应收账款$$
$$= 2\ 650\ 899\ 美元 \div [(310\ 321\ 美元 + 172\ 200\ 美元)/2]$$
$$\approx 10.99\ 次$$

在计算绿山咖啡公司的应收账款周转率时，我们用净销售额而不是净赊销总额。这是因为大多数公司都不会报道可以确定其净赊销总额的详细级别。

8.5.3 应收账款周转天数

信贷销售之后，接下来是收集应收账款。**应收账款周转天数**（days' sales in receivables），也称作应收账款回收期，揭示回收平均应收账款所需要的天数。当信贷扩张时，应收账款的周转天数应与客户允许付款的天数相近。回收时间越短，组织便可以更快地使用现金。回收时间越长，可供操作的现金就越少。绿山咖啡公司的应收账款周转天数计算如下：

$$应收账款周转天数 = 365\ 天 \div 应收账款周转率 = 365\ 天 \div 10.99 \approx 33\ 天$$

平均来说，绿山咖啡公司需要花费 33 天来收集其应收账款。回收时间长度取决于销售的信用条款。例如，净销售 30 条款应该在大约 30 天内收集。当存在一个折扣时，如 2/10，n/30，回收期可能会更短。信用条款为 n/40 时会有较长的收集期。

练习题 2014 年 2 月 28 日，Lovett 公司报告了以下选定项目（2013 年的所需数额已给出）：

应付账款	$128 000	净应收账款：	
现金	104 000	2014 年 2 月 28 日	$108 000
商品存货：		2013 年 2 月 28 日	68 000
2014 年 2 月 28 日	116 000	售出货物费用	460 000
2013 年 2 月 28 日	80 000	短期投资	56 000
净赊销收入	1 168 000	其他流动资产	48 000
长期资产	168 000	其他流动债务	72 000
长期债务	52 000		

10. 计算 Lovett 2014 年的：（a）速动比率；（b）应收账款周转率；（c）应收账款周转天数

知识回顾

👉 重要知识点

1 应收款项的形式和如何记录赊销收入？

- 应收账款是对企业或个人的索赔。
- 应收款项共有三种主要形式：

- ◆ 应收账款——代表出售货物或劳务之后向客户收取现金的权利。
- ◆ 应收票据——代表一个客户将来在一特定日期支付特定数额的本金加利息的书面承诺。
- ◆ 其他应收款项——包括有权在未来获得现金的其他任何类型的应收账款的杂项类别。
- 应收账款内部控制的一个关键组成部分是现金管理和现金会计职权分离。
- 为了从客户那里收到付款和仍然亏欠的金额必须保持每个客户有一个单独的应收账款账户（称为一个明细分类账户）。
- 所有明细分类账户应收账款余额的总和与应收账款统驭账户的余额相等。
- 通过信用卡和借记卡的销售被视为现金，并且通常包括企业由信用卡处理器支付的费用（信用卡费用）。
- 作为在应收款项收集之前接受现金的一种方式，企业可以代理或质押它们的应收款项。

2 如何使用直线注销法核算坏账？

- 使用直接注销法注销不可回收账户，并涉及借记坏账费用和贷记应收账款。
- 恢复之前应注销的账户是用扭转注销会计分录记录，然后记录一个收取现金的分录。
- 直接注销法违背了匹配原则，是不被一般公认会计原则所许可的方法。

3 如何使用备抵法核算坏账？

- 当使用备抵法时，公司需要在一个时期结束时估计坏账费用并且记录一个借记坏账费用和贷记坏账准备的调整分录。估计坏账费用的方法有三种：
  - ◆ 销售百分比法 —— 计算坏账费用占净赊销收入的百分比。
  - ◆ 应收账款百分比法 —— 根据应收账款百分比确定坏账准备的余额。
  - ◆ 应收账款账龄法 —— 根据每个应收账款账户的账龄确定坏账准备的余额。
- 注销不可回收账户，并涉及借记坏账费用和贷记应收账款。
- 恢复之前应注销的账户是用扭转注销会计分录记录，然后记录一个收取现金的分录。

4 应收票据如何入账？

- 应收票据涉及以本金乘以利率乘以时间计算的利息。
- 利息应在计息期结束时计算，并且调整分录需要记录借方应收利息和贷方利息收入。
- 在票据到期时收到的现金包括本金加利息。
- 当客户拒付票据时，企业可以将应收票据（加应获利息）转换成应收账款。

5 我们应怎样利用速动比率、应收账款周转率和应收账款周转天数来评估业务性能？

- 速动比率揭示如果公司流动债务全部到期，该实体是否可以支付。（现金＋短期投资＋净流通应收款项）÷ 流动负债总额
- 应收账款周转率测量公司每年收集应收账款平均次数。净赊销收入 ÷ 平均净应收账款。
- 应收账款周转天数显示公司收集平均应收账款所需要的天数。365 天 ÷ 应收账款周转率。

汇总习题 8-1

Monarch Map 公司 2014 年 12 月 31 日的资产负债表报告如下：

应收账款	$60 000
减：坏账准备	2 000

要求： ① Monarch 期望收到的应收账款是多少？这些应收款项的净变现价值是什么？②编制 Monarch 2015 年的会计分录，并编制应收账款和坏账准备的 T 形账户。

a. 2015 年总赊销收入是 80 000 美元。

b. Monarch 在 2015 年接收的现金支付是 74 300 美元。

c. 应收账款中确定不可回收总额是 2 700 美元。

③在以下独立情况下记录确认坏账费用的调整分录，并且发布应收账款和坏账准备的 T 形账户。

a. 估计有 3% 的赊销收入不可收回。

b. 一笔应收账款的账龄显示估计有 2 200 美元的应收账款无法收回。

☞答案

● 要求①

应收账款的净变现价值 = 60 000 − 2 000 = 58 000（美元）

● 要求②

日期	账户和说明	借	贷
2015 年			
(a)	应收账款	80 000	
	销售收入		80 000
(b)	现金	74 300	
	应收账款		74 300
(c)	坏账准备	2 700	
	应收账款		2 700

应收账款				坏账准备			
2015 年 1 月 1 日余额	60 000					2 000	2015 年 1 月 1 日余额
(a)	80 000	74 300	(b)	(c)	2 700		
		2 700	(c)			未调整余额	700
未调整余额	63 000						

● 要求③ a

坏账费用 = 净赊销收入 × 3% = 80 000 美元 × 0.03 = 2 400 美元

日期	账户和说明	借	贷
2015 年			
12 月 31 日	坏账费用	2 400	
	坏账准备		2 400

坏账准备				坏账费用			
		2 000	2015 年 1 月 1 日余额	调整后	2 400		
(c)	2 700			2015 年 12 月 31 日 余额	2 400		
未调整余额	700						
		2 400	调整后				
		1 700	2015 年 12 月 31 日 余额				

● 要求③ b

坏账费用 = 目标余额 + 未调整赊销余额 = 2 200 美元 + 700 美元 = 2 900 美元

日期	账户和说明	借	贷
2015 年			
12 月 31 日	坏账费用	2 900	
	坏账准备		2 900

		坏账准备			坏账费用	
		2 000 2015 年 1 月 1 日 余额		调整后	2 900	
(c)	2 700			2015 年 12 月 31 日 余额	2 900	
未调整余额	700					
		2 900 调整后				
		2 200 2015 年 12 月 31 日 余额				

汇总习题 8-2

假设 First Fidelity 银行正在从事以下交易：

2015 年	
4 月 1 日	发放 8 000 美元贷款给 Bland 公司。获得期限 6 个月、利率 10% 的票据
10 月 1 日	在到期日收回 Bland 的票据
12 月 1 日	以期限 180 天、利率 12% 的票据发放 6 000 美元的贷款给 Flores 公司
31 日	Flores 票据的应计利息收入
2016 年	
5 月 29 日	到期日收回 Flores 的票据（假设 2016 年是闰年）

编制 First Fidelity 银行在 2015 年和 2016 年的交易记录，无须摘要。以每年 360 天计算利息。First Fidelity 银行的会计期在 12 月 31 日结束。

答案

日期	账户和说明	借	贷
2015 年			
4 月 1 日	应收票据 —— Bland 公司	8 000	
	现金		8 000
10 月 1 日	现金（= 8 000 美元 +400 美元）	8 400	
	应收票据 —— Bland 公司		8 000
	利息收入（= 8 000 美元 × 0.10 × 6/12）		400
12 月 1 日	应收票据 —— Flores 公司	6 000	
	现金		6 000
12 月 31 日	应收利息	60	
	利息收入（= 6 000 美元 × 0.12 × 30/360）		60
2016 年			
5 月 29 日	现金（= 6 000 美元 +（6 000 美元 × 0.12 × 180/360））	6 360	
	应收票据 —— Flores 公司		6 000
	应收利息		60
	利息收入（= 6 000 美元 × 0.12 × 150/360）		300

☞关键术语

accounts receivable　应收账款　因销售货物或劳务而在将来向客户收取现金的权利。

accounts receivable turnover ratio　应收账款周转率　一个测试公司一年中回收平均应收账款余额次数的比率。净赊销收入 ÷ 平均净应收账款。

acid-test ratio　速动比率　现金加短期投资加净流动应收款项与总流动债务的比率。该比率揭示如果公司流动债务全部到期，该实体是否可以支付。(现金 ＋ 短期投资 ＋ 净流动应收款项) ÷ 总流动债务

aging-of-receivables method　应收账款账龄法　根据每个应收账款的账龄确定坏账准备账户的余额来评估不可回收账款的方法。

allowance for bad debts　备抵坏账　与应收账款有关并且拥有对不可回收款项估计量的一个备抵账户。

allowance method　备抵法　一种估计坏账损失的方法，该公司应该去评估坏账费用而不是等待去看有哪些客户的贷款是公司不能收取的。

bad debts expense　坏账费用　卖方信贷成本，缘于对信贷客户回收账款失败。

days' sales in receivables　应收账款周转天数　平均净应收账款与平均销售额之比。显示公司收回平均应收账款所需要的天数。365 天 ÷ 应收账款周转率。

debtor　债务人　信贷交易中承担义务或付款方。

direct write-off method　直接注销法　当客户的应收款项无法收回时，公司记录坏账费用的核算不可回收款项的方法。

dishonor a note　拒付票据　在票据到期时，票据签发人无法支付应收票据。

interest　利息　贷出钱款的收款人的收入 － 债务人的成本。

interest period　计息期　期间计算利息的时间段。它从起始日期一直延伸到票据的到期日，也称作票据期限。

interest rate　利率　票据上指定的利息百分率，利率几乎总是以一年为期。

maturity date　到期日　如前所述，这是票据上最后的付款日期，也称为到期日。

maturity value　到期值　到期时本金加利息的总值，到期时将会被归还的总数额。

net realizable value　净变现价值　公司预计从其应收款项中所收集的净额值。应收款项除去坏账部分。

notes receivable　应收票据　客户在未来指定日期支付本金加利息的书面承诺。

percent-of-receivables method　应收账款百分比法　通过基于应收账款百分比来确定备抵坏账余额的一种评估无法回收账款的方法。

percent-of-sales method　销售百分比法　根据净销售额的百分比计算坏账费用来估计不可收回的应收账款的一种方法。

principal　本金　由收款人贷出以及票据签发者借到的金额。

receivable　应收账款　对一个企业或个人的货币债权。

☞快速检测

1　在良好的内部控制下，现金管理人也可以：

　　a. 负责现金支付　　　　　　　　　　　b. 处理来自客户的现金收据

　　c. 对客户的退货发布贷款　　　　　　　d. 以上都不是

2　当使用净额法记录信用卡和借记卡销售时，

　　a. 收到的现金等于销售额

　　b. 收到的现金等于销售额减去信用卡处理公司的评估费用

  c. 收到的现金等于销售额加上信用卡处理公司的评估费用

  d. 在客户支付他的信用卡账单之前卖方无法收到现金

3 以下哪项是用直接注销法核算不可回收款项的局限性?

  a. 直接注销法高估了资产负债表上的资产

  b. 直接注销法不能很好地匹配费用与收益原则

  c. 直接注销法不能为不可回收账款建立津贴准备

  d. 以上全是

4 记录使用直接注销法注销坏账的会计分录要包括

  a. 借记备抵坏账   b. 信贷资金   c. 借记应收账款 d. 借记坏账费用

5 Brickman 公司使用备抵法核算坏账。年初,坏账准备有借记余额 1 000 美元。在一年中,Brickman 注销坏账 2 100 美元,记录坏账费用 2 700 美元。到年底,Brickman 的备抵坏账余额是多少?

  a. 1 600 美元   b. 4 800 美元   c. 3 700 美元   d. 600 美元

6 Brickman 最终的应收账款余额为 19 500 美元。在上一问题中用这一数据计算年终应收账款的净变现价值。

  a. 16 800 美元   b. 19 500 美元   c. 17 400 美元   d. 17 900 美元

7 在 12 月 31 日,Crain 公司有 8 400 美元来自客户的应收票据。票据以 10% 的利息累计 10 个月。对于这种情况,Crain 公司的财务报表应该如何报告?

  a. 在资产负债表上应该报告有 8 400 美元的应收票据

  b. 在资产负债表上应该报告有 8 400 美元的应收票据和 700 美元的应收利息

  c. 什么都不报告,因为企业没有收到任何现金

  d. 在利润表上应该报告有 8 400 美元的应收票据

8 用上一问题的数据,在 12 月 31 日的利润表上应该如何报告这种情况?

  a. 什么都不报告,因为企业没有收到任何现金

  b. 应收票据 8 400 美元

  c. 利息收入 700 美元

  d. b 和 c

9 在年末,Schultz 公司有 11 600 美元现金,48 900 美元的应收账款,37 900 美元的商品存货和 5 100 美元的预计费用。下一年有 55 900 美元必须支付的债务。Schultz 公司的速动比率是多少?

  a. 1.08   b. 0.21   c. 1.76   d. 根据以上数据无法确定

10 用上一问题的数据,假设应收账款初始余额为 67 400 美元,今年净赊销总额为 807 800 美元。Schultz 公司收集其平均应收账款需要多少天?

  a. 49   b. 35   c. 29   d. 26

进步评估

复习题

1 应收账款和应收票据有什么不同?

2 列一些其他应收款项的普通例子。

3 内部控制中企业处理应收款项的主要因素是什么? 解释这些因素是如何形成的。

4 当处理应收款项时,给出一个明细分类账户的例子。

5 什么类型的账户是所有明细分类账户的总和?

6 对企业来说在接受信用卡和借记卡时有什么收益？

7 在接受信用卡和借记卡存款时所用的两种普通方法是什么？

8 当企业代理其应收款项时会发生什么？

9 当企业抵押其应收款项时会发生什么？

10 与坏账成本相关的费用账户叫什么？

11 当使用直接注销法时，什么时候记录坏账费用？

12 使用直接注销法的局限性是什么？

13 当使用备抵法时，什么时候记录坏账费用？

14 当使用备抵法时，怎样在资产负债表上展示应收账款？

15 在使用备抵法注销坏账时，什么账户是记入借方的？

16 当使用备抵法注销应收账款时，会对资产负债表上的净折现价值产生什么影响？

17 如何使用销售百分比法核算坏账费用？

18 如何使用应收账款百分比法和应收账款账龄法核算坏账费用？

19 应收账款百分比法和应收账款账龄法之间有什么不同？

20 应收票据计算利息的公式是什么？

21 为什么公司要在会计期结束时计算累计利息收入？

22 速动比率怎么计算，以及它意味着什么？

23 应收账款周转率衡量什么？应该怎么计算？

24 应收账款周转天数揭示了什么？应该怎么计算？

简单练习

S8-1 在回收应收账款时确保内部控制。

在回收应收账款时考虑内部控制。为了维护现金而必须从一个公司信贷部门扣除的是什么？如果信贷部门执行了此工作，那么信贷部门员工可能会做什么危害公司的事情？

S8-2 记录信用卡和借记卡销售。

餐厅会有大量的信用卡和借记卡的业务。假设 Chocolate Passion 餐厅在 2015 年 1 月 28 日有以下交易：

信用卡销售	$9 300
借记卡销售	9 000

要求：①假设 Chocolate Passion 餐厅的处理器支付 3% 费用和存款销售净额。为此餐厅编制销售交易的分录。②假设 Chocolate Passion 餐厅的处理器用总额法支付 3% 费用和存款销售净额。

S8-3 申请用直接注销法核算不可回收款项。

Sherman Peterson 是一位洛杉矶的律师。Peterson 使用直接注销法核算坏账。

在 2014 年 1 月 31 日，Peterson 的应收款项总额为 15 000 美元。2 月，他收到 18 000 美元的账户收入和 19 000 美元的应收账款，他还在 2014 年 2 月注销了 1 800 美元的坏账。

要求：①编制 Peterson 使用直接注销法注销坏账的分录。② Peterson 在 2014 年 2 月 28 日的资产负债表是什么？

S8-4 收集之前已用直接注销法注销的应收账款。

Gate City Cycles 无法从 Sue Ann Noel 收回应收账款。2014 年 6 月 19 日，Gate City 最终注销了 Noel 的 700 美元的应收账款。12 月 31 日，Noel 支付了 Gate City 700 美元。

假设 Gate City 使用直接注销法，编制 Gate City Cycles 所需要的分录。

S8-5 使用备抵法核算坏账。

在 2014 年 12 月 31 日，Garcia 公司的应收账款余额和坏账准备为 10 800 美元和 2 000 美元（贷销余额）。在 2015 年，Garcia 完成了以下交易：

a. 账户中的销售收入，268 200 美元（货品价值不计）；b. 账户中收回应收账款，224 000 美元；c. 注销不可回收账款，5 900 美元；d. 记录的坏账费用 5 000 美元。

要求：①假设 Garcia 使用备抵法，编制其 2015 年的交易记录。②报告交易的应收账款、坏账准备和坏账费用 T 形账户并且确定每个账户的最终余额。③展示在 2015 年 12 月 31 日的资产负债表上应收账款应该怎样报告。

S8-6 使用备抵法（销售百分比）核算不可收回账款。

在第一年的运作中，Spring Garden Plans 获得净赊销收入是 322 000 美元。行业经验估计坏账将会占净赊销收入的 2%。2014 年 12 月 31 日，应收账款总额为 36 000 美元。公司使用备抵法核算坏账。

要求：① 编制 Spring Garden Plans 使用销售百分比法核算坏账费用的记录。②展示如何在 2014 年 12 月 31 日的资产负债表上报告应收账款。

S8-7 使用备抵法（应收账款百分比）核算不可收回账款。

2014 年 12 月 31 日，Clark 公司的应收账款余额是 18 000 美元。2015 年，Clark 的账户获得收入 447 000 美元和应收账款 324 000 美元。Clark 注销不可收回账款 5 000 美元。行业经验估计坏账将会占应收账款的 2%。

要求：①假设在 2014 年 12 月 31 日 Clark 的坏账准备中有贷销余额 2 400 美元。编制在 2015 年 12 月 31 日 Clark 使用应收账款百分比法核算坏账费用的调整分录。②假设在 2014 年 12 月 31 日 Clark 有 2 000 美元的坏账准备余额。编制在 2015 年 12 月 31 日 Clark 使用应收账款百分比法核算坏账费用的调整分录。

S8-8 使用备抵法（应收账款账龄法）核算不可收回账款。

2014 年 12 月 31 日在年终调整前 Summer & Sandcastles Resort 有以下余额：

应收账款	坏账准备
78 000	1 900

应收账款账龄有以下数据：

	应收账款账龄		
	0 ~ 60 天	60 天以上	总应收款项
应收账款	75 000 美元	3 000 美元	78 000 美元
坏账比率	×4%	×24%	

要求：①编制 2014 年 Summer 使用应收账款账龄法核算坏账费用的分录。②编制 T 形账户来核算最终坏账准备余额。

S8-9 计算应收票据的利息。

以下是 2014 年的应收票据表：

	本金	利率	2014 年计息期
票据 1	30 000 美元	8%	4 个月
票据 2	10 000	11%	45 天
票据 3	19 000	10%	75 天
票据 4	100 000	7%	10 个月

对每一张票据，计算 2014 年的总利息。四舍五入到个位。

S8-10 核算应收票据。

在 6 月 6 日，Lakeland Bank & Trust 以 9% 的利率借给 Samantha 110 000 美元，为期 90 天。

要求：①编制 Lakeland 6 月的借出票据。②编制在到期时收回的本金和利息。标明日期。

S8-11 累计利息收入和记录票据回收。

12 月 1 日，Krauss 公司收到 J Oliver 签发的期限为 120 天、利率为 6% 的 4 000 美元的应收票据以转换其应收账款。

要求：①编制 12 月 1 日的交易分录。②编制 12 月 31 日累计利息收入所需要的调整分录。③编制在到期时收回的本金和利息，标明日期。

S8-12 记录拒付应收票据。

McKenna 有一张 L.Chamber 在 2015 年 6 月 1 日签发的 10 000 美元、8%、为期 3 个月的应收票据。Chamber 在 9 月 1 日贷款违约。

编制 McKenna 记录此违约贷款的分录。

S8-13 使用速动比率、应收账款周转率和应收账款周转天数评价一个公司。

Southside Clothiers 在 9 月报告了下列选定的项目（2013 年数额根据需要给出）：

支付账户	$320 000	净应收账款：	
现金	260 000	2014 年 9 月 30 日	$270 000
商品存货：		2013 年 9 月 30 日	170 000
2014 年 9 月 30 日	290 000	售出商品价值	1 150 000
2013 年 9 月 30 日	200 000	短期投资	140 000
净赊销收入	2 920 000	其他流动资产	120 000
长期投资	420 000	其他流动债务	180 000
长期债务	130 000		

计算 Southside 2014 年的：(a) 速动比率；(b) 应收账款周转率；(c) 应收账款周转天数。评价每个比率值的强或弱。Southside 的销售期为 n /30。（应收账款周转天数以整数计。）

☞ **习题**

E8-14 定义常见应收款项术语。

将术语与其正确的定义连线。

术语	定义
1. 应收账款	a. 信用交易中承担义务或付款的一方
2. 其他应收账款	b. 接收应收账款或在将来收回现金的一方
3. 债务人	c. 在将来指定的一天支付一定金额的书面承诺
4. 应收票据	d. 应收票据到期的日期
5. 到期日	e. 包括其他一切在未来有权收取现金的应收账款的杂项类别
6. 债权人	f. 因出售货物或提供服务而向客户收取现金的权利

E8-15 识别和纠正内部控制的缺点。

假设 Right Rig Dealership 在奥马哈开了一个区域办事处。办公室主任 Cary Regal 负责设计内部控制系统。Regal 提出以下程序以提供对新客户、销售账户、现金收集和注销坏账的检测：

- 信贷部门负责对所有申请贷款的客户进行信用检查。当一个账户被证明无法收回时，信贷部门负责注销该应收账款。
- 现金收据由信贷部门负责，以分离从客户汇款单那里收集到的现金。
- 存入银行的现金由财务主管负责。汇款单由会计部门发布到客户账户。

- 控制部门将每日的存款金额与客户账户的总金额比较。两个数额必须一致。

回想内部控制的组成。确定在这种情况下内部控制的弱点，并提出方法改正它。

E8-16　编制使用直接注销法的交易分录。

6 月 1 日，High Performance Cell Phones 以赊账的方式出售 23 000 美元的商品给 Anthony Trucking 公司。Anthony Trucking 经历困难时期，在 7 月 15 日仅仅支付 8 000 美元的应收账款。在反复试图收集后，High Performance Cell Phones 最终在 9 月 5 日注销 Anthony Trucking 的应收账款。6 个月以后，3 月 5 日，High Performance Cell Phones 收到了 Anthony Trucking 支付的 15 000 美元和为延期支付而道歉的便条。

要求：①编制 High Performance Cell Phones 使用直接注销法的交易分录，售出商品价值不计。② High Performance Cell Phones 使用直接注销法有什么限制？

使用以下信息回答问题 E8-17 和 E8-18。

2015 年 1 月 1 日，Windy Mountain Flagpoles 有 34 000 美元的应收账款和坏账准备的赊销余额 3 000 美元。一年中，Windy Mountain Flagpoles 做了以下记录：

a. 销售额 189 000 美元（赊销 165 000 美元；现金 24 000 美元）。

b. 赊销账款收集，133 000 美元。

c. 注销坏账，2 800 美元。

E8-17　使用备抵法（销售百分比）核算坏账并在资产负债表上报告应收账款。

要求：①编制 Windy 在 2015 年的交易记录。该公司使用备抵法。②发布 Windy 交易的应收账款和坏账准备的 T 形账户。③编制 Windy 记录坏账费用的调整分录，假设 Windy 估计坏账占赊销销售的 1%。发布对 T 形账户的适当调整。④展示 Windy Mountain Flagpoles 如何在其 2015 年 12 月 31 日的资产负债表上报告净应收账款。

E8-18　使用备抵法（应收账款百分比）核算坏账并在资产负债表上报告应收账款。

要求：①编制 Windy 在 2015 年的交易记录。该公司使用备抵法。②发布 Windy 交易的应收账款和坏账准备的 T 形账户。③编制 Windy 记录坏账费用的调整分录，假设 Windy 估计坏账占赊销销售的 2%。发布对 T 形账户的适当调整。④展示 Windy Mountain Flagpoles 如何在其 2015 年 12 月 31 日的资产负债表上报告净应收账款。

E8-19　使用备抵法（应收账款账龄法）核算坏账并在资产负债表上报告应收账款。

2014 年 12 月 31 日，GPS Technology 有应收账款余额 190 000 美元。坏账准备账户有 1 600 美元的赊销余额。GPS Technology 为其应收账款准备了以下账龄计划：

	账户账龄			
应收账款	1 ~ 30 天	31 ~ 60 天	61 ~ 90 天	90 天以上
$190 000	$80 000	$60 000	$40 000	$10 000
估计不可收回比	0.4%	5.0%	6.0%	50.0%

要求：①根据账龄计划编制年终坏账的调整分录。展示 2014 年 12 月 31 日的坏账准备的 T 形账户。②展示 GPS Technology 如何在其 2014 年 12 月 31 日的资产负债表上报告净应收账款。

E8-20　编制使用直接注销法对备抵法的交易记录。

2015 年 8 月，Bingham 有以下记录：

- 销售额 75 600 美元（赊销 66 600 美元；现金 9 600 美元）。
- 赊销收集，53 200 美元。
- 注销不可收回账款，1 120 美元。
- 恢复之前已注销应收账款，800 美元。

要求：①编制 Bingham 2015 年 8 月的交易记录，假设 Bingham 使用直接注销法。②编制 Bingham 2015 年 8 月的交易记录，假设 Bingham 使用备抵法。

E8-21　编制借记卡销售、应收票据交易和累计利息记录。

Marathon Running Shoes 有以下报告：

2013 年	
5 月 4 日	记录借记卡销售 107 000 美元，净处理费用占 3%
9 月 1 日	贷 17 000 美元给 Jean Porter，按公司行政执行，期限 1 年、利率 15% 的票据
12 月 31 日	Porter 签发票据上的累计利息收入
2014 年	
9 月 1 日	收集 Porter 票据的到期值

要求：编制 Marathon Running Shoes 所需要的所有分录。

E8-22　编制应收票据包括拒付票据的交易分录。

2013 年 9 月 30 日，Synergy 银行贷 88 000 美元给 Kendall Kelsing 一年，利率为 12%。Synergy 的财政期在 12 月 31 日结束。

要求：①编制 Synergy 银行所有 2013 年和 2014 年的有关票据的分录。

②哪个部门有

　　a. 应收票据？

　　b. 支付票据？

　　c. 利息收入？

　　d. 利息费用？

③假设 Kendall Kelsing 拒绝支付该票据。Synergy 应为此拒付票据记录什么分录？

E8-23　编制应收票据交易分录。

以下被选出的是 Caspian Importers 在 2013 年和 2014 年发生的交易。该公司在 4 月 30 日结束其会计期。

2013 年	
2 月 1 日	贷 14 000 美元的现金给 Brett Dowling 的期限 1 年、利率为 8% 的票据
4 月 6 日	售货给 Putt Masters，获得期限 90 天、利率 6%、价值 9 000 美元的票据，售出货品价值不计
4 月 30 日	为所有票据的累计利息收入制作单一分录
?	收集 Putt Masters 签发票据的到期值
2014 年	
2 月 1 日	收集 Doeling 签发票据的到期值

要求：编制所有需要的分录，务必确定缺失的到期日。

E8-24　编制应收票据交易分录。

Hot Heat Cleaning 以赊欠的方式提供服务。当客户的账龄达到 4 个月，Hot Heat 转换账款为应收票据。2013 年，公司完成以下交易：

4 月 28 日	为 Sinclair Club 提供赊欠方式的服务，18 000 美元
9 月 1 日	收到 Sinclair Club 签发的价值 18 000 美元、期限为 60 天、利率为 9% 的应收票据，作为 Sinclair Club 过期应收账款的补偿
10 月 31 日	到期时收取 Sinclair Club 的票据

要求：记录 Hot Heat 的交易记录。

E8-25　衡量比率值。

Algonquin Carpets 报告了以下 2014 年的财务项目。给出 2013 年数据供比较。

	2014 年		2013 年	
流动资产：				
现金		$4 000		$10 000
短期投资		20 000		9 000
应收账款	$63 000		$76 000	
减：坏账准备	（6 000）	57 000	（5 000）	71 000
货品存货		195 000		191 000
预付保险		4 000		4 000
总流动资产		$280 000		$285 000
总流动债务		$104 000		$106 000
净销售额（所有账户）		$732 000		$735 000

要求： ①计算 Algonquin 在 2014 年的速动比率（保留两位小数）。

确定从 2013 年到 2014 年速动比率是上升还是下降。如何将 Algonquin 的比率与行业平均值 0.80 相比？

②计算 Algonquin 的应收账款周转率（保留两位小数）。如何将 Algonquin 的比率与行业平均应收账款周转率 10 相比？

③计算 Algonquin 的应收账款周转天数（保留整数）。如何将结果与 Algonquin 的 n /30 条款相比？

E8-26　计算应收账款周转天数。

Contemporary Media Sign Incorporated 以赊欠方式销售。最近，Contemporary 报告了以下数据：

	2013 年	2012 年
净赊销收入	$572 000	$600 000
年底应收账款	38 700	46 100

要求： ①计算 Contemporary 在 2013 年的应收账款周转天数（保留整数）。②假设 Contemporary 赊欠销售的正常信用条款为 "2/10，n/30"。与公司的信用条款相比，Contemporary 的周转天数怎么样？这对 Contemporary 来说是好是坏？

☞后续习题

P8-41　使用备抵法核算坏账。

这个问题是第 7 章 P7-33 题 Davis 咨询公司问题的引申。Davis 复核了其 1 月交易的应收账款表。Davis 使用备抵法，预计不可收回款项占 1 月赊销收入 4 500 美元的 5%。2 月 15 日 Davis 确定一个客户不准备支付其 200 美元的账款。

要求： ①编制 1 月 31 日的分录记录并制作一月赊销收入的坏账准备，使用销售百分比法。②编制分录记录被注销客户的坏账。

☞套题

这个 Shine King Cleaning 的问题开始于第 2 章并贯穿了第 3 ~ 7 章。

P8-42　使用备抵法核算坏账并在资产负债表上报告净应收账款。

Shine King Cleaning 使用备抵法估计坏账。考虑 Shine King Cleaning 1 月的以下交易：

1 月 1 日	为 Debbie's D-list 提供 8 000 美元的清洁服务，按 3/10，n /20 的条件
10 日	从 North Spot 银行贷款 10 000 美元，利率 7%，期限 180 天

（续）

12 日	经过与 Pierre's Wig Stand 的谈判之后，Shine King 确定有 225 美元的应收账款无法收回，注销此部分应收账款
15 日	按 4/10，n/30 的条件出售 4 000 美元的货物给 Watertown，售出货物价值为 600 美元
28 日	售出 1 200 美元的货物给 Bridget 公司（价值 280 美元）
28 日	收取之前注销的 Pierre's Wig Stand 的账款 225 美元
29 日	为公共设备支付现金 350 美元
31 日	为 Shine King 的应收账款制作账龄计划。Shine King 确定 4 000 美元的应收账款中有 2% 不可收回，9 775 美元的应收账款中有 15% 不可收回。假设 Shine King 此账户中有贷方余额 240 美元，确定其总的预计不可回收账款和调账后的坏账准备（保留整数）

要求：①为 Shine King 准备所有所需的日记分录。②展示 1 月 31 日的资产负债表上如何报告净应收账款。

批判性思考

☞决策案例

案例 8-1

Wedding on Demand 采用赊账的方式销售和管理其应收账款。之前三年的平均业绩如下：

销售额	$350 000
售出货物价值	210 000
坏账准备	4 000
其他费用	61 000

管理员 Aledia Sanchez 考虑业务的主要变化时，对他看到的坏账准备的数额不太满意。他计划停止以赊销的方式销售并转而从客户那儿收取现金，信用卡或者是借记卡销售。他做的市场调查显示如果他这么做，他的销售额将增加 10%（例如从 350 000 美元增加到 385 000 美元），其中 200 000 美元为信用卡或借记卡销售，其余的为现金销售。增加 10% 的销售额上将伴随着增加 10% 的货物费用。如果他采用这种方法，他将不再有坏账费用，但他将为信用卡或借记卡交易支付占销售额 2% 的费用。他还相信这个计划可以使他在其他操作费用上每年省 5 000 美元。

Sanchez 应该接受信用卡或借记卡销售吗？展示他使用在此计划和目前管理方法下净收入的计算方法。

案例 8-2

Pauline's Pottery 一直使用直接注销法核算坏账。该公司最近一年的收入、坏账注销和年终应收账款如下：

年份	收入	注销账款	年终应收账款
2013 年	$150 000	$3 900	$14 000

这个业务申请了银行贷款，并且信贷员要求根据备抵法核算坏账。过去坏账占收益的 4%。

要求：

Pauline 必须给银行工作者以下信息：

①如果 Pauline's Pottery 使用备抵法核算坏账，2013 年的净收益是多少？假设 Pauline's Pottery 使用销售百分比法。②Pauline's Pottery 实际上期待收集的 2013 年的应收账款余额是多少（本问题中初始账户余额不计）？③解释为什么使用备抵法和使用直接注销法核算坏账后的净收益不同。

☞理论问题

E-Z 信贷公司贷款给高风险的借款者。E-Z 信贷公司从其银行贷款然后借钱给那些信誉度不好的人。银行要求 E-Z 信贷公司每季度提交一次其财务报表以保持其信用额度。E-Z 信贷公司的主要资产是应收账款。因此，坏账费用和坏账准备是重要的账目。

Slade McMurphy 是 E-Z 信贷公司的管理员，他想让其净收益以一种平稳的方式增长而不是只在某一时期增长却在其他时期下降。为了报告净收益的平稳增长，McMurphy 有时低估坏账费用。在其他时期，McMurphy 则高估坏账费用。他的理由是，随着时间的推移，高估的收益大致可以与低估的收入抵消。

他的平滑收入的实践符合理论吗？为什么？

☞舞弊案例

Dylan 在一个名为 Midwestern 小镇的丙烷气体经销商那里从事会计工作。上个冬季，他的哥哥 Mike 丢了他在机械工厂的工作。1 月，气温在零度以上，Mike 花光了他所有的钱。Dylan 看到 Mike 的账户已经过期，Mike 需要其他的收入来维持他的家庭。他决定贷款给 Mike 的账户并借记部分存货余额，因为他知道地区经理，即老板的儿子，无法胜任此工作而且不会注意到额外的记录。几个月之后，Dylan 又做了相同的事情直到一位审计人员偶然发现此费用。老板在解雇 Dylan 时说："如果你过来找我并告诉我 Mike 的情况，我们将会解决一些问题。"

要求：①公司遇到这种情况时，应该怎么做能阻止员工的此种欺诈？②Dylan 的行为将会对资产负债表产生什么影响？利润表呢？③关于调节困难的处境，公司有多少判断力？

☞财务报告案例

使用星巴克公司 2011 年度的财务报告和备抵可疑账户票据 1 的数据回答以下问题。访问 www.pearsonhighered.com/Horngren 查看 Starbucks 公司的年度报告。

要求：①在星巴克 2011 年 10 月 2 日的报告中应收账款是多少？2010 年 10 月 3 日呢？②根据备抵可疑账户票据 1。星巴克计算的备抵可疑账目是多少？2011 年 10 月 2 日的账户总数是多少？2010 年 10 月 3 日呢？③计算星巴克 2011 年年底的速动比率。如果所有的流动负债立即到期，星巴克是否可以支付？④计算星巴克 2011 年年底的应收账款周转率，使用总净收入。⑤计算星巴克 2011 年年底的应收账款周转天数。⑥根据速动比率，应收账款周转率和应收账款周转天数如何将星巴克与绿山咖啡烘焙公司比较？

☞小组作业

处理信用卡的公司通常被看作提供商业服务。使用搜索词条"信用卡商业服务"和"信用卡处理服务"完成网上搜索。小组中的每个成员都要确定一家提供信用卡服务的公司或银行。比较不同公司的一些条款，你可以检查价格或是否需要费用，以及各类型的信用卡业务，这种服务是否可以作用于互联网和销售点的刷卡机器，以及处理信用卡交易需要多少天。作为一个小组，决定哪个公司最适合并解释原因。

☞交流活动

解释用销售百分比法和应收账款账龄法调整坏账准备的日记分录的不同，不多于 100 字。

☞练习题答案

1

日期	账户和说明	借	贷
6 月 30 日	现金	11 760	
	信用卡消费（=12 000 美元 × 0.02）	240	
	销售收入		12 000
	记录信用卡销售，费用净值		

2

日期	账户和说明	借	贷
6 月 30 日	现金	12 000	
	销售收入		12 000
	记录信用卡销售		

3

日期	账户和说明	借	贷
7 月 18 日	坏账费用	6 800	
12 月 31 日	应收账款 —— Jennings		6 800
	注销不可收回账款		

4

日期	账户和说明	借	贷
8 月 24 日	应收账款 —— Jennings	6 800	
	坏账费用		6 800
	恢复之前已注销账户		
24 日	现金	6 800	
	应收账款 —— Jennings		6 800
	收集账户现金		

5

日期	账户和说明	借	贷
9 月 2 日	坏账准备	14 000	
	应收账款 —— Marz		14 000
	注销不可收回账款		

6

日期	账户和说明	借	贷
12 月 12 日	应收账款 —— Marz	14 000	
	坏账准备		14 000
	恢复之前已注销账户		
12 日	现金	14 000	
	应收账款 —— Marz		14 000
	收集账户现金		

7

日期	账户和说明	借	贷
12 月 31 日	坏账费用	800	
	坏账准备		800
	记录期间坏账费用		

8

日期	账户和说明	借	贷
8 月 1 日	应收票据 —— King	80 000	
	现金		80 000
	接受票据替代现金		

9

日期	账户和说明	借	贷
10 月 30 日	现金	81 000	
	应收票据 —— King		80 000
	利息收入（$80 000×0.05×90/360）		1 000
	收集应收票据和利息		

10

a. 速动比率 = 现金 + 短期投资 + 净流动应收款项 / 总流动负债

= （$104 000+$56 000+$108 000）/（$128 000+$72 000）=1.34

b. 应收账款周转率 = 净赊销 / 平均净应收账款

= $1 168 000/（（$68 000+$108 000）/2）=13.3

c. 应收账款周转天数 =365 天 / 应收账款周转率

=365 天 /13.3=27.4 天

☞快速测验答案

1. d　2. b　3. d　4. d　5. a　6. d　7. b　8. c　9. a　10. d

第9章

固定资产、自然资源和无形资产

应如何处理这个设备

最近几个月，Jerry Drake 一直在环境美化业务中努力工作，市场很好，每个月的销售额一直在增加，客户群也正在增加。到目前为止，Jerry 一直从他的朋友那里租赁草坪设备，Jerry 正在考虑买一些新的割草机、修剪机和吹叶机。

Jerry 查阅了大量产品目录寻求最适合的产品。Jerry 重点考虑设备的耐用性。他知道会计会问他折旧相关的问题。会计告诉他有多种计提折旧的方法。Jerry 理想的折旧方法是可以将设备成本与当期收入匹配在一起的。

另外，Jerry 计划尽可能长时间地使用这些设备，这就意味着需要对这些设备进行维修和保养。他在想这些维修费用应该如何记录，当他最终卖出这些设备的时候又是怎样？Jerry 意识到购买设备时有很多需要考虑的东西。他知道他的会计会帮助他回答很多疑问，这样他就可以正确地记录购买设备的费用和未来任何相关的开支。

固定资产、自然资源和无形资产各自占多大的比重

固定资产、自然资源和无形资产是资产负债表中最重要的几项资产。这些资产为企业带来利润。例如，专业从事草坪和园林美化的 Tre Green 公司，如果它没有用于为客户提供草坪服务的草坪设备就不会获得这些收益。2011 年，康菲公司如果没有原油这一自然资源就不会获得 124 亿美元的收益。同时，我们也很熟悉麦当劳的商标"金色拱门"。这一节，我们将会讨论如何记录资产的购买、费用分配以及对这些资产的处置。

☞ 章节纲要

业务中如何衡量固定资产的成本。

什么是折旧？如何计算折旧？

如何记录对固定资产的处置？

自然资源占怎样的比重？

无形资产占怎样的比重？

如何应用资产周转率来评估经营业绩？

固定资产转换占怎样的比重（见附录 9A）？

🖙 学习目标

1. 衡量固定资产的成本。

2. 用直线折旧法、产量法和余额递减法计算折旧。

3. 固定资产的处置计入日记分录。

4. 解释自然资源。

5. 解释可变资产。

6. 用资金周转率评估经营业绩。

7. 固定资产如何写入日记账。

9.1　企业如何衡量固定资产的成本

固定资产（plant assets）是指企业用以经营的具有较长生命周期的有形资产，如土地、建筑物、设备、附属品、运输工具等。通常来说，固定资产是指所有权、工厂及设备或者属于金融范畴的固定资产。

固定资产有别于其他形式的资产，如办公用品，因为固定资产具有较长（长达几年）的生命周期，这就要求企业在其使用周期内合理分摊成本，并遵循配比原则，这一过程称为**折旧**（depreciation）。配比原则确保所取得的收入与为取得该收入而发生的费用、成本相匹配。所有的固定资产，除土地外，均有折旧成本。土地之所以不折旧，是因为其价值不会随着使用时间增长而日益递减。

固定资产用于企业的日常经营，这意味着固定资产并不仅限于用于转卖，更意味着可以用于帮助企业创收。例如，企业将其所拥有的闲置空建筑物视为长期投资，而非固定资产。这是因为该闲置空建筑物并未用于企业的日常经营。

图 9-1 总结了企业固定资产的生命周期。首先，企业购置资产并记录在册，包括显示在资产负债表中的资产成本。在使用过程中，固定资产因损耗而转移到产品中去的那部分折旧价值也应记录在册。而后，企业会产生资产的其他成本，如修葺和维护。最后，资产超出有效使用期限被弃置。每个阶段都必须记录在册。

图 9-1　一项固定资产的生命周期

固定资产都应以实际成本记录在册，并遵循**成本原则**（cost principle），即企业对所发生的经济活动进行计量时，都要以经济业务事项实际发生时所取得的实际成本作为登记入账的依据。实际成本指的是其购买价格加税费、购货费用及其他所需费用。接下来我们将学习固定资产的不同范畴。

9.1.1 土地和土地改良

土地成本包括以下列项：

- 购入价
- 经纪人佣金
- 调查费、法律服务费
- 房地产税
- 土地转让税
- 清除废弃建筑物费用

土地成本不包括以下费用：

- 筑墙
- 铺砌
- 洒水装置
- 照明装置
- 标牌

上述其他固定资产（筑墙、铺砌等）属于**土地改良**（land improvements）范畴。不同于土地，土地改良会折旧。

举例说明：Smart Touch Learning 公司需在 2015 年 8 月 1 日购置土地，价格为 50 000 美元。同时，还需额外支付土地税 4 000 美元、转让费 2 000 美元、拆除旧建筑物费 5 000 美元以及考察费 1 000 美元。该公司总共需花费多少钱购置这块土地？表 9-1 列出了所需相关费用。

表 9-1　计算土地成本

土地购买价		$50 000
其他成本：		
土地税	$4 000	
转让费	2 000	
拆除旧建筑物费	5 000	
考察费	1 000	12 000
共计		$62 000

2015 年 8 月 1 日购置土地记录如下：

日期	账户和说明	借	贷
8 月 1 日	土地	62 000	
	应付票据		50 000
	现金		12 000
	记录购买土地所用现金和票据		

资产↑ ⎱ ＝ 负债↑ ＋ 权益
土地↑ ⎰
现金票据↓ 应付↑

Smart Touch Learning 公司用 62 000 美元将该土地变为旗下资本。资本化意味着该公司资产账户数额增加，因其新购进一项资产。因此，以该土地为例，Smart Touch Learning 公司将土地借记为 62 000 美元，即为这项资产的资本化开支。

如 Smart Touch Learning 公司 2015 年 8 月 15 日再花 20 000 美元用于筑墙、铺砌、照明装置及标牌等，则应记录如下：

日期	账户和说明	借	贷
8 月 15 日	土地改良	20 000	
	现金		20 000
	记录用于土地改良所用现金		

资产↑↓ ⎱ ＝ 负债 ＋ 权益
土地增长↑ ⎰
现金↓

土地和土地改良完全属于两种不同的资产。再次回顾一下前面所述内容，土地不会折旧，而土地改良的成本在使用过程中会折旧。

9.1.2　建筑物

建筑物的成本取决于企业是自行建造该建筑物，还是购买现成建筑物，成本如下所示：

自行建造	购买现成建筑物
· 建筑费	· 购买价
· 施工执照费	· 翻新费（列在建造费名下）
· 承包商费	
· 材料、人力及其他费用	

9.1.3　机械及设备

机械及设备成本如下：

- 购买价
- 运输费
- 中转保险费
- 销售税及其他税
- 购货佣金
- 销售税和其他税
- 代购租金
- 装置成本
- 测试成本（在使用资产之前）

在资产开始运行之后，公司不再积累保险、税费、常规修复和维护的成本到设备账户。从那时开始，保险、税费、常规修复和维护的成本记录为开支。

9.1.4　设备和固定装置

设备和固定装置包括桌子、椅子、档案柜、陈列柜、架子和其他物品。设备和固定装置的花费包括每项资产的基础成本（减去任何折扣），加上所有其他为这项设备未来的利用做准备的花费。例如，对于一张桌子，可能包括把这张桌子运送到公司，以及支付给装配桌子的工人的花费。

9.1.5　一揽子买卖

公司可以为一个内含几项资产的组合支付一个单一的价值——一揽子买卖（有时称之为整批购买）。例如，Smart Touch Learning 公司可能会为一块土地和一座大楼支付一个单一的价格。为了记账的目的，公司必须鉴定每一项资产的花费。把总花费（100%）根据每项资产的相对市场价值分配到每项资产。这个称作**相对市场价值法**（relative-market value method）。

假设 Smart Touch Learning 公司在 2015 年 8 月 1 日为土地和大楼支付了一个组合的支付价格 100 000 美元。评估显示土地的市场价值是 30 000 美元，大楼的市场价值是 90 000 美元。很明显，公司做了一笔划算的交易，为组合的资产支付了比 120 000 美元的公允市场价值低的价格。但是会计人员应该如何分配为两项资产支付的 100 000 美元呢？

首先，计算每一项资产市场价值占两项资产市场价值的比例。评估的总价值是 120 000 美元。

$$总市场价值 = 土地的市场价值 + 大楼的市场价值$$
$$= 30\ 000\ 美元 + 90\ 000\ 美元$$
$$= 120\ 000\ 美元$$

土地占 25% 的总市场价值，大楼占 75%，计算如下：

$$占总价值的比例 = 土地的市场价值 \div 总市场价值$$
$$= 30\ 000\ 美元 \div 120\ 000\ 美元$$
$$= 25\%$$
$$占总价值的比例 = 大楼的市场价值 \div 总市场价值$$
$$= 90\ 000\ 美元 \div 120\ 000\ 美元$$
$$= 75\%$$

对于 Smart Touch Learning 公司，土地被分配 25 000 美元的成本，大楼被分配 75 000 美元的成本。计算如下：

资产	市场价值	占总价值的比例	× 总支付价格	= 每项资产分配的价格
土地	30 000 美元	30 000 美元 ÷ 120 000 美元 = 25%	× 100 000 美元	25 000 美元
大楼	90 000	90 000 美元 ÷ 120 000 美元 = 75%	× 100 000 美元	75 000
总计	120 000 美元	100%		100 000 美元

假设公司用应付票据支付这些资产。记录购买土地和大楼的记账如下：

日期	账户和说明	借	贷	资产↑	负债↑	+	权益
8 月 1 日	土地	25 000		土地↑	应付票据↑		
	大楼	75 000		大楼↑			
	应付票据		100 000				
	记录以应付票据交易土地和大楼的购买						

9.1.6 资金和营业支出

会计师把购买固定资产后在资产上的支出分成两大类：

- 资本支出
- 特别修理

资本支出（capital expenditure）在资产账户中记入贷方，因为它增加固定资产生产力或者效率，或者延长使用期限。资本支出也称作资产负债表的支出，因为支出的花费在资产负债表中记账为资产。

资本支出的例子有购买价格和所有其他使资产实现它预计的用处，就像我们在前面的部分讨论过的。**特别修理**（extraordinary repair）是一种资本支出，因为它延长了资产的生产力或者使用期限。特别修理的一个例子是花 3 000 美元在一个已使用 5 年的卡车上重置一个发动机。这个特别修理会把资产的使用期限延长到超过它的正常使用期限。因此，这个花费应该记录到卡车的资产账户中的贷方，如下所示：

日期	账户和说明	借	贷	资产↑↓	负债	+	权益
	卡车	3 000		卡车↑			
	现金		3 000	现金↓			
	记录在卡车上重置发动机的花费						

为了让资产保持正常运转状态而产生的花费，例如修理或者维护的支出，不在资产账户中记入贷方。例子有维护设备的花费，比如修理卡车的空调，更换滤油器，以及更换轮胎。这些正常

的修理叫**营业支出**（revenue expenditures），在修理和维护支出账户中记入贷方。营业支出经常被称为收益支出，不会增加固定资产生产力或者效率，或者延长它的使用期限，并且在利润表中记为那个时间段的支出。

假设 Smart Touch Learning 公司支付了 500 美元现金以更换卡车上的轮胎。这项支出不会增加卡车生产力或者效率，公司的记账员把这项交易记为营业支出，如下所示：

日期	账户和说明	借	贷	资产↓		负债	+	权益↓
	修理和维护支出	500		现金↓	} =			修理和
	现金		500					维护支出↑
	记录产生的修理和维护							

表 9-2 列出了一些运货卡车的资本支出、营业支出。

表 9-2　运货卡车的支出——资本支出或者营业支出

资本支出：贷记资产账户	营业支出：贷记修理和维护账户
特别修理：	营业支出：
主要发动机和变速器的分项检查	变速器和发动机的修理
针对新用途的修改	换油、润滑等
增加储存容量	更换轮胎和挡风玻璃
任何增加资产使用寿命的工作	涂漆

把一项资本支出作为一项花费，或者相反，可能会造成一个会计差错。假设一个公司更换卡车上的发动机，这是一个特别修理，因为它增加了卡车的使用期限。如果公司把这个花费记为修理和维护支出账户中的贷方，而不是资本化（记为资产的贷方），公司会出现一个会计差错。这个差错会有如下影响：

- 多报修理和维护支出
- 少报净收入
- 少报股东的普通股
- 在资产负债表中少报卡车账户（资产）

错误地把一项花费累计为资本，会造成一个相反的错误。假设一个小的修复，例如更换卡车上的水泵，错误地被记在资产账户的贷方中。这个错误会造成支出少报，净收入多报。并且，卡车的花费在资产负债表中会被多报在修理明细单上。

> **练习题**　Budget Banners 为购买一组资产，土地、大楼和设备，支付了 200 000 美元现金。在购买的时候，土地的市场价值是 22 000 美元，大楼是 187 000 美元，设备是 11 000 美元。请将这次一揽子买卖记账。

9.2　什么是折旧，如何计算折旧

正如我们刚刚学过的，折旧是把固定资产的成本分配到它的使用期限中。折旧和使用资产产生的收益相比，去测量净收入。

所有的资产，除了土地，都会在使用的过程中磨损。例如，一个公司的运输卡车在耗尽之前只能行驶一定的英里数。当卡车行驶时，该使用是造成折旧的一部分原因。另外，物理的因素，如使用年限和天气，也会造成资产的折旧。

有一些资产，例如电脑和软件，会在它们耗尽之前废弃。当一项新资产可以更有效率地完成工作的时候，旧资产被认为是**废弃**（obsolete）的。因此，一项资产的使用期限可能比它的实际寿命要短。在所有情况下，资产的成本在其使用期限内不断折旧。

我们已讨论了折旧的原因，接下来讨论一下折旧不是什么。

（1）折旧不是一个评估的过程，公司不根据资产市场价值的费用记录折旧。

（2）折旧不意味着当资产耗尽的时候，公司收回现金去替换一个资产，折旧和现金没有任何关系。

9.2.1　计算折旧时的因素

一项固定资产的折旧有三个主要因素：

（1）资本化成本

（2）预估的使用期限

（3）预估的剩余价值

资本化成本是一个已知的成本，并且就像本章前面提到的，包括所有为了让资产实现预期中的作用所支出的所有事物。其他两个因素是预估的。

预估的**使用期限**（useful life）是公司期待它能利用这项资产的期限。使用期限可以用时间表示，例如月或者年，也可以用使用量表示，例如生产的单位、使用的时间（对于机械来说），或者行驶的路程（对于卡车来说）。一个公司可以预估资产的使用期限比实际期限短。例如，一个公司可以预估一个运送卡车的使用期限为 5 年，因为它有一个政策，5 年之后卡车会与一个新的交通工具交易。公司知道卡车可以使用超过 5 年，但是公司用 5 年作为它的使用寿命，因为这是公司预期会使用这项资产的时间。

使用期限是一个根据公司经历和判断的预估，目的是用与资产的衰退和使用最匹配的测量（年、单位等）去确定使用期限。在决定使用期限的时候，公司会考虑其使用这项资产多长时间，以及多久以后这项资产会废弃。

预估的**剩余价值**（residual value，也叫残值）是一项资产在它使用期限结束时的预估价值。当一个公司决定处理一项资产的时候，公司会出售它或者拆毁它。剩余价值是公司在处理资产的时候期待收到的金额。当公司不准备在处理资产时收到任何东西，剩余价值可以为零。如果公司打算把这项资产与新资产做交易，剩余价值是预估的旧换新价值。预估的剩余价值不是折旧的，因为公司预期在最后收回这笔金额。成本减去剩余价值是**折旧价值**（depreciable cost）。

$$折旧价值 = 成本 - 预估的剩余价值$$

9.2.2　折旧方法

对于固定资产，有很多折旧的方法，有三种是最常见的：

- 直线法
- 产量法
- 双倍余额递减法

这些方法不同在于它们如何得到每年的折旧量，但是它们在整个使用期限的总折旧量的结果上是一样的。表 9-3 显示在 2014 年 1 月 1 日 Smart Touch Learning 公司购买并投入使用一台卡车的数据。

表 9-3 卡车的数据

项目	数据金额
卡车的费用	$41 000
减：预估的剩余价值	1 000
折旧费用	$40 000
预估使用期限——年份	5 年
预估使用期限——单位	100 000 英里

1. 直线法

直线法（straight-line method）把折旧费用平摊到每一年的折旧，计算如下：

$$直线折旧 = （成本 - 剩余价值）÷ 使用期限$$
$$= （41 000 美元 - 1 000 美元）÷ 5 年$$
$$= 8 000 美元 / 年$$

因为资产在一年的第一天投入使用，每年记录得调整分录如下：

日期	账户和说明	借	贷	资产↓	负债 + 权益↓
12 月 31 日	折旧费用——卡车	8 000		累计折旧——卡车↑ } = {	折旧费用——卡车↑
	累计折旧——卡车		8 000		
	记录卡车的折旧				

折旧费用在利润表中汇报。累计折旧是一个抵减资产，记录在卡车账户的资产负债表中。固定资产的**账面价值**（book value），成本减去累计折旧，是在 2014 年 12 月 31 日的损益表中记录如下：

固定资产：	
卡车	$41 000
减：累计折旧——卡车	（8 000）
卡车，净值	$33 000

卡车的直线法折旧表显示在表 9-4 中。最后一列显示了资产的账面价值，用成本减去累计折旧。注意每年折旧费用金额是一样的，累计折旧是可折旧的资产所有被记录的折旧费用的综合。

表 9-4 直线法折旧表

日期	资产花费	年折旧			累计折旧	账面价值
		折旧价值	使用期限	折旧价值		
2014 年 1 月 1 日	41 000 美元					41 000 美元
2014 年 12 月 31 日		（41 000 美元 - 1 000 美元）	/5 年	= 8 000 美元	8 000 美元	33 000
2015 年 12 月 31 日		（41 000 美元 - 1 000 美元）	/5 年	= 8 000	16 000	25 000
2016 年 12 月 31 日		（41 000 美元 - 1 000 美元）	/5 年	= 8 000	24 000	17 000
2017 年 12 月 31 日		（41 000 美元 - 1 000 美元）	/5 年	= 8 000	32 000	9 000
2018 年 12 月 31 日		（41 000 美元 - 1 000 美元）	/5 年	= 8 000	40 000	1 000 ← 剩余价值

随着资产的使用，累计折旧增加，账面价值减少（见表 9-4 中的累计折旧和账面价值列）。在它预计的使用期限的末尾，这项资产就称作完全折旧。一项资产的最终账面价值是它的剩余价值（在例子中是 1 000 美元）。

道德伦理　　　　　　　　　**累计资本还是支出**

　　Furniture.com 利用自动化的运输设备。在年初，Furniture.com 以 400 000 美元购买了一个设备。管理人员预期这个设备可以使用 5 年，剩余价值为零。Furniture.com 计划用直线折旧法。Mason Green 正在最终确定这一年的折旧费用计算，这时 Furniture.com 的管理员 Flynn Steel 告诉 Mason 去把设备的整个花费在购买的时间记为支出而不是累计为资本。Flynn 认为这样公司在未来 5 年都不用再去做折旧的记录——会计工作"只会更简单"。Mason 应该怎么做？你又会怎么做？

解决方案

　　Mason 应该向 Flynn 解释，那些让公司在未来产生利益的资产的花费应该被累计为资产，然后再在整个资产使用期限做折旧。如果把设备全部的花费记作当年的支出，净收入会被少报 320 000 美元，并且公司没有遵照一般公认会计原则。如果管理员依然不同意，Mason 应该把这个情况与公司董事长讨论。

2. 产量法

　　产量法（units-of-production method）把不同金额的折旧分配到资产使用期限内的每一年。产量法按照单位折旧，而不是时间。像我们之前提到的，一个单位的产量可以是英里、小时或者产量，取决于哪种单位能最好地描述资产的利用。当资产的使用每一年都不一样的时候，产量法能更好地匹配收益和花费。

　　例子中的卡车预计在第 1 年可以开 20 000 英里，第 2 年 30 000 英里，第 3 年 25 000 英里，第 4 年 15 000 英里，第 5 年 10 000 英里（总使用寿命 100 000 英里）。产量法折旧在每一个时间段资产产生不同数量的单位（在卡车的例子中是英里）。产量法折旧计算如下：

第一步：

$$每单位折旧 = （成本 - 剩余价值） \div 单位使用寿命$$
$$= （41\ 000\ 美元 - 1\ 000\ 美元） \div 100\ 000\ 英里$$
$$= 0.40\ 美元 / 英里$$

第二步：

$$产量法折旧 = 每单位折旧 \times 现在使用时间$$
$$= 0.40\ 美元 / 英里 \times 20\ 000\ 英里$$
$$= 8\ 000\ 美元（第 1 年）$$

表 9-5　产量法折旧表

日期	资产花费	年折旧			折旧	账面价值
		每单位折旧	单位数折旧	费用累计		
2014 年 1 月 1 日	41 000 美元					41 000 美元
2014 年 12 月 31 日		0.40 美元 ×	20 000 =	8 000 美元	8 000 美元	33 000
2015 年 12 月 31 日		0.40 美元 ×	30 000 =	12 000	20 000	21 000
2016 年 12 月 31 日		0.40 美元 ×	25 000 =	10 000	30 000	11 000
2017 年 12 月 31 日		0.40 美元 ×	15 000 =	6 000	36 000	5 000
2018 年 12 月 31 日		0.40 美元 ×	10 000 =	4 000	40 000	1 000 ← 剩余价值

3. 双倍余额递减法

加速折旧法（accelerated depreciation method）在使用期限开始花费更多的资产费用，在使用期限末尾花费较少资产费用。最主要的加速折旧法是**双倍余额递减法**（double-declining-balance method）。双倍余额递减法把可折旧资产的递减账面价值和一个恒量的，是直线法折旧率两倍的百分数相乘来计算年折旧，所以双倍余额递减率是 2×（1/ 使用期限）。双倍余额递减额可以用如下公式计算：

$$双倍余额递减折旧 =（成本 - 累计折旧）×2×（1/ 使用期限）$$

对于卡车的第 1 年，计算如下：

$$双倍余额递减折旧 =（成本 - 累计折旧）×2×（1/ 使用期限）$$
$$=（41\,000 美元 - 0 美元）×2×（1/5 年）$$
$$=16\,400 美元（第 1 年）$$

在第 2 年，折旧金额会减少，因为资产累计了一定量的折旧（第 1 年的 16 400 美元）。因此对于卡车的第 2 年，计算如下：

$$双倍余额递减折旧 =（成本 - 累计折旧）×2×（1/ 使用期限）$$
$$=（41\,000 美元 -16\,400 美元）×2×（1/5 年）$$
$$= 9\,840 美元（第 2 年）$$

注意公式中不包括剩余价值。剩余价值在最后一年之前被忽视。最后一年的折旧是把资产带到其剩余价值所需的金额。在卡车的例子中，剩余价值应为 1 000 美元。在表 9-6 的双倍余额递减表中，注意到在第 4 年（2017 年 12 月 31 日），卡车的账面价值是 5 314 美元。按照定义，卡车应该可以使用 5 年，在 2018 年 12 月 31 日结束。在资产使用期限的末尾，账面价值应该等于剩余价值。所以，在最后一年，折旧为账面价值 5 314 美元减去剩余价值 1 000 美元，或者折旧费用的 4 314 美元。

表 9-6　双倍余额递减折旧表

日期	资产花费	账面价值	DDB 率	折旧费用	累计折旧	账面价值
2014 年 1 月 1 日	41 000 美元					41 000 美元
2014 年 12 月 31 日		41 000 美元 ×	$2×\frac{1}{5}$ =	16 400 美元	16 400	24 600
2015 年 12 月 31 日		24 600 ×	$2×\frac{1}{5}$ =	9 840	26 240	14 760
2016 年 12 月 31 日		14 760 ×	$2×\frac{1}{5}$ =	5 904	32 144	8 856
2017 年 12 月 31 日		8 856 ×	$2×\frac{1}{5}$ =	3 542	35 686	5 314
2018 年 12 月 31 日				4 314*	40 000	1 000 ← 剩余价值

* 最后一年折旧是用"插入计算"去把账面价值减少为剩余价值（5 314 美元 -1 000 美元 =4 314 美元）。

4. 对比折旧方法

让我们对比一下不同的折旧方法。年折旧费用金额不同，但总累计折旧在三种方法中都是 40 000 美元。

	每年的折旧金额		
			加速折旧法
年份	直线法	产量法	双倍余额递减法
1	8 000 美元	8 000 美元	16 400 美元
2	8 000	12 000	9 840
3	8 000	10 000	5 904
4	8 000	6 000	3 542
5	8 000	4 000	4 314
总累计折旧	40 000 美元	40 000 美元	40 000 美元

根据资产决定哪种方法是最好的。一个公司应该把资产的花费与资产产生的收益匹配。如下是一些挑选方法的规则：

方法	资产特征	对折旧的影响	资产举例
直线法	在一段时间内平均的每段时间	相等产生收益	大楼
产量法	由于磨损而不是废弃产生的折旧	由于更多的使用，更多的折旧	汽车（英里） 机械（机械工时）
双倍余额	早期产生更多收益	早期高折旧，递减法晚期低折旧	电脑

图 9-2 显示了三种方法，以便进一步的比较。注意，直线法在图中是一条直线，因为这样每一年的折旧费用是相等的。双倍余额折旧法是一条递减的直线，产量法的直线根据使用情况不同而变化。

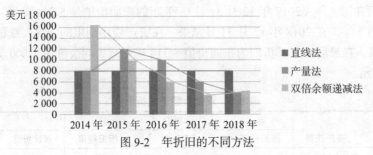

图 9-2　年折旧的不同方法

决策

应该选择哪种折旧方法

Three Junes Weaving 刚刚购买了一台自动缝纫机，并将选择运用哪种折旧方法：直线法、产量法或者双倍余额递减法。管理员 Ira Glasier 希望用一个最适合缝纫机使用的折旧方法。他预期缝纫机会在使用一定年限之后需要增加修理和维护。Ira 应该选择什么方法？

解决方案

如果 Ira 希望用一个最接近缝纫机使用的折旧方法，他应该使用产量法去做资产的折旧。他可以用工时作为产量单位。这个方法可以最好地匹配机械的使用与记录的花费。Ira 应该清楚，这个方法每年会造成不同金额的折旧费用。例如，如果 Ira 在某一年没有使用缝纫机，就不用记录任何折旧费用，这会造成每年的净收入有很大的不同。因为 Ira 预期机器在使用一段时间后会需要更多的修理，Ira 可以考虑使用双倍余额递减法。双倍余额递减法会在前期记录更高的折旧，在后期记录更少的折旧。这个方法对于那些在后期会需要越来越多修理和维护的资产很有效，因为总费用（折旧、修理和维护）会在资产的使用期限均匀分配。

5. 以税务为目的的折旧

Internal Revenue Service（IRS）要求公司用一个针对税务的具体的折旧方法。这就是**加速折旧法**（modified accelerated cost recovery system，MACRS）。

在 MACRS 中，资产被分到不同的类别中，例如 3 年、5 年、7 年和 39 年资产。公司不可以选择资产的使用期限。相反，IRS 根据具体类别规定使用期限。例如，当以税务为目的时办公室家具有 7 年使用期限，但以记账目的，可能只有 5 年的折旧时间。

另外，MACRS 方法忽略了剩余价值。当以税务为目的时，资产会完全折旧到账面价值为零。所以 MACRS 在 GAAP 财务报告中不被接受。这个需要公司用两种方法记录固定资产的折旧——账务方法（直线法、产量法、双倍余额折旧法）以及税务方法（MACRS）。

9.2.3　部分年折旧

在之前的例子中，我们都是计算一整年的折旧。如果公司在 2014 年 7 月 1 日开始把卡车投入使用怎么办呢？折旧的方法会有变化吗？是的，但是只有那些根据时间段计算折旧的方法，只有直线法和双倍余额递减法会有变化。产量法在它的公式里不考虑任何年份，所以，计算方法还是一样的。修订过的在 2014 年 7 月 1 日投入使用的直线法计算如下：

$$直线法折旧 = [（成本 - 剩余价值）÷ 使用期限]×（月份 ÷12）$$
$$= [（41\,000 美元 -1\,000 美元）÷5 年]×(6÷12)$$
$$= 4\,000 美元$$

因为这项资产公司在这一年使用了 6 个月，我们在 2014 年只记录 6÷12 部分用直线法折旧费用。

9.2.4　改变对可折旧资产的预估

预估固定资产的使用期限和剩余价值有一个挑战。那就是当资产被使用了，公司可能会改变它的预估使用期限或者预估剩余价值。如果这种情况发生了，公司必须重新计算折旧费用。例如，公司可能会发现卡车可以使用 8 年，而不是 5 年。这就是一个预估使用期限的改变。像这样的会计变化是很常见的，因为使用期限和剩余价值是预估的，所以并不是基于完美的预期。当一个公司做一个会计改变，一般公认会计原则要求公司重新计算改变发生在当年以及未来的资产折旧。但不要求公司重申之前年份的财务报表。

对于预估的资产使用期限或者剩余价值，资产剩余的折旧账面价值平摊到资产剩余的使用期限中。假设 Smart Touch Learning 公司两年前在 2014 年 1 月 1 日购买的卡车。利用直线法计算，累计折旧应该是 16\,000 美元（参考表 9-4）。

$$直线法折旧 =（成本 - 剩余价值）÷ 使用期限$$
$$=（41\,000 美元 -1\,000 美元）÷5 年$$
$$= 8\,000 美元 / 年 ×2 年$$
$$= 16\,000 美元$$

剩余的折旧账面价值（成本减去累计折旧）是 25\,000 美元（= 41\,000 美元 -16\,000 美元）。假设 Smart Touch Learning 公司相信卡车还可以使用 6 年（总共 8 年）。剩余价值是不变的。在 2016 年的开始，公司会重新计算折旧如下：

$$修正的折旧 = (账面价值 - 修正的剩余价值) \div 修正的剩余使用期限$$
$$= (25\,000\,美元 - 1\,000\,美元) \div 6\,年$$
$$= 4\,000\,美元/年$$

小贴士 请确认把剩余使用期限作为公式的分母。

在 2016 ~ 2021 年，根据新的使用期限计算的年折旧会是如下：

日期	账户和说明	借	贷
12 月 31 日	折旧费用——卡车	4 000	
	累计折旧——卡车		4 000
	记录卡车的折旧		

资产↓ } = { 负债 + 权益↓
累计折旧——卡车↓ } = { 折旧费用——卡车↑

9.2.5 固定资产的报账

固定资产在利润表中用账面价值记账。公司可以选择把固定资产记为一个单独的金额，一个在财产报告中提供具体细节信息的注解，或者公司可以把具体细节信息提供在财产报告中。应该包含资产的成本和相关的累计折旧。表 9-7 显示了两种不同的给固定资产记账的方法。

准则提示 IFRS 允许使用固定资产的公允市场价值，因为市场价值可能会更重要，对于财产报告的读者更有价值。

表 9-7 固定资产的记账

方法 1：Smart Touch Learning 在利润表中固定资产（12 月 31 日）		
固定资产：		
家具	$18 000	
减：累计折旧——家具	（300）	$17 700
大楼	60 000	
减：累计折旧——大楼	（250）	59 750
土地		20 000
固定资产，净值		$97 450

方法 2：Smart Touch Learning 在利润表中的固定资产（12 月 31 日）
固定资产，净值（见注释 8） $97 450

练习题 1 月 1 日，Alamo Cranes 花 140 000 美元买了一架起重机。Alamo 预计这架起重机的寿命是 6 年（能做 1 000 000 次起重），并且拥有 2 000 美元的剩余价值。公司预计这架起重机在第一年做 80 000 次起重。

请用下述方法计算这架起重机第一年的折旧费用：

a. 直线法

b. 产量法（折旧费用四舍五入到整数）

c. 双倍余额递减法（折旧费用四舍五入到整数）

9.3 如何记录固定资产的处理

一项资产最终会耗尽或者变成废弃品。这个时候公司有几种选择：

- 处理固定资产
- 出售固定资产
- 把这项固定资产与其他固定资产进行交换

在这个小节，我们将会讨论前两种选择。把固定资产与其他固定资产交换会在本章的附录（附录 9A）中涉及。

固定资产在被遗弃之前一直保留在公司的账面上。例如，一项完全贬值了的、达到了预定寿命却仍在使用的资产，会在资产负债表中被记录为资产。如果这项资产可以继续使用，公司可以继续使用它，尽管不再记录额外的折旧。如果这项资产已经不能使用了，它会被处理。这种情况下，需要公司把资产以及相关的累计折旧从账面上移除。这样，公司可以确认盈亏。

不论是何种形式的处理，都有四个步骤：

（1）更新折旧。

（2）从账面上清除旧的、被处理的资产以及相关的累计折旧。

（3）记录在处理资产过程中收到（或支付）的现金价值。

（4）最终，确认盈亏总额。盈亏是由收到的现金和其他资产的价值与被处理资产的账面价值的差额决定的。

9.3.1　遗弃固定资产

遗弃资产涉及没有任何现金回报的资产处理。当一项资产在全部折旧完毕且没有任何剩余价值的情况下被处理，公司仅仅是把资产和资产备抵、累计折旧从账面上移除（第二步）。不需要更新折旧（第一步），因为资产已经完全折旧完毕。此外，没有现金收入或支出，没有盈亏被确认。

例如，假设 Smart Touch Learning 公司在 7 月 1 日遗弃了一个成本 10 000 美元的设备，其累计折旧为 10 000 美元。在被处置前的资产和资产备抵账户如下。

设备		累计折旧——设备	
10 000			10 000

为了处理设备，Smart Touch Learning 公司将会把资产账户、设备记入贷方，把累计折旧——设备记入借方。记账员将会记录如下交易：

日期	账户和说明	借	贷
7 月 1 日	累计折旧——设备	10 000	
	设备		10 000
	处理全部折旧完毕的设备		

设备				累计折旧——设备			
	10 000	10 000	7 月 1 日	7 月 1 日	10 000	10 000	
合计	0					0	合计

> 小贴士　在遗弃之后，注意设备和累计折旧——设备账户现在是合计为零。这些账户不会再被汇报到财务报表上，因为 Smart Touch Learning 公司拥有这个设备。

相反，假设在 7 月 1 日，Smart Touch Learning 公司报废了一个花费 10 000 美元但没有全部折旧完毕的设备。在前一年的 12 月 31 日，累计折旧是 8 000 美元。年度折旧费用是 1 000 美元

/ 年。记录处理的第一步是更新折旧。因为 Smart Touch Learning 公司在 7 月 1 日处理了设备，半年的折旧（1 000 美元 × 1/2 = 500 美元）会被记录如下：

日期	账户和说明	借	贷
7 月 1 日	折旧费用——设备	500	
	累计折旧——设备		500
	记录设备的贬值		

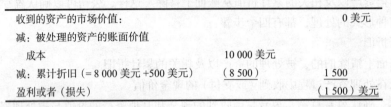

第二步到第四步涉及记录设备的处理和累计折旧，计算盈亏。在这个情况下，如下计算出 1 500 美元的损失：

收到的资产的市场价值：		0 美元
减：被处理的资产的账面价值		
成本	10 000 美元	
减：累计折旧（= 8 000 美元 +500 美元）	（8 500）	1 500
盈利或者（损失）		（1 500）美元

> **小贴士**　在计算盈亏的时候，别忘了更新累计折旧账户。在这个例子中，在记录折旧之前，累计折旧账户是 8 000 美元；在处理设备的时候，500 美元的额外折旧被记录，总计的累计折旧变为 8 500 美元。

Smart Touch Learning 公司记录了设备处理中的如下分录：

日期	账户和说明	借	贷
7 月 1 日	累计折旧——设备	8 500	
	处理中的损失	1 500	
	设备		10 000
	处理了一个账面价值 1 500 美元的设备		

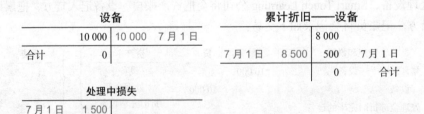

设备			
	10 000	10 000	7 月 1 日
合计	0		

累计折旧——设备			
		8 000	
7 月 1 日	8 500	500	7 月 1 日
		0	合计

处理中损失	
7 月 1 日　1 500	

9.3.2　销售固定资产

公司经常为了兑现出售固定资产。我们将再一次用 Smart Touch Learning 公司作为例子。在 7 月 1 日，该公司销售了一个实际成本为 10 000 美元，在前一年 12 月 31 日的累计折旧为 8 000 美元的设备。每年折旧是 1 000 美元。第一步是更新这六个月的折旧，直到处理设备的日期。

日期	账户和说明	借	贷
7 月 1 日	折旧费用——设备	500	
	累计折旧——设备		500
	记录设备的折旧		

这个登记把累计折旧更新为 8 500 美元（= 8 000 美元 +500 美元）。设备现在的账面价值是 1 500 美元（= 10 000 美元 −8 500 美元）。现在我们记录完了第一步，让我们来看一看第二步到第四步的几种不同情况。

1. 以账面价值销售固定资产

假设 Smart Touch Learning 公司以 1 500 美元销售这个设备。注意，收到的现金和资产的账面价值相等。当一个公司以账面价值销售资产，不需要记录任何盈亏。这是因为收到的现金和所销售资产的账面价值相等。

收到资产的市场价值		$1 500
减：所处理资产的账面价值		
成本	$10 000	
减：累计折旧	（8 500）	1 500
盈利或者（损失）		$0

在记录日记账分录时，Smart Touch Learning 公司会借记 1 500 美元现金，然后把设备和累计折旧从账目中移除如下：

日期	账户和说明	借	贷	资产↑↓	负债 + 权益
7 月 1 日	现金	1 500		现金↑	=
	累计折旧——设备	8 500		设备↓	
	设备		10 000	处理全部折旧	
	销售设备以兑现			完毕设备↓	

现金

7 月 1 日	1 500	

设备				**累计折旧——设备**		
	10 000	10 000	7 月 1 日		8 000	
合计	0			7 月 1 日 8 500	500	7 月 1 日
					0	合计

2. 以高于账面价值销售固定资产

如果 Smart Touch Learning 公司以 4 000 美元销售这个设备，公司会记录销售设备中的盈利。注意，此时收到的现金比设备的账面价值高。当一个公司以高于账面价值销售一项资产，会记录一笔盈利。

收到的资产的市场价值		$4 000
减：被处理资产的账面价值		
成本	$10 000	
减：累计折旧	（8 500）	1 500
盈利或者（损失）		$2 500

这时要用到收益账户。这个账户有一个正常的贷方余额，会被报入利润表中的其他收入和收益部分。

在记录日记账分录的时候，Smart Touch Learning 公司将会从账面移除旧的设备以及累计折旧（第二步），在借方记录 4 000 美元的现金（第三步），然后在收益账户如下记录一个贷方（第四步）：

日期	账户和说明	借	贷
7月1日	现金	4 000	
	累计折旧——设备	8 500	
	设备		10 000
	处理中的盈利		2 500
	销售设备以兑现		

资产↑		负债	+	权益↑
现金↑				处理所得盈利↑
设备↓	=			
处理全部折旧				
完毕设备↓				

> **小贴士** 在记录完固定资产处理的交易后，记得去检查在日记账分录中借贷是否平衡。

现金

7月1日 4 000	

设备

10 000	10 000 7月1日
合计 0	

累计折旧——设备

	8 000
7月1日 8 500	500 7月1日
	0 合计

处理中的盈利

	2 500 7月1日

3. 以低于账面价值销售固定资产

如果 Smart Touch Learning 公司以 500 美元销售这个设备，公司将会记录销售设备中的亏损。注意销售中收到的现金比资产的账面价值低。当一个公司以低于账面价值销售一项资产，需要记录一笔亏损。

收到的资产的市面价值		$500
减：被处理的资产的账面价值		
成本	$10 000	
减：累计折旧	（8 500）	1 500
盈利或者（亏损）		（$1 000）

在记录日记账分录的时候，Smart Touch Learning 公司将会从账面上移除旧的设备以及累计折旧（第二步），在借方记录 500 美元现金（第三步），然后在出售损失中记录如下：

日期	账户和说明	借	贷
7月1日	现金	500	
	累计折旧——设备	8 500	
	处理中的损失	1 000	
	设备		10 000
	销售设备以兑现		

	现金	
7 月 1 日	500	

	设备				累计折旧——设备	
	10 000	10 000　7 月 1 日				8 000
合计	0			7 月 1 日　8 500	500	7 月 1 日
					0	合计

	处理中的亏损	
7 月 1 日	1 000	

在本节，我们学习了清理和销售固定资产的日记账分录。在表 9-8 中，总结了我们学习的内容。在继续下面的学习之前，请花时间复习一下总结中的内容。

表 9-8　固定资产的处理

清除全部折旧完毕的固定资产。

日期	账户和说明	借	贷
	累计折旧	10 000	
	固定资产		10 000

清除一项没有全部折旧完毕的固定资产。

日期	账户和说明	借	贷
	累计折旧	8 500	
	处理中的损失	1 500	
	固定资产		10 000

以账面价值销售一项固定资产。

日期	账户和说明	借	贷
	现金	1 500	
	累计折旧	8 500	
	固定资产		10 000

以高于账面价值销售一项固定资产。

日期	账户和说明	借	贷
	现金	4 000	
	累计折旧	8 500	
	固定资产		10 000
	处理中的盈利		2 500

以低于账面价值销售一项固定资产。

日期	账户和说明	借	贷
	现金	500	
	累计折旧	8 500	
	处理中的亏损	1 000	
	固定资产		10 000

Counselors of Atlanta 在 2014 年 1 月 1 日以 20 000 美元购买了一个设备。Counselors of Atlanta 预计这个设备可以使用 4 年，并且剩余价值为 2 000 美元。假设 Counselors of Atlanta 在使用这个设备整 3 年之后，在 2016 年 12 月 31 日以 8 000 美元把这个设备售出。假设 2016 年的折旧被记录下来了。请把这个设备的销售计入账面，假设运用的是直线法折旧。

9.4 自然资源如何记账

自然资源（natural resources）是来源于地球的用于消耗的资产。自然资源的例子有铁矿、石油、天然气、金刚石、煤和木材。自然资源是通过耗尽的方式被花费的。**耗尽**（depletion）是公司把一个自然资源的成本分配到利用这个自然资源的时间中的过程。这个过程叫作耗尽，因为公司在耗尽一个自然资源以至于到一个时间点，这个自然资源中没有资源可以再被提取。折耗费用是用产量法计算的。

例如，一个石油井花费 700 000 美元，预估可以生产 70 000 桶石油。该油井没有剩余价值。如果每年生产并销售 3 000 桶石油，折耗费用是如下计算的：

第一步：

$$每单位折耗 =（成本 - 剩余价值）\div 预估的全部单位$$
$$=（700\,000\ 美元 - 0\ 美元）\div 70\,000\ 桶$$
$$= 10\ 美元 / 桶$$

第二步：

$$折耗费用 = 每单位折耗 \times 提取的单位$$
$$= 10\ 美元 / 桶 \times 3\,000\ 桶$$
$$= 30\,000\ 美元（第 1 年）$$

这一年的折耗记录如下：

日期	账户和说明	借	贷	资产↓		负债	+	权益↓
12 月 31 日	折耗费用——石油	30 000		累计折耗	=			折耗费用
	累计折耗——石油		30 000	石油↑				石油↑
	记录折耗							

累计折耗是一个和累计折旧相似的抵减资产。自然资源可以被汇报在资产负债表中，以石油为例：

石油	$700 000	
减：累计折耗石油	（30 000）	$670 000

Amplify Petroleum 拥有大量的石油储备。假设在 2014 年年底，Amplify Petroleum 的石油储备价格总计为 8 000 万美元，代表了 1 亿桶石油。假设 Amplify Petroleum 在 2015 年移除并售出了 2 000 万桶石油。把 2015 年的折耗费用记账。

9.5 无形资产如何记账

无形资产（intangible assets）是指没有物质形式的资产，这些资产拥有来自专利、版权、商标和其他创造性产品的特殊权利。

在我们这个靠技术引导的经济中，无形资产很重要。公司的知识产权很难测量。但是，当一个公司收购另一个公司后，我们可以看出被收购公司的知识产权。例如，在 2000 年，美国在线（AOL）购买了时代华纳。AOL 声称为时代华纳仅仅 90 亿美元的有形净资产支付 1 460 亿美元。为什么要为这么少的资产支付这么多钱呢？因为时代华纳的无形资产价值几十亿美元。无形资产可以占到一个公司的市场价值的绝大部分，所以公司必须像它们重视商品存货和设备一样重视它们的无形资产。

9.5.1 无形资产的记账

被收购的无形资产记录为成本。如果一个无形资产没有被购买，只有有限的成本可以资本化。大部分被购买的无形资产采用**摊销**（amortization），它是一种把一个无形资产的花费分配到资产的使用时间中的消费方式。分期偿还适用于无形资产就像折旧适用于设备，或者折耗适用于石油和木材。

无形资产有一个有限的使用期限或者无限的使用期限。有无限使用期限的无形资产没有任何因素（例如法律或者合同的责任）限制无形资产的使用。只有有限使用期限的无形资产需要分期偿还。无限使用期限的无形资产每年需要检测亏损。当资产的公允价格比账面价格低的时候，**减值**（impairment）发生。换句话说，资产的价值有一个永久性的下降。如果减值产生，公司在被鉴定的减值产生的时间段记录损失。

9.5.2 特殊的无形资产

前面提到过，专利、版权和商标是无形资产。对购买和摊销每一种资产的记账是一样的。

1．专利

专利（patent）是联邦政府授予专利所有人 20 年独家生产和销售一项发明的权利。这个发明可以是一个方法、产品，或者公式。例如，杜比噪音降低方法，或者一种药物的配方。购买专利的花费计入专利账户中的借方。

像其他资产一样，专利是可以被购买的。假设 Smart Touch Learning 公司在 1 月 1 日花 200 000 美元购买了一个专利。记账员在购买的时候记录了如下账目：

日期	账户和说明	借	贷
1 月 1 日	专利	200 000	
	现金		200 000
	记录专利的购买		

Smart Touch Learning 公司认为这个专利的使用期限只有五年，因为一个效率更高的新方法会在五年之内出现。摊销成本运用直线法计算如下：

$$摊销成本 = （成本 - 剩余价值） \div 使用期限$$
$$= （200\,000\ 美元 - 0\ 美元） \div 5\ 年$$
$$= 40\,000\ 美元 / 年$$

> **小贴士**　对于大多数无形资产而言，其剩余价值都为 0。

公司的记账员会为分期付款记录如下调整分录：

日期	账户和说明	借	贷
12 月 31 日	摊销费用——专利	40 000	
	专利		40 000
	记录专利的分期偿还		

注意，Smart Touch Learning 公司直接把摊销记入无形资产、专利的贷方，而不是记入一个累积摊销账户。一个公司在记录摊销费用的时候可以直接把无形资产记入贷方，或者可以用累计摊销账户。

> **提问**
>
> 为什么计入专利的贷方而不是计入累计摊销账户？

在第一年年末，Smart Touch Learning 公司会以 160 000 美元（200 000 美元花费减去第一年的摊销费用 40 000 美元）将该专利报账，下一年是 120 000 美元，如此类推。这五年中的每一年，专利的价值都会降低，直到它五年的使用期限结束，此时其账面价值为 0 美元。

2. 版权和商标

版权（copyright）是独有的复制并销售书籍、音乐作曲、电影，以及其他艺术或者知识产权的权利。版权也保护电脑软件，例如 Microsoft Windows 和 Microsoft Excel 电子软件。版权由美国联邦政府发行并授予创造者的寿命再加上 70 年的期限。

一个公司可能会支付很高的金额购买一个已经存在的版权。例如，出版商 Simon & Schuster 会支付 100 万美元去购买一部流行小说的版权，因为公司认为从销售小说中可以盈利。尽管版权有很长的合法期限（创造者的寿命加 70 年），但大部分版权只有很短的可用期限。版权在他们的合法期限或者可用期限中较短的那个时间段中摊销。

商标（trademark）是一个代表独有的产品或者服务的资产，例如 Nike "swoosh" 或者 Dale Earnhardt 的 NASCAR Number 3。合法保护的标语有雪佛兰的 "Like a Rock" 和 Avis Car Rental 的 "We try harder"。一个商标或者商品名的费用是在它的可用期限内分期摊销的。

3. 经销权和执照

特许**经销权**（franchises）是一个公司授予的在一定条件下销售商品或者服务的特权。Dallas Cowboys 足球组织是 National Football League 授予的一个经销权。麦当劳和赛百味是著名连锁特许经营公司。**许可**（license）是政府赋予的利用公共资产去执行销售的特权。联邦政府可能会授予一个无线电台特权去利用广播频道播送它的音乐。经销权或者许可的购买费用是在它的使用期限内摊销的。

4. 商誉

在会计学中，**商誉**（goodwill）是购买一个公司的费用超出其净资产的市场价值的部分（资产减去债务）。商誉是支付的多于公司的资产和债务的净价值的价值。

假设 White Corporation 在 2014 年 1 月 1 日购买了 Mocha 公司。Mocha 的资产，市场价值是 900 万美元，债务总值是 100 万美元，所以 Mocha 的净资产总值 800 万美元。在这个案例中，White 比 Mocha 净资产的市场价值多支付了 200 万美元。所以，这 200 万美元即是商誉，计算如下：

Mocha 的购买价格		$10 000 000
Mocha 资产的市场价值	$9 000 000	
减：Mocha 债务的市场价值	（1 000 000）	
减：Mocha 净资产的市场价值		8 000 000
商誉		$2 000 000

以下是 White 记录购买 Mocha 以及商誉的账目：

日期	账户和说明	借	贷	资产↑		负债↑	+	权益
1 月 1 日	资产	9 000 000		资产↑	=	债务↑		
	商誉	2 000 000		商誉↑				
	债务		1 000 000	现金↓				
	现金		10 000 000					
	记录购买 Mocha 公司							

商誉有一些特殊的特征：

- 商誉只有在一个公司购买另一个公司的时候记录，并且支付那个公司比它净资产的市场价值高的价格（就像在上面的账目中 White 以比 Mocha 公司净资产价值高 200 万美元的价格购买 Mocha）。杰出的声誉可以创造商誉，但公司永远不会记录自己公司的商誉。
- 根据一般公认会计原则（GAAP），商誉不摊销。反而，收购公司每年会测量它商誉的公允价值。如果商誉价值增加了，不需要做记录。但是如果商誉降低了，公司需要记录一个损失并且入账。

9.5.3　无形资产的报账

无形资产在资产负债表中的报账和固定资产相似。如果一个公司用抵消账户累计摊销，这个账户通常不在资产负债表中显示。相反，无形资产只显示其净账面价值。摊销费用在利润表中记在经营部分。

图 9-3 总结了我们讨论过的固定资产、自然资源和无形资产。回想，固定资产是在经营中运用的拥有物理特征的资产。自然资源是来源于地球并且会被耗尽的资产，然后无形资产是价值不来自其物理实质的资产。

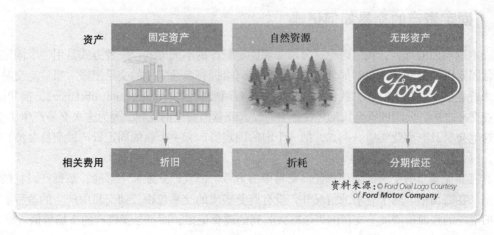

图 9-3　资产及其相关的费用

练习题 在 1 月 1 日，Orange Manufacturing 为一个专利支付了 40 000 美元。尽管它有 20 年的合法保护，这个专利被预估仅可以提供 8 年的竞争优势。运用直线法的摊销记录第一年摊销的日记账分录。

9.6 如何用资产周转率评估企业绩效

资产周转率（asset turnover ratio）测量平均每美元投资的资产所产生的净销量。这个比率测量的是一个公司用资产产生销售收入的能力。我们用净销量除以平均总资产来计算资产周转率。利用绿山咖啡烘焙公司 2011 年年报中的净销量和总资产（单位：千），我们可以计算资产周转率。

	2011 年 9 月 24 日	2010 年 9 月 25 日
净销量	2 650 899 美元	1 356 775 美元
总资产	3 197 887	1 370 574

$$资产周转率 = 净销量 \div 平均总资产$$
$$= 2\ 650\ 899\ 美元 \div [(\ 3\ 197\ 887\ 美元 + 1\ 370\ 574\ 美元)/2\ ]$$
$$= 1.16\ 次（四舍五入后）$$

假设行业平均的资产周转率是 1.7 次。绿山咖啡烘焙公司的资产周转率 1.16 次比行业的平均值低很多。这个数据告诉我们，绿山咖啡烘焙公司利用每一美元投资的资产产生 1.16 美元的销售收入。绿山咖啡烘焙公司应该考虑不同方式去提高它的净销量或者减少平均总资产。我们希望有一个高的资产周转率。

练习题 Maxim 公司报账了它年初和年末的总资产分别为 140 000 美元和 160 000 美元。这一年的净销量是 240 000 美元。Maxim 的资产周转率是多少？

附录 9A：固定资产的交换

9.7 固定资产的交易如何记账

在本章前面的部分，我们讨论过公司处理固定资产的不同方式。一种方式是用一个固定资产和其他固定资产做交易。在本部分，我们评估如何给拥有商业实质的交易记账。当一笔交易导致了未来资金流动变化的时候，我们称这个交易具有**商业实质**（commercial substance）。换句话说，如果在交易之后，公司的资金流动（收益中的收入或者消费中的支付）因为这次交易产生了变化，那么这笔交易具有商业实质。例如，把一个旧的固定资产和一个新的固定资产做交易会增加生产效率，所以使公司产生更多的收益。

具有商业实质的交易需要记录任何交易中的盈亏。旧资产从账面中移除，新资产以它的市场价值记录在账面中。除了有限的情况外，没有商业实质的交易忽视任何交易中产生的盈亏。新资产以旧资产的账面价值加上支付的现金减去收到的现金记账，而不是新资产的市场价值。

9.7.1 固定资产的交易：盈利情况

假设在 12 月 31 日，Smart Touch Learning 公司将已用过的设备交易新的设备。旧设备的实际成本是 10 000 美元，累计折旧为 9 000 美元。它现在的账面价值是 1 000（= 10 000-9 000）美元。公司以 8 000 美元的市场价值购得新资产，并支付 2 000 美元现金。假设这次交易具有商业实质，盈利会被计算如下：

收到的资产的市场价值		$8 000
减：		
交易的资产的账面价值	$1 000	
支付的现金	2 000	3 000
盈利或者（亏损）		$5 000

记账员如下记录账目：

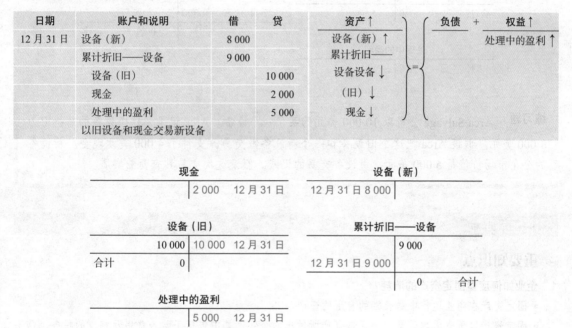

9.7.2 固定资产的交易：亏损情况

假设另一种情况，Smart Touch Learning 公司在 12 月 31 日用旧的设备和新的设备做交易。旧设备的实际成本为 10 000 美元，累计折旧为 9 000 美元。他现在的账面价值是 1 000（= 10 000-9 000）美元。公司以市场价值 3 000 美元购买了新设备，支付了 2 500 美元现金。假设这个交换具有商业实质，亏损会被计算如下：

收到的资产的市场价值		$3 000
减：		
交易的资产的账面价值	$1 000	
支付的现金	2 500	3 500
盈利或者（亏损）		($500)

记账员记录账目如下：

日期	账户和说明	借	贷
12 月 31 日	设备（新）	3 000	
	累计折旧——设备	9 000	
	处理中的盈利	500	
	设备（旧）		10 000
	现金		2 500
	以旧设备和现金交易新设备		

资产↓ { 设备（新）↑ 累计折旧 ——设备↓ 设备（旧）↓ 现金↓ } = { 负债 + 权益↓ 处理中的盈利↑ }

	现金					设备（新）	
		2 500	12 月 31 日		12 月 31 日	3 000	

	设备（旧）					累计折旧——设备	
	10 000	10 000	12 月 31 日			9 000	
合计	0				12 月 31 日	9 000	
						0	合计

	处理中的盈利	
	12 月 31 日	500

练习题 Arca Salvage 公司以 10 000 美元购买了一个设备。Arca 记录了这个设备的总折旧为 8 000 美元。假设 Arca 把这个旧设备和一个新设备做交易，支付了 4 000 美元现金。新设备的公允市场价值是 5 000 美元。做设备交易的记账。假设这次交易具有商业实质。

知识回顾

☞重要知识点

1 **企业如何度量固定资产的消耗?**
- 固定资产在商业运作中是长期的有形的资产。
- 固定资产以历史成本计量，为了该资产所付出的金钱，其中包括了购入费用及相应的税务，购买许可以及为了购置使用所付出的其他准备金额。
- 总额包括为多种资产所付出的金额。每一资产的购入应根据相对市场价值来确定。
- 固定资产中常常出现另外两种花费：
  - ◆资本支出——对应于资产账户的借方：因为它增加了资产的资本或者让资产更有效有用。
  - ◆营业支出——对应于修复及维修支出的借方：因为它让资产可以继续使用。

2 **何为折旧? 它是如何计算的?**
- 折旧是指在固定资产上的消耗超出了它的实际作用。
- 三种折旧法则：
  - ◆直线法——等量分配折旧资产。
  - ◆产量法——在资产可用性的基础上每年分配多种项目的折旧资产。
  - ◆双倍余额递减法——这是一个加速折旧的方法。它通过增加可折旧资产的账面价值处理每年的折旧资产。这种账面价值增加是通过一个两倍于直线法的恒定百分率确定的。
- 加速折旧法用于税务方面。

- 一个企业也许偶尔会改变它对于一个折旧资产的估计残值或估计使用年限。这样的改变要求折旧资产本年被重新估算并且更新。
- 固定资产在账面上被结余（成本－估计折旧）。

3　**如何处理固定资产的记录？**

- 这里有四步：
  - ♦ 第一步：更新折旧情况。
  - ♦ 第二步：更新旧的、处理的资产并且从账面上将折旧资产相互联系。
  - ♦ 第三步：记录该资产的现金收益（或支出）。
  - ♦ 第四步：明确收益或折损（资产的市场价值和账面显示的资产的处理价值）。
- 回顾表 9-8 的有关处理固定资产记录借方的小结。

4　**自然资源主要依赖于什么？**

- 自然资源是指来自地球并被消耗的资产。
- 折耗是指商业拓宽了对自然资源的使用这个过程。
- 折耗可以由单位的生产成本计算出来。

5　**无形资产依赖于什么？**

- 无形资产是指无定形的并由于其特定效应而有一定价值的一类资产。
- 摊销是指商业拓宽了对于无形资产的使用过程。
- 摊销的消耗可以通过直线法处理。

6　**如何使用资产周转比率来评估企业的运行？**

- 企业周转比率指的是平均每单位总资产可产生的净销售额。
- 净销售额 ÷ 平均总资产。

7　**固定资产的票据交换总额依赖于什么？**

- 有商业实质的票据交换总额在特定交易中要求记录一切收益或损失。
- 无商业实质的票据交换大部分忽略交易损失或收益。

☞汇总习题

Latti On Demand 2013 年 1 月 1 日购买了一台 44 000 美元的咖啡机。预期其使用寿命可以达到 10 年或者生产 100 000 杯咖啡。2013 年，售出 3 000 杯饮料，2014 年内售出 14 000 杯饮料。残余价值为 4 000 美元。

要求：

①通过下列方法明确在 2013 年及 2014 年的折旧费用。

　　a. 直线法

　　b. 产量法

　　c. 双倍余额递减法

②通过以下方法准备一个展示年度折旧费用、累计折旧以及 2013 年和 2014 年账目价值的日程表：

　　a. 直线法

　　b. 工作量折旧法

　　c. 双倍余额递减法

③假定 Latti On Demand 2015 年 7 月 1 日以 27 000 美元现金的价格卖掉了这台机器。假定管理人员因双倍余额递减法而轻视这台机器。记录 Latti On Demand 2015 年的折旧及 2015 年 7 月 1 日的设备销售。

☞答案

- **要求①**

    a. 2013 年：（44 000 美元 – 4 000 美元）÷10 年 = 4 000 美元

    2014 年：（44 000 美元 – 4 000 美元）÷10 年 = 4 000 美元

    b. 单位折旧 =（44 000 美元 – 4 000 美元）/100 000 杯 = 0.40 美元 / 杯

    2013 年：0.40 美元 / 杯 ×3 000 杯 = 1 200 美元

    2014 年：0.40 美元 / 杯 ×14 000 杯 = 5 600 美元

    c. 2013 年：（44 000 美元 – 0 美元）×2 ×（1 /10）= 8 800 美元

    2014 年：（44 000 美元 – 8 800 美元）×2 ×（1 /10）= 7 040 美元

- **要求②**

    a.

年	年折旧费用	累计折旧	账面价值
2013 年 1 月 1 日			$44 000
2013 年 12 月 31 日	$4 000	$4 000	40 000
2014 年 12 月 31 日	4 000	8 000	36 000

    b.

年	年折旧费用	累计折旧	账面价值
2013 年 1 月 1 日			$44 000
2013 年 12 月 31 日	$1 200	$1 200	42 800
2014 年 12 月 31 日	5 600	6 800	37 200

    c.

年	年折旧费用	累计折旧	账面价值
2013 年 1 月 1 日			$44 000
2013 年 12 月 31 日	$8 800	$8 800	35 200
2014 年 12 月 31 日	7 040	15 840	28 160

- **要求③**

    折旧费用，2015 年：

    $$（44 000 美元 – 15 840 美元）×（2 /10）×（6 /12）= 2 816 美元$$

日期	账户和说明	借	信用
2015 年			
7 月 1 日	机器折旧费用	2 816	
	机器及其折旧		2 816
	记录机器折旧		
7 月 1 日	现金	27 000	
	机器累计折旧（15 840 美元 + 2 816 美元）	18 656	
	处置收益		1 656
	机器		44 000
	卖出机器		

☞关键术语

accelerated depreciation method　**加速折旧法**　折旧法关注于它的使用寿命及其效果花费更多的资产

成本。

amortization　摊销　该过程指的是商业分配的无形资产超过了它的使用寿命。

asset turnover ratio　资产周转比率　资产周转比率指的是平均每单位总资产可产生的净销售额。净销售额÷平均总资产。

book value　账面价值　折价资产消费减去累积折旧。

capital expenditure　资本支出　增加资本或资产效率的支出，或者增加它使用寿命的支出。资本支出被记入资产借方中。

capitalize　积累资本　通过记入借方（增加）资产账户来记录收购土地、建筑物或其他资产。

commercial substance　商业属性　交易的一种属性。该属性导致了未来现金流的变化。

copyright　版权　贩卖、重复印刷书籍、音乐作品、其他形式的艺术品或者知识产权的专有权利。

cost principle　成本原则　该原则认为取得的资产与服务的消耗应当如实记录。

depletion　消耗　商业拓宽对于自然资源的分配及其使用的过程。

depreciable cost　折旧价值　固定资产的消耗减去它的残值。

depreciation　折旧　商业在其使用寿命内拓宽其对固定资产的分配的过程。

double-declining-balance method　双倍余额递减法　这是一个加速折旧的方法，它通过增加可折旧资产的账面价值处理每年的折旧资产。这种账面价值增加是通过一个两倍于直线法则的恒定百分率确定的。

extraordinary repair　特别修理　修理工作要求则本支出因为它延长了资产的正常使用寿命。

franchise　经销权　在特定情况下特许企业销售产品或服务的权利。

goodwill　商誉　被并购公司的成本超出其净资产的公允价值总和（资产减负债）后所得的差额。

impairment　损伤　永久降低资产价值。

intangible asset　无形资产　没有特定形式却由于其特殊性而有一定价值的资产。

land improvement　土地改良　可贬值的土地改良，比如围住、装洒水装置、铺路、标牌及照明。

license　许可　政府给予的在公共场合使用公共财产的权利。

modified accelerated cost recovery system（MACRS）　修改后的加速成本恢复系统　用于税务的折旧方法。

natural resource　自然资源　来自地球并被消耗的资源。

obsolete　废弃　新的资产的功效远高于被认为废弃的资产。

patent　专利权　由国家授予并保障的独家20年生产并销售资产、产品或公式配方的无形资产。

plant asset　固定资产　长期的有形资产，例如土地、建筑、设备，可用于商业运作之中。

relative-market-value method　相对市场价值法　分配全额的多种的某时购进的资产的方案，所有的花费依据市场价值被分配。

residual value　残余价值　折旧资产在它使用寿命到期时的预期价值。

revenue expenditure　营业支出　没有增加资产或资产效率或增加使用年限的花费。税收花费被记入花费账户借方中。

straight-line method　直线法　每年等量分配折旧资产的折旧法则。（花费－残余价值）÷使用年限

trademark　商标　代表特定产品或服务的一种资产。

units-of-production method　产量法　根据资产用途每年分配多种数量折旧资产的一种折旧方法。

useful life　使用期限　资产可以服务的周期长度，可以用月或日等时间表示，或者寿命表示，比如单位生产、使用时间（对机器而言）、百公里数（对卡车而言）。

☞ 快速检测

1 哪项成本不记录在建筑物的费用中呢？

    a. 为了购买建筑而实际支付的不动产许可   b. 劳力及建筑材料

    c. 建筑物基础的水泥   d. 每年建筑物的维护

2 如何记录资本支出呢？

    a. 记入债务借方   b. 记入资本借方   c. 记入支出借方   d. 记入资产借方

3 以下哪个方法在第一年里常常用来产生更多的折旧？

    a. 工作量法   b. 直线法   c. 双倍余额递减法   d. 所有都会产生相同的折旧

4 Celty Airline 花费 2 800 万美元并预计 10 年飞行 2 亿英里。残余价值为 0。因为飞机购买后立刻投入飞行。如果在第一年内飞机飞行。5 400 万英里，那么在产量法的计算下 Celty Airline 应该计入多少折旧？

    a. 2 800 000 美元   b. 7 560 000 美元   c. 5 600 000 美元   d. 无法求出

5 一个新的复印机需要 45 000 美元并且累计折旧 44 000 美元。假定 Print and Photo Center 报废了这个机器那么处理交易的结果是什么？

    a. 没有损失或收益   b. 收益 1 000 美元   c. 损失 1 000 美元   d. 损失 45 000 美元

6 假定上一问题中的 Print and Photo Cent 以 1 000 美元卖了这个机器。处理交易的结果是什么？

    a. 损失 44 000 美元   b. 收益 1 000 美元   c. 损失 1 000 美元   d. 没有收益或损失

7 哪种方法是处理消耗的？

    a. 双倍余额递减法   b. 直线法   c. 描述法   d. 产量法

8 哪个无形资产仅作为其他公司的部分资产记录在案？

    a. 专利   b. 商誉   c. 版权   d. 经销权

9 Liberty Corporation 期初及期末资产分别为 25 000 美元和 22 000 美元。它在本年的净销售额为 18 800 美元。Liberty 的资产周转比率是多少？

    a. 0.75   b. 0.85   c. 0.80   d. 1.25

10 新卡车花费 50 000 美元并累计折旧 35 000 美元。假定 Wilson Towing 以旧卡车换了新卡车。新卡车市值 60 000 美元而 Wilson 支付了 40 000 美元。假定交换有商业实质。交换的结果是什么？

    a. 没有损失或收益   b. 收益 5 000 美元   c. 损失 5 000 美元   d. 收益 45 000 美元

进步评估

☞ 复习题

1 何为固定资产？举例说明。

2 固定资产在历史成本中记录。哪些历史成本属于固定资产？

3 土地改良和土地有何不同？

4 "资本化"是什么意思？

5 何为一次性支付购买，它导致什么？

6 资本支出与营业支出的区别是什么？各举一个例子。

7 何为折旧？本章中所描述的有什么方法可以用来度量折旧？

8 哪种折旧方法除了最后一年折旧外忽略了残余价值？为什么？

9 商业中应如何决定哪种折旧方案是最合适的？

10 对于税收而言，用什么折旧方法？它和用于经济目的的折旧方法有何不同？

11 假定一个企业改变了某一固定资产的估计的使用寿命或估计的残余价值，该企业应该做些什么？

12 固定资产被报告在哪张财务报表上？为什么？

13 排除固定资产和销售固定资产有什么不同？

14 收益或损失在处理固定资产中是如何确定的？什么情况下收益？什么情况下损失？

15 什么是自然资源？某一企业拓宽分配自然资源使用的是什么过程？

16 什么是无形资产？举例说明。

17 在什么过程中企业需要拓宽分配无形资产的年限？

18 何为商誉？商誉是摊销的吗？如果商誉在年末降低会有什么结果？

19 资产周转比率是什么？如何计算？

20 当我们说资产交易有商业实质是什么意思？收益或支出会因为交易而被记录在账目上吗？

☞简单练习

S9-1 确定资产成本。

Provo Clothing 购买土地，支出 80 000 美元现金及 220 000 美元应付票据。此外，Provo 支付拖欠财产税 1 500 美元，产权保险 800 美元，压平地面并推倒建筑的费用 4 000 美元。记录购买土地的借方科目。

S9-2 建立一次性付清的资产购买。

Rural Tech Support 支出 130 000 美元用于购买土地、建筑及设备。在购买后，土地市值 70 000 美元，建筑市值 56 000 美元，设备市值 14 000 美元。记录三项资产的一次性付清购买的账单 130 000 美元，该账单单位开具了应付票据。

S9-3 处理第一年的折旧及账面价值。

在年初，Alaska Freight Airlines 用 4 300 万美元购买飞机。Alaska Freight Airlines 希望飞机的使用寿命是 5 年（400 万英里）并有 700 万美元的残余价值。公司希望飞机在第一年里飞行 140 万英里。

要求：

①根据以下方法处理 Alaska Freight Airline 的折旧支出：

    a. 直线法　　　　　　　　b. 产量法　　　　　　　　c. 双倍余额递减法

②用这三种方法记录飞机第一年的账面价值。

S9-4 处理第二年的折旧及加速折旧。

2013 年年初，Air Canada 用 4 600 万美元购入二手飞机。Air Canada 希望飞机使用寿命有 8 年（500 万英里）并有残余价值 600 万美元。Air Canada 希望飞机在第一年内飞行 130 万英里并在第二年内飞行 100 万英里。

要求：

①根据以下方法处理第二年的折旧支出：

    a. 直线法　　　　　　　　b. 产量法　　　　　　　　c. 双倍余额递减法

②通过三种方法计算第二年年末加速折旧的结余。

S9-5 计算局部的年折旧。

2013 年 7 月 31 日，Logan Services 用 40 400 美元购入打印机。Logan Services 希望机器使用寿命有 4 年并有残余价值 2 000 美元。在 2013 年 12 月 31 日处理该机器的折旧支出，用直线法。

S9-6 改变对于某一资产的寿命评估。

假定 Alpha Communications 为某一有 15 年寿命，残余价值为 0 的机器支付了 75 000 美元。使用 6 年后，公司发现该机器仅剩下 5 年的寿命。

要求：①用直线法记录第 7 年的该机器的折旧支出。②第 7 年年底它的加速折旧是多少？

S9-7　丢弃完全折旧产品。

2013 年 6 月 15 日，Ideal Furniture 丢弃了一个耗费 10 000 美元购入的已经彻底折旧的资产。记录对这个仪器的处理。

S9-8　丢弃资产。

2013 年 3 月 31 日，Alternative Landscapes 丢弃了 20 000 美元的资产。2012 年 12 月 31 日的累积折旧为 18 000 美元。假定该仪器的年度折旧是 2 000 美元。记录该机器的年折旧及对该机器的处理。

S9-9　销售资产：或赚或赔。

2013 年 1 月 1 日，Global Positioning Net 购买了 36 000 美元的仪器。假定 Global Positioning Net 在 2014 年 12 月 31 日以 26 000 美元的价格卖掉该仪器。2014 年 12 月 31 日的累计折旧为 16 000 美元。记录该仪器的销售，假定使用的是直线法折旧。

S9-10　销售资产：或赚或赔。

2013 年 1 月 1 日，Prine Company 以 20 000 美元购入仪器。2014 年 12 月 31 日，假设 Prine Compang 以 7 000 美元的价格卖掉了仪器。2014 年 12 月 31 日的累计折旧为 10 000 美元。记录该仪器的销售，假定使用的是直线法折旧。

S9-11　自然资源消耗入账。

TcxAm Petroleum 占有大量的石油资源。假定 2013 年年末，TcxAm Petroleums 消费了总值 720 亿美元的石油储存相当于 80 亿桶石油。

要求：①用什么方法计算 TcxAm Petroleum 的消耗？②假定 2014 年内 TcxAm Petroleum 开采并销售了 4 亿桶石油。记录 2014 年的消耗支出。

S9-12　计算无形资产。

2013 年 10 月 1 日，Soggy Company 购买了 80 000 美元的专利。尽管专利被给予 20 年的法律保护，但该专利仅在 5 年内有望使用。

要求：①记录购买专利。②记录 2013 年的摊销。假定直线法摊销。

S9-13　商誉的计算。

TMC Advertising 支付 170 000 美元来获取 Seacoast Report 的每周广告。在得到的时候，Seacoast Report 结余账单显示总计 130 000 美元的资产及负债 70 000 美元。Seacoast Report 的资产实际市值为 100 000 美元。Seacoast Report 负债的实际市场价值为 70 000 美元。

要求：①作为获得 Seacoast Report 的一部分，TMC Advertising 获得了多少商誉？②记录 TMC Advertising 对 Seacoast Report 的占有。

S9-14　处理资产周转率。

Biagas 公司 2014 年 5 月 31 日的年净收益额为 50 200 000 美元，其起始资产及最终资产总额分别为 51 200 000 美元和 88 300 000 美元。确定 Biagas 公司当时的资产周转率。

S9-15　交换固定资产。

Browns Salvage 公司以 2 600 美元购入电脑，记入电脑设施的借方。2012 年及 2013 年中，Browns Salvage 公司记录电脑上总计 2 000 美元的折旧。在 2014 年 1 月 1 日，Browns Salvage 公司低价购入了一台新的电脑，支付了 2 500 美元。新电脑实际市值 4 000 美元。记入 Browns Salvage 公司交换电脑的借方。假定交换有商业实质。

S9-16　交换固定资产。

Purple 公司以 15 000 美元购入资产。Purple 公司该资产上记录的折旧总计 12 000 美元。在

2014 年 1 月 1 日，Purple 公司以旧换新购入了新机器，现金支付了 18 000 美元。新机器实际市值为 20 000 美元。记录 Purple 公司交换资产的借方。假定资产交易中有商业实质。

习题

E9-17 明确资产消耗。

Ogden Furniture 以 70 000 美元现金及 300 000 美元的应付票据购入土地。此外，Ogden 支付 2 500 美元的税费、产业保险 2 000 美元，以及 8 000 美元的压平及拆除建筑的费用。公司以 700 000 美元的费用建立起办公大厦，支付 55 000 美元的栅栏费用，18 000 美元的周边进入指示设施费用以及 10 000 美元的周围特殊光照费用。

要求： ①明确土地、土地改良及建筑的成本。②Ogden 的哪一财产会贬值？

E9-18 一次性付清购买资产。

Deadwood Properties 一次性付清地购入了三片地。独立鉴定人对于它们的估价如下：

项目估价	
1	$70 500
2	235 000
3	164 500

Deadwood Properties 支付 210 000 美元现金。记录买入借方并在分开的土地账户上明确每片地的成本。请保留两位小数点并采用计算出来的百分率来计算。

E9-19 区别资产支出和营业支出的不同。

考虑以下支出：

a.	购买价格	f.	购买的时候需要的商品税
b.	为了保障可以正常工作而需要的日常维护	g.	将机器转送给消费者时的运输及保险
c.	使用之前的机器润滑	h.	安装
d.	使用中的周期性润滑	i.	训练机器相关的基础操作
e.	为拓宽其三年使用年限的工业大修		

要求： 明确以上支出为资本支出还是营业支出。

E9-20 处理折旧的三种方法。

Papas Fried Chicken 2013 年 1 月 2 日以 39 000 美元购入机器。该机器预计可使用 4 年并且完成 11 000 次油炸工作。该机器寿命终了的时候，Papas 评估它的剩余价值会是 6 000 美元。该装置第一年运行了 1 100 次，第二年内运行了 3 300 次，第三年内运行了 4 400 次，第四年内运行了 2 200 次。

要求： ①通过三种折旧方法准备有关该装置每年的折旧支出、累计折旧及账面价值，展示你的数据。注意：三种折旧表格都要准备。②哪种方法更贴合该机器的磨损消耗？

E9-21 变更资产的寿命及残余价值。

Everyday Hardware Consultants 购入 540 000 美元的建筑并通过直线法将其按 40 年周期折旧。评估的剩余价值为 96 000 美元。使用建筑 15 年后，Everyday 意识到由于磨损厉害，建筑物的寿命将短于 40 年并且评估的剩余价值是 80 000 美元。从第 16 开始，Everyday 在 25 年内开始贬值建筑物的价值并使用新的残余价值。记录该建筑物第 15 年及第 16 年的折旧支出在借方。

E9-22 记录资产的年折旧及销售。

2013 年 1 月 2 日，Repeat Clothing Consignments 以 11 000 美元现金购入展示房固定装置，希望固定装置会在 5 年内有用。Repeat 在双倍余额递减法的基础上制作的有关固定装置折旧，包括了

0 残余价值。2014 年 10 月 31 日，Repeat 以 6 200 美元卖出了固定装置。记录 2014 年的折旧支出及 2014 年 10 月 31 日的销售。

E9-23　记录资产局部的年折旧及销售。

2012 年 1 月 2 日，Pet Oasis 以 20 000 美元现金购入展示房固定装置，希望固定装置会在 6 年内有用。Pet Oasis 在直线法的基础上计算的有关固定装置的折旧包括了 2 000 美元残余价值。2014 年 8 月 31 日，Repeat 以 8 000 美元卖出了固定装置。记录 2014 年的折旧支出及 2014 年 8 月 31 日的销售。

E9-24　记录自然资源折耗。

Sierra Mountain Mining 为了额外 500 000 吨的矿产资产支付了 448 500 美元。除此之外，Sierra 还支付了 500 美元的申请费、1 000 美元的许可费用以及 60 000 美元的地理调查费用。由于 Sierra 仅购买了矿产权利，他希望资产有 0 剩余价值。第一年内，Sierra 开采并销售了 50 000 吨矿产。采用流水账来记录：①购买矿产（记录矿产借方）；②各种其他费用；③第一年的折耗。

E9-25　处理专利的获得、摊销及寿命变更。

Miracle Printers 生产打印机。假设它最近支付 600 000 美元为了获取一个最新的打印机专利。尽管它有 20 年的法律保护，但这项专利仅在 8 年内有竞争效益。

要求：①假定摊销是直线法，完成流水账借方来记录购买专利及第一年的摊销。②专利使用 10 年后，它发现其他公司正在设计出更有竞争力的打印机。在这个基础上，从第 5 年开始，在两年内完成对于该专利的摊销，让专利的使用仅有 6 年。记录第 5 年的摊销。

E9-26　评估并记录商誉。

Potters 收购了多个公司。假定 Potters 以 600 万美元买入 Kittery，Kittery 的账面资产价值是 1 200 万美元（市值 1 500 万美元）并且负债 1 100 万美元（市值 1 100 万美元）。

要求：①处理 Potters 购入的商誉。②记录 Potters 购入 Kittery。

E9-27　计算资产周转率。

Blackerby Photo 在 2014 年 12 月 31 日报告了下列数据，收入情况及结余账单。

净收益	$462 000	
	2014 年 12 月 31 日	2013 年 12 月 31 日
现金	$15 000	$20 000
应收账款	54 000	73 000
商品存货	77 000	69 000
预付开支	15 000	9 000
财产、固定资产、设备、净利	29 000	14 000

计算 2014 年资产周转率。

E9-28　交易资产，两种方式。

社区银行最近买卖办公室固定装置。以下是事实：

旧的固定装置：	新的固定装置：
成本，96 000 美元	现金支付，103 000 美元
累计折旧，65 000 美元	市值，134 000 美元

要求：①记录社区银行以旧换新。假定交易有商业实质。②让我们换个条件。社区银行不满于和 Mountain Furniture 做交易，尽管它可以得到前所未有的低价。社区银行清楚新的固定装置的市值仅有 127 000 美元。记录交易。假定交易有商业实质。

E9-29 评估资产消耗、产量法折旧及资产交易。

　　Safety Trucking 公司运用产量法折旧，因为产量法折旧可以很好地测量卡车的磨损，在公司清单上有一个 Mack 卡车的前提下思考。

　　装备在 2011 年买进的时候花费了 450 000 美元并被期望可工作 10 年或行驶 1 000 000 英里。评估的残余价值是 150 000 美元。2011 年，卡车开了 82 000 英里；2012 年，卡车开了 122 000 英里；2013 年，卡车开了 162 000 英里。行驶完 45 000 英里后，2014 年 3 月 15 日，该公司以旧换新购入了一个略贵的 Freightliner，同样支付了 22 000 美元的费用。Mack 卡车的市值和该交易的账面价值一致。

　　要求：①记录 2014 年折旧支出的借方。②明确新卡车的花费。③记录当时交易资产的借方。假定交易有商业实质。

批判性思考

☞决策案例

　　假定你是一名投资咨询师，现有两个公司推荐给你的客户，Shelly's Seashell 和 Jeremy Feigenbaum Systems。这两个公司看起来没有什么区别，都是最近几年建立的。

　　2014 年 1 月上旬，两个公司都投入 143 000 美元买进了估算将有 10 年使用寿命、剩余价值 20 000 美元的设备。Shelly's 使用直线法，而 Feigenbaum 使用双倍余额递减法。两个公司的 2014 年 12 月 31 日的年度结余如下。

产品销售收入	$270 000
销货成本	70 000
营业开支（除了折旧）	80 700

　　要求：①准备两个公司的收入情况说明（忽略营业支出）。②写一封信来向你的客户阐述以下问题：哪个公司盈利更好？你更愿意投资哪个公司？为什么？

☞道德问题

　　Western Bank & Trust 一次性付清购买土地及建筑的 3 000 000 美元。为了最大地减免税收，Western 把 90% 的价格分配给了建筑，却仅把 10% 的价格分配给了土地。更可信的分配应该是将 70% 分配给建筑，30% 分配给土地。

　　要求：①解释将分配侧重于建筑的税收优势。② Westerns 的分配符合道德吗？如果符合，为什么？如果不符合，为什么？明确谁是受害者。

☞舞弊案例

　　Jim Reed 为乡下政府准备了一队公用载重汽车。他工作了 30 年，知道诀窍在哪里。他确保当新的卡车买进的时候，残值尽可能低。之后，当它完全折旧后，它们被售出。Jim 确保他的雇员总是在讨价还价，他们让 Jim 得到很少。最近，一个新的理事长获选后决意要减少纳税人的支出。不同于其他理事长，他有经济学学位，他明天会来拜访 Jim。

　　要求：①当一个企业将完全折旧的资产以残余价值销售，这是赔是赚？②企业是如何确定它们多样化资产的残余价值的？这里是否有"难和快"的法则作用于残余价值？③一个组织如何防止这样的欺骗出现？

☞财务报表案例

访问 www.pearsonhighered.com/Homgren，点击并打开星巴克公司 2011 年度会计报表。参考星巴克公司的经济现状，包括笔记 1 和 6。回答下列问题。

要求：①星巴克公司在该报表中使用了什么折旧方法？哪种折旧方法是该公司最可能应用于税收方面的？②2011 年 10 月 2 日的折旧及摊销支出是多少？③报告中提到了购买资产、设备的现金流的现状。星巴克的资产账户在 2011 年年中购买了多少？星巴克是否记录了任何固定资产的销售？④处理星巴克 2011 年 10 月 2 日的资产周转率。该比率较绿山咖啡烘焙公司的比率如何？

☞小组讨论

访问一家当地企业。

要求：①列出所有的固定资产。②访问经理。获得有关该公司固定资产的尽可能多的资料。例如，试着明确资产成本、折旧方法以及每个资产分录评估的使用寿命。如果无法访谈，那么就自己评估资产成本、寿命、账面价值，假定某一折旧方法。③明确这个公司是否有无形资产。如果有，列举出它们，并尽可能地了解它们，关于它们的现状、划分及预估寿命。④写一个详细的报告，在班级展示。

☞交流活动

用 150 字内阐述可以用以计算折旧的不同方法。你的解释应包括每一方法如何计算折旧支出。

☞练习题答案

1

资产	市场价格	占总价值的比例	× 总购买价格	= 各资产成本
土地	22 000 美元	22 000 美元 /220 000 美元 = 10%	× 200 000 美元	= 20 000 美元
建筑	187 000 美元	187 000 美元 /220 000 美元 = 85%	× 200 000 美元	= 170 000
设备	11 000 美元	11 000 美元 /220 000 美元 = 5%	× 200 000 美元	= 10 000
合计	220 000 美元	100%		200 000 美元

日期	账户和说明	借	贷
	土地	20 000	
	建筑	170 000	
	设备	10 000	
	现金		200 000
	现金购买土地、建筑、设备的记录		

2

a. 直线法折旧 =（140 000 美元 − 2 000 美元）÷ 6 年 = 23 000 美元

b. 折旧单位 =（140 000 美元 − 2 000 美元）÷ 1 000 000 升 = 0.14 美元 / 升（圆形）

　产量法折旧 = 0.14 美元 / 升 × 80 000 升 = 11 200 美元

c. 双倍余额递减法折旧 =（140 000 美元 − 0 美元）× 2 ×（1/6）= 46 667 美元（圆形）

3　累计折旧 = [（20 000 美元 − 2 000 美元）÷ 4 年] × 3 年 = 13 500 美元

日期	账户和说明	借	贷
12 月 31 日	现金	8 000	
	累计折旧——设备	13 500	
	出售资产收益		1 500
	设备		20 000
	现金出售的设备		

4

日期	账户和说明	借	贷
12 月 31 日	折耗费用——石油	16 000 000	
	累计折耗——石油		16 000 000
	记录折耗		

5

日期	账户和说明	借	贷
12 月 31 日	摊销费用——专利	5 000	
	专利		5 000
	记录摊销		

6

$$资产周转率 = \$240\,000 \,/\, [(\$140\,000 + \$160\,000) \,/\, 2] = 1.6$$

7A

日期	账户和说明	借	贷
12 月 31 日	设备（新）	5 000	
	累计折旧——设备	8 000	
	减设备处置	1 000	
	设备（旧）		10 000
	现金		4 000
	旧设备和现金折为新设备		

☞ 快速测验答案

1. d　　2. d　　3. c　　4. b　　5. c　　6. d　　7. d　　8. b　　9. c　　10A. b

第**10**章
投 资

应该如何投资过剩现金

GMP 的投资组合经理 Donavon Gill，刚刚和他最新的客户 Sarah Miller 结束了会议。Sarah 是 Miller Construction 的 CEO，Miller Construction 是有着全美人才的利润丰厚的建筑公司。Sarah 已要求召开一次会议，与 Donavon 讨论一项企业的投资计划。Miller Construction 对将多余的现金投资建设感兴趣，作为首席执行官，Sarah 要来和 Donavon 讨论一些问题。

会议期间，Donavon 与 Sarah 共享了各种不同的、可以考虑的投资业务。一种可选择的是 Miller Construction 投资其他公司的股票（称为权益性证券）；另一个可选择的业务是投资于债券（债权证券）。他还与 Sarah 一起讨论为什么公司要投资不同种类的证券。Donavon 知道，他有责任为 Miller Construction 提供一个定制的解决方案，这样将满足 Sarah 的盈利需求。

Sarah 也对 Miller Construction 如何在其财务报表中报告这些投资非常感兴趣。她知道在资产负债表上对债务和股本证券的投资是作为资产来报告的，但她担心可能会有一些额外的报告要求。Donavon 很高兴 Sarah 正在考虑这些问题，并很乐意帮助她。他与她共享了证券的类型（债务或股本）和证券的期限（短期和长期），以确定如何在报表中报告。Donavon 还建议她在做投资计划的决定之前跟她公司的会计交谈一下。他知道在选择如何投资过剩的现金上有许多问题需要考虑。

为什么一个公司需要投资

可能很多读者对著名的投资者沃伦·巴菲特很了解，但你可能不知道，他是伯克希尔-哈撒韦公司的主要股东和首席执行官。伯克希尔-哈撒韦公司是一家控股公司，拥有大量的其他业务（子公司），包括流行的汽车保险公司 GEICO 和 Burlington Northern Santa Fe 铁路系统运营商。除了拥有子公司，伯克希尔-哈撒韦还利用现金投资其他公司的股票，比如可口可乐公司（8.8% 的所有权）、沃尔玛（1.1% 的所有权）和康菲石油公司（2.3% 的所有权）。将过剩现金投资于公司的股票和债券是一种常见的实践，许多企业（个人）这样做。在本章中，你将了解为什么公司会投资证券，以及这些投资是如何在财务报表上报告的。

☞ **章节纲要**

　为什么公司需要投资？

　如何投资债券？

　如何投资股票？

　如何报告债务及股本证券？

　如何使用总资产回报率评估业务表现？

☞ **学习目标**

　1. 确定公司为什么需要投资债券和股本证券，并且要分类投资？

　2. 债券投资。

　3. 股本证券。

　4. 描述和说明债务及股本证券报告。

　5. 用总资产收益率评估业务表现。

10.1　为什么一家公司需要投资

　　正如个人投资各种各样的公司的股票和债券，企业也是如此。投资股票或债券的范围可以从投资证券到收购整个公司。在这一章，我们调查投资者购买债券和股票的原因。

10.1.1　债券与股本证券

　　一家公司的债券或股票的所有者被称为**投资者**（investor）。发行债券或股票公司的被称为**投资对象**（investee）。例如，如果你拥有 Smart Touch Learning 公司的股票，你是投资者，而 Smart Touch Learning 公司是投资对象。

　　投资者可以投资于债券或者股本证券。**证券**（security）是一种代表金融价值的股份或权益。证券有一个证书（如股票），通常在交易所进行交易（如纽约证券交易所）。**债务证券**（debt security）代表与另一家公司或政府实体的信用关系，通常在一个固定的时期支付利息。债务证券包括美国政府债券、市政债券和公司债券。**股本证券**（equity security）代表另一家公司的股票所有权，有时支付股息。股本证券包括普通股和优先股。

10.1.2　投资的原因

　　为什么一家公司要投资于债券或股本证券？让我们来看看两个常见的原因：

　　（1）公司可能有短期超额现金，这种过剩现金可能是暂时的或季节性的商业波动的结果，或者是长期可用现金。公司希望充分利用多余现金，因此，将它投资于债务或股本证券产生投资收益。这种投资收益可能来自债务投资的利息收入、股票投资的股息收入，或增加证券市场价值。

　　（2）公司可以投资于其他公司的债务或股本证券来实现特定的商业目的。例如，一家公司可以投资于一个关键供应商的债务或股本证券来进一步加强与供应商的业务关系。这样做可能加强投资公司的供应链的源头。

　　当然，公司还有其他原因可能想投资于其他公司的债务或股本证券，但我们认为上面的原因是最常见的。现在，让我们转向一些投资债务或股本证券的基本知识。

10.1.3　投资的分类和报告

投资的分类首先基于投资者拟持有投资的时间长度，其中两类类似于你以前学过的资产负债表分类。

- **短期投资**（short-term investments，有时被称为有价证券）是一种流动资产。短期投资在债券和股本证券投资是高流动性（随时可兑换现金）的，投资者打算在一年内转化为现金。
- **长期投资**（long-term investments）是所有不属于短期投资的投资。长期投资包括债务和股本证券，投资者预计持有还没有上市的超过一年的债务或股本证券。例如，股票投资交易在一个小的或私人控股公司，而不是在任何证券交易所进行交易。

债务和股本证券可以进一步分为五个特定类型。

- **交易性投资**（trading investments）是债务证券或股本证券在该投资者持有表决权股份低于20%，而投资者计划在不久之后的某天、某周、某个月出售，意图快速出售股票产生利润。交易性投资为流动资产。
- **持有至到期（HTM）投资**（held-to-maturity（HTM）investments）是债权型证券投资者拟持有直至到期。因为股本证券是没有到期日的，这种类别的投资仅适用于债务证券。持有至到期投资根据到期日在资产负债表上分为流动资产和固定资产。
- **可供出售(AFS)投资**（available-for-sale（AFS）investments）包括所有债券或股票，在该投资者持有表决权股份低于20%的情况，不是交易性投资或持有至到期投资。在投资债务证券的情况下，可供出售投资者持有至到期计划，并且无论是作为流动资产或固定资产均在资产负债表上呈报。可供出售投资，如果投资预计将在一年内出售，则报告为流动资产。所有其他可供出售投资计划超过一年，则作为固定资产报告。
- **重大的利益投资**（significant interest investments）是投资者拥有20%或更多，但不到50%的被投资公司有表决权股份的股本证券。重大的利益投资在资产负债表上作为固定资产。
- **控制股权投资**（controlling interest investments）是指投资者拥有被投资公司表决权股份的50%或以上的权益性证券。控制股权投资合并到投资者的财务报表，这将在本章稍后讨论。

表 10-1 总结了五种类型的投资。

表 10-1　五种投资

投资类型	债券、股本证券或两者都有	定义
交易性投资	两者都有	投资者持有被投资公司有表决权股份低于 20%（按权益保障），并且投资者计划在不久的将来出售证券
持有至到期投资	债券	投资者打算持有直至到期的证券
可供出售投资	两者都有	投资者持有被投资公司有表决权股份低于 20%（按权益保障），而投资者不打算持有直至到期（如果是债务证券）的证券
重大的利益投资	股本证券	投资者拥有 20% 或更多，但不到 50% 被投资公司有表决权股份的股票
控制股权投资	股本证券	投资者拥有该投资公司有表决权股票的 50% 以上的证券

练习题　关键术语的情景匹配

1. 可供出售投资	a. 简拥有 53% 的理查兹玫瑰有投票权的股票
2. 控制股权投资	b. 乔拥有骨头公司的债务证券并打算持有直至到期
3. 交易性投资	c. 珍妮拥有板球公司 18% 的有投票权的股票，并计划在一年后出售股票
4. 持有至到期投资	d. 雅各拥有 Pay 公司 24% 的有投票权的股票
5. 重大的利益投资	e. 吉姆拥有 Tag 公司 10% 的有投票权的股票，并计划在下周出售股票

10.2　什么是债券投资

让我们先来讨论一下债券投资，包括债券的购买、利息收入以及到期处置。

10.2.1　债券的购买

假设 Smart Touch Learning 公司拥有过剩的现金来投资并支付 100 000 美元以购买 100 000 美元面值，年利率 9%，5 年期 Neon 公司的债券，时间是 2014 年 7 月 1 日。债券发行于 2014 年 7 月 1 日。每年在 6 月 30 日和 12 月 31 日代息。Smart Touch Learning 公司打算持有债券到期，因此，记录该投资为持有到期投资。Smart Touch Learning 公司会计职员将用下面的分录记录债务证券的投资成本，包括所有经纪费用。

日期	账户和说明	借	贷
2014 年 7 月 1 日	持有到期投资	100 000	
	现金		100 000
	购买债券投资		

10.2.2　利息收入

Smart Touch Learning 公司将于 2014 年 12 月 31 日收到第一笔债券投资的利息收入。

Smart Touch Learning 公司记录 2014 年 12 月 31 日利息收入的分录如下：

日期	账户和说明	借	贷
2014 年			
12 月 31 日	现金	4 500	
	利息收入（100 000 美元 × 0.09 × 6/12）		4 500
	所得现金利息		

资产↑	=	负债	+	权益↑
现金↑				投资↑

Smart Touch Learning 公司将每 6 个月记录一次，重复此分录 5 年，每个时间段都将收到利息。

10.2.3 到期处置

假定已记录最后支付利息，Smart Touch Learning 公司处置到期债权时，会收到票面并记录以下分录：

日期	账户和说明	借	贷	资产↑↓	负债	+	权益
2019 年				现金↑			
6 月 30 日	现金	100 000		长期投资↓			
	长期投资——持有至到期		100 000				
	到期债权的处置						

本例中，我们列举了按票面价值购买的债券。债券可平价购买、折价购买或者溢价购买。如果债券是折价购买或者溢价购买，获得利息收入时，折扣、溢价必须摊销。摊销可采用直线摊销法或实际利率摊销法，与第 11 章中应付债券折扣或溢价的摊销记录相似。

> **练习题** 2014 年 1 月 1 日，学院公司决定投资小镇债券。该债券于 2018 年 12 月 31 日到期，于 6 月 30 日以及 12 月 31 日付息 4%。2014 年 1 月 1 日市场利息率为 4%，20 000 美元到期债权按照票面价值出售。学院公司计划持有至到期。将学院公司 2014 年有关小镇债券的投资交易计入日记账。

10.3 股票的构成

根据投资者的所有权构成，股票的构成可分为三类。

10.3.1 所有权低于 20% 的股票（成本法）

投资者持有的有投票权的股票，当所有权低于 20% 时，为交易性投资或者可供出售投资。这类股票投资的构成与债券构成相似，主要区别在于股票投资所得收益为股息收入而非利息收入。

1. 股票的收购

假定 Smart Touch Learning 公司拥有超额现金于 2014 年 3 月 1 日投资购买了 1 000 股 Yellow 公司的股票，每股 26.16 美元。Smart Touch Learning 公司持有 Yellow 公司具有表决权的股票低于 20%，并计划持股两年。这是一笔可供出售投资，Smart Touch Learning 公司将其记录如下：

日期	账户和说明	借	贷	资产↑↓	负债 + 权益
2014 年				长期投资↑	
3 月 1 日	长期投资——可供出售投资（26.16 美元/股 ×1 000 股）	26 160		现金↓	
	现金		26 160		
	购买股票投资				

2. 股息收入

2014 年 3 月 14 日，Yellow 公司宣布每股现金分红 0.16 美元。于 2014 年 5 月 17 日登记的股东将于 2014 年 6 月 9 日获得分红。Smart Touch Learning 公司将于 6 月 9 日收到现金分红，记录分录如下：

日期	账户和说明	借	贷
2014 年			
6 月 9 日	现金	160	
	分红收入（0.16 美元每股 × 1 000 股）		160
	所得现金分红		

资产↑ = { 负债 + 权益↑ }
现金 　　　　　　　股息收入↑

3. 处置

假定 Smart Touch Learning 公司于 2014 年 7 月 15 日以 25 000 美元价格售出 800 股 Yellow 股票。Smart Touch Learning 公司比较了所收现金与股票处理成本，并记录了损益处理。

所得现金	$25 000
减：股票处理成本	20 928
收益（或亏损）	$4 072

Smart Touch Learning 公司将记录以下日记账：

日期	账户和说明	借	贷
2014 年			
7 月 15 日	现金	25 000	
	长期投资——可供出售		20 928
	处置收益		4 072
	股票投资处置		

资产↑ = { 负债 + 权益↑ }
现金↑ 　　　　　　　分配收益↑
长期投资↓

 小贴士　牢记：处分收益是一种权益账户，在其他收入以及利润表的（费用）部分披露。

10.3.2　所有权 ≥ 20% 且 < 50% 的股票（权益法）

投资者持有的有投票权的股票，当所有权 ≥ 20% 且 < 50% 时，投资者能明显影响决策。如果投资对象与投资者的业务有所联系，这种影响是有益的。这些类型的投资采用权益法核算。

提问

采用权益法，获得股利时，为什么贷记长期投资账户而不是计入股利收入？

1. 采购

权益法上的投资是采购时按照成本方法计量的。假设 Smart Touch Learning 公司以 400 000 美元的价格购买 Kline 公司 40% 的股份，该公司就称 Kline 公司为其联营公司。Smart Touch Learning 公司记录此次 2014 年 1 月 6 日的投资购买行为的分录如下：

日期	账户和说明	借	贷
2014 年			
1 月 6 号	长期股权投资—Kline	400 000	
	现金		400 000
	购入股票投资（权益法）		

资产↑↓ = { 负债 + 权益 }
长期投资↑
现金↓

2. 股息收益和净收益

Smart Touch Learning 公司记录其从 Kline 公司收入的现金股利。假设 Kline 在 2014 年 6 月 30 日宣布并付给 Smart Touch Learning 公司一笔现金股利。Smart Touch Learning 公司收入此笔股利并作如下分录：

日期	账户和说明	借	贷	资产↑↓		负债	+	权益
2014 年				现金↑	=			
1 月 30 日	现金	20 000		长期投资↓				
	长期投资——Kline 公司		20 0000					
	所得现金股利（权益法）							

长期投资账户贷方记权益法投资的股息收入。因为股息减少了投资对象的股权也使投资者的投资减少。也就是说，股息被认为是资本的回报而非收入。

在权益法下，投资者也必须记录其投资对象净收益的份额。当被投资方获利，投资方分录借长期投资账户，贷投资收益。当 Smart Touch Learning 公司在 Kline 公司的股权增加，投资方登记簿上的长期投资账户也应增加。

> **提问**
>
> 用权益法的时候，收到股利时，为什么贷记长期投资账户而不是股利收入？

假设 Kline 公司宣布 2014 年的净收益为 125 000 美元。Smart Touch Learning 公司会将此收益的 40% 计入长期投资账户的增加额，如下表：

日期	账户和说明	借	贷	资产↑		负债	+	权益↑
2014 年				长期投资↑	=			投资收益↑
12 月 31 日	长期投资——Kline 公司	50 000						
	投资收益（$125 000×0.40）		50 000					
	计入投资收益（权益法）							

在前面的分录公布后，从 Smart Touch Learning 公司的长期投资 T 形账户中可以看出其在 Kline 公司净资产中的股权，如下所示。

长期投资——Kline 公司			
1 月 6 日	400 000	20 000	6 月 30 日
12 月 31 日	50 000		
余额	430 000		

Smart Touch Learning 公司把长期投资计入资产表，投资收益计入利润表。

3. 处置

当 Smart Touch Learning 公司决定卖出其在 Kline 公司的投资时，需要衡量其是否获益或亏损。假定 Smart Touch Learning 公司在 2015 年 1 月 1 日以 4 万美元的价格卖出其在 Kline 公司 10% 的普通股。Smart Touch Learning 公司将作如下分录，记录收益和亏损：

现金收益	$40 000
减：日账面价值的处理（$430 000×0.10）	43 000
收益（或亏损）	($3 000)

日期	账户和说明	借	贷
2015 年			
1 月 1 日	现金	40 000	
	亏损处置	3 000	
	长期投资——Kline 公司		43 000
	股票投资部分的处置（权益法）		

资产↓ { 现金↑ 长期投资↓ } = 负债　+　权益↓ 分配损失↑

决策

企业应如何决定购买更多的股票

Bath 公司目前拥有 Body 公司 15% 的股份。Bath 公司仍然有购买 Body 公司股票新增股份的机会，这会让 Bath 公司的控股达到 25%。Bath 公司正在考虑这项投资，因为这项投资能够提高 Bath 公司在 Body 公司的影响力，但是 Bath 公司对其带来的会计影响并不确定。Bath 公司应该怎么做？

解决方案

如果 Bath 公司购买了 Body 公司的股票新增股份，这个公司就将拥有 Body 公司 ≥ 20% 且 < 50% 的股份。这被认为是非常重要的影响，而且这也改变了 Bath 公司必须考虑的投资方式。如果 Bath 公司的投资仍然保持在 15%，该业务将记录投资成本。任何的股利收益都将被记录为股利收入。然而，如果 Bath 公司购买了 Body 公司的新增股份，企业将采用权益计价法，这项投资仍将记录最初成本，但一旦收获任何红利都将降低投资价值。同时，Bath 公司将要报告其所持有的 25% 的 Body 公司股份作为收入的那一部分。Bath 公司应考虑这给其带来的影响力是否是有价值的。

10.3.3　所有权等于或超过 50% 的股票（合并法）

许多大公司都有其他公司的控股权。投资者持有的控股权益是指投资者拥有 ≥ 50% 的投票权投资股票。这种类型的投资使投资者选出一个多数董事和董事会并借此控制被投资方。控制其他公司的公司被称为母公司（parent company），由另一家公司控制的公司被称为子公司（subsidiary company）。

当拥有 ≥ 50% 的股本证券，母公司通常编制合并财务报表。合并会计（consolidation accounting）是结合两个或两个以上具有相同所有者的公司的财务报表的方式。大多数公开发布的财务报告都包括合并报表的范围之内。合并报表（consolidated statements）合并资产负债表、利润表以及公司与那些其控股权益子公司、母公司现金流量表。总的来说，母公司及其附属公司为同一实体。这个主题在高级会计课程中有涉及。

练习题　2014 年 5 月 15 日，梅耶公司投资 8 000 美元于约翰公司股票。约翰公司于 2014 年 11 月 15 日支付 200 美元的股息。梅耶于 2014 年 12 月 10 日出售约翰公司股票，售价 7 500 美元。假设投资被归类为长期可供出售金融资产。记录 2014 年梅耶投资于约翰股票的交易。

10.4 债券与股票投资的列报

公司的债务及股本证券在当前报告中是资产负债表还是长期资产部分，如何报道，依赖于投资和持股比例的类型。

10.4.1 交易性投资

交易性投资投资者计划在不久的将来出售，按最初成本入账。在每个周期结束时，虽然交易性证券必须调整，但必须按公允价值呈报。公允价值（fair value）指该公司在市场交易时所使用的价格。该公司将在交易性投资的年末进行调整以满足账户市值。这一调整被记录为未变现收益或亏损，并报告在其他收入及费用利润表部分。

> 🐭 **小贴士** 区别损益是否实现是很重要的。当公司调整资产的公允价值时产生了未确认的损益。

假设 2014 年 12 月 31 日，Smart Touch Learning 公司报告 26 160 美元交易性投资。经过仔细的评估，Smart Touch Learning 公司的结论是，交易性投资的市场价值已经下降至 24 000 美元。公司拥有 2 160 美元（= 24 000 美元 –26 160 美元）的投资未变现亏损。截至年底，Smart Touch Learning 公司会记录以下调整：

日期	账户和说明	借	贷	资产↑ 公允价值 调整↓	负债 +	权益↓ 未变现亏损↑
2014 年						
12 月 31 日	未变现亏损——交易性投资	2 160				
	公允价值调整——交易性投资		2 160			
	交易投资向市场价值调整					

调整后，账户如下所示。

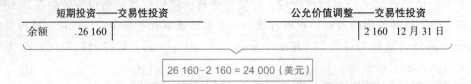

	短期投资——交易性投资		公允价值调整——交易性投资	
余额	26 160		2 160	12 月 31 日

26 160–2 160 = 24 000（美元）

> 🐭 **小贴士** 公允价值变动是一个备抵账户，当该账户有贷方余额时，则将其与账面价值相减；当该账户借方余额时，则加入短期投资账户确定账面价值。

合并账目显示 24 000 美元余额作交易性投资。Smart Touch Learning 公司会报告其上为 24 000 美元资产负债表交易性投资于 2014 年 12 月 31 日，以及关于 2014 年利润表的交易性投资的 2 160 美元未变现亏损，具体如下：

Smart Touch Learning 公司	
资产负债表（部分）	
2014 年 12 月 31 日	
流动资产	
短期投资——交易性（按公允价值；成本 26 160 美元）	24 000 美元

	Smart Touch Learning 公司 收益表（部分） 截至 2014 年 12 月 31 日	
其他收入及（开支）		
未变现亏损——交易性		（2 160 美元）

10.4.2　可供出售投资

可供出售投资（AFS）在资产负债表中列为流动资产，如果企业预计在一年内出售的话。计划将持有超过一年，所有其他的可供出售投资在资产负债表报告为长期资产。可供出售投资也可以用公允价值测量，因为在不久的将来将在流通市场出售。

可供出售投资在资产负债表中以市场价值报告。这需要可供出售投资在年终调整目前的市场价值，就像交易性投资一样。然而，可供出售投资的未变现收益及亏损不计入利润表中。它们被列为调整的未变现持有收益（可供出售账户或未变现亏损）备供出售的账户，包含在其他综合收益（综合收入报表）以及累计其他综合收益（在资产负债表中的股东权益部分）的组成部分。假设在 2014 年 12 月 31 日，Smart Touch Learning 公司报告 60 000 美元长期可供出售投资。经过认真审查，公司决定可供出售投资的市场价值已经增加至 64 000 美元。Smart Touch Learning 公司有 4 000 美元的未变现收益的投资（64 000 美元的市场价值 – 60 000 美元购买价格）。截至年底，Smart Touch Learning 公司会进行以下调整。

日期	账户和说明	借	贷	资产 ↑ = 负债 + 所有者权益 ↑
2014 年				↑
12 月 31 日	公允价值变动——可供出售金融资产	4 000		
	未实现的持有利得——可供出售金融资产		4 000	
	调整可供出售金融资产至期末市场价值			

2014 年 12 月 31 日调整后，账户如下所示。

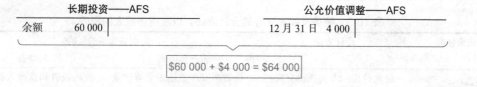

长期投资——AFS		公允价值调整——AFS	
余额	60 000	12 月 31 日　4 000	

$60 000 + $4 000 = $64 000

合并账户显示可供出售投资余额为 64 000 美元，Smart Touch Learning 公司将在年末报告 64 000 美元余额，4 000 美元的未变现持有收益，以上项目将报告在资产负债表的所有者权益部分。

	Smart Touch Learning 公司 资产负债表（部分） 2014 年 12 月 31 日	
	资产	
长期资产		
长期投资——AFS		$64 000
	所有者权益	
其他综合收益：		
未实现持有收益		$4 000

可供出售金融资产的公允价值变动形成的未实现持有利得或损失不会影响当期利润，而是影响当期其他综合收益。其他综合收益是除所有者投资和分红外，引起所有者权益变动的其他一些因素，具体如下：

- 可供出售金融资产的未实现投资利得或损失
- 外币汇兑损益
- 退休福利计划的利得或损失
- 衍生品递延利得或损失

先前的会计课程中已针对上述交易事项进行了解释，你需要明白这些事项并不会影响当期利润，但会在其他综合收益部分进行报告。

综合收益可以采用两种方式记录：一是收入次要收益表中；二是收入传统收益和综合收益的混合表中。表10-2为我们展示了综合收益如何被收入在此表中。

表 10-2　综合收益

综合收益 2014 年度（截至 2014 年 12 月 31 日）	
净收入	$100 000
其他综合收益：	
未实现保有收益——AFS	$4 000
综合收益	$104 000

10.4.3　持有至到期投资

持有至到期（HTM）投资一般会被收录在摊余成本中，这一点在高级会计课程中会有介绍。根据到期时间的不同，持有至到期投资在资产负债表上会记录为流动资产或者长期资产，然而当期限在资产负债表上短于一年时，其在资产负债表上就会被记录成流动资产。持有至到期投资所得到的收益应被记入利润表的其他收入（费用）的部分。

表10-3总结了债券与股票的会计方法，以及对财务报表的影响。

表 10-3　债务及股本证券的会计方法，以及财务报表的影响

投资种类	会计方法	对财务报表的影响	
		资产负债表	利润表
交易性投资	公允价值：未实现持有资产损益已被包含在净收入中	投资在资产负债表上被记录为流动资产	红利或者利息收入被记录在利润表上
持有至到期投资	已摊销成本	根据到期时间的长短，投资在资产负债表上被记录为流动或长期资产	利息收入被记录在利润表上
可供出售投资	公允价值：未实现持有资产损益已被包含在其他综合收益中，并作为一个股东权益的单独部分被报告	投资在资产负债表上被记录为流动或长期资产	红利或者利息收入被记录在利润表上
重大利益的投资	股东权益	投资在资产负债表上被记录为长期资产	被投资者净收入的分享比例被记录在利润表上
控制股权投资	价格平稳期	子公司和母公司的资产负债表被合并在一起	子公司和母公司的利润表被合并在一起

练习题　2014 年 8 月 20 日，Marz 公司决定用多余的 2 500 美元以每股 5 美元的价格买进 Virginia 公司的股票 500 股。年末时，即 2014 年 12 月 31 日，Virginia 的价格是每股 4 美元。这笔投资被归类为可供出售投资。下面请将 2014 年 12 月 31 日的调整分录记入日记账。

10.5　如何使用总资产回报率来评价经营绩效

总资产回报率（rate of return on total assets），或者简称为资产回报率，衡量了一个公司使用资产赚取利润的效果。一个公司主要通过两种途径经营管理它的财产：

- 债务是一个公司可以向债权人借款来购置资产。债权人可以从贷出的款项中收取利息。
- 股票是公司可以从股东处得到现金或其他资产。股东对公司进行投资并希望得到其投资的回报。

总资产回报率的计算方法是利息支出加上净利润的和除以平均总资产。将利息支出与净利润相加的原因是，这样做可以消除公司在经营管理其财产时方式的选择（股票或者债券）对总资产回报率带来的影响。

通过使用绿山咖啡烘焙公司的 2011 年度报告，我们可以得到公司该年的总资产回报率。其中公司净利润和利息支出可以从公司的利润表中获得，公司的总资产可以从如下的资产负债表中获得：

2011 年 9 月 24 日总资产	$3 197 887
2010 年 9 月 25 日总资产	1 370 574
截至 2011 年 9 月 24 日的这一年	
利息支出	$57 657
净利润	201 048

总资产回报率计算如下：

总资产回报率 =（净利润 + 利息支出）÷ 平均总资产

　　　　　　=（201 048 美元 + 57 657 美元）÷ [（3 197 887 美元 + 1 370 574 美元）/ 2]

　　　　　　= 0.11=11%

绿山咖啡烘焙公司的资产回报率是 11%，这意味着公司每赚 1 美元在不刨除利息支出的情况下有 0.11 美元的收益。那么怎样定义一个良好的总资产回报率呢？

这个问题的答案不是单一的，因为回报率的大小因行业的不同而改变。假设这是一个咖啡或者茶的手工生产业，那么 8% 的回报率是十分不错的。在这种情况下，绿山咖啡烘焙公司 11% 的回报率便是十分好的，因为它远在同类行业资产回报率的平均之上。

练习题　Lee 公司在 2014 年的财务报表中汇报了如下信息：

2014 年 12 月 31 日总资产	$10 000
2013 年 12 月 31 日总资产	15 000
截至 2014 年 12 月 31 日的这一年	

	（续）
利息支出	$150
净收入	850

计算 2014 年度 Lee 公司的总资产回报率。

知识回顾

☞ 重要知识点

1 **为什么公司要投资？**
- 债务证券代表了债权人和债务人之间的信用关系，通常是在某一段规定时间内支付利息。
- 股票证券代表了公司的股份所有权，公司有时会支付分红。
- 公司投资债务证券或者股票证券是为了从投资中收取股息或者为了达成某个商业目标。
- 投资可被大致分为短期投资和长期投资这两大类，并可被进一步细分为五小类：
  - 交易性投资——投资者持有低于 20% 有投票权的股票的债务证券或者股票证券，并且投资者打算在近期内将其销售的投资。
  - 持有至到期（HTM）投资——在到期之前一直持有的债券投资。
  - 可供出售（AFS）投资——投资者持有低于 20% 有投票权的股票或者债务，并且不属于交易性投资和持有至到期（HTM）投资的投资。
  - 重大利益的投资——投资者投资并持有被投资者 ≥ 20% 且 < 50% 的投票权。
  - 控股权投资——投资者投资并持有 > 50% 的有投票权股票的股票证券。

2 **债务证券投资是如何核算的？**
- 债务证券的投资被当作一种成本记录，包括所需支付的所有经纪费。
- 利息回报的收据将同借记现金与贷记利息收入一同被记录。
- 债务证券在到期售出时将同借记现金与贷记利息收入一同被记录在短期或者长期投资账户上。

3 **股票证券投资是如何核算的？**
- < 20% 所有权的股票证券投资采用成本法入账。
  - 股票证券的投资被当作一种成本记录，包括所需支付的所有经纪费。
  - 红利回报借记现金与贷记红利收入一同被记录。
  - 出售股票证券可能带来盈利，也可能导致亏损。
- ≥ 20% 且 < 50% 的所有权的股票证券投资采用权益法入账。
- 对股票的购买当作成本记录。
- 股息和红利借记现金与贷记利息收入一同被记录在长期投资账户上。股息降低了投资者的投资。
- 投资者对净利润分享被记录为投资收入。
- 出售股票证券可能带来盈利，也可能导致亏损。
  - 高于 50% 所有权的股票证券投资采用合并法入账，这可能涉及母公司的合并编制报表。

4 **股票证券和债务证券是如何记录的？**
- 交易性投资和可供出售投资在资产负债表上按公允价值报告。
  - 交易性投资中发生的未实现持有资产损益被记入利润表的其他收入（费用）的部分。
  - 可供出售投资中发生的未实现持有资产损益不被包含在净收入部分。取而代之的是，累计其他综合收入在资产负债表上计入所有者权益。

- 持有至到期投资在资产负债表上按摊余成本报告。

5　我们如何使用总资产回报率来评价企业绩效?

- 总资产回报率衡量了一个公司使用资产赚取利润的效果。
- 总资产回报率＝(净收入＋利息支出)÷平均总资产

汇总习题

要求:

①说出适用于下列情况的确切的会计核算方法。

a. 投资购买了被投资公司 25% 的股票。

b. 对股票进行可供出售投资。

c. 投资购买了被投资公司超过 50% 的股票。

d. 投资购买了有效期为 4 年的债务证券,投资者打算持有这些证券直至其到期。

②如下的交易性投资组合应当被如何记录在 2014 年 12 月 31 日的资产负债表上? 假设所有投资所代表的被投资者股票均不超过 5%。

股票	投资成本	当前市场价值
紫色	$5 000	$5 500
黄色	61 200	53 000
黑色	3 680	6 230
总计	$69 880	$64 730

将 12 月 31 日调整分录中的任何要求记入日记账。

③一位投资者在 2014 年 1 月 1 日用 67 900 美元购买了 Finn-Girl 公司 40% 的普通股。第一年中,Finn-Girl 公司的净收入是 80 000 美元,并且在 6 月 14 日,公司支付了每位投资者 22 000 美元的现金分红。将这位投资者与 Finn-Girl 公司投资有关的交易记入日记账:购买的投资;收到的股息;投资者分享的净收入;在 2015 年 1 月 3 日以 80 100 美元的价格卖掉 Finn-Girl 公司的股票。

答案

- **要求①**

　　a. 权益法

　　b. 公允价值

　　c. 合并法

　　d. 摊余成本

- **要求②**

　　交易性投资应当以市场价值 64 730 美元在资产负债表上报告。以投资公允价值汇报的调整分录如下所示:

日期	账户和说明	借	贷
2014 年 12 月 31 日	未实现持有资产亏损——交易性(64 730 美元 –69 880 美元)	5 150	
	公允价值调整——交易性		5 150
	已将交易性投资调整至市场价		

　　未实现持有资产亏损将被记入利润表的其他收入(费用)的部分。

● 要求③

日期	账户和说明	借	贷
2014 年			
(a) 1 月 1 日	长期投资——Finn-Girl 公司	67 900	
	现金		67 900
	购入股票投资（权益法）		
(b) 1 月 14 日	现金	22 000	
	长期投资——Finn-Girl 公司		22 000
	已收到现金分红（权益法）		
(c) 12 月 31 日	长期投资——Finn-Girl 公司	32 000	
	红利收入（80 000 美元 ×0.4）		32 000
	已收投资回报（权益法）		
2015 年			
(d) 12 月 3 日	现金	80 100	
	长期投资——Finn-Girl 公司		77 900
	在售出中获利		2 200
	已售出股票投资（权益法）		

售出总计：

长期投资——Finn-Girl 公司			
1 月 1 日	67 900	22 000	6 月 14 日
12 月 31 日	32 000		
余额	77 900		

现金收入	$80 100
股票售出的账面价值	77 900
盈利（亏损）	$2 200

☞关键术语

available-for-sale (AFS) investment　可供出售（AFS）投资　投资者持有＜ 20% 的有投票权的债券或股票。

comprehensive income　综合收益　公司对除了投资和分红以外的所有股东权益的改变。

consolidation accounting　合并法　将拥有相同所有者的两家以及更多公司的报表合并的方法。

consolidated statements　合并报表　将母公司与控股股东权益子公司的资产负债表、利润表、现金流量表组合形成的报表。

controlling interest investment　控股权投资　投资者拥有被投资单位表决权股份的 50% 或以上。

debt security　债务证券　一个公司可以向债权人借款来发行债券，通常定期支付利息。

equity security　股本证券　代表有时支付股息的股票所有权在另一个公司。

fair value　公允价值　投资将要在市场上交易时所用的价格。

held-to-maturity (HTM) investment　持有至到期（HTM）投资　投资者打算持有至到期的债务证券。

investee **投资对象** 在合作关系中向投资者提供股票的公司。

investor **投资者** 一个公司股票或债券的所有者。

long-term investments **长期投资** 投资者打算持有债务证券或股本证券超过一年的投资。

parent company **母公司** 一个公司拥有另一个公司的控股权。

rate of return on total assets **总资产回报率** 总资产回报率衡量了一个公司使用资产赚取利润的效果。

security **证券** 一种代表金融价值的股份或权益。

short-term investments **短期投资** 在短期投资中，股票或者债券有高度流动性，是投资者打算在一年之内卖出的。

significant interest investment **重大的利益投资** 投资者投资并持有被投资者≥20%且＜50%的有投票权的股本证券。

subsidiary company **子公司** 被其他公司控制的公司。

trading investment **交易性投资** 投资者持有＜20%的有投票权的债务证券或者股票证券，并且投资者打算在近期内将其销售的投资。

☞快速测验

1 假设 Intervale Railway 打算在未来三个月投资 Pale 公司的股票，这笔投资将买下 Pale 公司 20% 有投票权的股票。这笔投资属于哪一类投资？

    a. 重大利益的投资　　　　b. 交易性投资　　　　c. 持有至到期投资　　　　d. 控股权投资

2 下列哪种投资最适合被分类到持有至到期投资中？

    a. 拥有一个附属公司 80% 股权的投资　　　　b. 拥有供应商 100% 有表决权的股票的投资

    c. 有效期为 10 年的债券　　　　d. 以上都不是

3 如果 Intervale Railway 打算投资购买公司 5% 面值 100 000 美元的债券，并打算持有这些债券至其到期。那么每半年利息支付时公司得到的利息回报将会被记录为：

    a. 贷记现金，2 500 美元

    b. 贷记利息收益，2 500 美元

    c. 借记长期投资——持有至到期投资，2 500 美元

    d. 借记股利收入，2 500 美元

4 某公司打算投资 45 000 美元购买 Yale 公司的股票。这笔投资将得到 Yale 公司 5% 有表决权的股票。如果这笔投资支付股利，哪项将被记入账户？

    a. 长期投资——可供出售投资　　　　b. 利息收入

    c. 股利收入　　　　d. 现金

5 某公司拥有 Pink 公司 25% 有投票权的股票，其收到的股利将会是：

    a. 贷记长期投资——Pink 公司　　　　b. 贷记股利收入

    c. 借记长期投资——Pink 公司　　　　d. 贷记现金

6 Best Appliances 拥有 Wratchet 公司 90% 有投票权的股票，下列描述哪项是真实的？

    a. Best Appliance 的财务报表将会被合并到 Wratchet 的财务报表中

    b. Wratchet 是母公司

    c. Best Appliances 是母公司

    d. a 和 c 都正确

7 Yale 公司于本年度 10 月 4 日投资 45 000 美元购买股票，进行了可供出售投资。截至现在，这些股

票的市场价格是 42 000 美元。面对这种变化，如果有的话，以下哪项应当被记录在净收入中？

　　a. 42 000 美元　　　b. 0 美元　　　　　　c.（3 000）美元　　　　　　　d. 信息不足无法记录

8　Harvard 公司于本年度 12 月 1 日投资 30 000 美元购买股票，进行了交易性投资。截至现在这些股票的市场价格是 36 000 美元。面对这种变化，如果有的话，以下哪项应当被记录在净收入中？

　　a. 36 000 美元　　　b.（6 000）美元　　　c. 6 000 美元　　　　　　　　d. 30 000 美元

9　Bendi 公司以 16 美元每股的价格购进 Kala 公司的股票 1 000 股。这些股票代表了 Kala 公司 5% 的有表决权的股票，并且 Bendi 公司将这次投资当作可供出售投资。截至现在，股票的公允价值是 15 美元。假设在没有其他交易的情况下，这每股 1 美元的变动应当被记录在财务报表的哪一部分中？

　　a. 留存收益　　　b. 其他综合收益　　　c. 未实现持有收益——AFS　　　d. b 和 c 均正确

10　Panjab 公司在其财务报表中汇报了下列内容：

2014 年 12 月 31 日总资产	$400 000
2015 年 12 月 31 日总资产	440 000
截至 2015 年 12 月 31 日的这一年	
利息支出	$2 000
净收入	40 000

　　Panjab 公司的总资产回报率是多少？

　　a. 10.0%　　　b. 9.5%　　　　　　c. 10.5%　　　　　　　　　　d. 以上均不正确

进步评估

复习题

1　什么是债务证券？

2　什么是股票证券？

3　为什么公司要投资股票证券和债务证券？

4　简述股票证券和债务证券的五种特定类型。

5　购买持有至到期的债务证券的面值是如何记录的？

6　当把可供出售投资销售后，销售后的盈利或者亏损应当被记录在财务报表的哪个地方？

7　≥20% 且 <50% 的所有权的股票证券投资应当采用什么方法记录？简述股利和净收入分红是如何入账的。

8　≥50% 所有权的股票证券投资应当采用什么方法记录？简述这一方法。

9　对于交易性投资和可供出售投资来说，年末时应做出怎样的调整？

10　交易性投资的未实现持有资产损益应当被记录在财务报表的哪个地方？

11　可供出售投资的未实现持有资产损益应当被记录在财务报表的哪个地方？

12　什么是综合收益？它都包含什么？

13　持有至到期投资是如何在财务报表上进行汇报的？

14　总资产回报率表征了什么？它是如何计算的？

简单练习

S10-1　分析公司为什么要投资并将投资分类。

　　Planting Haven 在丰收季过后会有 15 000 美元的余额。

Planting Haven 需要用这笔钱维持接下来 4 个月的日常运营。

要求：① Planting Haven 选择股票证券或者债务证券的理由有哪些？② Planting Haven 将进行短期投资还是长期投资？为什么？

S10-2　持有至到期投资的核算方法。

2014 年 1 月 1 日，Gamekeepers 餐厅决定购买 Lake Turner 的债券。债券于 2018 年 12 月 31 日到期，并且在每年的 6 月 30 日和 12 月 31 日支付 6% 的利息。2014 年 1 月 1 日的市场利率为 6%，所以到期价值为 100 000 美元的债券以面值卖出。Gamekeepers 餐厅决定持有这些债券直至其到期。

要求：①将 2014 年度 Gamekeepers 餐厅与 Lake Turner 的债券有关的交易记入日记账。② Gamekeepers 餐厅应当将这笔投资记录在 2014 年 12 月 31 日负债资产表上的哪一栏？

S10-3　交易性投资的核算方法。

2014 年 8 月 1 日，Planting Haven 投资 15 000 美元购买了 Seeds 公司的股票。2014 年 10 月 1 日，Seeds 支付了 500 美元的股利。2014 年 10 月 31 日，Planting Haven 以 15 100 美元的价格卖掉了 Seeds 公司的股票。假设这是一起交易性投资。

要求：①将 Planting Haven 与 Seeds 股票有关的交易记入日记账。②这笔投资对 Planting Haven 2014 年年终净收入的净效应是什么？

S10-4　权益法的核算方法。

2014 年 1 月 1 日，Rusty 公司决定以每股 15 美元的价格购入 Horsepasture 的股票 10 000 股。2014 年 7 月 22 日，Horsepasture 为每位股东支付每股 0.5 美元的股利并于 2014 年 8 月 1 日支付。Horsepasture 汇报的 2014 年净收入为 80 000 美元。假设 2014 年 Horsepasture 共有 25 000 股有投票权的股票。

要求：①说出 Rusty 对 Horsepasture 的投资的类型。②将 2014 年度 Horsepasture 将与 Horsepasture 的股票有关的交易记入日记账。③ Horsepasture 应当将这笔投资记录在 2014 年 12 月 31 日的负债资产表上的哪一栏？应当记录的值为多少？

S10-5　交易性投资的核算方法。

2014 年 2 月 1 日 Holl 公司决定将剩余的 20 000 美元投资，以每股 20 美元的价格购入 Cooke 公司的股票 1 000 股。年末时，即 2014 年 12 月 31 日，Cooke 股票的市场价格是每股 22 美元。假设这是一起交易性投资。

要求：①将 2014 年度 Holl 公司与 Cooke 公司的股票有关的交易记入日记账。② Holl 公司应当将这笔投资记录在 2014 年 12 月 31 日的资产负债表上的哪一栏？应当记录的值为多少？Cooke 股票价格的变动应当如何记录？③这笔投资对 Holl 公司 2014 年年终净收入的净效应是什么？

S10-6　可供出售投资的核算方法。

2014 年 11 月 1 日 Micas 餐厅决定将剩余的 50 000 美元投资，以每股 20 美元的价格购入 Bison 公司的股票 2 500 股。年末，即 2014 年 12 月 31 日，Bison 公司股票的市场价格是每股 19 美元。

假设这是一笔短期的可供出售投资。

要求：①将 Micas 餐厅与 Bison 股票有关的交易记入日记账。② Micas 餐厅应当将这笔投资记录在 2014 年 12 月 31 日的负债资产表上的哪一栏？应当记录的值为多少？Bison 股票价格的变动应当如何记录？③这笔投资对 Micas 餐厅 2014 年年末净收入的净效应是什么？

S10-7　计算总资产回报率。

Godhi 公司 2014 年的财务报表上回报率如下内容。作为对比，我们也给出了 2013 年的相应数据。

	Godhi 公司 资产负债表	
	2014 年	2013 年
总资产	$33 538	$29 562
总负债	17 100	14 962
股东权益总额	16 438	14 600
总负债和股东权益总额	$33 538	$29 562

Godhi 公司 2014 年的净收入是 3 890 美元，利息支出是 210 美元。计算 Godhi 公司的总资产回报率。

习题

E10-8　债券投资的核算方法。

2014 年 1 月 1 日，Slater 公司花费 100 000 美元购买债券。债券的面值是 100 000 美元，有效期是 10 年。债券在每年的 6 月 30 日和 12 月 31 日付息，利率为 4%。Slater 公司决定持有这些债券直至其到期。

要求： ①将 Slater 公司与债券有关的交易记入日记账。不要求提供解释。②将 Slater 公司与在到期日将债券抛出的交易记入日记账（假设利息已被记录）。不要求提供解释。

E10-9　债券投资的核算方法。

Mile Down & Co. 拥有大量的企业债券。假设 2014 年 1 月 2 日，Mile Down & Co 购买了 CocoCorp 面值 900 000 美元的债券。债券于 2018 年 12 月 31 日到期，并且在每年的 6 月 30 日和 12 月 31 日支付 5% 的利息。Mile Down & Co. 决定持有这些债券直到其到期。

要求： ①将 2014 年与债券有关的所有交易记入日记账。② Mile Down & Co. 每年将从 CocoCorp 赚取多少现金？③ 2014 年 Mile Down & Co. 在这笔投资上将被记录获得多少回报？

提示：习题 E10-9 应当在习题 E10-10 之前完成。

E10-10　债券投资的核算方法。

参考习题 E10-9 中 Mile Down & Co 对 CocoCorp 的投资。

要求： ①这笔债券投资应当被记录在 2014 年 12 月 31 日的资产负债表上的哪一栏？②在 Mile Down & Co 的账簿中记录如下内容：

a.2018 年 12 月 31 日收到的最后一笔利息。

b.2018 年 12 月 31 日将债券投资抛出。

E10-11　股票投资的核算方法。

Creative Investments 在 2014 年完成了以下长期的、可供出售投资交易。

1 月 14 日	以每股 54 美元的价格购入 Microscape 的股票 500 股。这笔投资代表了 Microscape 2% 的有表决权的股票。Creative Investments 决定持有这些股票以备不时之需
8 月 22 日	收到 Microscape 每股 0.3 美元的现金股利
12 月 31 日	将投资调整至其市场价格每股 52 美元
12 月 31 日	2014 年年底 Microscape 的净收入为 200 000 美元

要求： ①将 Creative Investments 的交易记入日记账。不要求提供解释。②为 Creative Investments 关于 Microscape 的股票的财务报表内容进行准备与分类。假设 2014 年年底 Creative Investments 的净收入为 80 000 美元。

注意：习题 E10-11 应当在习题 E10-12 之前完成。

E10-12　股票投资的核算方法。

使用习题 E-11 中所给的数据。2015 年 8 月 4 日，Creative Investments 以每股 43 美元的价格将 Microscape 的股票售出。

要求：①将这笔销售记入日记账。不要求提供解释。②什么账户和数量（如果存在的话）将会被记录在 Creative Investments 2015 年 12 月 31 日的财务报表上？

注意：习题 E10-12 应当在习题 E10-13 之前完成。

E10-13　股票投资的核算方法。

使用习题 E-11 中所给的数据。假设投资使得 Creative Investments 拥有 Microscape 30% 具有表决权的股票。

要求：①将 Creative Investments 的交易记入日记账，不要求提供解释。②为 Creative Investments 关于 Microscape 这 30% 的股票的这部分财务报表内容进行准备与分类。

E10-14　股票投资的核算方法。

假设 2014 年 1 月 6 日 Eastern Motors 支付了 3.8 亿美元对 Phase Motors 进行了 40% 的投资。2014 年，Phase Motors 公司的净收入是 5 000 万美元并且为股东支付了 2 500 万美元的现金股利（假设所有股票均是有表决权的股票）。

要求：① Eastern Motors 应当用什么方法记录对 Phase Motors 的投资？说出你的理由。②将 2014 年 Eastern Motors 所有与 Phase Motors 的交易记入日记账。并对每一条进行注释。③为 2014 年所有的投资编制 T 形账户。所有交易编制后的余额是多少？这些余额在 2014 年 12 月 31 日的资产负债表上将如何被分类？

E10-15　股票投资的分类整理与核算方法。

Tampa Today Publishers 在 2014 年和 2015 年度完成了以交易性投资交易。

2014 年	
12 月 6 日	以每股 25.00 美元的价格购入 Golden 的股票 950 股，并打算在下月将其售出
12 月 23 日	收到 Golden 每股 1.3 美元的现金股利
12 月 31 日	将投资调整至其市场价格每股 20 美元
2015 年	
1 月 27 日	以每股 22.00 美元的价格售出 Golden 的股票

要求：①将 Tampa Today Publishers 的交易记入日记账，无须解释。② 2014 年 12 月 31 日，Golden 的股票将怎样被分类，又将以怎样的价值被填写在资产负债表上？

E10-16　计算总资产回报率。

Lofty Exploration 公司汇报了 2013 年和 2014 年的如下数据：

利润表——部分	2014 年	2013 年
利息收入	$12 400 000	$17 400 000
净收入	17 900 000	19 100 000
资产负债表——部分	**2014 年 12 月 31 日**	**2013 年 12 月 31 日**
总资产	$328 000 000	$318 000 000

计算公司 2014 年的总资产回报率（四舍五入保留两位小数）。

☞ 连续问题

P10-23　股票投资会计核算。

这个问题是 P9-42C，第 9 章中 Davis Consulting 公司问题的延续。Davis Consulting 将其临时多

余的现金投资在一个经纪账户上。2014 年 11 月 3 日，Davis Consulting 公司以每股 20 美元的价格购入了 Mauve 公司 500 股的普通股票。2014 年 12 月 31 日，Mauve 公司普通股票的价格是每股 19 美元。假设 Davis Consulting 公司的股票投资是一种交易性投资。

要求： ①将 2014 年 11 月 3 日 Mauve 公司股票的收购情况记入日记账。②将 2014 年 12 月 31 日所提供的所有分录，进项记入日记账。③在 1 月 25 日，Davis Consulting 公司以每股 20.5 美元的价格抛售了 Mauve 公司的普通股票，将此记入日记账。

批判性思考

☞ 决策案例

Rock Designs 公司是位于美国佛罗里达州迈阿密海滨的一家珠宝商店。情人节过后，这家商店总会有多余的现金帮助其度过为期三个月的销售淡季。现在商店的主要股东 Hardy Rock 先生想要把这笔季节性现金用于生意的发展。

要求： ①指出有哪些投资选项可供 Rock Designs 商店选择。②这家公司声称想对高科技行业进行投资并把选择范围锁定在苹果、谷歌、微软这三家公司中。请对这三家公司做一个简明的比较分析，并根据你的分析做出推荐。

☞ 道德问题

据报道，受到近期次贷危机的影响，很多银行的按揭应收款出现亏损并且其他资产也由于资产的公允价值下降出现亏损。

要求： ①如果这种亏损没有被及时报告，其相关利益者会受到怎样的影响？②如果商家选择隐瞒这些关于亏损的报告，其这一行为是否涉及道德问题？在这一问题中谁是受害者？

☞ 舞弊案例

Wild Adventure 公司在世界范围内组织野生动物相关的旅游。近期，这家公司在澳大利亚的阿德莱德购买了一间小屋，并从 First Bank 获得了 4% 的抵押贷款。除了每月要偿还的债务外，该公司还需要向银行提供一系列报告来说明公司该月的流动比率 ≥ 1.2。

在浏览过年终报告以后，公司的 CEO N.O. Scrooge 先生找到了公司的 CFO Carl Hauptfleisch 先生并说道："我们已经决定将我们所有的长期投资和持有至到期投资转移到经纪账户中，以便更快地卖掉它们。Carl，麻烦你为年终做一个关于这个的调整分录。"

Carl 做出了这些调整。然而在随后的一年，经济出现转机，公司的旅游收入下跌了超过 60%。Wild Adventure 公司最终拖欠了 First Bank 的贷款。

要求： ①公司的调整措施对其财政结算有什么影响？对流动比率又有什么影响？②在公司交给银行的财务报告中，哪些信息能帮助银行预测到公司的这些调整？③这算是一个欺诈案例吗？如果是的，那么"欺诈"又是如何定义的？

☞ 财务报表案例

这种每年一次的常规报告会提供关于公司投资的很多细节。请根据星巴克公司 2011 年度的财务报表回答下列问题。访问 www.pearsonhighered.com/Horngren 获得星巴克公司 2011 年度财务报表的链接。

要求： ①星巴克公司持有哪些种类的债券和股票投资？②请给出 2011 年 10 月 2 日星巴克公司的投资估算表。③回顾截至 2011 年 10 月 2 日星巴克公司全年的现金流量综合报表。请找出其中与公司债券和股本证券投资相关的项目，统计项目数量并找出现金流量综合报表中这些项目出现的位置。④回顾附注 1，特别关注短期投资和长期投资。星巴克公司的可供出售投资在报告中是怎样的？交易性投资在报告中又是怎样的？

☞小组讨论

伯克希尔－哈撒韦公司是一家拥有许多子公司的控股公司。请回顾这家公司 2011 年度的年终报告。你可以通过访问 www.berkshirehathaway.com/2011ar/linksannual11.html. 来获得它。

要求：

和你的搭档或者小组成员一起，在全班范围内对下列问题进行讨论，或者在指导员的指导下写一篇报告。

①伯克希尔－哈撒韦公司是一家什么类型的公司？②找到合并资产负债表。在 2011 年 12 月 31 日，该公司持有多少债券和股权投资？这些投资又是怎样分类的？（提示：参考 Review Note1（d）。）③回顾截至 2011 年 12 月 31 日伯克希尔－哈撒韦公司全年的现金流量合并报表。请找出其中与公司债券和股本证券投资相关的项目，统计项目数量并找出现金流量合并报表中这些项目出现的位置。④回顾 Note 1（g），说一说该公司是如何运用公允价值的措施为其投资保驾护航的。

☞交流活动

请阐述可供出售投资和交易性投资之间的差别（要求 150 字之内）。

练习题答案

1　c
2　a
3　c
4　b
5　d
6

日期	账户和说明	借	贷
2014 年			
1 月 1 日	长期投资——持有至到期	20 000	
	现金		20 000
	已交易的债券投资		
6 月 30 日	现金	400	
	利息收入（20 000 美元 ×0.04×6/12）		400
	已收到现金利息		
12 月 31 日	现金	400	
	利息收入（20 000 美元 ×0.04×6/12）		400
	已收到现金利息		

7

日期	账户和说明	借	贷
2014 年			
5 月 15 日	长期投资——可供出售	8 000	

（续）

日期	账户和说明	借	贷
	现金		8 000
	已交易的债券投资		
11 月 15 日	现金	200	
	股息收入		200
	已收到现金股息		
12 月 10 日	现金	7 500	
	非流动资产出售损失	500	
	长期投资——可供出售		8 000
	已出售的股票投资		

8

日期	账户和说明	借	贷
2014 年			
12 月 31 日	未实现的持有损失——可供出售金融资产（500 股 ×（$5-$4））	500	
	公允价值变动——可供出售金融资产		500

9

总资产回报率 =（净利润 + 利息费用）/ 总资产均值

              = （$850+$150）/[（$10 000+$15 000）/2]

              = 0.08 = 8%

快速测验答案

1. b　　2. c　　3. b　　4. c　　5. a　　6. c　　7. b　　8. c　　9. b　　10. a

第 **11** 章

流动负债和工资总额

一个雇员的成本是多少

玛丽·格林是一名医学博士。她最近经营一家卫生保健诊所，名为家庭医学，旨在服务于低收入家庭和未投保的个人。家庭医学以保持其低成本但仍然为病人提供优秀的卫生保健引以为傲。当时玛丽开设这家诊所时，她仅仅雇用了一个兼职护士。现在，随着诊所的不断发展，玛丽考虑雇用几个护士和一名医生。

玛丽知道雇用职员是昂贵的。诊所不仅需要支付他们工资，而且必须支付额外的工资税。如果玛丽决定给她的新员工支付薪资，她就必须考虑这些额外的成本。她知道如果她给新医生支付 100 000 美元的薪水，那么诊所最终将会支出超过 100 000 美元。这是因为额外的工资税，例如社会保障和失业补偿金。另外，家庭医学需要为每个雇员提供卫生保健和退休金。她可以节省所有这些额外费用和成本的钱。但是玛丽知道，为了给她的病人提供他们所期望的服务质量，她必须花费这些成本雇用新员工。

企业如何考虑流动负债和工资总额

我们现在开始关注于负债、债务或企业欠款。企业应重视雇用聪明的、忠诚的和有才华的人，就像美国联合健康集团所做的一样，它是一家领先的、服务于 7 500 多万人的医疗保健公司。美国联合健康集团招募计划的一部分是为它的雇员提供的薪酬。另外，联合健康集团还提供福利，如休假、卫生保健和退休金来奖励它的员工。公司支付工资和福利在资产负债表里称为流动负债。在这一章，我们将研究像美国联合健康集团这样的企业如何记录工资和其他流动负债。

☞ 章节纲要

如何解释已知金额的流动负债？

企业是如何记录工资的？

解释如何估计流动负债？

如何解释或有负债？

我们如何用利息保障倍数比率来评价公司业绩？

☞ 学习目的

1. 解释已知金额的流动负债。
2. 计算和记录基本工资交易。
3. 解释估计流动负债。
4. 解释或有负债。
5. 利用利息保障倍数比率来评价公司业绩。

目前为止，我们一直关注企业拥有的全部资产。但是关于企业所欠的账呢？企业需要知道它的欠款（负债）和还款的日期。这是为什么呢？因为要保证企业有现金去还账。在本章，我们将关注企业的一些常见的流动负债。正如其他章节那样，我们将继续关注 Smart Touch Learning 公司和了解如何管理流动负债。

11.1 如何解释已知金额的流动负债

负债（liabilities）是欠债权人的借款。负债有以下三个主要特征：

（1）它们产生于以前的交易或者事项。

（2）它们产生了一个未来支付现金或者服务的现时义务。

（3）它们是不可避免的义务。

> *JFICS*
>
> **准则提示** 国际财务报表准则定义了流动和长期负债以一般公认会计原则同样的方式。

负债可以分成两个主要类别：流动负债和长期负债。在这一章，我们将讨论流动负债。**流动负债**（current liabilities）必须通过现金或者货物与服务在一年内，或者在超过一年的实体经营周期内支付。

应付账款、一年内到期的应付票据、应付薪酬和预收账款都是流动负债。一年内到期的长期借款也称为流动负债。流动负债是按照它们到期的顺序在资产负债表中排列的。

长期负债（long-term liabilities）是指不需要在一年内或者超过一年的实体经营周期的负债。许多应付票据是长期负债，例如房屋抵押借款。我们将在第 12 章研究更多的长期负债。

大多数负债金额是众所周知的。例如，企业收到一张 30 天内到期的账单或者企业从银行办理 90 天的贷款。我们将讨论已知金额的负债。

11.1.1 应付账款

应付账款是指在账户上购买商品或服务所欠的金额。因为它们通常在 30 天内到期，所以是流动负债。在前面章节中我们看到许多应付账款的例示。企业可以记录购买商品或者服务收据的应付账款。应付账款由于企业收到商品或服务后未支付货款而产生。

11.1.2 应交销售税

大多数州政府依据零售销售额估算销售税。零售商除了确定出售项目的价格外，还要交纳销售税。因为零售商必须在不到一年内向州政府支付销售税，所以应交销售税属于流动负债。销售税通常由销售金额的百分比计算。

例如，假设 Smart Touch Learning 公司共 10 000 美元 12 月的应交销售税，那么公司交纳额外的 6% 销售税，相当于 600 美元（= 10 000 美元 × 0.06）。会计人员应记录月销售金额如下：

日期	账户和说明	借	贷
12 月 31 日	现金	10 600	
	销售收入		10 000
	应交销售税（= 10 000 美元 × 0.06）		600
	记录销售金额和相关的销售税		

资产↑　负债↑　＋　权益↑

现金↑　＝　应付销售税↑　产品销售收入↑

销售税不是企业的一项支出，而是流动负债。公司定期向政府交纳销售税，它们通常每月交纳，但是在另一个期间交纳，这取决于政府和税收金额。为了交税，企业需借记应付销售税，贷记现金。

日期	账户和说明	借	贷
1 月 20 日	应交销售税	600	
	现金		600
	记录应交销售税的现金支出		

资产↓　负债↓　＋　权益

现金↓　＝　应付销售税↓

11.1.3　预收账款

预收账款也称为递延收入。当企业收到提供产品或履行服务的预付现金时，预收账款产生。因此，企业在将来就有责任向顾客提供商品或服务。在预收账款支付前，它属于流动资产。

假设 Smart Touch Learning 公司在 5 月 21 日收到从这天开始的一个月的工作预付的 900 美元。5 月 21 日这天，因为企业预先收到现金，所以它有责任为其顾客提供服务，这种负债称为预收账款。会计人员应在 5 月 21 日如下入账：

日期	账户和说明	借	贷
5 月 21 日	现金	900	
	预收账款		900
	未来服务的已收现金		

资产↑　负债↑　＋　权益

现金↑　＝　预售收入↑

5 月期间，Smart Touch Learning 公司完成了 1/3 的工作并获得 300 美元（= 900 美元 × 1/3）的收入。5 月 31 日会计人员应按如下入账，以显示有部分工作完成和已获得的部分收入：

日期	账户和说明	借	贷
5 月 31 日	预收账款	300	
	劳务收入		300
	记录已获得预付的劳务收入		

资产　负债↓　＋　权益↑

＝　预售收入↓　劳务收入↑

此时，Smart Touch Learning 公司已赚到 300 美元，仍然欠顾客 600 美元的工作，如 T 形账户：

	预收账款				劳务收入	
5 月 31 日	300	900	5 月 21 日		300	5 月 31 日
		600	余额			

11.1.4　短期应付票据

短期应付票据（short-term notes payable）是一种普通的融资方式。短期应付票据代表了企业支付债务的一种书面承诺，通常包含一年或少于一年的利息。假定在 5 月 1 日 Smart Touch Learning 公司购买了 8 000 美元的 10%、90 天应付票据的商品存货。该公司使用永续盘存制。记录票据入账如下：

日期	账户和说明	借	贷	资产↑		负债↑	+	权益
5月1日	商品存货	8 000		商品存货↑	=	应付销售税↑		
	应付票据		8 000					
	购买的10%、90天应付票据商品存货							

7月30日，当票据到期，Smart Touch Learning公司将支付票据加利息，并记录如下：

日期	账户和说明	借	贷	资产↓		负债↓	+	权益↓
7月30日	应付票据	8 000		现金↓	=	应付		产品
	利息费用（＝8 000美元 ×0.10×90/360）	200				销售税↓		销售收入↑
	现金		8 200					
	到期支付票据及利息							

> 🐿 **小贴士** 记住利息的计算公式：利息＝本金 × 利率 × 时间。

企业偶尔向银行贷款。银行要求企业签订本票，即政府或企业将在具体指定的到期日支付本金加利息。例如，假设2014年11月1日Smart Touch Learning公司向第一街区银行借入利率6%、为期5个月的10 000美元。11月1日，会计员入账如下：

日期	账户和说明	借	贷	资产↑		负债↑	+	权益
2014年				现金↑	=	应付票据↑		
11月01日	现金	10 000						
	应付票据		10 000					
	收到现金，5个月、利率6%的应付票据							

在年底，匹配原则要求企业应累计从11月到12月这两个月的利息费用，如下：

日期	账户和说明	借	贷	资产		负债↑	+	权益↓
2014年					=	应付利息↑		利息费用↑
12月31日	利息费用（＝10 000美元 ×0.06×2/12）	100						
	应付利息		100					
	年底应累计的利息费用							

2014年12月31日利息累计额分配100美元利息到2014年的票据上。2015年期间，余下的三个月票据的利息为150美元。当Smart Touch Learning公司记录票据支付额时，它将记录剩余的利息并从账簿中去除应付利息和应付票据，如下：

日期	账户和说明	借	贷	资产↓		负债↓	+	权益↓
2015年				现金↓	=	应付票据↓		利息费用↑
4月1日	应付票据	10 000				应付利息↓		
	利息费用（＝10 000美元 ×0.06×3/12）	150						
	应付利息	100						
	现金		10 250					
	支付到期的票据和利息							

11.1.5 流动的部分长期应付票据

长期应付票据在资产负债表中是典型的长期负债。无论长期负债是否是分期付款，企业将记录流动的部分应付票据（也称为本年到期）为流动负债。**应付票据的当期分摊额**（current portion of notes payable）是一年内支付的资金总额，余下的部分票据将归为长期的。

我们假设 20 000 美元的应付票据，需支付 5 000 美元的 4 年分期付款。一年内支付 5 000 美元的这部分是流动的，剩余 15 000 美元将归于长期。没有日记账分录的需要重新分类为流动的部分。反之，在资产负债表上仅分类为流动的或长期的分录。需注意的是，重新分类不改变负债的总额，它仅是将总负债中的 5 000 美元从长期划分到了流动。

练习题 8 月 10 日，斯旺森公司在账簿上记录了 4 000 美元的商品存货的销售。这笔销售需交纳 4% 的销售税，该公司使用永续盘存制。9 月 30 日，斯旺森向政府支付 500 美元的销售税。

1. 记录 8 月 10 日的销售日记账交易。忽略商品销售成本。
2. 记录向政府支付的销售税日记账交易。

11.2 公司怎样解释和记录工资总额

工资总额称为雇员报酬，也引起公司的负债。对于服务机构如注册会计师事务所和旅行社来说，工资总额是主要的开支。人工成本是如此重要，以至于大多数企业制定了专门的工资制度。

雇员的工资有许多种分类：

- 薪金是指按年度、月或者周定期支付费用，例如每年 62 400 美元、每月 5 200 美元、每周 1 200 美元。
- 报酬是指按小时费用定期支付的总额，例如每小时 10 美元。
- 佣金是指按销售总额的百分比定期支付，例如销售的 5% 佣金。房地产经纪人赚取 5% 的佣金，例如，一笔 100 000 美元的房地产销售赚取 5 000 美元（= 100 000 美元 × 5%）。
- 奖金是指高于基本工资（或报酬或佣金）的酬劳。奖金通常在年底用单独的金额奖励杰出的表现。
- 福利是指额外的报酬，该项不是直接支付给职员。福利包括医疗保险、人寿保险和残疾保险。雇主向为职工提供保险的公司支付保险费。福利的另一种形式是退休金，即特意留出钱为员工将来的退休作准备。

企业在规定的时期支付给职员基本工资，这种规定的时期称为规定工时。额外的小时即加班，职员将得到较高的工资，这取决于工作分类、报酬和《工时法》。

假定赖恩·帕克受雇于 Smart Touch Learning 公司。他的工资如下：

- 赖恩在规定工时（40 小时）里每小时赚 15 美元，因此他的每周工作报酬为 600 美元（15 美元小时 × 40 小时）。
- 公司加班时多支付相当于原工资标准 1.5 倍的加班工资。费用是规定工时费用的 150%（1.5 倍）。因此，赖恩加班时赚到每小时 22.50 美元（= 15.00 美元 × 1.5）。
- 一周工作 42 小时，他赚的工资总额为 645 美元，计算如下：

40 小时规定工时工资	$600
2 小时加班工资：2 × 22.50 美元	45
总工资	$645

11.2.1 工资总额和工作净额（实得工资）

工资总额（gross pay）是指职员一个工资支付期内在交税或其他扣除额前赚取的薪金、报酬、佣金和奖金的总额。工资总额对于雇主来说是一种费用。前例中，赖恩·帕克的工资总额是 645 美元。**工资净额**（net pay），雇员得到的工资净额是指职员到手的总额。工资净额也称为净收入。工资净额等于工资总额减去所有扣除额，例如从工资中扣除的所得税。雇主给每个雇员一张薪水支票来支付他们的实发工资，或者直接将实发工资存入雇员的银行账户。

11.2.2 雇员工资扣除额

联邦政府、大多数州和许多市政当局规定雇主从雇员的工资中扣税。保险公司和投资公司也得到雇员的一些工资。从工资里扣除的总额称之为扣除额。工资扣除额不同于工资总额和实发工资。扣除额是从工资中扣除后直接交给政府、保险公司或其他实体。工资的扣除额分为两类：

- 规定的扣除额，例如雇员向联邦和州政府上交的所得税及社会保险税。雇员通过工资扣除额支付他们的所得税和社会保险税。
- 非强制的扣除额，包括保险费、退休金计划、捐款、慈善捐款，以及根据雇员要求扣除的其他总额。

扣除之后，工资扣除额变成了雇主需向外部团体支付的负债，例如，向政府交的税和向慈善组织的捐款。

1. 扣除雇员的所得税

美国法律和一些州、城市和县规定公司从雇员工资里扣除所得税。从工资总额中扣除的所得税称为**扣缴所得税**（income tax withholding）。扣缴的金额取决于雇员的工资总额和他们享有的扣缴津贴的数目（本书中，我们将假定所得税扣缴率为 20%）。

雇员要填写 W-4 表格已上缴所得税，所得的每项津贴得会降低所得税额：

- 未婚雇员享有一项津贴。
- 已婚无子女雇员享有两项津贴。
- 已婚有一名子女雇员享有三项津贴，以此类推。
- 表 11-1 展示了 Ryan Bark 的 W-4 表格（见图 11-1），Ryan Bark 已婚并享有三项津贴。

2. 扣缴的雇员社会保险税（联邦保险捐助条例）

《**联邦保险捐助条例**》（Federal Insurance Contributions Act，FICA）也称为《社会保障法》，它产生了社会保障税。社会保障项目提供退休金、伤残和医疗补助。法律规定雇主从雇员的工资中扣缴**社会保险税**（Social Security（FICA）tax）。美国社会保险税有两个部分：

（1）联邦社保基金（老年人、遗属和伤残保险）

（2）医疗保障方案（医疗补助）

联邦社保基金根据年龄向个人提供退休金、有资格的遗属救济金和因为疾病无法工作的伤残保险。扣缴的税额每年不同，因为工资基数取决于每年变化的社会保险税。2012 年，社会保险税适用于首次年收入 110 100 美元的雇员。工资的应纳税额每年调整。本书截稿时雇员的社会保险税率是 4.2%。因此，最高社会保险税率是 2012 年雇员支付的 4 624.20 美元（= 110 100 美元 ×0.042）。

表 11-1　工资登记表

员工姓名	收入			预扣所得税							净额收入	支票号	薪酬
	期初累计盈余	当期累计盈余	期末累计盈余	联邦社保基金	医疗保险	所得税	健康保险	其他	总计预扣金额				
詹姆斯·科伦	$105 800	$10 000	$115 800	$181	$145	$2 000	$180	$20	$2 526		$7 474	530	$10 000
贝尼托·努涅斯	62 100	5 500	67 600	231	80	1 100	110	0	1 521		3 979	531	5 500
赖恩·帕克	37 400	2 580	39 980	108	37	516	110	0	771		1 809	532	2 580
丽莎·斯玛特	0	4 000	4 000	168	58	800	65	0	1 091		2 909	533	4 000
莎伦·萨帕塔	71 500	6 500	78 000	273	94	1 300	180	40	1 887		4 613	534	6 500
合计	$276 800	$28 580	$305 380	$961	$414	$5 716	$645	$60	$7 796		$20 784		$28 580

Form **W-4**	**Employee's Withholding Allowance Certificate**	OMB No. 1545-0074

Form **W-4**
Department of the Treasury
Internal Revenue Service

Employee's Withholding Allowance Certificate

▶ Whether you are entitled to claim a certain number of allowances or exemption from withholding is subject to review by the IRS. Your employer may be required to send a copy of this form to the IRS.

OMB No. 1545-0074

20**12**

1 Your first name and middle initial	Last name	2 Your social security number
Ryan G.	Park	123-45-6789

Home address (number and street or rural route)

305 Lost Cove Drive

City or town, state, and ZIP code

Pompton Plains, IL 07444

3 ☐ Single ☑ Married ☐ Married, but withhold at higher Single rate.
Note. If married, but legally separated, or spouse is a nonresident alien, check the "Single" box.

4 If your last name differs from that shown on your social security card, check here. You must call 1-800-772-1213 for a replacement card. ▶ ☐

5	Total number of allowances you are claiming (from line **H** above **or** from the applicable worksheet on page 2)	5	3
6	Additional amount, if any, you want withheld from each paycheck	6	$

7 I claim exemption from withholding for 2012, and I certify that I meet **both** of the following conditions for exemption.
• Last year I had a right to a refund of **all** federal income tax withheld because I had **no** tax liability, **and**
• This year I expect a refund of **all** federal income tax withheld because I expect to have **no** tax liability.
If you meet both conditions, write "Exempt" here . . . . ▶ | 7 |

Under penalties of perjury, I declare that I have examined this certificate and, to the best of my knowledge and belief, it is true, correct, and complete.

Employee's signature
(This form is not valid unless you sign it.) ▶ *Ryan G. Park*

Date ▶ 1/1/2012

8 Employer's name and address (Employer: Complete lines 8 and 10 only if sending to the IRS.)	9 Office code (optional)	10 Employer identification number (EIN)
Smart Touch Learning, 227 Lake Street, Pompton Plains, IL 07444		20-1234567

For Privacy Act and Paperwork Reduction Act Notice, see page 2. Cat. No. 10220Q Form **W-4** (2012)

图 11-1 W-4 表格

美国社会保险税中，医疗保障方案部分提供了依据个人年龄或伤残程度的医疗保险。医疗保障方案适用于所有雇员收入，这意味着没有最高税。在本书截稿时，此税率为 1.45%。因此，每个雇员支付首次年收入 110 100 美元的共计 5.65%（= 4.2%+1.45%）的美国社会保险税税率（110 100 美元是 2012 年的上限，因此它是当前最高的工资上限），加上收入超过 110 100 美元的 1.45%。

> 🖱 **小贴士** *每年用于扣缴和税收的基本工资以及采用的税率都不一样。我们现在用的是本书印刷时的数量。读者应该用完成本节时的最新数据。*

假定 Smart Touch Learning 公司的另一位职员詹姆斯·科伦 12 月前收入为 105 800 美元。科伦 12 月的工资为 10 000 美元。将科伦的美国社会保险税从他的工资中扣除，计算如下：

	联邦保险捐助条例	
	联邦社保基金	医疗保障方案
员工收入征税	110 100 美元	无最大
员工当月之前的收入	−105 800	
当前收入征税	4 300 美元	10 000 美元
税率	× 0.042	× 0.0145
工资中扣除的税	181 美元	145 美元
总共扣除的社会保险税（181 美元 +145 美元）	326 美元	

注意，科伦 10 000 美元工资里只有 4 300 美元需要征收社会保险税。这是因为 12 月，科伦达到了征收社会保险税的最大工资额。一旦员工的收入达到 110 100 美元，这一年没有预计收入仍需交纳社会保险税。

另一方面，医疗保险税没有最高限度。全部收入需要

▶ 提问

为什么科伦收入中只有 4 300 美元需要征收社会保险税？

征税。科伦需为 12 月全部收入 10 000 美元支付医疗保险税。

3. 非强制扣除额

为了方便员工，一些公司从工资里扣税且根据员工的指示付款给指定的组织。例如保险费、退休储蓄、工会会费和捐给慈善机构的礼物。

下列表格总结了 12 月 31 日会计期末的成本。收入税为总收入的 20%。

收入总额		$10 000
扣缴项目		
个人所得税（20%）	$200	
养老金（4.2%）	181	
医疗税（1.45%）	145	
健康保险	180	
向联合劝募组织捐赠	20	
扣除项目总额		2 526
净收入		$7 474

11.2.3　工资登记表

许多公司使用**工资登记表**（payroll register）来帮助概括每位员工的收入、预扣税和工资净额。表 11-1 是 12 月 Smart Touch Learning 公司的工资登记表。

一家企业的工资登记表一般包括以下几列：

（1）员工的姓名。

（2）期初累计盈余——员工上个工资支付期所赚的金额。

（3）当期收入——当期的收入包括固定收入、加班费、佣金和奖金。

（4）期末累计盈余——期初累计盈余加上当期收入。

（5）联邦社保基金——最初 110 100 美元收入征收 4.2% 的税。

（6）医疗保险——所有收入征收 1.45% 的税。

（7）所得税——包括联邦政府、州和地方政府预扣的所得税。

（8）健康保险——员工支付的卫生保健的预扣税。

（9）其他——员工的自愿预扣税，例如慈善捐款和工会会费。

（10）总的预扣税——所有的预扣税的总数。

（11）净额收入——当期收入减去总的预扣税。支付给每位员工的数额。

（12）支票号——支票号通常用于支付工资。

（13）薪酬——把当前支付期的薪酬金额记入借方。

11.2.4　把员工工资记入日记账

工资登记表用于记录工资日记账分录。工资和工资预扣税在支付前被记入负债。Smart Touch Learning 公司工资登记表内的总额通常将被创建日记账分录。

日期	账户和说明	借	贷	资产		负债↑	+	权益↓
12 月 31 日	薪酬	28 580				各种应		薪酬
	《联邦保险捐助条例》下的应付联邦社保基金税		961		=	付款项↑		费用↑
	《联邦保险捐助条例》下的应付医疗保险税		414			应付薪水↑		
	应付员工所得税		5 716					
	应付员工健康保险		645					
	预付国际联合劝募协会款		60					
	应付薪金及工资		20 784					
	记录薪金及工资费用和工资代扣税款							

在上述日记账分录中，薪酬（28 580 美元）表示全体员工的工资总额。工资总额包含由于薪酬所欠的金额（20 784 美元）和工资预扣税（961 美元 + 414 美元 + 5 716 美元 + 645 美元 + 60 美元）两部分。

在发薪日，Smart Touch Learning 公司将支付 20 784 美元给它的员工，并按如下记录日记账分录：

日期	会计科目和说明	借	贷	资产↓ 现金↓		负债↓ 应付薪水↓	+	权益
1月5日	应付薪金及工资	20 784						
	现金		20 784					
	记录支付的薪酬							

11.2.5 雇主的工资税

除从员工薪水支票里扣除的所得税和联邦社会保险税之外，雇主还必须支付至少三个工资税。这些税不从员工的总工资里扣除，而是由雇主支付：

（1）雇主的联邦社会保险税（联邦社保基金和医疗保险）。

（2）州政府失业保险税（州政府失业税法）。

（3）联邦失业保险税（联邦失业税法）。

1. 雇主的联邦社会保险税

除从雇主薪水支票中扣除的联邦社会保险税之外，雇主必须支付联邦社保基金和医疗保险。当每位职员首次的年度收入是 110 100 美元时，雇主的联邦社保基金是 6.2%。雇主的医疗保险税率是所有收入的 1.45%。社会保险体系是由雇主和雇员两者的贡献积累的。

2. 州和联邦政府的失业保险税

联邦失业税法（FUTA）和州政府失业税法（SUTA）为失业的人提供工人保险资金。这些**失业保险税**（unemployment compensation taxes）是由雇主支付的，不是从雇员的工资总额中扣除。（我们将假定失业保险税仅由雇主支付。）近些年来，在每个雇员年度收入为 7 000 美元时，雇主为其失业保险支付 6.2% 的联合税。支付给州政府的比例由每个州决定，但是大多数是州政府的 5.6% 加上联邦政府的 0.6%。对于工资税，雇主使用两个负债账户：

- 应付联邦失业税。
- 应付州政府失业税。

表 11-2 是一个工资 1 000 美元的雇员的工资分配，假定该雇员没有达到工资税限制点。

表 11-2　工资成本

	雇员的税款和其他代扣税款			雇主的税款			
净收入（实得工资）	联邦社保基金（最初 110 100 美元的 4.2%）	医疗保险（总收入的 1.45%）	所得税（假定 20%）	联邦社保基金（最初 110 100 美元的 6.2%）	医疗保险（总收入的 1.45%）	联邦失业税（最初 7 000 美元的 0.6%）	州政府失业税（最初 7 000 美元的 5.6%）
743 美元 +	42 美元 +	15 美元 +	200 美元	62 美元 +	15 美元 +	6 美元 +	56 美元
	=1 000 美元				=139 美元		
			雇主支付总金额为 1 139 美元				

记录雇主的工资税日记账

12 月 Smart Touch Learning 公司的雇主工资税将如下计算：

员工姓名	收入			雇主				
	期初累计盈余	当期累计盈余	期末累计盈余	联邦社保基金	医疗保险	联邦失业税	州政府失业税	总税款
詹姆斯·科伦	$105 800	$10 000	$115 800	$267	$145	$0	$0	$412
贝尼托·努涅斯	62 100	5 500	67 600	341	80	0	0	421
赖恩·帕克	37 400	2 580	39 980	160	37	0	0	197
丽莎·斯玛特	0	4 000	4 000	248	58	24	224	554
莎伦·萨帕塔	71 500	6 500	78 000	403	94	0	0	497
合计	$276 800	$28 580	$305 380	$1 419	$414	$24	$224	$2 081

Smart Touch Learning 公司需为所有雇员支付联邦社保基金税。然而，詹姆斯·科伦工资 [（110 100 美元 −105 800 美元）× 6.2% = 267 美元]。《联邦保险捐助条例》医疗保险部分适应于所有收入的 1.45% 税率。

《联邦失业税法》（0.6%）和《州政府失业税法》（5.6%）税款仅是支付每个雇员最初收入 7 000 美元。Smart Touch Learning 公司将只为丽莎·斯玛特支付失业税，因为其他雇员迄今为止赚得多于 7 000 美元。

Smart Touch Learning 公司记录雇员的工资税费，例如把工资税费记入借方，把不同的应付账目记入贷方：

日期	会计科目和说明	借	贷
12 月 31 日	工资税费	2 081	
	《联邦保险捐助条例》的应付联邦社保基金税		1 419
	《联邦保险捐助条例》的应付医疗保险税		414
	应付联邦失业税		24
	预付州政府失业税		224
	记录雇员的工资税费		

资产 } = { 负债↑ 各种应付款项↑ + 权益↓ 薪酬费用↑

11.2.6 关于工资总额的内部控制

工资总额有两个主要的控制：

- 控制效率
- 控制保证工资总额的支出

1. 控制效率

工资总额交易最适合采用计算机来处理。工资总额数据存储于一个文档中，计算机进行计算，打印薪水支票并更新所有电子记录。另外，计算机也需要为雇员的工资直接存款，因此不是每个雇员都需要纸质支票。直接存款通过减少需要协调未兑现的支票的数量来增加效率。

2. 控制保证工资总额的支出

小公司的会计人员可以通过与雇员间的个人关系监督他的工资总额，大公司则不能这样。一个特有的风险是一张支票可能写给一个虚构的人，或者由一个不诚实的雇员将其兑现。为了预防这些，大型企业对工资采用严格的内部控制。

雇用和解雇雇员应该分离账目和支票。带照片的身份证可以确保将工资仅支付给真实的雇员。雇员在工作日打卡上班和打卡下班，以证明出勤和工作时间。

内部控制的基础是职责的分离。这是为什么几乎最小的公司按照如下活动分为几个部门：

- 人力资源部门雇用和解雇职员；
- 工资部门主要记录员工收入；
- 会计部门记录所有业务；
- 出纳分配支票给职员。

练习题 Theodore Simpson 在 Blair 公司工作，每月收入为 4 000 美元。Blair 没有加班工资，收入税为 15%。6 月 30 日，Theodore 累积收入为 28 000 美元。记录 Blair 关于 Theodore 8 月份的薪酬支出。

11.3 怎样估算流动负债占比

一家公司可能知道存在负债，但却不知道精确的数额。公司不可能完全忽视负债。它必须估算负债的数额并记录在资产负债表上。通常估算负债最常见的例子是奖金分配、假期工资、健康及养老津贴和保修协议。

> **准则提示** 国际财务报告准则下，流动负债有时也被称作"规定"，而不是应付款项，例如员工规定、条款或所得税。

11.3.1 奖金分配

许多公司除了定期发工资外，还给雇员发放奖金。奖金通常是以符合一个特定的目标为基础的，例如雇员须符合一个预期的销售目标或者公司达到一个目标利润。通常企业不清楚在年底发放年终奖的数额，公司根据规定的百分比估算奖金的数额。例如，假设 Smart Touch Learning 公司估计将年终净收入的 5% 用作奖金，假定公司在计算奖金时记录了 315 000 美元的净收入。会计部门将按如下计算奖金：

$$奖金 = （奖金率 \times 奖金前的净收入）\div （1+ 奖金率）$$
$$= （0.05 \times 315\,000 美元）\div （1 + 0.05）$$
$$= 15\,000 美元$$

小贴士 该公式允许你回溯资金金额。比如，用净收入减去奖金为 $300 000（= $315 000-$15 000）。奖金金额等于净收入减去奖金金额的 5%（= $300 000×5%）=$15 000）。

假设 Smart Touch Learning 公司直到明年才会支付，它必须记录由于给员工发放奖金而产生的负债。会计员将如下记录记账联：

日期	账户和说明	借	贷		资产		负债↑	+	权益↓
12 月 31 日	雇员奖金费用	15 000					应付员		应付员
	应付雇员奖金		15 000				工福利↑		工费用↑
	记录雇员奖金费用								

当 Smart Touch Learning 公司支付后，它将把应付员工奖金记入借方，现金记入贷方。

11.3.2 假期、健康和养老津贴

企业一般为它的员工提供假期、健康和养老津贴。**养老金计划**（pension plan）是为退休员工提供津贴的。假期、健康和养老津贴需要估算和记录为负债。假设 Smart Touch Learning 公司的员工今年有两星期的假期。计算机估算提供假期津贴的成本是每月 1 000 美元。会计员将记录如下的每月记账联：

日期	账户和说明	借	贷		资产		负债↑	+	权益↓
	假期津贴费用	1 000			现金↑	=	假期福利支付↑		假期福利费用↑
	应付雇员假期津贴		1 000						
	记录雇员假期津贴费用								

当支付员工休假津贴时，Smart Touch Learning 公司将减少负债，应付员工假期津贴记入借方，现金记入贷方。其他津贴例如健康和养老津贴记录的方法相同。

11.3.3 保修协议

许多公司在**保修协议**（warranty）期内保证产品无缺陷。保修协议的周期是不同的。匹配原则要求企业在相同的时间内记录维修费用与关于维修的收入。因此，当企业销售后这笔费用就产生了，而不是企业支付维修索赔。在销售时，企业不知道确切的维修费用额但却可以估算它。

假设 Smart Touch Learning 公司应收账款为 50 000 美元，售出商品成本 35 000 美元，以此来计算 6 月 10 日的保修费用，并且估计保修将花费应收账款的 3%。公司会记录年销售收入、售出商品成本和预期保修费用如下所示：

日期	账户和说明	借	贷		资产↑		负债	+	权益↑
6 月 10 日	应收账款	50 000			应收账款↑	=			销售收入↑
	销售收入		50 000						
	赊销								
6 月 10 日	售出商品成本	35 000			资产↓ 商品存货↓	=	负债	+	权益↓ 售出商品成本↑
	商品存货		35 000						
	记录售出商品的成本								
6 月 10 日	保修费用	1 500			资产	=	负债↑ 预期应付保修↑	+	权益↓ 保修费用↑
	预期应付保修		1 500						
	应付保修随时间增长								

我们假定 Smart Touch Learning 公司的一部分索赔必须从该公司所提供的保修中支付。因此公司在 6 月 27 日提供了保修，替换了有瑕疵的产品，总共花费 800 美元，并记录了如下流水：

日期	账户和说明	借	贷		资产↓		负债↓	+	权益
6 月 27 日	预期应付保修	800			商品存货↓	=	预期应付保修↓		
	商品存货		800						
	代替属于保修费用的商品存货								

Smart Touch Learning 公司在利润表上显示的花费是预估值 1 500 美元，而不是实际支付的 800 美元。支付这些保修费用之后，该公司负债账户中的贷方余额为 700 美元。这 700 美元的余额代表保修协议要求 Smart Touch Learning 在将来按照预估值来支付一切保修费用，因此，这 700 美元也是 Smart Touch Learning 的负债。

		预期应付保修	
6 月 27 日	800	1 500	6 月 10 日
		700	贷方余额

道德伦理

保修费用花了多少

Henry Stevenson 是 Used Car Superstore 的经理。这家公司引以为豪的是所有售出的汽车都包含一份三年的全额保险——无论旧车已使用的年份是多少。Henry 的工作是估计每笔旧车买卖中所包含的保修额度。Henry 知道，车越旧，公司所花费的保修费用就越高。这家公司的 CEO Edward Wolf 曾经因为 Henry 所记录的保修费用而批评 Henry。Edward 相信 Henry 高估了保修花销，并告知 Henry 他需要削减一半保修费用。Henry 应该怎么做呢？要是你，你会如何选择呢？

解决方法

因为涉及预估值而非确切给定的数字，所以为保修记账能够引起特定的伦理挑战。公司偏好展示较高的净收益水准以期让公司运作看上去很成功。因此，高层经理人，比如 Edward，就会鼓励员工在一个会计循环的末尾忽略一部分开销和负债。而如果 Henry 没有记录保修开销，或者没能记录一个较为合理的数字，报表上总开销和总负债将会比真实情况少，同时净收益会被高估。这样做也许能让公司看起来处于比实际情况更良好的财政条件。Henry 应该讨论如何决定预估费用。他们应该确定一个合理而准确的数字作为应该记录的保修费用。

练习题 O'Conner 为售出的真空吸尘器保修 4 年。过往经验说明保修花费约等于销售额的 6%。假定 O' Conner 2014 年的总销售额为 200 000 美元。记录这一年度的保修费用。

11.4 如何将或有负债列报

或有负债是一种可能的而非真实的负债，因为或有负债是建立在未来事件上的。为使一项或有负债被偿付，一些事件（偶发事件）必须在未来发生。例如，假设 Smart Touch Learning 公司因被控在其一类在线学习视频产品上侵害商标权而遭到起诉，该公司因此面临一项或有负债。这项或有负债也许会、也许不会成为真实负债。如果案件的判决结果对该公司不利，很可能会增加 Smart Touch Learning 公司的负债从而损害其利益。因而向投资者和债权人隐瞒与案件相关的信息对于公司来说是毫无原则的表现。

另一种或有负债产生于一家公司联署了一份需向另一实体支付的应付票据。也就是说当一家公司共同签署了另一家公司的应付票据时，这种或有负债的一个实例就此产生。该公司联署的行为会成为一项或有负债，直到这份票据到期并被另一实体所偿付。如果联署票据的另一公司支付了该票据，这项或有负债就此消失。而一旦对方未能支付该票据，联署公司必须向票据支付对象的实体偿付这笔债款。公司是否记录以及如何记录或有负债，取决于导致该负债的事件属于下面三种中哪一可能类型：

- 可能性微弱的事件。
- 理论上可能的事件。
- 很可能发生的事件。

11.4.1 可能性微弱的或有负债

一项可能性微弱的偶发事件意味着该事件仅有极低可能性在未来发生。如果一件偶发事件的可能性微弱，公司不会将之记录为一项负债，也不需要在财务报表的附注中公开这项事件。一个该类型偶发事件的例子是无关紧要的诉讼案件。

11.4.2 理论上可能的或有负债

一项在理论上可能的偶发事件有较大一些的机会真实发生，但仍然不足以预期发生。这类事件应该在财务报表的附注中得到描述。例如当一家公司成为重要案件的被告时，如果该公司被其法律顾问告知输掉这场官司在理论上是可能的，那么公司应当在财务报表的附注中报告该案。

11.4.3 很可能发生的或有负债

如果说一件偶发事件很可能发生，那么这代表该事件预期将在未来发生。只有在这种情况下，偶发事件才会被记录成负债，并且其支出随时间增加。一个可估算的很可能发生的或有负债的例子便是保修。

而那些不能被估算的该种或有负债应当出现在财务报表的附注中。之所以其不能被记为负债，是因为其影响无法被估算为准确的数字。表 11-3 总结了处理或有负债的规则。

准则提示 在国际财务报告准则中，"很可能发生"被更宽泛地定义为该未来事件"比不可能要可能得多"造成一项负债。"比不可能要可能得多"意味着大于 50% 的发生概率。

表 11-3 或有负债

未来事件的类型	如何报告该事件
可能性微弱	不公开
理论上可能	在附注中描述
很可能发生但无法估算	在附注中描述
很可能发生且可估算	基于预估值记录为支出和负债

决策 **或有负债应该如何报告**

Emily Gallagher 是 Tate Manufacturing 的独立审计员。这是一家制作手钻和其他木工用具的公司。Emily 正在对当前公司面临的诉讼案件做评估以期确定是否应该将之作为一项或有负债公开。Tate Manufacturing 目前正卷入一起产品责任问题的诉讼中。讼案宣称 Tate 公司生产的手钻生热过快以致起火。Tate 的律师已经告知 Emily 公司极有可能输掉这场官司，但他拒绝估算损失的具体数额。律师所关心的是一旦估算出公司做出赔偿的损失额度，案件将立刻走向危险的境地。

解决方案

一般会计准则（GAAP）要求公司报告任何很可能发生的或有负债。因此在该案例中，公司应当如实报告。如果律师无法合理地估算出可能的损失金额，那么这项或有负债应被记录在财务报表的附注中；如果损失数字能确定，Tate Manufacturing 应该基于该估值将其记录为一项费用和负债。Emily 应当确定律师虽然不愿意但能够给出估算的损失数额。如果损失的确能被估算出来，那么 Emily 应当要求公司记录该项或有负债。

另一种解决方案

律师的担心是可以理解的。他觉得公开或有负债的数字可能会对案件的判决造成负面影响。如果陪审团发现被揭露的预估赔偿金额，他们很可能直接将该等同于损失数字的赔偿判决给原告。原告也可能借此与 Tate 公司谈判，从而获得更多的赔偿。律师有权顾虑财务报表的透明度对案件结果可能造成的影响。辩护律师应当只在他对损失金额抱有合理的信心的时候提供估值。

练习题　连接未来事件的类型与报告方法。一个答案允许被选择多次。

未来事件的可能类型	如何报告这项偶发事件
5. 可能性微弱	a. 不公开
6. 理论上可能	b. 基于估值记录为一项支出和负债
7. 很可能发生但损失无法估计	c. 在财务报表的附注中描述情况
8. 很可能发生且能够预估损失	

11.5　如何使用利息保障倍数来评价公司运作

投资者可以使用**利息保障倍数**（times-interest-earned ratio）来评价一家公司支付利息的能力。这个数字表示多少倍的息税前利率能够支付全部利息费用。利息保障倍数也被称作利息备付率，较高的利息备付率表明该公司能够游刃有余地付清利息；相反，较低的利息备付率意味着该公司在利息费用上面临困难。利息保障倍数等于息税前利润（＝净利润＋所得税支出＋利息支出）除以利息支出。

让我们尝试评估一下绿山咖啡烘焙公司偿付利息的能力。下列数字（以 1000 美元为单位）来自该公司的收入报表：

	年末（2011 年 9 月 24 日）	年末（2010 年 9 月 25 日）
净利润	$199 501	$79 506
所得税支出	101 699	53 703
利息支出	57 657	5 294

绿山咖啡烘焙公司在两个会计循环年终的利息保障倍数可用如下公式计算：

利息保障倍数 ＝（净利润＋所得税支出＋利息支出）÷ 利息支出

2011 年

＝（199 501 美元＋101 699 美元＋57 657 美元）÷57 657 美元

≈6.22

2010 年

$$= （79\,506\ 美元 + 53\,703\ 美元 + 5\,294\ 美元）÷ 5\,294\ 美元$$

$$≈ 26.16$$

我们到注意从 2010 年度到 2011 年度，绿山咖啡烘焙公司在利息支出上经历了一个巨大的增长。这是因为该公司的周转信贷额度为其招来更多的债务。债务增多将绿山咖啡烘焙公司的利息保障倍数由 26.16 降低至 6.22。2011 年度的利息保障倍数虽然仍偏高，但基本接近行业平均值 5.59。这表明虽然绿山咖啡烘焙公司的负债增加并带来更多利息支出，但它仍然能够偿付全部利息。

> **练习题**　Fitzgerald 有限公司在其 2014 年度的收入报表中报告了如下数字：
>
> | | 年末（2014 年 12 月 31 日） |
> | --- | --- |
> | 净利润 | 19 300 美元 |
> | 所得税支出 | 5 800 美元 |
> | 利息支出 | 900 美元 |
>
> Fitzgerald 公司的利息保障倍数是多少？（答案保留至小数点后两位）

知识回顾

☞ 重要知识点

1　对于已知数额的流动负债应该如何解释？

- 流动负债必须在一年或一个营业周期内（一个营业周期超过一年）用现金或者商品和服务来支付。
- 流动负债通常为应付账款、应付销售税、预收账款和短期应付票据。
- 流动负债还应该包括长期应付票据的当期分摊额。

2　企业如何解释和记录工资？

- 工资总额是雇员工资或薪金的总和。工资净额是每个雇员可以实际得到的税后金额支付。
- 工资总额和工资净额的差别在于工资代扣部分。雇员支付的代扣工资部分包括：
  - 所得税扣缴：联邦、州和地方所得税。
  - 员工联邦保险捐助条例税收。
  - 联邦养老、遗属和伤残人保险信托投资基金（OASDI）：第一个超过 110 100 美元的年收入的 4.2%。
  - 医疗保险：全部收入的 1.45%。
- 选择性扣缴：慈善捐款、工会会费等。
- 工资登记表可以用来帮助每位雇员总结收入、扣缴和净收入。
- 企业记录的工资、扣缴的日记分录应该借记收入和工资费用科目，贷记负债直到被支付。
- 雇员至少应该支付以下三种工资税：
  - 雇员联邦保险捐助条例（FICA）税。
    - 联邦养老、遗属和伤残人保险信托投资基金（OASDI）：每个雇员年收入的第一个 110 100 美元的 6.2%。
    - 医疗保险：全部收入的 1.45%。

◆ 州失业补偿税（SUTA）：各州不同。

◆ 联邦失业补偿税（FUTA）：每个雇员年收入第一个 7 000 美元的 0.6%。

- 工资税被记入工资税费用科目的借方，贷方记入各种负债直到被付清。
- 企业对工资的内部控制包括工资支付的效率和安全。

3 对于必须被评估的流动负债怎么解释？

- 奖金是为了满足特定的目标并在支付之前被认为是负债（雇员应付奖金）。
- 休假、医疗和养老金收益必须被评估并记录为负债。
- 保证金和保修协议支付必须在企业记录与保证金相关费用的同期记录。
- 当保证金使用时，被评估的保修协议支付账户数额会减少。

4 或有负债怎么解释？

- 或有负债是根据将来某些事件的潜在负债。
- 应该从以下可能性去考虑或有负债：

◆ 可能性微弱：不披露。

◆ 理论上可能：在一份报告的财务报表中描述了的情形。

◆ 很可能发生但无法估算：在一份报告的财务报表中描述了的情形。

◆ 很可能发生且可估算：根据被评估的数额记录成一组负债和费用。

5 怎么使用评价企业绩效？

- 利息保障倍数 = （净利润 + 所得税支出 + 利息支出）÷ 利息支出
- 衡量了息税前收益与利息费用的倍数。

汇总习题 11-1

分别回答以下问题：

要求：①一家餐厅获得了 4 000 美元的现金收入以及应缴 5% 的销售税。请记录销售额和对应的销售税，并记录支付给州政府的税额支付。② 2014 年 10 月 1 日，Rhodes 公司购置了价值 10 000 美元的设备，并开具了 9 个月利率为 8% 的应付票据。请记录 10 月 1 日的购买行为，并记录 2014 年 12 月 31 日需要做的调整分录，以及在 2015 年 7 月 1 日需要完备的票据及利息支付。③或有负债和已知负债有什么区别？什么时候需要把或有负债计入日记流水账？

答案

- **要求①**

日期	财户和说明	借	贷
	现金	4 200	
	销售收入		4 000
	销售税（4 000 美元 ÷ 0.05）		200
	应付销售税	200	
	现金		200

- **要求②**

日期	账户和说明	借	贷
2014 年 10 月 1 日	设备	10 000	
	应收票据		10 000

（续）

日期	账户和说明	借	贷
2014 年	利息费用（10 000 美元 ×0.08×3/12）	200	
12 月 31 日	应付利息		200
2015 年	应付票据	10 000	
7 月 1 日	支付本金及利息（10 000 美元 ×0.08×6/12）	400	
	应付利息	200	
	现金		10 600

● 要求③

　　或有负债是一种预期的而不是现实的负债，它根据未来的事件而变化。一些必将发生的事件导致或有负债不得不支付。只有当实际损失的可能性且费用的数额可以合理估计时，或有负债才能计入日记流水账。

汇总习题 11-2

　　Rags-to-Riches 是一家服装销售商店，它雇用了一名销售人员 Dee Hunter。Hunter 的正式工作时间工资是每小时 10 美元，超过 40 个小时后，时薪为 15 美元。Rags-to-Richs 从 Hunter 的收入中扣缴收入税（20%），FICA-OASDI 税（4.2%）和 FICA 医疗保险费（1.45%）。Rags-to-Richs 还需交纳工资税：FICA-OASDI（6.2%）、FICA-Medicare（1.45%）以及州和联邦政府失业费用（分别为 5.6% 和 0.6%）。12 月 26 日一周结束，Hunter 共工作了 50 小时。这周之前，他共赚了 2 000 美元。

　　要求：

　　（精确到美元。）

　　①计算本周 Hunter 的总收入和净收入。

　　②记录 Rags-to-Riches 商店工资单入账清单：

　　　a）工资和费用以及与 Hunter 相关的费用。

　　　b）与 Hunter 有关的雇员工资税费。

　　　c）所有税费支出（包括雇员和雇主）。

　　③ Rags-to-Riches 商店本周的总工资费用是多少？

答案

● 要求①

总收入：		
正式工时收入（40 小时 ×10 美元 / 小时）		400 美元
加班收入		
每小时收入（10 美元 ×1.5 美元 / 小时）	15 美元	
工作时间（50 小时 −40 小时 =10 小时）	×10	
		150 美元
总收入		550 美元
净收入：		
总收入		550 美元
扣缴项：		
雇员收入税（550 美元 ×0.2）	110 美元	
雇员 OASDI 费（440 美元 ×0.042）	23	

（续）

雇员医疗保险（550 美元 × 0.0145）	8	
总扣缴额		141
净收入		409 美元

● 要求②

日期	账户和说明	借	贷
a.	工资和收入费用	550	
	应付 FICA—OASDI 税费		23
	应付 FICA 医疗税费		8
	应付雇员收入税费		110
	应付工资和收入		409
		409	
	现金		409
b.	工资税费	76	
	应付 FICA—OASDI 税费（550 美元 × 0.062）		34
	应付 FICA 医疗税费 (550 美元 × 0.0145)		8
	应付联邦失业税费（550 美元 × 0.006）		3
	应付州失业税费（550 美元 × 0.056）		31
c.	应付 FICA—OASDI 税费（23 美元 + 34 美元）	57	
	应付 FICA 医疗税费（8 美元 + 8 美元）	16	
	应付雇员收入税费	110	
	应付联邦失业税费	3	
	应付州失业税费	31	
	现金		217

● 要求③

Rags-to-Riches 共发生总工资费用 626 美元（总支出 550 美元和工资税费 76 美元）。

☞ 关键术语

contingent liability **或有负债** 一种依赖于将来事件的潜在负债。

current liability **流动负债** 流动负债是指将在 1 年（含 1 年）或者超过 1 年的一个营业周期内偿还的债务，包括短期借款、应付票据、应付账款、预收账款、应付工资、应付福利费、应付股利、应交税金、其他暂收应付款项、预提费用和一年内到期的长期借款等。

current portion of notes payable **应付票据的当期分摊额** 本金中一年内应该支付的数额。

federal insurance contributions act (FICA) **联邦保险捐助条例** 由联邦法案创立的社会保障税，可以为退休、伤残和医疗保险提供资金。

gross pay **总收入** 没有计税和扣缴前的薪水、工资、佣金或者任何其他的雇员收入。

income tax withholding **扣缴所得税** 从员工的总收入中抵扣的收入税。

liabilities **负债** 亏欠贷方的债务。

long-term liability **长期负债** 不需要在一年内或者一个公司运营周期内偿还的债务。

net pay **净收入** 总收入减去所有的扣缴额。员工实际得到的收入。

payroll register **工资登记表** 汇总了职工收入、扣缴和净收入的清单。

pension plan **退休金计划** 为退休职工提供福利的计划。

short-term note payable **短期应付票据** 一年或更短时间内企业承诺还款并付息的书面保证。

social security (FICA) tax　**社会保险税**　与职工的收入相匹配的联邦社会保障法案税。

times-interest-earned ratio　**利息保障倍数**　计算支付利息费用的能力。(净收入 + 所得税费用 + 利息费用) ÷ 利息费用。

unemployment compensation tax　**失业保险税**　政府使用现金来支付失业救济金给没有工作的人。

warranty　**保修协议**　一项保证了公司的产品缺陷获得维修的协议。

☞ 快速测验

1　负债的估计量:

　　a. 忽略 (时薪记录下来)　　　　　　b. 报告于资产负债表

　　c. 报告于利润表　　　　　　　　　d. 只报附注中的财务报表

2　2014 年 1 月 1 日, 企业借款 18 000 美元, 五年期、利率 5%。2014 年 12 月 31 日, 企业应该记录:

　　a. 支付 900 美元利息　　　　　　b. 注 18 000 美元应收票据;

　　c. 现金支付 18 000 美元　　　　　d. 什么都没有 (已经在书上加以说明)

3　一个公司销售商品 180 000 美元 (卖出价), 并交纳 8% 的销售税。该公司:

　　a. 支付 14 400 美元的销售税　　　b. 销售收入 194 400 美元;

　　c. 14 400 美元预收账款　　　　　d. 无; 公司预先收取现金

4　拉尔森公司以 20 000 美元购入业务用卡车。该公司以每年 5 000 美元, 加计利息为 8% 本金偿付。下列哪一项是正确的?

　　a. 第一次付款后, 本公司欠 15 000 美元加上三年利息

　　b. 先付款后, 15 000 美元将被显示为长期负债

　　c. 第一次付款后, 5 000 美元将显示为应付长期票据的当期分摊额

　　d. 在最后一次付款之前, 5 000 美元会出现在资产负债表长期负债部分

5　员工由年初至今盈利 107 000 美元。下一个支付期, 员工的工资总额是 5 000 美元。如果 FICA - OASDI 是 4.2 %, 而工资基数为 110 100 美元, 多少 FICA - OASDI 税将被扣留支付? (答案已被四舍五入为整数。)

　　a. 130 美元　　　　b. 310 美元　　　　c. 283 美元　　　　d. 203 美元

6　用人单位负责下列哪项工资税呢?

　　a. 6.2 % FICA - OASDI 税　　　　b. 1.45 % FICA 医疗保险税

　　c. 联邦和州失业税　　　　　　　d. 上述所有

7　井电气 (WE) 在 2013 年年底估计保修协议缴付 1 200 美元。在 2014 年, 公司完成了销售额 12 万美元, 预计产品质量保修协议成本占公司销售收入的 3 %。在 2014 年, 公司支付了 2 300 美元的保修费。2014 年年底保修协议应为:

　　a. 2 300 美元　　　　b. 3 600 美元　　　　c. 2 500 美元　　　　d. 4 800 美元

8　维加公司预期将扣除奖金后交纳 4% 的奖金, 其以 13 万美元的净收入为基础。编制日记账分录, 记录累计奖金包括:

　　a. 借入员工分红派息, 5 000 美元　　　b. 借入员工分红费用 5 200 美元

　　c. 贷记员工分红派息, 5 000 美元　　　d. 贷记现金 5 200 美元

9　Swell 有一个官司悬而未决, 客户索要 10 万美元赔偿。公司代理律师表示, 该客户赢得官司的可能性微乎其微。公认会计原则规定在最低限度, 或有负债是

　　a. 在脚注中披露　　　　　　　　b. 在脚注中披露潜在损失的范围

　　c. 记录为日记分录, 以及在脚注中披露　　d. 不必披露

10 迈克·丹尼尔和同事在其 2014 年收益表报告了下列金额：

	截至 2014 年 12 月 31 日
净收入	$60 500
所得税费用	12 100
利息支出	5 000

迈克·丹尼尔在 2014 年的利息保障倍数是多少？

a. 12.10　　　　　　　b. 13.10　　　　　　　c. 15.52　　　　　　　d. 14.52

进步评估

☞复习题

1 负债的三个主要特点是什么？

2 什么是流动负债？提供流动负债的一些例子。

3 销售税是如何记录的？它是否认为是一种企业的费用？为什么？

4 不劳而获的收入如何产生的？

5 应付短期票据代表什么？

6 科尔特兰尼公司应付 5 000 美元，如何每年支付 1 000 美元，分期五年。如何将必须在未来一年内支付的部分报告在资产负债表？

7 工资总额和净工资之间的区别是什么？

8 列出所需的员工工资扣缴所得税，并为每个提供税率。

9 一个企业如何使用一个工资登记表？

10 哪类工资税是雇主负责支付？

11 工资的两个主要控制是什么？提供示例。

12 当企业做保修费用的记录，为什么？

13 什么是或有负债？提供偶发事件的一些例子。

14 柯蒂斯公司正面临着一个潜在的诉讼。柯蒂斯的律师认为相当可能的是公司会败诉。柯蒂斯应该如何报告这起官司？

15 如何根据时间计算利息保障倍数，对此有什么评价？

☞简单练习

利用下面的税率，计算职工薪酬扣缴税收，四舍五入到分。

雇员：4.2% 养老金税率，收入 110100 美元为上限；医疗税率 1.45%

雇主：6.2% 养老金税率，收入 110100 美元为上限；医疗税率 1.45%；联邦失业保险税率 0.6%，收入 7000 美元为上限；州失业保险税率 5.6%，收入 7000 美元为上限。

S11-1　确定当前长期负债里有以下负债。

　　a. 应付账款；b. 3 年内到期的应付票据；c. 应付工资；d. 6 个月内到期应付票据；e. 应交销售税；f. 预收账款。

　　确定哪些负债会被认为是流动负债或长期负债？

S11-2　记录销售税。

　　7 月 5 日，凯乐公司在账上记 20 000 美元销售商品存货。销售须按 6% 交纳销售税。8 月 15 日，凯乐公司支付了 850 美元的销售税。

要求：①编制日记账分录，交易记录 7 月 5 日发售。忽略销售成本。②编制日记账分录，交易记录支付销售税给州政府。

S11-3　记录递延收益。

7 月 1 日，《钓鱼》杂志收集了 80 000 美元，现金年开始于 8 月 1 日。

要求：①日记账分录记录 7 月 1 日的现金账户。②日记账分录记到 12 月 31 日，记录该杂志年终所需的交易，假设没有获得的收入已被记录。

S11-4　核算应付票据。

2013 年 12 月 31 日，Edgmont 购买 10 000 美元商品存货，支付一年期利率 10% 的应付票据。Edgmont 采用永续盘存制。

要求：①编制日记账分录，模具公司采购商品存货，2013 年 12 月 31 日。②日记账利息支出应计于其会计年的 2014 年 6 月 30 日记录。③日记账公司支付票据加利息，于 2014 年 12 月 31 日记录。

S11-5　确定的长期应付票据本期摊销额。

1 月 1 日，贝克股份有限公司购买了 10 万美元的设备开出应付长期票据。债务是在每年分期 20 000 美元支付，每年 12 月 31 日付款。在购买之日起，贝克公司将如何报告应付票据？

S11-6　计算雇员的工资总额。

计算员工收入的扣缴部分并编制会计分录。

歌莉娅目前就职于圣博娜迪诺大学，时薪 20 美元，每周工作 40 小时，每周工作超过 40 小时时，时薪是正常标准的 1.5 倍。

要求：①歌莉娅二月第一周共工作了 48 小时，计算她这周的总收入。②歌莉娅单身，按其个人收入的 10% 扣缴所得税，只有这一部分税收从其收入中扣除。计算本周歌莉娅的税后收入。③为雇用歌莉娅，企业实际支出的雇用成本作会计分录。

S11-7　计算工资数额考虑 F1CA 税。

Xinia 适用于 MRK，全年每月都赚取 12 000 美元的月薪，没有加班费。MRK 隐瞒所得税在工资总额的 15%。除了工资税，Xinia 选择以每月供款 5% 给联合之路。

MRK 也每月扣除了 150 美元共同支付的健康保险溢价的。截至 9 月 30 日，Xinia 有 108 000 美元累计盈利。

要求：①计算 Xinias 10 月净工资。②日记账薪金费用的计提和相关 Xinia PoeKler 就业的款项。

S11-8　日记账的雇主工资支出计算。

巴尼特注册成立的有 20 000 美元月薪。

假设巴尼特支付所有的标准工资税，没有员工已经达到了工资税的限制，日记账权责发生制和用人单位支付的工资税的巴尼特公司。

S11-9　奖金计算。

12 月 31 日，巴斯克斯公司估计扣除奖金后，该公司将支付其雇员 3% 的奖金在 40 000 美元净收入。奖金将支付他在明年 1 月 15 日。

要求：①日记账分录，12 月 31 日巴斯克斯的交易。②日记账分录，1 月 15 日支付奖金。

S11-10　日记账休假福利。

尼尔产业有五名员工。每个员工的收入一个假期一天一个月。尼尔支付其雇员 1 000 美元为每周五天工作制，每周的薪水。

要求：①确定为一月假期费用的金额。②日记账分录进入累积假期开支一月。

S11-11　会计保修费用及应付保修 Trekster 校正器保证了其摩托雪橇三年。公司的经验表明，保修成本将销售额的约 4%。

假设 Trekster 经销商在科罗拉多斯普林斯进行销售将于 2014 年共计 533 000 美元。该公司收取的现金收入及应收票据为其余的 30%。保修金将于 2014 年共计 17 000 元。

要求：①销售记录，保修费用，并保证支付 FOF 的公司。忽视商品出售成本。②发布到预计保修应付账户。在 2014 年年底，有多少应付保证负债？假设 2014 年 1 月份应付保证负债是 0 美元。

S11-12 会计处理突发事件。

法利汽车（Farleys），摩托车生产厂家以下事项。

a. 法利估计，我是合理可行的，但不太可能会失去目前的官司。法利律师估计潜在损失将是 1 200 000 美元。法利再次通知塔尔有人被起诉。

b. 法利认为，法利目前正处于诉讼状态。

c. 法利认为，很可能会败诉，并估计将支付的赔偿将是 80 000 美元。确定的法利面临的形势 CACH 相应的会计处理。

S11-13 计算利息保障倍数。

海尔电子报上 2013 年收入声明如下金额：

截至 2013 年 12 月 31 日	
净收入	$48 400
所得税费用	7 260
利息支出	4 000

什么是 2013 年利息保障倍数？（要求保留两位小数。）

习题

E11-14 记录销售税。

考虑明珠软件的以下交易：

3 月 31 日	录得现金销售额 18 万美元，再加上上缴新泽西州 8% 的销售税
4 月 6 日	发送 3 月销售税的州

编制日记账分录，忽略销售成本。

E11-15 记录应付票据交易。

考虑创意视频制作下列应付票据交易。

2014 年	
5 月 1 日	购买的设备成本 17 000 美元，发行一年期、利息 6% 的应付票据
12 月 31 日	应付票据应计利息
2015 年	
5 月 1 日	已支付的应付款项连利息于到期时的注意事项

编制公司交易日记账分录。

E11-16 记录和报告流动负债。

2014 年跨世界图书出版完成下列交易：

10 月 1 日	出售了 6 个月的订金（从 11 月 1 日起），收集现金 330 美元，再加上 9% 的销售税
11 月 15 日	恢复期（支付）的销售税到田纳西州
12 月 31 日	年底做出了调整对本年度赚取的订单收入金额

编制日记账分录。

E11-17 日记账流动负债。

埃德蒙联营公司报告应付短期票据和应付职工工资。

	2014 年	2013 年
流动负债——部分：		
应付短期票据	16 400 美元	15 600 美元
应付工资	3 400	3 100

2014 年，O'Mally 还清当期负债遗留下来的从 2013 年借来应付短期票据，应计薪金支出。2014 年日记账分录这 4 种交易，假设支付 15 600 美元的短期票据，不计利息。

E11-18　计算和记录毛利率和净工资。

亨利管理一个公司。他正式工作的薪酬是每小时 10 美元，随着时间的推移和高出原来半倍的工资（或时间超过每周 40 小时，他工资中扣除包括扣缴所得税的 8%，FICA 税，以及每周一次扣 5 美元上交联邦政府。他的实际捐献给公益金的工资是一周工作 52 小时。

要求： ①计算亨利工资和净工资为一周，假设盈利日期是 1 万美元。②日记账分录他的工资支出，采用权责发生制。③日记账分录随后支付给亨利工资。

E11-19　记账雇主的工资税。

2014 年，墨西哥餐厅的工资费用 65 000 美元。工资费用包括除国家失业税和联邦失业税外的雇主 FICA 税，按工资总额 17 000 美元收失业税。此外，该公司为雇员提供了以下好处：健康保险费用合作公司 2 060 美元），人寿保险（成本给公司 350 美元），及退休福利（费用给公司，薪金支出 7%）。日记账分录工资税和员工福利为该公司的费用。

E11-20　记账员工和雇主的工资税。

Park 公司记账员工和雇主的工资税：

收入			持有							
开始累积盈利	当期盈利	期末累计盈利	OASDI 医疗保险	所得税	健康保险	公积金	合计扣缴	网方式	检查号	薪金及工资支付费用
83 000 美元	4 200 美元			840 美元	80 美元	5 美元			801	
105 000	7 000			1 400	130	10			802	
45 000	2 500			500	45	0			803	
62 500	3 500			700	60	5			804	
0	2 000			400	40	0			805	
295 500 美元	19 200 美元			3 840 美元	355 美元	20 美元				

要求： ①完成记录工资簿；②日记账分录，公园工资支出为权责发生制支付期为当前。③日记账分录公园的费用为雇主工资税的现收现付的时期。

E11-21　会计保修费用和应付保修。

2014 年 1 月 1 日，陶瓷黏土公司的会计记录包括以下：

预计支付工资	
	4 000 　贝格保尔

在过去，黏土保修费用一直是销售额的 8%。2014 年，黏土制成品的销售额为 136 000 美元支付 7 000 美元至符合保修索赔。

要求： ①于 2014 年 1 月在记账黏土保修费用，保修金。不需要解释。②2014 年 12 月 31 日如何在其资产负债表的估计保修税额会黏土报告余额？

E11-22　会计担保、休假和奖金。

2014 年期间麦卡锡工业完成下列交易：

11月1日	销售额为8 000美元。麦卡锡估计，保修费用为销售额的4%。
20日	支付100美元满足保修费用
12月31日	预计的假期福利开支是1 200美元
31日	麦卡锡预计在扣除奖金后支付员工2%的净收入作为奖励。今年净收入是20 000美元

编制日记账分录（不需要解释）。

E11-23 会计处理突发事件。

分析以下突发的情况。

a．麦金尼公司的被雇员起诉。麦金尼认为，员工获胜可能性很小。员工向麦金尼索要1 000美元的损害赔偿。b．对于石油钻井平台之一的瓦斯爆炸。里夫斯认为它很可能在未来由于瓦斯爆炸事故支付环境清理费用和损失。里夫斯无法估计损害的赔偿金额。c．明年将不得不支付保修费2万美元。

确定如何解决以上每种应急情况。

E11-24 计算利息保障倍数。

以下财务资料是从格里菲斯汽车（Griffith）和博文汽车（Bowen）截至2014年的利润表中获得的：

	格里菲斯	博文汽车
净收入	27 200美元	60 800美元
收入所得税	8 100	23 000
利息支付	250	2 400

要求：①计算每个公司的利息保障倍数；②哪个公司更适合支付利息？

☞连续问题

P11-35 记账已知可付账户

这个问题延续第10章问题P10-23的戴维斯咨询情况。戴维斯咨询认为，该公司需要贷款30万美元，以扩大业务。戴维斯咨询银行并确保10%。5年期国债，2014年3月1日。戴维斯必须在3月1日付，每年5期等额加利息的银行本金。

要求：①记录2014年3月1日支付30万美元的票据。②记录中的项目累计的到期票据利息，2014年12月31日。③记录条目戴维斯将记录支付给银行，2015年3月1日。

批判性思考

☞决策案例

案例11-1

金熊公司业务覆盖整个加州。老板是格兰海里，雇了15个工作人员。建设监督报告直接上交给海里，所有监理都是公司信赖的员工。家庭办公室的工作人员由一名会计和一名办公室经理组成，因为建筑行业的员工流动率比较高，由监事雇用和解雇自己的员工。监事负责通知办公室所有的人事变动。此外，监事雇员的W-4表格转发给家庭办公室，监事每周四为他们的雇员编制每周的工作时间记录单，以及准备会计师的工资。星期五中午，监事发放工人的薪水。下午5点，该公司会计准备工资单，包括薪水。海里签署所有工资单。为了证明每个建筑工人是一个真正的雇员，会计师对被取消的薪水员工的W-4表格签名的背面签上相匹配的签名。

要求：①确定一种主管在现行制度下的可以欺诈该建设公司的方式。②讨论该公司可以使用防止在要求①中确定的欺诈行为的控制功能。

案例 11-2

Sell-Soft 公司是在众多的诉讼中声称不公平贸易行为的被告。Sell-Soft 公司有强烈的不披露这些或有负债的动机。然而，会计准则要求公司报告其负债。

要求： ①为什么一个公司不愿透露其或有负债？②描述银行如何将可能会受损，如果一家公司寻求贷款并没有透露其或有负债。③公司在报告或有负债的时候冒着什么样的道德风险？

☞ 道德问题

很多小企业都通过任何方式降低成本，它们可以只是为了生存。但是仍有许多企业在这样做，这是由雇用工人为"独立承包商"，而不是作为正式员工。不同于对普通员工的规则，一个企业没有交纳社保（FICA）税收和失业保险金的独立承包商。同样，它没有隐瞒联邦所得税或雇员所占的 FICA 税。

国税局有一个"20 因素试验"，确定工人是否被视为一个雇员或承包商，但许多企业忽略这些对他们有利的松散解释规则。当工人被视为独立的承包商，他们不报税时获得的 W-2 表格（他们得到 1099 代替），他们没有任何所得税扣缴，他们发现自己收到自雇税，由他们承担双方员工的冲击和雇主的份额 FICA 税。

要求： ①当一个企业滥用这个问题时，怎么会是独立的承包商受损了呢？②如果一个企业需要一个积极的位置，也就是说，在法律解释非常倾斜的时候，有没有涉及一个道德问题？谁是受害者？

☞ 舞弊案例

萨拉颂很了解在她的区域内的建筑承包商。她目前在一个发电企业工作。每当有修理或维护工作的时候，Sara 的朋友会虚报 10% 的发票。发票将随后通过应付账款部门，那里的工作人员应该在收费付款前审查及核实。应付账款文员，瓦莱丽·贾德森，不想失去这个工作。她知道这笔交易能堵住她的嘴。在暗中帮助 Sara 的承办朋友总是会给他 Sara 10% 回扣。有一天，瓦莱丽心脏发作进了医院。公司聘请了新的应付账款文员，斯宾塞，他在大学时代做过建设工作，而且他开始怀疑，但他却无法证明这一点。然而他为了要保护自己，所以只能防止欺诈曝光。

要求： ①审计师怎么发现这类诈骗？②用什么样的工作来防止此类欺诈活动？③新的应付账款业务员应该采取什么措施来保护自己？

☞ 财务报表案例

有关公司的负债详情出现在一些地方的年度报告。访问 www.pearsonhighered.com /Horngren 查看链接到星巴克公司的年度报告。使用星巴克公司 2011 财年的财务报表来回答下列问题。

要求： ①在 2011 年 10 月 2 日星巴克的流动负债的明细表。②计算星巴克截至 2011 年 10 月 2 日～ 2010 年 10 月 3 日，怎么做星巴克相比与绿山咖啡烘焙公司在其支付的利息费用的能力？

☞ 小组讨论

近年来，航空业主导性地占据了头条新闻。消费者在一些低点击率的网站 Priceline.com 和其他互联网进行购物。该航空公司也诱使客户提供飞行常客计划，其中奖励为向积累的指定旅游里程的乘客提供免费机票，未兑换飞行里程代表负债，航空公司必须在其资产负债表中作为空中交通责任做出报告。

西南航空公司是一家总部设在达拉斯的盈利的公司，它提供必不可少的服务载体，先后被评为业界的顶端企业。西南有更小、更便宜的机场费用，只使用一个模型飞机，服务不含餐；提高员工的工作效率，并具有更短的周转时间在地面之间的航班。事实上，大多数由西南服务的城市提供可预见的天气，进而最大限度地提高其准时到达记录。

与同组合作伙伴对以下问题进行讨论，根据教师指导回答下列问题：

飞行常客计划已经成长为显著义务的航空公司。为什么要负债来记录这些方案？讨论如何计算这个负债的金额。你能想到其他行业，创建一个类似的责任激励机制？

☞交流活动

用 150 字以内解释如何对或有负债进行会计处理。

☞练习题答案

1

日期	账目和说明	借	贷
8 月 10 日	应收账款	4 160	
	销售收入		4 000
	应交销售税（= $4000 × 0.04）		160
	记录商品存货及相关销售税		

2

日期	账目和说明	借	贷
9 月 30 日	销售税以现金支付	500	
	现金		500
	记录现金支付销售税		

3

养老金：$4 000 × 0.042 = $168

医疗保险：$4 000 × 0.0145 = $58

所得税：$4 000 × 0.15 = $600

日期	账目和说明	借	贷
8 月 31 日	工资费用	4 000	
	FICA——应付养老金		168
	FICA——应付医疗保险		58
	应付职工所得税		600
	应付职工薪酬		3 174
	确认工资费用及扣缴项目		

4

日期	账目和说明	借	贷
	保修费用 ($200 000 × 0.06)	12 000	
	预计应付保修费用		12 000
	应计应付保修费用		

5 a

6 c

7 c

8 b

9 利息保障倍数 =（净收入 + 所得税支出 + 利息支出）÷ 利息支出

= ($19 300 + $5 800 + $900) / $900

= 28.89

☞快速测验答案

1. b   2. a   3. a   4. c   5. a   6. d   7. b   8. c   9. d   10. b

第 **12** 章

长期负债

公司应该承担额外的负债吗

Sophie 动漫工作室专业为儿童和具有童心的成人设计动画。工作室是由史蒂夫·拉塞特和李·伯德（Lee Bird）创建，已经推出了很多著名的动画电影。该公司的股票已在美国证券市场上市，可以正常流通，因公司收入平稳，故公司股价表现一直良好。

公司为了长期发展，准备在加拿大建立新的工作室来扩大规模，新工作室会制作出更多的微电影和微型电视节目。为了筹集这一计划的资金，公司想到了几种可行的方案。第一种方案是通过发行新股的方式进行股权融资。第二种方式是通过债务融资。对于股权融资，大股东史蒂夫和李表达担忧。因为股权融资将会降低现有股东的持股比例，还会降低股票的市场价值。鉴于上述考虑，公司认为筹集扩张资金最好的方式将会是债券融资。

目前，Sophie 动漫工作室正在研究不同长期负债对公司的影响，比如研究长期应付票据和抵押贷款哪种方式适合公司的发展。公司会确定这些债务合理的利率与偿还期限，债务很有可能使用公司的建筑物进行担保。此外，Sophie 动漫工作室正在考虑一项特殊的长期负债——债券。债券在债务市场进行交易，流动性较强，将会比应付票据和抵押贷款带来更多的现金流。同时，债券的还款期一般也较长，有的债券甚至超过 100 年。每一种长期负债方式都是独特的，都有着自己的优缺点，所以 Sophie 动漫工作室在扩张前，必须慎重考虑融资问题。

为什么发行 100 年期债券

在 1993 年 7 月 21 日，迪士尼公司发行了一种长期负债——债券。该债券的还款期限长达 100 年！该债券的票面利率为 7.55%，3 亿美元的本金会在 2093 年到期。迪士尼公司是众所周知的全球性公司，为家庭提供娱乐服务，公司涵盖广播网络、主题公园度假村、迪士尼工作室、纪念品、互动游戏等。迪士尼公司为什么会发行 100 年期的债券呢？这种长期负债在资产负债表中该如何确认和计量呢？在这一章中，您将明白公司为什么愿意发行债券，也将明白长期负债的确认和计量，包括长期应付票据和抵押贷款。

☞ **章节纲要**

如何计量长期应付票据和抵押贷款？

什么是债券？

如何用直线摊销法计量债券？

如何进行债券的后续计量？

债券在报表中如何披露？

怎样用资产负债率评价企业绩效？

什么是资金时间价值？现值与终值如何计算（见附录 12A）？

如何用实际利率法计量债券（见附录 12B）？

☞ **学习目标**

1. 计量长期应付票据和抵押贷款

2. 债券特征

3. 债券的会计计量（直线法进行债券摊销）

4. 债券的期末计量

5. 资产负债表中负债的披露

6. 用资产负债率评价企业绩效

7. 利用资金时间价值计算现值和终值（见附录 12A）

8. 债券的会计计量（实际利率法进行债券摊销)(见附录 12B)

 ## 12.1　如何计量长期应付票据和抵押贷款

我们已经知道长期负债是长期性的，不需要在 1 年内或 1 个经营周期进行偿还。长期应付票据和抵押贷款都是长期负债的两种常见形式。

12.1.1　长期应付票据

长期应付票据是资产负债表中长期负债科目的重要构成要素。在前面的章节中，我们已经提到了 1 年内到期的长期应付票据。这一章将重点关注应付票据的长期部分，以及合同约定的长期付款。

大多数应付票据都是分期付款的。长期应付票据由两部分构成，其中一年内到期的长期应付票据是指 1 年内需要支付的本金的负债，属于流动负债的一种。另一部分就是非流动负债中的应付票据。例如，Smart Touch Learning 公司于 2014 年 12 月 31 日发行了 20 000 美元的应付票据。该票据的期限为 4 年，年利率为 6%，每年年末支付利息和 5 000 美元的本金。那么在 2015 年 12 月 31 日的资产负债表中，5 000 美元为一年内到期的长期应付票据，属于流动负债。在 2014 年 12 月 31 日发行年份的会计计量如下：

日期	账户和说明	借	贷	资产↑		负债↑	+	权益
2014 年				现金↑	＝	应付票据↑		
12 月 31 日	现金	20 000						
	应付票据		20 000					
	4 年期、6% 年利率的应付票据							

2015 年 12 月 31 日，Smart Touch Learning 公司需要支付 5 000 美元的本金和本年的利息。表

12-1 展示了该公司的应付票据**摊销计划**（amortization schedule）。摊销计划会详细记载该应付票据期初期末余额，以及本期摊销的本金和利息发生额。同前几章的利息计算方法一致，Smart Touch Learning 公司的利息计算公式是"期初余额 × 利率 × 时间"。总现金流流出即是本金与利息费用之和。从表中可以看出，Smart Touch Learning 公司 4 年的利息总和为 3 000 美元。

表 12-1　长期应付票据摊销计划表

	期初余额	本期应付本金	本期利息费用	本期发生额	期末余额
2014 年 12 月 31 日					$20 000
2015 年 12 月 31 日	$20 000	$5 000	$1 200	$6 200	15 000
2016 年 12 月 31 日	15 000	5 000	900	5 900	10 000
2017 年 12 月 31 日	10 000	5 000	600	5 600	5 000
2018 年 12 月 31 日	5 000	5 000	300	5 300	0
合计		$20 000	$3 000	$23 000	

期初余额 − 本期发生额 = 20 000 − 5 000 = 15 000 美元

期初余额 × 利率 × 时间 =20 000 × 0.06 × 1 年 =1 200（美元）

应付本金 + 利息费用 = 5 000+1 200 = 6 200（美元）

假定 Smart Touch Learning 公司通过分期付款的方式支付本金和利息，那么在 2015 年 12 月 31 日，公司将需要支付 5 000 美元和利息。公司的会计需要记录下面的分录：

日期	账户和说明	借	贷
2015 年			
12 月 31 日	应付票据	5 000	
	利息费用	1 200	
	现金		6 200
	支付本金及利息		

资产↓ = 负债↓ + 权益↓
现金↓ ... 应付票据↓ ... 利息费用↑

在 2015 年 12 月 31 日之后，Smart Touch Learning 公司的应付票据余额调整为 15 000 美元（原来 20 000 美元本金减去 2015 年 12 月 31 日支付的 5 000 美元本金）。在接下来的三年中，公司将根据摊销计划表进行相似的会计处理。

12.1.2　抵押贷款

抵押贷款（mortgages payable）是指用特定财产担保的长期负债，所以具有安全性，本金且利息有保证。抵押是指当债务人不能按期偿还债务，抵押资产的所有权将会转为债权人所有。抵押贷款与长期应付票据很相似，两者最大的不同就是抵押贷款有实物资产担保，而长期应付票据没有。同长期应付票据一样，抵押贷款也是由两部分构成，一部分是一年内到期的抵押贷款，另一部分是超过一年期的。

通常，抵押贷款每个月都要偿还本金和利息（通常债权人为银行）。最常见的抵押品是建筑物，比如你们家的房子。让我们来看一个例子。

假定在 2014 年 12 月 31 日，Smart Touch Learning 公司想要购买价值 150 000 美元的建筑物，公司首付 49 925 美元的现金，并签署了价值 100 075 美元，期限为 30 年的分期付款合同，合同年利率为 6%，从 2015 年 1 月 31 日起，公司每月支付 600 美元的本金和利息。这次交易的会计分录如下：

日期	账户和说明	借	贷	资产↑ 建筑物↑ 现金↓	=	负债↑ 抵押贷款↑	+	权益
2014 年								
12 月 31 日	建筑物	$150 000						
'	抵押贷款		100 075					
	现金		49 925					
	用现金和抵押贷款方式购买建筑物							

表 12-2 展示了 2014 年和 2015 年的部分摊销计划。

表 12-2　抵押贷款摊销计划表

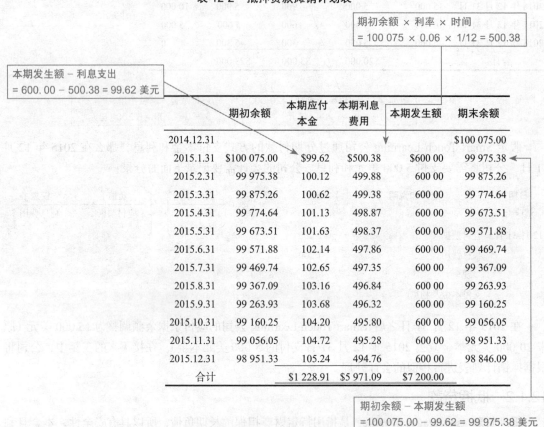

	期初余额	本期应付本金	本期利息费用	本期发生额	期末余额
2014.12.31					$100 075.00
2015.1.31	$100 075.00	$99.62	$500.38	$600 00	99 975.38
2015.2.31	99 975.38	100.12	499.88	600 00	99 875.26
2015.3.31	99 875.26	100.62	499.38	600 00	99 774.64
2015.4.31	99 774.64	101.13	498.87	600 00	99 673.51
2015.5.31	99 673.51	101.63	498.37	600 00	99 571.88
2015.6.31	99 571.88	102.14	497.86	600 00	99 469.74
2015.7.31	99 469.74	102.65	497.35	600 00	99 367.09
2015.8.31	99 367.09	103.16	496.84	600 00	99 263.93
2015.9.31	99 263.93	103.68	496.32	600 00	99 160.25
2015.10.31	99 160.25	104.20	495.80	600 00	99 056.05
2015.11.31	99 056.05	104.72	495.28	600 00	98 951.33
2015.12.31	98 951.33	105.24	494.76	600 00	98 846.09
合计		$1 228.91	$5 971.09	$7 200.00	

小贴士　注意随着时间的推移，本期应付本金逐渐增多，而利息费用逐渐减少。

在摊销计划表中有利息费用的计算。例如在 2015 年 1 月 31 日，第一期利息支付中，利息费用 = 100 075.00 × 6% × 1/12 = 500.38 美元。第一期支付的本金 99.62 美元是本月总支出数 600.00 美元与利息费用 500.38 美元之间的差额（600.00 - 500.38 = 99.62）。本期期末余额 99 975.38 美元是期初余额 100 075.00 美元与本期所支付本金之差（100 075.00 - 99.62 = 99 975.38）。编制摊销计划表之后，Smart Touch Learning 公司在第一期付款后，可以进行下列的会计处理：

日期	账户和说明	借	贷
2015 年	抵押贷款	99.62	
12 月 31 日	利息费用	500.38	
	现金		600.00
	支付本金和利息		

资产↓　现金↓ ＝ 负债↓　抵押贷款↓ ＋ 权益↓　利息费用↑

其他各期可以根据摊销计划表，进行相似的会计处理。

对比表 12-1 和表 12-2，在表 12-1 中，各期应付本金是一致的，而本期发生额是不一致的。然而在表 12-2 中，本期发生额一致，但各期应付本金不一致。长期负债有两种结构形式，一种是各期应付本金保持一致，一种是每期发生额保持一致。一直变化的是各期的利息费用。因为利息费用的数额是根据期初数进行计算的，而期初数不断降低，所以利息费用也是不断降低的。

提问 长期应付票据和抵押贷款的摊销计划表有什么不同呢？

练习题 2014 年 1 月 1 日，Fox 公司签署了票面金额为 80 000 美元、期限 4 年、年利率 4% 的票据。票据要求 Fox 公司每年 12 月 31 日支付 20 000 美元的本金和利息。

1. 编制 2014 年 1 月 1 日发行时的会计分录。
2. 编制 2014 年 12 月 31 日第一次付款的会计分录。

12.2 什么是债券

大公司需要大量的资金来维持正常的运营。公司可以从银行那里取得长期借款，也可以向公众发行债券进行融资。**应付债券**（bonds payable）是一种面向广大投资者发行的长期债务，债券的面值一般为 1 000 美元。例如，公司可以向单一债权人（银行）筹集 100 000 美元，也可以向 1 000 个投资者发行 1 000 张面值为 1 000 美元的债券。通过债券市场，公司可以向成千上万的投资者融资，筹集到大量资金，而不必向单一的银行借款。每一个投资者都可以自行决定购买的债券类型和数量。

同应付票据一样，每一个债券持有人可以获得一张凭证，展示公司借款的数额。凭证中会记录债券的面值，也就是债券发行的数量。票面面值又叫作**到期值**、**本金**和**票面价值**。公司将在债券到期日，偿还债券持有人面值数额的钱。

人们投资债券是为了赚取利息。债券的凭证记录了债券的利率，以及公司偿还利息的方式，通常是半年付息一次（一年两次）。例如，以面值 100 000 美元发行的债券，期限为 5 年，利率为 9%，每半年偿还一次利息，期末偿还本金，那么公司要支付 10 期的利息 4 500（＝ 100 000 × 0.09 × 6/12）美元，并在到期日支付面值大小的本金。该债券的现金流如下：

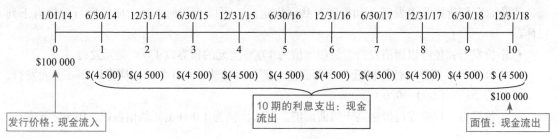

图 12-1 展示了 Smart Touch Learning 公司发行的债券凭证。请关注下列要素。

- **面值**（face valve）：债务人到期需要偿还的金额（也叫到期值、本金和票面价值）。
- **到期日**：债务人向债权人偿还本金的时间。
- **票面利率**（stated interest rate）：利率决定各期债务人偿还、债权人收到的利息（又叫名义利率、息票利率和名目利率）。

图 12-1　债券凭证

12.2.1　债券的种类

债券有很多种，具体如下。

- **单期债券**（term bonds）：这些债券只有一个固定的到期日。例如 100 000 美元的单期债券只能在 5 年后到期。
- **多期债券**（serial bonds）：这些债券标明有多个固定间隔到期日。例如 500 000 美元的多期债券，在 5 年中的每一年都偿还 100 000 美元。
- **抵押债券**（secured bonds）：该类债券，在债务人不能按期偿还本金和利息时，债权人有权拿走抵押品。
- **信用债券**（debentures）：信用债券没有实物资产的担保，它们是以公司信誉发行的债券。

12.2.2　债券价格

债券的发行价格是由发行人和投资者共同决定的，可以为任何金额。债券发行价格有下列三种。

- **平价发行**：债券以面值发行。例如面值为 1 000 美元的债券以 1 000 美元发行。
- **折价发行**：债券发行价格低于票面面值。例如面值为 1 000 美元的债券以 980 美元发行，折价 20（＝1 000－980）美元。
- **溢价发行**：债券发行价格高于票面面值。例如面值为 1 000 美元的债券以 1 015 美元发行，溢价 15（= 1 015 - 1 000）美元。

发行价格与到期日偿还的金额没有关系。几乎所有的债券，公司都会在到期日偿还面值金额的本金。

在债券发行后，债券持有人可以在债券市场进行买卖，正如股票持有人在证券市场进行股票的买卖。最著名的债券交易市场是纽约债券交易市场（NYSE），该交易市场有上千种上市的债券。

债券的价格以面值占比表示，例如：

- 面值为 1 000 美元的债券，可以以面值的 100% 作为交易价格，即为 1 000（= 1 000 × 1.00）美元。
- 面值为 1 000 的债券，可以以面值的 88.375% 作为交易价格，即为 883.75（= 1 000 × 0.883 75）美元。
- 面值为 1 000 的债券，可以以面值的 101.5% 作为交易价格，即为 1 015（= 1 000 × 1.015）美元。

发行价格决定了公司发行债券所得到的现金流入。所有债券，公司都是在到期日支付面值金额的本金。

表 12-3　债券价格信息

债券类型	交易量	最高价	最低价	收盘价
SMT 9% of 19	12	79.5	78.45	79.5

表 12-3 展示了 Smart Touch Learning 公司的债券价格信息。在这个交易日中，Smart Touch Learning 公司发行的利率为 9%、2019 年到期的债券有 12 个交易量。该交易日，债券最高价为 795(= 1 000 × 0.795) 美元，最低价是 784.50 (= 1 000 × 0.784 5) 美元，收盘价（最后一笔交易的价格）为 795 美元。

12.2.3　现值

钱生钱，就是**资金时间价值**（time valve of money）。本章最后的附录 12A 详细介绍了资金时间价值。

下面我们看看资金时间对债券价格的影响。假定一个面值为 1 000 美元的零息债券，到期日在 3 年以后。你愿意花 1 000 美元购买这样的债券吗？不会，因为你今天付出 1 000 美元，之后还是收回 1 000 美元，说明投资是没有回报的。那为了 3 年后收到 1 000 美元，你现在愿意支付多少钱呢？答案是少于 1 000 美元。假定 750 美元是公允价值。通过现在投资 750 美元，日后会收到 1 000 美元，说明在三年内你获得了 250 美元。下图就展示了债券价格（现值）与到期金额（终值）之间的关系。

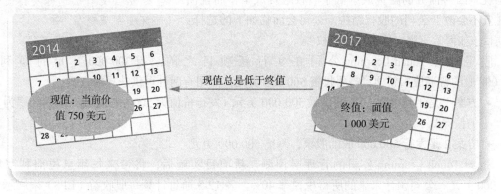

目前投资的金额就是**现值**（present valve）。现值就是债券的市场价格。在前面的例子中，750 美元就是现值（债券的市场价值），1 000 美元就是未来三年后收到的面值。在附录 12A 中，将展示现值的计算过程。

12.2.4 债券票面利率

债券以市场价格发行（首次交易的发行价格），该市场价值是未来利息流入的现值与期末本金流入现值的和。债券的价格与两种利率相关：

- 票面利率决定债务人每期偿还的利息。债券的票面利率会在债券凭证中指出，并且在债券存续期内保持不变。例如，Smart Touch Learning 公司发行的债券，票面利率为 9%（见图 12-1）。因此，Smart Touch Learning 公司每年要为每张面值为 1 000 美元的债券支付 90 美元的利息。每期利息的支付与债券的发行价格无关。
- **市场利率**（market interest rate）（又叫有效年利率）是指投资人借款所要求的报酬率。市场利率时刻都在变化。公司发行的债券票面利率与实际市场利率会不同，是因为债券印制时与发行时的时间不一致，在该时间差中，市场利率在不断变化。

Smart Touch Learning 公司在发行 9% 票面利率的债券时，市场利率可能已经达到 10%。这时候 Smart Touch Learning 公司能获得投资者的青睐吗？不会，因为投资者可以投资其他债券，获得 10% 的收益率。因此，投资者只会以低于债券面值的价格，购买 Smart Touch Learning 公司的债券。尽管 Smart Touch Learning 公司仍然按照 9% 的利率支付利息，但面值与发行价格之间折价的部分会弥补这部分利息不足，从而使投资者的收益率仍然保持在 10%。债券发行价格（低于 1 000 美元）和面值 1 000 美元之间的差额，正是市场利率 10% 和票面利率 9% 之间的差异导致的。

反过来，如果市场利率为 8%，Smart Touch Learning 公司发行的票面利率为 9% 的债券对投资者而言，就很有吸引力，这样投资者愿意支付比面值更高的价格购买该债券，因为债券将会获得比市场更多的利息。债券发行价格超过面值的部分就是溢价。表 12-4 展示了票面利率和市场利率如何决定票面价格。

表 12-4　票面利率、市场利率与债券价格之间的关系

例子：债券的票面利率为 9%

票面利率		市场利率		债券的发行价格
9%	=	9%	→	面值发行
9%	<	10%	→	折价发行（低于面值）
9%	>	8%	→	溢价发行（高于面值）

12.2.5 债券融资与股票融资的区别

发行债券会给公司带来财务风险：公司可能无法偿还债券的本金和利息。那公司为什么还愿意发行债券，而不是股票呢？因为债务的融资成本低于股权融资成本，而且债务融资不会改变公司的股权结构。公司会面临如下的选择：新项目该如何筹资呢？债券还是股权？

提问

公司为什么选择发行债券，而不是股票呢？

假定 Smart Touch Learning 公司在实行新项目之前，有 300 000 美元的净利润，100 000 股的普通股。新项目需要投资 500 000 美元，公司有两种可供选择的方案：

- 方案 1 是年利率为 10% 的借款 500 000 美元（发行价值为 500 000 美元，票面利率为 10% 的债券）。
- 方案 2 是发行 500 000 股的股票，筹集 500 000 美元。

Smart Touch Learning 公司的管理层预测，新项目实施后，将带来每年息税前利润增加 200 000 美元。公司预计未来的所得税税率 40%。表 12-5 通过计算每股收益（EPS）来展示债券融资的优点。

表 12-5　债券融资与股权融资对比

	方案 1：发行价值 500 000 美元，票面利率为 10% 的债券		方案 2：发行价值 500 000 美元的普通股
新项目实施前的净利润		$300 000	$300 000
新项目带来的息税前利润	$200 000		$200 000
减：利息费用（= $500 000 × 0.10）	50 000		0
新项目带来的息后税前利润	150 000		200 000
减：所得税（40%）	60 000		80 000
新项目净利润		90 000	120 000
公司合计净利润		$390 000	$420 000
新项目实施的每股收益			
方案 1（390 000 ÷ 100 000）		$3.90	
方案 2（420 000 ÷ 150 000）			$2.80

　　Smart Touch Learning 公司选择债券融资方式，可以获得更高的每股收益。如果企业经营良好，那么新项目带来的每年净利润（90 000 美元）大于每年需要支付的利息（50 000 美元）。通过借款增加的净利润多于利息支出，被称为**杠杆**（leverage）。这被广泛用于提高普通股的每股收益。从上表中可以注意到，在方案 2 下公司合计净利润是增多了，但每股收益却降低了，为什么呢？因为普通股的股数增多了 50 000。

　　债务融资可以提高公司的每股收益，但其也有缺点。不管获利与否，公司都需要支付债务。公司在某些年份可能没有足够的现金流偿还利息，这就导致债务义务无法兑现。不像股票的现金股利是由公司自己的政策决定，债务利息是必须支付的。没有足够的现金流偿还利息，会导致公司的破产。

> **练习题**　判断下列债券会以面值发行、折价发行，还是溢价发行：
> 1. 债券票面利率为 10%，市场利率为 8%。
> 2. 债券票面利率为 10%，市场利率为 10%。
> 3. 债券票面利率为 10%，市场利率为 12%。

12.3　如何用直线法摊销应付债券

　　发行应付债券最常见的分录是借现金、贷应付债券。前面我们已经提到，公司可以平价、折价或溢价发行债券或其他长期应付债券。我们从最简单的平价发行开始。

12.3.1　平价发行债券

　　Smart Touch Learning 公司发行了价值 100 000 美元的债券，5 年期、年利率为 9%。该债券在 2014 年 1 月 1 日以面值发行。债券发行时的会计分录如下：

日期	账户和说明	借	贷	资产↑ 现金↑	} = {	负债↑ 应付债券↑	+	权益
2014 年								
1 月 1 日	现金	100 000						
	应付债券		100 000					
	平价发行债券							

债务人——Smart Touch Learning 公司，在发行债券收到现金时，要做一笔会计分录。以后每年的 6 月 30 日和 12 月 31 日，支付利息时，也都要进行账务处理。Smart Touch Learning 公司每半年应付利息的分录如下：

日期	账户和说明	借	贷
2014 年			
6 月 30 日	利息费用（= $100 000 × 0.09 × 6/12）	4 500	
	现金		4 500
	每半年支付利息		

资产↓ 现金↓ = 负债 + 权益↓ 利息费用↓

以后，半年付息都做一样的会计分录处理。

12.3.2　折价发行债券

下面我们来看看折价发行的债券是如何进行账务处理的。折价发行也是最常见的发行方式。

我们知道，市场环境可能会迫使 Smart Touch Learning 公司折价发行债券。假定 Smart Touch Learning 公司发行价值为 100 000 美元的债券，5 年期、票面年利率为 9%，但市场利率为 10%。债券的市场价值是 96.149 美元，也就是面值的 96.149%。Smart Touch Learning 公司在发行时收到 96 149（= 100 000 × 0.961 49）美元，会计分录如下：

日期	账户和说明	借	贷
2014 年			
1 月 1 日	现金	96 149	
	应付债券利息调整（折价）	3 851	
	应付债券		100 000
	折价发行债券		

资产↑ 现金↑ = 负债↑ ↑ + 权益

进行上述账务处理后，应付债券的科目余额如下：

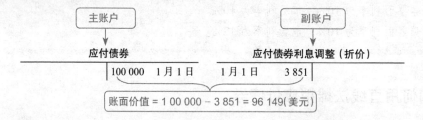

应付债券利息调整（折价）是应付债券的二级科目。**应付债券账面价值**（carrying amount of bonds）是应付债券减去应付债券利息调整（折价）。Smart Touch Learning 公司在发行后的资产负债表披露如下：

长期负债		
应付债券	$100 000	
减：应付债券利息调整（折价）	3 851	96 149

1. 折价发行债券的利息费用

在这个例子中，可以看到债券的票面利率与市场利率不同。市场利率为 10%，而债券的票面利率为 9%。这 1% 的利息差异带来了 3 851 美元的债券折价。因为投资者可以从其他债券投资中获得 10% 的利息率，但 Smart Touch Learning 公司只提供 9% 的利息率，所以投资者只愿意支付 96 149 美元来购买面值为 100 000 美元的债券。

虽然 Smart Touch Learning 公司只筹集到 96 149 美元，但在 5 年后债券到期时，还是要支付 100 000 美元。那 3 851 美元的折价怎么处理呢？这部分的折价本质上是属于 Smart Touch Learning 公司支付的额外利息。这额外的利息将票面利率计算的利息增加至市场利率 10% 计算的利息。将折价金额在多个会计期间进行分配就叫**摊销**，通常情况下该科目的余额是递减的。

2. 直线法摊销应付债券利息调整（折价）

应付债券利息调整（折价）在每个会计期间均等计入，就称为**直线摊销法**（straight-line amortization method）。这特别像前面固定资产折旧的直线法。在我们的例子中，最初应付债券利息调整（折价）的金额为 3 851 美元，债券年限为 5 年，付息 10 次。因此，每一期摊销的利息为 3 851 美元的 1/10（385 美元）。Smart Touch Learning 公司的半年期利息分录如下：

日期	账户和说明	借	贷	资产 ↑		负债 ↑	+	权益 ↑
2014 年				现金 ↑	} = {	↑		
6 月 30 日	利息费用（= 4 500 + 385）	4 885						
	应付债券利息调整（折价）（= 3 851 × 1/10）		385					
	现金（= 100 000 × 0.09 × 6/12）		4 500					
	每半年支付利息和摊销							

6 月期的利息费用 4 885 美元由以下两部分构成：

- 实际利息（现金方式支付 4 500 美元）。
- 应付债券利息调整（折价），385 美元。

2014 年 12 月 31 日还要做一笔相同的分录。因此，应付债券在 2014 年 12 月 31 日的科目余额为 3 081 美元。

应付债券			应付债券利息调整（折价）			
	100 000 （1 月 1 日）		（1 月 1 日） 3 851	385	（6 月 30 日）	
				385	（12 月 31 日）	
			余额 3 081			

那么，2014 年 12 月 31 日的资产负债表中应如何披露应付债券呢？

长期债券：		
应付债券	$100 000	
减：应付债券利息调整（折价）	3 081	$96 919

债券折价发行时，应付债券利息调整（折价）的科目余额是在借方。因此，在后续的摊销中是贷记应付债券利息调整（折价），以降低该科目的余额。10 期的摊销会将该科目的余额调整为 0，最后应付债券的账面价值为到期值的 100 000 美元——应付债券余额 100 000 美元减去应付债券利息调整（折价）余额 0。表 12-6 展示了该债券的摊销计划。

表 12-6　折价发行应付债券的摊销计划

	现金支出	利息费用	折价摊销	账面余额
2014 年 1 月 1 日				$96 149
2014 年 6 月 30 日	$4 500	$4 885	$385	96 534
2014 年 12 月 31 日	4 500	4 885	385	96 919
2015 年 6 月 30 日	4 500	4 885	385	97 304
2015 年 12 月 31 日	4 500	4 885	385	97 689
2016 年 6 月 30 日	4 500	4 885	385	98 074
2016 年 12 月 31 日	4 500	4 885	385	98 459
2017 年 6 月 30 日	4 500	4 885	385	98 844
2017 年 12 月 31 日	4 500	4 885	385	99 229
2018 年 6 月 30 日	4 500	4 885	385	99 614
2018 年 12 月 31 日	4 500	4 885	385	100 000*
合计	$45 000	$48 850	$3 850	

面值 × 票面利率 × 时间 =100 000 × 0.09 × 6/12= 4 500（美元）

现金支出 + 折价摊销 = 4 500+385=4 885（美元）

账面余额 + 折价摊销 = 96 149+385=96 534（美元）

折价摊销 =3 851/10=385 美元

* 已四舍五入。

12.3.3　溢价发行债券

为了阐述溢价发行债券的会计处理，我们还是用 Smart Touch Learning 公司的例子。假定 Smart Touch Learning 公司发行价值为 100 000 美元的债券，5 年期、票面年利率为 9%，但市场利率为 8%。票面利率 9% 高于市场利率 8%，对投资者的吸引更大，所以投资者愿意为购买该债券支付额外的溢价。假定债券的发行价格为 104.1 美元（面值的 104.1%）。在这种情况下，Smart Touch Learning 公司在发行后，可以收到 104 100 美元的现金。Smart Touch Learning 公司在发行时进行下列会计处理：

日期	账户和说明	借	贷	资产↑		负债↑	+	权益
2014 年				↑	=	↑		
1 月 1 日	现金	104 100						
	应付债券利息调整（溢价）		4 100					
	应付债券		100 000					
	溢价发行债券							

进行上述账务处理后，应付债券的科目余额如下：

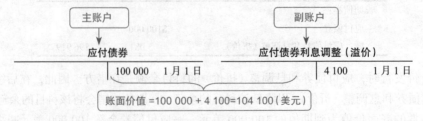

应付债券和应付债券利息调整（溢价）都是贷方余额的科目。应付债券利息调整（溢价）是应付债券的主账户。**主账户**（adjunct account）是指两个科目的在资产负债表的借贷方向一致，资产负债表的列报数是两个科目之和。主账户与副账户很相像，唯一不同的就是主账户的科目借贷方向一致，而副账户的借贷方向相反。因此，我们将应付债券和应付债券利息调整（溢价）两者科目余额作为应付债券列报的账面余额。Smart Touch Learning 公司发行债券后的资产负债表列报如下：

长期负债：		
应付债券	$100 000	
加：应付债券利息调整（溢价）	4 100	$104 100

1. 溢价发行债券的利息费用

票面利率 9% 与市场利率 8% 之间 1% 的差异，带来了 4 100 美元的债券溢价（= 104 100 美元 − 面值 100 000 美元）。Smart Touch Learning 公司筹集到了 104 100 美元的资金，但在 5 年后债券到期时，仍然支付 100 000 美元本金。溢价部分可以看成是 Smart Touch Learning 公司节约的利息。溢价降低了公司的借款成本，使之与市场利率 8% 相一致。债券溢价的摊销降低了每个计息会计期间的利息。

2. 直线法摊销应付债券利息调整（溢价）

在我们的案例中，最初应付债券利息调整（折溢价）的金额为 4 100 美元，债券年限为 5 年，付息 10 次。因此，每一期摊销的利息为 4 100 美元的 1/10（即 410 美元）。Smart Touch Learning 公司的半年期利息分录如下：

日期	账户和说明	借	贷	资产↓ 现金↓	负债↓ 应付债券 利息调整 （溢价）↓	+	权益↓ 利息费用↓
2014 年							
6 月 30 日	利息费用（= 4 500 − 410）	4 090					
	应付债券利息调整（溢价）（= 4 100×1/10）	410					
	现金（= 100 000×0.09×6/12）		4 500				
	每半年支付利息和摊销溢价						

利息费用 4 090 美元是由以下两部分构成：

- 实际利息（现金方式支付 4 500 美元）。
- 减应付债券利息调整（溢价），410 美元。

2014 年 12 月 31 日还要做一笔相同的分录。因此，应付债券在 2014 年 12 月 31 日的科目余额为 3 280 美元。

应付债券		应付债券利息调整（溢价）			
	100 000 （1 月 1 日）	（6 月 30 日） 410	4 100	（1 月 1 日）
		（12 月 31 日） 410		
			余额：	3 280

摊销利息费用后，2014 年 12 月 31 日的资产负债表披露的应付债券如下：

长期债券：		
应付债券	$100 000	
减：应付债券利息调整（溢价）	3 280	$103 280

债券的到期日为 2018 年 12 月 31 日，债券的溢价已经被完全摊销（应付债券利息调整（溢价）科目余额为 0），应付债券的资产负债表列报金额为 100 000 美元（应付债券科目余额）。表 12-7 展示了该债券的摊销计划。

表 12-7　溢价发行应付债券的摊销计划

面值 × 票面利率 × 时间
= 100 000 × 0.09 × 6/12 =
4 500（美元）

	现金支出	利息费用	溢价摊销	账面余额
2014 年 1 月 1 日				$104 100
2014 年 6 月 30 日	$4 500	$4 090	$410	103 690
2014 年 12 月 31 日	4 500	4 090	410	103 280
2015 年 6 月 30 日	4 500	4 090	410	102 870
2015 年 12 月 31 日	4 500	4 090	410	102 460
2016 年 6 月 30 日	4 500	4 090	410	102 050
2016 年 12 月 31 日	4 500	4 090	410	101 640
2017 年 6 月 30 日	4 500	4 090	410	101 230
2017 年 12 月 31 日	4 500	4 090	410	100 820
2018 年 6 月 30 日	4 500	4 090	410	100 410
2018 年 12 月 31 日	4 500	4 090	410	100 000
合计	$45 000	$40 900	$4 100	

现金支出 - 溢价摊销
= 104 100 - 410 =
103 690（美元）

账面余额 - 溢价摊销 =
4 500-410=4 090（美元）

溢价摊销 = 4 100/10
= 410（美元）

练习题　Schmidt 于 2014 年 1 月 1 日折价发行了面值 100 000 美元、10 年期、票面利率为 4% 的应付票据，发行价为面值的 98%。

1. 编制 2014 年 1 月 1 日发行债券时的会计分录。

2. 公司每半年付息一次，采用直线法摊销应付票据，编制 2014 年 6 月 30 日付息时的会计分录。

3. 假定债券的发行价为面值的 106%。编制发行时的会计分录，编制第一期付息时的会计分录。

12.4　如何编制应付债券的期末会计分录

债券的期末计量是指偿还本金的过程。债券可以在到期日偿还，也可以在到期日之前偿还。

12.4.1　到期日偿还本金

债券到期后，应付债券的账面余额总是与债券面值一致。在 Smart Touch Learning 公司的案例中，不管公司折价发行还是溢价发行，在到期日 2018 年 12 月 31 日，应付债券的账面价值与债券面值都是 100 000 美元。到期日的科目余额如下：

日期	账户和说明	借	贷
2018 年			
12 月 31 日	应付票据	100 000	
	现金		100 000
	到期日偿还本金		

资产↓		负债↓	+	权益
现金↓	=	应付票据↓		

12.4.2 到期日之前偿还本金

通常情况下，公司都会等到到期日再偿还本金，但是有的公司有时也会在到期日之前就偿还本金。这么做主要是为了缓解未来支付利息的负担。

有的债券是**可赎回的**（callable），公司可以在特定的价格进行债券的回购。因为可赎回债券赋予了债务人一定的权利，所以赎回价格一般等于面值，或略高于面值，大概是面值的 101% 或 102%。可赎回债券赋予了公司一定的赎回权，在对公司有利的情况下，公司可以自行赎回所发行的债券。回购债券的另一种方式就是在公开市场上买入公司自己发行的债券。不管是因为可赎回债券的权利，还是在公开市场上买入，都有着相同的会计处理。

决策　　　　　　　　　　**债券可以被赎回吗**

克里斯蒂娜·霍夫曼是霍夫曼公司的总裁，目前他正在与公司的主承销商讨论即将发行债券的条件。霍夫曼公司准备发行几只 100 万美元、期限 20 年、利率为 6% 的应付债券。债券将会以面值发行。主承销商建议霍夫曼公司发行可赎回债券。克里斯蒂娜应该如何决定呢？

解决方案

可赎回债券赋予霍夫曼公司提前赎回债券的权利。若未来市场利率下降，可赎回债券可以保护公司的利益。假如市场利率未来跌至 4%，霍夫曼公司可以将现在发行的债券赎回，再以 4% 的市场利率发行新的债券。霍夫曼公司可以重新融资，将高利率的债券回购，重新发行低利率的债券。通过发行可赎回债券，霍夫曼公司的债券利率可以进行改变，而不必要一直维持一个高水平的利率。

可供选择的方案

在发行可赎回债券之前，克里斯蒂娜必须进行慎重的考虑，因为有的投资者可能不愿意投资可赎回债券。债券的持有人一般是希望稳定地收到每一期的利息，但是可赎回债券不能保证未来现金流入的持续性。一旦债券被发行公司回购，投资者就不能获得以后每半年固定的利息，是否能立刻投资到新债券也是不可预计的。

假定 2014 年 12 月 31 日，Smart Touch Learning 公司溢价发行了面值 100 000 美元的可赎回债券，债券折价 3 081 美元（原本的折价为 3 851 美元 = 100 000 美元 − 96 149 美元），这样利息在 6 月 30 日和 12 月 30 日的摊销，就会是 381 美元。

市场利率变低，使得管理层现在就要偿还债券。每张债券的赎回价格为 100 美元。每张债券的市场价格为 95 美元，Smart Touch Learning 公司应该以 100 美元进行债券回购，还是应该从债券市场直接以 95 美元回购债券呢？因为目前公开市场的价格低于赎回金额，所以 Smart Touch Learning 公司会选择从债券市场直接以 95 美元回购债券。2014 年 12 月 31 日股票回购时，回购金额为 95 美元，赎回带来的收益 1 919 美元，会计分录如下：

赎回债券的面值	$100 000
减：折价	3 081
可赎回债券的账面余额	96 919
回购债券的市场价格（＝$100 000×0.95）	95 000
回购债券带来的收益	$ 1 919

回购后的会计分录如下：

日期	账户和说明	借	贷	资产↓ 现金↓	负债↓ 应付债券↓ 应付债券利息调整（折价）↓	＋	权益↑ 债券赎回收益↑
2014年							
12月31日	应付债券	100 000					
	应付债券利息调整（折价）		3 081				
	债券赎回收益		1 919				
	现金		95 000				
	到期日之前赎回债券						

编制完上述会计分录，应付债券的科目余额为0。

	应付债券				应付债券利息调整（折价）		
		100 000	（1月1日）	（1月1日）	3 851	385	（6月30日）
（12月31日）	$100 000					385	（12月31日）
		0				3 081	（12月31日）
						0	

上述会计分录将应付债券科目余额清零，并获得了赎回收益。对于溢价发行的债券，应付债券利息调整（溢价）科目会在借方。如果 Smart Touch Learning 公司只回购了一半的债券，那么应付债券利息调整（溢价或折价）也只借记一半的数目。

到期日前赎回债券的会计分录步骤如下：

（1）记录赎回前支付利息的会计分录，摊销应付债券利息调整（溢价或折价）。

（2）将未摊销的应付债券利息调整（溢价或折价）科目清零。

（3）以面值借记应付债券。

（4）贷记赎回收益，或借记赎回损失。

（5）贷记为赎回债券支付的现金。

练习题 Herrera 公司在 2014 年 1 月 1 日发行面值 400 000 美元、期限为 10 年、票面利率为 4.5% 的债券。编制在到期日偿还本金时的会计分录（特定时点）。

12.5 资产负债表如何披露负债信息

每一个会计期末，公司都要在资产负债表中披露流动负债和非流动负债。在本书前面的章节，已经提及负债有两种形式，一种是流动负债，另一种是长期负债（非流动负债）。表 12-8 展示了期末资产负债表中所披露的负债信息。

表 12-8　负债

Smart Touch Learning 公司资产负债表（部分）
2014 年 12 月 30 日
负债

流动负债：		
应付账款	$17 000	
代扣代缴职工个税	2 000	
应交税金	1 158	
应交医疗保险税	855	
应付职工福利	180	
应交联邦费用	20	
应付地方失业保险税	15	
应付联邦失业保险税	60	
应付职工奖金	1 000	
应付带薪福利	800	
预计应付保证金	700	
应付票据（短期）	400	
1 年内到期的抵押贷款	1 305	
1 年内到期的长期应付票据	5 000	
流动负债合计		$30 493
长期负债：		
应付票据	15 000	
抵押贷款	97 541	
应付债券	$100 000	
减：应付债券利息调整（折价）	3 081	96 919
长期负债合计		209 460
总负债		$239 953

练习题 2014 年 12 月 31 日，Weaver 公司的总账中有如下科目余额

（单位：美元）

应付票据（长期）	75 000	应付利息（明年到期）	720
应付债券（长期）	195 000	应交营业税金及附加	480
应付账款	20 400	应付债券利息调整（溢价）	5 850
应付工资	1 680	预计应付保证金	1 080

编制 2014 年 12 月 31 日 Weaver 公司资产负债表中的负债部分。

12.6 如何用产权比例评价公司绩效

　　负债合计与所有者权益合计之间的关系，可以用**产权比例**（debt to equity ratio）来表示，它表明了公司总资产中负债与所有者权益的占比情况。因此，该指标可以用来衡量财务杠杆。如果公司的产权比例大于 1，则说明公司资产中债券投入多于股权投入。如果公司的产权比例小于 1，则说明公司股权投入多于债券投入。产权比例越高，公司的财务风险越大。

绿山咖啡烘焙公司在 2011 年财报中公布了下列负债合计与所有者权益合计（单位：1 000 美元）：

	2011 年 9 月 24 日	2010 年 9 月 25 日
负债合计	$1 285 672	$671 329
所有者权益合计	1 912 215	699 245

绿山咖啡烘焙公司 2011 年 9 月 24 日的产权比例，计算如下：

$$产权比例 = 负债合计 \div 所有者权益合计 = 1\ 285\ 672 \div 1\ 912\ 215 = 0.67$$

绿山咖啡烘焙公司在 2011 年 9 月 24 日的产权比例小于 1，说明公司资产构成中，所有者权益部分大于负债部分。可以看出，公司产权比例由 2010 年的 0.96（＝ 671 329 ÷ 699 245）下降到 0.67，这主要是因为绿山咖啡烘焙公司在 2011 年发行了新股，使得所有者权益合计上升，进而导致产权比例的下降。绿山咖啡烘焙公司 2010 年和 2011 年的产权比例都可以说明公司的财务风险较低。

练习题　2014 年 12 月 31 日，Payne 公司的会计科目余额如下（单位：美元）：

总资产	60 000
负债合计	20 000
所有者权益合计	40 000

计算 2014 年 12 月 31 日的产权比例。

道德伦理　　　　　　　　　　**过度发债应该吗**

菲利普·马德是 Knightly 公司的总裁，也是最大的控股股东。菲利普拥有公司 54% 的股权。公司目前急需额外的现金流维持日常的经营活动。尽管菲利普知道公司已经有部分的债务，他还是在说服董事会发行新的债券。菲利普很清楚当新债券发行后，公司的产权比例会大幅提高，但公司的信用评级会降低，也会限制公司未来的借款能力，未来借款的利率也可能会较高。但是菲利普觉得用这些负面影响维持自己的控制权是值得的。如果公司不能发行新债，那就只能通过发行新股筹集所需的资金。菲利普已经没有富余的资金用于购买新发行的股票了，所以发行新股后，菲利普可能会失去对公司的绝对控制权。菲利普会怎么做呢？要是你，你会如何选择呢？

解决方案

道德伦理责任要求菲利普按公司利益最大化做正确的决定，而不是按个人利益最大化做决策。但是发行新债的决策中，菲利普只考虑了自己的需求，而损害了公司和其他股东的利益。菲利普明知道发行新债会对公司造成负面影响，还是坚持己见。尽管可能失去控制权，但菲利普仍然应该说服董事会发行股票，而不是发行债券。身为公司总裁的职责要求他，不能利用大股东的权力侵害公司的利益。

附录 12A：资金时间价值

 12.7 什么是资金时间价值？现值与终值该如何计算

今天的 1 美元比未来的 1 美元要值钱，因为你可以用今天的 1 美元进行投资，这样在未来你就可以获得收益，从而拥有更多的钱。资金时间价值是指货币随着时间的推移而发生的增值。这个理论就可以解释为什么我们愿意尽早地收回现金。资金时间价值也用在债券定价中。

12.7.1 资金时间价值涉及的概念

资金时间价值由下列三个因素决定：

（1）本金（p）

（2）期数（n）

（3）利率（i）

本金（p）是指投资的金额或是借款的金额。本金可以是一次性投入的，也可以是以年金的形式多次投入。比如，你的彩票中奖了，你有两种领奖的方式，一种是一次性获得奖金（一次性本金），另一种是以后各期获得等额的奖金（年金）。**年金**（annuity）就是定期的时间内一系列的等额等时间间隔的现金流入或现金流出。[⊖]例如，以后 12 个月中，每个月都能获得 100 美元。

期数（n）是指投资从始至终的时间长度。其他条件相同，期数越少，获得的收益越少。就比如你将相同的钱数放在银行 4 年或 5 年，5 年期的利息肯定高于 4 年期。对于债券而言，期数是指支付利息的次数。例如，一个期限为 5 年的债券，每半年付息一次，那期数就是 10（= 5 年 × 2 次 / 年）。

利率（i）是指投资的收益率，可以是年收益率，也可以是月收益率、季收益率或日收益率。利率应该以付息期间为单位。一个期限为 5 年的债券，每半年付息一次，票面年收益率为 10%，那么半年付息期的利率为 5%（= 10%/2）。利息可以用单利计算，也可以用复利计算。

1. 单利与复利

单利（simple interest）是指按照固定的本金计算的利息。**复利**（compound interest）是指在每经过一个计息期后，都要将所剩利息加入本金，以计算下期的利息。复利条件下假定所剩利息可以进行再投资，并且投资收益率与当前的收益率一致。表 12A-1 以本金为 10 000 美元、期限 5 年、利率 6% 的债券进行举例，比较单利与复利之间的差异。从表中可以看出，复利条件下的利息在不断上升，因为计算的基数（本金加上前期所有利息之和）是在不断上升的。在整个投资期间，复利计算下的利息要高于单利计算下的利息。大多数的投资都是用复利进行计算，所以在本章中，如没有特别指出，都是指复利条件。

表 12A-1 单利与复利的差异

（以本金 10 000 美元，期限 5 年，利率 6% 债券为例）

年数	单利计算过程	单利利息	复利利息过程	复利利息
1	$10 000 × 6%	$600	$10 000 × 6%	$600
2	$10 000 × 6%	600	($10 000+$600) × 6%	636
3	$10 000 × 6%	600	($10 000+$600+$636) × 6%	674

⊖ 普通年金是指在每一期期末支付的年金，预付年金是指在每一期期初支付的年金。在本章中，我们一般都是指普通年金。

（续）

年数	单利计算过程	单利利息	复利利息过程	复利利息
4	$10 000 × 6%	600	($10 000+$600+$636+$674) × 6%	715
5	$10 000 × 6%	600	($10 000+$600+$636+$674+$715) × 6%	758
	利息合计	$3 000	利息合计	$3 383

表 12A-1 中复利的计算很烦琐，幸运的是，我们可以用工具进行计算。商业计算器和办公软件 Excel 都已经编制了这些计算的公式。此外，复利现值系数表可以简化计算。

2. 现值因素

现值和终值就是项目在不同时间点的不同价值。只要知道：本金、期数、利率，我们就可以计算投资项目的现值和终值。例如，在表 12A-1 中，知道本金为 10 000 美元，投资期数为 5 年，利率为 6%，就可以进行计算了。简单来说，终值就是最初的本金加上利息。在我们的例子中，投资项目的终值如下：

终值 = 本金 + 利息收入 =10 000 + 3 383 = 13 383（美元）

如果我们今天投资了 10 000 美元，那么现值就是 10 000 美元。所以另一种计算终值的方式如下：

终值 = 现值 + 利息收入

这个等式也可以表示为：

现值 = 终值 – 利息收入

10 000 美元 = 13 383 美元 – 3 383 美元

现值与终值唯一的差异就是投资期间的利息差异。

按照表 12A-1 的思路，先计算每一期的利息，然后计算终值为本金与总利息之和（或现值为终值和总利息之差），这样的计算很复杂。幸运的是，知道期数（n）和利率（i），就可以利用公式计算终值和现值了。年金形式的本金投入也有自己的计算公式。

这些公式在大多数的商业计算器中都有，所以用户仅需要正确输入本金、利率和期数就可以计算现值和终值了。这些公式在办公软件 Excel 中也有。在本章中，我们用现值系数表进行计算。根据利率和期数，就可以在现值系数表查到计算结果。

计算公式和结果在本书最后的附录 12B 中展示：

（1）1 美元的复利现值系数（见附录 12B，表 12B-1）：用来计算一次性的现金流入和流出的现值。

（2）1 美元的年金现值系数（见附录 12B，表 12B-2）：用来计算等额等期的年金现值。

读者可以花点时间看看后面的现值系数表，因为在本章后续的内容中会一直用到这个知识点。注意列表示利率（i），行表示期数（n）。

表中的每个值就是投资额为 1 美元的现值系数（简称 PV）。如果要计算超过 1 美元投资额的现值，直接将 PV 乘以投入数即可。

年金现值表是由普通现值系数表衍化而来的。年金现值系数就是每一期等额投入的现值之和。年金现值系数表简化了计算，我们不再需要计算每一期的年金现值然后再相加了。

12.7.2 年金现值系数

计算现值的过程也叫作未来现金流的贴现，因为未来现金流总是低于现在的现金流。让我们回顾一下表 12A-1 的例子，终值是 13 383 美元。问题就是："如果我要求的收益率是 6%，为了未来获得 13 383 美元，现在应该投入多少钱呢？"我们可以用现值系数进行计算。

$$现值 = 终值 \times 复利现值系数\ (i = 6\%,\ n = 5)$$

我们可以从现值系数表（见附录 12B，表 12-10）中查到 1 美元的现值系数。我们选用的是一次投入的现值投入。我们可以查到第 6 列 6%、第 5 行 5 期的现值系数为 0.747，所以计算结果如下：

$$现值 = 终值 \times 复利现值系数\ (i = 6\%,\ n = 5) = 13\,383 \times 0.747 = 9\,997\ (美元)$$

由于四舍五入导致的误差是 3（= 10 000 − 9 997）美元。因为书后的现值系数表保留了 3 位小数，所以计算不是很精确。同时表 12-9 中的计算也是四舍五入的。因此，在这里的计算有两次四舍五入。但是，这些误差是可以接受的，我们可以回答上述的问题了，如果我要求的收益率是 6%，为了未来获得 13 383 美元，现在应该投入 9 997 美元。也就是说，现在 9 997 美元的价值与未来 13 383 美元的价值相同。

12.7.3　年金现值系数

假定问题是你不想在 5 年后一次性收到 13 383 美元，而是希望 5 年内，每年年末都能收到 2 000 美元。每年收到 2 000 美元是等额等期收到的现金流，这是典型的年金形式。如果你要求的收益率是 6%，为了未来 5 年内每一年年末收到 2 000 美元，你现在愿意投入多少钱呢？

我们可以从年金现值系数表（见附录 12B，表 12B-2）中查到 1 美元的年金现值系数。我们选用的是年金投入的现值。我们可以查到第 6 列 6%、第 5 行 5 期的年金现值系数为 4.212，所以计算结果如下：

$$现值 = 年金 \times 年金现值系数\ (i = 6\%,\ n = 5) = 2\,000 \times 4.212 = 8\,424\ (美元)$$

这就意味着现在投资 8 424 美元，就可以在未来 5 年内共收回 10 000 美元（= 2 000 美元/年 × 5 年）。原因就是利息也可以进行再投资，得到新的利息。我们来核实一下计算过程（单位：美元）。

年份	[1] 期初余额	[2] 利息	[3] 收回金额	[4] 期末余额
	上期 [4]	[1]×6%	2 000 美元	[1]+[2]−[3]
0				8 424
1	8 424	505	2 000	6 929
2	6 929	416	2 000	5 345
3	5 345	321	2 000	3 666
4	3 666	220	2 000	1 886
5	1 886	114*	2 000	0

* 已四舍五入。

由上表可以看出，投资 8 424 美元一年就可以获得 505 美元的利息。第 1 期期末收回金额 2 000 美元，使得期末余额为 6 929（= 8 424 + 505 − 2 000）美元。5 年之后的期末余额为 0 美元，说明 5 年年金 2 000 美元的价值与现在的 8 424 美元的价值相同。

12.7.4　应付债券的现值

我们可以用前面讲的现值系数和年金现值系数，来计算应付债券的现值。应付债券的现值（市场价）构成如下：

- 到期日支付的本金的现值，一次性现金流出（复利现值系数）。
- 加未来利息支出的现值，利息是等额等期的现金流出，构成了年金（年金现值系数）。

1. 折价发行债券的现值

下面我们来计算 Smart Touch Learning 公司发行的 5 年期、利率为 9% 的债券的现值。票面面值为 100 000 美元，半年期票面利率为 4.5%（= 9%×6/12）。发行时，市场利率为 10%（半年期利率 5%）。因此，以后 10 期的半年期市场利率为 5%。我们用 5% 作为贴现率，来计算到期日支付的本金的现值和未来承诺利息支出的现值。债券的现值是 96 149 美元，计算结果如下：

本金的现值：

现值 = 终值 × 复利现值系数（$i = 5\%, n = 10$）

= 100 000×0.614

= 61 400（美元）

承诺利息的现值：

现值 = 每期现金流 × 年金现值系数（$i = 5\%, n = 10$）

=（100 000×9%×6/12）×7.722

= 34 749（美元）

应付债券的现值：

现值 = 本金的现值 + 承诺利息的现值

= 61 400 + 34 749

= 96 149（美元）

> **小贴士** 注意承诺利息的计算是用票面利率（= 9%×6/12 = 4.5%），而不是用市场利率 5%。这是因为债务人是根据票面的利率进行利息的支付，而不是根据市场利率计算利息。

2. 溢价发行债券的现值

我们再看看 Smart Touch Learning 公司溢价发行的债券现值的计算。假定市场利率为 8%（半年期利率 4%）。我们计算的债券现值如下：

本金的现值：

现值 = 终值 × 复利现值系数（$i = 4\%, n = 10$）

= 100 000×0.676

= 67 600（美元）

承诺利息的现值：

现值 = 每期现金流 × 年金现值系数（$i = 4\%, n = 10$）

=（100 000×9%×6/12）×8.111

= 36 500（美元）

应付债券的现值：

现值 = 本金的现值 + 承诺利息的现值

= 67 600 + 36 500

= 104 100（美元）

> **练习题** 2014 年 12 月 31 日，市场利率为 8%，Arnold 公司发行面值 200 000 美元、期限 10 年、利率为 6% 的债券。债券每半年付息一次。计算该债券发行时的现值。

附录 12B：用实际利率法摊销

 12.8 如何用实际利率法进行应付债券的摊销

在前面的内容中，我们介绍了直线法摊销应付债券。其实，对于溢价和折价发行的债券，用**实际利率法摊销**（effective-interest amortization method）更为精确，这里的实际利率指的是每一付息期的市场利率。本附录将探讨如何用实际利率法摊销溢价和折价的债券，这里运用到了现值的计算。

一般公认会计准则（GAAP）要求公司根据实际利率法摊销利息费用，除非实际利率法与直线法的结果差别不大，否则一律使用实际利率法。在这种情况下，两种方法都是可以的。两种方法的利息总数是一样的，但是各期分配的利息数不同。让我们看看实际利率法是如何计算的。

12.8.1 用实际利率法摊销折价发行债券

假定 Smart Touch Learning 公司发行面值 100 000 美元、票面利率 9% 的债券时，市场利率为 10%。该债券的到期日是 5 年后，每半年付息一次，所以付息期为 10 次。在附录 12A 中，我们已经计算了该债券的现值是 96 149 美元，债券折价 3 851(= 100 000−96 149) 美元。

在使用实际利率法时，利息费用是用票面余额和市场利率进行计算的，而应付利息是用票面价值和票面利率计算的。应付债券利息调整（折价）就是利息费用与应付利息的差额。表 12B-1 展示了实际利率法计算下的利息费用。

表 12B-1 实际利率法下折价债券的摊销计划表

	现金支出	利息费用	折价摊销	账面余额
2014 年 1 月 1 日				$96 149
2014 年 6 月 30 日	$4 500	$4 807	$307	96 456
2014 年 12 月 31 日	4 500	4 823	323	96 779
2015 年 6 月 30 日	4 500	4 839	339	97 118
2015 年 12 月 31 日	4 500	4 856	356	97 474
2016 年 6 月 30 日	4 500	4 874	374	97 848
2016 年 12 月 31 日	4 500	4 892	392	98 240
2017 年 6 月 30 日	4 500	4 912	412	98 652
2017 年 12 月 31 日	4 500	4 933	433	99 085
2018 年 6 月 30 日	4 500	4 954	454	99 539
2018 年 12 月 31 日	4 500	4 961*	461	100 000
合计	$45 000	$48 850	$3 851	

利息费用 − 现金支出 = 4 807 − 4 500 = 307（美元）

账面余额 + 摊销的折价 = 96 149 + 307 = 96 456（美元）

面值 × 票面利率 × 时间 = 100 000 × 0.09 × 6/12 = 4 500（美元）

账面余额 × 市场利率 × 时间 = 96 149 × 0.10 × 6/12 = 4 807（美元）

*已四舍五入。

计提利息费用时，实际利率法下的会计分录与直线法下会计分录的借贷科目一样，只是借贷的金额不同。Smart Touch Learning 公司在 6 月 30 日需要进行下列会计处理（单位：美元）

日期	账户和说明	借	贷
2014 年			
6 月 30 日	利息费用（= 96 149 × 0.10 × 6/12）	4 807	
	应付债券利息调整（折价）（= 4 807 − 4 500）		307
	现金（= 100 000 × 0.09 × 6/12）		4 500
	每半年支付利息和折价摊销		

资产↓　负债↑ + 权益↓
现金↓ = 应付债券
利息调整
（折价）↓
利息费用↑

不管选用哪种方法摊销，现金支出总额和利息费用总额都是一致的。你可以再回顾表 12-7
和表 12-10，进一步了解。

12.8.2　用实际利率法摊销溢价发行债券

Smart Touch Learning 公司也可能溢价发行债券。假定 Smart Touch Learning 公司发行面值
100 000 美元、票面利率 9% 的债券时，市场利率为 8%。债券的发行价格是 104 100 美元，债券
溢价 4 100 美元。

同折价发行债券相一致，若溢价发行时用实际利率法摊销，则利息费用是用票面余额和市场
利率进行计算的。应付债券利息调整（溢价）就是利息费用与应付利息的差额。表 12B-2 展示了
实际利率法计算下的利息费用。

表 12B-2　实际利率法下溢价债券的摊销计划表

	现金支出	利息费用	折价摊销	账面余额
2014 年 1 月 1 日				$104 100
2014 年 6 月 30 日	$4 500	$4 164	$336	103 764
2014 年 12 月 31 日	4 500	4 151	349	103 415
2015 年 6 月 30 日	4 500	4 137	363	103 052
2015 年 12 月 31 日	4 500	4 122	378	102 674
2016 年 6 月 30 日	4 500	4 107	393	102 281
2016 年 12 月 31 日	4 500	4 091	409	101 872
2017 年 6 月 30 日	4 500	4 075	425	101 447
2017 年 12 月 31 日	4 500	4 058	442	101 005
2018 年 6 月 30 日	4 500	4 040	460	100 545
2018 年 12 月 31 日	4 500	3 955*	545	100 000
合计	$45 000	$40 900	$4 100	

现金支出 − 利息费用 =
4 500 − 4 164 = 336（美元）

账面余额 − 摊销的折价
= 104 100 − 336=103 764（美元）

面值 × 票面利率 × 时间 = 100 000
× 0.09 × 6/12 = 4 500（美元）

账面余额 × 市场利率 × 时间 =
104 100 × 0.08 × 6/12 = 4 164（美元）

* 已四舍五入。

Smart Touch Learning 公司在 6 月 30 日需要进行下列会计处理：

日期	账户和说明	借	贷
2014 年			
6 月 30 日	利息费用（= 104 100 × 0.08 × 6/12）	4 164	
	应付债券利息调整（溢价）（= 4 500 − 4 164）	336	
	现金（= 100 000 × 0.09 × 6/12）		4 500
	每半年支付利息和溢价摊销		

资产↓　负债↓ + 权益↓
现金↓ = 应付债券
利息调整
（折价）↓
利息费用↑

不管选用哪种方法摊销，现金支出总额和利息费用总额都是一致的。你可以再回顾表 12-8 和表 12-11，进一步了解。

> **练习题** 在 2014 年 1 月 1 日，市场利率为 6%，Hawkins 公司发行了面值 200 000 美元、票面利率为 8%、5 年期的应付债券。该债券每半年付息一次。Hawkins 公司发行的时候获得现金流入 217 040 美元。假定每年 6 月 30 日和 12 月 31 日支付利息。用实际利率法编制两次付息期的摊销计划表。

知识回顾

☞重要知识点

1 如何进行长期应付票据和抵押贷款的会计计量？

- 长期应付票据和抵押贷款是在资产负债表中的长期负债中披露。
- 编制摊销计划表，表明本金和利息之间的摊销，以及期初期末余额。
- 抵押贷款是使用特定实物资产进行担保的长期负债。

2 什么是债券？

- 债券是面向众多投资人发行的长期负债，债券的面值一般为 1 000 美元。
- 债券要求在到期日归还面值金额的本金，按照票面利率进行利息的支付。
- 债券可以平价发行、折价发行或溢价发行。
  - ◆平价发行：债券以票面面值发行。票面利率与市场利率相同。
  - ◆折价发行：债券以低于票面面值的金额发行。票面利率低于市场利率。
  - ◆溢价发行：债券以高于票面面值的金额发行。票面利率高于市场利率。

3 如何用直线法进行应付债券摊销的会计核算？

- 发行债券最基本的分录是借现金、贷应付债券。
  - ◆若债券是折价发行，应付债券利息调整（折价）在借方，金额为面值和发行价的差额。
  - ◆若债券是溢价发行，应付债券利息调整（溢价）在贷方，金额为面值和发行价的差额。
- 计提利息最基本的分录是借利息费用、贷现金。
  - ◆应付债券利息调整（折价或溢价）要在债券期限内摊销完。
  - ◆直线法摊销是将应付债券利息调整（折价或溢价）在每个付息期内均等摊销。

4 如何进行应付债券期末的会计处理？

- 如果是在到期日进行债券本金的支付，借应付债券、贷现金，金额为债券的面值。
- 如果是在到期日之前进行债券回购，要冲销应付债券利息调整（折价或溢价）科目余额，贷记回购收益或借记回购损失。

5 负债在资产负债表中如何披露？

- 负债在资产负债表中分流动负债和非流动负债，分开进行披露。
- 应付债券是用总账的余额披露。

6 如何用产权比例评价公司绩效？

- 产权比例用来反映负债合计与所有者权益合计的占比情况。
- 负债合计 ÷ 所有者权益合计。

7 什么是资金时间价值？未来现金流入的现值如何计算（见附录 12A）？

- 资金时间价值是指货币随着时间的推移而发生的增值。该理论解释了为什么我们愿意更早地收到现金流。
- 一次复利是指未来一次的现金流入或流出。
- 年金是指未来等额等期的多次现金流入或流出。
- 计算复利现值的公式。
- 现值 = 终值 × 复利现值系数 $(i = ?\%, n = ?)$。
- 计算年金现值的公式。
- 现值 = 等额现金流 × 年金现值系数 $(i = ?\%, n = ?)$。

8 如何用实际利率法摊销应付债券（见附录 12B）？

- 实际利率法根据市场利率，将应付债券利息调整（溢价或折价）摊销到各付息期。
- 对于折价或溢价发行的债券，实际利率法是用每一付息期的市场利率进行利息的摊销。

☞汇总习题

西弗吉尼亚州电力公司发行的 10 年期债券，票面利率为 8%，到期日是 2024 年 6 月 30 日。债券在 2014 年 6 月 30 日发行，该公司于每年 6 月 30 日和 12 月 31 日支付利息。

要求：

①当市场利率为 7% 时，债券是平价发行、溢价发行，还是折价发行？当市场利率为 10% 呢？

②西弗吉尼亚州电力折价发行面值为 100 000 美元的债券，折价额为面值的 87.548%。

　a. 编制 2014 年 6 月 30 日发行时的会计分录。

　b. 使用直线法摊销，记录 2014 年 12 月 31 日计提利息的会计分录。

　c. 计算 2014 年 12 月 31 日应付债券的科目余额。

　d. 编制 2015 年 6 月 30 日计提利息的会计分录。

☞答案

- **要求①**

  如果市场利率为 7%，债券会溢价发行。

  如果市场利率是 10%，债券会折价发行。

- **要求②**

日期	账户和说明	借	贷
(a) 2014 年	现金（$100 000 × 0.875 48）	87 548	
6 月 30 日	应付债券利息调整（折价）（$100 000 − 87 548）	12 452	
	应付债券		100 000
	折价发行债券		
(b) 2014 年	利息费用（$4000 + 623）	4 623	
12 月 31 日	应付债券利息调整（折价）（$12 452 × 1/20）		623
	现金（$100 000 × 0.08 × 6/12）		4 000

　c. 2014 年 12 月 31 应付债券的科目余额

长期负债：		
应付债券	100 000 美元	
减：应付债券利息调整（折价）（$12 452 − 623）	11 829	88 171 美元

日期	账户和说明	借	贷
(d) 2015 年 6 月 30 日	利息费用（$4 000 + $623）	4 623	
	应付债券利息调整（折价）（$12 452 × 1/20）		623
	现金（$100 000 × 0.08 × 6/12）		4 000

☞ 关键术语

adjunct account　主账户　两个会计科目直接相关，两者借贷方向一致，资产负债表列报金额为两者之和。

amortization schedule　摊销计划　详细记载该应付票据期初期末余额，以及本期摊销的本金和利息发生额。

annuity　年金（见附录 12A）一系列等额的现金流入或现金流出。

bond payable　应付债券　是一种面向广大投资者发行的长期债务，债券的面值一般为 1 000 美元。

callable bonds　可赎回债券　发行人可以以特定的价格进行债券的回购。

carrying amount of bonds　应付债券账面价值　应付债券科目余额，减应付债券利息调整（折价），加应付债券利息调整（溢价）。

compound interest　复利（见附录 12A）在每经过一个计息期后，都要将所剩利息加入本金，以计算下期的利息。

debentures　信用债券　信用债券没有实物资产的担保，它们是以公司信誉发行的债券。

debt to equity ratio　产权比例　用总负债除以所有者权益合计（负债合计 ÷ 所有者权益合计）。

discount on bonds payable　折价发行债券　债券发行价格低于票面面值。

effective-interest amortization method　实际利率法摊销（见附录 12B）指对于折价或溢价发行的债券，用每一付息期的市场利率进行利息的摊销。

face value　面值　债务人到期需要偿还的金额。

leverage　杠杆　借款增加的净利润多于利息支出。

market interest rate　市场利率　投资人借款所要求的报酬率。

mortgage payable　抵押贷款　有特定实物担保的长期借款。

premium on bonds payable　溢价发行债券　债券发行价格高于债券面值。

present value　现值　投资人现在投入的金额，该金额在未来会收到更多的现金流入。

secured bonds　抵押债券　当债务人不能按期偿还债务时，抵押资产的所有权将会转为债权人所有。

serial bonds　多期债券　债券标明有多个固定间隔到期日。

simple interest　单利（见附录 12A）按照固定的本金计算的利息。

stated interest rate　票面利率　利率决定债务人偿还、债权人收到的各期利息。

straight-line amortization method　直线摊销法　将应付债券利息调整（折价或溢价）平均分配到每个付息的会计期间。

term bonds　单期债券　债券只有一个固定的到期日。

time value of money　资金时间价值　资金随着时间的推移可以创造价值。

☞ 快速测验

1 Flipco 于 2014 年 1 月 1 日签订了 10 年期的应付票据，面值为 800 000 美元。该票据要求每年 12 月 31 日支付 80 000 美元和 5% 的利息。那么 2015 年 12 月 31 日计提利息费用时的会计分录，包括：

　　a. 借财务费用 36 000 美元　　　　　　　　　　b. 借财务费用 40 000 美元

    c. 贷应付票据 80 000 美元   d. 贷现金 120 000 美元

2 Daniels 公司发行的债券票面利率为 5%，市场利率为 7%。Daniels 债券会：

    a. 以面值发行   b. 平价发行   c. 溢价发行   d. 折价发行

3 债券标明有多个固定间隔到期日叫：

    a. 单期债券   b. 多期债券   c. 定期债券   d. 终期债券

4 Alan Smith 古董公司发行了 20 年的债券，票面利率为 7%，发行价格为 846 720 美元（面值 900 000 美元）。公司采用直线法摊销债券。每一年的利息费用为：

    a. 65 664 美元   b. 60 336 美元   c. 63 000 美元   d. 59 270 美元

5 Nicholas Smith 健身公司发行了 20 年期、面值为 700 000 美元的可流通债券。该债券在 10 年前发行，发行时是折价发行的，当时的发行价为 56 000 美元。公司采用直线法摊销债券。当前应付债券的科目余额为：

    a. 672 000 美元   b. 644 000 美元   c. 700 000 美元   d. 728 000 美元

6 Vasquez 公司发行了面值为 400 000 美元、票面利率为 8%、期限为 20 年的债券，债券折价发行，发行价是面值的 95%。债券到期日的会计分录是：

a.

借：应付债券	380 000	
贷：现金		380 000

b.

借：现金	400 000	
贷：应付债券		400 000

c.

借：应付债券	400 000	
贷：现金		400 000

d.

借：现金	380 000	
贷：应付债券		380 000

7 Sassy 公司的试算平衡表显示，应付债券的科目余额为 200 000 美元，应付债券利息调整（折价）的科目余额为 2 000 美元。债券在 10 年后到期。资产负债表中的应付债券账户的期末余额为：

    a. 应付债券账户的期末余额为 198 000 美元（扣除 2 000 美元），列示在长期负债部分

    b. 应付债券账户的期末余额为 200 000 美元，列示在长期负债部分。2 000 美元的折价反映在流动负债中的主账户

    c. 应付债券账户的期末余额为 200 000 美元，列示在长期负债部分

    d. 应付债券账户的期末余额为 200 000 美元，列示在长期负债部分。2 000 美元的折价反映在流动负债中

8 产权比例的计算公式是：

    a. 总资产 ÷ 所有者权益合计   b. 流动负债合计 ÷ 所有者权益合计

    c. 负债合计 ÷ 总资产   d. 负债合计 ÷ 所有者权益合计

9 迈克·戈登希望 5 年后收到 80 000 美元，他期望的报酬率是 2%，那么他现在应该投资：

    a. 42 170 美元   b. 72 480 美元   c. 76 080 美元   d. 88 320 美元

10 Hicks 公司发行了面值 500 000 美元、票面利率为 5% 的 10 年期债券，债券折价发行，发行价为面值的 92%，市场利率为 6%，该债券每半年付息一次。用实际利率法摊销应付债券，那么第一期计提利息的会计分录是：

a.

借：利息费用	14 500	
贷：应付债券利息调整（折价）		2 000
现金		12 500

b.

借：利息费用	13 800	
贷：应付债券利息调整（折价）		1 300
现金		12 500

c.

借：利息费用	17 000	
贷：应付债券利息调整（折价）		2 000
现金		15 000

d.

借：利息费用	16 300	
贷：应付债券利息调整（折价）		1 300
现金		15 000

进步评估

☞复习题

1 1年内到期的应付票据在资产负债表中如何披露?

2 什么是摊销计划表?

3 抵押贷款是什么?

4 应付债券是什么?

5 票面利率和市场利率的区别是什么?

6 应付债券折价什么时候发生?

7 应付债券溢价什么时候发生?

8 当发行债券的时候,它的现值是多少?

9 为什么公司选择发行债券而不是发行股票?

10 债券的账面价值是什么?

11 关于债券折价和溢价,直线摊销法是什么?

12 应付债券折价的主账户是什么?是增加还是减少应付债券来决定应付债券面值?

13 应付债券溢价的主账户是什么?是增加还是减少应付债券来决定应付债券面值?

14 债券回购的会计处理是什么?

15 当一个公司回购债券时意味着什么?

16 资产负债表上两种负债分类是什么?举例说明。

17 产权比例是什么,怎样计算?

18 解释影响货币时间价值的因素?

19 年金是什么?

20 复利和单利的区别是什么?

21 关于债券折价和溢价,什么是最有效的利率摊销方法?

☞简单练习

S12-1 对长期应付债券的会计处理。

在 2014 年 1 月 1 日,LeMay-Finn 发行了一个 200 000 美元、5 年期、票面利率为 6% 的债券。这项负债需要 LeMay-Finn 在每年 12 月 31 日偿还固定的本金 40 000 美元,加上利息支付。

要求:①编制 2014 年 1 月 1 日的会计分录。②编制 2014 年 12 月 31 日的会计分录。

S12-2 对抵押贷款的会计处理。

伊桑购买了一座市场价值 250 000 美元的建筑物和 50 000 美元的土地。在 2014 年 1 月 1 日,伊桑支付了 20 000 美元现金,并办理了一个 20 年、利率 6% 的抵押贷款。摊销计划表显示伊桑在第一年将付 7 475 美元的本金。

要求:①编制 2014 年 1 月 1 日购买时的会计分录。②编制 2014 年 1 月 31 日月支付 2006 美元的分录。

S12-3 债券价格的决定因素。

债券价格取决于市场的利率、票面利率、时间。根据票面是利率与市场利率的对比,确定是平价发行、折价发行,还是溢价发行。

a. 市场利率是 6%。Boise 发行利率为 5.75% 的应付债券

b. Dallas 发行 8% 的应付债券,市场利率是 7.25%

c. Cleveland's Cables 发行 7% 的债券，当市场利率是 7% 的时候

d. Atlanta's Travel 发行应付债券利率是 7.5%，当市场利率是 9.25% 的时候

S12-4 债券定价。

债券价格取决于市场利率、票面利率和时间。

要求：

①计算利率为 7% 的 United Telecom 公司的债券价格。

    a. 500 000 美元，发行价为面值的 76.75%

    b. 500 000 美元，发行价为面值的 104.75%

    c. 500 000 美元，发行价为面值的 95.75%

    d. 500 000 美元，发行价为面值的 104.25%

② United Telecom 公司将会支付哪一种债券，直到债券到期时？加以解释。

S12-5 决定债券的数量。

Superb Drive-Ins 通过借钱发行 6 000 000 美元利率为 4% 的债券，支付 97.5。

要求：①当它发行债券时，将会收到多少现金？②债券到期时，偿还多少本金？③每六个月支付多少利息？

S12-6 债券交易的会计处理。

发行 40 000 美元、5% 利率、10 年期债券，在 2014 年 1 月 1 日支付 90。

①编制 2014 年 1 月 1 日发行时的会计分录

②编制 2014 年 7 月 1 日债券折价或溢价发行的半年期利息和摊销分录

S12-7 债券交易的会计处理。

Worthingon Mutual Insurance 公司发行 50 000 美元、利率为 5%、10 年期的应付债券，支付 108，2014 年 1 月 1 日。

要求：编制① 2014 年 1 月 1 日的应付债券分录。② 2014 年 7 月 1 日的债券折价或溢价发行的半年期利息或摊销分录。

S12-8 持有至到期的债券交易的会计处理。

弗农公司发行 110 000 美元、利率 6.5%、15 年的应付债券。编制弗农公司的会计分录并加以解释。

a. 2014 年 1 月 1 日应付债券发行时。

b. 2014 年 7 月 1 日支付半年期利息时。

c. 支付到期债券。

S12-9 未到期支付债券。

在 2014 年 1 月 1 日，普拉茨发行 200 000 美元、利率 9%、5 年期的债券，支付 106。普拉茨有额外的现金，并且希望在 2015 年 1 月 1 日，实施第二次半年期利息支付后偿还债券。为了偿还债券，普拉茨支付市场价格 96。

要求：①普拉茨在到期日债券票面价值是多少？②普拉茨支付到期债券的现金是多少？③计算到期债券的利得和损失。

S12-10 在资产负债表上的负债。

Luxury Suites 酒店报告了以下数据（2014 年 12 月 31 日）：

应付票据（长期）	$125 000	应付账款	$34 000
应付债券（2020 年）	325 000	应付债券折扣	9 750
应付利息（明年）	1 200	应付工资	2 800
估计保修协议支付	1 800	应交销售税	800

编制 2014 年 12 月 31 日资产负债表的负债部分。

S12-11 资产负债表上的负债。

Blue Sock 公司的数据（2014 年 6 月 30 日）：

现金	$138 000	应付工资	$6 500
应付票据（长期）	117 000	建筑物，折旧净值	780 000
应付账款	13 200	应付利息（明年）	2 400
应付票据（当前）	8 000	FICA 应付税款	1 900
当前股本	100 000	应收账款	145 000
应付债券溢价	12 000	应付债券	400 000
应付销售税	4 000	留存收益	398 000

编制 2014 年 6 月 30 日 Blue Sock 公司资产负债表的负债部分。

S12-12 计算产权比例。

Robertson 公司 2014 年 12 月 31 日有以下科目：

总资产	$51 200
总负债	23 700
所有者权益总额	27 500

计算 2014 年 12 月 31 日的产权比例。

S12-13 资金时间价值。

你的祖父想分享一些财富给你。他提供给你以下选择：

① 7 000 美元每年，在接下来的每 5 年中；

② 40 040 美元，现在；

③ 80 200 美元，在今后的第五年。

要求： ①计算折扣率为 6% 的每一场景的当前价值。哪一个有最高的面值？②如果 12% 的折扣率你会选择哪个？

S12-14 确定债券发行价。

在 2014 年 12 月 31 日，市场利率为 10%，公司发行了面值为 800 000 美元、票面利率为 7.25%、10 年期的债券，半年付息。债券发行价是多少？

S12-15 实际利率摊销法。

根据 12-14 的应付债券的数据。

要求： ①使用实际利率摊销法制作摊销表，针对前两个半年期间。②使用要求①的实际利率摊销表，编制发行债券和前两次付息时的会计分录。

S12-16 实际利率摊销法。

2014 年 12 月 31 日，O'Brien 房地产公司发行了面值为 800 000 美元、票面利率 7.25%、为期 10 年的债券，此时的市场利率是 6%。该债券每半年付息一次。O'Brien 房地产通过债券融资获得了 874 662 美元的现金流。

要求： ①用实际利率编制前两个付息期的摊销计划表（四舍五入到美元）。②根据要求①中编制的摊销计划表，编制发行时和前两个付息期的会计分录。

☞习题

如没有特殊说明，后面习题的摊销方法均为直线法摊销。

E12-17 长期应付票据交易的会计处理。

下表是站点音乐发行公司的应付票据交易。

2014 年	
3 月 1 日	为购买设备，发行面值 80 000 美元、票面利率为 12%、为期 8 年的应付票据。票据要求公司每年 3 月 1 日偿还本金 10 000 美元和利息
12 月 31 日	计提应付债券的利息
2015 年	
3 月 1 日	支付债券第一期的本金及利息
12 月 31 日	计提应付债券的利息

要求：①编制上述交易的会计分录。②假定站点音乐发行公司只有上述交易，那么公司在 2015 年 12 月 31 日的总负债是多少？

E12-18　编制抵押债券的摊销计划表和会计分录。

Kaiser 公司在 2014 年 1 月 1 日，购买了公允价值为 500 000 美元的土地和建筑物（建筑物 400 000 美元，土地 100 000 美元）。为此，Kaiser 公司签订了 20 年期、利率为 6% 的抵押贷款。合同约定 Kaiser 公司每个月偿还 3 582.16 美元。

要求：①编制 2014 年 1 月 1 日发行时的会计分录（不用写过程）。②编制前两个计息期的摊销计划表。③编制 2014 年 1 月 31 日的会计分录（精确值，不必四舍五入）。④编制 2014 年 2 月 28 日的会计分录（精确值，不必四舍五入）。

E12-19　分析各种融资方案。

为扩大经营，NM 电力公司需要筹集 2 000 000 美元，面前有两种可供选择的方案，方案 A 是发行利率为 7% 的债券，方案 B 是发行 200 000 股的普通股。在融资方案实施前，NM 公司的净利润是 200 000 美元，有 100 000 股的普通股。管理层预测投资这笔资金后，公司的息税前利润会增加 400 000 美元。所得税率 30%。分析 NM 电力公司选择哪种方案可以获得更高的每股收益，参考表 12-6。

E12-20　决定债券的发行价和利息费用。

Adams 公司为了扩张，准备发行面值 520 000 美元、利率为 6%、为期 5 年的债券。公司所有者 Shane Adams 想就相关问题咨询你。

要求：

①回答下列问题：

a. 什么情况下，公司的现金支出等于利息费用？

b. 什么情况下，公司的利息费用大于现金支出？

c. 若市场利率为 7%，Adams 公司以何种方式发行债券？

②债券发行价为面值的 98%，计算发行价。

③Adams 公司每年实际现金支付多少利息？ Adams 公司发行第一年的预计利息费用是多少？

E12-21　债券发行和支付利息的会计分录。

6 月 30 日，Dogwood 有限公司发行了面值为 130 000 美元、利率为 8%、为期 20 年的债券。债券发行价为面值的 94%，且每年 6 月 30 日和 12 月 31 日支付利息。

要求：①编制 6 月 30 日发行时的会计分录。②编制第一个 12 月 31 日支付利息的会计分录。

E12-22　编制债券交易的会计分录。

2014 年 1 月 1 日，Clark 公司发行面值 50 000 美元、利率为 9% 的债券。公司每年的 1 月 1 日和 7 月 1 日支付利息，公司以直线法摊销折价或溢价。公司可以在任何情况下发行债券。

要求：①如果债券平价发行，编制公司发行时和第一个计息期的会计分录。只写分录，不写计算过程。②如果公司以面值的 95% 折价发行，编制公司发行时和第一个计息期的会计分录。只写分录，不写计算过程。③如果公司以面值的 106% 溢价发行，编制公司发行时和第一个计息期的会计分录。只写分录，不写计算过程。④哪种情况下，Clark 公司支付的利息费用最多？详细说明。

E12-23　编制债券发行和利息支付时的会计分录。

2014 年 1 月 1 日，Noah 无限责任公司发行面值 200 000 美元、利率为 9%、为期 20 年的债券。该债券以面值的 103% 溢价发行，每年 6 月 30 日和 12 月 31 日支付利息。

要求：①编制 2014 年 1 月 1 日发行债券时的会计分录。②编制 2014 年 6 月 30 日付息时的会计分录。③编制 2014 年 12 月 31 日付息时的会计分录。④编制到期日还本的会计分录（到期日确定）。

E12-24　到期日之前回购债券。

2014 年 7 月 31 日，《世界观杂志》发行了面值为 300 000 美元、利率为 5%、为期 15 年的可赎回债券，发行价格是面值的 96%。2017 年 7 月 31 日，《世界观杂志》以每张债券 101 的价格进行回购。假定公司是每年付息一次。

要求：①不编写日记账，计算 2017 年 7 月 31 日应付债券的账面余额。②假定所有的摊销都是正确记录的。编制 2017 年 7 月 31 日回购债券时的会计分录。只写分录，不写计算过程。

E12-25　流动负债和长期负债的披露。

医疗器材公司在 2014 年 1 月 2 日债务融资，发行利率为 10%、价值 390 000 美元的债券，债券要求公司三年内还等额的本金和利息。第一次还本是在 2015 年 1 月 2 日。填写下列的表格，假定债券是平价发行的。

	12 月 31 日		
	2014 年	2015 年	2016 年
流动负债：			
应付债券	$＿＿＿	$＿＿＿	$＿＿＿
应付利息			
长期负债：			
应付债券			

E12-26　披露负债情况。

在 12 月 31 日，精密仪器公司的应付账款余额为 50 000 美元，应付职工薪酬 16 000 美元，应交所得税 8 000 美元。公司还有账面余额 280 000 美元的应付债券，这些债券是平价发行的，其中的 35 000 美元要在明年支付，其余的不用。债券要求每年支付利息 4 000 美元，今年的利息已计提，但还未发放。编制精密仪器公司资产负债表中的负债情况，列出流动负债项（按金额降序排列）和合计数。

E12-27　计算产权比例。

Meyer 公司在 2014 年 12 月 31 日的财务数据如下：

流动负债合计	$49 020	所有者权益合计	$?
流动资产合计	42 750	其他资产	33 915
长期负债	109 155	固定资产	208 335

计算公司 2014 年 12 月 31 日的产权比例。

E12-28　计算应付债券的现值。

利率决定未来现金流的现值（四舍五入到整数）。

要求：①计算面值为 91 000 美元、票面利率为 14%、为期 7 年的债券的现值，该债券每半年付息一次，发行时的市场利率是 14%。②其他条件相同，但发行时市场利率为 16%。③其他条件相同，但发行时市场利率为 12%。

注意：习题 E12-29 会用到练习 E12A-28 的答案。

E12-29 实际利率摊销法下的会计处理。

先计算习题 E12-8 的答案，再编制 E12-8 三种条件下，发行时与第一个计息期的会计分录。公司用实际利率法摊销折价或溢价。只写分录，不写计算过程。

☞连续习题

P12-44 描述债券性质，在直线摊销法下的会计账务处理。

该题目是第 11 章 P11-15 题目的引申。Davis 咨询公司正在考虑融资，该公司计划在 2014 年 1 月 1 日，发行面值 400 000 美元、票面利率为 8%、为期 7 年的债券。债券每年 6 月 30 日和 12 月 31 日付息。在 2014 年 1 月 1 日，投资者对相似债券要求的市场报酬率是 10%。

要求： ① Davis 咨询公司的债券是平价发行、溢价发行，还是折价发行？②计算债券发行日公司收到的现金流，并编制会计分录。③在直线法摊销下，编制第一期 6 月 30 日付息的会计分录。

批判性思考

☞决策案例

下面两个问题是不相关的。

要求： ① Duncan Brooks 公司为了开新店，需要融资 500 000 美元。Brooks 公司可以折价发行面值 500 000 美元、利率为 5%、为期 10 年的债券，债券的发行价是面值的 96%。在这种融资方案下，Brooks 公司实际收到的现金流是多少？到期日 Brooks 公司要偿还多少本金？实际收到的现金流与到期日偿还本金的差异计入哪个会计科目？②在市场利率低的时候，Brooks 公司想借长期负债；在市场利率高的时候，Brooks 公司想借短期负债。这是一个好的商业策略吗？为什么？

☞道德案例

Raffle's Kids 是一个非营利性组织，为战争地区的孩子、家庭贫穷的孩子，以及特殊需求的孩子提供帮助。该组织目前的房子有一个为期 30 年、利率为 5% 的抵押贷款。该抵押贷款要求每月偿还 3 000 美元。因为公司的董事会想在明年将这笔抵押贷款还清，所以公司会计在编制财务报表时，将抵押贷款余额 287 000 美元都计入了流动负债。但是根据抵押贷款的合同约定，Raffle's 只用在明年支付 20 000 美元。假如你是会计师，公司董事会向你询问，这种情况下资产负债表中该如何披露信息。什么是商业伦理？给出你的建议，并加以解释。

☞舞弊案例

比尔和埃德娜结婚两年了，两人通过自己的奋斗，有了一定的存款，想进行投资。比尔的叔叔戴夫告诉夫妻俩，他从他奶奶那儿继承了稀有的铁路债券。叔叔想帮助比尔和埃德娜开始投资的第一步，决定以每张 100 美元的价格卖给夫妻俩 50 张债券。债券凭证极其好看，标明该债券在 1873 年到期，面值为 1 000 美元。戴夫叔叔还指出，"美利坚合众国"的标识显著地标在债券凭证上，美国政府也已经成立偿债基金，偿还铁路债券的本金。偿债基金是为偿还特定债券成立的基金。它要求组织（这里是美国政府）拿出一部分资金，偿还到期的债务。叔叔告诉比尔和埃德娜，他们要做的就是等着政府联系他们，那时每张债券会获得 1 000 美元的本金。本来夫妻俩还挺高兴，但是一年后，他们看见市场有卖这种债券的，是作为收藏品，价格是每张债券 9.95 美元！

要求：①如果公司破产了，它发行的债券会怎么样？债券持有人呢？②在投资债券时，你如何知道债券是否合法？③用什么方法可以评价公司债券的风险呢？

☞财务报表案例

用星巴克公司的财务报表回答下列问题。在 www.pearsonhighered.com/Horngren 上下载星巴克公司 2011 年的财报。

要求：①星巴克 2011 年 10 月 2 日的长期负债是多少？②计算星巴克 2011 年 10 月 2 日的产权比例。与绿山咖啡烘焙公司相比有什么结论？

☞小组讨论

每一组选择一家上市公司，并浏览该公司的网站，下载公司的资产负债表。资产负债表的格式一般如下：

- 与投资者关系
- 公司简介
- 财务报表
- 10-K 报告

你可以在资产负债表的下方找到负债部分。

要求：①列出公司的负债科目，包括流动负债和非流动负债。②阅读财务报表附注，以及其他信息，确定负债的具体情况。③计算公司的产权比例。④在小组间讨论，看你们的答案是否一致，然后在老师的指导下，进行书面汇报或口头展示。

☞交流活动

用 75 字以内的文字解释为什么债券有时候会以高于面值的金额发行。

☞练习题答案

1

日期	账户和说明	借	贷
2014 年 1 月 1 日	现金	80 000	
	应付票据		80 000
	4 年期、4% 年利率的应付票据		

2

日期	账户和说明	借	贷
2014 年 12 月 31 日	应付票据	20 000	
	利息费用（＝$80 000×0.04×1）	3 200	
	现金		23 200
	支付本金和利息		

3　溢价

4　面值

5　折价

6

日期	账户和说明	借	贷
2014 年	现金（= $100 000 × 0.98）	98 000	
1 月 1 日	应付债券利息调整（折价）(= $100 000 − $98 000）	2 000	
	应付票据		100 000
	折价发行应付票据		

7

日期	账户和说明	借	贷
2014 年	利息费用（= $2 000 + $100）	2 100	
7 月 1 日	应付债券利息调整（折价)(= $2 000 × 1/20）		100
	现金（= $100 000 × 0.04 × 6/12）		2 000
	半年期付息及折价摊销		

8

日期	账户和说明	借	贷
2014 年	现金（= $100 000 × 1.06）	106 000	
1 月 1 日	应付债券利息调整（溢价)(= $106 000 − $100 000）		6 000
	应付票据		100 000
	溢价发行应付票据		
2014 年	利息费用（= $2 000 − $300）	1 700	
7 月 1 日	应付债券利息调整（溢价)(= $6 000 × 1/20）	300	
	现金（= $100 000 × 0.04 × 6/12）		2 000
	半年期付息及溢价摊销		

9

日期	账户和说明	借	贷
2014 年	应付债券	400 000	
1 月 1 日	现金		400 000
	到期还本		

10

WEAVER 公司资产负债表（部分）
2014 年 12 月 30 日
负债

流动负债：		
应付账款	$20 400	
应付职工薪酬	1 680	
预计应付保证金	1 080	
应付利息	720	
应付税金	480	
流动负债合计		$24 360
长期负债：		
应付票据	75 000	

（续）

WEAVER 公司资产负债表（部分） 2014 年 12 月 30 日 负债		
应付债券	$195 000	
加：应付债券利息调整（溢价）	5 850	200 850
长期负债合计		275 850
总负债		$300 210

11 产权比例 = 负债合计 ÷ 所有者权益合计 = 200 000 ÷ 40 000 = 0.50

12

本金的现值：

现值	=	终值	×	复利现值系数（$i = 4\%$, $n = 20$）
	=	200 000 美元	×	0.456
	=	91 200 美元		

承诺利息的现值：

现值	=	每期现金流	×	年金现值系数（$i = 4\%$, $n = 20$）
	=	（200 000 美元 ×0.06 ×6/12） ×		13.590
	=	81 540 美元		

应付债券的现值：

现值	=	本金的现值	+	承诺利息的现值
	=	91 200 美元	+	81 540 美元
	=	172 740 美元		

13B

	现金支出	利息费用	折价摊销	账面余额
2014 年 1 月 1 日				$217 040
2014 年 6 月 30 日	$8 000	$6 511	$1 489	215 551
2014 年 12 月 31 日	8 000	6 467	1 533	214 018

计算：

2014 年 6 月 30 日：

200 000 美元 ×0.08 ×6/12 = 8 000 美元

217 040 美元 ×0.06 ×6/12 = 6 511 美元

8 000 美元 − 6 511 美元 = 1 489 美元

217 040 美元 − 1 489 美元 = 215 551 美元

2014 年 12 月 31 日：

200 000 美元 ×0.08 ×6/12 = 8 000 美元

215 551 美元 ×0.06 ×6/12 = 6 467 美元

8 000 美元 − 6 467 美元 = 1 533 美元

215 551 美元 − 1 533 美元 = 214 018 美元

☞ 快速测验答案

1. a   2. d   3. b   4. a   5. a   6. c   7. a   8. d   9A. b   10B. b

第 **13** 章

股东权益

如何更多地进行融资

蕾西和艾莉森是 sharemymovie.com 网站的联合创始人。两人在五年前以现金出资并从银行获得少量贷款形式投资创立了这家视频网站。网站用户可以自行上传、分享、观看视频，五年来，网站每天都在保持着快速增长。但在公司蒸蒸日上背后，却潜藏着一些危机，两人在翻看公司最新的财报时，感受到了这一问题。

随着网站流量的不断攀升，以及上传视频内容的日益丰富，两人意识到必须投入一笔资金来重新设计网页并对软硬件升级改造。但面对这笔巨额支出，两人不愿再更多地以从银行获得贷款的方式进行融资，而倾向于邀请亲戚朋友进行股权投资。然而，在与会计人员沟通之后，他们感受到，向朋友的融资，毕竟规模有限，而企业未来一段时间对于资金的渴望十分巨大，上市可能才是他们最合适的选择。所谓上市，就是企业的股份可以卖给任何有投资意愿的公众，上市公司又被称为公众持股公司。

投资者在获得 sharemymovie 这家企业股份的同时，公司也迅速筹集到了扩张所需资金。公司制企业对股东本身形成了有限债务责任防护，但这种形式的弊端也显而易见，如双重纳税以及诸多的监管规定。蕾西和艾莉森继续推行他们的融资计划时，需要深入地理解公司制企业组织形式的优劣，慎重地分析决策可能带来的影响。

企业究竟价值几何

2012 年 2 月 1 日，Facebook，这家全球知名的社交网络平台公告说将以 FB 代码登陆股票市场。3 月 18 日，Facebook 的创始人扎克伯格在股票交易所敲钟，开启了每股 42.05 美元的交易历史。当天，逾 5 亿股股份成交，Facebook 的市值也突破 1000 亿美元，是当时全球最大的 IPO。让人意想不到的是，时隔不到一月，Facebook 的股价就下跌了四分之一，并处于剧烈的波动状态。

为什么 Facebook 要发行股票？公司制企业的优缺点分别是什么？股份在财务报表中如何列示？股票市场价格的下跌对 Facebook 意味着什么？本章将尝试对这些问题做出回答。你将会学到公司制企业的运作特点以及如何来记录公司的交易。

☞ **章节纲要**

什么是公司？

发行股份时如何记账？

分红与股票分拆该如何记账？

库存股如何记账？

公司该如何报告所有者权益部分？

如何利用股权权益类比率评估公司绩效？

☞ **学习目标**

1. 确定公司的特点。

2. 股票发行的记录。

3. 现金股利、股票股利和股票分割的账户。

4. 库存股买卖的账户。

5. 解释如何公正合理地报告公司业绩。

6. 使用每股收益、普通股的回报率和价格收益比率来评价经营业绩。

13.1 公司是什么

在前面的章节中介绍的，**公司**（corporation）是一个企业根据国家法律组织的独立的法律实体。公司在美国的业务活动，最知名的公司和跨国公司往往是大型跨国企业。

公司的特征

公司有很多独特的特点：

- 独立法人——公司是一个独立法人，它独立于其所有者。
- 股东——公司有一个或多个所有者（被称作股东）。上市公司是公司的股票可以在一个有组织的证券交易所购买，如纽约股票交易所或纳斯达克股票市场。公众企业往往有成千上万的股东。一些公司是私有的，这意味着股票不在证券交易所购买，这些公司通常只有少数股东。
- 股东的有限经济责任——股东个人不对公司的负债负责。
- 互为代理的缺乏——不同于个人独资企业、合伙企业，公司的股东和企业不是互为代理的。股东无法绑定业务合同。
- 不确定的生存期——公司拥有不确定的生存期限。它们可以存在到企业决定终止的时候，一名股东撤回投资或者死亡都不会导致其终止。
- 税收——公司是独立的纳税实体。公司支付业务收入所得税，还负责支付员工的薪水和工资税。公司也经历了双重征税。双重征税发生时，企业支付现金给股东（称为股利）。这些款项是作为公司的收入所征收的税，然后又作为股东收到的股利。
- 资本积累——公司可以比独资企业和合伙企业筹集到更多的资金。这是通过首次公开发行（IPO）代表股份公司公开发行股票。表 13-1 概括了公司的优势和劣势。

表 13-1 公司：优势和劣势

优势	劣势
1. 公司可以比独资企业和合伙企业筹集到更多的资金	1. 所有权和经营权经常是分离的

（续）

优势	劣势
2. 公司拥有持续的生存期限	2. 双重课税
3. 企业所有权转移是很容易的	3. 政府管制成本高昂
4. 股东和公司之间没有相互代理的机构	4. 启动成本高于其他经营形式
5. 股东拥有有限责任	

股东的权益基础

公司是在向政府提交证书后创建的。政府授权企业的商业组织形式并授予单位章程，然后公司准备一套规章制度，提供本公司将遵循的规则和程序。

公司的章程可以确定股票发行的最大数量，称为**法定资本**（authorized stock）。特征提供了公司运作状态的权限。授权股票的发行或未发行。被公司发行的股票可能会或不会被股东持有。当股东购买股票的时候，公司会把发行的**股票凭证**（stock certificate）给他们。股票所代表的是公司的资本个人所有权，因此它被称为**股本**（capital stock）。股票的基本单位是股。公司可以发行股票数量很多的实物股票证书。现在，许多公司以电子方式发行股票而不是印刷纸质证书。

图 13-1 展示了考特尼·爱德华所持有的 Smart Touch Learning 公司的股数为 288 的普通股的股票凭证。

图 13-1　股票凭证

凭证展示了如下内容：

- 公司的名称
- 股东的名称
- 股东所持有的股份

左面：发行在外的股票

已发行股东持有的股票。

股东持有的股票被称为**流通在外的股票**（outstanding stock）。一个公司的流通股代表其所有权的 100%。法定股票、已发行的股票和流通在外的股票的数量可能是不同的。图 13-2 解释这些股票之间的差异。

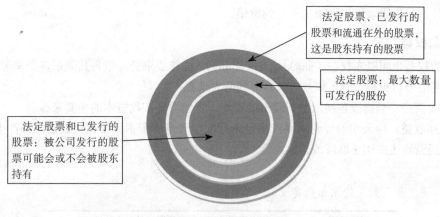

法定股票、已发行的股票和流通在外的股票，这是股东持有的股票

法定股票：最大数量可发行的股份

法定股票和已发行的股票：被公司发行的股票可能会或不会被股东持有

图 13-2　各种股票的差异

1. 股东权利

股东拥有四项权利，除非权利被合同限制：

（1）**投票权**。股东参与管理，间接地通过股东大会对公司事项进行表决。这是股东帮助管理该公司的唯一途径。通常公司的每一股有一票表决权。

（2）**股息**。股东有权获得适当的**股息**（dividend）。股息是把一个企业的盈利分发给股东。每股股票获得相等的股息，例如，股东拥有公司股份总数的 1%，则收到任何股息总额的 1%。

（3）**清算**。股东收到与其份额比例相符的任何剩余资产后，公司支付其债务（歇业）。

（4）**股票优先购买权**。股东有**优先购买权**（preemptive right），维持其在公司的所有权比例。例如，假设股东拥有公司 5% 的股份。假如公司发行 100 000 股新股票，它必须提供股东购买 5% 的新股的机会。这一权利，通常是由企业章程予以规定的。

2. 股本

公司可以发行不同种类的股票。一个公司的股票可能是普通股或优先股。公司发行**普通股**（common stock），代表了公司最基本的所有权。有些公司发行 A 类股票，它带有投票权；也可以发行 B 类普通股，它没有投票权。必须至少有一个投票权类股票，然而，没有限制类的股票的数量或类型，公司可以发行。每一类股票的分类有一个单独的账户。

优先股（preferred stock）持用者比普通股有一定的优势。最值得注意的是，优先股股东比普通股股东先收到利息。这样确保了如果公司支付股息的话，优先股股东可以先拿到股息。如果公司清算的话，优先股股东在普通股股东之前收到资产。当宣派股息时，企业支付固定股息的优先股、优先股股息金额打印在证书上。投资者通常购买优先股赚取固定股息。凭借着这些优势，优先股股东比普通股股东承担的投资风险小。

优先股持有人也有资格享有基本股东权利，除非有权利保留，例如投票权。公司会发行不同系列的优先股（例如 A 系列、B 系列），每个系列都记录在一个单独的账户中。优先股股息率比你想象要高。许多公司有授权发行的优先股，但很少有公司会真的发行优先股。

有的股票有票面价值，有的则没有票面价值。票面价值相当于一个公司分配给其股票的金额。

证券公司负责向公众发行公司股票，同意购买不能卖给客户的公司的所有股票，通常伴随一些假设的风险。

发行价格是指股票价格最初出售时的价格。

3. 股东权益

公司的权益也叫股东权益（stockholders equity），法律要求公司报告其股东资产来源以确保公司资产始终由公司所有。股东权益一般有下列两大来源：

- 实收资产：是指股东换取公司股份的资产，普通股是实收资本的主要来源。
- 留存收益：由公司的经营活动产生且未分配给股东的资本。留存收益是内部产生的资本，由经营产生并用于继续或扩大经营。

> **练习题** 请匹配下列关键术语的定义。
>
> | | |
> |---|---|
> | 1. 股票凭证 | a. 公司章程允许公司发行股票的最大数量 |
> | 2. 优先购买权 | b. 股票所有者对于普通股东拥有一定的优势 |
> | 3. 法定股票 | c. 股东维护其在公司的所有权的比例的权利 |
> | 4. 优先股 | d. 收到公司的股东代表数量以换取股票 |
> | 5. 普通股 | e. 公司所有权的证据 |

13.2 发行股票应该如何记录

英特尔公司和耐克公司等大型公司都需要大量的资金，它们不能通过贷款对所有操作进行融资，所以它们通过发行股票来筹集资金。公司可以直接向股东出售股票，也可以使用投资公司的服务，如经纪公司美林公司、摩根士丹利公司、美邦银行和摩根大通。投资公司一般会承担一些发行股票的风险，同意购买不能卖给客户的公司的所有股票。上市公司的股票在证券交易所买卖，如纽约证券交易所（NYSE）和纳斯达克股票市场。

公司通过发行股票收到的价格叫作发行价。通常，发行价超过票面价值，因为票面价值一般设置得很低。在下面几节中，我们使用 Smart Touch Learning 公司展示股票发行如何记账。

13.2.1 发行普通股票面价值

假设 Smart Touch Learning 公司的普通股每股 1 美元，股票发行 100 万股，其发行当天 1 月 1 日的记账分录如下：

日期	账户和说明	借	贷	资产↑		负债 + 权益↑
1月1日	资金	1 000 000		现金↑	=	普通股票↑
	普通股，每股 1 美元（=1 美元/股 ×1 000 000 股）		1 000 000			
	按照面值发行的普通股					

13.2.2 普通股发行溢价

如前所述，大多数公司设置票面价值低，发行普通股价格高于票面价格。超过票面金额叫作溢价（premium）。假设 Smart Touch Learning 公司在 1 月 2 日分配一个额外的 100 万股、每股 20 美元。在发行价（20 美元）和票面价格（1 美元）之间的 19 美元就是溢价。

股票出售的溢价不是公司的收益、收入或利润，因为该公司正在处理自己的股票。这种情况说明了会计的基本原则之一，即公司在购买或出售股票时不能报告盈利和亏损。所以，溢价是另一种类型的实收资本账户，称为**实收资本超过票面价值**（paid-in capital in excess of par）。它也被称为额外的实收资本。实收资本超过票面价值是一个需要在资产负债表上报告的股票账户。

Smart Touch Learning 公司的入账记录，面值为 1 美元 / 股，1 月 2 日发行 100 万股普通股，每股 20 美元，如下所示：

日期	账户和说明	借	贷	资产↑ 现金↑	=	负债	+	权益↑
1 月 2 日	现金（20 美元 / 股 ×100 万股）	20 000 000						普通股↑
	普通股—每股 1 美元（$1 × 1 000 000）	1 000 000	1 000 000					实收资本↑
	实收资本超过票面价值（$19 × 1 000 000 ）	19 000 000	19 000 000					
	溢价发行普通股							

> 💡 **小贴士** 当股票溢价发行时，通常将普通股以面值入账，溢价的部分记入资本公积。

表 13-2 展示了 Smart Touch Learning 公司如何在资产负债表上报告 1 月 1 日和 1 月 2 日股票发行后的股东权益，假设其持有普通股 2 000 万股，那么他的留存收益是 900 万美元。

表 13-2 股东权益

Smart Touch Learning 公司

资产负债表（部分）

2015 年 1 月 2 日

股东权益	
实收资本：	
普通股——1 美元面值；法定 20 000 000 股，2 000 000 股的发行和未偿贷款	$ 2 000 000
实收资本超过票面价值	19 000 000
实收资本总额	21 000 000
留存收益	9 000 000
股东权益总额	$ 30 000 000

13.2.3 折价发行普通股

虽然罕见，但公司可能会发行价格低于票面价值的股票，这个低于票面价值的数字称为**折价**（discount）。在记录普通股发行的日记账分录中，公司将把实收资本超过票面价值的折价记为借方（回想一下，溢价是实收资本超过票面价值的贷方）。普通股账户是票面价值和现金账户记入借方金额的现金。

13.2.4 无票面价值的发行普通股

当一个公司发行无票面价值的股票，它将收到资产记为借方，将现金账户记为贷方。无票面价值的股票，可以是没有超过票面价值的实收资本，因为没有票面价值。

假设 Smart Touch Learning 公司无票面价值的普通股 1 美元每股，如何改变 1 月 1 日发行 100 万股每股 1 美元和 1 月 2 日发行 100 万股每股 20 美元的记录发行股票的权益将如下所示：

日期	账户和说明	借	贷
1月1日	（1美元/股 × 1 000 000股）	1 000 000	
	无票面价值普通股		1 000 000
	发行无票面价值普通股		
1月2日	（20美元/股 × 1 000 000股）	20 000 000	
	无票面价值普通股		20 000 000
	发行无票面价值普通股		

资产 ｝ = ｛ 负债 + 权益↑
现金↑ ｝ = ｛ 　 普通股↑

资产↑ ｝ = ｛ 负债 + 权益↑
现金↑ ｝ = ｛ 　 普通股↑

不管股票的发行价是多少，现金记入借方，普通股的现金收入记入贷方。所以，尽管总实收资本2 100万美元不变，但普通股账户（有票面价值的股票）200万美元不同于（无票面价值的股票）2 100万美元。

表13-3展现了资产负债表中股东权益部分的变动。

表 13-3　股东无票面价值股的权益

公司资产负债表（部分）

2015年1月2日

股东权益	
实收资本	
普通股——无票面价值股法定 20 000 000 股，2 000 000 股发行和未偿贷款	$21 000 000
留存收益	9 000 000
股东权益总额	$ 30 000 000

13.2.5　发行设定价值的普通股

记录设定价值的普通股和有面值普通股票几乎相同。唯一的区别是，设定价值的股票使用一个名为实收资本超过设定价值的账户，用于记录超过设定价值的金额。

例如，Smart Touch Learning 公司假设1月2日发行100万股每股20美元改为每股1美元。Smart Touch Learning 公司发行100万股每股20美元并且设定价值每股1美元，日记账分录将记录如下：

日期	账户和说明	借	贷
1月2日	现金（20美元/股 × 1 000 000股）	20 000 000	
	普通股（设定价值每股1美元，1美元/股 × 1 000 000股）		1 000 000
	实收资本超过设定价值 – 普通股（19美元/股 × 1 000 000股）		19 000 000
	发行溢价普通股		

资产 ｝ = ｛ 负债 + 权益↑
现金↑ ｝ = ｛ 　 普通股↑
　 　 　 实收股↑

13.2.6　发行现金以外其他资产的普通股

公司可以发行现金以外的其他资产股票。它记录发行股票的市场交易价值或接收资产的市场价值中比较容易测量的一种。现在让我们重新考虑 Smart Touch Learning 公司原来1月2日的分录记录。假设 Smart Touch Learning 公司接收的资产是一栋建筑，市场价值2000万美元，用来交换1月2日发行的每股1美元的普通股100万股。记账分录将怎么改变呢？正如你所看到的，唯一的变化是接收资产为一栋建筑。

日期	账户和说明	借	贷
1 月 2 日	建筑	20 000 000	
	普通股（每股 1 美元，1 美元 / 股 × 1 000 000 股）		1 000 000
	实收资本超过普通股（20 000 000-1 000 000）		19 000 000
	发行普通股超过建筑价值		

资产		负债	+	权益 ↑
建筑 ↑	=			普通股 ↑ 实收资本 ↑

道德伦理

建筑物如何进行估价

里德希勒是斯奈德公司的会计，正试图决定如何记录公司最近发行的股票。杰克·查韦斯是公司最大的股东，他提供了一栋建筑，以换取普通股。杰克认为这栋建筑估价应该在 400 万美元，这是他对这栋建筑的市场价值的估价。杰克说通过记录如此大量的资产，对于投资者来说业务将会更加繁荣。公司担心杰克高估了资产。里德应该做什么？

解决方案

发行股票的现金没有伦理挑战，因为收到的资产价值（现金）可以被充分理解，尽管可以对发行现金以外的资产的股票构成挑战。公司应该记录以当前市场价值估价的接收资产，或已经发行的股票的市场价值，选择更为清晰可测的一种。一个人对于一栋建筑的市场价值的估价可以不同于其他人，里德应该鼓励公司聘用一名独立估价师来确定这栋建筑的市场价值，然后记录其最终价值。公司也可以用发行股票的市场价值来确定这栋建筑的价值，如果股票已经在交易所交易，那将是最为合适的方法。

13.2.7 发行优先股

记录优先股发行模式遵循发行普通股的模式。假设 Smart Touch Learning 公司被政府部门授权发行 2 000 股优先股，公司决定在 1 月 3 日发行面值为每股 50 美元的股票 1 000 股，6% 的优先股，面值为 55 美元（在优先股说明中 6% 是指优先股股息，将会在后面章节解释）。发行分录将记录如下：

日期	账户和说明	借	贷
1 月 3 日	现金（=55 美元 / 股 ×1000 股）	55 000	
	每股优先股票面价值 50 美元（= 50 × 1 000 股）		50 000
	实收资本超过票面价值优先（=5 美元 / 股 × 1 000 股）		5 000
	溢价发行的优先股		

资产		负债	+	权益 ↑
现金 ↑	=			优先股 ↑ 实收资本 ↑

优先股包含在资产负债表中所有者权益部分，往往被首先列出。实收资本超过票面价值，优先股被列在后面，紧随普通股和实收资本超过票面的普通股。表 13-4 展示了 Smart Touch Learning 公司在资产负债表中的股东权益部分。

表 13-4　股东所有者的权益

Smart Touch Learning 公司

资产负债表（部分）

2015 年 1 月 3 日

股东权益	
实收资本	
优先股——每股 150 美元，法定 2 000 股，2 000 股发行和未偿贷款	$ 50 000
实收资本超过票面价值优先股	5 000
普通股票面值 1 美元，法定 20 000 000 股，2 000 000 股票发行和未偿贷款	2 000 000
实收资本超过票面价值普通股	19 000 000
实收资本总额	21 055 000
留存收益	9 000 000
股东权益总额	$ 30 055 000

> **练习题**　伦敦公司有两类股票：普通股，每股 1 美元；优先股，每股 4 美元。记账的是发行 10 000 股普通股，每股 8 美元。

13.3　股息和股票分割如何记账

一个公司的盈利可以股息的形式分派给股东，股息可以用现金、股票或其他财产形式支付。

13.3.1　现金股息

现金股息导致资产（现金）和股本（未分配利润）的减少。大多数州禁止使用实收资本红利。因此，会计师使用法定资本条款是指不能用于股息的股东权益的部分。

公司在支付前宣布股息，有三个与股息有关的日期：

（1）**董事会公告日**。董事会宣布将于 5 月 1 日支付股息。

现金股利的授权声明是创建一项义务（责任）。

（2）**除权日（或登记日期）**。那些持有股票的股东在申报年底业务记录后一周或两周内，即 5 月 15 日将会收到股息支票。记录的日期是指公司记录股东获得股息支票的日期。

（3）**付款日期**。支付股息通常是在记录日期（5 月 30 日）后的一到两周。

1. 公告和支付股息——普通股

假定 Smart Touch Learning 公司在 5 月 1 日声明将发行 200 万股普通股每股 0.25 美元的现金股息，在声明日期，Smart Touch Learning 公司把留存收益记入借方，股息支付计入贷方。通常（流动负债）记录如下：

日期	账户和说明	借	贷	资产	负债↑ 股息支付↑	＋	权益↓ 留存收益↓
5 月 1 日	留存收益（＝0.25×2 000 000）	500 000					
	普通股股息支付		500 000				
	声明现金股息						

在 5 月 15 日，记录日期，没有日记账分录。这只是确定谁拥有股票的截止点，而且会因此

收到现金支付。支付股息的日期，即 5 月 30 日，Smart Touch Learning 的应付股利应记入借方——普通股和贷方现金。

日期	账户和说明	借	贷
5 月 30 日	股息支付 – 普通股	500 000	
	现金		500 000
	现金股息支付		

资产↓ = 负债↓ + 权益
现金↓   股息支付↓

2. 公告和支付股息——优先股

优先股的现金股息率通常表示为优先股票面价值的一个百分比，如 6%。有时，不管怎么样，优先股现金股息表示为一个固定金额，如每股 3 美元。因此，优先股股息有两种计算方法，取决于在优先股凭证上的优先股的现金股息率占多少比例。使用 Smart Touch Learning 公司发行的 1 000 股优先股的 6%，每股面值 50 美元。

$$优先股息 = 已发行股票 × 票面价值 × 优先股股息率$$
$$= 1 000 股 × 50 美元 / 股 × 6\%$$
$$= 3 000 美元$$

日记账分录用于记录优先股的声明和支付现金股息基本与普通股相似，唯一的区别在于用优先股的应付股息取代普通股的应付股息。在这一章，我们讨论了优先股股东优先获得优先股股息。当一个公司同时发行普通股和优先股，优先股股东将会优先获得股息。普通股股东只有在能足够满足优先股股东的情况下才能获得股息。换句话说，普通股股东获得的是剩余股息，即优先股股息支付后剩余的金额。

比如，Smart Touch Learning 公司拥有 1 000 股，每股 50 美元，发行 6% 的优先股和 200 万股每股 1 美元的普通股。优先股股东将会在现金股息声明中收到 3 000 美元。所以，声明股息的总和必须超过 3 000 美元，普通股股东才能获得股息。

如果年终股息等于或者少于优先股的年度平均股息，优先股股东将会收到全部的股息，而普通股股东当年将没有股息收入。但是如果 Smart Touch Learning 公司的股息足够多，并超过了优先股股息，那么优先股股东获得 3 000 美元的确定股息，普通股股东将会获得剩余股息。

记住，优先股的优先股息并不能保证公司支付的股息一定等于优先股总和。公司或许不能支付优先股息，比如没有足够现金作为股息，这就称为未付股息，这样的股息也被称作**应付股息**（dividend in arrears）。换句话说，如果今年的股息没有支付的话，优先股的股息就是拖欠的。

优先股股息分为可累加和不可累加两种。许多优先股是累加的，因此，优先股一般假定是累加的，除非有特殊定义才不可累加。**可累积优先股**（cumulative preferred stock）股东一定会在普通股股东之前获得近年来应付股息加上本年度股息。如果优先股股息是**非累积优先股**（noncumulative preferred stock），因为公司没有被要求支付欠债股息，那么公司就不会有任何欠债股息。

假定 Smart Touch Learning 公司的优先股是可累加的，而且这项业务在 2015 年将不会支付现金股利。在 2016 年支付普通股息之前，Smart Touch Learning 公司必须首先支付 2015 年的优先股息 3 000 美元、2016 年的 3 000 美元，总共 6 000 美元。假定在 2016 年，声明股息总和为 50 000 美元，有多少分派给优先股东？有多少分派给普通股东？ 50 000 美元的股息分配如下：

股息总和	$ 50 000
优先股股东的股息	

			（续）
未付股息 2015 年			$ 3 000
本年度股息 2016 年			3 000
优先股股东股息总和			（6 000）
普通股股东股息			$44 000

Smart Touch Learning 公司记录入账 2016 年 9 月 6 日股息声明如下：

日期	账户和说明	借	贷		资产	=	负债↑	+	权益↓
2016 年							股息支付↑		留存收益↓
9 月 6 日	留存收益	50 000							
	股息支付——普通股		44 000						
	股息支付——优先股		6 000						
	现金股息声明								

未付股息不是负债，股息只有在董事会公告股息之后才会出现负债。但是公司报告可累积优先股是未付股息会在公司财务报表的附注中说明。

请牢记，如果优先股是非累积优先股，公司不需支付任何未偿股息。在投资非累积优先股时投资者要承担一定的风险。假设 Smart Touch Learning 公司的优先股是非累加的，并且公司将会派发 2015 年的股息。优先股持有者将会损失 2015 年股息的 3 000 美元。然而，在 2016 年付普通股之前，Smart Touch Learning 公司不得不支付 2016 年股息的 3 000 美元，那样将会分出47 000 美元给普通股持有者，如下所示：

总股息		$ 50 000
股息用于优先股持有者：		
本年度股息（2016 年）	$ 3 000	
总股息用于优先股持有者		（3 000）
股息用于普通股持有者		$ 47 000

13.3.2　股票股息

股票股息（stock dividend）是将公司的股票派发给股东。不像现金股息，股票股息不会给股票持有者任何现金形式的资产。股票股息有下列特征：

- 它只会影响股票持有者股权账户（包括留存收益、普通股票、实收资本超过面值——普通股票）。
- 它不会影响总股票持有者的资产。
- 它不会影响股权或负债。

公司按照股东持股数量的比例来派发股票股息。假定一个股东持有 Smart Touch Learning 公司普通股 1 000 股，如果公司分发 10% 股息，那么股东将会获得额外 100 股，现在股东就拥有1 100 股。其他的股票持有者也会收到 10% 股息。所有的股东在股息分发之前都处于相同地位。全股发行和未付都在增加，但是个人持股的比例仍保持不变。

1. 为什么要发行股票股息

公司发行股票股息有很多原因。

- 持续股息但是保存现金。公司想继续分发股息给股东，让他们开心，但是需要保住现金维持公司运营。股票股息是使用企业资金外的另外一种方式。

- 减少每股的市场价。根据股票的数量，因为股票持有的增长，股息可以让公司股票市场价降低。假设 Smart Touch Learning 公司的最近市场交易价格是每股 50 美元。股票股息的发行可以使股票的价格下降到每股 25 美元。股票股息可以使股票没有那么贵，这对投资者具有一定的吸引力。
- 奖励投资者。当投资者购买股票后，经常感觉他们拥有一些可以增值的东西。

决策

现金股息应该支付吗

在过去，Valley Mills 建设公司历来的年度现金股息为 0.25 美元 / 股。然而今年董事会希望保留现金用于扩展业务。董事会考虑不支付现金股息，但又担心公布这类消息会让股东不高兴。董事会应该怎样做？

解决方案

董事会应认真权衡支付的现金股息与保留现金用于将来的扩展。如果股东对不支付股息感到愤怒，他们可能会考虑出售手中的股票，导致股票价格下跌。此外，市场可能从未能支付现金股息来评估公司的财务状况。投资者可能认为 Valley Mills 建设公司存在资金流动性问题。

另一种解决方案

Valley Mills 建设公司可以考虑发放股票股息。发放股票股息是一个很好的替代方式。发放现金股息时，公司需要保留现金。通过发行股票股息，该公司将发行普通股额外股份给股东，股份持有人将收到一个增加他们的股票的股数，但总拥有量的百分比将维持不变。股东很可能会觉得，他们已经收到一些有价值的东西，即使没有收到现金。

2. 记录股票股息

如用现金分红，股息有三个日期：

- 公告日期
- 登记日期
- 分配日期

董事会在公告日宣布股票股息，接下来是登记日和分配日。分配日期类似现金股息发放日。根据一般公认会计原则（GAAP），可以区分为小型和大型股票股利：

- 小股票股息——低于 20% 共同发行及发行在外股份的 25%。
- 大股票股息——大于 20% 已发行及流通股份的 25%。

小股票股息——不到 20% ~ 25% 小股票股息的股票的市场价值入账。下面是在声明的领域如何在各账户都受到影响：

- 保留盈余则冲抵分红股的市场价值。
- 普通股股利分派被记入股息股票的票面价值。
- 实收资本面值的差额贷记为多余的

假设 Smart Touch Learning 公司分配 2 000 000 股中的 5% 的普通股股利。已发行股份及未行使之时，Smart Touch Learning 公司普通股的市场价值为每股 50 美元。Smart Touch Learning 公司将发行 100 000（= 2 000 000 股 × 0.05）股给股东。下面的分录说明了 5% 的股票股利宣告日为 2 月 1 日。

日期	账户和说明	借	贷		资产		负债	+	权益↑↓
2月1日	留存收益（$50 / 股 × 2 000 000 股 × 0.05）	5 000 000							留存收益↓ 可分派的普通股股利↑ 实收资本超过票面价值↑
	可分派的普通股股利（$1/ 股 × 2 000 000 股 × 0.05）		100 000						
	实收资本超过票面价值（$5 000 000–$100 000）		4 900 000						
	宣布了 5% 的股息								

注意，普通股股利分派计入为普通股的面值。普通股股利分派是一个股票账户，而不是负债。据悉，作为除股东权益实收资本额，直到股票分布。2 月 25 日，当 Smart Touch Learning 公司分配普通股，它会记录以下分录：

日期	账户和说明	借	贷		资产		负债	+	权益
2月25日	普通股股息	100 000							可分派的普通股股利↓ 普通股↑
	普通股——面值 $1/ 股		100 000						
	发行股票的股息 5%								

改变的日记账分录声明和发行：普通股的股息，Smart Touch Learning 公司账户如下：

普通股——面值 $1/ 股			实收资本超过票面价值	
	2 000 000 余额			19 000 000 余额
	100 000 2月25日			4 900 000 2月1日
	2 100 000 余额			23 900 000 余额

可分配的普通股股息			留存收益	
	100 000 2月1日			9 000 000 余额
2月25日 100 000			2月1日 5 000 000	
	0 余额			4 000 000 余额

记住，股票股息不影响资产、负债，或全部股东权益。股票股息只是将所有者权益账户的余额，使所有者权益总额不变。表 13-5 显示了 Smart Touch Learning 公司所有者权益的外观之前和之后的 5% 普通股股息。

表 13-5 股东权益——小额股息

Smart Touch Learning 公司

平衡收支表（部分）

2015 年 2 月 25 日

小额股息之前		小额股息之后	
股东权益		股东权益	
实收资本		实收资本	
优先股——每股 50 美元，2000 股法定 1 000 股发行和已发行	$ 50 000	优先股——每股 50 美元，2 000 股法定 1 000 股发行和已发行	$ 50 000
实收资本超过票面金额——优先股	5 000	实收资本超过票面金额——优先股	5 000
普通股——每股 1 美元，20 000 000 股 法定 2 000 000 股发行和已发行	2 000 000	普通股——每股 1 美元，20 000 000 股 法定 2 100 000 万股发行和已发行	2 100 000
实收资本超过票面金额普通股	19 000 000	实收资本超过票面金额——普通股	23 900 000

（续）

小额股息之前		小额股息之后	
股东权益		**股东权益**	
实收资本总额	21 055 000	实收资本总额	265 055 000
留存收益	9 000 000	留存收益	4 000 000
股东权益总和	$ 30 055 000	股东权益总和	$ 30 055 000

注意，所有者权益总额保持在 30 055 000 美元。实收资本总额增加 55 000 美元，留存收益减少 55 000 000 美元。

大型股票股息——大于 20% ～ 25% 大型股票股息是罕见的，除在声明时，它们通常以股票的票面价值，而不是股票的市场价值入账。之所以是票面价值，是因为已发行及发行在外股份的较大数量将减少每股市场价格，使得市场价格每股股利值无效。假设 3 月 2 日 Smart Touch Learning 公司宣告第二次的普通股股利 50%。

当 Smart Touch Learning 公司的小额股票的市场价值的普通股为每股 50 美元，该分录记录大股票股利宣告日及分配如下：

日期	账户和说明	借	贷	资产	=	负债	+	权益↑↓
3月2日	留存收益（1 美元 / 股 × 2 100 000 股 × 0.50）	1 050 000						留存收益↓ 普通股
	普通股股息派发（1 美元 / 股 × 2 100 000 股 × 0.5）		1 050 000					股息派发↑
30 日	声明 50% 的股票股息	1 050 000						
	普通股——每股 1 美元		1 050 000					
	分配 50% 股息							

> 🧠 **小贴士** 现金股利与股票股利的发放通常基于已发行流通的普通股，需对流通中的股份数额准确计量。本例中，期初只有 200 万股普通股在市场中流通，随着 10 万股普通股股利的上市，期末总的流通股份数量变成了 210 万股。

请注意，大的股票股利也不会改变总存量持有人的权益。实收资本总额增加 1 050 000 美元，留存收益减少 1 050 000 美元。

股票拆分

股票拆分是与股票股利有根本的不同。股票分割增加股票发行及发行在外股份数量。股票拆分减少每股面值，但股票股利不减少每股面值。例如，如果 Smart Touch Learning 公司拆分其普通股 2 换 1，已发行及在外流通股的数量增加了一倍，并面值每股减少了一半股票分割也去折痕股票的每股市场价格。一个 2 换 1 股拆分 2 美元面值股票，每股 20 美元的市场值将导致两股面值 1 与每股 10 美元的市场价值。

> 🧠 **小贴士** 股票拆分与其他类型股票发行类似，不能超过公司注册备案股份总数。

Smart Touch Learning 公司当前股价约为 50 美元一股，假设公司希望股价降至 25 美元附近。公司可以通过将普通股一股分拆成两股的形式将股票数量倍增，这也就意味着 Smart Touch Learning 公司在市场中流通的股票数量将会是现在的两倍，股票面值为原来的二分之一。分拆前，Smart Touch Learning 公司流通股票数是 315 万股，每股面值 1 美元，分拆后，股票数量变成 630 万股（315×2），每股面值 0.5 美元。

普通股分割前		普通股分割后	
普通股——1 美元/股		普通股——50 美元/股	
3 150 000 股发行和已经发行	$ 3 150 000	6 300 000 股发行和已经发行	$ 3 150 000

因为股票分割不影响任何账户余额，不需要正式的日记账分录。相反，分裂被记录在一份备忘录，在指出一个显著事件日志中的条目，但它没有借方或贷方金额。

现金股利、股票股利和股票分割比较

现金股利、股票股利和股票分割有一定的相似性和差异的一些分配办法。图表 13-6 总结了其对会计等式的影响。

表 13-6

影响	现金股利	小股票股利	大型股票股利	股票分割
总资产	减少	无影响	无影响	无影响
总负债	无影响	无影响	无影响	无影响
普通股	无影响	增加	增加	无影响
实收资本大于票面价值	无影响	增加	无影响	无影响
留存收益	减少	减少	减少	无影响
股东权益	减少	无影响	无影响	无影响

> **练习题** 哈吉公司 8 月 1 号公告，公司将于 8 月 15 日，对每股普通股发放现金股利 1.5 美元（2 万股普通股）。公司于 8 月 31 日，发放了此次分红。对公司公告及支付现金股利的事项做出会计分录。

13.4 库存股如何记录

一个公司自己的股票，它先前已和 LACER 重新获得，被称为库存股。实际上，该公司持有其资金，A 公司，如 Smart Touch Learning 公司，可购买库存股，原因有如下几个：

（1）管理层希望通过低买高卖，以增加净资产。

（2）管理层希望支持该公司的股票价格。

（3）管理层希望通过减少流通股有表决权股份数以避免被外部接管。

（4）管理层希望奖励给优秀员工股票。

库存股基础知识

下面是库存股会计的基础知识：

- 库存股账户有一个正常的借方余额，这是其他股东权益项下的对面。因此，库存股是一个禁忌股票账户。
- 库存股以成本入账（公司支付该怎么重新获得的股份，未经面值。（我们举例说明库存股会计，因为它是最广泛使用的成本法。中级会计课程还包括了另一种方法。）

- 库存股账户被公布在资产负债表中减少对总股东权益保留盈余之下。

库存股减少了公司的股票是发行的，持有外人（的股东）。因此，优秀的股票发行的股票减去库存股股份。

只有流通股有投票权及收取现金或股票股利。库存股不带投票权，并且它不能收到现金或股票股利。现在我们说明如何计算库存股，以 Smart Touch Learning 公司持续买回库存股假设 Smart Touch Learning 公司有以下股东权益在购买前在表13-7 所示的库存股。

假定在3月31日，Smart Touch Learning 公司购入1 000股先前发行的普通股，支付5美元。为了记录此次购买，公司借记库存股——普通和税款抵减现金。

表 13-7

资产负债表（部分）

2015 年 2 月 25 日

股东权益	
实收资本	
优先股 – 面值 50 美元，2 000 股	
授权发行及未偿股票 1 000 股	$50 000
实收资本超过票面金额 – 优先股	5 000
普通股，每股面值 1 美元，20 000 000 股	
授权 2 100 000 发行及发行在外股份	2 100 000
实收资本超过票面金额——普通股	23 900 000
合计实收资本	26 055 000
留存收益	4 000 000
股东权益合计	$ 30 055 000

日期	账户和说明	借	贷	资产↓		负债	+	权益↓
3月1日	库存股（$5/ 股 ×1 000 股）	5 000		现金↓	= {			库存股↑
	现金		5 000					
	已购买的库存股							

出售库存股

公司购买其库存股，并最终转售或收回。公司可能转售库存股时，或低于其成本（该公司所支付的股份）。

销售成本

库存股出售成本，以同样的价格支付的公司它那里是成本与销售价格之间没有什么不同库存股出售成本，同样的价格支付的公司它那里是成本与销售价格之间没有什么不同记账分录。假设 Smart Touch Learning 公司在4月4日以每股5美元转售库存股100股。该条目如下：

日期	账户和说明	借	贷	资产↑		负债	+	权益↑
4月1日	现金	500		现金↑	= {			库存股↓
	普通库存股（$5/ 股 ×100 股）		500					
	按成本出售库存股							

普通库存股			
3 月 31 日	5 000		
		500	4 月 1 日
余额	4 500		

收入高于成本

如果将来库存股以高于成本的价格出售，这部分差异以一个新的所有者权益类科目，即库存股发行实收资本记在贷方。这部分溢价来自于股东投入，形成了股本溢价，没有影响当期利润。

假设 Smart Touch Learning 再次发行 200 股库存股。

每股 6 美元，4 月 2 日（召回每股 5 美元）。转售库存股股票的价格高于成本价格的分录如下：

日期	账户和说明	借	贷
4 月 2 日	现金（6 美元 / 股 ×200 股）	1 200	
	普通股（5 美元 / 股 ×200 股）		1 000
	实收资本来自库存股（1 美元 / 股 ×200 股）		200
	以上成本出售库存股		

资产↑ 现金↑ ＝ 负债 ＋ 权益↑ 实收资本来自库存股↓ 普通股↑

库存股股票——普通股			
3 月 31 日	5 000		
		500	4 月 1 日
		1 000	4 月 2 日
余额	3 500		

普通库存股股票		
	200	4 月 2 日

实收资本库存股股票交易报告与资产负债表的其他实收资本账户下的普通股及实收股本中每股实收资本超过票面金额。

低于成本出售

库存股股票的转售价格可以低于成本。差额先记录库存股发行实行资本借方。如果账户负债表比较小，留存收益则在剩余账户中记入借方。为了进一步说明，假定 Smart Touch Learning 公司有两股二外库存股股票出售，一个是 4 月 3 日以每股 4.30 美元转售 200 股。那么记账分录如下所示：

日期	账户和说明	借	贷
4 月 3 日	现金（4.3 美元 / 股 × 200 股）	860	
	库存股普通股（0.7 美元 / 股 × 200 股）	140	
	实收资本来自库存股（5 美元 / 股 × 200 股）		1 000
	以上成本出售库存股		

资产↑ 现金↑ ＝ 负债 ＋ 权益↑ 实收资本来自库存股↓ 普通股↑

库存股——普通股			
3 月 31 日	5 000		
		500	4 月 1 日
		1 000	4 月 2 日
		1 000	4 月 3 日
余额	2 500		

实收资本来自库存股交易			
4 月 3 日	140	200	4 月 2 日
		60	平衡

库存股售价每股 140 美元，低于成本价。Smart Touch Learning 公司已经出售了库存股 200 美元并超过成本价，所以 200 美元记入贷方负债，实收资本来自库存股交易，超过记入借方的 140 美元。

那么现在，Smart Touch Learning 公司如果再次出售 200 股每股 4.5 美元的库存股，将会怎么样呢？Smart Touch Learning 公司记账分录如下：

日期	账户和说明	借	贷
4月4日	现金，每股4.5美元，200股	900	
	实收资本来自库存股交易	60	
	留存收益 = 1000-900-60	40	
	库存股－普通股每股50 200股		1 000
	出售库存股低于成本价		

资产↑　现金↑ = 负债 + 权益↑　实收资本来自库存股↓　普通股↓　留存收益↓

库存股——普通股						
3月31日	5 000					
				500	4月1日	
				1 000	4月2日	
				1 000	4月3日	
				1 000	4月4日	
余额	1 500					

实收资本来自库存股交易			
4月3日	140	200	4月2日
4月4日	60		
		0　余额	

留存收益			
		4 000 000	余额
4月4日	40		
		3 999 960	余额

200 股的库存股份出售为 100 美元，低于其成本（（5美元/股销售价 4.50 美元/股）× 200 股）。然而，只有 60 美元保持在实收资本库存股交易。40 美元（= 100 美元 – 60 美元）的差额借记保留盈余，因为实收资本账户不能有借方余额。

现在我们给大家展示下改进后的 Smart Touch Learning 公司的记账分录，如表 13-8 所示。

表 13-8

Smart Touch Learning 公司
资产负债表（部分）
2015 年 4 月 4 日

股东权益表	
实收资本	
优先股——每股 50 美元，2000 股授权股，1 000 股发行或在发行股	$ 50 000
实收资本超过票面价值优先股	5 000
普通股——每股 1 美元，2 000 授权股，20 000 000 股发行或在发行股	2 100 000
实收资本超过票面价值普通股	23 900 000
实收资本总额	26 055 000
留存收益	3 999 960
库存股——普通股，300 股（以成本价购入）	（1 500）
股东权益总和	$ 30 053 460

那么，有多少普通股在 4 月 4 日尚未发行？将以前发行的 300 库存股从 2 100 000 股普通股减分，得到 2 099 700 股发行在外的普通股。

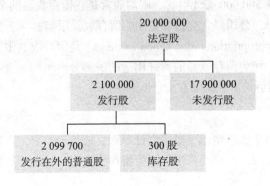

股票的退市

并非所有公司都购回其先前发行的股票以作为库存股。公司可以回购其股票使之退市。退市股票不能再发行。

优先股的退市是公司寻求避免支付优先股股息的常见做法，回购先前发行的股票使之退市时，我们将股票记入借方。例如，优先股和实收资本超过优先股的部分贷记现金，可将退市股票从公司账簿消去，从而降低总资产及总股东权益。

> **练习题**　1月3日，哈萨尔公司购买了 2 000 股面值 2 美元的普通股作为库存股，每股支付现金 8 美元。1月30日，哈萨尔公司以每股 10 美元出售 1 200 股库存股。将这些交易写入日记账。

13.5 公司的股本是如何形成的

早些时候，你了解到一个公司的股票包含两个基本来源：实收资本和留存收益。让我们来探讨如何形成股东权益。

13.5.1 留存收益表

留存收益表表明公司的留存收益余额从开始到结束这段时期的变化情况。记住，留存收益通过业务利润获得资本，这些资本是不分配给股东的。表 13-9 显示了 2016 年 Smart Touch Learning 公司留存收益表的情况。当然，所有数据都是假定的。

公司可以在留存收益报告负值，这就是所谓的**赤字**（deficit），是由留存收益账户的借方余额反映的。当公司有重复出现的损失或宣布在留存收益的超额股息时，就会出现赤字。如果赤字发生，大多数国家禁止公司支付股息。

表 13-9　留存收益情况

Smart Touch Learning 公司

截至 2016 年 12 月 31 日留存盈余情况

2016 年 1 月 1 日留存盈余	$ 5 000 000
本年净收入	1 050 000
	6 050 000
宣布股息	（500 000）
2016 年 12 月 31 日留存盈余	$ 5 550 000

1. 留存收益的分配

现金股息和股票购买需要用现金支付，这些现金支出使留下来支付债务的资源更少。例如，只有 Smart Touch Learning 公司通过限制其宣布的股息和购买股票的国债保持一个最低水平的股东权益，银行才同意贷款 500 000 美元给它，限制通常是在留存收益的余额上面。

在财务报表的附注里，公司经常会报告它们的留存收益限制。

留存收益的挪用（appropriations of retained earnings）是留存收益限制的日志记录。公司可能会拨出一个单独的账户，作为留存收益的特殊用途的一部分。例如，董事会可以保留扩张或意外收益中适当的部分（如与诉讼有关的潜在责任）。

2. 前期调整

有时公司的账务会由于数学错误、滥用会计原则，或疏于监督，直到后期才发现，从而导致错误出现。错误一旦被发现，必须要修正，因为留存收益账户的余额是错误的。错误在开始被发现时就要通过调整留存收益账户的期初余额纠正。对前期存在的留存收益错误的纠正称为**前期调整**（prior-period adjustments）。前期调整或增加或减少，留存收益账户的期初余额并出现在留存收益表。

例如，我们虚构一个公司，Greg's Tunes 公司 2014 年的工资费用为 30 000 美元，但正确的工资费用金额是 40 000 美元。这个错误在于：

- 少报工资费用 10 000 美元。
- 多报净收入 100 00 美元。

2015 年，Greg's Tunes 公司额外付了上一年拖欠的工资 10 000 美元。Greg's Tunes 公司前期调整使留存收益下降，具体如表 13-10 所示。

表 13-10　留存收益表——前期调整

（单位：美元）

留存收益状况

2015 年 12 月 31 日

留存收益，2015 年 1 月，最初	$ 140 000
前期调整	（10 000）
留存收益，2015 年 1 月，调整后	130 000
本年净收入	63 000
	193 000
股息	（23 000）
留存收益，2015 年 12 月 31 日	$ 170 000

13.5.2　股东权益报表

股东权益声明是记录公司的股东权益变化的另一个方法。该声明比留存收益表，它报告所有股东权益账户的变更信息，而不只是留存收益。股东权益声明显示了期初余额的任何增加或减少，以期末余额的所有股权账户。此外，该股东权益报表也通过股份数量的形式报告了会计年内的普通股、优选股、库存库以及变化。表 13-11 显示了 Greg's Tunes 公司的股东权益报表。

表 13-11　Greg's Tunes 公司股东权益报表

Greg's Tunes 公司

2015 年 12 月 31 日股东权益报表

	普通股		超面值实缴资本	留存盈余	股东权益总额
	股份	价值			
2015 年 1 月 1 日，作为最初报道的平衡	20 000	$20 000	$80 000	$140 000	$240 000
前期调整				（10 000）	（10 000）
2015 年 1 月 1 日，调整后股息收入	20 000	$20 000	$80 000	$130 000	$230 000
本年净利润				63 000	63 000
宣告的股息				（23 000）	（23 000）
2015 年 12 月 31 日，余额	20 000	$ 20 000	$ 80 000	$ 170 000	$ 270 000

> **练习题**　2014 年 1 月 1 日，Sjostrom 公司期初有留存收益 300 000 美元。这一年内，Sjostrom 公司申报和支付 140 000 美元的现金股息，赚了 200 000 美元的净收入。编制 2014 年 12 月 31 日留存收益表。

13.6　我们如何使用股东权益率来评价企业业绩

投资者总是比较公司的利润。要比较不同规模的公司，我们需要一些衡量盈利能力的标准措施。用于评价的三个重要的比率是：每股收益、普通股的收益率和市盈率。

13.6.1　每股收益

企业利润表的最后一段报告公司的**每股收益**（earnings per share，EPS）。EPS 在业务统计时是使用最广泛的。每股收益报告各公司发行普通股的净收入（亏损）额。每股收益的计算是净收入减去优先股股息除以已发行普通股的加权平均数。

股东具有分红的优先权。对已发行普通股的加权平均数的计算在复杂的会计课程中会涉及。为简单起见，我们将依据发行股数量确定平均每股收益：（期初余额＋期末余额）／2。

例如，下表为绿山咖啡烘焙公司 2011 年度财政报告，具体如下：

	2011 年 9 月 24 日	2011 年 9 月 25 日
净收入	$ 199 501 000	$ 79 506 000
优先股股息	0	0
股东权益总额	1 912 215 000	699 245 000
优先股股东权益	0	0
发行在外的普通股	154 466 463 股	132 823 585 股

绿山咖啡烘焙公司每股盈利计算如下：

$$每股净收益 = （净收入 － 优先股股息）÷ 普通股平均数$$
$$= （199\ 501\ 000 - 0）÷ [（154\ 466\ 463 + 132\ 823\ 585）/ 2]$$
$$= 1.39\ 美元 / 股$$

FASB 要求每股收益出现在利润表。

13.6.2 市盈率

市盈率（price/earnings ratio）是公司的普通股每股市场价格与每股收益的比率。市盈率为公司收益为 1 美元时的市场价格。假设绿山咖啡烘焙公司的普通股每股的市场价格为 17.90 美元，则绿山的市盈率计算如下：

$$市盈率 = 普通股每股市场价格 ÷ 每股收益$$
$$= 17.90 ÷ 1.39$$
$$= 12.88$$

市盈率意味着绿山股票的销售价格是每股收益的 12.88 倍。这个比率常用于投资者评估其赚取回报的能力。它告诉投资者他们愿意为公司的 1 美元盈利所付出的努力的程度。一个更高的市盈率意味着更高的投资回报。与其他的比率相比，市盈率是最为有用的。

13.6.3 普通股的回报率

普通股股东权益回报率（rate of return on common stockholders' equity）通常简称为资本权益报酬率，表明公司内普通股股东净收益与其平均普通股投资的比率。分子是净收入减去优先股股息。减去优先股股息是因为优先股股东有支配任何股息的优先权。分母是平均普通股股东权益——总资产减去优先股。回到绿山咖啡烘焙公司，普通股股东权益回报率计算如下：

$$普通股股东权益回报率 = （净收入 － 优先股股利）÷ 平均普通股股东权益$$
$$= （199\ 501\ 000 - 0）÷ [（1\ 912\ 215\ 000 + 699\ 245\ 000）/ 2]$$
$$= 0.15 = 15\%$$

普通股股东平均投资 1 美元，绿山给出的回报率为 0.15。当普通股股东权益回报率在 15% ～ 20% 时，大多数行业即认为是良好的，而绿山的回报率在 15%，因此被认为做得很好。

练习题　沃尔默公司报告以下结余（单位：美元）：

	2015 年 12 月 31 日	2014 年 12 月 31 日
净收入	80 000	60 000
优先股股利	2 000	5 000
股东权益总计	340 000	310 000
归属于优先股股东权益	20 000	20 000
发行在外的普通股股数	10 000	14 000

10. 计算沃尔默公司 2015 年的每股收益。

11. 计算沃尔默公司 2015 年的市盈率。假设市场价格是每股 40 美元。

12. 计算沃尔默公司 2015 年的普通股股东权益回报率。

知识回顾

☞重要知识点

1　公司是什么？

- 公司是根据法律组建的、独立的法律实体。
- 公司拥有股本，是股票所有权的代表。
  - ◆法定股本是公司章程允许公司发行的最大股票数量。
  - ◆流通在外的股票是已经发行的，进入股东手中的股票。
- 公司可以拥有不同类别的股票：
  - ◆普通股代表公司的基本所有权。
  - ◆优先股股票使其拥有一定的优势，如有权获得优先股息。
- 公司的股权是股东权益。股东权益包括两个基本来源：
  - ◆实收资本——以股份为交换从股东那里收到的资本。
  - ◆留存收益——资本的盈利业务，是不分配给股东的收入。

2　如何发行股票？

- 普通股（优先股）的发行。

日期	账户和说明	借	贷
	现金	票面面值	
	面值 1 美元的普通股		票面面值
	发行普通股		

- 普通股（优先股）发行的溢价。

日期	账户和说明	借	贷
	现金	发行价	
	面值 1 美元普通股		票面面值
	普通股过剩资本		差异
	普通股发行溢价		

- 发行的固定价值的股票，其面值与股票会计数值几乎相同。唯一的区别是账户中实收资本的过量

使用。

- 股票可以为获得非现金资产发行。无论哪一个更清楚更明确，该交易应在发行股票或实收资产的市场价值下进行记录。

3　如何分红和股票分割？

- 一个现金股息引起资产减少（现金）和持平（留存收益）。
- 优先股股东收到股息的优先权首先确保他们获得股息。有两种类别的优先股：
  - ♦ 累积优先股：在公司向支付普通股股东股息之前，股东必须在收到的所有股息拖欠（未及时发放的股息）。
  - ♦ 累积优先股业主不接受任何未及时发放的股息。
- 股票股利是公司股票的分布及对股东权益总额，不影响资产或者负债。
  - ♦ 小股票股利（小于 20%～25%）是记录股票市场价值。
  - ♦ 大比例股票股利（大于 20% 或 25%）是记录股票票面价值。
- 股票发行数量增加，流通股与股票的面值比例减少。
- 股票分割不会影响任何账户的余额，无日记条目是必需的。

4　如何处理库存股？

- 库存股是公司自己的股票，它是已发布并重新购回的。
- 国债购买股票时，它是按成本入账，不是面值。

日期	账户和说明	借	贷
	库存股	成本	
	现金		成本
	购买国库券		

- 库存股是股票账户，有一个正常的借方余额，并减少股东权益总额。
- 库存股可以按成本，低于成本，或高于成本出售。
- 作为一种替代库存股，公司可以根据相关规定收回股票。

5　公司怎样公布股权？

- 留存收益表报告公司从开始到结束这一个周期的留存收益余额的变化。
- 留存收益可以拨（预留）为一个特定使用。
- 前期调整一定是由期初留存收益的数学错误，误用会计原则或监督导致的。
- 股东权益报表报告在股东权益账户发生的所有变化。

6　我们如何使用股东权益比率来评估业务绩效？

- 每股收益计算的是公司发行在外的普通股每股的净收益（亏损），（净收入－优先股股利）/发行在外的普通股加权平均值。
- 市盈率衡量的是一个公司盈利 1 美元时股票的市场价值。普通股每股的市场价格/收益。
- 普通股股东权益回报率显示了，普通股股东可得的净收入与投资于公司的平均普通股股本纯收入之间的关系。（税后净利-优先股股利）/平均普通股股东权益。

　　Delphian 公司 2015 年 12 月 31 日的资产负债表如下：

DELPHIAN 股份有限公司资产负债表（部分） 2015 年 12 月 31 日	
股东权益	
实收资本：	
普通股，每股面值 1 美元，11 000 000 股股份的授权。发行和未发行总计 8 000 000 股	$ 8 000 000

（续）

DELPHIAN 股份有限公司资产负债表（部分）
2015 年 12 月 31 日

股东权益	
普通资本超出实收资本	200 000
合计实收资本	8 200 000
留存收益	800 000 000
股东权益合计	$808 200 000

2016 年，Delphian 公司发生以下交易：

1 月 1 日	发行 10 000 股普通股，每股 10 美元
2 月 15 日	发行 2 000 股普通股，每股 8 美元
3 月 1 日	宣告其普通股每股 0.20 美元的现金股利，于 3 月 30 日支付。记录日期为 3 月 15 日
30 日	支付现金股息给股东
11 月 1 日	宣布为 1% 的普通股股利对流通在外的普通股股份适用，市场价格为 8 美元。股权登记日 11 月 15 日
30 日	派发股票给股东
12 月 1 日	买入 5 000 股库存股，普通股每股 12 美元
20 日	卖出 3 000 股库库股，普通股每股 14 美元

要求：①为 Delphians 公司 2016 年的交易记日记账。②制作 2016 年 12 月 31 日股东权益部分的资产负债表。假定 Delphian 公司 2016 年有 2 000 万美元的净收入。③计算 Delphians 公司 2016 年的每股收益。④假定 Delphians 公司普通股的市值在 2016 年 12 月 31 日是 15 美元 / 股，计算 Delphians 公司在 2016 年的市盈率。

☞汇总习题

1

日期	账户和说明	借	贷
1 月 1 日	现金（每股 10 美元 × 10 000 股）	100 000	
	普通股 1 美元面值（每股 1 美元 × 10 000 股）		10 000
	实收资本超过面值——普通股（900 美元股新股 × 10 000 股）		90 000
	已发行普通股的溢价		
2 月 15 日	现金（每股 8 美元 × 2 000 股）	16 000	
	普通股 1 美元面值（每股 1 美元 × 2 000 股）		2 000
	实收资本超过面值——普通股（7 美元股新股 × 2 000 股）		14 000
	已发行普通股的溢价		
3 月 1 日	留存收益每股 [0.20 美元 ×（8 000 股 + 10 000 股 + 2 000 股）]	1 602 400	
	可支付股息——普通股		1 602 400
	宣布现金股息		
15 日	没有记账记录		
30 日	支付股息——普通股	1 602 400	
	现金		1 602 400
	支付现金股息		
11 月 1 日	留存收益（每股 8 美元 × 8 012 000 股 × 0.01）	640 960	
	普通股股息派发（每股 1 美元 × 8 012 000 股 × 0.01）		80 120
	普通股溢价（640 960 美元 − 80 120 美元）		560 840

（续）

日期	账户和说明	借	贷
11 月 1 日	宣布 1% 股息		
15 日	没有记账记录		
30 日	普通股股息派发	80 120	
	普通股——每股 1 美元价格		80 120
	发行 1% 股票股息		
12 月 1 日	库存股——普通股每股 12 美元 × 5 000 股	60 000	
	现金		60 000
	购买库存股		
20 日	现金每股 14 美元 × 3 000 股	42 000	
	库存股——普通股每股 12 美元 × 3 000 股		36 000
	库存股交易溢价每股 2 美元 × 3 000 股		6 000
	出售库存股成本价之上		

2

DELPHIAN 股份有限公司
资产负债表（部分）
2016 年 12 月 31 日

股东权益

实收资本	
普通股——每股 1 美元，11 000 000 股，授权发行 8 092 120 股，已发行 8 090 120 股	$ 8 092 120
实收资本溢价——普通股	864 840
实收资本以库存股交易形式	6 000
实收资本总和	8 962 960
留存收益	817 756 640
库存股成本价	（24 000）
股东权益总和	$ 826 695 600

计算：

普通股——已发行及发行在外的股数

期初余额 1 月 1 日	8 000 000 股
1 月 1 日发行股票	10 000
2 月 15 日发行股票	2 000
股息前已发行股票	8 012 000
11 月 1 日股票股利（8 012 000 × 0.01）	80 120
普通股发行	8 092 120 股
于 12 月 1 日买回库存股	（5 000）
12 月 20 日出售库存股	3 000
发行普通股	8 090 120 股

实收股本中每股超额：

1 月 1 日期初余额	$ 200 000
1 月 1 日发行股票	90 000
2 月 15 日发行股票	14 000
11 月 1 日股票股利	560 840
合计实收资本的溢价	$ 864 840

留存收益：

1 月 1 日期初余额	$800 000 000
3 月 1 日的现金股息	（1 602 400）
11 月 1 日股票股利	（640 960）
全年净收入	20 000 000
12 月 31 日期末余额	$ 817 756 640

3 每股收益 = （税后净利 – 优先股股利），发行在外的普通股 = （$20 000 000 – 0）/ 平均人数 / [（8 000 000 股 + 8 090 120 股）/ 2)] = 每股 2.49 美元

4 市盈率 = 普通股市场价 / 每股盈利 = 每股 15 美元 / 每股 2.49 美元 = 6.02

☞关键术语

stock dividend　**股票股息**　A 到其股东分派其自己的股票的公司。

stock split　**股票分割**　以股票加上按比例削减股票面值发行及发行在外股份的数量增加。

issue price　**发行价**　股票开始销售时的价格。

issued stock　**发行卡**　已经颁布，但可能会或可能不会被股东持有的股票。

large stock dividend　**大型股票股利**　股票股利大于已发行及发行在外股份的 20% 至 25%。

legal capital　**法人资本**　股东权益中不能用于分红的部分。

memorandum entry　**备忘录项**　在注意到一个显著事件日志中的分录，但没有借方或贷方金额。

no-par stock　**无面值股票**　股票，有没有分配给它的金额（面值）。

noncumulative preferred stock　**非累积优先股**　优先股的业主不接受通过股息。

outstanding stock　**流通在外的股票**　发行股票的股东手中。

paid-in capital　**实收资本**　代表一个公司的股东，以换取股票收取的款项。

paid-in capital in excess of par　**实收资本超过票面价值**　代表股东超过票面金额收取的款项。

par value　**票面值**　由公司分配给它的股票的份额的数量。

preemptive right　**优先购买权**　股东持有其在公司中适当比例股权的权利。

stockholders' equity　**股东权益**　一个公司的股票，其中包括实收资本和留存盈利。

treasury stock　**库存股**　一个公司购买它先前和后来的自己的股票。

preferred stock　**优先股**　享有优先权的股票，给它的拥有者相对于普通股股东一定的优势，如在普通股股东之前收取股息和获得资产。

premium　**溢价**　发出超过票面金额在哪个股票。

price/earnings ratio　**市盈率**　的普通股股份该公司每股盈利的市场价格的比率。措施的价值是 1 元之公司的盈利，股市的地方。每股普通股 / 每股盈利的市场价格。

prior-period adjustment　**前期调整**的修正，以保留盈余用于较早时期的一个错误

rate of return on common stockholders' equity　**普通股股东权益回报率**　显示可供普通股股东的净收入和投资于公司的平均普通股股本之间的关系。（税后净利 – 优先股股利）/ 平均普通股股东权益。

retained earnings　**留存收益**　由未分配给股东为公司赚钱的业务赚取的资本

small stock dividend　**小股票股利**　A 股股息低于 20% 的已发行及发行在外的股票的 25%。

stated value stock　**声明价值股票**　已分配类似拍拍之金额无拍拍股票。

stock certificate　**股票凭证**　所有者对公司的书面证据。

underwriter　**包销商**　处理该发行公司的股票给公众，通常假定一些风险，同意买股票，如果公司不能卖掉所有股票的共同客户的公司。

☞ 快速测验

1 下列哪个特点是公司的缺点？

   a. 相互代理   b. 有限责任公司   c. 双重征税   d. 无缺点

2 企业资本的两个基本来源是：

   a. 资产和股权   b. 优先股和普通股

   c. 留存收益及股息   d. 实收资本和留存收益

3 假设 Value Home and Garden Imports 发行 400 000 股每股面值为 0.10 美元的普通股，每股 4 美元。如下哪一个日记账分录正确地记录了该股票的发行？

a.
普通股 −0.10 美元 / 股	1 600 000	
现金		40 000
普通股票面溢价		1 560 000

b.
普通股 −0.10 美元 / 股	1 600 000	
现金		1 600 000

c.
现金	1 600 000	
普通股 −0.10 美元 / 股		40 000
普通股票面溢价		1 560 000

d.
现金	1 600 000	
普通股 −0.10 美元 / 股		1 600 000

4 假设 Yummy Treats Bakery 为了建筑项目发行普通股股票。Yummy Treats Bakery 应以以下哪个来记录此建筑项目？

   a. 考虑到股票的面值   b. 其账面价值

   c. 其市场价值   d. 董事分配的一个值

5 温斯顿公司拥有 9 000 股股利 4%、每股面额 10 美元累积优先股及 47 000 股已发行普通股。温斯顿在 2013 年宣布任何股息。在 2014 年，温斯顿宣布股息共 54 000 美元。应将多少股息分与普通股股东？

   a. 554 000 美元   b. 550 400 美元

   c. 46 800 美元   d. 无，这一切都为优先股股东

6 小股票股利

   a. 减少普通股   b. 对总权益并无影响

   c. 增加留存收益   d. a、b 和 c 均正确

7 一个公司自己已经发行及购回的股票叫

   a. 已发行在外的股票   b. 发行股票   c. 股息股票   d. 库存股

8 假设某公司支付每股 6 美元购入 1 100 股，其 3 美元面值的普通股作为库存股。购买库存股

   a. 总股本增加 3 300 美元   b. 总股本下跌 3 300 美元

   c. 总股本下跌 6 600 美元   d. 总股本增加 6 600 美元

9 杰克逊健康食品公司有 8 000 股面值 2 美元的普通股，每股按 15 美元发行。杰克逊还拥有 86 000 美元的留存收益赤字。杰克逊的总股东权益是多少？

   a. 16 000 美元   b. 120 000 美元   c. 206 000 美元   d. 534 000 美元

10 戴尔公司有以下数据：

净收入	$ 24 000
优先股股利	12 000
平均普通股股东权益	100 000

   戴尔公司普通股东权益回报率为：

   a. 24%   b. 50%   c. 12%   d. 36%

进步评估

复习题

1　什么是公司？

2　列出公司的三大特点。

3　法定股与发行在外的股票有什么不同？

4　什么是股东的四项基本权利？

5　优先股与普通股有何不同？

6　什么是面值？

7　股东权益的两个基本来源是什么？描述每个来源。

8　什么账户用于发行普通股时，以记录保费？什么类型的账户属于此类账户？

9　如果发行股票是资产而非现金，如何交易记录？

10　现金股利宣告时，对会计等式的影响是什么？现金股利支付时，对会计等式的影响是什么？

11　涉及现金股利三个相关日期是什么？描述之。

12　累积优先股与非累积优先股有何不同？

13　什么是股票股利？

14　宣布股票股利时对会计等式的影响是什么？股票股利分配时，对会计等式的影响是什么？

15　公司发行股票股利的原因有哪些？

16　什么是股票拆分？

17　什么是库存股？什么类型的账户是库存股，什么是正常的账户余额？

18　在哪里以及如何将库存股报于资产负债表？

19　什么是留存收益报告表？

20　什么是前期调整？

21　什么是股东权益报告表？股东权益变动表与留存收益表有什么不同？

22　什么每股收益报告，以及它是如何计算出来的？

23　什么是市盈率？它是怎样计算出来的？

24　普通股的回报率显示的是什么，它是怎样计算出来的？

简单练习

S13-1　描述公司的特点。

　　由于近期的牛肉召回事件，南牛排餐厅正在考虑重组。比尔本人想要在这场诉讼风波中保护他的个人资产。

　　要求：①重组的哪一个优势是最适用的？作为一个企业实体的其他优势有哪些？②作为一个企业实体的缺点有哪些？

S13-2　日记账：股票按面值溢价发行。

　　加州公司有两类股票：普通股，每股面值 2 美元；优先股，每股面值 10 美元。

　　要求：①日记账分录：加州发行 2 000 股普通股，每股 11 美元。②日记账分录：加州发行 2 000 股优先股，共 20 000 美元。

S13-3　日记账：发行的股票无面值。

　　西部公司于 3 月 13 日发行 5 000 万股无面值的普通股，每股 2 美元。记录此股票发行。

S13-4　日记账：发行的股票无面值。

　　吉布森公司7月7日发行的8 000万股2美元既定价值的普通股每股10美元。记录此股票发行。

S13-5　日记账：发行股票是为资产而非资产。

　　穆雷公司，以换取大楼，180 000美元的市场价格发行40 000股3美元面值的普通股。记录的股票发行。

S13-6　现金分红的计算。

　　截至2014年12月31日，法国香草公司一年赢得了75 000美元的净收入。12月15日，法国香草宣布了其5%的优先股（每股面值115 000美元）每年的现金股利，并宣布了其普通股（55 000股）每股0.50美元的现金股利。法国香草在2015年1月4日支付了现金股利。

　　要求：①用日记账分录记录2014年12月15日法国香草宣布发放现金股利。②2015年1月4日，用日记账分录记录法国香草支付现金股利。

S13-7　在优先股和普通股之间分配现金股利。

贵金属信托有如下股票类别：

| 优先股5%面值15美元；7 000股法定股，5 500股已发行及发行在外股份 |
| 普通股，0.30美元面值；2 000 000股法定股，1 200 000股发行及发行在外的股份 |

　　要求：①贵金属宣布2014年现金股利为25 000美元。应分配多少股息用于优先股股东？多少用于普通股股东？②假设优先股是可累加的，贵金属在2012年和2013年发行优先股股息。在2014年，该公司宣布现金股利535 000美元。应分配多少股息用于优先股股东？多少用于普通股股东？③假设优先股是非累加的，贵金属在2012年和2013年通过优先股股利。在2014年，该公司宣布35 000美元现金股利。多少股利用于优先股股东？多少用于普通股股东？

S13-8　日记账：小股票股利。

Supreme Water Sports公司发行了12 000股面值2美元的普通股，当公司分配5%的股票股利时，其股票的市场价值为每股22美元。

　　要求：① Supreme Water Sports公司在8月15日宣布股票股利并在8月31日分派，制作日记账分录。②股票股利对该公司总资产的总体影响是什么？③对股东权益总额的影响是什么？

S13-9　日记账：大股票股利。

　　美味公司有310 000股已发行、面值1美元的普通股并在12月15日时有同等数量的流通在外的股票。本公司获得法定发行1 400 000股普通股。2014年12月15日，美味公司宣布45%的股票股利时，其普通股的市场价值为每股3美元。该股发行于12月30日。

　　要求：①制作宣告股票股利分配的日记账分录。②发行股利后普通股的股数发行了多少？

S13-10　股票分割会计分录。

　　装饰进口公司的近期股东权益报告如下：

股东权益	
实收资本：	
普通股面值1美元，法定股480 000 000股，发行并流通114 000 000股	$114 000 000
实收资本溢价——普通股	140 000 000
实收资本合计	254 000 000
留存收益	650 000 000
股东权益合计	$904 000 000

假设装饰公司分割其股票，每股市价普通股 2 换 1。股票分割之后，该公司的股票的交易价格为每股 20 美元。

要求：①准备股票拆分之后装饰进口公司资产负债表的股东权益部分。

②股票拆分之后账户余额是否有变化？

S13-11 库存股购买和销售。

折扣中心家具公司于 2014 年完成了下列库存股交易：

12 月 1 日	购入 1 400 股面值为 1 美元的普通股作为库存股，每股支付 5 美元现金
15 日	卖出 400 股库存股票，现金每股 8 美元
20 日	卖出 800 股库存股票，现金每股 2 美元（假设 12 月 20 日库存股交易是 12 000 美元）

要求：①用日记账分录记录这些交易，不必说明。②在折扣中心家具公司 12 月 31 日的资产负债表中，公司将如何报告 2014 库存股？

S13-12 准备留存收益表。

麦当劳公司在 2014 年 1 月 1 日期初留存收益 110 000 美元，麦当劳声明支付 80 000 美元现金股利，并获得净收入 560 000 美元。为麦当劳公司准备未分配利润和截至 2014 年 12 月 31 日的留存收益表。

S13-13 分析前期调整的影响。

韦尔斯公司发现 2015 年错误地记录 2014 年公用事业费用 50 000 美元。公用事业费用的正确金额为 30 000 美元。

要求：①确定 2014 年会计错误的影响。②如何在 2015 年财务报表呈报该误差？

S13-14 计算每股收益。

RAR 公司 2014 年有净收入 40 000 美元。RAR 年初有 13 500 股已发行优先股及 14 000 股已发行普通股，2014 年 12 月 31 日。本年度 RAR 声明支付 3 000 美元的优先股股息并计算每股 RAR 的盈利。

注意：题目 S13-14 必须在尝试小练习 S13-I5 之前完成。

S13-15 计算市盈率。

请参考题目 S13-14 的 RAR 数据。假设 RAP 普通股的市场价格是每股 16 美元。计算 RAR 的市盈率。

S13-16 计算普通股股东权益回报率。

Godhi，公司 2014 年的资产负债表中报告了以下项目，与 2013 年数字做出对比：

GODHI 公司 资产负债表		
	2014 年 12 月 31 日	2013 年 12 月 31 日
总资产	$ 33 538	$ 29 562
总负债	17 100	14 692
股东权益总资产（全部普通股）	16 438	14 600
股东权益总负债	$ 33 538	$ 29 562

2014 年净收入是 3 890 美元，计算 GODHI 公司 2014 年的普通股股东回报率。

习题

E13-17 识别公司的优点和缺点。

以下为公司的优缺点列表，识别每一优势和劣势。

a. 所有权与经营权分离。b. 实体具有连续经营权。c. 所有权的转移是容易。d. 股东的责任是有限的。e. 双重征税。f. 实体可以筹集更多的资金；g. 政府监管成本高昂。

E13-18　确定为公司的实收资本。

ALLEY 公司最近刚成立。该公司发行普通股票给投资者以换取市场价值 56 000 美元。此外，ALLEY 公司收到的现金按 2 000 股每股面值 10 美元的优先股和 9 000 股自己没有面值的普通股，每股 45 美元。编写日记账分录来确定这些交易实收产生超过资本总额。

E13-19　发行股票日记账分录。

苏西系统公司完成了以下交易的股票发行：

5 月 9 日	发行 2 000 股面值 1 美元的普通股，以换取现金每股 9.50 美元
6 月 3 日	发行 300 股每股 3 美元，无面值优先股为 115 000 现金
6 月 11 日	接收设备的市场价值 78 000 美元，以换取 3 000 股面值 1 美元的普通股

要求：①日记账记录交易。不必解释。②苏西系统公司交易产生了多少实收资本？

E13-20　发行无面值股票日记账

日历公司发行 4 000 股无面值普通股，每股 9 美元。

要求：①记录发行的股票，如果股票：

- 是真正的无面值股票。
- 已宣布每股 2 美元的价值。

②哪些类型股票会导致更多的总实收资本？

E13-21　日记账，发行股票和股东权益部分的资产负债表

本章 KCAS 电视公司授权发行 100 000 股每股 4 美元、无面值的优先股及 500 000 股普通股。在其初创阶段，KCAS 完成了以下交易：

9 月 6 日	发行 275 股普通股，发起人收到 8 250 美元现金
12 日	发行 400 股优先股，以换取现金 20 000 美元
14 日	发行 1 600 股普通股，以换取市场价值为 18 000 美元的土地

要求：①记录交易的普通日记账。②准备 KCAS 电视公司资产负债表中股东权益部分，2014 年 9 月 30 日。假设 KCAS 电视公司一月有 32 000 美元的固定净收入。

E13-22　日记账，发行股票和股东权益部分的资产负债表

长荣金融机构发行的 900 股优先股及 1 250 普通股，在一两个月的时间内，长荣完成了这些股票发行交易：

3 月 23 日	发行的 230 股面值 4 美元的普通股，以换取 115 美元现金
4 月 12 日	收到的存货为 23 000 美元市值及设备 520 000，320 股面值 4 美元的普通股的市场价值
4 月 17 日	已发行 900 股的 5% 面值优先股每股 20 美元

要求：①用日记账记录普通股的交易。②准备长荣 2014 年 4 月 30 日的股东权益资产负债表部分，在这个练习中给出的交易。保留盈余有 579 000 美元的平衡。

E13-23　计算北方交通股息优先股和普通股，日记账有以下股东权益：

股东权益	
实收资本：	
优先股 6%。面值 11 美元；150 000 股授权。20 000 股发行及已发行	$ 220 000
普通股——面值 3 美元，575 000 股授权，400 000 股发行及已发行	1 200 000
实收资本溢价——普通股	1 000 000
合计实收资本	2 420 000

（续）

股东权益	
保留盈余	190 000
总股东权益	$ 2 610 000

要求：①假设优先股是可累加的，计算优先股股东和普通股股东的金额于 2014 年和 2015 年，如果股息总额分别为 2014 年 12 200 美元和 2015 年 55 000 美元。②记 2014 年日记账分录，假设北方交通声明 12 月 1 日的股息于 12 月 10 日记账，且北方交通在 12 月 20 日向普通股股东支付股息。

E13-24　计算股息优先股和普通股，日记账。

下列是资产负债表中的股东权益。

股东权益	
实收资本：	
优先股——7%，面值 12 美元：100 000 股授权。发行 75 000 股股份及未付	$ 150 000
普通股，面值 0.10 美元 10 250 000 股授权，9 500 000 股股份已发行及流通	950 000

2013 年桑德勒公司未付股息。

要求：①计算 2014 年股息的优先股和普通股股东，如果股息总额分别为 $195 000 假设优先股是不可累加。②记录假设桑德勒销售公司于 2014 年 7 月 15 日声明 7 月 1 日股息股东的日记账分录。桑德勒 7 月 31 日支付股息。

E13-25　日记账股票股利和报告股东权益。

股东权益合计 123 650 美元 Pondside 职业治疗公司的股东在 2013 年 12 月 31 日发行股票，如下：

股东权益	
实收资本：	
普通股，每股面值 1 美元；发行 1250 股，已发行 530 股股份及未发行	$ 530
普通实收资本溢价	2 120
合计实收资本	2 650
保留盈余	121 000
股东权益合计	$ 123 650

2014 年 4 月 30 日，Pondside 股票市场价格为每股 11 美元

而该公司宣布 10% 的股票股利。该股票在 5 月 15 日派发。

要求：①日记账的股票股利宣派及分派。②编制股票股东权益部分资产负债表股息。假定留存收益在股票股利之前是 12 1000 美元，2014 年 4 月 30 日。

E13-26　日记账的现金及股票股利。

1. 普通股 17 700 美元，CR 绘画学校公司获授权发行 200 000 股思面值的共同股票。该公司以每股 3 美元发行 77 000 股。当普通股股票的市场价格为每股 5 美元，绘画学校宣派及分派 10% 的股票股息。后来，绘画学校宣布派发每股 0.25 美元的现金股息。

要求：①日记账宣布及股票股利分配。②日记账申报及支付现金股息。

E13-27　股票分割报表后的股东权益

股东权益合计 3 770 美元，蛇高尔夫俱乐部公司在 2013 年 12 月 31 日有以下股东权益：

股东权益	
实收资本：	
普通股——面值 1 美元；授权 650 股，已发行及流通股 290 股	$ 290

（续）

股东权益	
普通实收资本溢价	580
合计实收资本	870
保留盈余	2 900
股东权益合计	$ 3 770

2014 年 6 月 30 日，蛇高尔夫俱乐部分割其普通股 2 比 1。股票分割后制作股东权益部分的资产负债标。假定 2013 年 12 月 31 日后留存收益未改变。

E13-28　分析现金股息、股票派息和股份分割带来的效应

完成下表。在符合实际情况的方框里打"√"。

	现金股息	股票派息	股份分割
减少保留盈余			
对于债务没有影响			
通过减少同等数额的保留盈余来增加实收资本			
同时减少总资产和总股东权益			
对股东权益没有影响			

2. 总股东权益 68 100 美元

E13-29　记录库存股交易并汇报出股东权益。

Southern Amusements 公司 11 月 30 日的股东权益如下：

股东权益	
实收资本：	
普通股票——票面价值 5 美元，授权 1 300 股，已发售 290 股	$ 1 450
超过票面价值的实收资本——普通	13 500
总实收资本	14 950
留存收益	57 000
总股东权益	$ 71 950

在 2 月 30 日，Southern Amusements 公司以每股 14 美元的价格购买了 275 股库存股。

要求：①记录有关库存股的交易。②请准备出 12 月 31 日资产负债表中股东权益那部分。假设留存收益的余额自 11 月 30 日起便不再改变。③购买库存股之后，有多少普通股流通在外？

E13-30　记录股票的发行和有关库存股的交易。

Careful Driving School 的股票交易如下：

5 月 4 日	以每股 18 美元的价格发行面值为 1 美元的普通股票 22 000 股
4 月 22 日	以每股 14 美元的价格购入普通库存股 1 400 股
9 月 22 日	以每股 24 美元的价格售出普通库存股 500 股
10 月 14 日	以每股 9 美元的价格售出普通库存股 500 股

记录交易：

9 月 22 日，库存股 5 500 美元 CR。

E13-31　分析股份分割、股票派息和库存股交易带来的效应。

许多种类的交易都会影响股东权益。分析下列交易对股东权益的影响。每一笔交易都是相互独立的。

a）一个 10% 的股票派息。分红前，520 000 股面值 1 美元的普通股流通在外。分红时的市场价格是 3 美元。

b）以一比二进行股票分割。分割前，有 65 000 股面值 4 美元的普通股是优先的。

c）以每股 3 美元的价格购入面值 0.50 美元的普通库存股 1 000 股。

d）以每股 5 美元的价格售出面值 0.50 美元的普通库存股 1 000 股。其成本是每股 3 美元。

E13-32　为留存收益准备一个报表。

Annie May Bakery, Inc. 在 2014 年年初汇报了一个调整。一个核算错误导致前些年的净收入被多写了 10 000 美元。按照以前的报道，2013 年 12 月 31 日的留存收益是 47 000 美元。2014 年的净收入是 71 000 美元，分红是 29 000 美元。请给出公司 2014 年 12 月 31 日的留存收益表格。

存留盈余，12 月 31 日，79 000 美元。

E13-33　计算每股的收益和价格 / 收益比率。

Altar Corp. 2014 年获得了 118 000 美元的净收益并用最少的分红来满足它的股东们。假设普通股流通在外的股票没有任何变化。Altar Corp. 的部分报表如下所示：

优先股——3%，面值 50 美元，授权 2 000 股，已发售并流通在外 1 000 股	$ 50 000
普通股——面值 2 美元，授权 80 000 股，已发售 53 000 股，流通在外 51 800 股	106 000
超过票面价值的实收资本——普通	460 000
库存股——普通，1 200 股成本	（24 000）

要求：①计算 Altar Corp. 本年的 EPS。②假设 Altar Corp. 普通股的市场价格是每股 8 美元。计算 Altar Corp. 本年的价格 / 收益比率。

E13-34　计算股东权益的回报率。

Lofty Exploration 汇报了 2013 ~ 2014 年的如下数据：

	2014 年	2013 年
利润表——部分		
净收入	$ 17 900 000	$ 19 100 000
资产负债表——部分		
	2014 年 12 月 31 日	2013 年 12 月 31 日
总资产	$ 328 000 000	$ 318 000 000
优先股	2 400 000	2 400 000
普通股	178 000 000	171 000 000
留存收益	4 000 000	3 000 000
总股东权益	$ 184 400 000	$ 176 400 000

假设没有支付股东分红，计算 Lofty Exploration 2014 年的股东权益的回报率。

连续问题

P13-47　资产来源和股票发行记录。

Davis 一直被第 12 章的问题 12-44 困扰。他想筹集额外的资金用于计划扩展业务，发行 20 000 股额外的面值 1 美元的普通股票 40 000 美元，发行 3 000 股，6%，面值 80 美元的优先股，每股 100 美元。假设股东总资产为 18 165 美元，其中有 100 股普通股和 0 股优先股和立即发行的在之前描述的交易前，日记账记录和普通股以及优先股的发行。

批判性思维

☞ 决策案例

案例 13-1

Lena Kay 和 Kathy Lauder 拥有一种新化妆品的专利。他们需要额外的资本来推销这种产品，于是，他们计划成立一家公司来开展这项业务。他们正在考虑该公司的资本结构。他们的首要目标是在不放弃这项业务的控制权的前提下，尽可能多地募集资本。Kay 和 Lauder 计划将这项专利（一种无形资产，该专利将代替现金归公司所有）投资到公司里并接受该公司的 100 000 股普通股股票。他们从这项专利上获得了 100 000 美元，这就为该项专利的公允市场价值提供了一个指标。

公司章程中的计划包括一项发行 5 000 股优先股和 500 000 股面值 1 美元的普通股的授权。Kay 和 Lauder 对优先股的最理想的特征还没有把握。在成立公司之前，他们与两个投资集团讨论了他们的计划。公司可以按照下列方案之一从外部投资者获得资本：

方案 1：集团 1 将投资 150 000 美元来取得 1 500 股红利率为 6%、面值为 100 美元、无投票权、不可累积的优先股。

方案 2：集团 2 将投资 100 000 美元来取得 1 000 股红利为 5 美元、无票面价值的优先股，并投资 70 000 美元来取得 70 000 股普通股。每股优先股先于普通股股东对事项享有 50 票投票权。

要求：

假定该公司已经被国家特许建立（批准建立）。

①用会计分录来表示向 Kay 和 Lauder 发行普通股。解释不是必需的。②用会计分录来表示两种方案下向外部人发行股票。解释不是必需的。③第一年的净利润是 180 000 美元，总红利是 30 000 美元。编制两种方案下公司的资产负债表的股东权益部分。④向 Kay 和 Lauder 推荐一种方案。给出你的理由。

案例 13-2

Valley Mills 建筑公司在 2015 年 6 月 30 日的股东权益如下：

普通股——无票面价值，200 000 股注册股票，100 000 股发行并在外流通股票	$ 250 000
留存收益	190 000
股东权益总额	$ 440 000

在过去，Valley Mills 公司每年支付现金股利每股 0.25 美元。尽管留存收益的余额很大，董事会希望保留现金用于扩大生产规模。于是，董事会推迟了现金股利的支付，并在 7 月分配了 10% 的股票股利。在 8 月，该公司的现金状况改善。然后，在 9 月，董事会宣布并支付了每股 0.25 美元的现金股利。

假定你在 10% 的股票股利分派之前，拥有 Valley Mills 公司 1 000 股普通股，这些股票是你 3 年前取得的。在这些股利分派之前，股票的市场价格是每股 22 美元。

要求： ①在股票股利分派之前，去年你收到了多少现金股利？在股票股利分派之后，你将收到多少现金股利？②股票股利怎样影响了你在 Valley Mills 建筑公司的所有权比例？请解释。③在股票股利被分派之后，Valley Mills 公司股票的市场价格立即从每股 22 美元下降为每股 20 美元。这种股价的下降对你而言是否意味着一种损失？请解释。

☞ 道德案例

注意：这个案例是基于真实的情况。

Stan Sewell 为一项特许经营权支付了 50 000 美元，这项特许经营权授权他在欧盟各国销售软件程序。Sewell 打算推销针对西欧主要语言群（德语、法语、英语、西班牙语和意大利语）的单项特许经营权。自然而然地，考虑向 Sewell 购买特许经营权的投资者要求查阅他公司的财务报表。

Sewell 认为其特许经营权的价值高达 500 000 美元，因此，他力图将其所有的特许经营权资本化为 500 000 美元。St. Charles & LaDue 法律公司帮助 Sewell 组建了一家公司，这家公司被准许发行了 500 000 股面值为每股 1 美元的普通股股票。律师提议了如下的交易链：

a. Sewell 的堂弟，Bob，从一家银行借入 500 000 美元，并向 Sewell 购买了特许经营权。

b. Sewell 向公司支付了 500 000 美元取得了该公司的全部股票。

c. 这家公司向堂弟 Bob 购买了特许经营权。

d. 堂弟 Bob 向银行偿还了 500 000 美元的贷款。

归根到底，堂弟 Bob 还清了债务，并退出了这个游戏。Sewell 拥有了这家公司的全部股份，同时，这家公司拥有了特许经营权。这家公司的资产负债表上列示了一项取得成本是 500 000 美元的特许经营权。这张资产负债表是 Sewell 最有价值的营销工具。

要求：①在这种情况下，什么是不道德的？②谁会受到伤害？他们怎样被伤害？会计扮演了什么样的角色？

☞舞弊案例

Elaine Jackson 的表哥 Phil 刚刚探视了她。他想道歉。去年，他用一家小公司的故事取悦了她。他发现这家小公司刚刚投资了一种允许汽车在水面上行驶的高科技转换器。这件事仍然是非常机密的。这家公司股票的交易价格仅为每股一便士。他已经把他的全部积蓄投资到到这家公司的股票上，他想将这个窍门与她一起分享。她用她已经积攒了两年的 8 000 美元购买了这家公司的股票。后来，当她的钱一去不复返时，她意识到她已经成为一个经典的"拉高出货"骗局的牺牲品。在这个骗局中，寡廉鲜耻的发起人购买"低价股"，开始散布该公司将获得巨大盈利的谣言，然后，当足够多的受骗者大量购入该股票使得股价飞涨时，这个发起人就抛出股票，获取暴利。Phil 刚刚出狱，而且他对他过去的行为感到很糟糕。Elaine 学到了一个昂贵的教训。

要求：①为什么 Phil 的行为被认为是欺诈性的？②一只股票的现行市价是否能反映一家公司的价值或未来的成功？③投资者在投资一家公司的股票之前应该寻找哪一类信息？

☞财务报表案例

运用 Starbucks 公司的财务报表来回答下列问题。访问 www.pearsonhighered.com/Homgren 去查看一个 Starbucks 公司 2011 年财务年报的链接。

要求：①审查资产负债表的股东权益部分。在 2011 年 10 月 2 日，星巴克公司是否有优先股？②现在审查第 11 个注意事项：股东权益。星巴克公司是否被授权发行优先股？如果是的话，优先股的发行数量是多少？③在 2011 年 10 月 2 日，星巴克公司有多少普通股在外流通？你怎么知道的？④检查星巴克公司的合并现金流量表。截至 2011 年 10 月 2 日，在这一年里，星巴克公司是否支付了现金股利？如果是的话，该公司支付了多少现金股利？⑤说明星巴克公司怎样计算出 2011 年每股基本盈利1.66 美元。（忽略稀释后的每股盈利。）

☞小组讨论

请获取五家著名公司的年报（或年报数据）。你可以从这些公司的网站，或者从你学校的图书馆，或者直接向这些公司发电子邮件请求（考虑两个星期的投递时间）等方式取得这些报告。或者你可以上网并搜索 SEC EDGAR 数据库（www.sec.gov/edgar.shtml），这个数据库包含了大多数著名公司的财务报告。

要求：

①挑选了 5 家公司之后，检查他们的收益表，然后搜索下列项目：

a. 净收益或净损失；b. 每股收益数据。

②研究这些公司的资产负债表，然后回答下列问题：

a. 每家公司发行了什么种类的股票？ b. 哪一个会计项目有更大的余额——普通股账户或是超过面值的资本公积（也被标识为附加资本公积）？ c. 每家公司的留存收益占该公司总股东权益的百分比是多少？ d. 这些公司拥有库存股票吗？如果有的话，这些库存股票有多少股？这些库存股票的成本是多少？

③检查每家公司的股东权益表，寻找下列项目的证据：

a. 现金股利；b. 股票股利；c. 库存股票的购买与销售。

④在你的教师的指导下，或者写一个报告，或者在课堂上报告你的发现。你或许不能理解你所发现的每一件事情，但是，华尔街的分析师同样也不能理解每一件事情！你将对你已经学到的知识感到惊讶。

☞沟通活动

请用 75 字以内解释股票股利和股票分拆之间的差异，包括它们对股票价值的影响。

☞练习题答案

1 c
2 c
3 a
4 b
5 d
6

日期	账户和说明	借	贷
	现金（8 美元 / 股 ×10 000 股）	80 000	
	普通股——票面价值 1 美元（1 美元 / 股 ×10 000 股）		10 000
	资本公积——普通股（7 美元 / 股 ×10 000 股）		70 000
	溢价发行普通股		

7

日期	账户和说明	借	贷
8 月 1 日	留存收益（1.50 美元 / 股 × 20 000 股）	30 000	
	应付股利——普通股		30 000
	宣布发放现金股利		
8 月 31 日	应付股利——普通股	30 000	
	现金		30 000
	支付现金股利		

8

日期	账户和说明	借	贷
1 月 3 日	库存股票——普通股（8 美元 / 股 ×2 000 股）	16 000	
	现金		16 000
	购买库存股票		

（续）

日期	账户和说明	借	贷
1 月 30 日	现金（10 美元 / 股 ×1 200 股）	12 000	
	库存股票——普通股（8 美元 / 股 ×1 200 股）		9 600
	来自库存股票交易的资本公积（2 美元 / 股 ×1 200 股）		2 400
	以高于成本的价格销售库存股票		

9

SJOSTROM 公司
留存收益表
年度结束于 2014 年 12 月 31 日

留存收益，2014 年 1 月 1 日	$ 300 000
该年度净收益	200 000
	500 000
已宣告发放的股利	（140 000）
留存收益，2014 年 12 月 31 日	$ 360 000

10　每股收益 =（净收益 - 优先股利）÷ 加权平均的流通在外的普通股数量

　　　=（80 000 美元 - 2 000 美元）÷ [（10 000 股 + 14 000 股）÷2]

　　　=6.50 美元 / 股

11　市盈率 = 普通股每股市场价格 ÷ 每股收益

　　　=40 美元 / 股 ÷（6.50 美元 / 股）

　　　=6.15

12　股东权益回报率 =（净收益 - 优先股利）÷ 平均普通股股东权益

　　　=（80 000 美元 - 2 000 美元）÷ {[(340 000 美元 - 20 000 美元)+

　　　(310 000 美元 - 20 000 美元)]÷2}

　　　= 0.256

　　　= 25.6%

☞**快速测验答案**

　1. b　　2. d　　3. c　　4. c　　5. c　　6. b　　7. d　　8. c　　9. d　　10. c

第 **14** 章

现金流量表

企业为什么没有现金

戴维（David National）看了公司的利润表，感到十分困惑。报表显示上一季度的净利润为 20 000 美元。戴维知道他的小店的销售额一直在增长，他预期这一增长趋势可以持续到今年年末，但他不理解为什么利润表中会显示有净利润。今天早些时候，公司工资结算员打电话说公司银行存款不足以支付本月工资。

戴维不能理解既然资金不足以支付工资，为什么利润表中还能显示有净利润。他认为一定是新来的会计马克·马洛尼出错了。

戴维打电话给马克，想要问几个问题。为什么公司会没有银行存款？公司如何使用现金？既然资金不足以支付工资，为什么利润表中还能显示有净利润？顾客支付的款项都去哪儿了？

在与公司会计进行了谈话之后，戴维才知道利润表中反映的利润并不代表现金，他需要查看公司的现金流量表。马克告诉他，现金流量表反映公司的现金收支，它显示了现金的来源和使用情况，有助于回答"现金去哪儿了"这一问题。

现金为何如此重要

可以根据自身经历来回答这一问题。支付账单需要现金，为企业创造未来收益也需要现金。如塔吉特百货公司（Target Corporation）是一家零售企业，销售从传统食品到服装等各类商品，该公司密切监管其现金流动。公司主要关注现金的来源（收入）和现金的使用情况（支出）。其监管现金收支的一个方法就是编制现金流量表。例如，塔吉特 2011 年的现金流量表中就反映出，购买固定资产支出了 44 亿美元，处置固定资产收到 3 700 万美元现金。报表还反映出，2010～2011 年，尽管净利润为 29 亿美元，但现金减少了 9.18 亿美元。本章将学习什么是现金流量表以及有何作用。此外，还将学习如何编制现金流量表以及公司和投资人为何密切关注现金流量表。

☞ 章节纲要

什么是现金流量表？

如何使用间接法编制现金流量表？

如何使用自由现金流量评估经营业绩？

如何使用直接法编制现金流量表（见附录 14A）？

如何使用试算表编制间接法下的现金流量表（见附录 14B）？

☞ 学习目标

1. 理解现金流量表的作用并区别经营活动、投资活动和筹资活动分别产生的现金流量。

2. 使用间接法编制现金流量表。

3. 使用现金净流量评估经营业绩。

4. 使用直接法编制现金流量表（见附录 14A）。

5. 使用试算表编制间接法下的现金流量表（见附录 14B）。

14.1　什么是现金流量表

截至目前，已经学习了三种财务报表——利润表、留存收益表和资产负债表，分别反映企业特定项目。利润表反映特定期间的净利润或净亏损，留存收益表反映特定期间内留存收益的变动情况，资产负债表反映企业特定日期的财务状况，以上三种报表均没有具体反映现金的变动情况。

如果同时出具两个时期的对比资产负债表，则可以反映出现金的增减，但并不能反映出增减的原因。这就需要现金流量表。**现金流量表**（statement of cash flows）反映企业特定期间内的现金收支情况。该报表反映以下内容：

* 反映企业**现金流**（cash flows）——现金来源（收）和现金使用情况（支）。
* 反映期间内现金增减的原因。
* 覆盖一段时间，和利润表的日期一样——如"截至 2015 年 12 月 31 日的一年"。

14.1.1　现金流量表的作用

现金流量表解释为什么利润表中的净利润不等于现金余额的变动金额。本质上来看，现金流量表是联系权责发生制利润表和资产负债表中的现金之间的桥梁。

如何使用现金流信息？现金流量表有以下作用：

* 预测未来现金流。过去的现金收支情况有助于预测未来现金流。
* 评价管理决策。明智的投资决策促使企业兴旺，而不智的决策则会使企业陷入困境。投资人和债权人使用现金流信息评价企业管理决策。
* 预测偿债能力和支付股利的能力。债权人想知道其是否能收回贷款。股东则想获取股利。现金流量表有助于对公司这两种能力进行预测。

14.1.2　现金流量的分类

有三种基本的现金流量，现金流量表也分为这三个部分：

* 由经营活动产生的现金流量
* 由投资活动产生的现金流量
* 由筹资活动产生的现金流量

每部分分别反映基于这三种活动的现金流入（流入企业的现金）和现金流出（流出企业的现金）。

1. 经营活动产生的现金流量

经营活动（operating activities）产生的现金流量是现金流量表的第一部分，通常也是最重要的一部分。这部分基于企业日常经营中创造收入和产生费用的活动，反映企业日常经营活动，如销售商品存货和提供服务带来的现金收入（现金流入），以及购买商品存货或支付营业费用所产生的现金支出（现金流出）。这部分还包括利息和股利收入带来的现金收入（现金流入）以及利息费用和所得税费用所产生的现金支出（现金流出）。

2. 投资活动产生的现金流量

投资活动（investing activities）产生的现金流量是现金流量表中的第二部分。这部分反映增加或减少长期资产（如固定资产、应收票据和投资）所产生的现金收支，包括出售长期资产带来的现金收入和购买长期资产所产生的现金支出。此外，还包括签发（现金流出）和收到（现金流入）应收票据。

3. 筹资活动产生的现金流量

最后一部分是筹资活动产生的现金流量。**筹资活动**（financing activities）产生的现金流量指与长期负债和权益相关的现金流入和流出，具体包括发行股票、支付股利和买卖库存股，还包括借款和偿还长期负债（如应付票据、应付债券和应付抵押款）。

现金流量表的每部分分别影响资产负债表的不同内容。经营活动产生的现金流量反映现金流对流动账户（流动资产和流动负债）的影响。投资活动产生的现金流量影响长期资产，筹资活动产生的现金流量影响长期负债和权益。图 14-1 反映了经营活动、投资活动和筹资活动产生的现金流量与资产负债表各部分之间的关系。

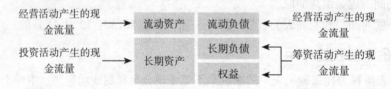

图 14-1　经营活动、投资活动和筹资活动产生的现金流量与资产负债表账户

4. 非现金投资和筹资活动

现金流量表的三个部分只反映与现金有关的经济活动。企业也会进行非现金投资，接受非现金融资。这些经济活动叫作**非现金投资和筹资活动**（non-cash investing and financing activities），如使用长期应付票据购买设备，或者交换普通股以获得股东投入设备。现金流量表并不包括这些活动。这些活动通常被单独列入报表底部或报表附注中。

> **准则提示**　国际财务报告准则下，利息收入和股利收入要么属于经营活动，要么属于投资活动。支出的利息费用可以确认为经营活动或筹资活动。利息费用必须在经营活动产生的现金流量部分单独列示。支出的股利可以被确认为经营活动或筹资活动。

表 14-1 总结了现金流量表的各部分内容。

表 14-1 现金流量表的各部分

经营活动	现金流入： • 出售存货或服务收到顾客款项 • 利息和股利收入 现金流出： • 购买存货和支付营业费用 • 支出利息费用和所得税
投资活动	现金流入： • 出售固定资产和投资 • 收回长期应收票据 现金流出： • 购置固定资产和投资 • 提供贷款
筹资活动	现金流入： • 发行股票和销售库存股 • 获得借款 现金流出： • 支付股利和购买库存股 • 偿还贷款
非现金投资和筹资活动	包括不涉及现金的投资和筹资活动，单独列示

> **小贴士** 现金流量表只反映涉及现金收支的经济活动。不涉及现金的业务不会出现在现金流量表的经营活动、投资活动和筹资活动中。

14.1.3 经营活动产生的现金流量的两种形式

经营活动产生的现金流量有两种形式：

- **间接法**（indirect method），以净利润为起点，调整得出经营活动产生的现金净流量。
- **直接法**（direct method），根据现金流动重述利润表。直接法反映了经营活动产生的所有现金流入和现金流出。

直接法和间接法的计算方法不同，但得出的经营活动产生的现金净流量却相同。使用间接法和直接法反映的投资活动和筹资活动产生的现金流量完全相同。只有经营活动产生的现金流量在两种方法下有所不同。

多数公司使用间接法，所以先讲述间接法。本章末尾附录 14A 主要讲述直接法。

> **准则提示** 与一般公认会计原则一样，国际财务报告准则允许使用间接法或者直接法。

> **练习题** 区分以下各项为经营活动（O）、投资活动（I）、筹资活动（F）还是非现金活动（N）。
> 1. 处置设备收入
> 2. 发放工资
> 3. 收回长期应收票据款项
> 4. 使用应付票据购买设备
> 5. 发行普通股获得现金

14.2 如何使用间接法编制现金流量表

编制现金流量表需要用到利润表以及本年和上一年度的资产负债表。此外，为了得到一些补充信息，还需要查看业务记录。表 14-2 是 Smart Touch Learning 公司的对比资产负债表，表 14-3 为利润表。以下是 Smart Touch Learning 公司提供的补充信息：

- 支出现金购置了价值 310 000 美元的固定资产。
- 出售固定资产，该固定资产成本为 55 000 美元，累计折旧 15 000 美元，获得 10 000 美元的收益。
- 发行应付票据，获取 90 000 美元现金。
- 支出现金 10 000 美元，收回应付票据。
- 发行普通股，获取 120 000 美元现金。
- 支付现金 20 000 美元购买库存股。

表 14-2　比较资产负债表

	资产负债表 2014 年和 2015 年 12 月 31 日		
	2015 年	2014 年	增（减）
	资产		
流动资产：			
现金	$ 22 000	$ 42 000	$（20 000）
应收账款	90 000	73 000	17 000
商品存货	143 000	145 000	（2 000）
非流动资产：			
固定资产	507 000	252 000	255 000
累计折旧——固定资产	（47 000）	（42 000）	（5 000）
资产总额	$ 715 000	$ 470 000	$ 245 000
	负债		
流动负债：			
应付账款	$ 90 000	$ 50 000	$ 40 000
应计负债	5 000	10 000	（5 000）
非流动负债：			
应付票据	160 000	80 000	80 000
负债总额	255 000	140 000	115 000
	股东权益		
普通股	370 000	250 000	120 000
留存收益	110 000	80 000	30 000
库存股	（20 000）	0	（20 000）
股东权益总额	460 000	330 000	130 000
负债和股东权益总额	$ 715 000	$ 470 000	$ 245 000

表 14-3　利润表

利润表 截至 2015 年 12 月 31 日的一年	
销售收入	$ 286 000
主营业务成本	156 000

（续）

利润表 截至 2015 年 12 月 31 日的一年		
毛利润		130 000
营业费用：		
工资费用	$ 56 000	
折旧费用——固定资产	20 000	
其他营业费用	16 000	
营业费用总额		92 000
营业利润		38 000
其他收入（和费用）：		
利息收入	12 000	
股利收入	9 000	
处置固定资产的利得	10 000	
利息费用	（15 000）	
其他收入（和费用）总额		16 000
税前利润		54 000
所得税		14 000
净利润		$ 40 000

使用间接法编制现金流量表分为以下五个步骤：

第 1 步：以净利润为起算点，调整流动资产（除现金）和流动负债的增减变动，得出经营活动产生的现金流量。同时调整利润和非现金费用（如折旧费用）。

第 2 步：查看资产负债表的长期资产部分，确定投资活动产生的现金流量。

第 3 步：查看资产负债表的长期负债和权益部分，确定筹资活动产生的现金流量。

第 4 步：计算本年现金增长或减少净额。现金变动额是现金流量表中需要关键核对的数字，必须与对比资产负债表中的现金差额相等。

第 5 步：单独列示非现金投资和筹资活动。

根据以上步骤来反映 Smart Touch Learning 公司的经营活动。表 14-4 为完整的现金流量表。

表 14-4　现金流量表——间接法

现金流量表 截至 2015 年 12 月 31 日的一年			
经营活动产生的现金流量：			
净利润		$ 40 000	
将净利润调整为经营活动			
产生的现金净流量：			
折旧费用——固定资产	$ 20 000		
处置固定资产利得	（10 000）		第 1 步：经营活动
应收账款的增加	（17 000）		
商品存货的减少	2 000		
应付账款的增加	40 000		
应计负债的减少	（5 000）	30 000	
经营活动产生的现金净流量		70 000	

(续)

现金流量表			
截至 2015 年 12 月 31 日的一年			
投资活动产生的现金流量：			
购置固定资产支出的现金		（310 000）	
处置固定资产收到的现金		50 000	
投资活动产生的现金净流量			（260 000）
筹资活动产生的现金流量：			
发行应付票据		90 000	
偿还应付票据		（10 000）	
发行普通股		120 000	
购买库存股		（20 000）	
支付股利		（10 000）	
筹资活动产生的现金净流量			170 000
现金增加（减少）净额			（20 000）
2014 年 12 月 31 日现金余额			42 000
2015 年 12 月 31 日现金余额			$ 22 000

第2步：投资活动
第3步：筹资活动
第4步：现金增（减）净额

14.2.1 经营活动产生的现金流量

间接法以净利润（或净亏损）为起算点编制现金流量表，因为影响净利润的收入和费用会产生现金收支。收入带来现金收入，费用则必须支出。但利润表中的净利润是根据权责发生制计算得来的，现金流量（收付实现制下的净利润）不一定等于收付实现制下的收入和费用。例如，赊销收入增加净利润，但公司并未收到相应款项。预提费用减少净利润，但公司并未就预提费用支出现金。

将净利润转化为经营活动产生的现金流量，必须在现金流量表中对净利润进行调整，即对净利润进行增减，这些增减项目叫作将净利润调节为经营活动产生的现金净流量所需的调整项目。

1. 折旧、折耗和摊销费用

调整项目包括加回非现金费用（如折旧、折耗和摊销费用）。将这些费用加回至净利润，以得出经营活动产生的现金净流量。下面解释这样做的原因。折旧如下进行记录：

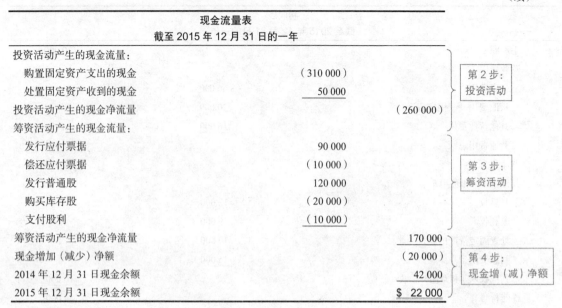

如上所示，折旧并不影响现金，因为该分录中不涉及现金账户。折旧为非现金费用。与折旧相关的现金流出发生在购入资产时，而不是计提折旧时。但与其他费用一样，折旧会减少净利润。因此，将净利润转化为现金流量，必须通过将折旧加回至净利润来去除折旧费用的影响。

现金流量表（部分）	
截至 2015 年 12 月 31 日的一年	
经营活动产生的现金流量：	
净利润	$ 40 000
将净利润调整为经营活动产生的现金净流量：	
折旧费用——固定资产	$ 20 000

假设本期只有两笔业务:

* 现销收入 60 000 美元
* 折旧费用 20 000 美元

权责发生制下的净利润为 40 000(= 60 000 - 20 000)美元,而经营活动产生的现金流量则为 60 000 美元。调节净利润时,必须加上 20 000 美元的折旧费用,最终得出经营活动产生的现金净流量,即 60 000(= 40 000 + 20 000)美元。同样,还需要加回折耗和摊销费用,因为这两项费用和折旧一样,也是非现金费用。

2. 处置长期资产的利润

处置长期资产(如土地和建筑物)属于投资活动,通常会产生利润。这些利润包括在净利润中,即经营活动产生的现金流量部分的净利润。必须将这些利润从净利润中去除才能得到处置资产获得的现金收入总额,并列入投资活动产生的现金流量中。

表 14-3 为 Smart Touch Learning 公司的利润表,包括一笔处置固定资产的收益。2015 年,Smart Touch Learning 公司出售设备,获得 10 000 美元的收益。这笔收益包括在利润表中的净利润中,因此必须从经营活动产生的现金流量中去除。该收益增加了净利润,所以,在确定经营活动产生的现金流量时将其扣除。

现金流量表(部分) 截至 2015 年 12 月 31 日的一年		
经营活动产生的现金流量:		
净利润		$ 40 000
将净利润调整为经营活动产生的现金净流量:		
折旧费用——固定资产	$ 20 000	
处置固定资产利得	(10 000)	

另一方面,处置固定资产发生的损失会减少利润表中的净利润,所以在确定经营活动产生的现金流量时将其加回。例如,处置固定资产发生 5 000 美元的损失,在确定经营活动产生的现金流量时将这 5 000 美元加到净利润中。

3. 流动资产和流动负债的变动

大多数流动资产和流动负债都来自经营活动。例如:

> **提问**
>
> 如果处置固定资产时发生损失呢?

* 应收账款来自销售业务。
* 商品存货与主营业务成本相关,等等。

流动资产和流动负债的变动会引起对净利润的调整,如下:

* 非现金流动资产的增加会减少现金。如果应收账款、商品存货或预付费用增加,现金则会减少。因此,将流动资产的增加额从净利润中扣除,以得出经营活动产生的现金净流量。例如,表 14-2 中 Smart Touch Learning 公司的应收账款增加了 17 000 美元。这一流动资产的增加额在现金流量表中反映为现金的减少额。
* 非现金资产的减少会增加现金。Smart Touch Learning 公司的库存商品减少了 2 000 美元。是什么导致商品存货减少? Smart Touch Learning 公司一定出售了一些商品存货并收到了现金。因此,将商品存货这一减少额加到现金流量表中。
* 流动负债的增加会增加现金。Smart Touch Learning 公司的应付账款增加了 40 000 美元。这意味着费用发生时并未支出现金,而是推迟到将来支出,因而产生了一项负债。因此,尽管净利润因费用而减少,但现金并未减少。所以,将流动负债的增加额加到现金

流量表中。

- 流动负债的减少会减少现金。偿还流动负债会减少现金。因此，将流动负债的减少额从净利润中扣除，以得出经营活动产生的现金净流量。Smart Touch Learning 公司的应计负债减少了 5 000 美元，在现金流量表中则反映为 5 000 美元的减少额。

现金流量表（部分）		
截至 2015 年 12 月 31 日的一年		
经营活动产生的现金流量：		
净利润		$ 40 000
将净利润调整为经营活动产生的现金净流量：		
折旧费用——固定资产	$ 20 000	
处置固定资产利得	(10 000)	
应收账款的增加	(17 000)	
商品存货的减少	2 000	
应付账款的增加	40 000	
应计负债的减少	(5 000)	30 000

决策

怎样才能使得现金流量为正

作为一名执行总裁，梅吉·穆罕默德深知银行在决定是否提供贷款前会仔细审查公司最新的现金流量表。银行信贷员告诉她，企业显示有充足的经营现金流量这一点很重要。梅吉知道上一季度的经营现金流量很可能为负。尽管公司实现了不少收入，但其中大多数为应收款项。梅吉预期很快就能收回现金，但这也来不及将经营现金流量扭负为正。梅吉该怎么办？你会怎么做？

解决方案

梅吉应该向信贷员解释，公司不久将收回一大笔流通在外的应收款项。她可以提供详细的收款信息，包括预期收款时间范围和预期金额。梅吉还有另一种选择。她可以考虑将这些应收款项转售给其他公司，这种公司通常叫作代理人。转售了应收款项，就可以减少应收账款账户余额，增加现金余额，进而使得经营现金流量为正。

4. 评估经营活动产生的现金流量

2015 年，Smart Touch Learning 公司的经营活动产生了 70 000（= 40 000+30 000）美元的现金净流入，这一金额即为经营活动产生的现金净流量。如果该金额为现金净流出，则为经营活动使用的现金净流量。

现金流量表（部分）	
截至 2015 年 12 月 31 日的一年	
经营活动产生的现金流量：	
净利润	$ 40 000
将净利润调整为经营活动产生的现金净流量：	
折旧费用——固定资产	$ 20 000
处置固定资产利得	(10 000)
应收账款的增加	(17 000)
商品存货的减少	2 000

（续）

现金流量表（部分）
截至 2015 年 12 月 31 日的一年

应付账款的增加	40 000	
应计负债的减少	(5 000)	30 000
经营活动产生的现金净流量		70 000

经营活动产生的现金流量通常先列示权责发生制下的净利润，再调整确定收付实现制下的净利润。表 14-5 总结了将净利润调节为经营活动产生的现金净流量所需的调整项目。

表 14-5 将净利润调整成经营活动产生的现金净流量

项目	现金流量表的调整
折旧、折耗、摊销费用	+
处置长期资产的利得	−
处置长期资产的损失	+
流动资产的增加	−
流动资产的减少	+
流动负债的增加	+
流动负债的减少	−

14.2.2 投资活动产生的现金流量

投资活动影响长期资产，如固定资产、投资和应收票据，如 Smart Touch Learning 公司的资产负债表（见表 14-2）所示。现在开始学习如何计算投资活动产生的现金流量。

长期资产的 T 形账户有助于计算投资活动产生的现金流量。T 形账户反映了本年是否购置或处置了该长期资产。下面是 Smart Touch Learning 公司的固定资产和累计折旧账户。

固定资产

2014 年 12 月 31 日	252 000		
购置	310 000	55 000	处置
2015 年 12 月 31 日	507 000		

累计折旧——固定资产

		42 000	2014 年 12 月 31 日
处置	15 000	20 000	折旧费用
		47 000	2015 年 12 月 31 日

折旧费用取自利润表

账户的期初余额和期末余额均直接从对比资产负债表获取。累计折旧账户包含了折旧费用，折旧费用从利润表中获取。购置与处置信息则来自本例中的补充资料：

• 支出现金购置了价值 310 000 美元的固定资产。

• 出售固定资产，该固定资产成本为 55 000 美元，累计折旧 15 000 美元，获得 10 000 美元的收益。

已知 Smart Touch Learning 公司支付了 310 000 美元来购置固定资产。该项业务列为投资活动产生的现金流量的第一项，为现金流出。

接下来需要确定处置固定资产获得的现金收入。根据已知信息，可以编制出处置固定资产的会计分录，并计算出未知的现金金额。

日期	账户和说明	借	贷	资产 ↑	负债 + 权益 ↑
	现金	?		现金 ↑	= 处置利得 ↑
	累计折旧——固定资产	15 000		累计折旧 ↓	
	处置固定资产的利得		10 000	固定资产 ↓	
	固定资产		55 000		

如下计算处置固定资产获得的现金收入：

$$现金收入 = 成本 - 累计折旧 + 收益 - 损失$$
$$= 55\,000 - 15\,000 + 10\,000$$
$$= 50\,000（美元）$$

接下来列示出售固定资产获得的现金收入。既然长期资产没有其他变动，因而可以确定投资活动产生的现金净流量。注意，该金额为负，或者说为现金净流出，所以反映为投资活动使用的现金净流量。

> 小贴士　本表只反映投资活动产生的现金流量。记住，投资活动产生的现金流量在经营活动产生的现金流量之后。

现金流量表（部分）	
截至 2015 年 12 月 31 日的一年	
投资活动产生的现金流量：	
购置固定资产支出的现金	(310 000)
处置固定资产收到的现金	50 000
投资活动产生的现金净流量	(260 000)

14.2.3　筹资活动产生的现金流量

筹资活动影响长期负债和权益账户，如长期应付票据、应付债券、普通股和留存收益。为了确定筹资活动产生的现金流量，需要查看所有这类账户。

1. 长期负债

下面为 Smart Touch Learning 公司的应付票据 T 形账户。以下为有关应付票据的补充资料：

- 发行应付票据，获取 90 000 美元现金。
- 支出现金 10 000 美元，收回应付票据。

应付票据			
		80 000	2014 年 12 月 31 日
偿还	10 000	90 000	发行
		160 000	2015 年 12 月 31 日

应付票据的期初余额和期末余额直接从对比资产负债表获取。Smart Touch Learning 公司新发行的应付票据获取了 90 000 美元的现金收入，具体反映为以下分录：

日期	账户和说明	借	贷	资产↑	负债↑	+	权益
	现金	90 000		现金↑	应付票据↑		
	应付票据		90 000				

此外，Smart Touch Learning 公司支出了 10 000 美元现金用于收回应付票据。

日期	账户和说明	借	贷	资产↓	负债↓	+	权益
	应付票据	10 000		现金↓	应付票据↓		
	现金		10 000				

筹资活动产生的现金流量中首先列示与这些应付票据相关的现金流入和现金流出。

现金流量表（部分） 截至 2015 年 12 月 31 日的一年	
筹资活动产生的现金流量：	
发行应付票据	90 000
偿还应付票据	(10 000)

应该对应付票据进行再分类吗

迈克尔·莱因斯坦刚刚离开主管斯科特（Scott Medley）的办公室。主管提到迈克尔应该将发行长期应付票据获得的现金收入重新确定为短期应付票据。斯科特告诉迈克尔董事会主席向其施压，要求他将经营活动产生的现金流量反映为正数。迈克尔知道如果对应付票据进行重分类，公司的现金流量表中将不再反映筹资活动产生的现金流入。相反，会将其反映成流动负债的增加，进而使得经营活动产生的现金流量为正。迈克尔该怎么做？

解决方案

斯科特不应该对应付票据进行重分类。这样会误导投资人，并反映经营活动产生的现金流量为正，而事实并不是这样。这种不当分类违背了 GAAP。如果是长期应付票据，则应该列示在现金流量表的筹资活动部分。

2. 普通股和库存股

还可以通过分析股票账户来确定筹资活动产生的现金流量。例如，可以通过分析股票账户和以下补充信息确定新发行的股票金额：

- 发行普通股，获取 120 000 美元现金。
- 支付现金 20 000 美元购买库存股。

以下为 Smart Touch Learning 公司的股票 T 形账户：

普通股			
		250 000	2014 年 12 月 31 日
回购	0	120 000	发行
		370 000	2015 年 12 月 31 日

库存股			
2014 年 12 月 31 日	0		
回购	20 000	0	处置
2015 年 12 月 31 日	20 000		

普通股账户反映有 120 000 美元的新发股，并进行如下记录：

日期	账户和说明	借	贷	资产↑		负债	＋	权益↑
	现金	120 000		现金↑	⎱=⎰			普通股↑
	普通股		120 000					

该金额在现金流量表中反映为筹资活动产生的 120 000 美元的现金流入。

Smart Touch Learning 公司资产负债表中的库存股也发生了变动。根据 T 形账户得知购置了一笔库存股，如下进行记录：

日期	账户和说明	借	贷	资产↓ 现金↓	负债	+	权益↓ 库存股↑
	库存股	20 000					
	现金		20 000				

这 20 000 美元在现金流量表中反映为筹资活动产生的现金流出，列示为购买库存股所支付的现金。

现金流量表（部分）截至 2015 年 12 月 31 日的一年	
筹资活动产生的现金流量：	
发行应付票据	90 000
偿还应付票据	(10 000)
发行普通股	120 000
购买库存股	(20 000)

3. 股利

通过分析留存收益账户可以计算出支付的股利金额。首先，输入资产负债表中的账户余额：

留存收益			
		80 000	2014 年 12 月 31 日
净亏损	?	?	净利润
股利	?		
		110 000	2015 年 12 月 31 日

企业获得净利润时，留存收益增加。企业发生净亏损或支付股利时，留存收益则减少。从表 14-3 利润表得知，Smart Touch Learning 公司的净利润为 40 000 美元。

留存收益			
		80 000	2014 年 12 月 31 日
净亏损	?	40 000	净利润
股利	?		
		110 000	2015 年 12 月 31 日

Smart Touch Learning 公司不可能在同一期间既有净利润又有净亏损，因此，未知金额即 Smart Touch Learning 公司宣告的股利金额。如下计算股利：

$$期末留存收益＝期初留存收益＋净利润－净亏损－股利$$

$$110\ 000 = 80\ 000 + 40\ 000 - 0 - 110\ 000$$

$$股利 = 80\ 000 + 40\ 000 - 0 - 110\ 000$$

$$股利 = 10\ 000（美元）$$

所以，最终的留存收益 T 形账户如下所示：

留存收益			
		80 000	2014 年 12 月 31 日
		40 000	净利润
股利	10 000		
		110 000	2015 年 12 月 31 日

净利润取自利润表

股票股利不影响现金，所以不在现金流量表的筹资活动部分反映。Smart Touch Learning 公司没有股票股利——只有现金股利，现金股利在现金流量表中反映为筹资活动产生的现金流出。

现金流量表（部分）	
截至 2015 年 12 月 31 日的一年	
筹资活动产生的现金流量：	
发行应付票据	$ 90 000
偿还应付票据	(10 000)
发行普通股	120 000
购买库存股	(20 000)
支付股利	(10 000)
筹资活动产生的现金净流量	170 000

14.2.4 现金变动净额和现金余额

现金流量表中还必须反映现金变动净额和现金余额。这反映了本期现金的变动总额，并对现金流量表进行了调节。首先，根据经营活动、投资活动和筹资活动分别产生或使用的现金流量计算现金的增加或减少净额。Smart Touch Learning 公司的现金余额减少了 20 000 美元，计算过程如下：

$$现金增加（减少）净额 = 经营活动产生的现金净流量 - 投资活动使用的现金净流量 +$$
$$筹资活动产生的现金净流量$$
$$= 70\,000 - 260\,000 + 170\,000$$
$$= 20\,000（美元）$$

接下来，列示来自对比资产负债表中 2014 年 12 月 31 日的期初现金余额 42 000 美元，减去 20 000 美元的减少净额，则等于 2015 年 12 月 31 日的期末现金余额 22 000 美元。这是现金流量表的关键所在——解释了尽管存在净利润，但 Smart Touch Learning 公司的现金余额却减少了 20 000 美元的原因。

现金流量表（部分）	
截至 2015 年 12 月 31 日的一年	
经营活动产生的现金净流量：	$ 70 000
投资活动产生的现金净流量	(260 000)
筹资活动产生的现金净流量	170 000
现金增加（减少）净额	(20 000)
2014 年 12 月 31 日现金余额	42 000
2015 年 12 月 31 日现金余额	$ 22 000

在进行下一步之前，先仔细看看表 14-4 中的完整现金流量表。

14.2.5 非现金投资和筹资活动

编制现金流量表的最后一步是编制非现金投资和筹资活动部分。这部分单独列示在现金流量表底部或财务报表附注中。Smart Touch Learning 公司的业务中并不包括这类业务，公司本年末发生任何非现金业务。所以，以 Greg's Tunes 的三笔非现金业务为例具体说明。如何反映这些业务呢？首先，收集公司所有的非现金业务：

（1）通过发行普通股购买价值 300 000 美元的建筑物。

（2）通过发行应付票据购买价值 70 000 美元的土地。

（3）通过发行普通股偿还 100 000 美元的应付票据。

下面分别讨论每笔业务。

（1）Greg's Tunes 发行了 300 000 美元的普通股来购买建筑物。这笔业务的日记账分录如下所示：

日期	账户和说明	借	贷	资产↑	负债	+	权益↑
	建筑物	300 000		建筑物↑ =			普通股↑
	普通股		300 000				

这笔交易不涉及现金收支，所以不在现金流量表中反映。但建筑物和普通股都是重要项目。购置建筑物为投资活动，发行普通股为筹资活动。综合起来，这笔业务为非现金投资和筹资活动。

（2）第二笔业务表明，Greg's Tunes 通过发行应付票据购买价值 70 000 美元的土地。这笔业务的日记账分录如下所示：

日期	账户和说明	借	贷	资产↑	负债↑	+	权益
	土地	70 000		土地↑ =	应付票据↑		
	应付票据		70 000				

这笔业务不涉及现金收支，所以不在现金流量表中反映，但土地和应付票据都是重要项目。购置土地为投资活动，发行应付票据为筹资活动。综合起来，这笔业务为非现金投资和筹资活动。

（3）第三笔业务表明，通过发行普通股偿还了 100 000 美元的债务。这笔业务的日记账分录如下所示：

日期	账户和说明	借	贷	资产	负债↓	+	权益↑
	应付票据	100 000		=	应付票据↓		普通股↑
	普通股		100 000				

这笔业务不涉及现金收支，所以不在现金流量表中反映，但发行股票和应付票据都是重要项目。偿还票据和发行普通股都是筹资活动。综合起来，尽管这笔业务为两笔筹资业务，还是反映为非现金投资和筹资活动。

非现金投资和筹资活动在现金流量表中单独列示。表 14-6 显示了 Greg's Tunes 的非现金投资和筹资活动。这些信息要么在现金流量表中单独列示，要么在报表附注中披露。

表 14-6　非现金投资和筹资活动

现金流量表（部分） 截至 2015 年 12 月 31 日的一年	
非现金投资和筹资活动：	
发行普通股购买建筑物	$ 300 000
发行应付票据购买土地	70 000
发行普通股偿还应付票据	100 000
非现金投资和筹资活动合计	$ 470 000

练习题 Owl 公司会计人员整理出了以下截至 2015 年 12 月 31 日的一年的相关数据：

处置设备收到的现金	$ 20 000	净利润	$ 30 000
折旧费用	12 000	现金购置土地	25 000
支付股利	4 000	流动负债的增加	10 000
发行普通股收到的现金	12 000	除现金以外的流动资产的减少	8 000

使用间接法编制公司截至 2014 年 12 月 31 日的一年的现金流量表。假设现金期初和期末余额分别为 12 000 美元和 75 000 美元。

如何使用自由现金流量评估经营业绩

　　本章贯穿始终地均围绕经营活动、投资活动和筹资活动产生的现金流量展开。投资人想知道公司能够腾出多少现金用于新的项目。**自由现金流量**（free cash flow）是指投资了计划内的长期资产并支付了股利后剩余的可支配的经营活动产生的现金流量。计算公式如下：

$$自由现金流量 = 经营活动产生的现金净流量 - 资本支出 - 现金股利$$

　　许多公司使用自由现金流量估计可用于意外项目的现金额度。假设 Smart Touch Learning 公司预期经营活动产生的现金净流量为 200 000 美元，公司计划支出 160 000 美元来更新现代化生产设备，同时计划支付 15 000 美元的现金股利。那么，Smart Touch Learning 公司的自由现金流量为 25 000（= 200 000 - 160 000 - 15 000）美元。一旦有好的投资机会，公司最多可投资 25 000 美元。

练习题　卡拉波诺公司预期 2014 年：

- 经营活动产生现金净流量 100 000 美元。
- 筹资活动产生现金净流量 10 000 美元。
- 投资活动使用现金净流量 20 0000 美元（长期投资净额）。
- 向股东支付现金股利 2 000 美元。

　　公司 2014 年预期会有多少自由现金流量？

附录 14A：使用直接法编制现金流量表

 如何使用直接法编制现金流量表

　　财务会计准则委员会倾向于使用直接法反映经营活动产生的现金流量。相比于间接法，直接法更清楚地反映了现金的来源和使用情况。但由于直接法的计算过程较为复杂，只有极少数非上市公司使用直接法。对投资或活动和筹资活动产生的现金流量而言，使用直接法和间接法没有区别。只有经营活动产生的现金流量在两种方法下有所不同，因此在附录中进行讨论。

14.4.1　经营活动产生的现金流量

　　间接法下，以净利润为起算点，通过一系列调整得出收付实现制下的净利润。直接法下，则直接从利润表中获取各项数据并将其权责发生制转化成收付实现制。所以，本质上而言，直接法下的现金流量表中经营活动产生的现金流量就是收付实现制下的利润表。下面以 Smart Touch Learning 公司为例说明。

1. 现销收入

　　利润表中的第一项为销售收入。销售收入反映现销和赊销收入总额。与销售收入相关的资产负债表账户是应收账款。应收账款从 2014 年 12 月 31 日的 73 000 美元增长到 2015 年 12 月 31 日的 90 000 美元，增加了 17 000 美元。可以按以下公式将销售收入转化成现销收入：

$$现销收入 = 销售收入期 + 初应收账款期末 - 应收账款$$
$$= 286\,000 + 73\,000 - 90\,000$$
$$= 269\,000（美元）$$

应收账款		
2014 年 12 月 31 日	73 000	
增加	17 000	
2015 年 12 月 31 日	90 000	

应收账款的增加代表赊销净收入 →

销售收入	
	286 000

贷记销售收入时，借记不是现金就是应收账款

所以，Smart Touch Learning 公司共收到 269 000 美元的现金，列为直接法下现金流量表中经营活动产生的现金流量的第一项。

现金流量表（部分）
截至 2015 年 12 月 31 日的一年

经营活动产生的现金流量：	
收入：	
收到顾客款项	$ 269 000

如果 Smart Touch Learning 公司的应收账款余额减少，现金收入则会高于销售收入。

2. 现金利息收入

利润表中利息收入为 12 000 美元。与利息收入相关的资产负债表账户是应收利息。既然资产负债表中没有应收利息，那么利息收入均为现金收入，即现金流量表中利息收入为 12 000 美元。

现金流量表（部分）
截至 2015 年 12 月 31 日的一年

经营活动产生的现金流量：	
收入：	
收到顾客款项	$ 269 000
利息收入	12 000

3. 现金股利收入

利润表中的股利收入为 9 000 美元。与股利收入相关的资产负债表账户是应收股利。与利息一样，资产负债表中也没有应收股利。因此股利收入均为现金收入，即现金流量表中的现金股利收入为 9 000 美元。

现金流量表（部分）
截至 2015 年 12 月 31 日的一年

经营活动产生的现金流量：	
收入：	
收到顾客款项	$ 269 000
利息收入	12 000
股利收入	9 000
现金收入合计	$ 290 000

4. 支付给供应商的现金

支付给供应商的现金包括以下支出项目：

- 商品存货

- 营业费用（除职工薪酬、利息和所得税）

供应商是指向企业提供商品存货和基本服务的企业。与向供应商支付的货物款项相关的账户有主营业务成本、商品存货和应付账款。利润表中的主营业务成本为 156 000 美元。商品存货从 2014 年 12 月 31 日的 145 000 美元下降到 2015 年 12 月 31 日的 143 000 美元。应付账款则从 2014 年 12 月 31 日的 50 000 美元上升到 2015 年 12 月 31 日的 90 000 美元。可以如下计算购买商品支出的现金：

$$购买商品支出的现金 = 主营业务成本 - 期初商品存货 + 期末商品存货$$
$$+ 期初应付账款 - 期末应付账款$$
$$= 156\,000 - 145\,000 + 143\,000 + 50\,000 - 90\,000$$
$$= 114\,000（美元）$$

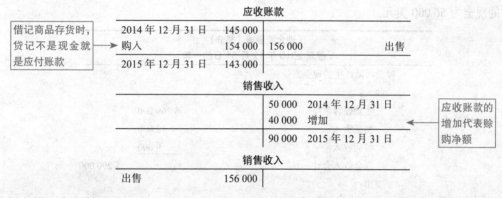

与向供应商支付的营业费用相关的账户为其他营业费用和应计负债。利润表中的其他营业费用为 16 000 美元。应计负债从 2014 年 12 月 31 日的 10 000 美元下降到了 2015 年 12 月 31 日的 5 000 美元。可以如下计算支出的营业费用：

$$支出的营业费用 = 其他营业费用 + 期初应计负债 - 期末应计负债$$
$$= 16\,000 + 10\,000 - 5\,000$$
$$= 21\,000（美元）$$

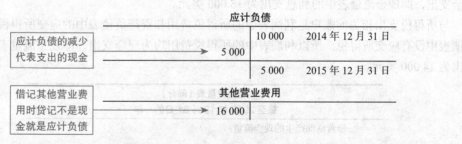

两者加起来就等于向供应商支付的现金总额，共 135 000（= 114 000 + 21 000）美元。

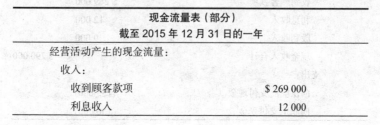

现金流量表（部分）	
截至 2015 年 12 月 31 日的一年	
经营活动产生的现金流量：	
收入：	
收到顾客款项	$ 269 000
利息收入	12 000

（续）

现金流量表（部分） 截至 2015 年 12 月 31 日的一年		
股利收入	$9 000	
现金收入合计		$ 290 000
支出：		
向供应商支付现金	(135 000)	

5. 向职工支付的现金

向职工支付的现金包括薪资，以及其他形式的职工报酬。应计金额由于尚未支出，所以不算现金流量。与向职工支付的现金相关的账户有利润表中的薪资费用和资产负债表中的应付职工薪酬。由于资产负债表中没有应付职工薪酬，所以薪资费用均为现金支出，即现金流量表中向职工支付的现金为 56 000 美元。

现金流量表（部分） 截至 2015 年 12 月 31 日的一年		
经营活动产生的现金流量：		
收入：		
收到顾客款项	$ 269 000	
利息收入	12 000	
股利收入	9 000	
现金收入合计		$ 290 000
支出：		
向供应商支付现金	(135 000)	
向职工支付现金	(56 000)	

6. 支出的利息费用和所得税

这两项现金支出区别于其他费用，须单独列示。与利息支出相关的账户是利润表中的利息费用和资产负债表中的应付利息。由于资产负债表中没有应付利息，所以利润表中的利息费用均为现金支出，即现金流量表中的利息支出为 15 000 美元。

与所得税支出相关的账户是利润表中的所得税费用和资产负债表中的应交所得税。由于资产负债表中没有应交所得税，所以利润表中的所得税费用均为现金支出，即现金流量表中的所得税支出为 14 000 美元。

现金流量表（部分） 截至 2015 年 12 月 31 日的一年		
经营活动产生的现金流量：		
收入：		
收到顾客款项	$ 269 000	
利息收入	12 000	
股利收入	9 000	
现金收入合计		$ 290 000
支出：		
向供应商支付现金	(135 000)	
向职工支付现金	(56 000)	

（续）

现金流量表（部分） 截至 2015 年 12 月 31 日的一年	
支付利息	(15 000)
支付所得税	(14 000)
现金支出合计	$ (220 000)

7. 非现金费用和处置长期资产的利润

非现金费用和处置长期资产的利润在利润表中列示，但不出现在直接法下的经营活动产生的现金流量中。非现金费用之所以不出现，是因为该项目不涉及现金。将处置长期资产收到的现金列示在投资活动产生的现金流量中，所以不再在经营活动部分列示。

> 使用直接法时，经营活动产生的现金流量中包括折旧费用和处置固定资产的损益吗？

8. 经营活动产生的现金净流量

使用直接法计算经营活动产生的现金净流量时，将以上所有现金收入和现金支出分别汇总并计算出两者差额。例如，Smart Touch Learning 公司的现金收入总额为 290 000 美元，现金支出总额为 220 000 美元。所以，经营活动产生的现金净流量为 70 000 美元。回头查阅表 14-5 中间接法下的现金流量表时，会发现其经营活动产生的现金净流量也是 70 000 美元，只是计算方法不同而已。

Smart Touch Learning 公司的现金流量表的其余部分与间接法下完全相同。表 14A-1 为完整的现金流量表，其中经营活动产生的现金流量使用直接法编制。

表 14A-1 现金流量表——直接法

现金流量表（部分） 截至 2015 年 12 月 31 日的一年		
经营活动产生的现金流量：		
收入：		
收到顾客款项	$ 269 000	
利息收入	12 000	
股利收入	9 000	
现金收入合计		$ 290 000
支出：		
向供应商支付现金	(135 000)	
向职工支付现金	(56 000)	
支付利息	(15 000)	
支付所得税	(14 000)	
现金支出合计		(220 000)
经营活动产生的现金净流量		70 000
投资活动产生的现金流量：		
购置固定资产支出的现金	(310 000)	
处置固定资产收到的现金	50 000	
投资活动产生的现金净流量		(260 000)
筹资活动产生的现金流量：		

（续）

现金流量表（部分） 截至 2015 年 12 月 31 日的一年	
发行应付票据	90 000
偿还应付票据	(10 000)
发行普通股	120 000
购买库存股	(20 000)
支付股利	(10 000)
筹资活动产生的现金净流量	170 000
现金增加（减少）净额	(20 000)
2014 年 12 月 31 日现金余额	42 000
2015 年 12 月 31 日现金余额	$ 22 000

> **练习题**　大岛公司 2014 年年初现金为 40 000 美元。本年实现收入 200 000 美元，收回 120 000 美元顾客款项。本年费用合计 160 000 美元，其中分别向供应商和员工支付了 65 000 美元和 80 000 美元的现款。公司收到 2 000 美元的利息收入，支付了 10 000 美元的所得税。此外，还支出 35 000 美元购置了设备，并向股东支付了 15 000 美元的股利。编制公司截至 2014 年 12 月 31 日一年的现金流量表的经营活动产生的现金流量部分。

附录 14B：使用试算表编制间接法下的现金流量表

14.5　如何使用试算表编制间接法下的现金流量表

本章讨论现金流量表在决策中的作用，以及如何使用 T 形账户编制现金流量表。T 形账户法是很好的学习工具。但在实务中，大多数公司的情况比较复杂，此时就可以使用试算表来编制现金流量表。

该试算表第一栏为期初资产负债表，最后一栏为期末资产负债表。中间两栏则为借贷金额，标题为"业务分析"，内容为现金流量表所需数据。会计人员可以直接根据表格下半部分编制现金流量表。本部分以 Smart Touch Learning 在本章的数据为例。这里只举例说明如何使用该方法编制间接法下的经营活动产生的现金流量。该方法同样适用于直接法。

间接法将净利润调节为经营活动产生的现金净流量。表 14B-1 适用于编制间接法下的现金流量表的试算表。其中，A 板块为业务分析，B 板块为现金流量表。

以下为间接法下的试算表提供的业务分析：

a. 净利润 40 000 美元是第一笔经营活动现金流出，录入表格中（见表 14B-1 中的 B 板块）经营活动产生的现金净流量的借方和资产负债表（见表 14B-1 中的 A 板块）中的留存收益的贷方。

b. 接下来对净利润进行调整，先调整 20 000 美元的折旧费用（交易 (b)），借记折旧费用——固定资产，贷记累计折旧——固定资产。

c. 这笔业务是处置固定资产。将 10 000 美元的收益录入经营活动产生的现金流量中处置固定资产的收益的贷方——从净利润中扣除。这笔贷记将 10 000 美元的收益从净利润中扣除，因为销售固定资产的现金收入是 50 000 美元，而不是 10 000 美元。再将 50 000 美元的销售金额录入表格中的投资活动部分。此外，还需贷记固定资产 55 000 美元（固定资产成本），借记累计折旧——固定资产 15 000 美元。

表 14B-1 现金流量表的试算表——间接法

	A	B	C	D	E	F	G
1		SMART TOUCH LEARNING					
2		现金流量表试算表					
3		截至 2015 年 12 月 31 日的一年					
4							
5	A 板块——资产负债表	余额		业务分析			余额
6		12/31/2014		借	贷		12/31/2015
7	现金	$ 42 000			20 000	(n)	$ 22 000
8	应收账款	73 000	(d)	17 000			90 000
9	商品存货	145 000			2 000	(e)	143 000
10	固定资产	252 000	(h)	310 000	55 000	(c)	507 000
11	累计折旧——固定资产	(42 000)	(c)	15 000	20 000	(b)	(47 000)
12	资产总额	$ 470 000					715 000
13							
14	应付账款	50 000			40 000	(f)	90 000
15	应计负债	10 000	(g)	5 000			5 000
16	应付票据	80 000	(j)	10 000	90 000	(i)	160 000
17	负债总额	140 000					255 000
18							
19	普通股	250 000			120 000	(k)	370 000
20	留存收益	80 000	(m)	10 000	40 000	(a)	110 000
21	库存股	0	(l)	20 000			(20 000)
22	负债和股东权益总额	$ 470 000		$ 387 000	$ 387 000		$ 715 000
23							
24	B 板块——现金流量表						
25	经营活动产生的现金流量：						
26	净利润		(a)	40 000			
27	将净利润调整为经营活动产生的现金净流量：						
28	折旧费用——固定资产		(b)	20 000			
29	处置固定资产利得				10 000	(c)	
30	应收账款的增加				17 000	(d)	
31	商品存货的减少		(e)	2 000			
32	应付账款的增加		(f)	40 000			
33	应计负债的减少				5 000	(g)	
34	经营活动产生的现金净流量						
35	投资活动产生的现金流量：						
36	购置固定资产支出的现金				310 000	(h)	
37	处置固定资产收到的现金		(c)	50 000			
38	投资活动产生的现金净流量						
39	筹资活动产生的现金流量：						
40	发行应付票据		(i)	90 000			
41	偿还应付票据				10 000	(j)	
42	发行普通股		(k)	120 000			
43	购买库存股				20 000	(l)	
44	支付股利				10 000	(m)	
45	筹资活动产生的现金净流量						
46	现金增加（减少）净额		(n)	20 000			
47	合计			$ 382 000	$ 382 000		
48							

　　d. 借记应收账款 17 000 美元（本年增加额），同时将该金额计入经营活动产生的现金流量中应收账款的增加的贷方。

　　e. 贷记商品存货（本年减少 2 000 美元），同时将该金额计入经营活动产生的现金流量中商品存货的增加的借方。

　　f. 贷记应付账款 40 000 美元（本年增加额），然后将该金额计入经营活动产生的现金流量中应付账款的增加的借方。

g. 借记应计负债 5 000 美元（本年减少额），然后将该金额计入经营活动产生的现金流量中应计负债的减少的贷方。

h. 借记固定资产（购置价值 310 000 美元的固定资产），然后将该金额计入投资活动产生的现金流量中购置固定资产的支出的贷方。

i. 贷记应付票据 90 000 美元，并计入筹资活动产生的现金流量的贷方（发行应付票据获得的现金收入）。

j. 与分录（i）相反。借记（减少）应付票据 10 000 美元，同时将该金额计入筹资活动产生的现金流量中偿还应付票据支出的现金的贷方。

k. 计入筹资活动产生的现金流量中发行股票获得的现金收入的借方 120 000 美元，对应贷方为普通股。

l. 购买库存股，在资产负债表中借记库存股 20 000 美元，相应的现金流计入购买库存股支出的现金的贷方，进而减少现金流量。

m. 由于宣告并支付股利，留存收益减少了 10 000 美元。所以，支付股利支出的现金计入筹资活动产生的现金流量的贷方。

n. 最后一项为现金增长（减少）净额。贷记现金 20 000 美元，同时计入现金增长（减少）净额的借方。

在表 14B-1 中的 B 板块中，借记代表现金增加（或流入），贷记代表现金减少（或流出）。这是因为借记增加现金，贷记减少现金。

练习题 穆恩奇公司完成了一部分现金流量表试算表，补齐未知信息。

A	B	C	D	E	F	G
穆恩奇公司						
现金流量表试算表						
截至 2015 年 12 月 31 日的一年						
A 板块：资产负债表	余额		业务分析			余额
	12/31/2014		借	贷		12/31/2015
现金	$ 16 000					$ 20 000
应收账款	3 250					5 000
固定资产	14 000		1 000			15 000
累计折旧	(100)			100		(200)
资产总额	$ 33 150					$ 39 800
应付账款	5 000					3 500
普通股	24 150			5 850		30 000
留存收益	4 000		5 700			6 300
负债和股东权益总额	$ 33 150					$ 39 800
B 板块：现金流量表						
经营活动产生的现金流量：						
净利润						
将净利润调整为经营活动产生的现金净流量：			100			
折旧费用——固定资产						
应收账款的增加						
应付账款的增加						
经营活动产生的现金净流量						
投资活动产生的现金流量：						
购置固定资产支出的现金				1 000		
投资活动产生的现金净流量						
筹资活动产生的现金流量：						
发行普通股			5 850			
支付股利				5 700		

	A		B	C	D	E	F	G
33	筹资活动产生的现金净流量							
34	现金增加（减少）净额							
35								

知识回顾

☞ 重要知识点

1　什么是现金流量表？

- 反映企业特定期间内的现金收支情况的报表。
- 有三种基本的现金流活动：
  - ♦ 经营活动——反映企业日常经营中创造收入和产生费用的活动。
  - ♦ 投资活动——反映增加或减少长期资产（如固定资产、应收票据和投资）所产生的现金收支。
  - ♦ 筹资活动——反映与长期负债和权益相关的现金流入和流出。
- 非现金投资和筹资活动未包括在现金流量表中，而是单独列示在现金流量表底部或财务报表附注中。
- 现金流量表中的经营活动产生的现金流量部分有两种形式：
  - ♦ 间接法——以净利润为起点，调整得出经营活动产生的现金净流量。
  - ♦ 直接法——根据现金流动重述利润表。直接法反映了经营活动产生的所有现金流入和现金流出。

2　如何使用间接法编制现金流量表？

- 第 1 步：以净利润为起算点，调整流动资产（除现金）和流动负债的增减变动，得出经营活动产生的现金流量。同时调整损益和非现金费用（如折旧费用）。
- 第 2 步：查看资产负债表的长期资产部分，确定投资活动产生的现金流量。
- 第 3 步：查看资产负债表的长期负债和权益部分，确定筹资活动产生的现金流量。
- 第 4 步：计算本年现金增长或减少净额。现金变动额是现金流量表中需要关键核对的数字，必须与对比资产负债表中的现金差额相等。
- 第 5 步：单独列示非现金投资和筹资活动。

3　如何根据自由现金流量评估经营业绩？

- 自由现金流量是指投资了计划内的长期资产，并支付了股利后剩余可支配的经营活动产生的现金流量。
- 自由现金流量＝经营活动产生的现金净流量－资本支出－现金股利

4　如何使用直接法编制现金流量表？

- 只有经营活动产生的现金流量部分与间接法有所不同。
- 直接法下，利润表中各项数据从权责发生制转化成收付实现制。

5　如何使用试算表编制间接法下的现金流量表？

- 可以使用试算表来编制现金流量表。
- 该试算表可以帮助财务人员分析资产负债表中账户的变动。

☞ 汇总习题

以下为 Adams 公司 2015 年的利润表、2015 年和 2014 年的比较资产负债表，以及 2015 年的业务数据：

Adams 公司
比较资产负债表
2014 年和 2015 年 12 月 31 日

	2015 年	2014 年	增（减）
资产			
流动资产：			
现金	$ 22 000	$ 3 000	$ 19 000
应收账款	22 000	23 000	（1 000）
商品存货	35 000	34 000	1 000
非流动资产：			
固定资产	153 200	97 200	56 000
累计折旧——固定资产	（27 200）	（25 200）	（2 000）
资产总额	$ 205 000	$ 132 000	$ 73 000
负债			
流动负债：			
应付账款	$ 35 000	$ 26 000	$ 9 000
应计负债	7 000	9 000	（2 000）
应交所得税	10 000	10 000	0
非流动负债：			
应付债券	84 000	53 000	31 000
负债总额	136 000	98 000	38 000
股东权益			
普通股	52 000	20 000	32 000
留存收益	27 000	19 000	8 000
库存股	（10 000）	（5 000）	（5 000）
股东权益总额	69 000	34 000	35 000
负债和股东权益总额	$ 205 000	$ 132 000	$ 73 000

2015 年业务数据：

Adams 公司
利润表
截至 2015 年 12 月 31 日的一年

销售收入		$ 662 000
主营业务成本		560 000
毛利润		102 000
营业费用：		
工资费用	$ 46 000	
折旧费用——固定资产	10 000	
租金费用	2 000	
营业费用总额		58 000
营业利润		44 000
其他收入（和费用）：		
处置固定资产的损失	（2 000）	
其他收入（和费用）总额		（2 000）
税前利润		42 000

（续）

Adams 公司
利润表
截至 2015 年 12 月 31 日的一年

所得税	16 000
净利润	$ 26 000

2015 年业务数据：

支出现金购买设备	$ 140 000
发放股利	18 000
发放普通股以赎回应付债券	13 000
发行应付债券获得筹资	44 000
发行普通股获得现金流入	19 000
处置设备获得现金流入	
（成本，84 000 美元；累计折旧，8 000 美元）	74 000
支出现金回购库存股	5 000

编制公司截至 2015 年 12 月 31 日的一年的现金流量表。经营活动产生的现金流量使用间接法编制。

☞答案

Adams 公司
现金流量表
截至 2015 年 12 月 31 日的一年

经营活动产生的现金流量：		
净利润		$ 26 000
将净利润调整为经营活动		
产生的现金净流量：		
折旧费用——固定资产	$ 10 000	
处置固定资产损失	2 000	
应收账款的减少	1 000	
商品存货的增加	（1 000）	
应付账款的增加	9 000	
应计负债的减少	（2 000）	19 000
经营活动产生的现金净流量		45 000
投资活动产生的现金流量：		
购置固定资产支出的现金	（140 000）	
处置固定资产收到的现金	74 000	
投资活动产生的现金净流量		（66 000）
筹资活动产生的现金流量：		
发行应付债券	44 000	
发行普通股	19 000	
购买库存股	（5 000）	
支付股利	（18 000）	
筹资活动产生的现金净流量		40 000
现金增加（减少）净额		19 000

（续）

Adams 公司

现金流量表

截至 2015 年 12 月 31 日的一年

2014 年 12 月 31 日现金余额	3 000
2015 年 12 月 31 日现金余额	$ 22 000
非现金投资和筹资活动：	
发行普通股以赎回应付债券	$ 13 000
非现金投资和筹资活动合计	$ 13 000

相关 T 形账户：

固定资产

12/31/2014	97 200		
并入	140 000	84 000	处理
12/31/2015	153 200		

累计折旧——固定资产

		25 200	12/31/2014
处理	8 000	10 000	处理
		27 200	12/31/2015

应付债券

		53 000	12/31/2014
退出	13 000	44 000	保险
		84 000	12/31/2015

普通股

		20 000	12/31/2014
退出	0	13 000	保险
		19 000	保险
		52 000	12/31/2015

库存股

12/31/2014	5 000		
购入	5 000	0	处理
12/31/2015	10 000		

留存收益

		19 000	12/31/2014
		26 000	净收入
股利	18 000		
		27 000	12/31/2015

☞关键术语

cash flows　现金流　企业的现金收支。

direct method　直接法　经营活动产生的现金流量的一种反映形式。列示营运现金的各项收支。

financing activities　筹资活动　引起长期负债和权益增加或减少的活动，是现金流量表的一部分。

free cash flow　**自由现金流量**　投资了计划内的长期资产并支付了股利后剩余的可支配的经营活动产生的现金流量，等于经营活动产生的现金净流量减资本支出和现金股利。

indirect method　**间接法**　经营活动产生的现金流量的一种反映形式。以净利润为起算点，将其调整为经营活动产生的现金净流量。

investing activities　**投资活动**　引起长期资产增加或减少的活动，是现金流量表的一部分。

non-cash investing and financing activities　**非现金投资和筹资活动**　不涉及现金的投资和筹资活动。

operating activities　**经营活动**　为企业创造收入同时产生费用的活动，是现金流量表的一部分。

statement of cash flows　**现金流量表**　反映企业特定期间的现金收支情况。

☞ 快速测验

1 现金流量表的目的是：

    a. 评估管理决策　　　　　　　　　　　　b. 确定偿还负债和支付股利的负债

    c. 预测未来现金流　　　　　　　　　　　d. 以上三项都是

2 现金流活动的主要类型有：

    a. 直接法和间接法　　　　　　　　　　　b. 流动和长期

    c. 非现金投资和筹资活动　　　　　　　　d. 经营活动、投资活动和筹资活动

3 经营活动与什么联系最为紧密？

    a. 长期资产　　　　　　　　　　　　　　b. 流动资产和流动负债

    c. 长期负债和股东权益　　　　　　　　　d. 股利和库存股

4 哪项不出现在间接法编制的现金流量表中？

    a. 收回顾客款项　　b. 折旧费用　　　　c. 净利润　　　　　d. 处置土地利得

5 皮革店的净利润为 57 000 美元，扣除了折旧费用 5 000 美元和其他所有费用。流动资产减少了 4 000 美元，流动负债增加了 8 000 美元。该店经营活动产生了多少现金流量（间接法）？

    a. 40 000 美元　　　b. 66 000 美元　　　c. 48 000 美元　　　　d. 74 000 美元

6 以下是星媒的固定资产和累计折旧——固定资产账户：

固定资产

期初	100 000		
并入	428 000	52 500	处理
期末	475 500		

累计折旧——固定资产

		20 000	12/31/2014
处理	10 500	34 000	处理
		43 500	12/31/2015

    公司处置固定资产损失了 11 000 美元，固定资产的处置在现金流量表的哪部分反映？金额为多少？

    a. 筹资活动产生的现金流量——现金流入 42 000 美元

    b. 投资活动产生的现金流量——现金流入 53 000 美元

    c. 投资活动产生的现金流量——现金流入 31 000 美元

    d. 投资活动产生的现金流量——现金流入 42 000 美元

7 山水公司发行了 28 000 美元的普通股来偿还 28 000 美元的应付票据。该业务在哪部分反映？

    a. 筹资活动偿还票据，（28 000）美元　　b. 筹资活动现金流入，28 000 美元；

    c. 非现金投资和筹资活动，28 000 美元　　d. a 和 b 都正确

8 Holmes 公司预期经营活动产生的现金净流量为 160 000 美元，公司计划支出 83 000 美元采购设备，同时支出 24 000 美元回购股票。公司的自由现金流量为多少？

    a. 53 000   b. 160 000   c. 116 000   d. 83 000

9 麦斯威尔家居中心年初应收账款为 20 000 美元，年末为 54 000 美元，本年总收入为 116 000 美元。公司向顾客收回了多少现金？

    a. 150 000   b. 62 000   c. 116 000   d. 82 000

10 如果应计负债增加，用试算表编制现金流量表时（间接法）以下哪项是正确的？

    a. 应计负债的增加计入借方   b. 应计负债的增加计入贷方

    c. 借记应计负债   d. 以上三项都不对

进步评估

复习题

1 现金流量表反映什么内容？

2 现金流量表对报表使用者有何用途？

3 描述三种基本的现金流活动。

4 现金流量表的非现金投资和筹资活动部分反映哪种业务？

5 描述现金流量表中经营活动部分的两种形式。

6 描述间接法编制现金流量表的 5 个步骤。

7 解释为什么在使用间接法编制的现金流量表中，经营活动部分是要将折旧费用、折耗费用和摊销费用加入净利润。

8 间接法下如果处置固定资产发生了损失，如何在现金流量表中经营活动部分反映？为什么？

9 如果现金以外的流动资产增加，会对现金产生什么影响？现金以外的流动资产的减少又会有什么影响？

10 流动负债增加会对现金有什么影响？减少又会有什么影响？

11 完成现金流量表中投资活动部分后必须对资产负债表中哪一账户进行评估？

12 完成现金流量表中筹资活动部分后必须对资产负债表中哪一账户进行评估？

13 现金流量表的现金变动净额应该与什么一致？

14 自由现金流量是什么？如何计算？

15 使用间接法和直接法编制现金流量表的经营活动部分时有什么区别？

16 为什么试算表会对现金流量表的编制有用？

简单练习

S14-1 描述现金流量表的作用。

    财务报表都有其用途，现金流量表也不例外。描述现金流量表对投资人和债权人履行以下职能时有何作用？

    a. 预测未来现金流。b. 评估管理层决策。c. 预测偿债能力和股利支付能力。

S14-2 对现金流量表中的项目进行分类。

    现金流量表必须分为四类：经营活动、投资活动、筹资活动和非现金活动。

    a. 用现金购买库存商品；b. 发放现金股利；c. 收回长期应收票据款项；d. 用现金支付所得税；

e. 用应付票据购买设备；f. 出售土地获得现金；g. 获得借款；h. 收到利息收入；i. 发行普通股获得现金；j. 支付工资。

S14-3 对间接现金流量表中的项目进行分类。

命运公司使用间接法编制现金流量表。已知以下项目：

a. 应付账款增加；b. 发放股利；c. 应计负债减少；d. 发行普通股；e. 处置建筑物利得；f. 处置土地损失；g. 折旧费用；h. 库存商品增加；i. 应收账款增加；j. 购买设备。

将以上各项目区分为：

◆ 经营活动产生的现金流量——增加净利润（O+）或减少净利润（O-）

◆ 投资活动产生的现金流量——现金流入（I+）或现金流出（I-）

◆ 筹资活动产生的现金流量——现金流入（F+）或现金流出（F-）

S14-4 计算经营活动产生的现金流量——间接法。

OMD 设备股份有限公司列报了以下 2014 年相关数据：

利润表：	
净利润	$ 44 000
折旧费用	8 000
资产负债表：	
应收账款增加	7 000
应付账款减少	4 000

计算间接法下经营活动产生的现金净流量。

S14-5 计算经营活动产生的现金流量——间接法。

One Way 移动电话的会计人员收集了以下截至 2014 年 9 月 30 日的一年的相关数据：

处置土地收到现金	$ 34 000	净利润	$ 55 000
折旧费用	20 000	现金购买设备	39 000
发放股利	6 100	流动负债减少	19 000
发行普通股	30 000	现金以外的流动资产增加	14 000

使用间接法编制公司截至 2014 年 9 月 30 日的一年的现金流量表的经营活动部分。

注意：题目 S14-6 需要在题目 S14-5 之后完成

S14-6 计算投资活动和筹资活动产生的现金流量。

根据 S14-5 中的数据计算该题。使用间接法编制截至 2014 年 9 月 30 日的一年的现金流量表。

假设期初现金和期末现金分别为 40 000 美元和 100 900 美元。

S14-7 计算投资活动和筹资活动产生的现金流量。

以下是凯勒传媒 2015 年的利润表和资产负债表：

凯勒传媒

利润表

截至 2015 年 12 月 31 日的一年

销售收入：	$ 80 000
折旧费用——固定资产	5 600
其他费用	49 000
净利润	$ 25 400

凯勒传媒
资产负债表
2015 年 12 月 31 日

	2015	2014
资产		
流动资产：		
现金	$ 4 800	$ 3 800
应收账款	9 600	4 100
长期资产：		
固定资产	100 350	83 750
累计折旧——固定资产	（22 350）	（16 750）
资产总额	$ 92 400	$ 74 900
负债		
流动负债：		
应付账款	$ 9 000	$ 4 000
长期负债：		
应付票据	9 000	15 000
负债总额	18 000	19 000
股东权益		
普通股	22 000	17 000
留存收益	52 400	38 900
股东权益总额	74 400	55 900
负债和股东权益总额	$ 92 400	$ 74 900

要求：①计算 2015 年购置固定资产的金额。本年未出售任何固定资产。2. 计算偿还的长期应付票据的金额。本年发行了 5 300 美元的应付票据。

注意：S14-8 需在 S14-7 之后完成

S14-8　编制现金流量表——间接法。

使用表 S14-7 中凯勒传媒的数据。编制公司截至 2015 年 12 月 31 日的一年的现金流量表——间接法。

S14-9　计算现金变动额；区分非现金业务。

朱迪化妆品店的净利润为 22 000 美元，其中折旧费用 16 000 美元。公司以应付票据的形式贷款 119 000 美元，购得价值 119 000 美元的建筑物。

要求：①公司本年现金余额是增是减？②公司有非现金业务吗？如果有，展示其如何在现金流量表中反映？

S14-10　计算自由现金流量。

Cooper Lopez 公司预期 2014 年：

- ◆经营活动产生的现金净流量为 158 000 美元。
- ◆筹资活动产生的现金净流量为 60 000 美元。
- ◆投资活动使用的现金净流量为 80 000 美元（未出售长期资产）。
- ◆发放股利 10 000 美元。

公司 2014 年的自由现金流量为多少？

S14-11　使用直接法编制现金流量表。

Jelly Bean 公司 2014 年年初现金余额为 53 000 美元。本年实现收入 597 000 美元，并收回

621 000 美元顾客款项。本年费用总额为 437 000 美元，其中向供应商支付了 227 000 美元，向员工发放了 200 000 美元。公司还支出 145 000 美元购买设备，发放 54 000 美元的现金股利。编制公司截至 2014 年 12 月 31 日的一年的现金流量表。经营活动产生的现金流量部分使用间接法。

S14-12　使用直接法编制现金流量表。

快乐儿童学习中心收集了以下截至 2014 年 6 月 30 日的一年的数据：

向供应商付款	$ 117 000
支出现金购买设备	42 000
向员工发放工资	72 000
偿还应付票据	25 000
发放股利	7 000
发行普通股	18 000
收回顾客款项	190 000
处置土地收入	60 000
现金余额，2013 年 6 月 30 日	30 000

编制公司截至 2014 年 6 月 30 日的一年的现金流量表的经营活动部分，使用直接法。

注意：题目 S14-12 需在 S14-13 后完成。

S14-13　使用直接法编制现金流量表。

使用题目 S14-12 中的数据和答案编制公司截至 2014 年 6 月 30 日的一年的现金流量表，经营活动部分使用直接法。

S14-14　使用直接法编制现金流量表。

以下是劳斯玩具公司的比较资产负债表：

劳斯玩具公司 比较资产负债表 2014 年和 2015 年 12 月 31 日		
	2015 年	2014 年
资产		
流动资产：	$ 17 000	$ 11 000
现金	59 000	49 000
应收账款	78 000	84 000
商品存货	3 100	2 100
预付费用		
非流动资产：		
固定资产，净额	227 000	189 000
投资	75 000	85 000
资产总额	$ 459 100	$ 420 100
负债		
流动负债：		
应付账款	$ 43 000	$ 38 000
应付职工薪酬	24 500	19 000
应计负债	5 0000	13 000
非流动负债：		
应付债券	60 000	70 000
负债总额	132 500	140 000

（续）

劳斯玩具公司
比较资产负债表
2014 年和 2015 年 12 月 31 日

股东权益		
普通股	42 000	39 000
留存收益	284 600	241 100
股东权益总额	326 600	280 100
负债和股东权益总额	$ 459 100	$ 420 100

要求：①计算公司在 2015 年收回的顾客款项金额。销售收入总额为 143 000 美元。②计算公司在 2015 年购买存货支付的金额。主营业务成本为 80 000 美元。

S14-15　使用试算表编制现金流量表——间接法。

公司可以使用试算表编制现金流量表。以下各项在试算表的业务分析一栏反映。

a. 净利润；b. 流动资产（除现金）增加额；c. 流动负债减少额；d. 购置固定资产支出金额；e. 发行普通股获得金额；f. 折旧费用。

区分以上各项应计入试算表中现金流量表部分的借方还是贷方。

习题

E14-16　区分现金流项目。

已知以下业务：

a. 支出 130 000 美元购买设备；b. 以现销形式发行面值为 14 美元的优先股；c. 收到销售收入 35 000 美元；d. 向供货商付款 17 000 美元；e. 处置建筑物获得 19 000 美元的现金利得；f. 购买 28 000 美元的普通股；g. 用 1 250 美元的普通股偿还应付票据。

区分以上业务应该在现金流量表的哪部分反映。

E14-17　区分现金流量表中的业务——间接法。

已知以下业务：

a.			
	现金	72 000	
	普通股		72 000

b.			
	库存股	16 500	
	现金		16 500

c.			
	现金	88 000	
	销售收入		88 000

d.			
	土地	103 000	
	现金		103 000

e.			
	折旧费用——设备	6 800	
	累计折旧——设备		6 800

f.			
	应付股利	19 500	
	现金		19 500

g.			
	土地	22 000	
	现金		22 000

h.			
	现金	9 600	
	设备		9 600

i.			
	应付债券	51 000	
	现金		51 000

j.			
	建筑物	137 000	
	应付票据		137 000

k.			
	处置设备损失	1 800	
	累计折旧——设备	200	
	设备		2 000

指出各项业务是代表间接法下现金流量表中的经营活动、投资活动还是筹资活动，或者是非现金投资和筹资活动。

E14-18 区分现金流量表中的项目——间接法。

为了反映出最佳效果，现金流量表将类似业务进行分类。

区分以下业务属于：

- 经营活动
- 投资活动
- 筹资活动
- 非现金投资和筹资活动
- 不在现金流量表中反映的业务

指出每笔现金流是增加还是减少现金。经营活动产生的现金流量部分使用间接法编制。

a. 处置土地损失；b. 使用应付票据购置设备；c. 偿还长期债务；d. 发行普通股购买建筑物；e. 应付职工薪酬增加；f. 库存商品减少；g. 预付费用增加；h. 应计负债减少；i. 现销土地；j. 发行长期应付票据获得借款；k. 折旧；l. 购买库存股；m. 发行普通股；n. 应付账款增加；o. 净利润；p. 支付现金股利。

E14-19 计算经营活动产生的现金流量——间接法。

以下是 McKnight 彩色雕塑的相关记录：

净利润	$ 38 000	折旧费用	$ 4 000
销售收入	51 000	流动负债减少	28 000
处置土地损失	5 000	现金以外的流动资产增加	14 000
购置土地	39 000		

使用间接法计算截至 2014 年 12 月 31 日的一年经营活动产生的现金流量。

E14-20 计算经营活动产生的现金流量——间接法。

DVD 销售公司的会计记录包括以下账户：

现金	期初余额	期末余额
现金	$ 5 500	$ 3 000
应收账款	21 000	17 000
商品存货	22 000	25 500
应付账款	14 500	19 500

累计折旧——设备	
55 000	7 月 1 日
3 000 处理	
58 000	7 月 31 日

留存收益	
	65 000 7 月 1 日
股利 19 000	65 000 净收入
111 000	7 月 31 日

使用间接法计算公司 2015 年 7 月经营活动产生的现金净流量。

E14-21 编制现金流量表——间接法。

以下是 Minerals Plus 公司的利润表：

Minerals Plus 公司
利润表
截至 2015 年 12 月 31 日的一年

销售收入	$ 235 000
主营业务成本	97 000

（续）

Minerals Plus 公司
利润表
截至 2015 年 12 月 31 日的一年

毛利润		138 000
营业费用：		
工资费用	$ 57 000	
折旧费用——固定资产	26 000	
营业费用总额		83 000
税前利润		55 000
所得税		4 000
净利润		$ 51 000

附加数据：

a. 购置 119 000 美元的固定资产。其中 100 000 美元为现金，19 000 美元为应付票据。b. 出售土地收到 28 000 美元，没有利得和损失。c. 发行普通股收到 29 000 美元。d. 偿还 18 000 美元的应付票据。e. 发放 8 000 美元的股利。f. 资产负债表：

	9 月 30 日	
	2015 年	2014 年
现金	$ 30 000	$ 8 000
应收账款	41 000	59 000
商品存货	97 000	93 000
固定资产	199 000	80 000
累计折旧	（46 000）	（20 000）
土地	72 000	100 000
应付账款	30 000	17 000
应计负债	11 000	24 000
应付票据（长期）	19 000	18 000
普通股	39 000	10 000
留存收益	294 000	251 000

使用间接法编制公司截至 2015 年 9 月 30 日的一年的现金流量表，其中包括单独的非现金投资和筹资活动部分。

E14-22 计算投资活动和筹资活动产生的现金流量。

已知 Espresso Place 发生了以下业务：

a. 留存收益期初和期末余额分别为 44 000 美元和 70 000 美元。本期净利润为 61 000 美元。b. 固定资产的期初和期末余额分别为 124 800 美元和 130 800 美元。c. 累计折旧——固定资产的期初和期末余额分别为 20 800 美元和 21 800 美元。d. 本期折旧费用为 17 000 美元，购进固定资产 28 000 美元。处置固定资产利得为 5 000 美元。

要求：①现金股利为多少？②出售固定资产收到多少现金？

E14-23 计算现金流影响。

以下是 McKnight 运动器材公司 2015 年的财务报表：

McKnight 运动器材公司
利润表
截至 2015 年 12 月 31 日的一年

销售收入	$ 714 000
主营业务成本	347 000

（续）

McKnight 运动器材公司
利润表
截至 2015 年 12 月 31 日的一年

毛利润		367 000
营业费用：		
工资费用	$ 52 000	
折旧费用——固定资产	205 000	
营业费用总额		257 000
净利润		$ 110 000

McKnight 运动器材公司
比较资产负债表
2014 年和 2015 年 12 月 31 日

	2015 年	2014 年
资产		
流动资产：		
现金	$ 19 000	$ 18 000
应收账款	54 000	49 000
库存商品	81 000	89 000
非流动资产：		
固定资产	265 200	219 600
累计折旧——固定资产	（44 200）	（36 600）
投资	95 000	77 000
资产总额	$ 470 000	$ 416 000
负债		
流动负债：		
应付账款	$ 73 000	$ 72 000
应付职工薪酬	2 000	5 000
非流动负债：		
应付债券	59 000	66 000
负债总额	134 000	143 000
股东权益		
普通股	47 000	34 000
留存收益	289 000	239 000
股东权益总额	336 000	273 000
负债和股东权益总额	$ 470 000	$ 416 000

要求：①计算 McKnight 运动器材公司购进固定资产的金额。公司以账面价值处置了固定资产。已处置资产的成本和累计折旧为 44 400 美元。未收到相关款项。②计算新发行或偿还的应付票据金额，公司本年只有一笔长期应付票据业务。③计算发行普通股的金额，本年只发行过一次。④计算发放股利的金额。

注意：题目 E14-24 需在 E14-23 之后完成。

E14-24　编制现金流量表——间接法。

使用 E14-23 中 McKnight 运动器材公司的相关数据。编制公司截至 2015 年 12 月 31 日的现金流量表——间接法。

E14-25　区分并列报非现金业务。

越野车公司确定 2015 年发生了以下业务：

a. 发行 1 250 股面值 2 美元的普通股，募得 26 000 美元。b. 发行 5 500 股面值为 2 美元的普通股，换得市场价值为 101 000 美元的建筑物。c. 使用长期票据购买一辆市价 28 000 美元的卡车。d. 发行 2 400 股面值为 2 美元的普通股以偿还 23 000 美元的短期应付票据。e. 向塔拉哈希银行偿还 10 500 美元的长期应付票据。向信托银行发行 21 000 美元的长期应付票据。

指出本年发生的非现金业务，并说明如何在现金流量表的非现金部分反映这些业务。

E14-26　分析自由现金流量。

使用 E14-23 和 E14-24 中 McKnight 运动器材公司的相关数据。公司计划明年购买一辆 29 000 美元的卡车和一辆 121 000 美元的铲车。此外，还计划支付 2 000 美元的现金股利。假设 2016 年有相同的计划，自由现金流量为多少？

E14-27　编制经营活动产生的现金流量——直接法。

Fuzzy Dice 汽车配件商的会计记录中反映了以下内容：

支付工资	$ 31 000	净利润	$ 21 000
折旧费用	13 000	支付所得税	11 000
支付利息	16 000	收回股利收入	6 000
支付股利	6 000	向供应商付款	54 000
收回客户款项	117 000		

使用直接法计算公司截至 2014 年 12 月 31 日的一年的经营活动产生的现金流量。

E14-28　编制现金流量表——直接法。

以下是百斯特公司的利润表和其他相关数据：

百斯特公司

利润表

截至 2015 年 6 月 30 日的一年

销售收入		$ 231 000
主营业务成本		102 000
毛利润		129 000
营业费用：		
工资费用	$ 48 000	
折旧费用——固定资产	28 000	
广告费用	13 000	
营业费用总额		89 000
营业利润		40 000
其他收入（和费用）：		
股利收入	8 000	
利息费用	（3 000）	
其他收入（和费用总额）		5 000
税前利润		45 000
所得税		11 000
净利润		$ 34 000

其他相关数据：

a. 收到的客户款项比销售收入多了 15 500 美元。b. 股利收入、利息费用和所得税费用与其现金收支金额相等。c. 向供应商支付主营业务成本加广告费用的总金额。d. 向员工发放的工资比工资费用多了 1 000 美元。e. 购置固定资产支出 102 000 美元。f. 出售土地收到 24 000 美元。g. 发行普通股收到 32 000 美元。h. 偿还 17 000 美元的长期应付票据。i. 支付 10 500 美元的股利。j. 2014 年 6 月 30 日的现金余额为 25 000 美元；2015 年 6 月 30 日为 28 000 美元。

使用直接法编制公司截至 2015 年 6 月 30 日的现金流量表。

E14-29 计算现金流项目——直接法。

已知以下业务：

a. 应收账款的期初和期末余额分别为 20 000 美元和 24 000 美元。本期贷记销售收入 62 000 美元。b. 主营业务成本为 76 000 美元。c. 商品存货的期初和期末余额分别为 27 000 美元和 22 000 美元。d. 应付账款的期初和期末余额分别为 14 000 美元和 9 000 美元。

要求：①计算向客户收回的金额。②计算购买商品存货支出的金额。

E14-30 计算现金流项目——直接法。

Superb 移动房屋截至 2015 年 12 月 31 日的一年的财务报表中反映了以下内容：

	2015 年	2014 年
利润表		
销售净收入	$ 25 118	$ 21 115
主营业务成本	18 088	15 432
折旧费用	273	232
其他营业费用	4 411	4 283
所得税费用	536	481
净利润	$ 1 810	$ 687
资产负债表		
现金	$ 15	$ 13
应收账款	799	619
商品存货	3 489	2 839
固定资产	4 346	3 436
应付账款	1 544	1 364
应计负债	941	853
长期负债	479	468
普通股	671	443
留存收益	5 014	3 779

要求：①计算向客户收回的金额。②计算购买商品存货支出的金额。③计算支付的营业费用金额。④计算购买固定资产的金额（2015 年未出售固定资产）。⑤计算借款金额，公司无长期负债。⑥计算发行普通股收到的金额。⑦计算支付的现金股利的金额。

E14-31 使用试算表编制现金流量表——间接法。

使用 E14-21 中 Minerals Plus 公司的相关数据编制 2015 年的试算表。经营活动产生的现金流量部分使用间接法编制。

☞连续习题

P14-46 编制现金流量表——间接法。

该题延续 P13-47 中的公司信息。以下是戴维斯咨询公司的比较资产负债表。

戴维斯咨询 比较资产负债表 2014 年和 2015 年 12 月 31 日		
	2015 年	2014 年
	资产	
流动资产：		
现金	$ 514 936	$ 16 350

（续）

戴维斯咨询
比较资产负债表
2014 年和 2015 年 12 月 31 日

	2015 年	2014 年
资产		
应收账款	37 500	1 750
办公用品	2 200	200
非流动资产：		
固定资产	146 700	6 000
累计折旧——固定资产	（2 753）	（100）
资产总额	$ 698 583	$ 24 200
负债		
流动负债：		
应付账款	$ 10 000	$ 4 650
应付职工薪酬	4 100	685
预收账款	0	700
应付利息	10 667	0
非流动负债：		
应付票据	40 000	0
应付债券	400 000	0
应付债券折价	（36 184）	0
负债总额	428 583	6 035
股东权益		
普通股	130 000	18 000
留存收益	140 000	165
股东权益总额	270 000	18 165
负债和股东权益总额	$ 698 583	$ 24 200

其他数据：

a. 本年折旧费用 2 653 美元；b. 本年未处置任何固定资产。固定资产以现金形式购买；c. 应付债券折价本年摊销额 3 432 美元；d. 发行面值为 400 000 美元的应付债券，获得现金 360 384 美元；e. 本年净利润为 141 235 美元；f. 发行普通股收到现金 112 000 美元。使用间接法编制现金流量表。

批判性思考

决策案例

案例 14-1

美国高尔夫在最近的一次董事会上公布了公司 2015 年的比较利润表和比较资产负债表。董事会成员提出了一个关键问题：现金余额为何这么低？这一问题是有点难以理解，因为公司 2015 年明明创造了净利润。作为公司主计长，你需要回答以下问题。

美国高尔夫

利润表

截至 2015 年 12 月 31 日的一年

	2015 年	2014 年
销售收入	$ 444	$ 310
主营业务成本	221	162
毛利润	223	148
营业费用：		
工资费用	48	28
折旧费用	46	22
营业费用总额	94	50
营业利润	129	98
其他收入（和费用）：		
处置设备利得	0	18
处置土地损失	0	（35）
利息费用	（13）	（20）
摊销费用	（11）	（11）
其他收入（和费用）总额	（24）	（48）
净利润	$ 105	$ 50

美国高尔夫

比较资产负债表

2014 年和 2015 年 12 月 31 日（单位：千美元）

	2015 年	2014 年
资产		
流动资产：		
现金	$ 25	$ 63
应收账款	72	61
商品存货	194	181
非流动资产：		
固定资产，净额	125	61
专利	177	188
长期投资	31	0
资产总额	$ 624	$ 554
负债		
流动负债：		
应付账款	$ 63	$ 56
应计负债	12	17
非流动负债：		
应付票据	179	264
负债总额	254	337
股东权益		
普通股	149	61
留存收益	221	156
股东权益总额	370	217
负债和股东权益总额	$ 624	$ 554

要求：①选取最能反映净利润和经营活动现金净流量之间的关系的方法，编制 2015 年的现金流量表。2015 年公司未出售固定资产和长期投资，未发行应付票据。本年无非现金投资和筹资业务（单位：千美元）。②已知公司 2015 年的净利润和现金流量，本年业绩是好是坏？解释原因。

案例 14-2

设计剧院和秀影城，请你向客户推荐它们的股票。因为这两家单位的净利润基本相等，财务状况也基本相同，需要根据它们的现金流量表来做出决策，现金流量表如下：

	设计剧院		秀影城	
经营活动产生的现金净流量		$ 30 000		$ 70 000
投资活动产生（使用）的现金：				
购置固定资产	$（20 000）		$（100 000）	
处置固定资产	40 000	20 000	10 000	（90 000）
筹资活动产生（使用）的现金：				
发行普通股		0		30 000
偿还长期债务		（40 000）		0
现金增加（减少）净额		$ 10 000		$ 10 000

根据以上现金流判断哪家更优？解释原因。

☞ 道德问题

莫斯出口公司本年业绩不太好。净利润仅为 60 000 美元。此外，两家重要的海外客户迟迟不能支付款项，莫斯的应收账款骤增，急需一笔贷款。公司董事会考虑如何能美化财务报表。银行密切关注经营活动产生的现金流量。公司主计长丹尼尔（Daniel Peavey）建议将付款较慢的客户的应收款项重新确认为长期资产。他向董事会解释说，将增加的 80 000 美元的应收账款从流动资产中移除，可以增加经营活动产生的现金净流量。这样有助于获得贷款。

要求：①根据已知数据，分别计算重新分类应收款项与否情况下经营活动产生的现金净流量。哪种方法使得莫斯的财务报表看起来好一些？②在何种情况下，才可以对应收账款重新分类？哪些情况不可以？

☞ 舞弊案例

弗兰克·卢最近被提升为一家开发公司的施工经理。他负责与投标承包一笔价值数百万美元的新大楼挖掘业务的承建商来往。由于市场不好，最近几个承包商已经宣布破产，剩下的几家则处于竞争阶段。每家承包商都要同时递交他们的财务报表和竞标价格。弗兰克知道公司会仔细看每个竞标商的情况以确保其有足够的现金流来完成承包项目。上一个雇用的承包商没能完成项目就宣告破产了。早上，有四份标书放在弗兰克的桌子上。午夜前为截止时间。明早标书就会被打开。第一位投标人 Bo Freely 与弗兰克认识多年，是一位不屈不挠却风度翩翩的人。弗兰克今天与他共进了午餐，几瓶啤酒下肚后，Bo 向弗兰克暗示他"不小心"并未将一些营业费用的支出纳入现金流量表中，这样经营活动现金流会更好一些。Bo 还说他在等几个客户支付尾款，但是他认为很快就可以收回款项。午饭后，弗兰克仔细考虑了 Bo 说的话，决定不向公司汇报。他知道 Bo 的公司声誉不错，一时半会儿不会破产。

要求：①这一舞弊行为会对弗兰克的公司造成什么伤害吗？②这一行为会对弗兰克造成什么伤害？③企业如何来防范这种行为？

财务报表案例

公司现金流量的细节内容可以在年报的很多地方都有反映。根据星巴克2011年的年报回答以下问题。登录 www.pearsonhighered.com/Horngren 查看星巴克2011年的年报。

要求：①星巴克使用哪种方法反映经营活动产生的现金净流量？何以见得？②星巴克2011年创造了净利润。2011年经营活动产生的现金净流量为正还是负？给出具体金额。与2010年相比，本年的经营现金流量如何？③截至2011年10月2日的一年，星巴克支付股利了吗？如果支付了，支付了多少？④截至2011年10月2日的一年，星巴克有使用现金购买固定资产吗？如果买了，买了多少？

小组讨论

小组成员分别获得不同公司的年报。选取不同行业的公司，评价公司近两年的现金流趋势。可以使用任何公开信息，例如，其他财务报表（利润表、资产负债表、权益表和相关附注）和杂志报纸上的新闻内容。对所有公司按现金流进行排序，并对排序结果撰写一份两页的报告。

小组讨论

选取一家公司并获得年报，包括所有财务报表。重点关注现金流量表，尤其是经营活动产生的现金流量。详细说明公司是使用直接法还是间接法反映经营活动现金流。

交流活动

用150字以内解释经营活动、投资活动和筹资活动产生的现金流量的区别。

练习题答案

1 I
2 O
3 I
4 N
5 F
6

OWL 公司
现金流量表
截至 2015 年 12 月 31 日的一年

经营活动产生的现金流量：		
净利润		$ 30 000
将净利润调整为经营活动产生的现金净流量：		
折旧费用	$ 12 000	
流动资产的减少	8 000	
流动负债的增加	10 000	30 000
经营活动产生的现金净流量		60 000
投资活动产生的现金流量：		
购置土地支出的现金	（25 000）	
处置设备收到的现金	20 000	
投资活动产生的现金净流量		（5 000）
筹资活动产生的现金流量：		

（续）

<table>
<tr><td colspan="3" align="center">OWL 公司
现金流量表
截至 2015 年 12 月 31 日的一年</td></tr>
<tr><td>发行普通股</td><td align="right">12 000</td><td></td></tr>
<tr><td>支付股利</td><td align="right">（4 000）</td><td></td></tr>
<tr><td>筹资活动产生的现金净流量</td><td></td><td align="right">8 000</td></tr>
<tr><td>现金增加（减少）净额</td><td></td><td align="right">63 000</td></tr>
<tr><td>2014 年 12 月 31 日现金余额</td><td></td><td align="right">12 000</td></tr>
<tr><td>2015 年 12 月 31 日现金余额</td><td></td><td align="right">$ 75 000</td></tr>
</table>

7　自由现金流量＝经营活动产生的现金净流量－资本支出－现金股利

　　　　　　　＝100 000－20 000－2 000

　　　　　　　＝78 000（美元）

8

<table>
<tr><td colspan="3" align="center">大岛公司
现金流量表
截至 2014 年 12 月 31 日的一年</td></tr>
<tr><td>经营活动产生的现金流量：</td><td></td><td></td></tr>
<tr><td>收入：</td><td></td><td></td></tr>
<tr><td>收回顾客款项</td><td align="right">$ 120 000</td><td></td></tr>
<tr><td>收到利息</td><td align="right">2 000</td><td></td></tr>
<tr><td>收入合计</td><td></td><td align="right">$ 122 000</td></tr>
<tr><td>支出：</td><td></td><td></td></tr>
<tr><td>向供应商支付</td><td align="right">（65 000）</td><td></td></tr>
<tr><td>向员工支付</td><td align="right">（80 000）</td><td></td></tr>
<tr><td>所得税</td><td align="right">（10 000）</td><td></td></tr>
<tr><td>支出合计</td><td></td><td align="right">（155 000）</td></tr>
<tr><td>经营活动使用的现金流量净额</td><td></td><td align="right">$（33 000）</td></tr>
</table>

9

<table>
<tr><th></th><th>A</th><th>B</th><th>C</th><th>D</th><th>E</th><th>F</th><th>G</th></tr>
<tr><td>1</td><td colspan="7" align="center">穆恩奇公司</td></tr>
<tr><td>2</td><td colspan="7" align="center">现金流量表试算表</td></tr>
<tr><td>3</td><td colspan="7" align="center">截至 2015 年 12 月 31 日的一年</td></tr>
<tr><td>4</td><td></td><td></td><td></td><td></td><td></td><td></td><td></td></tr>
<tr><td>5</td><td rowspan="2">A 板块：资产负债表</td><td>余额</td><td colspan="4" align="center">业务分析</td><td>余额</td></tr>
<tr><td>6</td><td>12/31/2014</td><td></td><td align="center">借</td><td align="center">贷</td><td></td><td>12/31/2015</td></tr>
<tr><td>7</td><td>现金</td><td>$ 16 000</td><td>(h)</td><td>4 000</td><td></td><td></td><td>$ 20 000</td></tr>
<tr><td>8</td><td>应收账款</td><td>3 250</td><td>(c)</td><td>1 750</td><td></td><td></td><td>5 000</td></tr>
<tr><td>9</td><td>固定资产</td><td>14 000</td><td>(e)</td><td>1 000</td><td></td><td></td><td>15 000</td></tr>
<tr><td>10</td><td>累计折旧</td><td>(100)</td><td></td><td></td><td>100</td><td>(b)</td><td>(200)</td></tr>
<tr><td>11</td><td>资产总额</td><td>$ 33 150</td><td></td><td></td><td></td><td></td><td>$ 39 800</td></tr>
<tr><td>12</td><td></td><td></td><td></td><td></td><td></td><td></td><td></td></tr>
<tr><td>13</td><td>应付账款</td><td>5 000</td><td>(d)</td><td>1 500</td><td></td><td></td><td>3 500</td></tr>
<tr><td>14</td><td></td><td></td><td></td><td></td><td></td><td></td><td></td></tr>
<tr><td>15</td><td>普通股</td><td>24 150</td><td></td><td></td><td>5 850</td><td>(f)</td><td>30 000</td></tr>
<tr><td>16</td><td>留存收益</td><td>4 000</td><td>(g)</td><td>5 700</td><td>8 000</td><td>(a)</td><td>6 300</td></tr>
<tr><td>17</td><td>负债和股东权益总额</td><td>$ 33 150</td><td></td><td>$ 13 950</td><td>$ 13 950</td><td></td><td>$ 39 800</td></tr>
<tr><td>18</td><td></td><td></td><td></td><td></td><td></td><td></td><td></td></tr>
<tr><td>19</td><td align="center">B 板块：现金流量表</td><td></td><td></td><td></td><td></td><td></td><td></td></tr>
<tr><td>20</td><td>经营活动产生的现金流量：</td><td></td><td></td><td></td><td></td><td></td><td></td></tr>
<tr><td>21</td><td>　净利润</td><td></td><td>(a)</td><td>8 000</td><td></td><td></td><td></td></tr>
</table>

（续）

A	B	C	D	E	F	G
22	将净利润调整为经营活动产生的现金净流量：						
23	折旧费用——固定资产		(b)	100			
24	应收账款的增加				1 750	(c)	
25	应付账款的增加				1 500	(d)	
26	经营活动产生的现金净流量						
27	投资活动产生的现金流量：						
28	购置固定资产支出的现金				1 000	(e)	
29	投资活动产生的现金净流量						
30	筹资活动产生的现金流量：						
31	发行普通股		(f)	5 850			
32	支付股利				5 700	(g)	
33	筹资活动产生的现金净流量						
34	现金增加（减少）净额				4 000	(h)	
35	合计			$ 13 950	$ 13 950		
36							

☞快速测验答案

1. d　　2. d　　3. b　　4. a　　5. d　　6. c　　7. c　　8. c　　9. d　　10. a

第 **15** 章

财务报表分析

应该投资什么样的公司

这些天，克莱拉·萨勒诺非常想念自己的母亲西尔维亚。每当克莱拉在长时间的努力工作后来看望母亲时，母亲总是知道最该说的话是什么，母亲的巧克力饼干总能神奇地让她感觉好多了。自从六个月前母亲去世以来，克莱拉不得不自己做出很多决策。作为母亲的遗产执行人，她要帮助会计和律师最终确认财务细节和遗产文书。克莱拉知道一旦处置了这些遗产，她会获得一大笔现金。她深知如何利用这些现金这一点非常重要。

克莱拉约见其财务顾问时，谈了她计划偿还助学贷款和其他个人债务，然后再攒够退休后所需资金。她想利用偿债后剩余的现金投资股票。但克莱拉对此比较担心。她试图通过阅读报纸的商业板块，收听财务新闻来紧跟金融市场发展趋势。但她还是不知道该如何确定哪家公司最适合投资。克莱拉的财务顾问向其建议了许多可用于评价公司状况和盈利能力的工具，以及其他一些有助于确定一段时期内的发展趋势的工具。克莱拉知道，在财务顾问和这些工具的帮助下，她一定能够看懂公司财务报表并信心十足地投资，她的母亲会为其感到骄傲。

报表使用者可以使用哪些工具对企业进行分析？

本章学习报表使用者可以用来发现财务报表数字背后的信息并加以有效分析的工具。截至目前已经学习了如何编制财务报表；接下来则学习如何利用财务报表有效管理公司，进行决策，并对比不同公司。注册理财规划师就职于像瑞杰金融集团（Raymond James Financial, Inc.）这样的公司。瑞杰金融集团是一家提供全面经纪和投资服务的金融服务机构，总部设在佛罗里达。注册理财规划师通过分析财务报表对比公司在不同期间的业绩。该对比可以帮助投资人确定某公司的业绩是否在上升。此外，理财规划师还使用比率分析对比同一行业的不同企业。无论是投资人、职工，还是公司经理，知道如何准确评价公司业绩都有助于其做出明智的决策。

☞ 章节纲要

如何使用财务报表对企业进行分析？

如何使用水平分析？

如何使用垂直分析？

如何使用比率对企业进行分析？

如何编制完整的股份制公司利润表（见附录 15A）？

☞ **学习目标**

1. 解释如何使用财务报表对企业进行分析。

2. 对财务报表进行水平分析。

3. 对财务报表进行垂直分析。

4. 计算并评价标准财务比率。

5. 完成包括每股收益的股份制公司利润表（见附录 15A）。

15.1 如何根据财务报表对企业进行分析

本章利用已经学习的财务报表知识对 Smart Touch Learning 公司进行分析并确定企业的总体财务状况和盈利能力。

15.1.1 财务分析的目的

投资人和债权人不能仅靠一年的数据评价一家公司，因此大多数财务报表都至少跨越两个期间。实际上，大多数财务分析都涵盖 3 ~ 5 年的发展趋势。本章将学习如何使用这些分析工具绘制出公司在一段时间内的进展情况。这些工具用途广泛，小企业所有者可以用来衡量企业业绩，财务分析师可以用来分析股票投资，审计师可以用来全面了解公司财务状况，债权人可以用来确定债务风险，其他人也可以用来对比相关项目的数据。

准确掌握公司财务业绩，需要对业绩进行以下对比：

- 年度间对比
- 与竞争对手进行比较
- 与行业整体水平进行比较

这样能对如何判断公司当前状况以及预测公司未来发展有更好的理解。

15.1.2 分析工具

主要有三种分析财务报表的方法：

- 水平分析比较公司不同期间的业绩水平。
- 垂直分析对不同公司进行比较。
- 比率分析可以提供公司业绩信息，是对比同行业公司和预测公司发展趋势最有效的方法。

15.1.3 公司财务报告

在讨论分析财务报表的各种工具之前，先回顾一下公司财务报告。

1. 年报

公开上市公司在公共证券交易所（如纽约证券交易所或纳斯达克）挂牌上市。美国证券交易委员会要求这些公司提交年报和季报。**年报**（annual report），也叫 10-K 表，反映公司的财务状况。这些报表有助于投资人做出明智的投资决策。标准年报的第一项是公司概述包括所属行业、发展策略和公司品牌概述。年报中还讨论公司的竞争对手和业务风险。

2.管理层讨论和分析

年报的另一个部分是对财务状况和经营成果的**管理层讨论和分析**（management's discussion and analysis，MD & A）。这部分内容旨在帮助投资人了解公司的财务状况和经营成果。但是这部分由公司自己编写，反映的公司财务状况和经营成果很可能有失偏颇，认清这一点至关重要。年报的这一部分是想要解释公司财务状况并讨论公司业绩。

尽管这部分通常包括财务数据以外的内容，但投资人对这一部分非常关注。这些信息中可能包括公司下一年度计划支出多少现金用于购置固定资产，或者未来是否会发生影响收入和费用的重大变动。这些前瞻信息对想要估计公司未来收益的投资人而言十分有用。

3.独立会计师事务所报告

年报中还包括独立会计师事务所的报告（也叫审计报告）。审计报告验证财务报表的公允性以及是否符合一般公认会计原则。该报告由对财务报表进行审计的独立外部审计师编制。此外，外部审计师还负责评价公司内部控制的有效性。

大多数审计报告都是无保留意见，即该财务报表在所有重大方面均公允表达。如果财务报表中有违背一般公认会计原则的情况，则会发表保留意见。如果审计师发现财务报表没有做到公允表达，则会发表反对意见。

决策　　　　　　　　　　**应该出示无保留意见吗**

贝蒂·施奈特正在随 Drake Storage 公司进行独立审计。她一直在查看她的员工的工作完成情况，并对这家公司的财务状况有几点担忧。她的员工确认 Drake 为了粉饰净利润低报了主营业务成本。贝蒂和 Drake Storage 的审计委员会讨论了自己的担忧。审计委员会并不认同事务所的结论。贝蒂该怎么做？

解决方案

贝蒂的事务所应该发表保留意见或者反对意见。如果发表无保留意见声明该财务报表在所有重大方面均表达公允，则会误导投资人和债权人。作为独立审计师，贝蒂的首要责任是报告财务报表的公允性并向公众确保财务报表符合一般公认会计原则。如果公司没有做到这一点，她的事务所有责任发表保留意见或反对意见。

4.财务报表

年报包括四种在本书中已经学习过的基本财务报表：资产负债表（也叫财务状况表）、利润表（经营状况表）、股东权益表和现金流量表。公司需要在各类财务报表中反映多期财务信息。例如，绿山咖啡烘焙股份有限公司 2011 年的年报中列示了过去三个会计期间（2011 年、2010 年、2009 年）的财务数据。

5.财务报表附注

财务报表之后紧接的是财务报表附注，具体包括重大会计政策汇总和财务报表中的特殊项目的解释。这些附注是财务报表中重要的一部分，投资人通常会通过参考这些附注来理解财务报表中的信息。

练习题　将年报的各部分与对应的描述连线。	
1. 包括利润表、资产负债表、股东权益表和现金流量表	a. 财务报表附注
2. 证明财务报表做到了如实反映	b. 独立会计事务所报告
3. 包括重大会计政策政策和财务报表具体项目的解释	c. 管理层讨论和分析
4. 由公司编写，用于帮助投资人了解公司经营成果和财务状况	d. 财务报表

15.2　如何进行水平分析

许多决策都取决于数据（销售收入、费用和净利润）的增减。例如，与去年相比销售收入和其他收入上升了吗？上升了多少？

销售收入可能会增长，但单看这一点并无太大用处。销售收入的百分比变动为相对数据，则更为有用。例如，如果某公司的年销售收入为 100 000 美元，下一年度销售收入增加了 50 000 美元，则表明销售收入显著增加。而如果原来销售收入为 10 亿美元，现在增加了 50 000 美元的话，则不算显著增加。因此，百分比增长比金额增加更重要。

对比较财务报表的百分比变动的研究叫作**水平分析**（horizontal analysis）[⊖]。水平分析对相邻年度进行比较。计算比较财务报表的百分比变动需要两个步骤：

（1）计算上期到下期的变动额。

（2）用变动额除以上期金额，将上期叫作基准期。

以下是 Smart Touch Learning 公司的水平分析：

	2016 年	2015 年	增（减）	
			金额	百分比
销售净额	$858 000	$803 000	$55 000	6.8%

2016 年，Smart Touch Learning 公司的销售净收入上升了 6.8%，计算过程如下：

第 1 步：计算 2015 年到 2016 年的销售收入变动额：

$$变动额 = 上期金额 - 下期金额$$
$$= 858\,000 - 803\,000$$
$$= 55\,000（美元）$$

第 2 步：用变动额除以基准期金额，计算本期百分比变动：

$$水平分析百分比变动 = （变动额 \div 基准期金额）\times 100$$
$$= （55\,000 \div 803\,000）\times 100$$
$$= 6.8\%*$$

* 本章所有百分比四舍五入到十分位。

15.2.1　利润表的水平分析

表 15-1 是对 Smart Touch Learning 公司利润表的水平分析。该比较利润表显示，2016 年金额

⊖　水平分析，研究比较财务报表中的百分比变动。

显著增长。尽管毛利润仅增长了 17.3%，但 Smart Touch Learning 公司削减了费用，创造了 84.6% 的净利润增长率。

表 15-1　比较利润表——水平分析

利润表
截至 2015 年和 2016 年 12 月 31 日的两年

	2016 年	2015 年	增（减）金额	百分比
销售净收入	$858 000	$803 000	$ 55 000	6.8%
主营业务成本	513 000	509 000	4 000	0.8
毛利润	345 000	294 000	51 000	17.3
营业费用：				
销售费用	126 000	114 000	12 000	10.5
管理费用	118 000	123 000	(5 000)	(4.1)
营业费用总额	244 000	237 000	7 000	3.0
营业利润	101 000	57 000	44 000	77.2
其他收入（和费用）：				
利息收入	4 000	0	4 000	—
利息费用	(24 000)	(14 000)	10 000	71.4
其他收入（和费用）合计	(20 000)	(14 000)	6 000	42.9
税前利润	81 000	43 000	38 000	88.4
所得税	33 000	17 000	16 000	94.1
净利润	$ 48 000	$ 26 000	$ 22 000	84.6%

Smart Touch Learning 公司利润表中增长率最低的两项为主营业务成本和管理费用。主营业务成本仅增长了 0.8%，管理费用则增长了 4.1%。最后一行显示，净利润增长了 84.6%，进展实属惊人。

15.2.2　资产负债表的水平分析

表 15-2 是对 Smart Touch Learning 公司资产负债表的水平分析。分析表明资产总额增长了 22.2%。注意，本年现金和预付费用都有所减少，但被其他资产的大幅增长抵消了。

Smart Touch Learning 公司的负债也有所增长。负债总额增长了 33.0%，同时应计负债金额减少，加括号标明。这是 Smart Touch Learning 公司的另一项上升指标。

表 15-2　比较资产负债表——水平分析

资产负债表
2015 年和 2016 年 12 月 31 日

	2016 年	2015 年	增（减）金额	百分比
资产				
流动资产：				
现金和现金等价物	$29 000	$32 000	$(3 000)	(9.4)%
应收账款净额	114 000	85 000	29 000	34.1
商品存货	113 000	111 000	2 000	1.8
预付费用	6 000	8 000	(2 000)	(25.0)
流动资产总额	262 000	236 000	26 000	11.0

（续）

			增（减）	
资产负债表 2015 年和 2016 年 12 月 31 日				
	2016 年	2015 年	金额	百分比
非流动资产：				
长期投资	18 000	9 000	9 000	100.0
固定资产净额	507 000	399 000	108 000	27.1
资产总额	$787 000	$644 000	$143 000	22.2%
负债				
流动负债：				
应付账款	$73 000	$68 000	$5 000	7.4
应计负债	27 000	31 000	(4 000)	(12.9)
应付票据	42 000	27 000	15 000	55.6
流动负债总额	142 000	126 000	16 000	12.7
非流动负债	289 000	198 000	91 000	46.0
负债总额	431 000	324 000	107 000	33.0%
股东权益				
普通股	186 000	186 000	0	0.0%
留存收益	170 000	134 000	36 000	26.9%
股东权益总额	356 000	320 000	36 000	11.3%
负债和股东权益总额	$787 000	$644 000	$143 000	22.2%

15.2.3　趋势分析

趋势分析（trend analysis）是水平分析的一种。趋势百分比表明企业的发展方向。例如，五年内销售收入的变动趋势、净利润的变动趋势。这些都可以通过趋势分析（3 ～ 5 年内）得出。

计算趋势分析百分比时要选择基准期（如第一年）。基准期的趋势百分比设为 100%。后续每年以基期金额的百分比表示。计算趋势百分比时，用后续每年的金额除以基期金额。

$$趋势百分比 =（各期金额 ÷ 基期金额）×100$$

假设 Smart Touch Learning 公司 2012 年的销售净收入为 750 000 美元，截至 2016 年上涨到了 858 000 美元。接下来分析 2012 ～ 2016 年销售收入的变动趋势。基准年为 2012 年，所以 2012 年的趋势百分比为 100%。

	2016 年	2015 年	2014 年	2013 年	2012 年
销售净额（美元）	858 000	803 000	780 000	748 000	750 000
趋势百分比（%）	114	107	104	99.7	100

要计算 2012 ～ 2016 年这五年的变动百分比，可用每年的销售净收入除以 2012 年的销售净收入。例如，2013 年的销售净收入如下计算：

$$趋势百分比 =（各期金额 ÷ 基期金额）×100$$
$$=（748 000 ÷ 750 000）×100$$
$$= 99.7\%$$

注意，2013 年销售净收入稍微有所下降，2014 ～ 2016 年该趋势百分比持续增长。可以对所重视的任何一项或多个项目进行趋势分析，该方法被广泛运用于预测公司未来状况。

提问

　水平分析和趋势分析的区别是什么？

趋势分析和水平分析非常相似，只是反映的内容不同。水平分析提供同一公司相邻年度的百分比变动。趋势分析则通过反映相较于基期的百分比变动来确定变动趋势（如销售净收入）是正向还是负向。

练习题 弗里德曼公司在其比较利润表中反映了以下内容：

单位：100 万美元

	2016 年	2015 年
收入	$10 000	$8 000
主营业务成本	4 500	3 000

对收入、主营业务成本和毛利润进行水平分析，以美元为单位，结果为百分比。

15.3 如何进行垂直分析

如上所述，水平分析和趋势分析强调不同年度或一段时期的变动情况，但是仅这一种分析并不能全面概括公司状况，因此还需要进行垂直分析。

财务报表的**垂直分析**（vertical analysis）反映了各项金额与基准金额的关系，基准金额的百分比为 100%。报表的每一项内容都以基准金额的百分比表示。利润表的基准金额为销售净收入，资产负债表的基准金额为资产总额。

$$垂直分析百分比 =（各项金额 \div 基准金额）\times 100$$

表 15-3 是对 Smart Touch Learning 公司 2016 年和 2015 年的比较利润表的垂直分析。

表 15-3 比较利润表——垂直分析

利润表
截至 2015 年和 2016 年 12 月 31 日的两年

	2016 年	百分比	2015 年	百分比
销售净收入	$858 000	100.0%	$803 000	100.0%
主营业务成本	513 000	59.8	509 000	63.4
毛利润	345 000	40.2	294 000	36.6
营业费用：				
销售费用	126 000	14.7	114 000	14.2
管理费用	118 000	13.8	123 000	15.3
营业费用总额	244 000	28.7	237 000	29.5
营业利润	101 000	11.8	57 000	7.1
其他收入（和费用）：				
利息收入	4 000	0.5	0	0.0
利息费用	(24 000)	(2.8)	(14 000)	(1.7)
其他收入（和费用）合计	(20 000)	(2.3)	(14 000)	(1.7)
税前利润	81 000	9.4	43 000	5.4
所得税	33 000	3.8	17 000	2.1
净利润	$48 000	5.6%	$26 000	3.2%

2016 年和 2015 年，Smart Touch Learning 公司主营业务成本的垂直分析百分比分别为销售

净收入的 59.8%（=（513 000÷858 000）×100%）和 63.4%（=（509 000÷803 000）×100%）。这意味着 2016 年和 2015 年的每 1 美元销售净收入中分别有约 0.60 美元和 0.63 美元为主营业务成本。

最后一行显示，2016 年和 2015 年，Smart Touch Learning 公司的净利润分别为销售净收入的 5.6% 和 3.2%。2016 年有所上升，趋势良好。假设正常情况下，公司的净利润为一般收入的 10%。若该百分比下降到 4%，则会引起投资人的警惕并抛售股票。

表 15-4 是对 Smart Touch Learning 公司资产负债表的垂直分析。基准金额为资产总额，同时也为负债和所有者权益总额，因为两者相等（回顾会计等式）；2016 年的资产总额为 787 000 美元。

表 15-4　比较资产负债表——垂直分析

	2016 年	百分比	2015 年	百分比
资产负债表 2015 年和 2016 年 12 月 31 日				
资产				
流动资产：				
现金和现金等价物	$29 000	3.7%	$32 000	5.0%
应收账款净额	114 000	14.5	85 000	13.2
商品存货	113 000	14.4	111 000	17.2
预付费用	6 000	0.8	8 000	1.2
流动资产总额	262 000	33.3	236 000	36.6
非流动资产：				
长期投资	18 000	2.3	9 000	1.4
固定资产净额	507 000	64.4	399 000	62.0
资产总额	$787 000	100.0%	$644 000	100.0%
负债				
流动负债：				
应付账款	$73 000	9.3%	68 000	10.6%
应付负债	27 000	3.4	31 000	4.8
应付票据	42 000	5.3	27 000	4.2
流动负债总额	142 000	18.0	126 000	19.6
非流动负债	289 000	36.7	198 000	30.7
负债总额	431 000	54.8	324 000	50.3
股东权益				
普通股	186 000	23.6	186 000	28.9
留存收益	170 000	21.6	134 000	20.8
股东权益总额	356 000	45.2	320 000	49.7
负债和股东权益总额	$787 000	100.0%	$644 000	100.0%

对 Smart Touch Learning 资产负债表的垂直分析揭示了以下内容：

- 2016 年，流动资产占资产总额的 33.3%，2015 年为 36.6%。一般情况下，流动比率占资产总额的 30%。
- 2016 年，负债占资产总额的 54.8%，2015 年为 50.3%。

- 2016 年，股东权益占资产总额的 45.2%，2015 年为 49.7%。两年的负债和股东权益都约各占总资产的一半。

15.3.1 共同百分比报表

水平分析和垂直分析提供了许多有用的公司信息。Smart Touch Learning 公司的百分比反映出公司经营良好，但这些数据仅适用于一家公司。

要将 Smart Touch Learning 公司与其他公司进行比较，则可以使用共同百分比报表。**共同百分比报表**（common-size statement）只反映百分比——与垂直分析中的百分比相同。只反映百分比可以去除美元价值偏见。**美元价值偏见**（dollar value bias）是指不使用相对数，而使用绝对数进行比较时产生的偏见。对我们而言，100 万美元是一笔大数目，而对一些大公司而言，则不算多少。

我们可以编制 Smart Touch Learning 公司每年的共同百分比报表，但首先要编制的是 Smart Touch Learning 公司和 Learning School 公司（另一家虚拟公司）的共同百分比报表。这两家公司是同业竞争对手。哪家公司为股东创造的利润占收入的比例更高？表 15-5 是两家公司 2016 年的共同百分比报表，对比两家公司的相对数，而不是绝对数。

表 15-5 共同比利润表：Smart Touch Learning 公司和 Learning School 公司

共同比利润表 截至 2016 年 12 月 31 日的两年		
	Smart Touch Learning 公司	Learning School 公司
销售净收入	100.0%	100.0%
主营业务成本	59.8	36.3
毛利润	40.2	63.7
营业费用：		
销售费用	14.7	21.8
管理费用	13.8	7.3
营业费用总额	28.4	29.1
营业利润	11.8	34.6
其他收入（和费用）：		
利息收入	0.5	11.5
利息费用	(2.8)	(10.3)
其他收入（和费用）合计	(2.3)	(1.2)
税前利润	9.4	35.8
所得税	3.8	12.3
净利润	5.6%	23.5%

表 15-5 显示 2016 年 Learning School 公司的盈利能力比 Smart Touch Learning 公司要强。Learning School 公司的毛利率为 63.7%，Smart Touch Learning 公司为 40.2%。这说明与 Smart Touch Learning 公司相比，Learning School 公司的每 1 美元的收入中包含的利润更多。最重要的是，Learning School 公司的净利润占收入的 23.5%。这意味着 Learning School 公司的收入中约 1/4 是为公司股东创造的利润，而 Smart Touch Learning 公司的净利润只占收入的 5.6%，远远低于 Learning School 公司。这是因为 Smart Touch Learning 公司的主营业务成本占销售净收入的比例较高，其主营业务成本占销售净收入的 59.8%，而 Learning School 公司的主营业务成本只占销售净收入的 36.3%。

15.3.2 标杆分析法

标杆分析法（benchmarking）是指与领头企业进行比较。通过图示共同百分比反映差异。分析财务报表时主要有两种标杆：主要竞争对手和行业均值。

1. 以主要竞争对手为标杆

表 15-5 以 Learning School 公司为 Smart Touch Learning 公司的主要竞争对手，对两家公司的盈利能力进行了比较。这两家公司为同业竞争对手，所以 Learning School 公司是 Smart Touch Learning 公司的理想标杆。图 15-1 突出显示了两家公司的盈利能力差异，主要关注净利润部分。Learning School 公司的盈利能力显然要高于 Smart Touch Learning 公司。

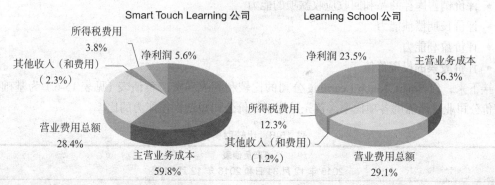

图 15-1　共同比利润表的图形分析：Smart Touch Learning 公司和 Learning School 公司

2. 行业均值为标杆

行业均值也可以作为评价公司业绩的标杆。行业比较同时反映 Smart Touch Learning 公司的业绩水平和在线学习行业的平均业绩水平。风险管理协会出版的年报研究中提供了大部分行业的共同百分比报表。想要比较 Smart Touch Learning 公司和其行业的平均水平，只需要将行业平均共同百分比报表插入到表 15-5 中 Learning School 公司一栏。

> **小贴士**　正如上课获取学分一样，如何知道多快能完成学习任务呢？如果知道平均每学期有 12 学分，那么 12 学分就是一个标杆。对比所上课程的学时与平均学时和标杆分析法是一个道理。如果每学期完成 15 个学分，则可以并进学时提前修够学分。如果为了兼职春季只完成了 3 个学分，那就要比平均学时更晚结束。

> **练习题**　门罗公司 2014 年 12 月 31 日和 2015 年 12 月 31 日的资产负债表中反映了以下金额：
>
> | | 2015 年 | 2014 年 |
> | --- | --- | --- |
> | 现金和应收账款 | $35 000 | $40 000 |
> | 商品存货 | 20 000 | 15 000 |
> | 固定资产，净额 | 80 000 | 60 000 |
> | 资产总额 | 135 000 | 115 000 |
>
> 对公司 2014 年和 2015 年进行垂直分析。

15.4 如何进行比率分析

在线金融数据库（如 LexisNexis 和道琼斯）提供了上千家公司的相关数据。想要对比一些公司的最新收益情况，可以对比这些公司的股东权益报酬率。可以通过电脑在这些数据库中搜索出股权报酬率最高的 20 家公司。同样可以搜索决策所需的任何比率信息。

但单一比率并不能全面反映公司的业绩状况。不同比率反映不同方面的内容。本章要讨论的比率按用途分为以下几类：

- 评价短期偿债能力
- 评价销售库存商品和回收应收款项的能力
- 评价长期偿债能力
- 评价盈利能力
- 评价股票的投资价值

接下来，以 Smart Touch Learning 公司的比较利润表和资产负债表（见表 15-6）为基础，讨论评价公司业绩所需的各项比率。首先是用于评价公司短期偿债能力的比率。

表 15-6　比较财务报表

资产负债表		
2015 年 12 月 31 日和 2016 年 12 月 31 日		
	2016 年	2015 年
资产		
流动资产：		
现金和现金等价物	$ 29 000	$ 32 000
应收账款净额	114 000	85 000
商品存货	113 000	111 000
预付费用	6 000	8 000
流动资产总额	262 000	236 000
非流动资产：		
长期投资	18 000	9 000
固定资产净额	507 000	399 000
资产总额	$ 787 000	$ 644 000
负债		
流动负债：		
应付账款	$ 73 000	$ 68 000
应计负债	27 000	31 000
应付票据	42 000	27 000
流动负债总额	142 000	126 000
非流动负债	289 000	198 000
负债总额	431 000	324 000
股东权益		
普通股	186 000	186 000
留存收益	170 000	134 000
股东权益总额	356 000	320 000
负债和股东权益总额	$ 787 000	$ 644 000

	利润表 截至 2014 年 12 月 31 日和 2016 年 12 月 31 日的两年	
	2016 年	2015 年
销售净收入	$ 858 000	$ 803 000
主营业务成本	513 000	509 000
毛利润	345 000	294 000
营业费用：		
销售费用	126 000	114 000
管理费用	118 000	123 000
营业费用总额	244 000	237 000
营业利润	101 000	57 000
其他收入（和费用）：		
利息收入	4 000	0
利息费用	(24 000)	(14 000)
其他收入（和费用）合计	(20 000)	(14 000)
税前利润	81 000	43 000
所得税	33 000	17 000
净利润	$ 48 000	$ 26 000

15.4.1 短期偿债能力

评价企业的短期偿债能力最好先确定其营运资本。**营运资本**（working capital）衡量企业使用流动资产偿还短期债务的能力。计算公式如下：

$$营运资本 = 流动资产 - 流动负债$$

Smart Touch Learning 公司 2016 年和 2015 年 12 月 31 日的营运资本分别为：

$$营运资本 = 流动资产 - 流动负债$$

2016 年：262 000 - 142 000 = 120 000 美元

2015 年：236 000 - 126 000 = 110 000 美元

基于营运资本的三个决策工具分别为流动比率、现金比率和酸性测试比率。

1. 流动比率

其中运用最为广泛的是**流动比率**（current ratio），等于流动资产总额除以流动负债总额。流动比率衡量企业使用流动资产偿还流动负债的能力。

Smart Touch Learning 公司 2016 年和 2015 年 12 月 31 日的流动比率以及行业平均流动比率分别为：

$$流动比率 = \frac{流动资产总额}{流动负债总额}$$

$$2016 年：\frac{262\,000}{142\,000} = 1.85$$

$$2015 年：\frac{236\,000}{126\,000} = 1.87$$

$$行业平均值 = 0.60$$

流动比率高意味着公司有充足的流动资产可用于维持日常经营。对比 Smart Touch Learning 公司 2016 年的流动比率 1.85 和行业平均流动比率 0.60。

哪个更优？答案因行业而异。据风险管理协会报告，大部分行业的流动比率标准为 1.50 左右。Smart Touch Learning 公司 1.85 的流动比率非常不错。但记住流动比率不能过高，即不要超过 2.5。一旦过高，则表明公司流动资产过多，即没有有效利用流动资产。例如，为了不占有现有资源，公司可能需要削减商品存货。

道德伦理　　　　　　　　应该对负债重分类吗

维克托·布兰农是 Moose 公司的资深会计，正在计算最新的财务比率。他深知，由于贷款合同中要求公司流动比率不得低于 1.5，所以公司领导密切关注公司财务比率。维克托知道上一季度的流动比率很可能低于 1.5。老板建议维克托将为期 11 个月的应付票据划分到长期负债。维克托应该怎么做？你会怎么做？

解决方案

一年或一个营业周期内（两者中较长者）到期的资产和负债属于流动项目。流动项目和非流动项目的划分十分明确。维克托不应该将该应付票据划分为长期负债，而应该将其划分为流动负债，尽管这样会违背领导的要求。

---

2. 现金比率

现金是企业非常重要的一部分。没有充足的现金，企业将无法持续经营。因此，企业密切监管自身现金。**现金比率**（cash ratio）可以衡量企业的流动性。现金比率还可以帮助衡量企业的短期偿债能力，等于现金与现金等价物的和除以流动负债总额。

现金比率中同时包括现金和现金等价物。现金等价物为高流动性的短期投资，可以在三个月内转化成现金，具体如持有的货币市场账户或美国政府债券。

Smart Touch Learning 公司 2016 年和 2015 年 12 月 31 日的现金比率以及行业平均现金比率分别为：

$$现金比率 = \frac{现金 + 现金等价物}{流动负债总额}$$

$$2016 年：\frac{29\,000}{142\,000} = 0.20$$

$$2015 年：\frac{32\,000}{126\,000} = 0.25$$

$$行业平均值 = 0.40$$

由于现金和现金等价物以及流动负债总额均有所下降，所以从 2015 年到 2016 年，企业现金比率稍微下降。该比率是对流动性最为保守的一种估计，因为只考虑现金和现金等价物，没有考虑其他流动资产（如商品存货和应收账款）。两年的现金比率均低于 1.0，而这是一个好现象。现金比率高于 1.0 时，则可能预示企业现金供大于求。过多的现金可用于创造更多的利润，或者向股东发放股利。而相对较低的现金比率则不会让股东和债权人意识到企业无力偿还短期债务。

3. 酸性测试（速动）比率

酸性测试比率（acid-test ratio）（也叫速动比率）衡量企业是否能够偿还很快即将到期的流动负债，即企业能否通过酸性测试。酸性测试比率比流动比率更为严格，但没有现金比率严格。

计算酸性测试比率时先计算现金和现金等价物（短期投资）和短期应收账款之和，再用合计金额除以流动负债金额。商品存货和预付费用的流动性较差，所以不包括在酸性测试内。

Smart Touch Learning 公司 2016 年和 2015 年的酸性测试比率以及行业平均酸性测试比率分别为：

$$酸性测试比率 = \frac{现金 + 短期投资 + 短期应收账款}{流动负债总额}$$

$$2016 年：\frac{29\,000 + 0 + 114\,000}{142\,000} = 1.01$$

$$2015 年：\frac{32\,000 + 0 + 85\,000}{126\,000} = 0.93$$

$$行业平均值 = 0.46$$

企业 2016 年的酸性测试比率明显优于行业平均水平。据风险管理协会报告，酸性测试比率标准从零售鞋业的 0.20 到设备制造业的 1.00 不等。大部分行业的最优酸性测试比率为 0.90 ~ 1.00。

15.4.2 销货能力和收款能力

1. 存货周转率

存货周转率（inventory turnover）衡量一年内企业存货周转的次数。存货周转率越高，表明企业销售能力越强，存货周转率过低则表明销售存在一定问题。存货周转率为 4 时，表明企业本年存货周转了 4 次，每三个月一次。如果企业生产经营活动具有很强的季节性，这样的周转率就很好，即企业平均每季度周转一次存货。

存货周转率等于主营业务成本除以本期存货平均余额。因为主营业务成本和存货都是以成本计量，所以使用主营业务成本，而不使用销售净收入。零售收入与存货不具有可比性。

Smart Touch Learning 公司 2016 年的存货周转率为：

$$存货周转率 = \frac{主营业务成本}{存货平均余额}$$

$$2016 年：\frac{513\,000}{[(111\,000 + 113\,000) \div 2]} = 4.58$$

$$行业平均值 = 27.70$$

主营业务成本取自利润表（见表 15-6）。存货平均余额等于期初存货余额加期末存货余额再除以 2（见表 15-6 资产负债表）。

不同性质企业的存货周转率也不同。例如，大部分农机制造企业的存货周转率接近 3，而天然气公司持有天然气时间较短，平均存货周转率为 30。Smart Touch Learning 公司的存货周转率为 4.58，即平均存货余额可满足 80 天（365 ÷ 4.58）的销量。这在该行业实属较低，该行业的平均存货周转率为 27.70。该比率表明 Smart Touch Learning 公司的经营有待改善。

2. 存货周转天数

存货周转天数（days' sales in inventory）也是一个重要指标，衡量企业持有存货的平均时间。Smart Touch Learning 公司 2016 年的存货周转天数为：

$$存货周转率 = \frac{365\ 天}{存货周转额}$$

$$2016\ 年：\frac{365天}{4.58} = 79.7\ 天$$

$$行业平均值 = 13\ 天$$

企业不同，存货周转天数的差别很大。Smart Touch Learning 公司的存货周转天数为 79.7 天，与 13 天的行业平均水平相比则过高。该比率表明 Smart Touch Learning 公司的经营有待改善。Smart Touch Learning 公司应该集中减少存货平均余额，这样就可以提高存货周转率，同时减少存货周转天数。此外，还可以减少存货的储藏成本和保险费用以及存货过期的风险。

3. 毛利率

毛利润（也叫边际贡献）是销售净收入减去主营业务成本的余额。商业企业想方设法要提高**毛利率**（gross profit percentage）。该比率衡量企业每 1 美元销售净收入中包含的利润，等于毛利润除以销售净收入。

毛利率是最受关注的盈利能力指标之一，反映企业使用库存商品盈利的能力。商品存货的毛利润必须足以涵盖营业费用，这样才能获得净利润。毛利率的小幅上升可能预示着利润的大幅增加。相反，毛利率的小幅下降则可能预示着存在严重问题。

Smart Touch Learning 公司 2016 年的毛利率为：

$$毛利率 = \frac{毛利润}{销售净收入}$$

$$2016\ 年：\frac{345\ 000}{858\ 000} = 0.402 = 40.2\%$$

$$行业平均值 = 43\%$$

不同企业毛利率的差别很大。Smart Touch Learning 公司的毛利率为 40.2%，略低于行业平均水平 43%。这表明 Smart Touch Learning 公司的经营有待改善。想提高毛利率，Smart Touch Learning 公司需要降低存货成本或提高收入（售价）。此外，解决公司的存货周转率问题可能有助于提高净利率。

4. 应收账款周转率

应收账款周转率（accounts receivable turnover ratio）衡量企业应收账款在一年内的周转次数。该比率越高，说明企业回收应收账款的速度越快。但应收账款周转率过高则表明企业信用政策过严，会导致客户流失。应收账款周转率等于赊销收入净额（假设表 15-6 中 Smart Touch Learning 公司的销售收入均为赊销收入）除以应收账款平均余额。

Smart Touch Learning 公司 2016 年的应收账款周转率为：

$$应收账款周转率 = \frac{赊销收入净额}{应收账款平均余额}$$

$$2016 \ 年：\frac{858\ 000}{\left[(85\ 000+114\ 000)\div 2\right]}=8.6$$

$$行业平均值 = 29.1$$

赊销收入净额取自利润表（见表 15-6）。应收账款平均余额等于期初应收账款加期末应收账款再除以 2（见表 15-6 资产负债表）

Smart Touch Learning 公司的应收账款周转率为 8.6，远远低于行业平均水平。这是什么原因？Smart Touch Learning 公司是一家新公司，销售对象一般为付款较晚的特定人群；而且与应收账款周转率一样，Smart Touch Learning 公司的存货周转率也较低。所以 Smart Touch Learning 公司可以通过提高存货周转率来提高应收账款周转率。

5. 应收账款周转天数

应收账款周转天数（days' sales in receivable），也叫收账期，表明收回应收账款的平均天数，等于 365 天除以应收账款周转率。应收账款平均收账期应该近似等于顾客的付款期限。收账期越短，企业就可以越快使用现金。收账期越长，可用于经营活动的现金就越少。

Smart Touch Learning 公司 2016 年的应收账款周转天数等于 365 天除以前面计算的应收账款周转率：

$$应收账款周转天数 = \frac{365\ 天}{应收账款周转率}$$

$$2016 \ 年：\frac{365 天}{8.6}=42.4 \ 天$$

$$行业平均值 = 25 \ 天$$

Smart Touch Learning 公司的应收账款周转天数为 42.4 天，说明 Smart Touch Learning 公司从赊销产品到收回应收款项的平均天数为 42.4 天，这远远高于行业平均水平 25 天。Smart Touch Learning 公司的信用政策相比较而言可能比较宽松，比如 45 天的付款期限相比于 30 天则较为宽松。Smart Touch Learning 公司的信用部门可能需要检查顾客信用的评价标准。如顾客不能及时付款的话，企业的现金流会出现问题。

15.4.3 长期偿债能力

截至目前，所讨论的比率深入分析了流动资产和流动负债，分别有助于衡量销货能力、收账能力和短期偿债能力。大部分企业都有长期负债。衡量企业长期偿债能力的三个重要指标为资产负债率、产权比率和利息保障倍数。

1. 资产负债率

负债总额和资产总额之间的关系——**资产负债率**（debt ratio），反映了债务资产所占的比例，等于负债总额除以资产总额。资产负债率为 1 时，所有资产都是债务资产；资产负债率为 50% 时，一半资产为债务资产，另一半资产为企业所有者入资。资产负债率越高，企业的财务风险就越高。该比率可用于评价企业的偿债能力。

Smart Touch Learning 公司 2016 年年末和 2015 年年末的资产负债率分别为：

$$资产负债率 = \frac{负债总额}{资产总额}$$

$$2016 \text{年：} \frac{431\,000}{787\,000} = 0.548 = 54.8\%$$

$$2015 \text{年：} \frac{324\,000}{644\,000} = 0.503 = 50.3\%$$

$$\text{行业平均值} = 69\%$$

资产总额和负债总额均取自资产负债表，如表 15-6 所示。Smart Touch Learning 公司 2016 年的资产负债率为 54.8%，并不算高。据风险管理协会报告，大部分企业的平均资产负债率在 57% ～ 67%，企业间差别不大。与行业平均水平 69% 相比，Smart Touch Learning 公司的资产负债率表明公司财务风险相当低。

2. 产权比率

负债总额和股权总额的关系——**产权比率**（debt to equity ratio）——反映了负债总额和股权总额的比例关系。所以，该比率衡量财务杠杆。产权比率大于 1，则表明企业的债务资产大于权益资产；产权比率小于 1 时，则表明权益资产大于债务资产。产权比率越高，企业的财务风险则越高。

Smart Touch Learning 公司 2016 年年末和 2015 年年末的产权比率分别为：

$$\text{产权比率} = \frac{\text{负债总额}}{\text{股权总额}}$$

$$2016 \text{年：} \frac{431\,000}{356\,000} = 1.21$$

$$2015 \text{年：} \frac{324\,000}{320\,000} = 1.01$$

$$\text{行业平均值} = 2.23$$

Smart Touch Learning 公司 2016 年的产权比率为 1.21，并不算高。相比于 2.23 的行业平均水平，表明 Smart Touch Learning 公司的财务风险相当低。

3. 利息保障倍数

资产负债率和产权比率并未反映支付利息的能力。分析师和投资人使用**利息保障倍数**（times-interest-earned ratio）评价企业支付利息的能力。该比率衡量息税前利润占利息费用的倍数，也叫利息保障比率。利息保障倍数越高，表明企业支付利息的能力越强；利息保障倍数较低时则表明企业难以支付利息。利息保障倍数等于息税前利润除以利息费用。

Smart Touch Learning 公司的利息保障倍数为：

$$\text{利息保障倍数} = \frac{\text{净利润} + \text{所得税} + \text{利息费用}}{\text{利息费用}}$$

$$2016 \text{年：} \frac{48\,000 + 33\,000 + 24\,000}{24\,000} = 4.38$$

$$2015 \text{年：} \frac{26\,000 + 17\,000 + 14\,000}{14\,000} = 4.07$$

$$\text{行业平均值} = 7.80$$

Smart Touch Learning 公司 2016 年和 2015 年的利息保障倍数分别为 4.38 和 4.07，远低于行

业平均水平 7.80，但稍微高于全美企业平均水平。据风险管理协会报告，美国企业的利息保障倍数标准已经降至 2.0 ～ 3.0。根据 Smart Touch Learning 公司的资产负债率和利息保障倍数来看，公司的偿债能力没有问题。

15.4.4　盈利能力

企业的根本目标是获利。商业新闻中经常报道盈利能力指标，下面是五大盈利能力指标。

1. 销售净利率

销售净利率（profit margin ratio）反映单位销售净收入中净利润所占的比例，即每 1 美元的销售净收入能带来多少净利润。该比率衡量企业的盈利能力，等于净利润除以销售净收入。

Smart Touch Learning 公司的销售净利率为：

$$销售净利率 = \frac{净利润}{销售净收入}$$

$$2016\ 年：\frac{48\ 000}{858\ 000} = 0.056 = 5.6\%$$

$$2015\ 年：\frac{26\ 000}{803\ 000} = 0.032 = 3.2\%$$

$$行业平均值 = 1.7\%$$

净利润和销售净利率均来自表 15-6 中的利润表。企业想方设法要获取较高的销售净利率。销售净利率越高，销售收入带来的利润就越多。2015 ～ 2016 年，Smart Touch Learning 公司的销售净利率显著上升，表明公司比同业竞争者的平均水平（1.7%）更为成功。

2. 资产报酬率

资产报酬率（rate of return on assets）衡量企业利用资产获取利润的能力。企业有两种筹资途径：

- 债务——企业可以以向债权人借款的方式购买资产。债权人同时获取债务利息。
- 股权——企业还可以从股东那里获取现金或其他资产。股东投资于企业并希望能获取投资报酬。

资产报酬率等于净利润加利息费用再除以资产平均总额。净利润加上利息费用为实际资产报酬总额，与企业筹资方式无关。

Smart Touch Learning 公司的资产报酬率为：

$$资产报酬率 = \frac{净利润 + 利息费用}{资产平均总额}$$

$$2016\ 年：\frac{48\ 000 + 24\ 000}{\left[(644\ 000 + 787\ 000) \div 2\right]} = 0.101 = 10.1\%$$

$$行业平均值 = 6.0\%$$

净利润和利息费用均来自利润表（见表 15-6）。资产平均总额等于期初资产总额加期末资产总额再除以 2（见表 15-6 中资产负债表）。Smart Touch Learning 公司的资产报酬率为 10.1%，优于 6.0% 的行业平均水平。

3. 资产周转率

资产周转率（assets turnover ratio）衡量单位资产创造的销售净收入，反映企业利用资产创造销售收入的能力。资产周转率等于销售净收入除以资产平均总额。

Smart Touch Learning 公司 2016 年的资产周转率为：

$$资产周转率 = \frac{销售净收入}{资产平均总额}$$

$$2016 年：\frac{858\,000}{[(644\,000+787\,000) \div 2]} = 1.20（次）$$

$$行业平均值 = 3.53（次）$$

Smart Touch Learning 公司的资产周转率为 1.20，远低于 3.53 的行业平均水平。这说明 Smart Touch Learning 公司利用单位资产创造的销售净收入相对较低。回想一下，Smart Touch Learning 公司的毛利率也低于行业平均水平。通常，毛利率高的企业资产周转率会比较低，毛利率低的企业资产周转率则会比较高。这说明 Smart Touch Learning 公司的经营管理有待改善，必须考虑通过增加销售收入或者减少资产平均总额来提高资产周转率。

4. 普通股股权报酬率

普通股股权报酬率（rate of return on common stockholders' equity）是常见的盈利能力指标，简称为股权报酬率。该比率反映普通股股东可获得的净利润与他们平均投入的普通股之间的关系。普通股股权报酬率反映普通股股东投入每 1 美元可以带来多少收益。

计算该比率时先从净利润中减去优先股股利，得出普通股股东可获得的净利润（Smart Touch Learning 公司没有发行优先股，所以优先股股利为零）。然后用普通股股东可获得的净利润除以本年普通股股权平均余额。普通股股权平均余额等于期初普通股股权余额和期末股东股权余额的平均值。

Smart Touch Learning 公司 2016 年的普通股股权报酬率为：

$$普通股股权报酬率 = \frac{净利润 - 优先股股利}{普通股股权平均余额}$$

$$2016 年：\frac{48\,000 - 0}{[(320\,000 + 356\,000) \div 2]} = 0.142 = 14.2\%$$

$$行业平均值 = 10.5\%$$

Smart Touch Learning 公司的普通股股权报酬率为 14.2%，高于其资产报酬率 10.1%。这是因为投资收益率（比如 14.2%）高于借款利率（比如 8%）。这叫作**举债经营**（trading on the equity）或者杠杆经营，与资产负债率直接相关。资产负债率越高，杠杆越高。举债经营的企业被称为杠杆经营。

形势好的时候，杠杆效应可以提高盈利能力，但杠杆效应也可能对盈利能力产生负面影响。所以，杠杆效应是一把双刃剑，形势好的时候增加利润，形势差的时候则降低利润。将 Smart Touch Learning 公司的普通股股权报酬率与行业平均水平相比，再一次表明 Smart Touch Learning 公司的业绩好于行业平均水平。大部分行业的普通股股东权益报酬率为 15% ~ 20%，而 Smart Touch Learning 公司的普通股股权报酬率为 14.2%，表明 Smart Touch Learning 公司业绩良好。

5. 每股收益

每股收益（earnings per share，EPS）大概是使用最为广泛的财务统计指标。每股收益是唯一必须在利润表中反映的财务指标。该指标反映发行在外普通股的每股净利润（亏损），等于净利润减去优先股股利再除以发行在外普通股加权平均数。因为优先股股东享有优先分配股利的权利，所以将优先股股利从净利润中扣除。发行在外普通股加权平均数的计算过程为高级财务会计课程内容。简化起见，我们根据发行在外股票平均余额计算每股收益，发行在外股票平均余额等于期初余额加期末余额再除以 2。

财务会计准则委员会要求在利润表中反映每股收益。股份制公司分别按主营业务利润、营业利润、净利润和扣除非经常性损益后的净利润等分别计算每股收益。

Smart Touch Learning 公司 2016 年和 2015 年的每股收益如下所示（Smart Touch Learning 公司两年的发行在外普通股均为 10 000 股）。

$$每股收益 = \frac{净利润 - 优先股股利}{发行在外普通股加权平均数}$$

$$2016 \text{ 年：} \frac{48\ 000 - 0}{10\ 000} = 4.80 \text{（美元/股）}$$

$$2015 \text{ 年：} \frac{26\ 000 - 0}{10\ 000} = 2.60 \text{（美元/股）}$$

$$行业平均值 = 9.76 \text{（美元/股）}$$

2016 年，Smart Touch Learning 公司的每股收益显著上升（上升了约 85%）。股东要清楚这样的骤增不可能每年发生。大部分企业期望的每股收益年增长率为 10% ～ 15%，领导企业也是这样。但再成功的企业也会有偶尔的不景气。行业平均每股收益是 Smart Touch Learning 公司的两倍还多。因此，Smart Touch Learning 公司应该致力于通过增加净利润使得每股收益持续增长，进而在本行业中更具有竞争力。

15.4.5 股票的投资价值

投资人购买股票是为了获得投资报酬。该报酬包括两个部分：高（低）于购买价格出售股票获得的收益（损失）；股利。这部分将讨论可用于评价股票投资的财务比率。

1. 市盈率

市盈率（price/earnings ratio）是普通股每股市价和每股收益的比值，反映了每 1 美元收益的市场价格，该比率缩写为 P/E，《华尔街日报》股票行情表中包括了该比率，用以衡量企业收益的市场价值。

下面是 Smart Touch Learning 公司的市盈率的计算过程。可以从财务公告、股票经纪人或公司网站获取公司普通股的市场价格。

$$市盈率 = \frac{普通股每股市价}{每股收益}$$

$$2016 \text{ 年：} \frac{60}{4.80} = 12.50$$

$$2015 \text{ 年：} \frac{35}{2.60} = 13.46$$

$$行业平均值 = 17.79$$

Smart Touch Learning 公司 2016 年年末和 2015 年年末的普通股市价分别为 60 美元和 35 美元。每股收益在市盈率之前刚刚计算过。Smart Touch Learning 公司 2016 年的市盈率为 12.50，即公司股票售价是本年收益的 12.5 倍。净利润比较易于控制，2016 年，净利润有所上升。Smart Touch Learning 公司希望其市盈率能有所上升，进而更接近于行业平均水平 17.79。

2. 股息收益率

股息收益率（dividend yield）是每股股利与每股市价的比值，衡量每年支付给股东的股利占股票市价的比例。优先获取股利的优先股股东特别关注这一比率。

假设 Smart Touch Learning 公司 2016 年和 2015 年支付的现金股利分别为每股 1.20 美元和 1.00 美元。如上所述，公司 2016 年和 2015 年的普通股市价分别为 60 美元和 35 美元，则公司普通股的股息生息率为：

$$股息生息率 = \frac{每股股利}{每股市价}$$

$$2016 \text{ 年：} \frac{1.20}{60} = 0.020 = 2.0\%$$

$$2015 \text{ 年：} \frac{1.00}{35} = 0.029 = 2.9\%$$

$$行业平均值 = 3.6\%$$

> **小贴士**　以上公式计算的是普通股的股息生息率，同样可以计算优先股的股息生息率。

以 60 美元购买 Smart Touch Learning 公司的普通股的投资人每年可获取占投资额 2.0% 的现金股利回报，但该行业平均每年支付 3.60% 的股利。如果公司股价正在上涨（出售股票时获得现金），投资人则更愿意获取较低的股利（现在获得现金）。

3. 股利支付率

股利支付率（dividend payout）是每年宣告的普通股每股股利与每股收益的比值，衡量每年支付给股东的现金股利占企业收益的百分比。

回顾一下，Smart Touch Learning 公司 2016 年和 2015 年支付的现金股利分别为每股 1.20 美元和 1.00 美元，每股收益分别为 4.80 美元和 2.60 美元。所以，Smart Touch Learning 公司的股利支付率为：

$$股利支付率 = \frac{每股股利}{每股收益}$$

$$2016 \text{ 年：} \frac{1.20}{4.80} = 0.25 = 25\%$$

$$2015 \text{ 年：} \frac{1.00}{2.60} = 0.38 = 38\%$$

$$行业平均值 = 63\%$$

Smart Touch Learning 公司 2016 年和 2015 年的股利支付率分别为 25% 和 38%，均低于行业平均水平。作为一家新公司，Smart Touch Learning 公司可能将更多收益用于公司的发展壮大。购买 Smart Touch Learning 公司普通股的投资人 2016 年可获得占公司收益 25% 的现金股利。投资人希望 Smart Touch Learning 公司未来的市价和资产周转率都越来越高，进而维持公司的竞争力。

15.4.6 财务报表分析中出现的危险信号

分析师在财务报表中寻找预示财务问题的危险信号。最近的会计丑闻使人们注意到了危险信号的重要性。以下情况表明企业风险过高。

- 销售收入、商品存货和应收账款的变动。销售收入、商品存货和应收账款一般同时变动。增加销售收入会增加应收账款，同时也需要增加商品存货（或提高存货周转率）。销售收入、商品存货和应收账款出现意外增加或者增加不一致，都表明财务报表存在可疑之处。
- 收益问题。净利润有没有持续几年大幅增长？有没有上一年反映了净利润而本年为净亏损？大部分企业不可能在连年亏损的情况下生存。
- 现金流减少。现金流可以证实净利润。经营活动产生的现金净流量是否持续低于净利润？如果是，那么该企业存在问题。处置固定资产获得的现金收入是不是企业现金的主要来源？如果是，那么该企业可能面临现金短缺。
- 负债过多。与主要竞争对手相比企业资产负债率是高还是低？如果资产负债率过高，企业可能难以偿还债务。
- 无法收回应收账款。应收账款周转天数的增长是不是快于竞争对手？如果是，那么可能即将出现现金短缺。
- 积压存货。存货周转是否过慢？如果是，那么企业的产品销售存在问题，或者存在夸大存货现象。

从本章的分析来看，Smart Touch Learning 公司存在这些危险信号吗？尽管财务报表显示公司业绩良好且处于成长阶段，但分析指出了几个薄弱环节，分别为存货周转率较低、应收账款周转率较低、毛利率较低、利息保障倍数较低、资产周转率较低，同时每股收益也较低。Smart Touch Learning 公司应该在其不断发展的同时持续密切关注公司财务报表。表 15-7 总结了本章所学的财务比率。

表 15-7　使用比率进行财务报表分析

	计算公式	提供的信息
短期偿债能力指标：		
运营资本	流动资产 − 流动负债	反映企业使用流动资产偿还流动负债的能力
流动比率	$\dfrac{流动资产}{流动负债}$	反映企业使用流动资产偿还流动负债的能力
现金比率	$\dfrac{现金 + 现金等价物}{流动负债总额}$	反映使用现金和现金等价物偿还流动负债的能力
酸性测试比率	$\dfrac{现金 + 短期投资 + 短期应收账款}{流动负债总额}$	反映立即偿还流动负债的能力
销售库存商品和回收应收款项的能力：		
存货周转率	$\dfrac{主营业务成本}{平均存货余额}$	企业存货周转的次数
存货周转天数	$\dfrac{365 天}{存货周转率}$	企业持有存货的平均时间
毛利率	$\dfrac{毛利润}{销售净收入}$	企业每 1 美元销售净收入中包含的利润

(续)

	计算公式	提供的信息
应收账款周转率	$\dfrac{赊销净收入}{应收账款平均余额}$	企业应收账款在一年内的周转次数
应收账款周转天数	$\dfrac{365\ 天}{应收账款周转率}$	收回应收账款的平均天数
长期偿债能力：		
负债比率	$\dfrac{负债总额}{资产总额}$	反映债务资产所占的比例
产权比率	$\dfrac{负债总额}{股东权益总额}$	反映了负债总额占股权总额的比例
利息保障倍数	$\dfrac{税前利润+利息费用}{利息费用}$	反映支付利息的能力
盈利能力指标：		
销售净利率	$\dfrac{净利润}{销售净收入}$	反映每1美元的销售净收入能带来多少净利润
资产报酬率	$\dfrac{净利润+利息费用}{资产平均总额}$	衡量企业利用资产获取利润的能力
资产周转率	$\dfrac{销售净收入}{资产平均总额}$	反映企业利用资产创造销售收入的能力
普通股股权报酬率	$\dfrac{净利润-优先股股利}{普通股权平均总额}$	反映普通股股东可获得的净利润与他们平均投入的普通股之间的关系
每股收益	$\dfrac{净利润-优先股股利}{发行在外普通股加权平均数}$	反映发行在外普通股的每股净利润（亏损）
股票的投资价值：		
市盈率	$\dfrac{普通股每股市价}{每股收益}$	每1美元收益的市场价格
股息生息率	$\dfrac{普通股每股股利}{普通股每股市价}$	每年支付给股东的股利占股票市价的比例
股利支付率	$\dfrac{每股股利}{每股收益}$	每年宣告的普通股每股股利与每股收益的比值

练习题 约恩公司的财务报表包括以下项目：

	本年	上一年
资产负债表：		
现金	$6 000	$8 000
短期投资	4 4000	10 7000
应收账款净额	21 600	29 200
商品存货	30 800	27 600
预付费用	6 000	3 600
流动资产总额	68 800	79 100

	本年	上一年
		（续）
流动负债总额	53 200	37 200
利润表：		
销售净收入	$184 800	
主营业务成本	126 000	

计算以下比率：

7. 流动比率

8. 酸性测试比率

9. 存货周转率

10. 毛利率

附录 15A：股份制公司利润表

15.5 如何编制完整的股份制公司利润表

股份制公司利润表中包括一些小企业没有的特殊项目，列示在公司持续经营收益之后。以 Greg's Tunes 截至 2015 年 12 月 31 的一年的利润表为例具体说明，如表 15A-1 所示。

表 15A-1　Greg's Tunes 公司——利润表

GREG'S TUNES 公司
利润表
截至 2015 年 12 月 31 日的一年

销售净收入	$500 000	
主营业务成本	240 000	
毛利润	260 000	
营业费用	181 000	
营业利润	79 000	
其他收入（和费用）：		持续经营业务
出售机器的利得	11 000	
税前利润	90 000	
所得税	36 000	
持续经营收益	54 000	
非持续经营业务（减税费 $14 000）	21 000	
非常项目以外的收益	75 000	特殊项目
非常项目（减节税金额 $8 000）	(12 000)	
净利润	$ 63 000	
普通股每股收益（发行在外 20 000 股）：		
持续经营收益	$　　2.70	
非持续经营收益	1.05	
非常项目以外的收益	3.75	每股收益
非常项目	(0.60)	
净利润	$　　3.15	

15.5.1 持续经营业务

表 15A-1 中的第一部分为持续经营业务，这部分业务在各个期间持续发生。因此，持续经营收益有助于投资人预测企业未来收益。根据以上信息，可以预测 Greg's Tunes 明年的持续经营收益约为 54 000 美元。

Greg's Tunes 的持续经营业务中有两项需要进行解释：

- Greg's Tunes 出售机器获得了一笔收益，该项收益不属于公司的核心业务（销售音乐产品）。所以，将该项收益列入其他项目——独立于 Greg's Tunes 的营业收入。
- 计算持续经营收益时将所得税费用（36 000 美元）扣除。Greg's Tunes 的所得税税率为40%，90 000 × 0.40=36 000 美元。

在持续经营业务之后，为两项截然不同的损益项目：非持续经营业务和非常项目。

15.5.2 非持续经营业务

大部分公司同时开展多项业务。例如，通用汽车以生产汽车闻名，但其同时还拥有金融和租赁子公司，名为通用汽车金融公司。

企业可区分的每部分叫作业务分部，并且有可能出售某业务分部。例如，通用汽车出售了其金融公司，但仍保留汽车生产。金融公司的处置将会反映为通用汽车的非持续经营业务。

财务分析师始终密切关注目标企业，并预测目标企业的净利润。大部分分析师不对非持续经营业务进行分析。已处置的营业分部在利润表中反映为非持续经营业务。本例中，非持续经营收益为 35 000 美元，税率为 40%，表 15A-1 中列示了税后金额。非持续经营损失的列示方法基本类似，除了将节税金额从损失中扣除（节税降低损失）。

处置固定资产的损益不属于非持续经营业务，而是属于持续经营业务中的其他收入（和费用），因为固定资产的处置比业务分部的出售更为频繁。

15.5.3 非经常项目

非经常损益，也叫非经常项目，为非日常且非经常性业务。一般公认会计原则将非经常性业务定义为根据企业经营环境，预计在可预见的未来不会再次发生的事项。自然灾害损失（洪水、地震和飓风）和资产被外国政府没收（征用）都属于非常项目。由于非经常性和非日常特点，所以独立于持续经营业务的反映。

非经常项目通常和其所带来的税收影响一同反映。2015 年，Greg's Tunes 因洪水损失了价值20 000 美元的存货，该项损失同时降低了 Greg's Tunes 的收入和所得税。与所得税降低净利润一样，税收影响降低了 Greg's Tunes 的净损失。可以将非常损失和其产生的税收影响一同反映，如下所示（单位：美元）：

意外洪水损失	(20 000)
减：节税金额（20 0000×40%）	8 000
意外洪水损失净额	(12 000)

将这项内容追溯到表 15A-1 中的利润表中。非经常收益的反映方法与非常损失相同——扣除税收影响。以下项目不属于非经常项目：

- 处置固定资产的损益
- 诉讼损失
- 员工罢工损失

- 该地区频发的自然灾害损失

这些损益不属于企业的核心业务，所以在利润表中以其他损益反映，但它们也不属于非常项目。如 Greg's Tunes 出售机器的收益反映为其他收入（和费用），为持续经营收益，如表 15-8 所示。

15.5.4　每股收益

股份制公司利润表的最后一部分为每股收益，简称 EPS。反映非持续经营业务或非常项目的企业，必须同时在利润表或报表附注中反映根据各项金额计算的每股收益。

练习题　洛基公司 2015 年 12 月 31 日的会计记录中包括以下项目，排序不分先后：

其他收入和（费用）	$(6 000)	非常损失	$2 800
销售净收入	70 800	主营业务成本	29 200
非持续经营利得	4 800	营业费用	22 000

公司所得税税率为 30%。编制截至 2015 年 12 月 31 日的一年的多步式利润表，不包括每股收益。

知识回顾

☞重要知识点

1　如何根据财务报表分析企业？

- 有三种主要的分析方法：
  - ◆水平分析
  - ◆垂直分析
  - ◆比率分析
- 年报反映公司财务状况有关信息，包括：
  - ◆管理层讨论和分析
  - ◆独立会计师事务所的报告
  - ◆财务报表
  - ◆财务报表附注

2　如何进行水平分析？

- 水平分析是对比较财务报表的百分比变动的研究。对相邻年度进行比较。（变动额 ÷ 基期金额）×100。
- 趋势分析是水平分析的一种，基准期的趋势百分比设为 100%，后续每年以基期金额的百分比表示。（各期金额 ÷ 基期金额）×100。

3　如何进行垂直分析？

- 垂直分析反映了报表中各项金额与基准金额的关系，基准金额的百分比为 100%。（具体项目 / 基准金额）×100。
  - ◆利润表中销售净收入为基准金额。
  - ◆资产负债表中资产总额为基准金额。
- 共同百分比报表是只反映百分比（与垂直分析中的百分比相同）的一种财务报表。

- 标杆分析法是指与领头企业进行比较。

4 **如何进行比率分析?**
- 可以使用比率分析企业:
  ◆ 短期偿债能力
  ◆ 销货能力和收款能力
  ◆ 长期偿债能力
  ◆ 盈利能力
  ◆ 股票投资价值
- 表 15-7 总结了常见的几种比率。

5 **如何编制完整的公司利润表?**
- 股份制公司利润表中包括一些小企业没有的特殊项目，列示在公司持续经营收益之后:
  ◆ 非持续经营业务——终止经营的业务。
  ◆ 非经常项目——非日常且非经常性项目。
- 必须在利润表表内或报表附注中反映每股收益。

☞汇总习题 15-1

金伯尔公司生产 iPod 的壳，以下是公司截至 2015 年和 2016 年 12 月 31 日的比较利润表:

金伯尔

利润表

截至 2015 年和 2016 年 12 月 31 日的两年

	2016 年	2015 年
收入:		
销售净收入	$300 000	$250 000
其他收入	0	1 000
收入合计	300 000	251 000
费用:		
主营业务成本	241 200	170 000
工程、销售和管理费用	54 000	48 000
利息费用	6 000	5 000
所得税费用	9 000	3 000
其他费用	2 700	0
费用合计	285 900	226 000
净利润	$14 100	$25 000

要求: 对该公司同时进行水平分析和垂直分析。说明 2016 年的业绩是好是坏，并解释原因。

☞答案

金伯尔

利润表

截至 2015 年和 2016 年 12 月 31 日的两年

	2016 年	2015 年	增（减）金额	百分比
收入:				
销售净收入	$300 000	$250 000	$50 000	20.0%

（续）

金伯尔
利润表
截至 2015 年和 2016 年 12 月 31 日的两年

	2016 年	2015 年	增（减） 金额	增（减） 百分比
其他收入	0	1 000	(1 000)	—
收入合计	300 000	251 000	49 000	19.5
费用：				
主营业务成本	214 200	170 000	44 200	26.0
工程、销售和管理费用	54 000	48 000	6 000	12.5
利息费用	6 000	5 000	1 000	20.0
所得税费用	9 000	3 000	6 000	200.0
其他费用	2 700	0	2 700	—
费用合计	285 900	226 000	59 900	26.5
净利润	$14 100	$25 000	$(10 900)	(43.6)%

水平分析结果反映销售净收入增加了 20.0%，费用总额增加了 26.5%，净利润减少了 43.6%。所以尽管公司销售净收入有增加，但费用总额增加的比例更大，最终得出净利润减少了 43.6%。这表明相比于 2015 年，2016 年的业绩较差。这一分析区别出了管理层需要具体查看哪些领域的相关数据。例如，主营业务成本增加了 26.0%。管理层则需要知道增加的原因，进而决定是否实施成本节约策略（比如转而选择低成本供货商）。

金伯尔
利润表
截至 2015 年和 2016 年 12 月 31 日的两年

	2016 年	百分比	2015 年	百分比
收入：				
销售净收入	$300 000	100.0%	250 000	100.0%
其他收入	0	0.0	1 000	0.4
收入合计	300 000	100.0	251 000	100.4
费用：				
主营业务成本	214 200	71.4	170 000	68.0
工程、销售和管理费用	54 000	18.0	48 000	19.2
利息费用	6 000	2.0	5 000	2.0
所得税费用	9 000	3.0	3 000	1.2
其他费用	27 000	0.9	0	0
费用合计	285 9000	95.3	226 000	90.4
净利润	$14 100	4.7%	$25 000	10.0%

垂直分析反映了各项占销售净收入比例的变动额。突出的项目有：

- 主营业务成本占比从 68.0% 上升为 71.4%。
- 工程、销售和管理费用占比从 19.2% 下降为 18.0%。

这是公司最大的两项费用，所以其变动额非常重要。结果表明成本（尤其是主营业务成本）控制需要进一步加强。

2015 年的净利润占比为 10.0%，而 2016 年的净利润占比下降为 4.7%。净利润占比的减少主要归因于主营业务成本的增加。水平分析表明，2016 年尽管销售净收入上升了 20%，但费用的增加最终导致净利润下降。

☞汇总习题 15-2

	Java 公司 四年财务收据（改编版） 截至 2013 到 2016 年 1 月 31 日的四年			
经营成果：	2016 年	2015 年	2014 年	2013 年
销售净收入	$13 848	$13 673	$11 635	$9 054
主营业务成本	9 704	8 599	6 775	5 318
利息费用	109	75	45	46
营业利润	338	1 455	1 817	1 333
所得税费用	100	263	338	247
净利润（净亏损）	(8)	877	1 127	824
现金股利	76	75	76	77
财务状况：				
商品存货	1 677	1 904	1 462	1 056
资产总额	7 591	7 012	5 189	3 963
流动比率	1.48:1	0.95:1	1.25:1	1.20:1
股东权益	3 010	2 928	2630	1 574
流通在外普通平均股数（单位：千）	860	879	895	576

要求：

根据以上财务数据计算以下比率，并评价 2014 ～ 2016 年的经营业绩：

①销售净利率；②每股收益；③存货周转率；④利息保障倍数；⑤普通股股东权益报酬率；⑥毛利率。

☞答案

	2016 年	2015 年	2014 年
1. 销售净利率	$\dfrac{\$(8)}{\$13\,848}=(0.06\%)$	$\dfrac{\$877}{\$13\,673}=6.4\%$	$\dfrac{\$1\,127}{\$11\,635}=9.7\%$
2. 每股收益	$\dfrac{\$(8)}{860}=\$(0.01)$	$\dfrac{\$877}{879}=\$1.00$	$\dfrac{\$1\,127}{895}=\$1.26$
3. 存货周转率	$\dfrac{\$9\,704}{(\$1\,904+\$1\,677)\div 2}=5.4$ 次	$\dfrac{\$8\,599}{(\$1\,462+\$1\,904)\div 2}=5.1$ 次	$\dfrac{\$6\,775}{(\$1\,056+\$1\,462)\div 2}=5.4$ 次
4. 利息保障倍数	$\dfrac{[\$(8)+\$100+\$109]}{\$109}=1.8$ 次	$\dfrac{(\$877+\$263+\$75)}{\$75}=16.2$ 次	$\dfrac{(\$1\,127+\$338+\$45)}{\$45}=33.6$ 次
5. 普通股股东权益报酬	$\dfrac{\$(8)}{(\$2\,929+\$3\,010)/2}=(0.3\%)$	$\dfrac{\$877}{(\$2\,630+\$2\,928)/2}=31.6\%$	$\dfrac{\$1\,127}{(\$1\,574+\$2\,630)/2}=53.6\%$
6. 毛利率	$\dfrac{(\$13\,848-\$9\,704)}{\$13\,848}=29.9\%$	$\dfrac{(\$13\,673-\$8\,599)}{\$13\,673}=37.1\%$	$\dfrac{(\$11\,635-\$6\,775)}{\$11\,635}=41.8\%$

评价：除了存货周转率以外，其他指标均表明经营成果在恶化。利息保障倍数和普通股股权报

酬率下降幅度较大。显然公司可以继续销售咖啡，但需要改善利润空间。总的来看，2016年发生净亏损。

☞关键术语

accounts receivable turnover ratio 应收账款周转率 衡量企业应收账款在一年内的周转次数，等于赊销收入净额除以应收账款平均余额。

acid-test ratio 酸性测试比率 现金加短期投资和短期应收账款之和与流动负债总额的比值，衡量企业是否能够偿还很快即将到期的流动负债。

annual report 年报 美国证券交易委员会要求提交的报告，其中提供公司财务状况信息。

asset turnover ratio 资产周转率 反映企业利用资产创造销售收入的能力，等于销售净收入除以资产平均总额。

benchmarking 标杆分析法 将企业与其他领头企业进行比较。

cash ratio 现金比率 衡量企业使用现金和现金等价物偿还短期负债的能力，等于现金和现金等价物之和除以流动负债总额。

common-size statement 共同百分比报表 只反映百分比的一种财务报表（不反映金额）。

current ratio 流动比率 衡量企业使用流动资产偿还流动负债的能力，等于流动资产总额除以流动负债总额。

days' sales in inventory 存货周转天数 衡量企业持有存货的平均时间，等于365天除以存货周转率。

days' sales in receivables 应收账款周转天数 表明收回应收账款的平均天数，等于365天除以应收账款周转率。

debt ratio 资产负债率 反映了债务资产所占的比例，等于负债总额除以资产总额。

debt to equity ratio 产权比率 反映了负债总额和股权总额的比例关系，等于负债总额除以权益总额。

dividend payout 股利支付率 是每年宣告的普通股每股股利与每股收益的比值，衡量每年支付给股东的现金股利占企业收益的百分比，等于每股股利除以每股收益。

dividend yield 股息收益率 是每股股利与每股市价的比值，衡量每年支付给股东的股利占股票市价的比例，等于每股股利除以每股市价。

dollar value bias 美元价值偏见 指不使用相对数，而使用绝对数进行比较时产生的偏见。

earnings per share (EPS) 每股收益 反映发行在外普通股的每股净利润（亏损），等于净利润减优先股股利再除以发行在外普通股加权平均数。

gross profit percentage 毛利率 衡量企业每1美元销售净收入中包含的利润，等于毛利润除以销售净收入。

horizontal analysis 水平分析 研究比较财务报表中的百分比变动。

inventory turnover 存货周转率 衡量一个期间内企业存货周转的次数，等于主营业务成本除以存货平均余额。

management's discussion and Analysis (MD & A) 管理层讨论和分析 年报的一部分，旨在帮助投资人了解公司财务状况和经营成果。

price/earnings ratio 市盈率 是普通股每股市价和每股收益的比值，反映了每1美元收益的市场价格，等于每股市价除以每股收益。

profit margin ratio 销售净利率 评价企业支付利息的能力，等于息税前利息除以利息费用。

rate of return on common stockholders' equity 普通股股权报酬率 反映普通股股东可获得的净利润

与他们平均投入的普通股之间的关系，等于净利润减优先股股利再除以普通股股权平均余额。

rate of return on total assets 资产报酬率　衡量企业利用资产获取利润的能力，等于净利润加利息费用再除以资产平均总额。

times-interest-earned ratio 利息保障倍数　评价企业支付利息的能力，等于息税前利息除以利息费用。

trading on the equity 举债经营　使用债务资金获取比利息费用更高的报酬，进而增加了股东收益。

vertical analysis 垂直分析　反映财务报表中各项金额与基准金额的关系，基准金额的百分比为100%，等于各项金额除以基准金额再乘以100。

working capital 营运资本　衡量企业使用流动资产偿还短期债务的能力，等于流动资产减流动负债。

☞快速测验

利伯蒂公司列报了以下数据：

	2016 年	2015 年
现金及现金等价物	$2 450	$2 094
应收账款	1 813	1 611
商品存货	1 324	1 060
预付费用	1 709	2 120
流动资产总额	7 296	6 885
其他资产	18 500	15 737
资产总额	$25 796	$22 622
流动负债总额	$7 230	$8 467
长期负债	4 798	3 792
普通股	6 568	4 363
留存收益	7 200	6 000
负债和股东权益总额	$25 796	$22 622
销售收入	$20 941	
主营业务成本	7 055	
毛利润	13 886	
营业费用	7 065	
营业利润	6 821	
利息费用	210	
所得税费用	2 563	
净利润	$4 048	

1　公司年报中哪部分由公司编写，并可以伪造财务状况和经营成果？
　　a. 资产负债表　　　　　　　　　　　b. 管理层讨论和分析
　　c. 审计师报告　　　　　　　　　　　d. 利润表
2　对公司 2016 年的资产负债表进行水平分析会表明：
　　a. 现金占总资产的 9.50%　　　　　　b. 现金增加了 17%
　　c. 流动比率为 1.01　　　　　　　　　d. 存货周转率为 6 次
3　对公司 2016 年的资产负债表进行垂直分析会表明：
　　a. 现金占总资产的 9.50%　　　　　　b. 存货周转率为 6 次
　　c. 流动比率为 1.01　　　　　　　　　d. 现金增加了 17%

4 以下哪项描述最接近公司 2016 年的酸性测试比率?

    a. 大于 1   b. 等于 1   c. 小于 1   d. 以上三项都不对

5 公司 2016 年的酸性测试比率为:

    a. 6   b. 7

    c. 8   d. 根据已知数据无法得出结果

6. 假设所有销售收入为赊销。2016 年公司的应收账款周转天数为:

    a. 34   b. 30   c. 32   d. 28

7. 公司的利息保障倍数为:

    a. 54.7%   b. 19   c. 34.5%   d. 32

8. 公司普通股股权报酬率:

    a. 较低   b. 正常   c. 较高   d. 平均水平

9. 公司有 2 500 股普通股流通在外,每股收益为:

    a. 1.62 美元   b. 1.75 美元   c. 2.73 美元   d. 2.63 倍

10. 利润表中的非常项目必须具有:

    a. 非日常性   b. 非经常性

    c. 非日常性或非经常性   d. 非日常性且非经常性

进步评估

☞复习题

1 描述三种主要的财务报表分析方法。

2 什么是年报? 简述年报的主要部分。

3 什么是水平分析? 如何计算变动百分比?

4 什么是趋势分析? 与水平分析有何不同?

5 什么是垂直分析? 利润表中的基准值是哪项? 资产负债表中的基准值是哪项?

6 描述共同百分比报表,其对企业评价有何作用?

7 什么是标杆分析法? 财务报表分析中两个主要标杆是什么?

8 简述可用于评价公司短期偿债能力的比率。

9 简述可用于评价公司销货能力和收款能力的比率。

10 简述可用于评价公司长期偿债能力的比率。

11 简述可用于评价公司盈利能力的比率。

12 简述可用于评价公司股票投资价值的比率。

13 财务报表分析中的危险信号有哪些?

14 利润表的非持续经营部分反映什么内容?

15 描述利润表的非常项目部分反映的项目类型。

☞简单练习

S15-1 解释财务报表。

    拉里·卡佛有意投资 Maroon 公司。他应该使用哪些工具来评价该公司?

S15-2 进行水平分析。

    McCormick 公司在其比较利润表中反映了以下信息:

（单位：100 万美元）	2016 年	2015 年	2014 年
收入	9 575	9 300	8 975
主营业务成本	6 000	5 975	5 900

对 2015 年和 2016 年的收入和毛利润进行水平分析，以美元为单位计算百分比。

S15-3　进行趋势分析。

以下是马里纳公司的收入和净利润：

（单位：100 万美元）	2016 年	2015 年	2014 年	2013 年
收入	9 910	9 700	9 210	9 110
净利润	7 475	7 400	5 495	4 690

要求：①对公司的收入和净利润进行趋势分析。以 2013 年为基期，四舍五入到最近的百分比。
② 2014 ～ 2016 年期间哪项指标上升最快？

S15-4　进行垂直分析。

三州眼镜行 2015 年和 2014 年 12 月 31 日的比较资产负债表中反映了以下信息：

	2015 年	2014 年
现金和应收账款	$ 54 530	$ 46 860
商品存货	42 435	32 670
固定资产净额	108 035	85 470
资产总额	$205 000	$165 000

对 2015 年和 2014 年的资产进行垂直分析。

S15-5　编制共同比报表。

以下是马丁内斯公司和罗萨多公司的信息：

	马丁内斯	罗萨多
销售净收入	$10 600	$18 600
主营业务成本	6 455	13 522
其他费用	3 541	4 185
净利润	$　604	$　893

要求：①编制共同比报表。②哪家公司的净利润较高？③哪家公司的净利润占销售净收入的百分比更高？

根据以下信息回答题目 S15-6 到 S15-10。

温氏公司是一家家居连锁店，以下是公司的相关数据：

温氏公司 利润表 截至 2014 年和 2015 年 5 月 31 日的两年		
	2015 年	2014 年
销售净收入	$50 200 000	$43 800 000
主营业务成本	28 400 000	29 300 000
利息费用	500 000	140 000
其他费用	5 800 000	8 400 000
净利润	$15 500 000	$ 5 960 000

温氏公司 资产负债表 2014 年和 2015 年 5 月 31 日		
资产	2015 年	2014 年
现金	$ 2 000 000	$ 900 000
短期投资	28 000 000	9 000 000
应收账款	7 400 000	5 300 000
商品存货	6 900 000	8 200 000
其他流动资产	10 000 000	1 800 000
流动资产总额	54 300 000	25 200 000
其他资产	34 000 000	26 000 000
资产总额	$88 300 000	$51 200 000
负债	2015 年	2014 年
流动负债总额	$33 000 000	$13 100 000
长期负债	12 300 000	10 600 000
负债总额	45 300 000	23 700 000
股东权益		
普通股	11 000 000	11 000 000
留存收益	32 000 000	16 500 000
权益总额	43 000 000	27 500 000
负债和权益总额	$88 300 000	$51 200 000

公司 2015 年流通在外普通股 500 000 股。

S15-6 评价流动比率。

要求：①计算公司 2015 年和 2014 年 5 月 31 日的流动比率。②2015 年公司流动比率是得到了改善、变差还是保持不变？

S15-7 计算存货、毛利润和应收账款相关比率。

要求：①计算公司 2015 年的存货周转率、存货周转天数和毛利率。②计算公司 2015 年的应收账款周转天数。四舍五入至三位小数。假设销售收入均为赊销。③这些比率表明公司销货能力和收款能力怎样？

S15-8 衡量偿债能力。

要求：①计算公司 2015 年的资产负债率和产权比率。②公司的偿债能力强还是弱？解释原因。

S15-9 衡量盈利能力。

要求：①计算公司 2015 年的销售净利率。②计算 2015 年的资产报酬率。③计算 2015 年的资产周转率。④计算 2015 年的普通股股权报酬率。⑤这些报酬率是高还是低？解释原因。

S15-10 计算每股收益和市盈率。

要求：①计算公司 2015 年的每股收益，四舍五入至整数。②计算公司 2015 年的市盈率，每股市价为 68.50 美元。③以上结果表明公司盈利能力怎样？

S15-11 根据比率重建利润表。

以下是兰德马克·米尔斯公司的利润表概况（单位：1000 美元）：

兰德马克·米尔斯 利润表 截至 2015 年 12 月 31 日的一年	
销售收入	7 200
主营业务成本	(a)

（续）

兰德马克·米尔斯
利润表
截至 2015 年 12 月 31 日的一年

销售和管理费用	1 830
利息费用	(b)
其他费用	150
税前利润	1 325
所得税费用	(c)
净利润	(d)

根据以下比率完成公司利润表：

1. 存货周转率为 3.50（期初商品存货为 850 美元，期末商品存货为 810 美元）。

2. 销售净利率为 0.11。

S15-12 根据比率重建利润表。

以下是 Vintage Mills 的资产负债表（单位：1000 美元）：

Vintage Mills 公司
资产负债表
2015 年 12 月 31 日

资产		负债	
现金	75	流动负债总额	1 900
应收账款	(a)	长期负债	(e)
商品存货	750	其他长期负债	980
预付费用	(b)	负债总额	(f)
流动资产合计	(c)		
固定资产净额	(d)	**股东权益**	
其他资产	2 000	股东权益	2 325
资产总额	6 800	负债和权益总额	(g)

根据以下比率完成公司利润表：

a. 流动比率为 0.80。

b. 酸性测试比率为 0.40。

S15-13 编制股份制公司利润表。

RAR 公司 2015 年 12 月 31 的会计记录包括以下项目，无先后顺序：

其他收入（和费用）	$(15 000)	非常损失	$7 000
销售净收入	177 000	主营业务成本	73 000
非持续经营利得	12 000	营业费用	55 000

公司所得税率为 30%。

编制公司截至 2015 年 12 月 31 日的一年的多步式利润表。不包括每股收益。

S15-14 计算每股收益。

回到 S15-13 中 RAR 公司的相关数据。2015 年有 13 500 股流通在外的普通股，本年公司宣告并支付了 3 000 美元的优先股股利。

说明公司如何在 2015 年的利润表中反映每股收益。

☞习题

E15-15 进行水平分析——利润表。

以下是马里纳设计公司的相关数据：

马里纳设计公司
比较利润表
截至 2014 年和 2015 年 5 月 31 日的两年

	2015 年	2014 年
销售净收入	$431 000	$372 350
费用：		
主营业务成本	200 000	187 550
销售和管理费用	99 000	91 050
其他费用	8 350	6 850
费用总额	307 350	285 450
净利润	$123 650	$86 900

要求：①对公司比较利润表进行垂直分析，百分比保留一位小数。②为什么 2015 年的净利润的增长率高于销售净收入的增长率？

E15-16 进行趋势分析。

以下是橡树地产连续五年的净收入和净利润，以 2012 年为基期：

	2016 年	2015 年	2014 年	2013 年	2012 年
净收入	$1 310 000	$1 187 000	$1 110 000	$1 011 000	$1 045 000
净利润	122 000	113 000	84 000	72 000	83 000

要求：①对净收入和净利润进行趋势分析，百分比保留到整数。②期间内净收入和净利润哪个指标上升得更快？

E15-17 资产负债表的垂直分析。

以下是贝塔制图相关数据：

贝塔制图
比较资产负债表
2014 年和 2015 年 12 月 31 日

	2015 年	2014 年
资产		
流动资产总额	$42 750	$59 000
固定资产净额	208 335	215 000
其他资产	33 915	35 500
资产总额	$285 000	$309 500
负债		
流动负债总额	$49 020	$50 100
长期负债	109 155	102 300
负债总额	158 175	152 400
股东权益		
股东权益总额	126 825	157 100
负债和股东权益总额	$285 000	$309 500

对公司各年资产负债表进行垂直分析。

E15-18　编制共同比报表。

参照 E15-15 中的相关数据。

要求：①根据 2014 年和 2015 年的数据编制共同比报表，百分比保留三位小数。②对投资人而言，相较于 2014 年，2015 年财务状况如何？解释原因。

E15-19　计算营运资本变动额。

以下是饮料公司的相关数据：

	2016 年	2015 年	2015 年
流动资产总额	$510 000	$350 000	$240 000
流动负债总额	245 000	175 000	120 000

分别计算 2015 年和 2016 年营运资本的变动额和变动百分比。计算结果表明什么？

E15-20　计算重要比率。

维克多天然食品的财务报表中包括以下内容：

	本年度	上一年度
资产负债表：		
现金	$ 15 000	$ 20 000
短期投资	11 000	27 000
应收账款净额	54 000	73 000
商品存货	77 000	69 000
预付费用	15 000	9 000
流动资产总额	172 000	198 000
流动负债总额	133 000	93 000
利润表：		
赊销净收入	$ 462 000	
主营业务成本	315 000	

计算以下指标：

a. 流动比率；b. 现金比率；c. 酸性测试比率；d. 存货周转率；e. 存货周转天数；f. 应收账款周转天数；g. 毛利率。

E15-21　分析偿债能力。

大土地照相馆请你判断 2015 年公司的偿债能力是得到了改善还是有所恶化。为了回答该问题，收集到了以下信息：

	2015 年	2014 年
现金	$58 000	$57 000
短期投资	31 000	0
应收账款净额	110 000	132 000
商品存货	247 000	297 000
资产总额	585 000	535 000
长期应付票据	255 000	222 000
营业利润	46 000	48 000
利息费用	180 000	153 000
	52 000	39 000

计算 2014 年和 2015 年的以下比率，评价公司的短期偿债能力和总体偿债能力：

a. 流动比率；b. 现金比率；c. 酸性测试比率；d. 资产负债率；e. 产权比率。

E15-22　分析盈利能力。

以下是 CJ 公司的比较利润表。2014 年只给出了所需数据。

CJ 公司
比较利润表
截至 2015 年和 2016 年 12 月 31 日的两年

单位：千美元	2016 年	2015 年	2014 年
销售净收入	$176 000	$160 000	
主营业务成本	93 400	86 500	
销售和管理费用	46 000	41 000	
利息费用	9 000	10 300	
所得税费用	10 200	9 600	
净利润	$ 17 400	$ 12 600	
其他数据：			
资产总额	$203 000	$190 000	$175 000
普通股股权	96 600	90 100	79 400
优先股	3 500	3 500	0
本年流通在外普通股股数	20 500	20 500	18 000

要求：①计算 2015 年和 2016 年的利润率。②计算 2015 年和 2016 年的资产报酬率。③计算 2015 年和 2016 年的资产周转率。④计算 2015 年和 2016 年的普通股股权报酬率。⑤计算 2015 年和 2016 年的每股收益。⑥计算 2016 年的普通股股利支付率。假设普通股每股股利为 0.36 美元。⑦2016 年公司的经营业绩是得到了改善还是有所恶化？

E15-23　评价股票投资价值。

以下是爱尔兰国家银行的相关数据：

	2015 年	2014 年
净利润	$ 61 000	$ 52 000
股利——普通股	26 000	26 000
股利——优先股	12 600	12 600
年末股东权益总额（包括 80 000 股普普通股）	760 000	610 000
优先股，6%	210 000	210 000
普通股每股市价	$　　19.50	$　　14.00

评价银行普通股的投资价值。具体而言，使用三项股票指标判断股票吸引力是上升了还是下降了。

E15-24　根据比率重建资产负债表。

以下是根据贝蒂商店的财务报表改编来的数据：

流动资产总额	$1 200 000
累计折旧	2 400 000
负债总额	1 400 000
优先股	0
资产负债率	64%
流动比率	1.50

编制公司 2015 年 12 月 31 日的简明资产负债表。

E15-25　编制多步式利润表。

Click 摄影用品公司 2015 年的会计记录包括以下内容：

节税收益——非常项目损失	$8 000	销售收入	$480 000
节税收益——非持续		营业费用（包括所得税）	130 000
经营损失	14 000	主营业务成本	205 000
非常项目损失	20 000		
非持续经营损失	35 000		

编制公司 2015 年的多步式利润表，不包括每股收益。

E15-26　计算每股收益。

截至 2014 年 12 月 31 日，Franco Academy Surplus 有 10 000 股普通股和 7 000 股面值 10 美元、收益率 5% 的优先股流通在外。2014 年持续经营利润为 125 000 美元，非持续经营损失（扣除了节税收益）为 5 000 美元，非常项目损失（扣除税额）利得 25 000 美元。

以持续经营利润为起点，计算其 2014 年的每股收益。

☞ 连续习题

P15-41　根据比率评价股票的投资价值。

该题延续第 14 章的习题 P14-46 中的戴维斯咨询公司的相关数据。假设公司本年净利润为 141 235 美元，公司股票市价为每股 200 美元，计算 2014 年的以下比率：

戴维斯咨询 比较资产负债表 2013 年和 2014 年 12 月 31 日		
	2014 年	2013 年
资产		
流动资产：		
现金	$514 936	$16 350
应收账款	37 500	1 750
办公用品	2 200	200
非流动资产：		
固定资产	146 700	6 000
累计折旧——固定资产	（2 753）	（100）
资产总额	$698 583	$24 200
负债		
流动负债：		
应付账款	$ 10 000	$4 650
应付职工薪酬	4 100	685
预收账款	0	700
应付利息	10 667	0
非流动负债：		
应付票据	40 000	0
应付债券	400 000	0
应付债券折价	（36 184）	0
负债总额	428 583	6 035

（续）

戴维斯咨询

比较资产负债表

2013 年和 2014 年 12 月 31 日

	2014 年	2013 年
股东权益		
普通股	130 000	18 000
留存收益	140 000	165
股东权益总额	270 000	18 165
负债和股东权益总额	$698 583	$24 200

a. 流动比率；b. 现金比率；c. 资产负债率；d. 产权比率；e. 每股收益（股票面值为 1 美元）；f. 市盈率；g. 普通股股权报酬率。

批判性思考

☞决策案例

案例 15-1

ABC 公司 2014 年经营不善，产生了亏损。由于亏损，一些报酬率指标有所恶化。假设公司高层在考虑如何改善下一年度的指标，具体考虑到了以下业务：

（1）获得 1 亿美元的长期借款。（2）以 5 亿美元现金购买库存股。（3）支出了四分之一的商誉。（4）花费 3 亿美元创办了一个新的设计部门。（5）支出 2 000 万美元向约翰逊公司购买专利。

公司高层想知道这些业务对以下比率的影响：

a. 流动比率；b. 资产负债率；c. 普通股股权报酬率。

案例 15-2

Lance Berkman 是土星舞蹈俱乐部的主计长，俱乐部的会计年末为 12 月 31 日。Berkman 为供应商准备了 12 月的支票，编制了日记账分录并在本月完成过账，但要到 1 月再向供应商寄送这些支票。

要求：①该行为主要会影响哪些财务指标？②Berkman 这样做的目的是什么？

☞道德问题

罗斯唇膏公司的长期负债合约中对公司有特定要求。例如，公司购买的库存股不得多于留存收益余额、长期负债不得超过股东权益、流动比率不得低于 1.50。如果公司未能满足这些条件，债权人有权接管公司。

消费者需求的转变使得公司难以吸引消费者。流动负债增速大于流动资产，导致流动比率降至 1.47。公司管理层在公布财务报表之前想要争取改善公司流动比率。主计长指出投资可以根据管理层的意愿分为长期投资或短期投资。决定将以下高投资在一年内转化为现金，就可以将其划分为短期投资——流动资产。在主计长的建议下，公司董事会就将长期投资改成短期投资一事进行投票。

要求：①重新划分投资会对流动比率产生什么影响？公司的财务状况会因此更好吗？②公布财务报表后不久，公司销售收入和流动比率都得到了改善。因此，管理层决定不出售已经重新划分为流动资产的投资，进而公司又将其划分为长期投资。这种做法符合职业道德吗？解释原因。

☞舞弊问题

艾伦软件是一家新创办的科技公司，其创始人本杰明·艾伦颇具上进心。他的策略不在于生产新的产品，而在于使用新的权益资本收购其他软件公司。为了吸引投资人，他必须保证收入连续增长。当正常收入来源中断时，他就会采取经过试验的可靠且真实的技术。首先，他会将发给分销商的货物确认为销售收入，发货量远超于市场需求；然后，再向分销商支付大笔款项以确保其继续持有超额存货而不退回。支出的这些款项又被确认为促销费用。只要没有懂行的投资人发问，他就可以使收入连续两年保持可观的增长趋势。这引起了美国证券交易委员会的不满。公司现已破产，有几项刑事诉讼尚未判决。

要求：①什么因素可以导致投资人发现问题所在？②投资人会受到什么侵害？③如果艾伦已经吸引了足够的权益资本，你认为他能够隐瞒这些计谋吗？

☞财务报表案例

根据星巴克 2011 年的年报回答以下问题。登录 www.pearsonhighered.com/Horngren 查看星巴克 2011 年的年报。

要求：①对净收入和净收益进行趋势分析。以 2009 年 9 月 27 日为基期。这些数据中哪项最突出？②对星巴克 2011 年 10 月 2 日和 2010 年 10 月 3 日的资产负债表中的资产部分进行垂直分析。

☞小组讨论

1 选一个你感兴趣的行业，并选取一家标杆公司，再选取同行业标杆公司以外的两家公司。同时计算三家公司的财务指标，撰写一份两页的报告，将这两家公司与标杆公司进行对比。

2 选取一家公司并获得其财务报表。将利润表和资产负债表转变成共同比报表，将该公司与行业平均水平进行对比。风险管理协会的年报研究与邓白氏行业规范和主要业务指标中有大多数行业的共同比报表。

☞交流活动

用 150 字以内解释水平分析和垂直分析的区别，须包括如何使用。

☞综合习题

分析一家公司的投资潜力。

WRS 体育用品公司的年报中包括以下连续五年的财务报表汇总：

			WRS 近五年关键财务数字（部分：节选）			
以 1000 美元为单位，除每股数据	2018 年	2017 年	2016 年	2015 年	2014 年	2013 年
销售净额	$244 524	$217 799	$191 329	$165 013	$137 634	
销售净增长率	12%	14%	16%	20%	17%	
国内可比商店销售增长率	5%	6%	5%	8%	9%	
其他收入——净额	2 001	1 873	1 787	1 615	1 391	
销售成本	191 838	171 562	150 255	129 664	108 725	
营业、销售与管理费用	41 236	36 356	31 679	27 408	22 516	
利息：						
利息费用	(1 063)	(1 357)	(1 383)	(1 045)	(803)	
利息收入	138	171	188	204	189	
所得税	4 487	3 897	3 692	3 338	2 740	
净利润	8 039	6 671	6 295	5 377	4 430	

（续）

WRS 近五年关键财务数字（部分：节选）					
以 1000 美元为单位，除每股数据	2018 年	2017 年	2016 年	2015 年	2014 年	2013 年
每普通股：					
净利润	1.81	1.49	1.41	1.21	0.99
股利	0.30	0.28	0.24	0.20	0.16
财务状况					
流动资产减商品存货	$ 30 483	$ 27 878	$26 555	$ 24 356	$ 21 132
商品存货以后进先出法计价	24 891	22 614	21 442	19 793	17 076	$16 497
固定资产净值	51 904	45 750	40 934	35 969	25 973
总资产	94 685	83 527	78 130	70 349	49 996
流动负债	32 617	27 282	28 949	25 803	16 762
长期债务	22 731	21 143	17 838	18 712	12 122
所有者权益	39 337	35 102	31 343	25 834	21 112
财务比率					
流动比率	0.9	1.0	0.9	0.9	1.3
资产回报率	10.2%	9.9%	10.3%	10.7%	9.6%
净资产收益率	21.6%	20.1%	22.0%	22.9%	22.4%

要求：①分析公司 2014 ～ 2018 年的汇总财务报表，并判断是否购买该公司普通股。分析中须包括以下内容，并解释最终决策原因。

1. 销售净收入和净利润的趋势分析（以 2014 年为基期）。
2. 盈利能力分析。
3. 评估销货能力（公司使用后进先出法）。
4. 评估偿债能力。
5. 评估股利。

练习题答案

1　d
2　b
3　a
4　c
5

			增（减）	
	2016 年	2015 年	2014 年	2013 年
收入	$10 000	$8 000	$2 000	25%
主营业务成本	4 500	3 000	1 500	50
毛利润	$5 500	$5 000	$500	10%

6

	2015 年	占比	2014 年	占比
现金和应收账款	$ 35 000	25.9%	$ 40 000	34.8%
商品存货	20 000	14.8	15 000	13.0
固定资产，净额	80 000	59.3	60 000	52.2
资产总额	$135 000	100.0%	$115 000	100.0%

7 流动比率 = 流动资产总额 ÷ 流动负债总额

= 68 800 ÷ 53 200 = 1.29

8 酸性测试比率 = （现金 + 短期投资 + 短期应收账款）÷ 流动负债总额

=（6 000 + 4 400 + 21 600）÷ 53 200 = 0.60

9 存货周转率 = 主营业务成本 ÷ 存货平均余额

= 126 000 ÷ [(27 600 + 30 800)/2] = 4.32

10 毛利润 = 毛利润 ÷ 销售净收入

=(184 000 − 126 000) ÷ 184 800 = 0.32 = 32%

11

<table>
<tr><td colspan="2" align="center">洛基公司
利润表
截至 2015 年 12 月 31 日的一年</td></tr>
<tr><td>销售净收入</td><td>$ 70 800</td></tr>
<tr><td>主营业务成本</td><td>29 200</td></tr>
<tr><td>毛利润</td><td>41 600</td></tr>
<tr><td>营业费用</td><td>22 000</td></tr>
<tr><td>营业利润</td><td>19 600</td></tr>
<tr><td>其他收入和（费用）</td><td>(6 000)</td></tr>
<tr><td>税前利润</td><td>13 600</td></tr>
<tr><td>所得税费用（13 600 × 30%）</td><td>4 080</td></tr>
<tr><td>持续经营利润</td><td>9 520</td></tr>
<tr><td>非持续经营收益（节税 1 440 美元）</td><td>3 360</td></tr>
<tr><td>非常项目前利润</td><td>12 880</td></tr>
<tr><td>非常项目收益（节税 840 美元）</td><td>(1 960)</td></tr>
<tr><td>净利润</td><td>$10 920</td></tr>
</table>

🚄 快速测验答案

1. b   2. b   3. a   4. c   5. a   6. b   7. d   8. c   9. a   10. d

推荐阅读

中文书名	原作者	中文书号	定价
会计学：企业决策的基础（财务会计分册·原书第17版）	简R.威廉姆斯（田纳西大学）	978-7-111-56867-4	75.00
会计学：企业决策的基础（管理会计分册·原书第17版）	简R.威廉姆斯（田纳西大学）	978-7-111-57040-0	59.00
会计学：企业决策的基础（财务会计分册·英文原书第17版）	简R.威廉姆斯（田纳西大学）	978-7-111-58012-6	99.00
会计学：企业决策的基础（管理会计分册·英文原书第17版）	简R.威廉姆斯（田纳西大学）	978-7-111-58011-9	85.00
管理会计（原书第14版）	雷H.加里森（杨百翰大学）	978-7-111-55796-8	79.00
财务会计教程（原书第10版）	查尔斯T.亨格瑞（斯坦福大学）	978-7-111-39244-6	79.00
管理会计教程（原书第15版）	查尔斯T.亨格瑞（斯坦福大学）	978-7-111-39512-6	88.00
财务会计：概念、方法与应用（原书第14版）	罗曼L.韦尔	978-7-111-51356-8	89.00
会计学：教程与案例（管理会计分册原书第13版）	罗伯特N.安东尼（哈佛大学）	978-7-111-44335-3	45.00
会计学：教程与案例（财务会计分册原书第13版）	罗伯特N.安东尼（哈佛大学）	978-7-111-44187-8	49.00
亨格瑞会计学：管理会计分册（原书第4版）	特蕾西·诺布尔斯	978-7-111-55407-3	69.00
亨格瑞会计学：财务会计分册（原书第4版）	特蕾西·诺布尔斯	978-7-111-59907-4	89.00
会计学（原书第5版）	卡尔S.沃伦（佐治亚大学）	978-7-111-53005-3	69.00
会计学基础（原书第11版）	莱斯利K.布莱特纳	978-7-111-44815-0	39.00
公司理财（原书第11版）	斯蒂芬A.罗斯（MIT斯隆管理学院）	978-7-111-57415-6	119.00
财务管理（原书第14版）	尤金F.布里格姆（佛罗里达大学）	978-7-111-58891-7	139.00
高级经理财务管理：创造价值的过程（原书第4版）	哈瓦维尼（欧洲工商管理学院）	978-7-111-56221-4	89.00

推荐阅读

中文书名	作者	书号	定价
税务会计与税务筹划（第6版）	王素荣（对外经济贸易大学）	978-7-111-57537-5	45.00
成本管理会计（第4版）	崔国萍（河北经贸大学）	978-7-111-58015-7	49.00
企业财务分析（第3版）	袁天荣（中南财经政法大学）	978-7-111-60517-1	45.00
成本会计	李玉周（西南财经大学）	978-7-111-59111-5	45.00
财务会计学	徐泓（中国人民大学）	978-7-111-55753-1	45.00
基础会计学（第2版）	潘爱玲（山东大学）	978-7-111-57991-5	39.00
基础会计学（第4版）	徐泓（中国人民大学）	978-7-111-60517-1	45.00
财务管理原理（第3版）	王明虎（安徽工业大学）	978-7-111-59375-1	45.00
财务管理专业英语（第3版）	刘媛媛（东北财经大学）	978-7-111-47499-9	30.00
管理会计：理论·模型·案例（第2版）	温素彬（南京理工大学）	978-7-111-46850-9	40.00
会计信息系统（第3版）	韩庆兰（中南大学）	978-7-111-54896-6	39.00
审计学（第2版）	叶陈刚（对外经济贸易大学）	978-7-111-50635-5	39.00
成本与管理会计（第4版）	赵书和（天津工业大学）	978-7-111-49580-2	39.00
海外投资税务筹划	王素荣（对外经济贸易大学）	978-7-111-59305-8	89.00
政府与非营利组织会计（第2版）	杨洪（武汉纺织大学）	978-7-111-54822-5	49.00
会计审计专业英语（第3版）	贺欣（中南财经政法大学）	978-7-111-51721-4	30.00
公司财务管理（第2版）	马忠（北京交通大学）	978-7-111-48670-1	69.00
公司财务管理案例分析	马忠（北京交通大学）	978-7-111-49470-6	55.00